Schriftenreihe des Österreichischen
Historischen Instituts in Rom

Herausgegeben von Andreas Gottsmann

Band 2

Maddalena Guiotto / Helmut Wohnout (Hg.)

Italien und Österreich im Mitteleuropa der Zwischenkriegszeit /

Italia e Austria nella Mitteleuropa tra le due guerre mondiali

2018

BÖHLAU VERLAG WIEN KÖLN WEIMAR

AUTONOME PROVINCIA
PROVINZ AUTONOMA
BOZEN DI BOLZANO
SÜDTIROL ALTO ADIGE

Deutsche Kultur

tirol
Unser Land

ZukunftsFonds
der Republik Österreich

EUROPA
INTEGRATION
ÄUSSERES
BUNDESMINISTERIUM
REPUBLIK ÖSTERREICH

Gedruckt mit der Unterstützung durch:

Südtiroler Landesregierung, Abteilung Deutsche Kultur
Amt der Tiroler Landesregierung, Abteilung Kultur
Bundesministerium für Europa, Integration und Äußeres
Zukunftsfonds der Republik Österreich

Bibliografische Information der Deutschen Nationalbibliothek:
Die Deutsche Nationalbibliothek verzeichnet diese Publikation in der
Deutschen Nationalbibliografie; detaillierte bibliografische Daten sind
im Internet über http://dnb.d-nb.de abrufbar.

© 2018 by Böhlau Verlag Ges.m.b.H & Co. KG, Wien Köln Weimar
Wiesingerstraße 1, A-1010 Wien, www.boehlau-verlag.com

Umschlagabbildungen: Bundeskanzler Schober und Mussolini beim Abschluss des Freundschafts-
und Schiedsgerichtsvertrages (ÖNB Bildarchiv, Inventarnummer: S 357/133).
Unterzeichnung der Römischen Protokolle (Mussolini, Dollfuß, Gömbös) (ÖNB Bildarchiv,
Inventarnummer: PF 5465 c (36)).

Korrektorat: Helga Loser-Cammann, Köln
Einbandgestaltung: Michael Haderer, Wien
Satz: Bettina Waringer, Wien
Druck und Bindung: Hubert & Co., Göttingen
Gedruckt auf chlor- und säurefrei gebleichtem Papier
Printed in the EU

ISBN 978-3-205-20269-1

Inhalt

Vorwort 7
Prefazione 9

1. Eine Einführung zur Thematik/Una introduzione alla tematica 11

Italien und Österreich: ein Beziehungsgeflecht zweier unähnlicher Nachbarn
    Maddalena Guiotto 13
Italia e Austria: un intreccio di relazioni tra vicine dissimili
    Maddalena Guiotto 39

2. Der mitteleuropäische Kontext/Il contesto mitteleuropeo 63

Österreich, Italien und die mitteleuropäischen Integrationspläne 65
    Andreas Gémes

Dietro le quinte del convegno Volta sull'Europa. Un piano per sovvertire
l'Europa centro-orientale?
    Giorgio Petracchi 87

Roma sul Danubio. La politica italiana verso l'Europa danubiana
osservata dagli ungheresi (1921–1936)
    Gianluca Volpi 121

La Jugoslavia e l'assetto dell'Europa centrale nella politica estera dell'Italia
fascista (1922–1939)
    Luciano Monzali 147

Austria e Polonia. Identica parabola nella politica dell'Italia fascista
    Valerio Perna 183

3. Das Dreiecksverhältnis Italien – Österreich – Deutschland/
Il rapporto triangolare Italia – Austria – Germania 199

Auf dem Weg zu „brutalen Freundschaften": Die deutsche Österreich- und
Italienpolitik in der Zwischenkriegszeit
    Joachim Scholtyseck 201

„Geschrieben sollte in der ganzen Angelegenheit nichts werden."
Die autoritären Regime in Italien und Österreich aus staatsbayerischer
Perspektive (1922–1934)
Jörg Zedler 217

La lunga strada di Mussolini verso le opzioni dei sudtirolesi nel 1939
Federico Scarano. 255

4. Im Spiegel der vatikanischen Diplomatie/
Agli occhi della diplomazia vaticana. 279

Ludwig von Pastor und Enrico Sibilia – Diplomatie im Dienste des
katholischen Österreich
Andreas Gottsmann. 281

Der Vatikan, die Tschechoslowakei und die europäischen Mächte in der
politischen Krise der späten Dreißigerjahre
Emilia Hrabovec. 307

5. Die bilateralen Beziehungen in Politik und Kultur/
Le relazioni bilaterali in politica e cultura 347

Italien und die Heimwehr 1928–1934
Lothar Höbelt 349

Italien und der politische Systemwechsel in Österreich 1933/34
Helmut Wohnout 371

„Honigmachen für andere ..." Zur Vermittlung der österreichischen
Literatur im Italien der Zwischenkriegszeit
Renate Lunzer 423

6. Die Beziehungen im Wirtschafts- und Finanzbereich/
Le relazioni nel settore economico e finanziario 435

I rapporti economici e finanziari tra Austria e Italia (1919–1934)
Pasquale Cuomo. 437

Italienische Kapitalbeteiligungen in Österreich 1918 bis 1938
Gertrude Enderle-Burcel 477

Autorenverzeichnis 507
Register. 510

Vorwort

Der vorliegende Band versammelt eine Reihe von Vorträgen zum Beziehungsgeflecht zwischen Italien und Österreich unter Berücksichtigung der anderen
Länder im Donauraum während der Zwischenkriegszeit. Sie gehen ursprünglich aus einer Studientagung am Italienisch-deutschen Historischen Institut
der Fondazione Bruno Kessler in Trient im Dezember 2008 hervor, die dieser
Thematik gewidmet war. Die Beziehungen zwischen Italien und Österreich in
der ersten Hälfte des 20. Jahrhunderts sind von der Geschichtswissenschaft beider Länder bisher nur teilweise aufgearbeitet worden. Um den diesbezüglichen
Defiziten entgegenzuwirken, war es insbesondere das Bestreben des Österreichischen Historischen Instituts in Rom, vor allem seines Direktors Andreas
Gottsmann, die damals gehaltenen und zwischenzeitlich für eine Drucklegung
ausgearbeiteten Vorträge als Sammelband im Rahmen der Schriftenreihe des
Österreichischen Historischen Instituts in Rom herauszubringen.

Die Intention des Beitragsbandes besteht darin, neben den bilateralen Beziehungen das Verhältnis zwischen Italien und Österreich zwischen den beiden
Weltkriegen in einen größeren Kontext der mitteleuropäischen Nachbarschaft
einzubetten. Aus dieser Erwägung beleuchtet der Band nach einem einfüh-
renden Überblick in drei Abschnitten das Verhältnis zwischen Österreich und
Italien aus der Perspektive der Nachbarschaft im Donauraum, aus dem sich er-
gebenden Dreiecksverhältnis zu Deutschland und schließlich aus der Sicht der
vatikanischen Diplomatie. Erst danach werden in den letzten beiden Abschnitten einige zwischenstaatliche Problemfelder aus den Bereichen Politik, Wirtschaft und Kultur anhand einiger exemplarischer Studien näher ausgeleuchtet.

Als Herausgeber dürfen wir allen Autorinnen und Autoren für ihre sorgfältig
gearbeiteten Studien, welche die Voraussetzung für die vorliegende Publikation
gebildet haben, herzlich Dank sagen. Ebenso dürfen wir dem Böhlau Verlag,
vor allem Frau Dr. Ursula Huber, für die Aufnahme in ihr Verlagsprogramm
danken. Die Herstellung wurde von Frau Mag. Bettina Waringer und Frau Julia
Roßberg sorgfältig begleitet. Schließlich ist es uns eine angenehme Pflicht, jenen Stellen in Österreich und Italien zu danken, die das Erscheinen dieses Buches durch ihre Förderungen erst ermöglicht haben. Die Zurverfügungstellung
der Druckkostenzuschüsse bildete die unabdingbare materielle Voraussetzung,
die das Erscheinen des Buches ermöglichte.

Der vorliegende Sammelband knüpft an Publikationen an, die erstmals zu
Beginn der 1970er-Jahre die wissenschaftliche Kooperation und den intellektuellen Austausch zwischen österreichischen und italienischen Historikern auf

dem Gebiet der Zeitgeschichte dokumentiert haben. Wir würden uns freuen, wenn von ihm Impulse ausgingen, diesen historiographischen Dialog weiter auszubauen und zu vertiefen.

Maddalena Guiotto/Helmut Wohnout
Trient/Wien, im Mai 2017

Prefazione

Il presente volume raccoglie una serie di contributi sull'intreccio di relazioni tra Italia e Austria nel contesto dei loro rapporti con gli altri paesi dell'area danubiana durante il periodo tra le due guerre mondiali. Essi sono stati presentati a un convegno di studio dedicato a questa tematica e tenutosi all'Istituto storico italo-germanico della Fondazione Bruno Kessler di Trento nel dicembre 2008. Le relazioni tra Italia e Austria nella prima metà del XX secolo sono state finora elaborate solo in parte dalla storiografia di entrambi i paesi. Per contrastare questo deficit di conoscenza reciproca l'Istituto Storico Austriaco di Roma e soprattutto il suo direttore, Andreas Gottsmann, hanno deciso di pubblicare le relazioni allora svolte e nel frattempo rielaborate per la stampa nella collana edita dall'Istituto.

Oltre che trattare le relazioni bilaterali il volume vuole collocare il rapporto tra Italia e Austria tra le due guerre mondiali nel più vasto contesto mitteleuropeo. Partendo da questa chiave interpretativa e dopo una visione d'insieme introduttiva il volume illustra in tre capitoli i rapporti tra Austria e Italia, prima nella prospettiva dei paesi vicini dell'area danubiana, poi in quella del rapporto triangolare che si viene instaurando con la Germania e infine dal punto di vista della diplomazia vaticana. Solo dopo ciò, negli ultimi due capitoli vengono analizzati più da vicino alcuni problemi bilaterali dei settori della politica, dell'economia e della cultura in base ad alcuni studi esemplificatori.

Come curatori del volume dobbiamo ringraziare tutti gli autori per i loro contributi meticolosi che hanno costituito il presupposto per la presente pubblicazione. Egualmente dobbiamo ringraziare la casa editrice Böhlau e soprattutto la dr.ssa Ursula Huber per l'accoglienza nel programma editoriale. L'elaborazione del volume è stata seguita accuratamente da Bettina Waringer e Julia Roßberg. Infine è per noi un piacevole dovere ringraziare quelle istituzioni in Austria e in Italia che con il loro sostegno hanno reso possibile la pubblicazione di questo volume. La messa a disposizione delle sovvenzioni per coprire i costi della stampa ha costituito una premessa materiale indispensabile che ha reso possibile l'uscita del libro.

Il presente volume miscellaneo si riallaccia a pubblicazioni che per la prima volta agli inizi degli anni Settanta del secolo scorso hanno documentato la cooperazione scientifica e lo scambio intellettuale tra storici austriaci e italiani nel settore della storia contemporanea. Saremmo lieti se da esso derivassero degli impulsi per ampliare e approfondire questo dialogo storiografico.

Maddalena Guiotto/Helmut Wohnout
Trento/Vienna, maggio 2017

1. Eine Einführung zur Thematik/ Una introduzione alla tematica

Maddalena Guiotto

Italien und Österreich: ein Beziehungsgeflecht zweier unähnlicher Nachbarn

Im europäischen Bereich gibt es kaum andere Länder, deren geschichtlicher Werdegang bei aller Unterschiedlichkeit und Asymmetrie miteinander so tief verbunden war wie der Österreichs und Italiens. Diese einzigartige Beziehung wurde in einigen Studien zum Zeitabschnitt bis zur Auflösung der Habsburger Monarchie untersucht[1], doch stehen bisher auf italienischer wie auf österreichischer Seite weitreichende und tiefgreifende Untersuchungen der komplexen Beziehungen zwischen der Ersten Österreichischen Republik und dem Königreich Italien noch aus. Dasselbe gilt für die Kontakte und den Austausch zwischen Österreich und Italien nach dem Zweiten Weltkrieg, allerdings mit einigen Ausnahmen, die sich jedoch vorwiegend auf einzelne bestimmte Momente und Aspekte beziehen, insbesondere auf die strittige Südtiroler Frage. Letztere wurde weitreichend und detailliert, ja beinahe enzyklopädisch behandelt, doch hauptsächlich von Historikern deutscher Muttersprache[2].

---

1 Beispielsweise sei diesbezüglich eine wichtige Publikation erwähnt, die für eine sehr lange Zeitspanne, von 1700 bis 1918, die Beziehungen und gegenseitigen Beeinflussungen zwischen Österreich und Italien zum Gegenstand hat: Brigitte Mazohl-Wallnig, Marco Meriggi (Hgg.), Österreichisches Italien – Italienisches Österreich? Interkulturelle Gemeinsamkeiten und nationale Differenzen vom 18. Jahrhundert bis zum Ende des Ersten Weltkrieges (= Österreichische Akademie der Wissenschaften, Zentraleuropa-Studien 5), Wien 1999. Die im Band enthaltenen Aufsätze stellen eine Kontinuität mit der vorangegangenen Geschichtsschreibung her, die der Generation von Franco Valsecchi und Adam Wandruszka, die einen ersten Versuch unternommen hatten, am Anfang der 1970er-Jahre eine engere Zusammenarbeit von österreichischen und italienischen Historikern aufzunehmen, deren Ergebnis zwei Tagungen mit der Veröffentlichung der entsprechenden Referate waren. Siehe Adam Wandruszka, Ludwig Jedlicka (Hgg.), Innsbruck-Venedig. Österreichisch–italienische Historikertreffen 1971 und 1972 (= Veröffentlichung der Kommission für Geschichte Österreichs 6), Wien 1975 [it. Fassung in: „Storia e politica", XII, 1973, 3, 327–489 sowie in: „Storia e politica" XIII, 1974, 1–2, 1–351].

2 Eine Gesamtbibliographie findet sich in: Michael GEHLER, Tirol im 20. Jahrhundert. Vom Kronland zur Europaregion, Innsbruck-Wien-Bozen 2008, 479–513. Siehe insbesondere Rolf STEININGER, Südtirol zwischen Diplomatie und Terror 1947–1969. Darstellung in drei Bänden (= Veröffentlichungen des Südtiroler Landesarchivs/Pubblicazioni dell'Archivio della Provincia di Bolzano 6, 7, 8), Bozen/Bolzano 1999; DERS., Südtirol im 20. Jahrhundert. Vom Leben und Überleben einer Minderheit, Innsbruck-Wien 2004⁴. Gründlich behandelt wird die Frage für den Zeitraum zwischen den beiden Weltkriegen in: Rudolf LILL, Südtirol in der Zeit des Nationalismus, Konstanz 2002. In italienischer Sprache siehe Federico SCARANO, Tra

Der vorliegende Band zielt darauf ab, die besagte Lücke wenigstens teilweise zu schließen und umfasst die bei einer Studientagung beim Italienisch-deutschen Historischen Institut der Fondazione Bruno Kessler in Trient im Dezember 2008 eingereichten Beiträge. Darin werden die Beziehungen zwischen Österreich und Italien in den 1920er- und 1930er-Jahren untersucht, und zwar sowohl aus bilateraler Sicht als auch im Hinblick auf die Beziehungen mit anderen Ländern des mitteleuropäischen Raums. Über politische Fragestellungen hinaus gilt das Augenmerk auch den Beziehungen im Wirtschafts- und Finanzbereich sowie kulturellen Aspekten.

Um die Bedeutung und die Beweggründe von Entscheidungen und Geschehnissen besser zu erfassen, die die besagten Beziehungen gekennzeichnet und deren Ablauf bestimmt haben, lohnt sich ein kurzer Rückblick, weil aus der Ergründung der Vergangenheit Tatsachen, Haltungen und Mentalitäten zutage treten, die häufig spätere Situationen beeinflussen.

Österreich – Italien vor 1918

Ein reger und dauernder Austausch von Personen, Gütern und Ideen, doch auch starke Spannungen und Auseinandersetzungen haben die intensiven italienisch-österreichischen Beziehungen im Laufe der Jahrhunderte gekennzeichnet, weshalb es praktisch unmöglich ist, die Geschichte des einen Landes zu ergründen, ohne die des anderen zu berücksichtigen. Die Geschichte der Beziehungen zwischen Nachbarstaaten ist sicherlich ohnehin durch vielfältige politische, kulturelle und wirtschaftliche Verflechtungen, bedeutende Gemeinsamkeiten und selbstverständlich auch grundlegende Gegensätzlichkeiten und Unterschiede gekennzeichnet. Im Fall Österreichs und Italiens handelt es sich jedoch um zwei Länder, die sich mehr als andere in Europa derart gegenseitig beeinflusst haben, dass jedes ausschlaggebend zur Entwicklung der Geisteslandschaft und der Geschichte des Nachbarlandes beigetragen hat, auch wenn sich der Verlauf und die Zeitenfolge ihrer politischen Staatswerdung deutlich voneinander unterschieden haben.

Am Anfang des achtzehnten Jahrhunderts erwuchs den Habsburgern aus den Resten des spanischen Erbes eine neue Rolle als fremdes Herrscherhaus in Italien. Das reformfreudige achtzehnte Jahrhundert war ein Jahrhundert der österreichisch-italienischen kulturellen Symbiose, in erster Linie in der Lombardei und der Toskana. Die habsburgische Herrschaft in Italien war im achtzehnten

---

Mussolini e Hitler. Le opzioni dei sudtirolesi nella politica estera fascista (= Collana di Storia internazionale dell'Età contemporanea Franco Angeli), Milano 2012.

Jahrhundert durch ihre dynastische, katholische Natur gekennzeichnet, sie war für Reformen offen und verwendete die italienische Sprache. Die Erfahrungen der napoleonischen Zeit stellten jedoch einen Einschnitt dar. Österreich übernahm nach der napoleonischen Zwischenzeit wieder die Herrschaft über große Territorien der Halbinsel und blieb weiterhin dynastisch, katholisch und italienischsprachig, doch war es nicht reformfreudig wie früher, sondern widersetzte sich der Reformtätigkeit und besonders der italienischen nationalpolitischen Entwicklung, die sein multinationales Gefüge gefährden konnte. Auf die intensive und fruchtbare Zusammenarbeit zwischen österreichischen und italienischen, übernational gesinnten Eliten im achtzehnten Jahrhundert folgte im nächsten Jahrhundert eine österreichische Anwesenheit in Italien, die als bürokratische landesfremde Herrschaft empfunden wurde. Dabei handelte es sich nicht nur um die Herausbildung tiefer nationaler Unterschiede, sondern hauptsächlich um das Zutagetreten eines starken Zwistes zwischen zwei Ländern mit gegensätzlichen und unversöhnlichen Auffassungen einer Staatskonzeption: einerseits der multinationale Staat der Habsburger Monarchie und andererseits der entstehende italienische Nationalstaat[3].

Erst 1971 fand in Rom der erste offizielle Staatsbesuch eines österreichischen Staatsoberhaupts – des damaligen Präsidenten der Bundesrepublik, Franz Jonas, statt – hundert Jahre nach der Einsetzung der italienischen Regierung im Jahre 1871. Vom geschichtlichen Standpunkt aus war es die Erwiderung der in Wien 1873 von Viktor Emanuel II. und 1881 von Humbert I. abgestatteten Besuche. Dem Besuch von 1873 folgte eine vom Kaiser Franz Joseph 1875 unternommene offizielle Reise nach Venedig, aber nicht in die Hauptstadt des Königreichs Italien, und zwar wegen politischer und diplomatischer Komplikationen, die sich aus der Aktualität der römischen Frage ergeben hätten können. Der Besuch Humberts I. im Jahr 1881 wurde nicht erwidert, und das zu einer Zeit, als Besuche von Monarchen einen sehr hohen offiziellen, symbolischen und politischen Stellenwert hatten. Es handelte sich also nur scheinbar um die Unterlassung einer formellen Handlung, in Wirklichkeit war es ein Anlass zur langwährenden Trübung des Klimas der Beziehungen zwischen beiden Ländern. Anscheinend hegte Viktor Emanuel III., der im Jahre 1900 für eine bis 1946 reichende Amtszeit seinem Vater auf den Thron folgte, auch aus diesem Grund Österreich gegenüber eine in seinem politischen Handeln offensicht-

---

3   Paolo Dorsi, Maddalena Guiotto, Nuove ricerche sulle relazioni tra Italia e Austria, in: „Quaderni Giuliani di Storia", XXII, 2001, 2, 303–312: 303. Vgl. weiterführend Angelo Ara, L'immagine dell'Austria in Italia (1848–1918), in: Ders. (Hg.), Fra Austria e Italia. Dalle Cinque giornate alla questione alto-atesina (= Civiltà del Risorgimento 23), Udine 1987, 155–214.

liche und lang andauernde starke Abneigung[4]. Dagegen erfolgten häufig Besuche der Regierungsoberhäupter und der verschiedenen Minister. Diese waren vom politischen Gesichtspunkt her eine Selbstverständlichkeit.

Um die Hintergründe zu erfassen, vor denen sich die Beziehungen zwischen Österreich und Italien im Zeitraum zwischen beiden Weltkriegen abspielten, sollte man auch diesen Zwist auf diplomatischer Ebene der Herrscherhäuser berücksichtigen, der jedoch keinen Einschnitt in die kulturellen Gemeinsamkeiten, in die Zusammenarbeit und die politischen Verflechtungen beider Länder darstellte. Mehr als jede andere Großmacht spielte Österreich eine zentrale Rolle auch in der Herausbildung der italienischen Identität, sei es als verhasster Feind und militärische Besatzungsmacht, sei es als für Italien auf lange Zeit hin ausschlaggebender kulturpolitischer und wirtschaftlicher Entscheidungsträger, insbesondere im unmittelbar unter seiner Verwaltung stehenden Oberitalien[5].

Seit 1882 waren Österreich-Ungarn und Italien auf internationaler Ebene durch ein Bündnis aneinander geschmiedet. Trotzdem kam es dadurch zu keiner weiteren Annäherung, sondern die beiden Länder befanden sich psychologisch in einem Klima gegenseitigen Misstrauens[6]. Auch wenn ihre Beziehungen formell durchaus korrekt waren und Anlass zu stetigen gegenseitigen Äußerungen der Treue am Dreibundbündnis gaben, waren sich die beiden Verbündeten darüber im Klaren, wer ihr wahrer Feind war und beiderseits wurden offensichtliche militärische Vorbereitungen getroffen, um sich im Kriegsfall die besten Ausgangspositionen zu sichern[7]. So erwies sich die Natur der italienisch-österreichischen Beziehungen als sonderbar, zweideutig und widersprüchlich, zumal

---

4   Holger AFFLERBACH, Da alleato a nemico. Cause e conseguenze dell'entrata in guerra dell'Italia nel maggio 1915, in: Johannes Hürter, Gian Enrico Rusconi (Hgg.), L'entrata in guerra dell'Italia nel 1915 (= Annali dell'Istituto storico italo-germanico in Trento Quaderno 78), Bologna 2010, 75–101: 84.

5   Zur Herausbildung und Entwicklung des Begriffs „italianità", d.h. italienisches Wesen, siehe Gualtiero BOAGLIO, Italianità. Eine Begriffsgeschichte, Wien 2008. Zur habsburgischen Verwaltung insbesondere in der Lombardei und in Venetien siehe: Brigitte MAZOHL-WALLNIG, Österreichischer Verwaltungsstaat und administrative Eliten im Königreich Lombardo-Venetien 1815–1859 (= Veröffentlichungen des Instituts für Europäische Geschichte Mainz, Abteilung Universalgeschichte 146), Mainz 1993 und Andreas GOTTSMANN, Venetien 1859–1866. Österreichische Verwaltung und nationale Opposition (= Österreichische Akademie der Wissenschaften, Zentraleuropa-Studien 8), Wien 2005.

6   Zum Dreibund und zu den Beziehungen zwischen Österreich und Italien in seinem Inneren vgl. Holger AFFLERBACH, Der Dreibund: Europäische Großmacht- und Allianzpolitik vor dem Ersten Weltkrieg, Wien-Köln-Weimar 2002, 487–532.

7   Silvio FURLANI, Adam WANDRUSZKA, Österreich und Italien. Ein bilaterales Geschichtsbuch, 2. überarbeitete und erweiterte Auflage, hg. von Maddalena Guiotto und Stefan Malfèr, Wien 2002, 170–171 [it. Fassung: Austria e Italia. Storia a due voci, Bologna 2002, 166–167].

sie seit der zweiten Hälfte des 19. Jahrhunderts auf zwei verschiedenen Ebenen zu verlaufen schienen. Dasselbe trifft auch für die Beziehungen zwischen beiden Ländern nach den riesigen, vom Ersten Weltkrieg verursachten Umwälzungen und während des Großteils des vorigen Jahrhunderts zu. Unter dem Mantel der formellen Korrektheit, die die italienisch-österreichischen Beziehungen kennzeichnete, verbargen sich gegensätzliche Haltungen, gegenseitiges Misstrauen und tiefe Schatten in den jeweiligen öffentlichen Meinungen und im darin verbreiteten Bild des anderen Landes[8]. Doch trotz der zahlreichen Gegensätzlichkeiten währte das italienisch-österreichische Bündnis innerhalb des Dreibunds ganze dreiunddreißig Jahre und endete erst 1915 in einer offenen militärischen Auseinandersetzung.

Das Bündnis vermochte also nicht ein dauerhaftes freundschaftliches Verhältnis zwischen beiden Ländern zu schaffen und verblieb ein rein instrumentelles Abkommen, wie die nach Kriegsbeginn erfolgten Verhandlungen bewiesen. Es wurde zu Recht bemerkt, dass im Frühjahr 1915 „nicht zwischen zwei Freunden verhandelt wurde, sondern zwischen zwei Feinden, die sich nicht vertragen konnten, während der dritte Verbündete, der beiden deutlich angenehmer war, im eigenen Interesse zu vermitteln versuchte"[9].

Nach dem Kriegseintritt Italiens verbreitete sich in Österreich-Ungarn und im Deutschen Reich der Eindruck, der Verbündete hätte von Anfang an nicht die Absicht gehabt, den eingegangenen Verpflichtungen nachzukommen. Das erklärt teilweise das tiefe Ressentiment der Österreicher und Deutschen Italien gegenüber, das sich nach dem Ende des Ersten und auch des Zweiten Weltkriegs fortsetzte. Heute weiß man, dass es sich um einen falschen Eindruck handelte, zu dessen Verbreitung jedoch die zweideutige Tendenz der italienischen Außenpolitik beigetragen hatte – deren Anfänge in der savoyischen Monarchie lagen und die teilweise auch durch die geographische Lage Italiens bedingt war – in den Bündnissen zwischen den mächtigen Nachbarn hin- und herzupendeln und dauernd um Kompensationen und Vorteile zu feilschen. Außerdem hatte der Kriegseintritt Italiens einschneidende Folgen für den Kriegsablauf und besiegelte auf lange Sicht die Niederlage der Mächte, mit denen Italien seit 1882 verbündet war. Deren starkes und über das Ende des Krieges andauerndes Ressentiment gegenüber dem Kriegseintritt Italiens auf Seiten der Entente war folglich gut verständlich.

---

8   Dazu siehe Angelo ARA, Brigitte MAZOHL, Vorwort, in: FURLANI, WANDRUSZKA, Österreich und Italien, 5–8. Ferner Claus GATTERER, Erbfeindschaft Italien – Österreich, Wien-München-Zürich 1972 [it. Fassung: Italiani maledetti, maledetti austriaci: l'inimicizia ereditaria, Bolzano 1992³].

9   AFFLERBACH, Da alleato a nemico, 85.

Dazu kommt auch, dass in Österreich Italien auch weiterhin als ein Hauptverantwortlicher für das Ende der Monarchie angesehen wurde. Auch diese Überzeugung war wohl verständlich, obwohl man berücksichtigen sollte, dass der Außenminister Sidney Sonnino Italien unter anderem in den Krieg gegen Österreich führte, um die Gebiete der „Irredenta" zurückzuerhalten, jedoch – wie auch andere und nicht nur solche in italienischen Kreisen der Regierung und Politik – bis zum Vorabend der Auflösung Österreich-Ungarns von der Notwendigkeit überzeugt war, im Interesse Italiens den Vielvölkerstaat zur Eindämmung des Pangermanismus und des Panslawismus aufrechterhalten zu sollen[10]. Diese geopolitische Auffassung der Funktion Österreichs sollte dann die italienische Außenpolitik auch in der Zeit zwischen beiden Weltkriegen weiterhin beeinflussen. Die donauländisch–balkanische Politik des Außenministers Dino Grandi von 1929 bis 1932 bewegte sich entlang dieser konservativen und nationalistischen Linie, genauso wie zur Zeit Crispis eine Gebietsverkleinerung Österreich-Ungarns angestrebt wurde, die nicht zu seiner Auflösung führen sollte, damit die Doppelmonarchie stark genug sein sollte, um eine Ausweitung der Vormachtstellung Russlands bis zur Adria zu verhindern[11].

Andererseits machte die einhellige Überzeugung der politischen Kreise Italiens, die Mittelmächte hätten absichtlich den Krieg ausgelöst und Österreich-Ungarn hätte ohne einen starken Ansporn und eine Unterstützung Deutschlands keinen Kriegsbeginn gewagt, jegliche Öffnung Italiens den Verbündeten, insbesondere der Habsburger Monarchie gegenüber, unmöglich. Letztere betrachtete man nämlich als den Polizeistaat, der die Befreiung der Irredenta und den Abschluss der nationalen Einigung verhinderte.

Im Mai 1915 trat Italien nur gegen einen der beiden Verbündeten, die Habsburger Monarchie, in den Krieg ein, und zwar unter dem Druck der Ententemächte und mit der Aussicht auf bedeutende und langersehnte Gebietsgewinne auf Kosten Österreich-Ungarns[12]. Die diplomatischen Beziehungen wurden unverzüglich auch mit Deutschland abgebrochen, doch Italien verweigerte trotz des von der Entente ausgeübten Drucks eine Kriegserklärung

---

10 Wolfgang ALTGELD, Das Deutsche Reich im italienischen Urteil 1871–1945, in: Klaus Hildebrand (Hg.), Das Deutsche Reich im Urteil der Großen Mächte und europäischen Nachbarn (= Schriften des Historischen Kollegs Kolloquien 33), München 1995, 107–121: 114.

11 Siehe Lothar HÖBELT, Österreich-Ungarn und Italien in der Ära Crispi, in: „Archivio storico siciliano", serie IV, XI, 1985, 143–163 [in it. Fassung, ebd. 164–175]; den Aufsatz von Giorgio PETRACCHI im vorliegenden Band; ferner Luciano MONZALI, Riflessioni sulla cultura della diplomazia italiana in epoca liberale e fascista, in: Giorgio Petracchi (Hg.), Uomini e nazioni. Cultura e politica estera nell'Italia del Novecento, Udine 2005, 24–43.

12 Siehe ferner Gian Enrico RUSCONI, L'azzardo del 1915. Come l'Italia decide la sua guerra, Bologna 2005.

gegen Berlin. Diese erfolgte erst ein Jahr darauf in einer allgemein politisch und militärisch gewandelten Lage. Die Art des Krieges, den Italien seit Mai 1915 führte, war auf lange Zeit ein grundsätzlich antiösterreichischer Krieg, und zwar zum Unterschied vom vorwiegend antideutschen Krieg Englands und Frankreichs. Auch auf österreichischer Seite war nach 1915 der Krieg gegen den Nachbarn im Süden der einzige wirklich populäre Krieg. Das spiegelte sich dann auch in den Friedensverhandlungen von 1919 in Paris wider, wo Italien zur Erreichung der Ziele seines Kriegseintritts hauptsächlich an einem Frieden mit Österreich interessiert war, d.h. am Vertrag von Saint Germain, und viel weniger am Frieden mit Deutschland. Beim Abschluss der Friedensverhandlungen mit Deutschland in Versailles zielte Italien eher auf eine Regelung seiner Beziehungen mit den Verbündeten der Entente als auf seine Beziehungen mit Deutschland ab. Besonders die Entscheidungen über die Zukunft Österreichs hatten einen unmittelbaren Bezug zur neuen Großmachtposition Italiens, zu einem neuen Gleichgewicht in Mittel- und Osteuropa und insbesondere zur Frage der Grenzen Italiens[13].

Der Einschnitt des Ersten Weltkrieges im donauländisch-balkanischen Europa und der Rollentausch zwischen Österreich und Italien

Der Krieg verursachte einschneidende und weitgehende politisch-institutionelle Änderungen in ganz Europa, insbesondere in Mittel-, Ost- und Südeuropa, die bislang nie stattgefunden hatten. Zwei Kaiserreiche, das zaristische und das habsburgische, waren verschwunden, das deutsche war als Militär- und Wirtschaftsmacht stark geschwächt und die Gebiete des vierten Reiches, des osmanischen, wurden nach Kriegende aufgeteilt. Während die zu Deutschland und Russland gehörenden Gebiete mehr oder weniger vereint verblieben, gestaltete sich die Lage der aus der Auflösung des österreichisch-ungarischen Reiches hervorgegangenen Staaten im donauländisch-balkanischen Raum völlig anders. Die politische Geographie dieses Gebiets ging aus dem Krieg völlig verändert hervor. Die Anwendung des Wilsonschen Grundsatzes führte wegen der mit den

---

13 Siehe Alberto MONTICONE, Le relazioni italo-tedesche durante la prima guerra mondiale, in: Faschismus – Nationalsozialismus. Ergebnisse und Referate der 6. italienisch-deutschen Historiker-Tagung in Trier, Braunschweig 1964, 28–41: 40; Leo VALIANI, La dissoluzione dell'Austria-Ungheria, Milano 1966, 97–138; Josef MUHR, Die deutsch–italienischen Beziehungen in der Ära des Ersten Weltkrieges (1914–1922), Göttingen-Frankfurt-Zürich 1977, 61–74, 147–167; ALTGELD, Das Deutsche Reich im italienischen Urteil, 116; Francesco CACCAMO, L'Italia e la 'Nuova Europa'. Il confronto sull'Europa orientale alla Conferenza di pace di Parigi (1919–1920), Milano 2000.

äußerst komplizierten früheren Situationen bestehenden Gegensätze zu neuen Widersprüchen und Auseinandersetzungen. In der brodelnden Lage der Donauländer kann kein Gleichgewicht als definitiv angesehen werden, doch in der Zeit zwischen beiden Weltkriegen spitzte sich die Instabilität auch wegen des Weiterbestehens der Auseinandersetzung zwischen „Siegern" und „Besiegten"[14] und besonders wegen der von den Autoren der Pariser Verträge geschaffenen neuen „Unordnung" weiterhin zu[15]. „Eine furchtbare Zeit beginnt für Europa, eine Vorgewitterschwüle, die in einer wahrscheinlich noch furchtbareren Explosion als der Weltkrieg enden wird", sah der englisch-deutsche Schriftsteller und Diplomat Harry Graf Kessler in seinen Tagebüchern voraus[16].

Im beunruhigenden und verwickelten mitteleuropäischen Kontext der 1920er- und 1930er-Jahre, dem der zweite Teil des vorliegenden Bandes gewidmet ist, waren die Beziehungen zwischen Österreich und Italien radikal geändert, wie auch die zwischen Österreich, den Großmächten und den anderen Nachbarländern. Doch im Falle Österreichs und Italiens handelte es sich um eine vielfältige Umkehrung früherer Situationen und Denkweisen, die sich geradezu als Rollentausch gestaltete. Anstelle der früheren Donaumonarchie war nun als einziges Überbleibsel des Vielvölkerreichs die neugeborene kleine Republik da, deren Lebensfähigkeit der Großteil ihrer Bürger anzweifelte. Es war ein Staat, dessen Zusammenhalt vom Willen der Siegermächte bestimmt war, doch von der Mehrheit der Österreicher weder gewollt noch geliebt war. Im Gegensatz dazu hatte das Königreich Italien durch den Erhalt von Trient und Triest die Vollendung des Nationalstaats erreicht. Hatte es vor dem Krieg auf internationaler Ebene eine zweitrangige Rolle inne, so war es jetzt eine Großmacht neben Frankreich und England, auch wenn es politisch-institutionell und wirtschaftlich schwächer war. Diese radikale Umkehrung der Situation zwischen Österreich und Italien ist sicherlich eine Tatsache, die für die gesamte Zeit zwischen den beiden Weltkriegen nicht nur wegen der entsprechenden starken Beeinflussung der konkreten politischen und wirtschaftlichen Beziehungen, sondern auch hinsichtlich der gegenseitigen Bilder und Rezeptionen berücksichtigt werden soll[17].

---

14   Zbyněk A. ZEMAN, Der Zusammenbruch des Habsburgerreiches, Wien 1963, 8 [Orig. The Break-up of the Habsburg Empire, Oxford 1961].

15   Ennio DI NOLFO, Storia delle relazioni internazionali 1918–1922, Roma-Bari 1994, 12.

16   Eintrag vom 10.1.1920, in: Harry Graf KESSLER, Tagebücher 1918–1937, hg. v. Wolfgang Pfeiffer-Belli, Frankfurt am Main 1961, 206.

17   Dazu siehe die Bemerkungen von Stefan MALFÈR, Un programma escluso oppure prolungato? Pregiudizi tra Austria e Italia negli anni Venti, in: Nicoletta Dacrema (Hg.), Felix Austria Italia infelix? Tre secoli di relazioni culturali italo-austriache, Roma 2004, 125–142.

Während auch einige Adelskreise, insbesondere die dem Thronerben Franz Ferdinand nahestehenden, und hohe Militärkreise in Wien nie ein Hehl aus ihrer Abneigung gegenüber Italien gemacht hatten, schrieb 1919, also wenige Monate nach Kriegsende, Feldmarschall Franz Conrad von Hötzendorf – der vor 1914 dauernd auf der Notwendigkeit eines Präventivkriegs gegen den tückischen Verbündeten bestanden hatte – es sei wirklich schade, dass die Österreicher mit Italien stets in so scharfer politischer Gegnerschaft sein mussten[18]. Während ein Teil der Führungsschicht Altösterreichs sich überraschend schnell daran gewöhnte, im „verräterischen" Italien nunmehr einen Beschützer zu sehen, ging das Abebben der alten Ressentiments in der breiteren öffentlichen Meinung viel langsamer vor sich. Ganz verschwand es überhaupt nie, wie die wiederholten Misstrauens- und Feindseligkeitswellen der österreichischen öffentlichen Meinung Italien gegenüber selbst in Momenten höchster Nähe und Affinität zwischen den Regierungen beider Länder in den Jahren 1933–34 bewiesen. Die Beschützerrolle von Österreichs Unabhängigkeit gegenüber den Anschlussbestrebungen des nationalsozialistischen Deutschlands, die Italien in jenen Jahren übernommen hatte – wobei lediglich eine Minderheit der Österreicher die Unabhängigkeit wollte – trug zu einer Verschärfung der Skepsis und Feindseligkeit eines Großteils der Bevölkerung Italien gegenüber bei.

Die Feindseligkeit gegenüber dem Nachbarland war besonders in Tirol nie erloschen; hier fachte die Südtiroler Frage insbesondere aufgrund der seit Ende der 1920er-Jahren vom Faschismus angewandten Politik der Zwangsitalienisierung sie eher noch stärker an. Doch Bundeskanzler Seipel erachtete es trotz seiner Zuneigung zu den Südtirolern als wichtiger, sich die Unterstützung Italiens für den Erhalt der Anleihe des Völkerbundes zu sichern. In der ersten Hälfte der 1930er-Jahre, als zwischen Wien und Rom Eintracht herrschte, wurde das in Innsbruck und in Nordtirol weit verbreitete tiefe Misstrauen gegenüber dem faschistischen Nachbarn von der österreichischen Hauptstadt aus unter strenger Kontrolle gehalten[19].

Während des Krieges teilten beide benachbarten Länder das gemeinsame Schicksal, jeweils der „wahre Feind" des anderen zu sein, in der Nachkriegszeit nahm ihre Schicksalsgemeinsamkeit eine neue Form an: Einerseits war Italien die geographisch nächste Nation mit einem unmittelbaren Interesse am Donauraum und folglich die für Österreich und das Schicksal Österreichs bedeutendste

---

18   Mit diesem Zitat von Conrad beginnt der Beitrag von Lothar HÖBELT über die Beziehungen des Mussolinischen Italiens mit der Heimwehr im vorliegenden Band.

19   Dazu siehe Josef RIEDMANN, Auswirkungen der Politik Italiens auf das österreichische Bundesland Tirol von ca. 1928 bis 1938, in: „Annali dell'Istituto storico italo-germanico in Trento", XV, 1989, 321–346.

Siegermacht, doch zugleich auch diejenige Nation, die Österreich die schmerz-haftesten Gebietsverluste zugefügt hatte. Schmerzhaft war für Österreich der Verlust Südtirols, doch noch schlimmer der Verlust Triests, des adriatischen Küs-tenlands und Istriens. Österreich verlor nämlich damit den Zugang zur Adria und zum Mittelmeer. Der Verfall von der Großmacht mit einer Kriegs- und einer Handelsflotte, die ihre Flagge auf allen Meeren wehen lassen hatte, zu einem klei-nen Alpen- und Binnenland wurde von jenen besonders schmerzhaft empfun-den, die in Wien der Führungsschicht im Wirtschafts- und Verwaltungswesen angehörten. Allein diese Bemerkungen machen verständlich, dass der große ge-schichtliche Einschnitt des Ersten Weltkriegs das einzigartige Verhältnis zwi-schen beiden Ländern nicht unterbrochen hat. Im Gegenteil bildete sich in der ersten Nachkriegszeit eine neue und komplexere gegenseitige Abhängigkeit zwi-schen dem erstarkten Siegerland Italien und der ersten österreichischen Repu-blik heraus, die aus dem Zerfall der österreichisch-ungarischen Monarchie her-vorgegangen war, als Symbol der Vernichtung der alten europäischen Ordnung. Österreich war durch starke ideologische Spannungen und politische Konflikte zerrissen und wirtschaftlich wie finanziell zerrüttet; sein Überleben hing ganz von ausländischen Anleihen und solchen des Völkerbundes ab[20]. Doch gerade diese kleine Republik, die selbst ihre Bürger nicht wollten, nahm einen hohen Stellenwert als Stütze des neuen und fragilen europäischen Staatensystems ein, das aus den Friedensabkommen von 1919 hervorgegangen war.

Die Folgen des Endes der mitteleuropäischen Wirtschaftseinheit

Vor dem Ersten Weltkrieg bildete Mitteleuropa unter der Herrschaft der Habs-burger eine wirtschaftliche Einheit, und trotz regionaler Unterschiede und un-terschiedlicher Entwicklungsstadien bestand tendenziell ein funktionsfähiges wirtschaftliches Ganzes mit einer auf Wettbewerb beruhenden Arbeitsteilung[21]. Die Friedensverträge hatten den einheitlichen Wirtschaftsraum zerstückelt und kleine krisenanfällige Staaten gebildet. Deshalb ist es wohl verständlich, dass es schon beim Abschluss der Pariser Friedenskonferenz zu Überlegungen und Versuchen zur Schaffung einer neuen politischen und insbesondere wirtschaft-

---

20   Eine Übersicht der sozioökonomischen Situation Österreichs findet sich in Ernst HANISCH, Der lange Schatten des Staates. Österreichische Gesellschaftsgeschichte im 20. Jahrhundert (= Österreichische Geschichte 1890–1990 hg. von Herwig Wolfram), Wien 1994, 263–336.

21   Zur Wirtschaftspolitik der Habsburger Monarchie siehe David F. GOOD, Der wirtschaftliche Aufstieg des Habsburgerreiches 1750–1914, Wien 1986 [Orig. The Economic Rise of the Habs-burg Empire. 1750–1914, Berkeley, California 1984].

lichen Grundlage kam, die ein friedliches Zusammenleben der Völker der Donauländer sichern sollte. Dabei handelte es sich in erster Linie um die Erhaltung
einer wirtschaftlichen Einheit des Donauraumes; darüber waren sich prinzipiell
sowohl die Großmächte als auch die Nachfolgeländer der Habsburgermonarchie einig. Doch hinsichtlich der zur Verwirklichung einer neuen einheitlichen
Ordnung der ehemaligen Staaten der Habsburgermonarchie zu unternehmen-
den Schritte gingen die Meinungen selbst der Staaten auseinander, die diese
Notwendigkeit erkannt hatten. Es zeichnete sich insbesondere eine Auseinandersetzung zwischen den Ländern ab, in erster Linie Frankreich und Italien, die
im fraglichen geographischen Bereich eine führende Rolle übernehmen wollten.
Von Anfang an und aus verschiedenen Gründen lehnten die Italiener den von
der französischen Diplomatie vorgeschlagenen Gedanken einer Donauföderation unter französischer Schirmherrschaft ab[22]. Deshalb stimmten zwischen
1919 und 1921 einige italienische Politiker, insbesondere die liberalen und Giolitti selbst sowie auf einer anderen politischen Seite auch Mussolini und ein
Teil der nationalen Presse, allen voran der „Corriere della Sera", dem Entwurf
einer österreichisch-deutschen Union zu[23]. Dieses Anliegen wurde unverzüglich
durch die Tatsache abgebremst, dass laut mehrerer deutscher und österreichischer politischer und diplomatischer Kreise der Anschluss mit der Lösung der
Südtiroler Frage zugunsten Österreichs einhergehen sollte[24].

Im Grunde genommen muss man jedoch eingestehen, dass die italienische
Haltung hinsichtlich der Frage der österreichisch-deutschen Union schon gleich
nach Kriegsende unklar war, weil in Rom in Bezug auf Österreich kein konkre-
ter Plan vorlag und schon gar nicht eine umfassende Ausrichtung hinsichtlich
der mitteleuropäischen Fragen. Man war eigentlich überhaupt nicht auf das Ab-
handenkommen des „Erbfeindes unserer Nation" vorbereitet, wie es in einem
Kommentar zum Friedensvertrag von Saint Germain im „Corriere della Sera"
stand[25]. Während der darauffolgenden Jahre wurde allerdings die Unterstützung
der Unabhängigkeit Österreichs als ein vorrangiges Ziel der Politik Italiens zur

---

22 Zur französisch-italienischen Rivalität und weiterführend zum abwechselnden diplomatischen
und außenpolitischen Spiel zwischen Frankreich und Italien im Zusammenhang mit den Integrationsplänen im donauländischen Bereich von Kriegsende bis anfangs der 1930er-Jahre siehe
den Beitrag von Andreas GÉMES im vorliegenden Band.

23 Zu Mussolini und der Unabhängigkeit Österreichs siehe Benito MUSSOLINI, Opera Omnia,
hg. v. Edoardo und Duilio Susmel, Firenze 1951–1963, XII, 1953, 306–308; ebd., XVI, 1955,
153–154; ebd., XXI, 1956, 319–320.

24 Zur Anschlussfrage siehe den Beitrag von Joachim SCHOLTYSECK im vorliegenden Band; ferner MUHR, Die deutsch-italienischen Beziehungen, 148–197; Giorgio MARSICO, Il problema
dell'Anschluß austro-tedesco 1918–1922, Milano 1983, 139–141.

25 „Corriere della Sera", 10.9.1919.

Bewahrung der Ergebnisse des Sieges im Ersten Weltkrieg und zur Vermei-
dung einer deutschen Vorherrschaft in Mitteleuropa angesehen. Diese Haltung
schien also von der Entwicklung der österreichisch-italienischen Beziehungen
abzusehen, die häufig durch die Südtirol-Frage gestört wurden, wie sie Federico
Scarano im vorliegenden Band nachvollzogen hat.

In der nach dem Ende des russischen und des habsburgischen Reiches so-
wie der deutschen Militär- und Wirtschaftsmacht entstandenen Leere trachtete
Italien als einzige Großmacht unter den Nachfolgestaaten der Monarchie seine
Einfluss- und Kontrollzone von der Adria zu den Donauländern hin zu erweitern und brachte – wie Gémes es im vorliegenden Band darstellt – diesen Anspruch umso offener vor, als es sich um seine Erwartungen im Hinblick auf die
Friedensverträge betrogen fühlte. Italien zielte darauf ab, in Mitteleuropa einen
Raum zu schaffen, der seine Grenzen im Norden und Nordosten schützen sollte,
um hauptsächlich seiner Wirtschaft einen weiten Absatzmarkt zu sichern. Österreich war für Italien der unentbehrliche Schlüssel dazu und ein Zugangstor für
diese Expansionspolitik, wie auch aus dem Beitrag von Pasquale Cuomo über die
wirtschaftlichen und finanziellen Beziehungen zwischen Österreich und Italien
von 1919 bis 1934 in diesem Band hervorgeht[26]. Dieser Gedanke lag schon in
den Programmen der Regierungen Nitti und Giolitti vor, wie das von Karl Renner und Francesco Nitti im Frühjahr 1920 in Rom unterzeichnete Geheimabkommen beweist. Mit diesem Abkommen verpflichtete sich die österreichische
Regierung, die italienische über ihre sämtlichen politischen und wirtschaftlichen
Verhandlungen mit Drittländern zu informieren, womit es praktisch auf jegliche
von Italien unabhängige Außenpolitik verzichtete. Zugleich sicherte sich Italien
eine Schiedsrichterrolle im Donauraum im Wettstreit mit Frankreich[27].

Cuomo führt aus, wie dieser Expansionsversuch auf die Donauländer unmöglich gewesen wäre ohne die Unterstützung und die Kontakte der im eben an das
Königreich Italien angeschlossenen Triest noch vorherrschenden Wirtschafts-

---

26 Für eine ausführlichere Darstellung siehe Pasquale Cuomo, Il miraggio danubiano. Austria e
    Italia politica ed economia 1918–1936 (= Studi e ricerche storiche Franco Angeli), Milano 2012.

27 Eine Zusammenfassung des Gesprächs zwischen Renner und Nitti und der Text des Abkom-
    mens sind in Klaus Koch, Walter Rauscher, Arnold Suppan (Hgg.), Außenpolitische Doku-
    mente der Republik Österreich 1918–1938 [im Folgenden ADÖ], München-Wien 1993–, III:
    Österreich im System der Nachfolgestaaten, München-Wien 1996, Nr. 438 und 438A enthal-
    ten; siehe ferner Stefan Malfèr, Wien und Rom nach dem Ersten Weltkrieg. Österreichisch-
    italienische Beziehungen 1919–1923 (= Veröffentlichungen der Kommission für neuere Ge-
    schichte Österreichs 66), Wien-Köln-Graz 1978, 31–45; Irmtraut Lindeck-Pozza, Vom
    Vertrag von Saint Germain bis zur Machtergreifung des Faschismus, in: Wandruszka, Jedlicka
    (Hgg.), Innsbruck–Venedig, 167–182:172–174 [it. Fassung: I rapporti austro-italiani dal Tratta-
    to di St. Germain all'avvento al potere del fascismo, in „Storia e politica", XIII, 1974, 1–2 , 1–16].

und Finanzkreise. Triest wurde in den 1920er-Jahren der Hauptangelpunkt der Verhandlungspolitik mit Österreich. In jenen Jahren fanden sich zahlreiche Triestiner unter den italienischen Vertretern in den internationalen mitteleuropäischen mit Österreich verbundenen Finanz- und Handelseinrichtungen. Der wichtigen im mitteleuropäischen Raum von Triester Wirtschaftskreisen und einzelnen Bürgern übernommenen Rolle (man denke nur an den durchtriebenen und bedenkenlosen Triestiner Finanzier Camillo Castiglioni, unter seinem Spitznamen „der Haifisch" bekannt[28], an Bonaldo Stringher, Arminio Brunner, Arnoldo Frigessi, Roberto Segre, Igino Brocchi und Fulvio Suvich) entsprach jedoch nicht ein gebührender Aufschwung der julischen Hauptstadt, die wegen des Ausbleibens eines angemessenen Wiederaufbaus ihres Hinterlands nicht der Bezugshafen für den Handelsverkehr der Nachfolgestaaten werden konnte. Obwohl Italien mit Österreich und der Tschechoslowakei Abkommen geschlossen hatte, um dem Triester Hafen eine Knotenpunktfunktion zu sichern, war schon am Anfang der Zwanzigerjahre der deutsche Wettbewerb wach geworden. Die deutschen Eisenbahnen waren moderner und in der Lage, mehr Waren zu günstigeren Preisen zu befördern. Außerdem hatte das Deutschland der Weimarer Republik eine aggressive und im Ausland weitverzweigte Handelsorganisation geerbt. Die von Italien bei der Entwicklung von Triest gemachten Erfahrungen können gewissermaßen als ein Warnzeichen der strukturellen Schwäche der italienischen Expansionsbestrebungen im donauländisch-balkanischen Raum angesehen werden. Diese Schwäche zeichnete sich schon seit der zweiten Hälfte der 1920er-Jahre ab und verstärkte sich weiterhin zur Zeit der weltweiten wirtschaftlichen Depression am Anfang der 1930er-Jahre, wie der Versuch der Schaffung einer österreichisch-deutschen Zollunion im Jahre 1931 und der Tardieu-Plan im darauffolgenden Jahr deutlich machten. Während der ganzen 1920er-Jahre versuchten jedoch Vertreter Italiens, die österreichische Wirtschaftspolitik und die Entscheidungen der Regierung in Wien zu beeinflussen, insbesondere durch ihre Anwesenheit im Kontrollkomitee der Garantiemächte für den Wiederaufbau Österreichs, der von den Gläubigerländern anlässlich des Genfer Protokolls von 1922 auferlegten Einrichtung, worauf im Jahre 1923 die internationale Anleihe an Österreich gewährt wurde. Gerade die mit dieser Anleihe verbundenen Umstände legten die Absicht Italiens an den Tag, sich als erstes und einziges Land in Österreichs interne Angelegenheiten einzumischen[29].

---

28 Dieter STIEFEL, Camillo Castiglioni oder Die Metaphysik der Haifische, Wien-Köln-Weimar 2012.

29 CUOMO im vorliegenden Band.

Die Wende in Italiens Österreich-Politik am Ende der Zwanzigerjahre

Ab 1927 zeichnete sich eine Änderung in der italienischen Außenpolitik ab und folglich auch in den bilateralen Beziehungen mit Österreich, das immer mehr eine Schlüsselposition in Italiens politischen Plänen annahm. Und zwar aus mehreren Gründen. Einerseits hatte Mussolini schon seine Macht in der Innenpolitik gefestigt und maß deshalb der Außenpolitik größere Bedeutung zu. Einige Anstöße rührten jedoch auch von einer Reihe von Änderungen in der internationalen Lage her, die in den Augen der italienischen Politiker und Diplomaten die Bedeutung Österreichs und seiner Unabhängigkeit zunehmend wichtig erscheinen ließ. In Europa zeichnete sich nämlich das Ende von Frankreichs Vorherrschaft ab, besonders aufgrund des wirtschaftlichen und politischen Erstarkens Deutschlands, wo Gustav Stresemanns nationale Politik einerseits auf ein internationales Einverständnis abzielte, doch zugleich auch auf eine Festigung der deutschen Großmacht ausgerichtet war. Der deutsche Außenminister wünschte nämlich die Einheit aller Deutschen außerhalb der Grenzen, insbesondere der Österreicher herbei. Nach dem Beitritt Deutschlands zum Völkerbund im Jahre 1926 nahm außerdem die Frage der Minderheiten eine zentrale Stellung in Stresemanns Politik ein. Insbesondere konnten jetzt die Südtiroler, die sich von Anfang an der von Mussolini auferlegten Zwangsitalienisierung widersetzt hatten, mit Deutschlands großer Zuneigung rechnen. Im November 1927 erklärte Stresemann in Wien, Deutschland wolle gute Beziehungen zu Italien haben, was jedoch von der Behandlung der Südtiroler abhängen sollte. Das war ein Beweis dafür, dass Deutschland wieder in der Lage war, seine politischen Ziele und Interessen zur Sprache zu bringen und vor allem, sie geltend zu machen. Demgegenüber konnte Österreich wegen seiner politischen und wirtschaftlichen Schwäche nicht ernsthaft als Fürsprecher der Südtiroler Sache auftreten, weil es zwangsweise auf eine gewisse Abhängigkeit von Italien angewiesen war, wie auch der Kanzler und spätere Außenminister Österreichs, Ignaz Seipel, feststellen musste[30].

Auch die Regierung Bayerns unter der Präsidentschaft von Heinrich Held bot der konservativen Klientel, die materiell und ideell gegen die Italienisierungspolitik in Südtirol ankämpfte, eine tatkräftige Unterstützung, auch wenn in den einflussreichsten Kreisen des Landes Sympathien für den italienischen Faschismus vorhanden waren. In München befürchtete man nämlich mögliche italienische Ansprüche auf eine Expansion jenseits des Brennerpasses in Nordtirol. 1926, als Mussolini nach dem Wiederaufkommen von österreichisch-deut-

---

30   Siehe die Beiträge von Scholtyseck und Scarano im vorliegenden Band.

schen Anschlusstendenzen sogar damit drohte, im Notfall die italienische Fahne jenseits des Brenners zu hissen, erklärte sich die bayerische Regierung bereit, zur Unterstützung Tirols auch militärisch einzuschreiten, auch wenn sie offiziell von der Angelegenheit nichts wissen wollte, wie aus dem Titel des Beitrags von Jörg Zedler hervorgeht: „Geschrieben sollte in der ganzen Angelegenheit nichts werden." 1928, als Held nach Rom reiste, zog er es vor, zuerst den Papst aufzusuchen und erst danach Mussolini, nicht nur, weil Bayern am Heiligen Stuhl eine diplomatische Vertretung hatte, was gewissermaßen ein Zeichen seiner Unabhängigkeit gegenüber Berlins Zentralisierungsversuchen darstellte, sondern auch, weil Pius XI. der wichtigste Verbündete Bayerns im Kampf zur Verteidigung der deutschen Interessen in Südtirol war[31].

Das offensichtlichste Zeichen der Wende in der italienischen Außenpolitik kam mit der Unterzeichnung eines Freundschafts- und Kooperationsabkommen im April 1927 mit Ungarn unter Graf Istvàn Bethlen, das potentielle Verbindungen von äußerster Wichtigkeit mit sich brachte, zumal es die Frage einer entschiedenen revisionistischen und zugleich auch antijugoslawischen Wende von Mussolinis Politik aufwarf[32]. Wie Gianluca Volpi in seinem Beitrag über die Politik Italiens im Donauraum vom Standpunkt Budapests aus hervorhebt, soll man vom Gemeinplatz der natürlichen Interessengemeinschaft zwischen beiden Ländern abgehen, denn Budapest und Rom näherten sich weder wegen einer ausgesprochenen gegenseitigen Sympathie und Freundschaft an noch aus Gründen echter politischer und kultureller Verwandtschaft. Was beide Nationen zusammenbrachte, waren Aussichten in negativem Sinn: nämlich der Revisionismus und das Erkennen der entsprechenden Notwendigkeit einer Zusammenarbeit zur Überwindung der Opposition der Befürworter des Versailler Systems. Mussolini betrachtete außerdem Ungarn als ein Mittel zum Hinhalten der Kleinen Entente durch die Isolierung des SHS-Königreichs (nach 1929 Jugoslawiens). Der deutsche Revisionismus hingegen sollte durch die Zusammenarbeit mit Österreich eingedämmt werden. Die Kooperation mit Österreich wurde für die Politik Italiens zusehends unentbehrlich. Graf Bethlen betrachtete hingegen die Zusammenarbeit mit Italien als Möglichkeit einer konkreten Unterstützung seines Revisionsprogramms. Italien befand sich jedoch in ganz anderen Verhältnissen als Ungarn und auch Österreich, wo ein möglicher Anschluss eher positiv gewertet wurde. Wie Mussolini dem Fürsten Starhemberg im Jahr 1933 erklärte, wäre eine gesamtdeutsche Lösung der Frage des Donauraums genauso unakzeptabel wie eine panslawistische, weil das Donaubecken

---

31 Zedler im vorliegenden Band.
32 Zu den Beziehungen zwischen Italien und Jugoslawien siehe den Beitrag von Luciano Monzali im vorliegenden Band.

Italiens unmittelbares Hinterland sei. Durch einen eventuellen Verzicht Italiens darauf wäre sein Schicksal das einer Halbinsel am Rande Europa geworden. Das erklärt das Interesse Italiens für alles, was in Österreich und Ungarn vorging[33]. Aus dem Willen, Österreich und Ungarn zu Partnern Italiens im Donauraum zu machen, geht einer der grundlegenden theoretischen Widersprüche der faschistischen Außenpolitik hervor. Der Widerspruch bestand darin, eine Linie des Erhaltens des Status quo und eine revisionistische Linie gleichzeitig verfolgen zu wollen. Das Verhindern des Anschlusses war mit der Unterstützung des sicherlich nicht antideutschen Revisionismus Ungarns kaum versöhnbar[34].

Im Jahr nach der Unterzeichnung des Abkommens mit Ungarn und anlässlich des Besuchs des ungarischen Ministerpräsidenten Bethlen bei Mussolini im April 1928 begann die Geschichte der italienischen Unterstützung der Heimwehr, durch die Mussolini eine neue Art der Annäherung an Österreich anbahnte, obwohl die Verwurzelung dieser Bewegung in Tirol für die italienischen Politiker und Diplomaten verdächtig war[35]. Parallel zur Verstärkung der italienischen Unterstützung der Heimwehr ab 1929 und insbesondere nach der Ernennung des österreichischen Polizeipräsidenten Johannes Schobers zum Bundeskanzler im September desselben Jahres, wurden die skeptischen Einschätzungen der italienischen Diplomatie Wien gegenüber immer seltener und durch positivere und freundschaftlichere Urteile abgelöst[36].

Die letzten Monate des Jahres 1929 stellten also eine wichtige Phase des Wandels in den italienisch-österreichischen Beziehungen dar, die mit dem Ausbruch der Weltwirtschaftskrise zusammenfiel, die das Signal des Beginns der Auflösung der 1919 festgelegten internationalen Ordnung gab. Bislang hatte Österreich in seiner Beziehung zu Italien die untergeordnete Rolle innegehabt und sich den Entscheidungen des stärkeren Nachbarn beugen müssen; diese Lage änderte sich seit den 1930er-Jahren mit dem Emporkommen Deutschlands, wenngleich nicht immer in augenscheinlicher Weise. Zwischen 1929 und 1936 pendelte nämlich Österreich dauernd zwischen anschlussfreundlichen und folglich der italienischen Unterstützung abgeneigten Tendenzen und anschlussfeindlichen Tendenzen zum Erhalt der eigenen Unabhängigkeit hin und

---

33 Siehe den Beitrag von Volpi im vorliegenden Band.

34 Angelo Ara, Die italienische Österreichpolitik 1936–1938, in: Gerald Stourzh, Birgitta Zaar (Hgg.), Österreich, Deutschland und die Mächte. Internationale und österreichische Aspekte des „Anschlusses" vom März 1938 (= Veröffentlichungen der Kommission für die Geschichte Österreichs 16), Wien 1990, 111–129: 313 [it. Fassung: Il problema austriaco nella politica italiana, 1936–1938, in: „Annali dell'Istituto storico italo-germanico in Trento", XV, 1989, 301–319: 303].

35 Siehe den Beitrag von Höbelt im vorliegenden Band.

36 Vgl. I documenti diplomatici italiani, Serie VII, VIII, Nr. 18, 25, 29, 37, 64, 84, 89.

her. Diese Situation verstärkte die Rolle Österreichs als Stütze des schwachen europäischen Gleichgewichts, insbesondere zur Eindämmung Deutschlands, wo Hitlers Machtantritt nunmehr unaufhaltsam war. Seit dem Anfang der Dreißigerjahre arbeitete die österreichische Diplomatie außerdem auch am potentiellen Gegensatz zwischen Frankreich und Italien, den beiden natürlichen Unterstützern von Österreichs Unabhängigkeit, deren Haltung sich diesbezüglich auf verschiedene Weise und mit unterschiedlichen Plänen gestaltete: In Paris orientierte sie sich an der antirevisionistischen Front der Kleinen Entente, Rom hingegen stand an der Spitze der revisionistischen Länder. Die österreichische Diplomatie versuchte, die Beziehungen zu Italien zu verbessern, spielte jedoch weiterhin den französischen Trumpf „gegen" den italienischen aus, was auch einer Hinwendung zur Kleinen Entente und zur Tschechoslowakei gleichkam. Diese Haltung wurde durch die kämpferische österreichische Sozialdemokratie glaubwürdiger, die – wie später eingehender ausgeführt wird – Mussolini fürchtete.

Im Februar 1930 unternahm Schober im Einverständnis mit Mussolini den erfolgreichen Versuch, die Leitung der Heimwehr dem Fürsten Starhemberg anzuvertrauen. Doch erst 1932, nach der Bildung der Regierung Dollfuß, die die Heimwehr nach dem Eingreifen von Mussolini und Seipel unterstützte, erwachte das italienische Interesse an der Heimwehr wieder. Die Bewegung orientierte sich offensichtlich in eine antideutsche Richtung und befürwortete die österreichische Unabhängigkeit. 1932 begannen sich die seit 1929 eingetretenen Änderungen zu konkretisieren. Auch in Ungarn hatte sich die Lage geändert: Auf Karoly war im Oktober 1932 Gömbös, ein alter Bekannter Starhembergs, gefolgt. Gleich nach seiner Ernennung wurde eine gemeinsame italienisch-ungarische Aktion in Betracht gezogen, um in Österreich den Übergang zu einem autoritären Regime einzuleiten[37]. Ungarn spielte eine nicht unerhebliche Rolle bei der Anbahnung und der Entwicklung von Kontakten zwischen Mussolini und der Heimwehr, nicht zuletzt wegen seiner Kontakte mit den Offiziers- und Adelskreisen, die einen wichtigen sozialen Bestandteil der Heimwehr ausmachten.

Hinsichtlich der Entwicklung der italienisch-österreichischen Beziehungen erschien hingegen die Rolle von Jugoslawien als ein Spiel mit umgekehrten Vorzeichen. Heftige Gewitterzeichen zwischen Rom und Belgrad standen stets im Hintergrund, wenn sich der italienische Einsatz in Österreich verstärkte, sowohl im April 1928, beim Beginn der Unterstützung der Heimwehr, als auch im Jahre 1932, als deren Eintritt in die Regierung Dollfuß gefördert wurde[38].

---

37 Siehe auch VOLPI im vorliegenden Band.
38 HÖBELT im vorliegenden Band.

Diese Entwicklung wird im Beitrag von Luciano Monzali nachvollzogen, wobei hervorgehoben wird, dass gerade das Wiederanheben der Spannungen zwischen Italien und Jugoslawien, und zwar schon 1926 wegen Albanien, mit dem Beginn einer entschiedenen Entwicklung der italienischen Außenpolitik im donauländisch-balkanischen Raum einherging. Mussolinis neue Albanienpolitik, die im Laufe verschiedener Abkommen zwischen 1927 und 1928 zum Abschluss gebracht wurde, verursachte eine radikale Verschlechterung der bilateralen Beziehungen mit Belgrad, weil Albanien als Verbündeter Italiens die strategische Position des SHS-Königreichs im Falle eines möglichen italienisch-jugoslawischen Kriegs erheblich geschwächt hätte. Die politische Reaktion der Regierung in Belgrad auf die Verschlechterung der Beziehungen mit Italien bestand in einer weiteren Annäherung an Frankreich, was bei der italienischen Führungsschicht die Furcht aufkommen ließ, Jugoslawien könnte möglicherweise als Frankreichs bewaffneter Arm wirken. Diese Überzeugung war in vielen faschistischen politischen Kreisen weit verbreitet, in denen der kroatische Separatismus stark befürwortet wurde, dessen Anführer vielfach im Exil in Italien weilten[39].

Italien – Österreich – Deutschland 1932–1936

Die Entwicklung der internationalen Lage, auch aufgrund des Erstarkens der nationalsozialistischen Partei, überzeugte Mussolini davon, das Amt des Außenministers im Juli 1932 selbst zu übernehmen. Es war das Zeichen des Beginns eines neuen dynamischeren und aktiveren Abschnitts der italienischen Außenpolitik, die darauf ausgerichtet war, die Entwicklung der europäischen Gleichgewichtslage zum eigenen Vorteil zu nutzen. Mussolini wählte als seine wichtigsten Mitarbeiter Fulvio Suvich und Pompeo Aloisi. Von dieser neuen Phase der italienischen Außenpolitik in Mitteleuropa und im Balkanraum und von der Befürchtung, die sie in den Hauptstädten der Kleinen Entente auslöste, geht der Beitrag von Giorgio Petracchi aus und hebt die „Wende" hervor, die Mussolini in der italienischen Außenpolitik im Sommer 1932 einleiten wollte, als er Dino Grandi aus seinem Amt als Außenminister entließ. Dino Grandis Politik hatte sich entlang einer konservativen und nationalistischen Linie der italienischen Außenpolitik bewegt, wobei die Habsburgermonarchie zur Einschränkung von Russland und Deutschland als unentbehrlich erachtet wurde. Da sich die Monarchie aufgelöst hatte, hatte Grandi den Versuch unternommen, einige ihrer Scherben wieder zusammenzufügen, obgleich ein solches Unterfangen schwie-

---

39 MONZALI im vorliegenden Band.

rig und illusorisch erschien. Grandis Vorhaben bestand darin, in Österreich ein konservatives Regime nach dem Vorbild Ungarns einzuführen. Er zweifelte nicht daran, dass, wenn dieses Ergebnis nicht erreicht werden würde, Österreich vom Deutschen Reich aufgesogen würde. Grandi hegte gegenüber dem Deutschtum großes Misstrauen und eine besondere Abneigung gegen den Nationalsozialismus. Deshalb betrachtete er Österreichs interne Stabilisierung in antideutscher Funktion als Eckstein der gesamten italienischen Politik in Mitteleuropa.

Während seiner Reise nach Mittelosteuropa im Juni 1930, während derer er sich auch in Wien aufhielt, wo er unter anderen auch Schober, Vaugoin und Starhemberg traf, überzeugte sich Grandi davon, dass sie alle, ebenso die Heimwehren und die Mehrheit der Österreicher, für den Anschluss waren[40]. Der italienische Außenminister hatte die Situation Österreichs richtig gedeutet, weil nach dem Abtritt des Mitteleuropäers Ignaz Seipel 1929 in Österreich jegliche ernsthafte Diskussion über Mitteleuropa endete und sich die österreichische Außenpolitik ab 1930 noch entschiedener auf Deutschland ausrichtete[41]. Grandi beabsichtigte also die österreichische Innenpolitik zu beeinflussen, und zwar nicht, um dorthin das faschistische Modell zu exportieren, sondern eher um die Regierung Schober zu unterstützen und den lateinischen Kultureinfluss in Österreich wirken zu lassen bzw. den deutschen einzuschränken. Nach Grandis Meinung sollte Italien die Aufgabe haben, das „latinisierte" Gewebe insbesondere in den höheren österreichischen Gesellschaftsschichten durch die Stärkung der monarchischen Gesinnung wiederaufleben zu lassen. All dies hätte eine Alternative zum Aufbau eines italienisch-österreichisch-deutschen Blocks darstellen sollen, und zwar im Sinne des Anliegens einiger faschistischer Kreise, das zuweilen selbst von Mussolini geteilt wurde. Die Ankündigung des Versuchs, eine österreichisch-deutsche Zollunion im März 1931 ins Leben zu rufen, bereitete Grandis utopischer Strategie ein Ende. Die darauffolgende internationale Krise überzeugte den italienischen Außenminister davon, dass Österreich nicht nur ein italienisch-deutsches, sondern ein europäisches Problem war, zu dessen Lösung Italien nicht den Kontakt mit Frankreich aufgeben und versuchen sollte, mit ihm eine Übereinkunft abzuschließen. Mussolini fasste jedoch ab Oktober 1932 eine neue, entschieden revisionistische Wende mit der Unterstützung von Gömbös' Ungarn ins Auge, das einerseits die österreichische Unabhängigkeit befürwortete, doch andererseits niemals im antideutschen Sinne agierte[42].

---

40   Siehe den Beitrag von Giorgio PETRACCHI im vorliegenden Band.

41   GÉMES im vorliegenden Band.

42   PETRACCHI im vorliegenden Band. Zu den Beziehungen zwischen Gömbös, Mussolini und dem Faschismus siehe ferner VOLPI im vorliegenden Band.

Mussolinis Versuche, auf die österreichische innenpolitische Lage Einfluss zu nehmen, um eine Wandlung im autoritären Sinn mit der völligen Ausschaltung des parlamentarischen Mehrparteiensystems herbeizuführen, gehen schon auf Schobers Amtszeit zurück und waren weit über eine bloß finanzielle Unterstützung der Heimwehr hinausgegangen. Mit Engelbert Dollfuß wurde Mussolini der Möglichkeit gewahr, seine Bestrebungen dort wieder aufzunehmen, wo sie mit Schober ins Stocken geraten waren. Das erste persönliche Treffen beider Regierungschefs kam jedoch erst im Frühjahr 1933 zustande, beinahe ein Jahr nach der Bildung der Dollfuß-Regierung. Gleichzeitig ebnete sich in Österreich der Weg zu einem autoritären Regime, doch infolge von internen politischen Ereignissen und ohne dass Italien damals besondere Schritte unternahm[43].

Helmut Wohnout vollzieht im vorliegenden Band nach, wie Dollfuß mit seiner aufschiebenden Politik nie endgültig auf die italienische Option einging, auch wenn Mussolini ihm zusicherte, dass eine autoritäre Regierung in Österreich mit seiner Unterstützung rechnen könne, solange ihr Ziel in der Erhaltung der Unabhängigkeit des Landes bestünde. Folglich verstärkte Mussolini Anfang Juli 1933 allmählich seinen Druck auf Dollfuß, der sich jedoch auch nach der Begegnung in Riccione im Hinblick auf die Frage der endgültigen Beseitigung der Sozialdemokratie zögernd verhielt, die Mussolinis vorrangiges Anliegen war. Bis Februar 1934 wurde weiterhin Druck ausgeübt und mehr oder wenig verhohlen gedroht, damit die von Italien erwünschten österreichischen innenpolitischen Vorkehrungen binnen kurzem getroffen würden. Die endgültige Ausschaltung der Sozialdemokratie durch die österreichische Regierung im Februar 1934 wurde dann von Mussolini vollauf gebilligt und unterstützt[44].

Bald nach dem Februar 1934 endete plötzlich die Druckausübung von Seiten Italiens auf die österreichische Innenpolitik. Im Mittelpunkt der Gespräche zwischen Mussolini und Dollfuß stand nunmehr die Realisierung der italienischen Ziele hinsichtlich seiner Vorherrschaft im Donaubecken. Daraus ergab sich die Unterzeichnung der Protokolle von Rom am 17. März. Je stärker Italien die österreichische Außenpolitik beeinflusste, desto mehr schien Italiens Aktion im Hinblick auf die konkrete Ausarbeitung von Eingriffen zur Änderung der internen österreichischen Lage, insbesondere hinsichtlich der neuen Verfassung, nachzulassen. Wohnout meint, dies würde die These bekräftigen, dass Mussolinis wahres Interesse an einer autoritären Wende im österreichischen Staat mit der Beseitigung der Sozialdemokratie verbunden war, deren starke Vertretung, besonders in Wien, vom Chef der italienischen Regierung seit jeher als eine

---

43 Höbelt im vorliegenden Band.
44 Siehe auch Scholtyseck im vorliegenden Band.

direkte Bedrohung Italiens angesehen wurde[45]. Überzeugend ist dieses Argument insofern, als jegliche Beteiligung der Sozialdemokratie an einer Regierung wegen ihrer traditionellen guten Beziehungen mit Frankreich und der Kleinen Entente einen unerwünschten Schaden für Mussolinis Donauländerpolitik bedeutet hätte. Von diesem Gesichtspunkt aus zielte der Einfluss Italiens auf die österreichische Innenpolitik auch auf den Schutz der eigenen außenpolitischen Interessen ab. Übrigens betrachtete Mussolini den italienischen Faschismus als eine nur bis zu einem gewissen Punkt wirksam exportierbare Ware. Die Einsetzung einer autoritären Rechtsregierung, die sich auf die Grundsätze des Korporativismus berief, genügte ihm offensichtlich, denn er war an einer treuen, von seinem nördlichen Nachbarn realisierten Kopie des Vorbilds des italienischen Faschismus nicht besonders interessiert[46]. Wohnout hebt weiter hervor, dass andererseits Dollfuß solange wie nur möglich versuchte, sich aus der vollständigen Umklammerung Italiens herauszuwinden, zumal der Weg zur Diktatur für ihn nicht von Anfang an vorgesehen war. Seit der Machtergreifung des Nationalsozialismus in Deutschland verengte sich seine Freiheitsmarge; trotzdem versuchte er, sich mehrere Optionen offenzuhalten, doch am Ende verblieb ihm nur mehr die italienische. Doch die anfänglichen Schwankungen Dollfuß' im Hinblick auf Italien und seine entsprechende Entfernung von der demokratischen Verfassung erfolgten nach Wohnouts Meinung als Auswirkung des von Deutschland nach Hitlers Machtergreifung ausgeübten politischen Drucks und der Verbreitung des österreichischen nationalsozialistischen Terrors, dem später der Kanzler selbst zum Opfer fallen sollte.

Die österreichische Krise im Juli 1934 nach der Ermordung des Kanzlers Dollfuß entsprach für Italien einem Moment der höchsten Verwicklung in der österreichischen Frage, doch zugleich auch einem Umstand, bei dem die herkömmliche Feindseligkeit und das Misstrauen der Österreicher den Italienern gegenüber zutage traten, worüber man sich in Rom im Klaren war[47]. Weniger als einen Monat nach dem Putsch traf Mussolini den neuen österreichischen Kanzler, den Tiroler Kurt Schuschnigg. Mussolinis Frage, ob Österreich in der

---

45 Zur wichtigen, von der Sozialdemokratie ausgeübten Bremswirkung im Hinblick auf eine italienisch-österreichische Annäherung siehe auch Ludwig JEDLICKA, Österreich und Italien 1922–1938, in: Wandruszka, Jedlicka (Hgg.), Innsbruck–Venedig, 197–219 [it. Fassung: Austria e Italia dal 1922 al 1938, in: „Storia e Politica", XIII, 1974, 1–2, 82–105]. Zur Haltung des Heiligen Stuhls, des Staatssekretariats und seiner Diplomatie hinsichtlich des Sozialismus in Österreich und insbesondere in Wien, sowie zur Befürwortung einer Annäherung von Österreich dem faschistischen Italien und Gömbös' Ungarn von Seiten des Vatikans siehe den Beitrag von Andreas GOTTSMANN im vorliegenden Band.

46 WOHNOUT im vorliegenden Band.

47 Vgl. ARA, Die italienische Österreichpolitik, 314.

Lage wäre, ein eventuelles militärisches Eingreifen Italiens auf österreichischem Territorium als Ausdruck einer Unterstützung gegen Hitler zu abzeptieren, beantwortete Schuschnigg verneinend mit der Erklärung, dass eine solche Aktion Italiens Reaktionen von Seiten Jugoslawiens und der Tschechoslowakei hervorrufen würde, wobei die österreichischen Streitkräfte zur Kontrolle der Lage ausreichten. In Wirklichkeit befürchtete man in Wien, dass ein Eingriff des italienischen Heeres die Feindseligkeit der österreichischen Bevölkerung entfachen würde.

Der Vorabend des Anschlusses und das Ende der italienischen Donauländerpolitik

Die Ermordung von Dollfuß durch österreichische Nationalsozialisten schien zu einem endgültigen Bruch zwischen Mussolini und Hitler zu führen, und zwar nicht nur in Bezug auf Österreich. In Südtirol starteten die Nationalsozialisten eine heftige illegale anti-italienische Kampagne und beschuldigten Starhemberg und Schuschnigg, Österreich an das niederträchtigste und unwürdigste Volk verkauft sowie Südtirol verraten zu haben[48]. Mussolinis Versuche, zwischen 1933 und den ersten Monaten des Jahres 1934 zu einem Viererabkommen mit England und Frankreich unter Einbindung Deutschlands für eine Zusammenarbeit unter den europäischen Mächten zur Verhinderung eines Überhandnehmens der deutschen machtpolitischen Bestrebungen zu gelangen, lagen schon weit zurück. Diese Schritte Mussolinis waren mit Interesse und Wohlwollen insbesondere vom Vatikan verfolgt worden, wie Emilia Hrabovec in ihrem Beitrag über die Haltung des Heiligen Stuhls der Tschechoslowakei gegenüber im Kontext der europäischen Krise am Ende der Dreißigerjahre hervorhebt. Die Krise war auch durch einen erstarkenden Einfluss politischer und weltanschaulicher antikatholischer Extremismen gekennzeichnet, die Pius' XI. tiefe Besorgnis hinsichtlich der Zukunft Mittelosteuropas erregten, das zwischen der kommunistischen Sowjetunion im Osten und dem neuheidnischen nationalsozialistischen Deutschland im Westen eingekeilt war. In dieser Situation dachte die Diplomatie des Heiligen Stuhls an einen „lateinischen Block" oder römisch-katholischen Block um einen französisch-italienischen Kern herum. Daher setzte sie sich dafür ein, eine Annäherung zwischen beiden Ländern als grundlegenden Schritt zu einer europäischen Befriedung herbeizuführen und ein Überhandnehmen der deutschen machtpolitischen Bestrebungen zu verhindern. Außer einer Annäherung zwischen Italien und Frankreich erhoffte

---

48   SCARANO im vorliegenden Band.

sich die vatikanische Diplomatie, auch eine Annäherung zwischen Italien und England einzuleiten, und im Frühjahr 1938 versuchte sie sogar, offizielle diplomatische Beziehungen mit England aufzunehmen. In diesem Kontext hoffte man im Vatikan auch, dass der tschechoslowakische Staat nach einer strukturellen Reform zur Gewährleistung der Rechte aller beteiligten Nationalitäten und einer Konsolidierung im katholischen Sinne ein weiteres Element zur Herstellung eines mitteleuropäischen Gleichgewichts und zur Verhinderung der Expansion der totalitären Mächte werden konnte. Allerdings überschätzte der Vatikan weder die interne Reformfähigkeit der tschechoslowakischen Republik noch die Möglichkeiten einer diplomatischen Vermittlung. Im September 1938, als Österreich schon an Hitlers Deutschland angeschlossen war, wurde den Ergebnissen der Münchener Konferenz nicht die Billigung des Papstes zuteil. Er befürchtete nämlich ein weiteres Erstarken des Deutschen Reiches und lehnte die Art der Entscheidungsfindung „de nobis sine nobis" ab. Wenige Tage danach bemerkte Pius XI. im Gespräch mit dem Sekretär für außerordentliche Kirchenfragen, Tardini, dass, wenngleich die Tschechoslowakei nicht dazu berechtigt wäre, ihretwegen die ganze Welt in einen Krieg hineinzuziehen, sie auch ein Recht darauf hätte, nicht wie ein Minderjähriger behandelt zu werden[49].

Zwischen 1934 und 1935 war Deutschlands Aufschwung augenscheinlich, wie es sich vor allem im Wirtschafts- und Handelsbereich unzweideutig zeigte. Das 1932 im antifranzösischen und antideutschen Sinne unterzeichnete Präferenzabkommen zwischen Italien, Österreich und Ungarn, unter der Bezeichnung Semmering-Verträge (oder Brocchi-Verträge, nach dem italienischen Staatsrat Brocchi) bekannt, wurde im Frühjahr 1934 durch Sonderabkommen zunächst mit Österreich und dann mit Ungarn erweitert, doch verfielen diese Verträge noch bevor sie wirksam wurden. Im Jahr darauf erlitt nämlich Italien eine Währungskrise und das Präferenzabkommen wurde beiseitegelegt, weil es volkswirtschaftlich gesehen nicht viel brachte. Deutschland war ferner in der Lage, seine wirtschaftliche Vorherrschaft wegen der hohen Aufnahmefähigkeit seines Binnenmarkts zu behaupten, aber auch wegen einer geschickten Handelspolitik, der es gelang, sich die Kontrolle der Rohstoffe und der für sein Entwicklungsmodell erforderlichen Erzeugnisse zu sichern. Demzufolge konnte Deutschland durch eine kluge Manipulation der Ein- und Ausfuhren den schwächeren Volkswirtschaften Abhängigkeitsverhältnisse auferlegen[50].

Der Anstieg der immer dominanter werdenden deutschen Konkurrenz auch in der Form finanzieller Investitionen in strategischen Sektoren, wie in der Holz- und Papierwirtschaft, in der Energieproduktion und im Transport-

---

49   Emilia HRABOVEC im vorliegenden Band.
50   CUOMO im vorliegenden Band.

wesen, auf die auch die italienischen Interessen in der ersten Nachkriegszeit abgezielt hatten, wird von Gertrude Enderle-Burcel in ihrem Beitrag über die italienischen Kapitalbeteiligungen in Österreich nachvollzogen. Seit 1934 und noch mehr seit 1935 orientierte sich der deutsche Außenhandel vorwiegend nach Südosteuropa, und Österreich wurde als Ausgangsbasis für ein weiteres Expansionsprogramm betrachtet. Damit übte Deutschland einen starken hegemonialen Druck aus. Nach dem Putsch im Juli 1934 und der Entsendung von Papens als Botschafter nach Wien behauptete sich Deutschland immer weiter in Österreich. Zur wirtschaftlichen Aggression gesellten sich auf politischer Ebene Versuche, die Macht auch gewaltsam an sich zu reißen. Die Anwesenheit von italienischem Kapital, die auch während der ersten Nachkriegszeit einer nicht immer positiven Haltung österreichischer Regierungskreise und der öffentlichen Meinung des Landes ausgesetzt war, die deutsches Kapital vorgezogen hätten, war in der zweiten Hälfte der 1930er-Jahre schon stark zurückgegangen[51].

Mit einem wieder erstarkten Deutschland hätte jede österreichische Regierung früher oder später zu einem Modus vivendi gelangen müssen. Mussolini erkannte das und versuchte lediglich, für sich und Österreich die besten Bedingungen herauszuschlagen. Seine Verhandlungen in diesem Sinne wurden jedoch durch sein Abenteuer in Abessinien geschwächt, das Italiens internationale Beziehungen veränderte, es politisch und wirtschaftlich an Deutschland annäherte und den italienischen Bestrebungen, sich eine wirtschaftlich hegemonische Einflusszone im donauländischen Europa zu sichern, ein Ende bereitete, während sich sein Schwerpunkt zum Mittelmeerbereich und nach Afrika hin verlagerte. Dieser von Mussolini erwünschten politischen Wende stimmte ein Teil der italienischen politischen und diplomatischen Kreise, allen voran der Triester Fulvio Suvich, nicht zu. Die Gegner dachten, der Schwerpunkt der italienischen Außenpolitik sollte in Mitteleuropa und im Bündnis mit einem unabhängigen Österreich liegen. Nach dem Verlust seiner Positionen in Österreich sollte das gesamte italienische Einflusssystem allmählich zugunsten Berlins aufgegeben werden[52].

In Budapest wurde die immer stärkere Verlagerung der italienischen Außenpolitik nach Afrika mit Bedauern zur Kenntnis genommen, weil es klar war, dass die Abwesenheit Italiens im Donauraum dem nationalsozialistischen Deutschland zugute kam, mit dem sich Ungarn nun in unangenehmer Weise auseinandersetzen musste[53]. Im nunmehr stark geschwächten Österreich wurde 1936 die

---

51 Enderle-Burcel im vorliegenden Band.
52 Monzali im vorliegenden Band.
53 Zum Paradox der ungarischen Situation Italien und Deutschland gegenüber siehe Volpi im vorliegenden Band.

hitlerfeindliche Komponente der Führungsschicht untergraben. Die Führung der Heimwehr hatte sich anfangs über die Möglichkeit einer „faschistischen Achse" Mussolini-Starhemberg-Göring Illusionen gemacht, doch dieser Plan scheiterte nicht nur an Hitler, sondern auch an Schuschnigg, der den Kompromissweg wählte und das Abkommen vom Juli 1936 mit Hitler mit der Entmachtung und Auflösung der Heimwehr begleitete, was Mussolini im Nachhinein als Fehler beurteilte[54].

Im November 1937 erklärte Mussolini, weiterhin nicht mehr jene Unabhängigkeit schützen zu wollen, die die Österreicher nun nicht mehr wünschten[55]. Der Anschluss war bekanntlich eine harte politische Niederlage für das faschistische Italien, weil Mussolini die Bedeutung seines Verbündeten zum Nachteil des Einflusses Italiens in einer Region wachsen sah, die jetzt schon ganz unter deutscher Hegemonie stand. Im darauffolgenden Jahr markierte das Ende der Tschechoslowakei endgültig den Untergang des Einflusses Italiens in Mitteleuropa gegenüber dem Auftauchen der Hitlerschen Übermacht.

Zur selben Zeit ging auch die kurze Episode der italienischen Politik in Bezug auf Polen zu Ende, die in mancherlei Hinsicht der mit Österreich entsprach, auch wenn sie sich über eine viel kürzere Zeitspanne erstreckte: und zwar von Januar bis August 1939. Valerio Perna beschreibt, wie und warum in wenigen Monaten die freundschaftlichen, auf einer geschichtlichen und kulturellen Verwandtschaft beruhenden Beziehungen durch den Druck auf die polnische Regierung und den Vorwurf der Verantwortungslosigkeit ersetzt wurden, weil Polen das Diktat Deutschlands in der Danziger Frage und in Bezug auf den „Korridor" ablehnte. Mussolini, der wegen der Entwicklung der europäischen Krise und der Gefahr eines bevorstehenden Kriegsausbruches besorgt war, zumal er im Vergleich zu den europäischen Großmächten herabgestuft und in den Hintergrund geschoben war, schrieb die Verantwortung der unnachgiebigen Haltung der polnischen Regierung zu. In Wirklichkeit hatte seit März 1939 das faschistische Italien auf eine erstrangige politische Rolle verzichtet, fand sich allmählich mit einer Randrolle in Mitteleuropa ab und tröstete sich darüber mit dem Mythos der Adria und des Mittelmeers als ausschließlich italienische Einflusszonen im künftigen, von den faschistischen Mächten beherrschten internationalen System.

---

54 Höbelt im vorliegenden Band.
55 Scholtyseck im vorliegenden Band.

Maddalena Guiotto

Italia e Austria: un intreccio di relazioni tra vicine dissimili

In ambito europeo pochi sono i paesi i cui percorsi storici, pur nella loro diversità e asimmetria, furono così profondamente legati tra loro come nel caso di Austria e Italia. Questo singolare rapporto è stato analizzato in alcuni studi per il periodo che va fino alla dissoluzione della monarchia asburgica[1], mancano però a tutt'oggi, sia sul versante italiano che su quello austriaco, ampie e approfondite analisi dei complessi rapporti tra la Prima repubblica austriaca e il regno d'Italia, così come dei contatti e degli scambi tra Austria e Italia dopo la Seconda guerra mondiale, con delle eccezioni che riguardano tuttavia prevalentemente alcuni momenti e aspetti specifici e in particolare la controversa questione sudtirolese; quest'ultima è stata trattata in maniera molto ampia e dettagliata, si potrebbe dire quasi enciclopedica, ma soprattutto da storici di madrelingua tedesca[2].

Il presente volume si propone di colmare, almeno in parte, questa lacuna raccogliendo i contributi presentati a un Convegno di studio che si è tenuto nel

---

1   Si veda come esempio una importante pubblicazione che affronta su un periodo molto lungo, dal 1700 al 1918, le relazioni e influenze reciproche tra Austria e Italia: Brigitte Mazohl-Wallnig, Marco Meriggi (eds.), Österreichisches Italien – Italienisches Österreich? Interkulturelle Gemeinsamkeiten und nationale Differenzen vom 18. Jahrhundert bis zum Ende des Ersten Weltkrieges (= Österreichische Akademie der Wissenschaften, Zentraleuropa-Studien 5), Wien 1999. I saggi contenuti rappresentano una continuità con la storiografia precedente, quella della generazione di Franco Valsecchi e Adam Wandruszka, ai quali si devono i primi tentativi in direzione di una più intensa collaborazione tra storici italiani e austriaci avvenuti agli inizi degli anni Settanta e sfociati in due convegni e nella pubblicazione dei loro atti in: "Storia e politica", XII, 1973, 3, 327–489 e "Storia e politica" XIII, 1974, 1–2 , 1–351. Adam Wandruszka, Ludwig Jedlicka (eds.), Innsbruck-Venedig. Österreichisch-italienische Historikertreffen 1971 und 1972 (= Veröffentlichung der Kommission für Geschichte Österreichs 6), Wien 1975.

2   Una bibliografia complessiva in: Michael GEHLER, Tirol im 20. Jahrhundert. Vom Kronland zur Europaregion, Innsbruck-Wien-Bozen 2008, 479–513. Si veda in particolare Rolf STEININGER, Südtirol zwischen Diplomatie und Terror 1947–1969. Darstellung in drei Bänden (= Veröffentlichungen des Südtiroler Landesarchivs/Pubblicazioni dell'Archivio della Provincia di Bolzano 6, 7, 8), Bozen/Bolzano 1999; ID., Südtirol im 20. Jahrhundert. Vom Leben und Überleben einer Minderheit, Innsbruck-Wien 2004[4]. Per un'ampia trattazione della questione nel periodo tra le due guerre mondiali si veda Rudolf LILL, Südtirol in der Zeit des Nationalismus, Konstanz 2002. In italiano si veda Federico SCARANO, Tra Mussolini e Hitler. Le opzioni dei sudtirolesi nella politica estera fascista (= Collana di Storia internazionale dell'Età contemporanea Franco Angeli), Milano 2012.

dicembre 2008 presso l'Istituto storico italo-germanico della Fondazione Bruno Kessler a Trento. Vi sono analizzate le relazioni tra Austria e Italia negli anni Venti e Trenta del secolo scorso sia dal punto di vista bilaterale che attraverso i loro rapporti con altri paesi dell'area centroeuropea. Privilegiate sono le relazioni politiche, ma largo spazio viene dedicato anche a quelle economiche e non sono trascurate quelle culturali.

Fondamentale per mettere a fuoco il significato e le motivazioni di scelte e avvenimenti che hanno improntato queste relazioni e hanno determinato il loro svolgimento è volgere brevemente lo sguardo all'indietro, poiché dalla "lunga durata" del passato emergono dati di fatto, atteggiamenti e mentalità che spesso influenzarono situazioni successive.

Austria – Italia prima del 1918

Un vivace e continuo scambio di persone, beni e idee, ma anche forti tensioni e scontri hanno caratterizzato gli intensi rapporti italo-austriaci nel corso dei secoli, tanto che è praticamente impossibile studiare la storia di uno dei due paesi senza tenere conto di quella dell'altro. La storia delle relazioni tra Stati confinanti è certamente di per sé caratterizzata da molteplici intrecci politici, culturali ed economici, da significative comunanze oltre che ovviamente da opposizioni e differenze di fondo. Nel caso di Austria e Italia si tratta però di due paesi che più di altri in Europa si sono vicendevolmente influenzati al punto da contribuire ciascuno in maniera determinante all'evoluzione del paesaggio mentale e della Storia del vicino, nonostante l'andamento e i tempi del loro costituirsi politico siano stati diversissimi.

Sulle spoglie dell'eredità spagnola si innestò agli inizi del Settecento il nuovo ruolo degli Asburgo come casa dominatrice straniera in Italia. Il Settecento riformatore fu il secolo della simbiosi culturale austro-italiana, simbiosi che riguardava ovviamente in primo luogo la Lombardia e la Toscana. Il dominio asburgico del Settecento in Italia fu un dominio dinastico, cattolico, aperto alle riforme e fece uso della lingua italiana. Le esperienze dell'età napoleonica rappresentarono però una cesura. L'Austria che ritornò a dominare nella penisola dopo la parentesi napoleonica rimaneva dinastica, cattolica, di lingua italiana, ma non fu più aperta alle riforme, anzi negò il riformismo e soprattutto si oppose allo sviluppo politico-nazionale italiano che metteva in pericolo la sua struttura multinazionale. Dalla settecentesca intesa e fruttuosa collaborazione tra élite austriache e italiane che pensavano in modo sovranazionale si passò quindi nel corso dell'Ottocento a sentire la presenza austriaca in Italia come una dominazione burocratica ed estranea al proprio ambito nazionale. E non si trattava solo del formarsi di profonde differenze di fondo nazionali, ma soprattutto dell'emergere di una forte contrapposizione tra due paesi con concezioni opposte, anzi inconciliabili dello Stato: da un lato lo Stato multinazionale della monarchia asburgica, dall'altro il nascente Stato nazionale italiano[3].

Solo nel 1971 ebbe luogo a Roma la prima visita ufficiale di un capo di Stato austriaco – l'allora presidente della repubblica federale Franz Jonas – dopo l'insediamento del governo italiano nel 1871. Dal punto di vista storico essa rappresentò la restituzione delle visite fatte a Vienna nel 1873 da Vittorio Emanuele II e nel 1881 da Umberto I. La visita del 1873 era stata restituita infatti dall'imperatore Francesco Giuseppe con un viaggio ufficiale nel 1875 a Venezia, ma non nella capitale del regno d'Italia per le complicazioni di natura politica e diplomatica che sarebbero potute derivare dall'attualità della questione romana. La visita di Umberto I nel 1881 non venne però ricambiata e questo accadeva in un'epoca in cui le visite dei monarchi avevano un altissimo valore ufficiale, simbolico e politico. Si trattava quindi solo apparentemente di una mancanza formale, perché in realtà contribuì a offuscare in modo duraturo l'atmosfera delle relazioni tra i due paesi. Sembra che anche per questo motivo Vittorio Emanuele III, che nel 1900 succedette al padre sul trono per un lungo regno che durò sino al 1946, abbia nutrito verso l'Austria una forte avversione che fu visibile e soprattutto duratura nella sua azione politica[4]. Diversamente le visite dei capi di governo e dei vari ministri furono naturalmente frequenti e scontate dal punto di vista politico.

Per capire il retroscena entro cui si collocarono le relazioni tra Austria e Italia nel periodo tra le due guerre mondiali, va tenuta presente anche questa situazione di scontro difficilmente conciliabile sul piano diplomatico delle case dominanti. Tale scontro non interruppe però il corso delle comunanze culturali, della cooperazione e degli intrecci politici tra i due paesi. Più di qualsiasi altra grande potenza l'Austria ebbe un ruolo centrale anche nella formazione dell'identità italiana, sia come odiata nemica e potenza militare occupante che come colei che operò scelte politico-culturali ed economiche determinanti anche nel lungo periodo per l'Italia, in particolare nelle regioni settentrionali direttamente sottoposte alla sua amministrazione[5].

---

3   Paolo Dorsi, Maddalena Guiotto, Nuove ricerche sulle relazioni tra Italia e Austria, in: "Quaderni Giuliani di Storia", XXII, 2001, 2, 303–312: 303. Cfr. più ampiamente Angelo Ara, L'immagine dell'Austria in Italia (1848–1918), in: Id. (ed.), Fra Austria e Italia. Dalle Cinque giornate alla questione alto-atesina (= Civiltà del Risorgimento 23), Udine 1987, 155–214.

4   Holger Afflerbach, Da alleato a nemico. Cause e conseguenze dell'entrata in guerra dell'Italia nel maggio 1915, in: Johannes Hürter, Gian Enrico Rusconi (eds.), L'entrata in guerra dell'Italia nel 1915 (= Annali dell'Istituto storico italo-germanico in Trento Quaderno 78), Bologna 2010, 75–101: 84.

5   Sulla formazione e sviluppo del concetto di italianità si veda Gualtiero Boaglio, Italianità. Eine

Dal 1882 precisi vincoli di alleanza legarono sul piano internazionale l'Austria-Ungheria e l'Italia, le quali però tramite questi vincoli non si erano di fatto maggiormente avvicinate, ma anzi poste psicologicamente in un clima di reciproca diffidenza[6]. Nonostante i rapporti fossero improntati alla massima correttezza formale, con ininterrotte reciproche manifestazioni esteriori di fedeltà al trattato della Triplice Alleanza, i due alleati erano pienamente informati su chi fosse il loro vero nemico e da ambedue le parti si procedette a palesi preparativi militari per assicurarsi le migliori posizioni di partenza in caso di conflitto[7]. Si delineava la curiosa, equivoca e contraddittoria natura dei rapporti italo-austriaci che dalla seconda metà del XIX secolo sembrarono svolgersi su due piani diversi e tale natura avrebbe caratterizzato le relazioni tra i due paesi anche dopo gli enormi rivolgimenti provocati dalla Prima guerra mondiale e per buona parte del secolo scorso. Sotto la correttezza formale, alla quale erano improntate le relazioni italo-austriache, si celavano posizioni contrastanti, reciproca diffidenza e ombre profonde nelle due opinioni pubbliche e nell'immagine dell'altro paese in esse diffusa[8]. Ma nonostante i numerosi contrasti l'alleanza italo-austriaca all'interno della Triplice durò trentatré anni e sfociò nell'aperta conflittualità solamente nel 1915.

L'alleanza non era riuscita quindi a creare un durevole clima amichevole tra i due paesi e rimase un accordo puramente strumentale come dimostrarono le trattative avviate dopo l'inizio della guerra. È stato giustamente osservato che nella primavera 1915 "a trattare non furono due amici, bensì due nemici, che non si potevano sopportare, mentre il terzo alleato, decisamente più gradito a entrambi, cercava di mediare nel proprio interesse"[9].

Begriffsgeschichte, Wien 2008. Sull'amministrazione asburgica in particolare in Lombardia e Veneto si vedano: Brigitte MAZOHL-WALLNIG, Österreichischer Verwaltungsstaat und administrative Eliten im Königreich Lombardo-Venetien 1815–1859 (= Veröffentlichungen des Instituts für Europäische Geschichte Mainz, Abteilung Universalgeschichte 146), Mainz 1993 e Andreas GOTTSMANN, Venetien 1859–1866. Österreichische Verwaltung und nationale Opposition (= Österreichische Akademie der Wissenschaften, Zentraleuropa-Studien 8), Wien 2005.

6   Sulla Triplice Alleanza e i rapporti italo-austriaci al suo interno cfr. Holger AFFLERBACH, Der Dreibund: Europäische Großmacht- und Allianzpolitik vor dem Ersten Weltkrieg, Wien-Köln-Weimar 2002, 487–532.

7   Silvio FURLANI, Adam WANDRUSZKA, Austria e Italia. Storia a due voci, 2° edizione riveduta e ampliata a cura di Maddalena Guiotto e Stefan Malfèr, Bologna 2002, 166–167 [in tedesco: Österreich und Italien. Ein bilaterales Geschichtsbuch, Wien 2002, 170–171].

8   Si veda a questo riguardo Angelo ARA, Brigitte MAZOHL, Prefazione, in: FURLANI, WANDRUSZKA, Austria e Italia, IX–XI. Inoltre Claus GATTERER, Italiani maledetti, maledetti austriaci: l'inimicizia ereditaria, Bolzano 1992[3] [orig. Erbfeindschaft Italien-Österreich, Wien-München-Zürich 1972].

9   AFFLERBACH, Da alleato a nemico, 85.

Dopo l'entrata in guerra dell'Italia nell'Austria-Ungheria e nel Reich tedesco si diffuse l'impressione che l'alleato fin dall'inizio non avesse avuto intenzione di rispettare gli impegni assunti e questo contribuisce a spiegare il profondo risentimento austriaco e tedesco nei confronti dell'Italia che durò ben oltre la fine del primo e anche del secondo conflitto mondiale. Era un'impressione che oggi sappiamo essere scorretta, ma alla cui diffusione aveva largamente contribuito l'ambigua tendenza della politica estera italiana, ereditata da quella dello Stato sabaudo e dettata in parte anche dalla posizione geografica dell'Italia, di oscillare nelle alleanze tra i potenti vicini e di mercanteggiare continuamente per ottenere compensazioni e vantaggi. Inoltre l'entrata in guerra dell'Italia ebbe conseguenze decisive per il decorso del conflitto e suggellò, nel lungo periodo, la sconfitta delle potenze con cui l'Italia era stata alleata dal 1882. Il loro profondo risentimento nei confronti della dichiarazione di guerra italiana è quindi più che comprensibile.

A questo va aggiunto che da parte austriaca l'Italia venne vista e continuò a essere ritenuta come la maggiore responsabile della fine della monarchia. Era anche questa una convinzione più che comprensibile, anche se non si dove scordare che il ministro degli Esteri Sidney Sonnino condusse l'Italia in guerra contro l'Austria anche per ottenere le terre "irredente", ma rimase persuaso sino alla vigilia del disfacimento dell'Austria-Ungheria – e con lui anche altri e non solo nei circoli governativi e politici italiani – della necessità di mantenere in vita lo Stato multinazionale nell'interesse dell'Italia quale barriera contro il pangermanesimo e il panslavismo[10]. Questa visione geopolitica della funzione dell'Austria avrebbe continuato ad avere un'influenza nella politica estera italiana anche nel ventennio tra le due guerre. La politica danubiano-balcanica del ministro degli Esteri Dino Grandi, dal 1929 al 1932, si mosse nel solco di questa linea conservatrice e nazionalistica della politica estera italiana, la stessa che all'epoca di Crispi aveva mirato a ridimensionare l'Austria-Ungheria quanto bastava a non provocare il suo dissolvimento, in modo che la duplice monarchia restasse abbastanza forte da bloccare la Russia impedendole di acquisire una posizione egemonica fino all'Adriatico[11].

---

10   Wolfgang ALTGELD, Das Deutsche Reich im italienischen Urteil 1871–1945, in: Klaus Hildebrand (ed.), Das Deutsche Reich im Urteil der Großen Mächte und europäischen Nachbarn (= Schriften des Historischen Kollegs Kolloquien 33), München 1995, 107–121: 114.

11   Si vedano Lothar HÖBELT, L'impero austro-ungarico e l'Italia nell'era di Crispi, in: "Archivio storico siciliano", serie IV, XI, 1985, 164–175 [in tedesco ibid. 143–163]; il contributo di Giorgio PETRACCHI nel presente volume; inoltre Luciano MONZALI, Riflessioni sulla cultura della diplomazia italiana in epoca liberale e fascista, in: Giorgio Petracchi (ed.), Uomini e nazioni. Cultura e politica estera nell'Italia del Novecento, Udine 2005, 24–43.

Dall'altra parte l'unanime convinzione del mondo politico italiano che le potenze centrali avessero scatenato con intenzione il conflitto e che l'Austria-Ungheria non avrebbe osato imboccare la via della guerra senza un forte incoraggiamento e appoggio da parte tedesca, rendeva impossibile qualsiasi apertura italiana nei confronti degli alleati e in particolare nei confronti della monarchia asburgica che veniva vista come lo Stato di polizia che impediva la liberazione delle terre irredente e la conclusione dell'unità nazionale.

Nel maggio 1915 l'Italia entrò in guerra soltanto contro uno dei due alleati, ossia contro la monarchia asburgica, sotto la pressione delle potenze dell'Intesa, stuzzicata dalla prospettiva di grandi guadagni territoriali a lungo agognati a spese appunto dell'Austria-Ungheria[12]. Immediatamente furono interrotte le relazioni diplomatiche anche con la Germania, ma l'Italia, nonostante le pressioni dell'Intesa, si rifiutò di dichiarare guerra anche a Berlino. Tale dichiarazione sarebbe seguita solo dopo più di un anno in una situazione politico-militare complessivamente mutata. Il carattere stesso della guerra che l'Italia combatté dal maggio 1915 rimase a lungo fondamentalmente antiaustriaco, al contrario della guerra combattuta dall'Inghilterra e dalla Francia che fu in prima linea antitedesca. Anche da parte austriaca dopo il 1915 la guerra contro il vicino meridionale è stata l'unica guerra realmente popolare. Questa realtà si rispecchiò anche nelle trattative di pace del 1919 a Parigi, dove l'Italia per raggiungere gli scopi per cui era entrata in guerra era interessata soprattutto alla pace con l'Austria, cioè al trattato di Saint Germain, e molto meno alla pace con la Germania. E nel concludere la pace con la Germania a Versailles l'Italia era assai più impegnata a regolare i propri rapporti con gli alleati dell'Intesa che non i rapporti con la Germania. Ma erano soprattutto le decisioni riguardo al futuro dell'Austria che stavano in stretto rapporto con la nuova posizione di grande potenza dell'Italia, con un nuovo equilibrio nell'Europa centrale e orientale e soprattutto con la questione dei confini italiani[13].

---

12 Si veda inoltre Gian Enrico RUSCONI, L'azzardo del 1915. Come l'Italia decide la sua guerra, Bologna 2005.

13 Si vedano Alberto MONTICONE, Le relazioni italo-tedesche durante la prima guerra mondiale, in: Faschismus – Nationalsozialismus. Ergebnisse und Referate der 6. Italienisch-deutschen Historiker-Tagung in Trier, Braunschweig 1964, 28–41: 40; Leo VALIANI, La dissoluzione dell'Austria-Ungheria, Milano 1966, 97–138; Josef MUHR, Die deutsch-italienischen Beziehungen in der Ära des Ersten Weltkrieges (1914–1922), Göttingen-Frankfurt-Zürich 1977, 61–74, 147–167; ALTGELD, Das Deutsche Reich im italienischen Urteil, 116; Francesco CACCAMO, L'Italia e la 'Nuova Europa'. Il confronto sull'Europa orientale alla conferenza di pace di Parigi (1919–1920), Milano 2000.

La cesura della Grande guerra nell'Europa danubiano-balcanica e lo scambio delle parti tra Austria e Italia

La guerra provocò cambiamenti politico-istituzionali di una portata e vastità come in Europa, e in particolare nell'Europa centrale, orientale e meridionale, non erano mai stati sino allora sperimentati. Due imperi, quello zarista e quello asburgico erano spariti, quello tedesco era stato fortemente ridotto nella sua potenza militare ed economica e i territori del quarto impero, quello ottomano, vennero suddivisi dopo la conclusione del conflitto. Mentre i territori che appartenevano alla Germania e alla Russia in linea di massima rimasero uniti, le cose andarono in modo molto diverso per quanto riguardava il sistema di Stati scaturito dal disfacimento dell'impero austro-ungarico nell'area danubiano-balcanica. La geografia politica di quel territorio venne radicalmente cambiata dalla guerra e l'applicazione del principio di Wilson, che si scontrava con situazioni preesistenti estremamente complicate, provocò nuove contraddizioni e contrasti. Se nel magmatico terreno dell'Europa danubiana nessun equilibrio può essere considerato definitivo, nel ventennio tra le due guerre l'instabilità fu acuita anche dal protrarsi della contrapposizione tra "vincitori" e "vinti"[14], e soprattutto dal nuovo "disordine" creato dagli autori dei trattati di Parigi[15]. "Un periodo terribile inizia per l'Europa, un'afa pretemporalesca che finirà probabilmente in una esplosione ancora più terribile della guerra mondiale", pronosticava nei suoi diari lo scrittore e diplomatico anglo-tedesco conte Harry Kessler[16].

Nell'inquieto e intricato contesto mitteleuropeo degli anni Venti e Trenta, al quale è dedicata la seconda parte di questo volume, le relazioni tra Austria e Italia erano radicalmente mutate, come del resto anche tra l'Austria e le grandi potenze e gli altri paesi confinanti. Ma nel caso di Austria e Italia si trattava di un molteplice rovesciamento di precedenti situazioni e mentalità che provocò addirittura una sorta di scambio delle parti. Al posto dell'antica monarchia danubiana c'era la neonata piccola repubblica che costituiva tutto quello che era rimasto dell'impero multinazionale. Della sua forza vitale dubitava la maggioranza dei suoi cittadini. Era uno Stato tenuto assieme per volere delle potenze vincitrici, ma non voluto né tanto meno amato dalla maggioranza degli austriaci. Al contrario, il regno d'Italia con l'ottenimento di Trento e Trieste aveva raggiunto il compimento dello Stato nazionale e, se prima della guerra aveva avuto

---

14   Zbyněk A. ZEMAN, Der Zusammenbruch des Habsburgerreiches, Wien 1963, 8 [orig. The Break-up of the Habsburg Empire, Oxford 1961].

15   Ennio DI NOLFO, Storia delle relazioni internazionali 1918–1922, Roma-Bari 1994, 12.

16   Annotazione del 10 gennaio 1920, in: Harry Graf KESSLER, Tagebücher 1918–1937, Wolfgang Pfeiffer-Belli (ed.), Frankfurt am Main 1961, 206.

un ruolo di secondo piano a livello internazionale, era ora con la Francia e l'Inghilterra una grande potenza, anche se la più debole dal punto di vista politico-istituzionale ed economico. Questo radicale capovolgimento della situazione tra Austria e Italia è sicuramente un dato di fatto che va tenuto presente per tutto il periodo tra le due guerre mondiali, perché ha riflessi profondi, oltre che ovviamente sulle concrete relazioni politiche ed economiche, anche a livello di immagini e recezioni reciproche[17].

Se alcuni ambienti della nobiltà, in particolare quelli vicini all'erede al trono Francesco Ferdinando, e gli alti circoli militari di Vienna non avevano mai nascosto la loro scarsa simpatia per l'Italia, proprio uno dei loro massimi esponenti, il feldmaresciallo Franz Conrad von Hötzendorf, che prima del 1914 non aveva fatto che perorare la necessità di una guerra preventiva contro l'alleato infido, nel 1919, appena sei mesi dopo la fine del conflitto, scrisse che era un vero peccato che gli austriaci fossero stati costretti a essere così profondamente ostili nei confronti dell'Italia[18]. Ma mentre parte dei ceti dirigenti della vecchia Austria si abituarono in maniera sorprendentemente veloce a vedere nella "traditrice" Italia un protettore, la demolizione dei vecchi risentimenti presso la più ampia opinione pubblica fu invece molto più lenta. Anzi, non avvenne mai completamente, come avrebbero dimostrato le ripetute ondate di diffidenza e ostilità dell'opinione pubblica austriaca nei confronti dell'Italia anche nei momenti di massima vicinanza e affinità tra i governi dei due paesi negli anni 1933–34. Il ruolo di protettrice dell'indipendenza dell'Austria nei confronti delle mire di annessione della Germania nazionalsocialista che l'Italia aveva assunto in quegli anni – un'indipendenza però che solo una minoranza degli austriaci voleva – contribuì ad aumentare lo scetticismo e l'inimicizia di buona parte di loro verso l'Italia.

L'ostilità nei confronti del paese confinante non era mai venuta meno in particolare in Tirolo, dove anzi il problema del Sudtirolo, soprattutto in seguito alla politica di italianizzazione forzata adottata dal fascismo a partire dalla fine degli anni Venti, non fece che renderla più acuta. Ma il cancelliere Seipel, malgrado avesse in cuor suo molta simpatia per i sudtirolesi, riteneva più importante delle polemiche per il Sudtirolo ottenere l'appoggio italiano per il prestito della Società delle Nazioni. Nella prima metà degli anni Trenta, quando tra Vienna e Roma prevaleva la sintonia, la profonda diffidenza nei confronti del vicino fasci-

---

17 A questo riguardo si vedano le considerazioni di Stefan Malfèr, Un programma escluso oppure prolungato? Pregiudizi tra Austria e Italia negli anni Venti, in: Nicoletta Dacrema (ed.), Felix Austria Italia infelix? Tre secoli di relazioni culturali italo-austriache, Roma 2004, 125–142.

18 Con questa citazione di Conrad si apre il contributo di Lothar Höbelt sui rapporti dell'Italia di Mussolini con la Heimwehr nel presente volume.

sta ampiamente diffusa a Innsbruck e nel Tirolo settentrionale era tenuta sotto stretto controllo dalla capitale austriaca[19].

Durante la guerra i due paesi vicini erano stati accomunati dal destino di essere l'uno il "vero nemico" dell'altro, nel dopoguerra questa comunanza di destini trovò una nuova espressione: da una parte l'Italia era la nazione più vicina geograficamente, immediatamente interessata al territorio danubiano e quindi all'Austria, era la potenza vincitrice più importante per il destino austriaco, ma era anche la nazione che aveva inflitto all'Austria le perdite territoriali più dolorose. Se dolorosa fu la perdita del Tirolo meridionale, ancora peggiore fu per l'Austria la perdita di Trieste, del Litorale adriatico e dell'Istria. L'Austria infatti perse l'accesso all'Adriatico e al Mediterraneo. La decadenza da grande potenza che aveva avuto una flotta da guerra e una mercantile e aveva mostrato la sua bandiera su tutti i mari a piccolo paese alpino e interno fu particolarmente sentita da tutti coloro che a Vienna erano appartenuti alle categorie dirigenti nel mondo economico e amministrativo. Già queste considerazioni lasciano intendere che la grande cesura storica della Prima guerra mondiale non aveva interrotto il singolare rapporto tra i due paesi. Anzi, nel primo dopoguerra si delineò una nuova e più complicata interdipendenza tra l'Italia, paese vincitore e ora più forte, e la Prima repubblica austriaca che, nata dal crollo della monarchia austro-ungarica, era il simbolo della distruzione del vecchio ordine europeo. Era un paese dilaniato da forti tensioni ideologiche, da conflitti civili e disastrato sul piano economico e finanziario, la cui sussistenza dipendeva totalmente dai prestiti esteri e della Società delle Nazioni[20]. Ma proprio questa piccola repubblica, che i suoi stessi cittadini non volevano, aveva un alto valore anche come puntello del nuovo e fragile sistema di Stati europei che era emerso dagli accordi di pace del 1919.

Le conseguenze della fine dell'unità economica centroeuropea

Prima della Grande guerra l'Europa centrale costituiva sotto la sovranità degli Asburgo un'unità economica e, a parte le differenze regionali e i diversi stadi di sviluppo economico, vi era un insieme economico per lo più funzionante con

---

19   Si veda a questo riguardo Josef Riedmann, Auswirkungen der Politik Italiens auf das österreichische Bundesland Tirol von ca. 1928 bis 1938, in: "Annali dell'Istituto storico italo-germanico in Trento", XV, 1989, 321–346.

20   Un quadro sintetico della situazione socio-economica austriaca in Ernst Hanisch, Der lange Schatten des Staates. Österreichische Gesellschaftsgeschichte im 20. Jahrhundert (= Österreichische Geschichte 1890–1990 a cura di Herwig Wolfram), Wien 1994, 263–336.

una suddivisione del lavoro basato sulla concorrenza[21]. I trattati di pace avevano smembrato lo spazio economico unitario e creato piccoli Stati soggetti a crisi. È quindi comprensibile che ancora sul finire della Conferenza di pace di Parigi si sviluppassero riflessioni e tentativi per creare una nuova base politica e soprattutto economica per la convivenza pacifica dei popoli dell'Europa danubiana. Si trattava in prima linea di mantenere un'unità economica dello spazio danubiano e su questo erano d'accordo in linea di massima sia le grandi potenze che gli Stati successori della monarchia asburgica. Sulle vie da intraprendere per raggiungere un nuovo ordine unitario degli Stati che avevano fatto parte della monarchia asburgica le opinioni erano però discordi anche tra i diversi paesi che ne avevano riconosciuto la necessità. Si delineava in particolare lo scontro tra quei paesi, in prima linea Francia e Italia, che avrebbero voluto assumere un ruolo guida in quell'area geografica. Gli italiani avversarono da subito e per diversi motivi l'idea di una federazione danubiana propagata dalla diplomazia francese e dominata dalla Francia, tanto che tra il 1919 e il 1921 alcuni politici italiani, in particolare i liberali, lo stesso Giolitti, su un altro fronte politico anche Mussolini e una parte della stampa nazionale, con alla testa il "Corriere della Sera", furono favorevoli al progetto di unione austro-tedesca, tuttavia subito frenati dal fatto che in molti ambienti politici e diplomatici tedeschi e austriaci l'Anschluss era abbinato alla soluzione, ovviamente a favore dell'Austria, della questione sudtirolese[22].

Nel complesso si deve però ammettere che la posizione italiana riguardo al problema dell'unione austro-tedesca fu dall'immediato dopoguerra poco chiara, poiché mancava a Roma un concreto piano di condotta nei confronti dell'Austria, nell'ancora più grave mancanza di un globale indirizzo nei confronti delle questioni centro-europee. Del resto, non si era nemmeno preparati alla scomparsa del "nemico ereditario della nostra nazione", come scriveva commentando il trattato di pace di Saint Germain il "Corriere della Sera"[23]. L'appoggio all'indipendenza austriaca venne però considerato negli anni successivi un obiettivo

---

21 Sulla politica economica della monarchia asburgica si veda David F. Good, Der wirtschaftliche Aufstieg des Habsburgerreiches 1750–1914, Wien 1986 [orig. The Economic Rise of the Habsburg Empire. 1750–1914, Berkeley, California 1984].

22 Sulla rivalità franco-italiana e più ampiamente sull'alterno gioco diplomatico e di politica estera tra Francia e Italia nel contesto dei piani di integrazione mitteleuropei dalla fine della guerra ai primi anni Trenta si veda il contributo di Andreas Gémes nel presente volume. Sulla questione dell'Anschluss si veda il contributo di Joachim Scholtyseck nel presente volume; inoltre Muhr, Die deutsch-italienischen Beziehungen, 148–197; Giorgio Marsico, Il problema dell'Anschluß austro-tedesco 1918–1922, Milano 1983, 139–141. Su Mussolini e l'indipendenza austriaca si veda Benito Mussolini, Opera Omnia, Edoardo e Duilio Susmel (eds.), Firenze 1951–1963, XII, 1953, 306–308; ibid., XVI, 1955, 153–154; ibid., XXI, 1956, 319–320.

23 "Corriere della Sera", 10 settembre 1919.

di primaria importanza della politica italiana, per difendere i frutti della vittoria della Prima guerra mondiale e per evitare un'egemonia germanica nell'Europa centrale, e appare così svincolato dall'andamento delle relazioni austro-italiane turbate spesso dalla questione sudtirolese, come ricostruisce Federico Scarano nel presente volume.

Nel vuoto derivato dalla fine dell'Impero russo e di quello asburgico, nonché della potenza militare ed economica tedesca l'Italia, come unica grande potenza tra gli Stati successori della monarchia, mirava ad ampliare la propria zona di influenza e di controllo dall'area adriatica a quella danubiana e – come osserva Gémes nel presente volume – questa pretesa veniva posta tanto più apertamente quanto più l'Italia si sentiva tradita nelle sue aspettative rispetto ai trattati di pace. L'Italia intendeva, oltre che creare uno spazio nella Mitteleuropa che proteggesse le sue frontiere settentrionali e nordorientali, soprattutto aprire un ampio mercato di sbocco per la propria economia. L'Austria rappresentava per l'Italia l'indispensabile chiave e porta d'accesso per questa sua politica di espansione come emerge anche dal contributo di Pasquale Cuomo sui rapporti economici e finanziari tra Austria e Italia dal 1919 al 1934 nel presente volume[24]. Quest'idea era già presente nei programmi dei governi Nitti e Giolitti, come dimostrava l'accordo segreto siglato da Karl Renner e Francesco Nitti nella primavera 1920 a Roma. Con questo accordo il governo austriaco si impegnava a informare quello italiano su tutte le trattative politiche ed economiche che avrebbe inteso condurre con un terzo paese, rinunciando quindi in pratica a una politica estera autonoma dall'Italia, mentre l'Italia iniziava ad assicurarsi il ruolo di arbitro nello spazio danubiano in contrapposizione con la Francia[25].

Cuomo ricostruisce come questo tentativo di espansione verso l'Europa danubiana non sarebbe stato possibile senza l'appoggio e i contatti dei gruppi economici e finanziari ancora dominanti nella Trieste appena annessa al regno d'Italia e che negli anni Venti divenne il perno principale della politica negoziale con

---

24   Si veda inoltre più ampiamente Pasquale Cuomo, Il miraggio danubiano. Austria e Italia politica ed economia 1918–1936 (= Studi e ricerche storiche Franco Angeli), Milano 2012.

25   Le sintesi del colloquio tra Renner e Nitti e il testo dell'accordo sono pubblicati in Klaus Koch, Walter Rauscher, Arnold Suppan (eds.), Außenpolitische Dokumente der Republik Österreich 1918–1938 [d'ora innanzi ADÖ], München-Wien 1993–, III: Österreich im System der Nachfolgestaaten, München-Wien 1996, dd. 438 e 438A; si vedano inoltre Stefan Malfèr, Wien und Rom nach dem Ersten Weltkrieg. Österreichisch-italienische Beziehungen 1919–1923 (= Veröffentlichungen der Kommission für neuere Geschichte Österreichs 66), Wien-Köln-Graz 1978, 31–45; Irmtraut Lindeck-Pozza, I rapporti austro-italiani dal Trattato di St. Germain all'avvento al potere del fascismo, in "Storia e politica", XIII, 1974, 1–2 , 1–16 [in tedesco: Vom Vertrag von Saint Germain bis zur Machtergreifung des Faschismus, in: Wandruszka, Jedlicka (eds.), Innsbruck-Venedig, 167–182: 172–174].

l'Austria. Numerosa fu in quegli anni la presenza di triestini tra i rappresentanti italiani presso istituzioni internazionali, finanziarie e commerciali centroeuropee e legate all'Austria. All'importante ruolo assunto in ambito centroeuropeo dai suoi gruppi economici e da singoli cittadini triestini (si pensi allo scaltro e spregiudicato finanziere triestino Camillo Castiglioni, soprannominato "lo squalo"[26], a Bonaldo Stringher, Arminio Brunner, Arnoldo Frigessi, Roberto Segre, Igino Brocchi e Fulvio Suvich) non corrispose però un uguale rilancio del capoluogo giuliano che, essendo venuta a mancare una adeguata ricostruzione del suo entroterra, non riuscì a diventare il porto di riferimento per il traffico commerciale degli Stati successori. Nonostante l'Italia avesse stretto degli accordi con l'Austria e la Cecoslovacchia per riassicurare la funzione nodale al porto triestino, già agli inizi degli anni Venti era emergente la concorrenza tedesca. Le ferrovie tedesche erano più moderne e in grado di trasportare più materiale e a prezzi più convenienti. Inoltre la Germania di Weimar aveva ereditato una organizzazione commerciale molto aggressiva e diffusa capillarmente all'estero. La difficoltà dimostrata dall'Italia nel rilanciare Trieste può essere vista, in un certo qual modo, come un segnale premonitore della debolezza strutturale delle ambizioni espansionistiche italiane nell'area danubiano-balcanica, debolezza che si manifestò già a partire dalla seconda metà degli anni Venti e che la depressione economica mondiale agli inizi degli anni Trenta avrebbe ulteriormente aumentato, come evidenziarono il tentativo di Zollunion austro-tedesca nel 1931 e il piano Tardieu l'anno successivo. Tuttavia per tutti gli anni Venti i rappresentanti italiani tentarono di influenzare la politica economica austriaca e le scelte del governo di Vienna soprattutto tramite la loro presenza nel Comitato di controllo delle potenze garanti per la ricostruzione dell'Austria, l'organo voluto dai paesi creditori in occasione del protocollo ginevrino del 1922, in seguito al quale nel 1923 venne emesso il prestito internazionale all'Austria. Proprio nelle vicende legate a questo prestito fu evidente l'intenzione dell'Italia di rimanere il primo e unico paese a ingerire negli affari interni austriaci[27].

La svolta nella politica austriaca dell'Italia alla fine degli anni Venti

A partire dal 1927 si profilò un cambiamento nella politica estera italiana e di conseguenza anche nelle relazioni bilaterali con l'Austria, che venne sempre più assumendo una posizione chiave nei piani politici italiani. Le cause erano molte-

---

26   Dieter STIEFEL, Camillo Castiglioni oder Die Metaphysik der Haifische, Wien-Köln-Weimar 2012.

27   CUOMO nel presente volume.

plici. Da un lato Mussolini aveva ormai consolidato il suo potere sul fronte della politica interna e rivolse quindi maggiore attenzione alla politica estera, ma la spinta venne anche da una serie di cambiamenti della situazione internazionale che fecero aumentare agli occhi dei politici e diplomatici italiani l'importanza dell'Austria e della sua indipendenza. In Europa si profilava infatti la fine dell'egemonia della Francia in seguito al rafforzamento non solo economico ma anche politico della Germania, dove la politica nazionale di Gustav Stresemann era tesa sì all'accordo internazionale ma era contemporaneamente orientata anche al ristabilimento della grande potenza tedesca. Il ministro degli Esteri tedesco si augurava infatti l'unione all'interno del Reich tedesco di tutti i popoli tedeschi fuori dai confini e in particolare in Austria. Inoltre, dopo l'adesione della Germania al Patto della Società delle Nazioni nel 1926, la questione delle minoranze acquistò un posto centrale nella politica di Stresemann. In particolare i sudtirolesi, che si erano opposti sin dall'inizio alla loro italianizzazione forzata imposta da Mussolini, poterono ora contare sulla grande simpatia della Germania. Nel novembre 1927 Stresemann dichiarò a Vienna che la Germania voleva avere buone relazioni con l'Italia, ma che questo dipendeva dal trattamento dei sudtirolesi. Questo dimostrava che la Germania era nuovamente in grado di porre sul tappeto politico i suoi scopi e interessi e soprattutto di farli valere. Mentre l'Austria, a causa della sua debolezza politica ed economica, non poteva proporsi seriamente come portavoce della causa sudtirolese, poiché era costretta a una certa dipendenza dall'Italia, come dovette constatare anche il cancelliere e poi ministro degli Esteri austriaco Ignaz Seipel[28].

Anche il governo bavarese, con alla testa il presidente del Consiglio Heinrich Held, diede un forte sostegno alle clientele conservatrici che materialmente e idealmente lottavano contro la politica di italianizzazione del Sudtirolo, nonostante simpatie per il fascismo italiano fossero diffuse negli ambienti bavaresi più influenti. A Monaco erano infatti presenti timori di possibili aspirazioni italiane a espandersi oltre il Brennero nel Tirolo del nord. Nel 1926, quando Mussolini in seguito al riacutizzarsi delle tendenze annessionistiche austro-tedesche minacciò addirittura di portare in caso di necessità la bandiera italiana oltre il Brennero, il governo bavarese si dichiarò pronto a intervenire anche militarmente a sostegno del Tirolo, anche se ufficialmente non voleva avere nulla a che fare con la questione, come recita il titolo del contributo di Jörg Zedler: "Nulla dovrebbe essere scritto dell'intera faccenda". Nel 1928 quando Held fece un viaggio a Roma, preferì fare visita prima al papa e poi a Mussolini, non solo perché presso la Santa Sede la Baviera aveva una rappresentanza diplomatica che in qualche modo sottolineava l'autonomia della Baviera contro i tentativi

---

28 Nel presente volume si vedano i contributi di Scholtyseck e di Scarano.

unificatori di Berlino, ma anche perché Pio XI era il più importante alleato della Baviera nella lotta per difendere gli interessi tedeschi nel Sudtirolo[29].

Il segnale più esplicito del cambiamento di rotta della politica estera italiana fu la firma nell'aprile 1927 di un accordo di amicizia e di cooperazione con l'Ungheria del conte Istvàn Bethlen, accordo che recava in sé connessioni potenziali di estrema importanza, poiché poneva la questione di una decisiva svolta revisionistica e al tempo stesso anche antijugoslava della politica di Mussolini[30]. Come sottolinea Gianluca Volpi nel suo contributo sulla politica italiana nell'area danubiana vista da Budapest, nel quale prende decisamente le distanze dal luogo comune della naturale convergenza di interessi fra i due paesi, Budapest e Roma non si avvicinarono per la conclamata reciproca simpatia e amicizia, né per ragioni di autentica affinità politica e culturale. A unire le due nazioni furono prospettive in negativo: ovvero il revisionismo e il riconoscimento della correlata necessità di cooperare per superare l'opposizione dei sostenitori del sistema di Versailles. Mussolini vide inoltre nell'Ungheria il mezzo per tenere a bada la Piccola Intesa isolando il regno SHS (dal 1929 di Jugoslavia) e ponendo nel contempo un freno al revisionismo tedesco con la cooperazione dell'Austria che diveniva quindi sempre più indispensabile alla politica italiana. Il conte Bethlen riconobbe invece nella collaborazione con l'Italia la possibilità di ricevere un appoggio concreto al suo programma di revisione. L'Italia però si trovava in condizioni diverse da quelle dell'Ungheria e anche dell'Austria, paesi dove prevaleva una visione positiva nei confronti di un eventuale Anschluss. Come Mussolini fece capire al principe Starhemberg nel 1933, una soluzione pangermanica del problema danubiano sarebbe stata altrettanto inaccettabile di una panslava, perché il bacino del Danubio era la retrovia immediata dell'Italia. Se questa vi avesse rinunciato, il suo destino sarebbe stato quello di diventare una penisola alla periferia dell'Europa. Ecco dunque spiegato l'interesse italiano per tutto quanto avveniva in Austria e in Ungheria[31]. Dalla volontà di fare di Austria e Ungheria i due partners dell'Italia nell'Europa danubiana emerge quindi una delle contraddizioni teoriche fondamentali della politica estera fascista, quella di volere seguire contemporaneamente una linea di conservazione dello status quo e una linea revisionistica. Impedire l'Anschluss non era facilmente compatibile con l'appoggio al revisionismo non certo antitedesco dell'Ungheria[32].

---

29 ZEDLER nel presente volume.

30 Sui rapporti tra Italia e Jugoslavia si veda il contributo di Luciano MONZALI nel presente volume.

31 Si veda il contributo di VOLPI nel presente volume.

32 Angelo ARA, Il problema austriaco nella politica italiana, 1936–1938, in "Annali dell'Istituto storico italo-germanico in Trento", XV, 1989, 301–319: 303 [in tedesco: in: Gerald Stourzh, Birgitta Zaar (ed.), Österreich, Deutschland und die Mächte. Internationale und österreichische

L'anno successivo alla firma dell'accordo con l'Ungheria e durante la visita del primo ministro ungherese Bethlen a Mussolini, nell'aprile 1928, ebbe inizio la storia del sostegno italiano alla Heimwehr, tramite la quale Mussolini avviò un nuovo tipo di avvicinamento all'Austria, sebbene il radicamento in Tirolo del movimento fosse sospetto agli occhi dei politici e diplomatici italiani[33]. Parallelamente a un maggior sostegno italiano alla Heimwehr, a partire dal 1929 e soprattutto dopo la nomina a cancelliere del presidente della polizia austriaca Johannes Schober nel settembre di quello stesso anno, i giudizi scettici della diplomazia italiana nei confronti di Vienna divennero sempre più rari e lasciarono il posto a valutazioni più positive e amichevoli[34].

Gli ultimi mesi del 1929 rappresentarono quindi una fase di cambiamento importante nei rapporti italo-austriaci, fase che coincideva con l'esplodere della crisi economica mondiale, la quale diede il segnale d'inizio dello scioglimento dell'ordine internazionale stabilito nel 1919. Se fino ad allora l'Austria nel suo rapporto con l'Italia aveva avuto un ruolo subordinato e si era dovuta piegare alle scelte del vicino più forte, a partire dagli anni Trenta, con il riemergere della Germania, questa situazione cambiò, anche se non sempre in modo evidente. Tra il 1929 e il 1936 l'Austria continuò infatti a oscillare tra tendenze favorevoli all'Anschluss, e quindi contrarie all'appoggio italiano, e quelle minoritarie di difesa della propria indipendenza. Questa situazione aumentò il valore dell'Austria quale puntello del fragile equilibrio europeo, soprattutto in funzione contenitiva della Germania dove l'ascesa di Hitler era ormai inarrestabile. Dai primi anni Trenta la diplomazia austriaca lavorò inoltre anche sul potenziale contrasto tra Francia e Italia, le due naturali sostenitrici dell'indipendenza austriaca, che si ponevano in modi e con piani diversi nei suoi confronti: a Parigi sul fronte antirevisionista della Piccola Intesa, a Roma invece a capo dei paesi revisionisti. La diplomazia austriaca cercò un miglioramento delle relazioni con l'Italia, ma continuò a giocare la carta francese – che significava anche virare verso la Piccola Intesa e la Cecoslovacchia – "contro" quella italiana. A rendere più credibile questo atteggiamento c'era il bellicoso partito socialista austriaco che, come si dirà meglio in seguito, Mussolini temeva.

Nel febbraio 1930, in accordo con Mussolini, Schober cercò con successo di affidare la guida della Heimwehr al principe Starhemberg. Ma fu solo nel 1932, dopo la formazione del governo Dollfuß, a cui la Heimwehr dietro intervento di Mussolini e di Seipel diede il suo sostegno, che l'interesse italiano per la

---

Aspekte des „Anschlusses" vom März 1938 (= Veröffentlichungen der Kommission für die Geschichte Österreichs 16), Wien 1990, 111–129].

33   Si veda il contributo di Höbelt nel presente volume.

34   Cfr. I documenti diplomatici italiani, serie VII, VIII, dd. 18, 25, 29, 37, 64, 84, 89.

Heimwehr si risvegliò. Il movimento si stava infatti ormai muovendo in una evidente direzione antitedesca e a favore dell'indipendenza austriaca. Nel 1932 i cambiamenti in atto dal 1929 cominciarono a concretizzarsi. Anche in Ungheria la situazione era mutata: a Karoly era succeduto nell'ottobre 1932 Gömbös, un vecchio conoscente di Starhemberg. Subito dopo la sua nomina venne presa in considerazione un'azione comune italo-ungherese per provocare in Austria il passaggio verso un regime autoritario[35]. L'Ungheria ebbe un ruolo non trascurabile sia nell'avvio che nello sviluppo dei contatti tra Mussolini e la Heimwehr, non per ultimo a causa dei suoi contatti con gli ambienti degli ufficiali e della nobiltà che rappresentavano una componente sociale importante della Heimwehr.

Per lo sviluppo dei rapporti italo-austriaci di segno opposto fu invece il ruolo ricoperto dalla Jugoslavia. Forti segnali di tempesta tra Roma e Belgrado fecero infatti sempre da sfondo ogni qual volta aumentava l'impegno italiano in Austria, sia nell'aprile 1928, quando iniziò il sostegno alla Heimwehr, che nel 1932, quando si promosse l'ingresso di quest'ultima nel governo di Dollfuß[36].

Questo andamento viene confermato nella ricostruzione di Luciano Monzali che sottolinea come proprio il riesplodere delle tensioni tra Italia e Jugoslavia, già nel 1926 a causa dell'Albania, segnò l'inizio di una decisa evoluzione della politica estera italiana nell'Europa danubiana e balcanica. La nuova politica albanese di Mussolini, che si perfezionò nel corso di vari accordi tra il 1927 e il 1928, provocò un radicale deterioramento dei rapporti bilaterali con Belgrado, perché l'Albania era un alleato che indeboliva non poco la posizione strategica del Regno SHS nel caso di un eventuale conflitto bellico italo-jugoslavo. La reazione politica del governo di Belgrado al peggioramento dei rapporti con l'Italia fu l'ulteriore avvicinamento alla Francia, una mossa che infuriò la classe dirigente italiana e fece sorgere la paura della Jugoslavia quale possibile braccio armato della Francia. Era un'ossessione diffusa in molti ambienti politici fascisti, all'interno dei quali erano forti le simpatie verso il separatismo croato, molti capi del quale erano esuli in Italia[37].

Italia – Austria – Germania 1932–1936

L'evoluzione della situazione internazionale, in seguito anche al rafforzamento del partito nazionalsocialista, convinse Mussolini a riassumere in prima persona la carica di ministro degli Esteri nel luglio 1932. Fu il segnale dell'inizio di una

---

35 Si veda anche VOLPI nel presente volume.
36 HÖBELT nel presente volume.
37 MONZALI nel presente volume.

nuova fase della politica estera italiana, più dinamica e attiva, pronta a sfruttare l'evoluzione degli equilibri europei a proprio vantaggio. Mussolini scelse come suoi principali collaboratori Fulvio Suvich e Pompeo Aloisi. Da questa nuova fase della politica estera italiana nell'Europa centrale e balcanica e dai timori che essa suscitò nelle capitali della Piccola Intesa prende le mosse il contributo di Giorgio Petracchi che sottolinea il carattere di "svolta" che Mussolini volle imprimere alla politica estera italiana nell'estate 1932 licenziando Dino Grandi dal suo incarico di ministro degli Esteri. La politica di Dino Grandi si era mossa nel solco della linea conservatrice e nazionalistica della politica estera italiana che riteneva la monarchia asburgica indispensabile per contenere la Russia e la Germania. Dal momento che la monarchia si era sfasciata Grandi avrebbe desiderato tentare di ricomporre alcuni di quei cocci, per quanto l'operazione potesse apparire difficile e illusoria. Il progetto di Grandi era di creare in Austria un regime conservatore sul modello di quello ungherese. Qualora questo risultato non fosse stato conseguito, egli non aveva dubbi che l'Austria sarebbe stata risucchiata nel mondo teutonico. Vi era in Grandi profonda diffidenza verso il mondo germanico e avversione nei confronti del nazismo. Considerò pertanto la stabilizzazione interna austriaca in funzione antigermanica come chiave di volta di tutta la politica italiana nella Mitteleuropa.

Durante il suo viaggio nell'Europa centro-orientale nel giugno 1930, nel corso del quale si fermò anche a Vienna, dove incontrò tra gli altri Schober, Vaugoin e Starhemberg, Grandi si convinse che tutti costoro, come anche le Heimwehren e la maggioranza degli austriaci desideravano l'Anschluss[38]. Il ministro degli Esteri italiano aveva correttamente interpretato la situazione austriaca, poiché dopo le dimissioni del mitteleuropeo Ignaz Seipel nel 1929 ebbe fine in Austria ogni seria discussione sull'Europa centrale e dal 1930 la politica estera austriaca si orientò ancora più decisamente verso la Germania[39]. Grandi intendeva quindi influenzare la politica interna austriaca non allo scopo di esportarvi il modello fascista, quanto piuttosto di puntellare il governo Schober e di espandere l'influenza culturale latina in Austria per contrastare quella germanica. Secondo Grandi all'Italia sarebbe spettato il compito di resuscitare il tessuto "latinizzato" soprattutto dell'alta società austriaca mediante il rafforzamento del sentimento monarchico. Tutto ciò avrebbe dovuto essere alternativo all'ipotesi della costruzione di un blocco italo-austro-tedesco, secondo le propensioni di alcuni circoli fascisti, condivise saltuariamente dallo stesso Mussolini. L'annuncio del tentativo di unione doganale austro-tedesca del marzo 1931 decretò la fine della strategia utopista di Grandi. La crisi internazionale che ne seguì convinse il ministro

---

38   Si veda il contributo di Giorgio Petracchi nel presente volume.
39   Gémes nel presente volume.

degli Esteri italiano che l'Austria fosse un problema non solo italo-tedesco ma europeo, per la cui soluzione conveniva all'Italia non perdere il contatto con la Francia e cercare anzi di giungere a un accordo con essa. Mussolini puntò invece dall'ottobre 1932 su una nuova decisa svolta revisionista appoggiandosi all'Ungheria di Gömbös, la quale sosteneva sì l'indipendenza austriaca ma tuttavia mai in chiave antitedesca[40].

I tentativi di Mussolini di influire nella situazione politica interna austriaca, per accelerare una sua trasformazione in senso autoritario con la completa soppressione del sistema multipartitico e parlamentare, risalivano già al periodo del cancellierato di Schober ed erano andati ben oltre il sostegno finanziario alla Heimwehr. Con Engelbert Dollfuß Mussolini riconobbe di avere la possibilità di riprendere le sue aspirazioni nel punto in cui si erano arenate con Schober; ma il primo incontro personale tra i due capi di governo avvenne solo nella primavera 1933, quasi un anno dopo la formazione del governo Dollfuß. Contemporaneamente si aprì in Austria la strada verso il regime autoritario, in seguito però a degli eventi politici interni e senza che l'Italia compisse allora passi particolari[41].

Helmut Wohnout ricostruisce nel presente volume come Dollfuß, con la sua politica dilatoria, continuò a non consegnarsi definitivamente all'opzione italiana, malgrado Mussolini lo avesse rassicurato che un governo autoritario in Austria, finché avesse avuto come obiettivo l'indipendenza del paese, avrebbe potuto contare sul suo aiuto. Di conseguenza Mussolini dall'inizio del luglio 1933 aumentò progressivamente la sua pressione su Dollfuß, il quale rimase tuttavia titubante anche dopo l'incontro di Riccione riguardo alla questione della definitiva eliminazione della socialdemocrazia, che era la questione che più interessava invece Mussolini. Pressioni e minacce, più o meno velate, qualora i provvedimenti di politica interna austriaca auspicati dall'Italia non fossero stati applicati in breve tempo, continuarono sino al febbraio 1934, quando la dura azione di soppressione della socialdemocrazia attuata dal governo austriaco incontrò la piena approvazione e il sostegno del duce[42].

Dopo questa data le pressioni da parte italiana nei confronti della politica interna austriaca cessarono all'improvviso. Al centro dei colloqui tra Mussolini e Dollfuß stava ora la realizzazione delle aspirazioni italiane di egemonia nel bacino danubiano che portarono alla firma dei protocolli di Roma il 17 marzo. Più l'influenza italiana aveva il sopravvento in politica estera, tanto più sembrava retrocedere l'azione italiana diretta all'elaborazione concreta di cambiamenti po-

---

40 Petracchi nel presente volume. Per la ricostruzione dei rapporti tra Gömbös, Mussolini e il fascismo cfr. inoltre Volpi in questo volume.

41 Höbelt nel presente volume.

42 Si veda anche Scholtyseck in questo volume.

litici interni austriaci, in particolare riguardo alla nuova costituzione. Secondo Wohnout questo consoliderebbe la tesi che il vero interesse di Mussolini nella sua azione a favore della costituzione dello Stato autoritario in Austria fosse l'eliminazione della socialdemocrazia, la cui forte posizione soprattutto a Vienna era sempre stata vista dal capo del governo italiano come una minaccia diretta per l'Italia[43]. Questo è convincente in quanto ogni partecipazione della socialdemocrazia a un governo avrebbe rappresentato un indesiderato danno alla politica danubiana di Mussolini a causa dei suoi rapporti tradizionalmente buoni con la Francia e la Piccola Intesa. Sotto questo punto di vista l'influenza italiana nella politica interna austriaca ebbe anche una funzione di salvaguardia dei propri interessi di politica estera. Mussolini del resto considerò il fascismo italiano solo fino a un certo punto come un articolo che poteva essere efficacemente esportato. L'insediamento di un governo autoritario di destra che si richiamava a principi corporativi evidentemente allora gli bastava e non era particolarmente interessato a una fotocopia fedele del modello del fascismo italiano realizzata dal suo vicino settentrionale[44]. Wohnout sottolinea come dall'altro canto Dollfuß abbia tentato finché gli fu possibile di sfuggire al completo abbraccio italiano, tanto più che per lui la via verso la dittatura non era prevista fino dall'inizio. Dal momento della presa del potere del nazionalsocialismo in Germania il suo margine di libertà si restrinse; ciò nonostante cercò di mantenersi aperte diverse opzioni, ma alla fine gli rimase solo quella italiana. Ma l'iniziale incerta oscillazione di Dollfuß verso l'Italia e il suo conseguente allontanamento dalla costituzione democratica, secondo Wohnout, avvennero come effetto della pressione politica esercitata dalla Germania dal momento della salita al potere di Hitler e del dilagare del terrore dei nazionalsocialisti austriaci, per mano dei quali sarebbe stato ucciso lo stesso cancelliere.

La crisi austriaca del luglio 1934, seguita all'uccisione del cancelliere Dollfuß, rappresentò il momento di massimo coinvolgimento dell'Italia nella questione austriaca, ma al tempo stesso anche un frangente in cui si evidenziarono nuovamente la storica ostilità e diffidenza degli austriaci nei confronti degli italiani,

---

43 Sull'importante ruolo svolto dalla socialdemocrazia anche come freno all'avvicinamento italo-austriaco si veda anche Ludwig JEDLICKA, Austria e Italia dal 1922 al 1938, in "Storia e Politica", XIII, 1974, 1–2, 82–105 [in tedesco: Österreich und Italien 1922–1938, in: Wandruszka, Jedlicka (eds.), Innsbruck-Venedig, 197–219].
Sull'atteggiamento della Santa Sede, della Segreteria di Stato e della sua diplomazia nei confronti del socialismo in Austria, in particolare a Vienna, e sull'appoggio vaticano all'avvicinamento dell'Austria all'Italia fascista e all'Ungheria di Gömbös si veda il contributo di Andreas GOTTSMANN in questo volume.

44 WOHNOUT nel presente volume.

di cui a Roma si era consapevoli[45]. Meno di un mese dopo il putsch Mussolini incontrò il nuovo cancelliere austriaco, il tirolese Kurt Schuschnigg. Alla richiesta di Mussolini se l'Austria sarebbe stata in grado di appoggiare un eventuale sconfinamento italiano come espressione di aiuto militare contro Hitler, Schuschnigg rispose negativamente, spiegando che l'azione italiana avrebbe provocato le reazioni della Jugoslavia e della Cecoslovacchia e aggiungendo che le forze austriache erano sufficienti per controllare la situazione. In realtà a Vienna si temeva che un intervento dell'esercito italiano avrebbe scatenato l'ostilità della popolazione austriaca.

Verso l'Anschluss e la fine della politica danubiana dell'Italia

L'uccisione di Dollfuß per mano dei nazisti austriaci sembrò portare a una rottura definitiva di Mussolini con Hitler e non solo riguardo all'Austria. In Sudtirolo erano i nazisti a riprendere illegalmente la più violenta campagna antiitaliana accusando Starhemberg e Schuschnigg di avere venduto l'Austria al più vile e indegno dei popoli e di aver tradito il Sudtirolo[46]. Ormai erano alle spalle i tentativi di Mussolini, tra il 1933 e i primi mesi del 1934, di giungere a un Patto a Quattro con l'Inghilterra, la Francia e inglobando anche la Germania, per una cooperazione tra le potenze europee che fosse in grado di impedire che le ambizioni tedesche di politica di potenza prendessero il sopravvento. Questi passi erano stati seguiti con interesse e favore in particolare dal Vaticano, come sottolinea Emilia Hrabovec nel suo contributo sull'atteggiamento della Santa Sede nei confronti della Cecoslovacchia nel contesto della crisi europea della fine degli anni Trenta, crisi caratterizzata anche da un crescente influsso di estremismi politici e ideologici anticattolici che suscitarono in Pio XI profonde preoccupazioni per il futuro dell'Europa centro-orientale incuneata tra l'Unione Sovietica comunista a est e la neopagana Germania nazionalsocialista a ovest. In questa situazione la diplomazia della Santa Sede iniziò a pensare a un "blocco latino", o romano-cattolico, attorno al nucleo franco-italiano e si impegnò a favorire un avvicinamento tra i due paesi come passo fondamentale verso la pacificazione europea e per impedire che le ambizioni tedesche di politica di potenza avessero il sopravvento. Oltre all'avvicinamento italo-francese la diplomazia vaticana sperò anche in un avvicinamento italo-britannico, giungendo nella primavera del 1938 addirittura a tentare di aprire relazioni diplomatiche ufficiali con l'Inghilterra. In questo contesto in Vaticano si sperava anche che

---

45 Cfr. Ara, Il problema austriaco nella politica italiana, 304.
46 Scarano nel presente volume.

lo Stato cecoslovacco, riformato strutturalmente per garantire i diritti di tutte le nazionalità che lo componevano e consolidato in senso cattolico, potesse diventare un ulteriore elemento dell'equilibrio mitteleuropeo e un impedimento all'espansione delle potenze totalitarie. Tuttavia il Vaticano non sopravvalutò né la capacità di riforma interna della repubblica cecoslovacca né le possibilità di una azione di mediazione diplomatica. Nel settembre 1938, quando l'Austria era ormai già stata annessa dalla Germania hitleriana, i risultati della Conferenza di Monaco non incontrarono l'approvazione del pontefice. Egli temeva infatti un ulteriore rafforzamento del Reich tedesco e respingeva il modo in cui si era giunti alla decisione "de nobis sine nobis". Pochi giorni dopo Monaco Pio XI osservò parlando con il segretario per le Questioni ecclesiastiche straordinarie Tardini che, per quanto fosse vero che la Cecoslovacchia non aveva il diritto di trascinare nella guerra tutto il mondo a causa sua, era però altrettanto vero che essa aveva il diritto di non essere trattata da minorenne[47].

Tra il 1934 e il 1935 la ripresa della Germania era ormai evidente, come emerge in maniera inequivocabile in ambito economico-commerciale. Il sistema preferenziale tra Italia, Austria e Ungheria, noto con il nome di accordi del Semmering e siglato nel 1932 in funzione sia antifrancese che antitedesca, nella primavera 1934 venne allargato attraverso accordi speciali prima con l'Austria e poi con l'Ungheria, tuttavia essi si esaurirono ancor prima di entrare a regime. L'anno successivo l'Italia conobbe infatti una crisi valutaria e questo sistema preferenziale venne accantonato perché inefficiente per l'economia nazionale. La Germania inoltre era diventata capace di imporre la propria egemonia economica grazie a un'elevata possibilità di assorbimento del proprio mercato interno e a un'abile politica commerciale capace di assicurarsi il controllo delle materie prime e dei prodotti necessari al proprio modello di sviluppo, in maniera tale da riuscire a imporre condizioni di dipendenza alle economie più deboli attraverso un'accorta manipolazione sia delle importazioni che delle esportazioni[48].

L'emergere della forte concorrenza tedesca anche sotto forma di investimenti finanziari in settori strategici come quello della produzione del legname, della carta, nel settore della produzione di energia e dei trasporti, verso i quali avevano puntato anche gli interessi italiani nell'immediato dopoguerra, è ricostruita da Gertrude Enderle-Burcel nel suo contributo sulle partecipazioni di capitale italiane in Austria. Dal 1934, e ancor più dal 1935, il commercio estero tedesco si spostò chiaramente verso l'Europa sudorientale e l'Austria venne vista come base di partenza per l'ulteriore programma di espansione. Aumentò così la forte pressione economica tedesca. Dopo il putsch del luglio 1934 e l'invio di von Pa-

---

47   Emilia Hrabovec in questo volume.
48   Cuomo nel presente volume.

pen come ambasciatore a Vienna la Germania si affermò sempre più in Austria. L'aggressione sul piano economico andava di pari passo con tentativi sul piano politico di assumere il potere anche con la violenza. La presenza del capitale italiano, che anche nel primo dopoguerra aveva dovuto fare i conti con un atteggiamento non sempre positivo nei suoi confronti da parte di circoli governativi austriaci e dell'opinione pubblica del paese che avrebbero preferito capitale tedesco, nella seconda metà degli anni Trenta si era già fortemente dimensionata[49].

Con una Germania ritornata forte qualsiasi governo austriaco avrebbe dovuto prima o poi giungere a un modus vivendi. Mussolini lo riconobbe e cercò solamente di ottenere per sé e per l'Austria le condizioni migliori. Le sue trattative in questa direzione vennero però indebolite dall'avventura in Abissinia che mutò lo scenario delle alleanze internazionali dell'Italia e l'avvicinò politicamente ed economicamente alla Germania, mettendo fine alle aspirazioni italiane di costruirsi un'area di influenza economica nell'Europa danubiana e spostando il centro della sua attenzione verso l'area mediterranea e l'Africa. Questa svolta politica decisa da Mussolini non venne condivisa da una parte degli ambienti politici e diplomatici italiani, con il triestino Fulvio Suvich in testa, che ritenevano che l'asse fondamentale della politica estera italiana dovesse essere l'Europa centrale e l'alleanza con l'Austria indipendente. Perse le posizioni in Austria, tutto il sistema d'influenza italiano sarebbe progressivamente crollato a vantaggio di Berlino[50].

A Budapest si prese atto con rammarico del gravitare sempre più forte della politica estera italiana verso l'Africa, perché appariva chiaro che la latitanza italiana dall'area danubiana andava a vantaggio della Germania nazista che ora l'Ungheria era spiacevolmente obbligata ad affrontare[51]. Nell'ormai debolissima Austria nel 1936 venne minata la componente antihitleriana del gruppo dirigente. Il comando della Heimwehr si era fatto inizialmente illusioni sulla possibilità di un "asse fascista" Mussolini-Starhemberg-Göring, ma questo progetto fallì non solo a causa di Hitler ma anche di Schuschnigg che imboccò la via del compromesso e accompagnò l'accordo del luglio 1936 con Hitler all'esautorazione e allo scioglimento della Heimwehr, scioglimento che Mussolini avrebbe in seguito valutato come un errore[52].

---

49 ENDERLE-BURCEL in questo volume.
50 MONZALI in questo volume.
51 Sul paradosso della situazione ungherese rispetto all'Italia e alla Germania si veda VOLPI nel presente volume.
52 HÖBELT in questo volume.

Nel novembre 1937 Mussolini dichiarò che non avrebbe continuato a proteggere quell'indipendenza che gli austriaci ormai non desideravano più[53]. L'Anschluss rappresentò notoriamente una dura sconfitta politica per l'Italia fascista, poiché ancora una volta Mussolini vide crescere in Europa il peso del suo alleato, a scapito dell'influenza italiana in un'area ormai tutta sotto l'egemonia germanica. L'anno successivo la fine della Cecoslovacchia segnò definitivamente il declino dell'influenza italiana nell'Europa centrale di fronte all'emergere dello strapotere hitleriano.

In quello stesso periodo si compì anche la breve parabola della politica italiana nei confronti della Polonia, identica per molti versi a quella dell'Austria, anche se sviluppatasi in un tempo molto più breve: da gennaio all'agosto del 1939. Valerio Perna ricostruisce come e perché in pochi mesi i rapporti di cordiale amicizia basati sulle affinità storiche e culturali furono sostituiti dalle pressioni e dalle accuse di irresponsabilità rivolte al governo polacco colpevole di non accettare il Diktat della Germania sulla questione di Danzica e del "corridoio". Mussolini, preoccupato per l'evolversi della crisi europea e per il rischio di una guerra imminente, ridotto a uno stato di inferiorità rispetto alle grandi potenze europee che lo relegava in secondo piano, ne addossava la responsabilità all'atteggiamento di intransigenza assunto dal governo polacco. In realtà a partire dal marzo 1939 l'Italia fascista aveva rinunciato a svolgere un ruolo politico di primo piano e si era rassegnata a divenire progressivamente marginale nell'Europa centrale, consolandosi con il mito dell'Adriatico e del Mediterraneo quali zone appartenenti alla sfera d'influenza esclusiva italiana nel futuro sistema internazionale dominato dalle Potenze fasciste.

---

53 SCHOLTYSECK in questo volume.

2. Der mitteleuropäische Kontext/
Il contesto mitteleuropeo

Andreas Gémes

Österreich, Italien und die mitteleuropäischen Integrationspläne

In diesem Artikel soll das diplomatische und außenpolitische Wechselspiel zwischen Österreich und Italien im Kontext der mitteleuropäischen Integrationspläne vom Ende des Ersten Weltkrieges bis in die frühen 1930er-Jahre behandelt werden. Einige der genannten Schlagwörter – Mitteleuropa, Integration – sind ambivalent und emotional besetzt und deshalb ist es angebracht, mit einer Definition zu beginnen.

Was wird in diesem Beitrag unter „Mitteleuropa" verstanden? Im vollen Bewusstsein, dass es sich bei diesen Definitionen um Simplifizierungen und Generalisierungen handelt, wird in diesem Artikel ein nüchterner Zugang gewählt: Die Begriffe „Zentraleuropa", „Donauraum" und „Mitteleuropa" werden als Synonyme verstanden und als Bezeichnungen für den Großraum verwendet, den die ehemalige Habsburgermonarchie einst umfasst hatte.

Was ist in diesem Zusammenhang mit „Integration" gemeint? Im Allgemeinen wird darunter „Verflechtung", „Zusammenschluss", „Bildung von übergeordneten Einheiten" und „Vereinigung von Einzelfunktionen" verstanden, wobei damit heute oft wirtschaftliche Belange gemeint sind. In diesem Artikel wird mit einem sehr weit gefassten Integrationsbegriff gearbeitet und darunter im Hinblick auf die Zwischenkriegszeit sowohl der Abbau von Handelsschranken, ökonomische Liberalisierungsmaßnahmen, wirtschaftliche Kooperationsversuche als auch tiefergehende politische Zusammenarbeit bzw. Zusammenschlüsse subsumiert. Auch die Versuche der Errichtungen von Föderationen, Konföderationen oder Wirtschaftsgemeinschaften fallen also unter diese Definition. Die für die europäische Integrationsgeschichte nach 1945 geläufigen Unterscheidungen zwischen supranationaler, intergouvernementaler, positiver oder negativer Integration werden hier außer Acht gelassen.

In diesem Kontext sollen also zwei Akteure herausgehoben werden, nämlich Österreich und Italien. Dies ist durchaus keine gekünstelte Konstruktion, weil die beiden Staaten bei diesen mitteleuropäischen Integrationsversuchen eine besondere Rolle gespielt hatten: Italien wird in diesem Zusammenhang als internationaler Akteur gesehen werden (wenn auch als einer, der eine negative, verhindernde Rolle gespielt hat) und Österreich in der Rolle eines Objekts der internationalen Politik.

Die Zeitgenossen haben für diese zentraleuropäischen Integrationspläne (nicht nur, aber vor allem in der Zwischenkriegszeit) ein anderes Schlagwort benutzt, nämlich „Donauföderation" oder „Donaukonföderation".

Die Donau(kon)föderationsidee

Die Integrationsversuche, so unterschiedlich sie auch waren, fußten in der Grundüberlegung, die aus der untergegangenen Habsburgermonarchie entstandenen mitteleuropäischen Kleinstaaten zu einem demokratischen (wirtschaftlichen oder eventuell auch politischen) Bund zu vereinen. Der Ansatzpunkt dieser Überlegungen war die Tatsache, dass es den Siegermächten des Ersten Weltkrieges nicht gelungen war, eine wirtschaftliche wie politische Basis für das friedliche und dauerhafte Zusammenleben der Völker Mitteleuropas zu schaffen. Über den Zweck, die Gestalt und die möglichen Teilnehmer einer solchen Konstellation gab es grundverschiedene Auffassungen, sodass sich kein dominierendes Konzept herauskristallisierte. Trotzdem hatten bereits zeitgenössische Stellungnahmen alle diese Projekte unter dem Schlagwort „Donauföderation" subsumiert – manchmal war dies sogar aus politischem Kalkül ganz bewusst geschehen. Ausdruck der Begriffskakophonie ist auch, dass Föderation und Konföderation oft im gleichen Sinne gebraucht wurden.

Propagiert wurden diese Pläne von interessierten Großmächten und auch von Anhängern in den betroffenen Kleinstaaten selbst. Diese Ideen fußten auf wirtschaftlichen und geopolitischen Überlegungen. Politisch gesehen gab es im Donaubecken eine Vielzahl von kleinen Staaten, die keine eigenständige Außenpolitik führen konnten. Trotzdem waren sie wichtig genug, um für die Großmächte als Verbündete bzw. als Vasallen von Bedeutung zu sein. Diese Tatsache bedeutete ein großes Gefahrenmoment für die Stabilität der Region. Der Zusammenschluss der Donaustaaten in einer Donauföderation wäre ein Weg gewesen, um die Donaustaaten von einem Objekt zu einem Subjekt der Politik zu machen. Der so entstandene Block wäre zumindest teilweise autark gewesen und hätte sich nicht zu sehr an eine Großmacht anlehnen müssen[1].

---

1   Einen guten Überblick bieten die folgenden Werke: Magda ÁDÁM, The Versailles System and Central Europe, Aldershot 2004; Andras BÁN et al. (Hgg.), Integrációs törekvések közép- és kelet-európában a 19.–20. Században [Integrationsversuche in Mittel- und Osteuropa im 19. und 20. Jahrhundert], Budapest 1997; Jörg BRECHTEFELD, Mitteleuropa and German politics. 1848 to the Present, New York 1996; Éric BUSSIÈRE, Michel DUMOULIN, Alice TEICHOVA, L'Europe centrale et orientale en recherche d'intégration économique 1900–1950, Louvain-la-Neuve 1998; Jürgen ELVERT, Mitteleuropa! Deutsche Pläne zur europäischen Neuordnung (1918–45), Stuttgart 1999; Reinhard FROMMELT, Paneuropa oder Mitteleuropa. Einigungsbestrebungen

Vor dem Ersten Weltkrieg bildete Zentraleuropa unter der Herrschaft der Habsburger eine wirtschaftliche Einheit. Abgesehen von den regionalen Unterschieden und verschiedenen wirtschaftlichen Entwicklungsstadien gab es zumindest ein halbwegs funktionierendes wirtschaftliches Ganzes mit einer auf Wettbewerb basierenden Arbeitsteilung. Die Friedensverträge (Versailles, St. Germain, Trianon) hatten daraus krisenanfällige Kleinstaaten geschaffen und den einheitlichen Wirtschaftsraum zerrissen – mit den Worten eines tschechoslowakischen Senators eine „Tat von nationalökonomischen Analphabeten"[2]. Deshalb ist es auch naheliegend, dass bei der Donauföderationsidee sehr oft wirtschaftliche Argumente im Vordergrund standen.

Die Idee der Donauföderation wurde gleich unmittelbar nach dem Zusammenbruch der Habsburgermonarchie diskutiert, vor allem die französische Diplomatie (aber auch die USA) propagierten bei der Versailler Konferenz eine Blockbildung im Donauraum. Um einen Anschluss an Deutschland zu verhindern, waren die französischen Diplomaten eifrig auf der Suche nach einer Lösung der question d'Autriche. Bereits Ende 1918 tauchte von französischer Seite ein Alternativplan zum Anschluss auf, der auf eine Vereinigung der Donaustaaten abzielte und der auch auf den Friedenskonferenzen von den französischen Diplomaten propagiert wurde. Im März 1919 entsandte der Quai d'Orsay den Diplomaten Henry Allizé zur Prüfung und Sicherstellung der österreichischen Eigenstaatlichkeit nach Österreich, der für den Plan einer Donauföderation in Österreich eine rührige Propagandatätigkeit entfaltete[3]. Er nahm Kontakt mit

---

im Kalkül deutscher Wirtschaft und Politik 1925-1933, Stuttgart 1973; György Gyarmati, A revízió alternatívája. A regionális integráció formaváltozatai a magyar politikai gondolkodásban, 1920-1940 [Die Alternative des Revisionismus: die Gestaltungsvarianten der regionalen Integration im ungarischen politischen Denken, 1920-1940], in: „Limes" 1997, 2, 43-58; Michel Newman, British Policy Towards the Danubian States, 1926-1936, with Special Reference to Concepts of Closer Political and Economic Co-operation, Diss. Oxford 1972; Oscar Krejčí, Geopolitics of the Central European Region. The view from Prague and Bratislava, Bratislava 2005; Mária Ormos, Közép-Európa. Volt? Van? Lesz? [Mitteleuropa. Gab es das? Gibt es das? Wird es das geben?], Budapest 2007; Richard Plaschka et al. (Hgg.), Mitteleuropa-Konzeptionen in der ersten Hälfte des 20. Jahrhunderts, Wien 1995; Ignac Romsics, Béla Kiraly (Hgg.), Geopolitics in the Danube Region. Hungarian Reconciliation Efforts 1848–1998, Budapest 1999; Christian Weimer, „Mitteleuropa" als politisches Ordnungskonzept? Darstellung und Analyse der historischen Ideen und Pläne sowie der aktuellen Diskussionsmodelle, Diss. Würzburg 1992; Peter Stirk (Hg.), Mitteleuropa. History and Prospects, Edinburgh 1994.

2   Späte Erkenntnis des Ministers Dr. Beneš, November 1931 – Österreichisches Staatsarchiv Wien/Archiv der Republik, Neues Politisches Archiv [zukünftig ÖStA/AdR, NPA], Karton 415, Liasse Tschechoslowakei I/8–31/1 Geheim, fol. 588.

3   Siehe dazu seine biographischen Aufzeichnungen: Henry Allizé, Ma Mission à Vienne, Paris 1933 und Hanns Haas, Henry Allizé und die österreichische Unabhängigkeit, in: „Austriaca" 5, 1979, 241-288.

den Gegnern des Anschlusses, vor allem mit Wirtschaftstreibenden und der Presse, auf. Die Grundidee des französischen Planes war „die Bildung eines in erster Linie wirtschaftlichen Blockes zwischen den Nachfolgestaaten des alten Reiches: Österreich, Ungarn, Tschechoslowakei, Rumänien, Jugoslawien"[4]. Während der französische Vorschlag zur Bildung einer mitteleuropäischen Föderation geopolitisch motiviert war, zeigten sich die Engländer mehr um ein wirtschaftlich funktionierendes Nachkriegseuropa bemüht. Für die amerikanische Finanz- und Industriewelt war die Zerstückelung des ehemaligen wirtschaftlichen Großraumes in kleine Einheiten einfach nicht „rationell" und aus diesem Grund plädierten sie für eine Organisation der Nachfolgestaaten nach dem amerikanischen föderativen Modell[5]. Grundsätzlich waren sich die Großmächte also über die Notwendigkeit der Erhaltung der wirtschaftlichen Einheit des Donauraumes einig. Amerikanische Delegationsmitglieder meinten im Nachhinein:

> The United States and Great Britain would have been glad to create a federation of the Danubian nationalities which, without the vices that had led to the fall of the Habsburgs, might have accomplished the economic integration and preserved the political order, so essential of the tranquillity and prosperity of Southeastern Europe.[6]

Auch in Österreich fanden unmittelbar nach dem Zusammenbruch der Habsburgermonarchie Diskussionen über Wege zur Erhaltung des einheitlichen Wirtschaftsgebiets statt. Ein Teil der Österreicher blickte angesichts der Niederlage mit nostalgischen Erinnerungen zurück auf die vergangenen Zeiten, in denen Österreich in einem großen mitteleuropäischen Wirtschaftsgebiet die dominierende Stellung innegehabt hatte. Sie waren der Idee, die Gebiete der ehemaligen Monarchie zu einer Wirtschaftseinheit zusammenzufassen, sehr zugetan[7]. In der diplomatischen Korrespondenz der Nationalversammlung wurde 1919 demonstrativ festgehalten, dass aus volkswirtschaftlichem Interesse

---

4   Angelika BERCHTOLD, Die politischen französisch-österreichischen Beziehungen zwischen 1924–1934. Versuch einer Darstellung, Diss. Wien 1970, 67.

5   Drahomír JANČIK, Herbert MATIS, „Eine neue Wirtschaftsordnung für Mitteleuropa …". Mitteleuropäische Wirtschaftskonzeptionen in der Zwischenkriegszeit, in: Alice Teichova, Herbert Matis (Hgg.), Österreich und die Tschechoslowakei 1918–1938. Die wirtschaftliche Neuordnung in Zentraleuropa in der Zwischenkriegszeit, Wien 1996, 329–387, hier 334.

6   Francis Wagner (Hg.), Toward a New Central Europe, Astor Park 1970, 276.

7   Eintrag vom 15.2.1919 – ÖStA/AdR, NPA, Karton 456, Liasse Donauföderation, fol. 300.

volle Übereinstimmung [herrschte], die Gemeinschaft des Wirtschaftsgebietes mit den anderen auf dem Boden der einstigen österreichisch-ungarischen Monarchie entstandenen Nationalstaaten zu erhalten[8].

Die „Neue Freie Presse" stellte 1919 in diesem Sinne fest,

> Was Gott … zusammengetan hat, soll der Mensch nicht trennen … Ohne die Souveränität der neugegründeten Republiken im mindesten anzutasten, kann ein Zustand des gegenseitigen Warenaustausches geschaffen werden, welcher mutatis mutandis dem durch Jahrzehnte Bewährten entspricht. Ob dies nun in der Form einer Zollunion oder aufgrund eines sonstigen Vertrages geschieht, ist nebensächlich. Hauptsache ist die Aufrechterhaltung beziehungsweise Wiederherstellung des natürlichen Kreislaufes.[9]

Trotz der allgemein anerkannten ökonomischen Vorteile einer mitteleuropäischen Lösung waren weite Teile der Bevölkerung sehr skeptisch. Ein Hauptkritikpunkt war, dass es sich dabei um ein französisches Projekt handeln würde. Die Gegner der Donauföderation brachten vor, dass Frankreich damit nur versuchen würde, Österreich in eine Wirtschaftsgemeinschaft mit den anderen Nachfolgestaaten hineinzuzwingen, und dass die Donauföderation unter dem Vorwand und unter der „harmloseren Flagge" einer Art von Zollverein die „verstorbene Habsburgermonarchie wiedererstehen lassen sollte"[10]. Mit dem Projekt Donauföderation würde Frankreich einzig und allein die dauernde Trennung Deutschösterreichs und des Deutschen Reiches anstreben. Während die Idee der Donauföderation in Österreich vor allem von konservativ-katholischen Kreisen getragen wurde, stemmten sich besonders die Deutschnationalen und Sozialdemokraten, die auf einen Anschluss an Deutschland hofften, vehement gegen jegliche Bindung mit den Nachfolgestaaten.

Österreichs Außenpolitik unter der Führung von Otto Bauer war während der Friedensverhandlungen bemüht, keine Bindungen einzugehen, um der Möglichkeit des Anschlusses keine Steine in den Weg zu legen. Aus Paris berichtete Bauer: „Meine Politik ist daher, den Gedanken der Donau-Föderation nicht a limine abzulehnen, sondern ihn durch Verhandlungen selbst ad absurdum zu führen und dadurch die dann einzig noch mögliche Alternative, nämlich den Anschluss, unter geringeren Opfern als dies auf andere Weise möglich wäre, zu

---

8   Neue Freie Presse, 1.1.1919.
9   Ebd.
10   21.1.1919, ÖStA/AdR, NPA, Liasse Donauföderation, Karton 456, fol. 292.

erlangen."[11] Dies war schließlich erfolgreich, obwohl Bauers Politik in diesem Zusammenhang keine große Rolle gespielt hatte.

Diese Donauföderation hatte jedoch noch einen anderen, potenteren Gegner. Im Mai 1919 berichtete Staatskanzler Karl Renner aus St. Germain, dass die Italiener die Donauföderation vehement bekämpften. Ende Mai war deshalb das Thema Donauföderation bei den Verhandlungen endgültig unter den Tisch gefallen. Selbst die Franzosen sprachen zu diesem Zeitpunkt nicht mehr davon. Otto Bauer meinte nicht ganz unzufrieden: „Der italienische Einspruch hat schon vollständig gewirkt."[12]

Italiens Rolle

Der Erste Weltkrieg hatte die beiden östlichen Reiche Österreich-Ungarn und Russland zerstört und Deutschland als militärische Macht zumindest für eine Weile eliminiert. In das daraus entstandene Vakuum stieß Italien vor. Italien hatte schon während des Krieges Interesse am Donauraum gezeigt und den Anspruch gestellt, der legitime Nachfolger der Habsburgermonarchie als Hegemon des Raumes zu sein, was vor allem auf den Konferenzen von Portorose 1921 und Genua 1922 zum Ausdruck kam. Italien beanspruchte diese Stellung umso offener, als es sich durch die Friedensverträge betrogen fühlte, da das Geheimabkommen von London 1915 von den Alliierten nur zum Teil erfüllt worden war. Auf den Punkt gebracht bestand Italiens Nachkriegskonzept in Mitteleuropa aus der Schaffung eines politisch und wirtschaftlich von Rom abhängigen Zwischenraums, der seine Nord- und Nordost-Grenzen zu sichern und gleichzeitig ein weites Absatzgebiet der italienischen Wirtschaft eröffnen sollte[13]. Aus diesem Grund intrigierte Italien zunächst gegen das Donauföderationsprojekt, danach gegen die Kleine Entente und organisierte schließlich in den 1930er-Jahren einen mit ihr rivalisierenden Block im Donauraum.

Obwohl Österreich wegen der Südtirolproblematik zu Italien kein einfaches Verhältnis hatte, engagierte sich die italienische Diplomatie in der Burgenland- und Kärntenfrage sehr für die österreichische Sache. Dass diese italienische Unterstützung nicht aus reinem Altruismus, sondern aus Kalkül erfolgte, ist

---

11   Lajos Kerekes, Zur Außenpolitik Otto Bauers 1918/19. Die „Alternative" zwischen Anschlusspolitik und Donaukonföderation, in: „Vierteljahrshefte für Zeitgeschichte" 22, 1974, 1, 18–45, hier 27.

12   Bauer an Renner, 31.5.1919 – ÖStA/AdR, NPA, Präsidium, Karton 233, Nachlass Otto Bauer, fol. 577.

13   Berchtold, Beziehungen, 76.

selbstverständlich. So war Italien zum Beispiel nicht gewillt, die wichtige Aufmarschbasis im Kärntner Becken den Südslawen zu überlassen.

Ohne Zweifel schaffte der Sieg des italienischen Faschismus in Mitteleuropa neues Konfliktpotential, denn die italienische Außenpolitik sollte jetzt verstärkt ihren Einfluss auf Österreich und Ungarn ausdehnen und versuchen, in den beiden Ländern „genehme" Regierungen zu installieren. Seit Mitte der 1920er-Jahre unterstützte Italien mehr oder weniger offen die Etablierung von ideologisch verwandten Systemen im Donauraum. Italien legte Wert darauf, dass seine Stellung im Donauraum um nichts geschwächt werde und deshalb stellte der Generalsekretär des italienischen Außenamtes anlässlich der Verhandlungen um die Genfer Anleihe fest, dass Italien sich in den Angelegenheiten des Donauraums „nicht wie ein gewöhnliches Völkerbundmitglied" behandeln lasse[14].

Der italienische Expansionswille war vorwiegend politisch; wirtschaftliche Motive spielten eine untergeordnete Rolle. Bis zur Wirtschaftskrise eröffneten sich für Italiens Politik nicht mehr viele Anhaltspunkte. Doch die wirtschaftlichen Probleme und die vermehrten Konflikte zwischen Berlin und Paris sollten für die italienische Politik ungeahnte Möglichkeiten öffnen. Österreich nahm in den italienischen Plänen eine Schlüsselrolle ein. Schon 1927 teilte der italienische Botschafter in Paris seinem österreichischen Kollegen mit: „Mussolini, aber auch das italienische Volk, lege auf gute Beziehungen zu Österreich großen Wert ... Österreich könne immer auf die Unterstützung Italiens rechnen."[15]

Dass Italien als einzige Großmacht unter den Nachfolgestaaten der Donaumonarchie nach dem Ausfall von Russland und Deutschland eine entscheidende Rolle bei der Neuordnung des Donauraumes zu spielen gedachte, war bald ersichtlich. Die Regierungen Nitti und Giolitti nahmen dieses Programm sehr ernst und zeitweise befürchtete man in Paris sogar, dass die sich bildende Kleine Entente zu einem Instrument Italiens werden könnte. Bezeichnend für das österreichisch-italienische Verhältnis war das Abkommen zwischen dem österreichischen Staatskanzler Renner und dem italienischen Ministerpräsidenten Francesco Nitti im Jahr 1920 („Renner-Nitti-Abkommen"). Bei diesem ersten politischen und wirtschaftlichen Abkommen der Republik Österreich mit Italien standen sich erstmals Besiegte und Sieger des Krieges als gleichberechtigte Partner gegenüber. Neben den wirtschaftlichen Aspekten verpflichtete sich Italien, die Erwerbung des Burgenlandes zu sichern, während Österreich garantieren musste, dass es in keinen wie auch immer gearteten Verband eintreten

---

14 Ludwig Jedlicka, Die Außenpolitik der Ersten Republik, in: Ders. (Hg.), Vom Justizpalast zum Heldenplatz. Studien und Dokumentationen 1927 bis 1938, Wien 1975, 152–168, hier 105.

15 Berchtold, Beziehungen, 76.

würde, welcher der früheren Monarchie gleich oder ähnlich wäre. Der Preis für die Sicherung des österreichischen territorialen Besitzstandes war teuer erkauft, denn Österreich musste auf eine eigenständige Außenpolitik verzichten: Die Alpenrepublik verpflichtete sich durch das Renner-Nitti-Abkommen, Italien über sämtliche politischen und wirtschaftlichen Probleme und jegliche bi- und multilateralen Verhandlungen auf dem Laufenden zu halten. Durch diese Politik hatte sich Italien eine Art Schiedsrichterrolle im Donauraum gesichert, da es sehr früh den von Frankreich unterstützten Donauföderationsplänen entgegensteuern konnte[16]. Historiker sprechen sogar von der

> einen Leitlinie der faschistischen Außenpolitik, die darauf abzielte, den Donau-
> und Balkanraum der eigenen Hegemonie zu unterwerfen, indem man Frankreich
> daraus vertrieb und Deutschland den Zugang verwehrte.[17]

Österreich und die Donauföderation in der Zwischenkriegszeit

Als teilweise verhasster Rest und staatsrechtlicher Nachfolger der Habsburgermonarchie spielte Österreich bei zentraleuropäischen Integrationsplänen eine ebenso außergewöhnliche wie spannende Rolle. Österreich stand in der ersten Republik vor drei großen außenpolitischen Optionen: Anschluss, Donauföderation und Paneuropa.

Der große Teil der politischen Entscheidungsträger in Österreich betrachtete nach 1918 den politischen und/oder wirtschaftlichen Anschluss Österreichs an Deutschland als die beste Lösung für Österreichs Zukunft. Deshalb ist es nicht überraschend, dass der Widerstand gegen die Idee der Donauföderation in Österreich erheblich war. Dennoch gab es Sympathisanten in Wirtschaft und Politik, die zeitgenössische Presse zeugt von lebhaften und teilweise sogar leidenschaftlichen Debatten unter dem Motto „Anschluss vs. Donauföderation".

Unter den österreichischen Politikern, die mit dem Projekt der Donauföderation sympathisierten, sind vielleicht Karl Renner und Ignaz Seipel die bedeutendsten. Karl Renners Vorstellung der Nation ging schon immer über das Ziel des reinen Nationalitätenstaates hinaus. Renner sah völkerumspannende Großräume als das Konzept für die Zukunft. Seiner Meinung nach drängte

---

16 Angelika KRAMBERGER, Politische und wirtschaftliche Neuordnungskonzepte für Mitteleuropa von 1918 bis 1933, Diplomarbeit Wien 1989, 61.
17 Jens PETERSEN, Italien und Südosteuropa 1929-1932, in: Josef Becker, Klaus Hildebrand (Hgg.), Internationale Beziehungen in der Weltwirtschaftskrise 1929-1933, München 1980, 393–411, hier 393.

die Geschichte „nach übernationalen Gestaltungen, nach Staaten, die mehr sind als eine Nation". Trotz seiner Hoffnung in Bezug auf eine Wiederrichtung eines mitteleuropäischen Reiches hatte er als pragmatischer Politiker eingesehen, dass nach dem Scheitern dieser Möglichkeit für Österreich nur die Option des Anschlusses an Deutschland übrig geblieben war. Der anglophile Renner war dennoch ständig bemüht, die Nachfolgestaaten einander anzunähern. Die Renner'sche Außenpolitik war im Allgemeinen bemüht, ein gesundes Gleichgewicht zu schaffen und Österreich einen gewissen Spielraum in außenpolitischen Belangen zu ermöglichen.[18]

Iganz Seipel ist nicht zu Unrecht „die Sphinx" genannt worden. Es war das primäre Ziel der Politik Seipels, bei gleichzeitiger Offenhaltung der außenpolitischen Ausrichtung für Österreich Handlungsfähigkeit zu erlangen und zu sichern. Er war aber ohne Zweifel ein mitteleuropäischer Staatsmann, der – trotz deutschem Bewusstsein – in weiteren Dimensionen dachte. In zahlreichen Aussagen und Schriften kann man eine Affinität für eine mitteleuropäische Einheit erkennen, allerdings immer etwas sphinxhaft. Mit dem Rücktritt des „Mitteleuropäers" Seipel im Jahr 1929 fand in Österreich die ernsthafte Diskussion über Zentraleuropa ein Ende. Ab Anfang der 1930er-Jahre orientierte sich die österreichische Außenpolitik noch stärker als zuvor an Deutschland[19].

Wirtschaftliche Integrationspläne

In den 1920er-Jahren gab es zahlreiche Versuche der wirtschaftlichen Integration im zentraleuropäischen Raum. Obwohl das Donauföderationsprojekt bei den Friedensverhandlungen gescheitert war und die neue mitteleuropäische Ordnung fixiert schien, rissen die Diskussionen rund um Mitteleuropa und seine Wirtschaftsordnung nicht ab. Sehr bald nach dem Krieg legten die Großmächte wieder ihre Wünsche nach einer wirtschaftlichen Einigung im Donauraum auf den Tisch. Der britische Vorsitzende der österreichischen Sektion der Reparationskommission erkannte die notwendige wirtschaftliche Stabilisierung des Donauraums und regte deshalb eine Konferenz der Nachfolgestaaten in Pressburg an. Organisatorische Streitigkeiten unter den Teilnehmern und die beiden Restaurationsversuche Kaiser Karls führten dazu, dass die Konferenz erst

---

18 Kerekes, Außenpolitik, 21; Karl Renner, Von der Ersten bis zur Zweiten Republik, Wien 1953, 17.
19 Michael Gehler, Der lange Weg nach Europa. Österreich vom Ende der Monarchie bis zur EU, Innsbruck 2002, 25; Klemens von Klemperer, Ignaz Seipel. Staatsmann einer Krisenzeit, Graz 1976, 246.

im November 1921 im italienischen Badeort Portorose (heute Portoroz in Slowenien) stattfinden konnte. Die Initiative übernahm also Italien, das bis dato jegliche wirtschaftliche Annäherung im Donauraum verhindern wollte. Nun strebte es eine enge wirtschaftliche Zusammenarbeit mit den Donaustaaten an und schlug im Zuge der Beratungen in Portorose vor, dass die Nachfolgestaaten einen Zollverein gründen sollten, in den Italien als einziger alliierter Siegerstaat involviert werden sollte.

Die tschechoslowakische Delegation, die sich auf die im Block auftretende Kleine Entente stützen konnte, widersetzte sich auf der Konferenz von Portorose vehement der Schaffung eines föderativen Systems, das Souveränitätseinbußen mit sich gebracht hätte. Trotzdem zirkulierten ähnliche Pläne auch anlässlich der etwas später nach Genua einberufenen europäischen Wirtschaftskonferenz. Die Ergebnisse der Konferenzen von Portorose und Genua waren sehr mager, teilweise weil sich die Kleine Entente gegen jegliche Integrationsbemühungen stemmte. Ab Mitte der 1920er-Jahre verlagerten sich die Mitteleuropadiskussionen etwas von der Bühne der großen Politik in volkswirtschaftliche Vereine. Pläne zur wirtschaftlichen Neuordnung Zentraleuropas waren zwar Legion, wie zum Beispiel das von Endre von Ivánka vertretene „Donaueuropa". Auch die Paneuropabewegung wurde in dieser Hinsicht aktiv und entwickelte einige Zollunionspläne. Die Konzepte blieben aber meist nur Luftschlösser[20]. Die Pläne einer Annäherung im Donauraum wurden meistens sehr bald mit den Großmächten in Verbindung gebracht und tatsächlich interessierten sich diese seit dem Krieg verstärkt für Mitteleuropa. In regelmäßigen Abständen kamen Gerüchte auf, dass die Großmächte wünschten, Österreich wirtschaftlich mit seinen Nachbarstaaten zu verbinden. Bereits 1920 wurde aus Paris an das österreichische Außenministerium berichtet, dass

> der französische Präsident sich sehr intensiv mit der Lage Österreichs befasse und ernstlich die Lösung der Frage durch einen wirtschaftlichen Wiederzusammenschluss der Sukzessionsstaaten erwäge.[21]

Die häufigen wohlwollenden Bemerkungen und Anregungen aus den bedeutenden europäischen Hauptstädten ließen den Eindruck entstehen, dass der Zusammenschluss des Donauraumes nur ein von den Großmächten forciertes Projekt war. England und vor allem Frankreich waren in dieser Hinsicht tatsächlich recht aktiv. Auch Prag war in der Zwischenkriegszeit ab Mitte der 1920er-Jahre

---

20   Walter GOLDINGER, Dieter BINDER, Geschichte der Republik 1918–1938, Wien 1992, 106.
21   BERCHTOLD, Beziehungen, 67.

so etwas wie eine Denkfabrik für mitteleuropäische Annäherungsversuche, allen voran stand der Außenminister Eduard Beneš[22].

Mitteleuropäische Integrationspläne 1929–1932

Nachdem die mitteleuropäische Nachkriegsordnung seit dem Ersten Weltkrieg ohne größere Komplikationen überlebt hatte, stürzte die 1929 einsetzende Wirtschaftskrise ganz Europa in große Tumulte. Da die mitteleuropäischen Kleinstaaten ohnehin wirtschaftlich und sozial auf wackeligen Beinen standen, traf sie die Krise besonders hart.

Das zentrale ökonomische Problem, mit dem sich die kleinen mitteleuropäischen Staaten konfrontiert sahen, war die Kommerzialisierung ihrer Agrarprodukte und die sinkenden Getreidepreise. In der Diskussion rund um die wirtschaftliche Situation in Mitteleuropa kam die Notwendigkeit einer wirtschaftlichen Annäherung zwischen den kleinen Staaten der Region als Konstante immer wieder vor. In Österreich selbst überwog nach wie vor die Meinung, dass allein der Anschluss an das Deutsche Reich Österreich retten könnte. Es gab jedoch auch kritische Stimmen, wie zum Beispiel den Publizisten Oswald Straub, der sich beklagte, dass immer nur das „leidige Anschlussproblem" in der Öffentlichkeit breitgetreten werde, während die andere große Möglichkeit, eben die Donauföderation, „schematisch totgeschwiegen" werde. Das offizielle Österreich hielt sich bedeckt.[23]

In vielen europäischen Außenministerien war man auf jeden Fall überzeugt, dass die wirtschaftliche Zerstückelung Mitteleuropas der Ursprung allen (ökonomischen) Übels in Mitteleuropa war. In einer tschechoslowakischen Zeitung wurde konstatiert, dass Österreich ganz plötzlich viele „Freunde" hätte:

Es guckt das schwarze Mussolinihemd herüber, es schielt Graf Bethlen herüber, in der gleichen Richtung verdrehen auch die deutschen Faschisten ihren Kopf, ja sogar einige nicht scharfsinnige Franzosen strecken ihre Giraffenhälse nach Wien. Alle wollen sie Österreich für ihre politischen Absichten ausnützen. Alle bewerben sich gierig um diese Donauschönheit. Doch die ist noch viel zu jung und spricht auch gar nicht viel. Nicht aus Schamhaftigkeit, aus Klugheit, aus Politik. Sie hat

---

22   Kölnische Zeitung, 20.11.1924 - ÖStA/AdR, NPA, Karton 456, fol. 322-23; Österreichische Gesandtschaft in Prag an Bundeskanzleramt/Auswärtige Angelegenheiten [zukünftig BKA/ AA], 6.3.1925 - ebd., fol. 34; Marek an BKA/AA, 10.12.1927 - ebd., Karton 415, Liasse Tschechoslowakei I/III Geheim, fol. 203-215.
23   Oswald STRAUB, Um Österreichs Zukunft. Moscam esse delendam!, Wien 1930, 36.

schon längst einen erwählten Ritter nach ihrem Herzen und Geschmack, doch der ist vorderhand unerreichbar in den Verträgen des Weltkrieges noch verzaubert.[24]

Zunächst wurden die südosteuropäischen Kleinstaaten selbst aktiv: In den Jahren 1930 und 1931 gab es eine Abfolge von mitteleuropäischen Agrarkonferenzen und den Versuch der Errichtung eines mitteleuropäischen Agrarblockes[25]. Darauf antwortete das Deutsche Reich erstens durch Verhandlungen mit einzelnen südosteuropäischen Staaten und zweitens durch das deutsch-österreichische Zollunionsprojekt (März 1931; Schober-Curtius-Pakt)[26]. Der Vorschlag schlug wie eine „Bombe" ein. Der deutsch-österreichische Zollunionsplan sollte der Ausgangspunkt für zahlreiche Neuordnungspläne in Mitteleuropa sein. Frankreich schlug Österreich gleich einen Gegenplan vor, ein kurzfristiges Präferenzsystem, das eine einstweilige Durchlöcherung der Meistbegünstigungsklausel mit sich gebracht hätte[27]. Erklärend sei angemerkt, dass sich die Siegermächte in den Wirtschaftsbeziehungen mit den Donauländern die uneingeschränkte Meistbegünstigung gesichert hatten, d.h., jede handelspolitische Vergünstigung, die einem Drittstaat gewährt wurde, musste auch den Siegermächten gewährt werden. Deshalb konnten die Donaustaaten keine präferenziellen Verträge abschließen.

Auch Italien reagierte. Da die Ausarbeitung des Zollunionplans geheim gehalten worden war, traf sie auch die italienische Regierung völlig unvorbereitet. Außenminister Grandi sprach von einem „Mangel an Geschicklichkeit und auch an Loyalität", denn Italien hätte sich eine andere Behandlung als Paris oder Prag erwartet[28]. Während Mussolini dem Projekt zunächst noch einiges abgewinnen konnte, lehnte man es im römischen Außenministerium vehement ab, was zu einer kurzzeitigen Abkühlung der österreichisch-italienischen Beziehungen führte. Schober, der bis dahin immer den Ruf eines Italienfreundes gehabt hatte, wurde plötzlich zu einer persona non grata. Seine Ausrede, dass er in den Zollunionsplan nur wegen des Drängens der Deutschen eingewilligt habe, klang nicht sehr überzeugend. Da man in Rom der Meinung war, dass das Zollunionsprojekt Italien ökonomischen wie auch politischen Schaden zufügen

---

24 Videnske Delnicke Listy, 16.2.1931 – ÖStA/AdR, NPA, Karton 283, Liasse Österreich 7/ 1927-32, fol. 629-33.

25 Kramberger, Neuordnungskonzepte, 101.

26 Siehe z.B. Rolf Steininger, „… Der Angelegenheit ein paneuropäisches Mäntelchen umhängen …". Das deutsch-österreichische Zollunionsprojekt von 1931, in: Michael Gehler (Hg.), Ungleiche Partner. Österreich und Deutschland in ihrer gegenseitigen Wahrnehmung. Historische Analysen und Vergleiche aus dem 19. und 20. Jahrhundert, Stuttgart 1996, 441-478.

27 Berchtold, Beziehungen, 140; Stirk, Ideas of Economic Integration, in: Ders., Mitteleuropa, 97.

28 Petersen, Italien, 402.

würde, ging man zum Gegenangriff über: Die bereits beschriebenen eigenen Donauraumpläne wurden wieder aus der Schublade geholt. Man plante, mit Österreich nun einen umfassenden Wirtschaftsvertrag zu schließen, am besten noch vor der Völkerbundtagung im Mai 1931. Das Ziel dieser Annäherung war es, „einen Wirtschaftsblock zu schaffen, der sowohl von deutschen als auch französischen Einflüssen unabhängig ist".[29]

Aus dem italienischen Projekt, das ursprünglich gegen Frankreich gerichtet war, wurde jetzt durch das Zollunionsprojekt ein anti-deutsches. Grandi sprach von einer „Wende in der europäischen Politik", da Deutschland sich nicht wie erwartet auf eine Korrektur der Ostgrenzen versteife, sondern die Verwirklichung des Anschlusses als zweiten Schritt nach der Rheinlandräumung in Angriff nehmen werde. Grandi schrieb in diesem Sinne:

> Es handelt sich jetzt für Italien darum, den deutschen und französischen Projekten eine energische und wirksame Aktion entgegenzusetzen, um für die schon angelaufenen bilateralen Kettenverträge eine breitere Basis und weitergreifende Zielsetzungen zu finden.[30]

Die italienische Mitteleuropapolitik muss angesichts der damit verbundenen Hintergedanken also auch im Kontext der Rivalitäten der Großmächte gesehen werden, da Rom mit seiner wirtschaftlichen Annäherung an Wien und Budapest die deutschen und französischen Projekte konterkarieren wollte. Längerfristig plante Rom Zollunionen mit Österreich, Ungarn und Jugoslawien. Als ersten Schritt in diese Richtung wollte man mit den sogenannten „Brocchi-Verträgen" beginnen: Der führende Wirtschaftsexperte für Südosteuropa im italienischen Außenministerium, Staatsrat Brocchi, sagte voraus, dass die Wirtschaftskrise unvermeidlich zu einer wirtschaftlichen Reorganisation im Donauraum führen werde und forderte den Donauraum im gleichen Atemzug als domaine reservé für die italienische Außenpolitik:

> Diejenige Großmacht, die ihnen [den kleinen mitteleuropäischen Staaten] ein klar umrissenes, nicht zu kompliziertes und Unruhe stiftendes Programm vorschlägt, wird sie um sich herum gruppieren können. Die Initiative steht Italien als der einzigen Großmacht unter den österreichisch-ungarischen Nachfolgestaaten zu. Italien hat das Recht und auch die Pflicht, einen entscheidenden Anteil an der wirtschaftlichen Reorganisation der Gebiete der alten Monarchie zu nehmen.[31]

---

29 Ebd. 405.
30 Ebd. 407.
31 Ebd. 396.

Für Brocchi boten sich Möglichkeiten für eine Annäherung vor allem im Bereich des Transport- und Verkehrswesens, der Krediterleichterungen und des Zollabbaues. Neben Österreich und Ungarn war aus wirtschaftlichen Gründen auch Jugoslawien im Visier Italiens, allerdings lagen einer Verständigung mit Belgrad zu viele politische Hindernisse im Weg.

Seit den Ereignissen des Jahres 1927 in Österreich begannen Mussolini wie auch der ungarische Ministerpräsident Bethlen die Heimwehr in ihre Pläne einzubeziehen und hofften auf eine von der Heimwehr getragene Regierung, die eine Garantie für ihre politischen Pläne im Donauraum darstellen sollte. In diesem Sinne hatte sich Italien Österreich seit 1929 immer mehr angenähert, 1930 wurde unter Bundeskanzler Schober ein Freundschaftsvertrag geschlossen. Im Mai 1930 leitete Rom Verhandlungen mit Wien und Budapest ein, die von nun an unter dem Namen „Brocchi-Projekt" liefen. Es handelte sich dabei um einen Versuch, das Prinzip der Meistbegünstigung zu durchbrechen, ohne es sichtbar werden zu lassen. Im Zentrum der Vorschläge stand die Schaffung von Kreditinstituten, die den Im- und Exporteuren Vorschüsse und Subventionen zu „günstigsten Bedingungen" sichern sollten. Offiziell sollte das „Brocchi-System" an den hohen Einfuhrzöllen festhalten, aber gleichzeitig entstanden durch den Verzicht auf einen Teil der Zolleinnahmen Ausfuhrbegünstigungen für die Exporteure[32]. Die Planungen blieben zunächst an inneritalienischen Problemen hängen, im März 1931 trat Staatsrat Brocchi von seinem Vorhaben unter Protest zurück.

Das Brocchi-Projekt muss eng verknüpft mit Deutschland gesehen werden. Die Furcht von Seiten Deutschlands, dass Österreich durch die Brocchi-Verträge zu eng an Italien gebunden werde, war sicher eines der Motive für das Zollunionsprojekt. Andererseits sollte erst die Aufregung durch den deutsch-österreichischen Zollunionsvorschlag den italienischen Plänen Flügel verleihen.

Italiens Mitteleuropapläne waren – ebenso wie die der Deutschen – nicht an den Donaustaaten selbst interessiert, sondern zielten auf die Errichtung einer Hegemoniesphäre ab. Eine Blockbildung im Donauraum ohne italienische Involvierung war Rom ein Dorn im Auge. Man fürchtete sich vor einem

> vom Westen begünstigten Zusammenschluss Österreichs, Ungarns und der Tschechoslowakei zu einem mitteleuropäischen Gebilde, … der stark genug wäre, eine eigene Politik zu führen, die naturgegebener Weise mit dem einen Finger nach Südtirol und dem anderen nach einer Ausfallspforte ans Meer weisen würde.[33]

---

32 Ebd. 398.
33 Österreichische Botschaft in Rom an BKA/AA – ÖStA/AdR, NPA, Karton 285, Liasse Österreich 7/1, fol. 866.

Etwas später, im Jahre 1937, sprach der italienische Außenminister diese Einstellung dann ganz offen aus. Der österreichische Botschafter in Rom berichtete, dass im italienischen Außenministerium die Meinung vorherrschte, dass

> in London und Paris ein ernsteres Interesse für Österreich nur insoweit besteht, als dieses zu den mitteleuropäischen Staaten gehört und dass den Westmächten nicht Österreich als solches am Herzen liegt, sondern das fonctionnement von Österreich in den Wechselbeziehungen zu den anderen Staaten im Zentrum Europas.[34]

Der Donauraum war durch die französisch-italienische Rivalität genauso geprägt wie durch die französisch-deutsche. Dem Wunsch Italiens, seine Einflusssphäre auf Österreich und Ungarn auszudehnen, standen Frankreichs Ansprüche im Weg. Einig waren sich die beiden Großmächte eigentlich nur in der Ablehnung des Anschlusses. Dem entgegengesetzt waren wiederum die regionalen Integrations-Initiativen, herauszuheben sind der Ungar Elemér Hantos und der Tscheche Eduard Beneš[35]. Als eine der aktivsten Großmächte im Donauraum hatte sich jedoch Frankreich etabliert, der Kulminationspunkt der französischen Versuche war der Tardieu-Plan des Jahres 1932.

Der Tardieu-Plan

Anfang 1932 stand Österreich praktisch vor dem wirtschaftlichen Ruin, der Zusammenbruch der Creditanstalt im Mai 1931 war der vorläufige Tiefpunkt gewesen. Eine tschechische Zeitung kommentierte treffend: „Österreich gleicht einem Mann mit kranken Füßen und sobald es ohne Stütze bleibt, fällt es jedem zur Last, der ihm am nächsten liegt. Die wirtschaftliche Lage Österreichs ist unbeschreiblich schlecht."[36]

Zu Beginn des Jahres 1932 wurde eine Phase eingeleitet, in welcher der Donauraum für etwa neun Monate große internationale Beachtung fand. Zunächst empfahl das Finanzkomitee des Völkerbundes einen Zusammenschluss der Donaustaaten, dann die britische Regierung in einer offiziellen Note[37].

---

34 Ebd., fol. 867.
35 Österreichische Gesandtschaft in Prag an BKA/AA, 20.8.1931 – ÖStA/AdR, NPA, Karton 409, Liasse Mitteleuropa Geheim, fol. 468-71; Österreichische Gesandtschaft in Prag an BKA/AA, 16.9.1931 – ebd., fol. 485-492; Späte Erkenntnis des Ministers Dr. Beneš, November 1931 – ebd., Karton 415, Liasse Tschechoslowakei I/8 Geheim–31/1, fol. 588; Amtserinnerungen des Legationsrat Hornbostel, 21.1.1932 – ebd., Karton 410, Liasse Mitteleuropa/Geheim 1932 I-III, fol. 239-42.
36 Narodno Blagostanje, 12.3.1932 – ebd., fol. 492-506.
37 Jacques BARIÉTY, Der Tardieu-Plan, in: Becker, Hildebrand, Internationale Beziehungen, 374;

Knapp einen Monat nach dem britischen Vorschlag war es der österreichische Bundeskanzler Karl Buresch, der der Diskussion neues Leben einhauchte. Am 16. Februar rief er die vier Gesandten Deutschlands, Englands, Frankreichs und Italiens gemeinsam zu sich und eröffnete ihnen, dass Österreich kurz vor dem völligen Zusammenbruch stehe und unbedingt einer Erweiterung seines Wirtschaftsraumes bedürfe[38]. Österreich wolle mit allen Nachbarstaaten darüber verhandeln. Im privaten Gespräch wurde Buresch noch deutlicher: Er erläuterte dem französischen Gesandten, dass eine Finanzhilfe unentbehrlich sei, da der Staat möglicherweise im nächsten Monat die Beamtengelder nicht mehr auszahlen werde können[39].

Clauzel hatte dies sicherlich dem Quai d'Orsay berichtet. Dort war ohnehin einiges in Bewegung. Am 20. Februar 1932 bildete André Tardieu nach Monaten der Krise eine neue Regierung und sicherte sich auch das Portefeuille für auswärtige Angelegenheiten. Zu diesem Zeitpunkt konnte Tardieu schon einiges an politischer Erfahrung vorweisen: Er war enger Mitarbeiter von Clemenceau bei der Versailler Konferenz gewesen und hatte Ende der 1920er-Jahre bereits 14 Monate als Ministerpräsident fungiert[40].

Nur eine knappe Woche nachdem er die Regierung übernommen hatte, begab sich Tardieu nach Genf und diskutierte dort über die Donauraumfrage. Das Finanzministerium, geleitet von Pierre-Etienne Flandin, hatte Tardieu bereits seine diesbezügliche Meinung zukommen lassen: Die Währungen von Österreich und Ungarn müssten mit Hilfe eines ausländischen Kredites gerettet, die Notenbanken ausländischer Kontrolle unterstellt und eine Donauföderation (Fédération danubienne) geschaffen werden. Damit war die Marschroute für Tardieu vorgegeben.

Nach seiner Rückkehr aus Genf redigierte Tardieu eine mit 2. März datierte Note mit dem Titel „Memorandum zur Lage der Donaustaaten" und sandte sie nach London und Rom, nicht aber nach Berlin. Darin sprach er sich für ein Zollpräferenzsystem aus, zusammengesetzt aus fünf Ländern: Österreich, Ungarn, der Tschechoslowakei, Rumänien und Jugoslawien.[41]

Sigfried BEER, Der „unmoralische" Anschluss. Britische Österreichpolitik zwischen Containment und Appeasement 1931–1934, Wien 1988.

38 Appell von Buresch, 16.2.1932 – ÖStA/AdR, NPA, Karton 410, Liasse Mitteleuropa/Geheim Chronologische Zusammenstellung, fol. 9.

39 BARIÉTY, Tardieu-Plan, in: Becker, Hildebrand (Hgg.), Internationale Beziehungen, 375.

40 Francois MONNET, Refaire la République. André Tardieu: une dérive réactionnaire (1876–1945), Paris 1993.

41 Tardieus Note vom 2.3.1932 – ÖStA/AdR, NPA, Karton 410, Liasse Mitteleuropa/Geheim 1932 I–III. Siehe dazu ausführlich Andreas GÉMES, Der Tardieu-Plan und Österreich. Politische und wirtschaftliche Aspekte eines mitteleuropäischen Integrationsversuches, in: „Zeitge-

Für Großbritannien, Deutschland und Italien hätte die im Tardieu-Plan angestrebte Kollektivvereinbarung zwischen den Donaustaaten zu empfindlichen wirtschaftlichen Nachteilen geführt, weil ein Teil ihrer Ausfuhrgüter durch die präferenzierten Industriewaren aus der Tschechoslowakei und zum Teil auch aus Österreich verdrängt worden wäre. Das Deutsche Reich sah deshalb im Tardieu-Plan lediglich einen gegen die Deutschen gerichteten, rein politisch motivierten Vorstoß. Als Antwort auf den Tardieu-Plan erklärte sich Deutschland umgehend bereit, Österreich die geforderte Finanzhilfe zu bieten und ein bilaterales Präferenzregime zu errichten. Mitte März setzte das Deutsche Reich die seit 1931 ausgehandelten Präferenzverträge mit Rumänien und Ungarn in Kraft[42].

Die italienische Stellungnahme zum Tardieu-Plan wurde am 7. März 1932 bekannt[43]. Der Gründung einer Zollunion der Donauländer wurde zunächst eine deutliche Absage erteilt. Italien bemühte sich dabei, seine besondere Rolle im Donauraum herauszustreichen. Demnach habe sich Italien als eines der ersten Länder um den Donauraum gekümmert, da es dort als Nachfolgestaat des Habsburgerreiches ganz besondere Interessen habe. Italien unterstrich, dass eine Sanierung von Österreich und Ungarn unbedingt notwendig sei. Die anderen Donaustaaten erwähnte die italienische Stellungnahme bezeichnenderweise – ebenso wie die deutsche Antwort – nicht. Italien betonte, dass es sich bereits unabhängig von den anderen Großmächten im Alleingang für die beiden Donaustaaten eingesetzt hätte.

Trotz der Tatsache, dass Italien bereits seinen Beitrag zum Wiederaufbau der Region leiste, werde man in Rom, so das Memorandum, die vorliegenden Vorschläge genau prüfen. Da dem französischen Memorandum aber nur entnommen werden könne, dass präferenzielle Abmachungen zwischen den Donaustaaten getroffen werden sollen, aber noch kein fixer Plan über deren Durchführung existierte, könne Italien auf der Basis des Memorandums keine definitive Stellungnahme abgeben, da viele politische und wirtschaftliche Probleme der Realisierung im Weg stünden.

Zusammenfassend kann man festhalten, dass die Antwort aus Rom weder ein Nein beinhaltete noch eine enthusiastische Zustimmung abgab. Italien wollte sich also offensichtlich nicht in die erste Reihe der Verweigerer stellen. Die im letzten Paragraphen kurz angeführte italienische Ansicht, dass die Großmächte sofort in den Verhandlungsprozess eingebunden werden sollten, kollidierte aber

---

schichte", 2006, 5, 261–286.

42 Amtsvermerk, 4.3.1932 – ÖStA/AdR, NPA, Karton 410, Liasse Mitteleuropa/Geheim, Chronologische Zusammenstellung, fol. 52–54.

43 Italienische Stellungnahme zu Tardieu-Plan, 7.3.1932 – ebd., fol. 63–69.

auf jeden Fall mit dem Plan Tardieus. Man kann auch die Überzeugung heraus-
lesen, dass die Sanierung des Donauraumes auf dem „römischen Weg" bessere
Erfolgsaussichten als der Tardieu–Plan hätte. Die tschechoslowakische „Privredni Pregled" kommentierte Italiens Haltung mit dem berechtigten Hinweis
auf die ambivalente Haltung Italiens im Donauraum wie folgt:

> Italien schlägt vor, dass sich die Großmächte einmengen und etwas geben, wir
> wissen aber aus der Vergangenheit, dass eine ähnliche Kombination an der Donau
> hätte verwirklicht werden können, wenn sich nur Italien nicht mit der Forderung
> hineingemischt hätte, dass es ebenfalls auf den Eintritt in diese Gemeinschaft re-
> flektiert und dieselbe benützen will.[44]

Tatsächlich hatte Italien bis jetzt einen beträchtlichen Anteil daran gehabt, dass
die Donauföderationspläne um kein Jota einer Realisierung näher gekommen
waren. Diese Tatsache zeigt deutlich, dass man auch in Rom diese Region nur
instrumentalisierte, wenn es gerade in das politische Konzept passte.

Offensichtlich hatte der Tardieu-Plan nach den Deutschen, die die Präferenzverträge mit Rumänien und Ungarn in Kraft zu setzen versuchten, auch
die Italiener zu einem raschen Eingreifen verleitet, denn noch bevor die Antwort auf den Tardieu-Plan abgeschickt worden war, unterzeichnete Italien
mit Österreich und Ungarn am 18. und 23. Februar eiligst die seit Juli 1931
in Verhandlung befindlichen sogenannten „Semmering-Abkommen", die die
Wirtschaftsbeziehungen zwischen den drei Ländern durch Zollsenkungen und
Krediterleichterungen verbessern sollten. Die Verträge schafften ein höchst
kompliziertes System von Prämien, Rückerstattungen und Krediterleichterungen, zum Beispiel bei Eisenbahn- und Seetransporten. In Summe ähnelte das
Abkommen stark einem wirklichen Präferenzsystem zwischen den vertrags-
schließenden Staaten[45].

Dieses Abkommen war zwar keine eindeutige Absage an den Tardieu-Plan,
aber trotzdem ging Italien von der multilateralen Annäherungsweise ab und
festigte seinen Einfluss in den beiden Ländern. Das Meistbegünstigungsprinzip
war damit praktisch durchbrochen. Da der davon erfasste Anteil der italienischen Exporte nur rund 4 % betrug, kam es aber zu keinen Protestschritten
anderer Staaten. Rein wirtschaftlich hatten die Semmering-Verträge – wie auch
die darauf aufbauenden Römischen Verträge vom März 1934 – keine große Bedeutung, denn die italienische Finanz- und Wirtschaftswelt hatte sich erfolg-

---

44 Privredni Pregled, 13.3.1932 – ebd., Liasse Mitteleuropa/Geheim 1932 I–III, fol. 456.
45 PETERSEN, Italien, 409.

reich gegen größere politisch motivierte Zugeständnisse zur Wehr gesetzt[46]. Der Zeitpunkt des Vertragsabschlusses und die hastige Unterzeichnung zeigen sehr deutlich, dass Italien unbedingt noch einen fait accompli schaffen wollte, um bei eventuellen Verhandlungen im Donauraum einen Trumpf mehr im Talon zu haben.

Die Engländer verhielten sich inmitten der allgemeinen Aufregung ausgesprochen passiv und warteten ab. Auch die Donaustaaten selbst reagierten nicht positiv. Prag fühlte sich übergangen und vor den Kopf gestoßen, Jugoslawien und Rumänien waren als Agrarstaaten wegen ihrer Exportinteressen auf Deutschland und Italien angewiesen und beurteilten Tardieus Vorschlag dementsprechend skeptisch. Ähnliches galt auch für Ungarn[47].

Die österreichische Regierung hielt sich mit ihren Stellungnahmen zum Tardieu-Plan merklich zurück, die Grundstimmung war aber allerdings unfreundlich. Die Ressentiments gegen den Tardieu-Plan waren in Österreich vor allem politischer Natur. Die sozialdemokratische Stellungnahme zum Tardieu-Plan in der Arbeiterzeitung bringt dies zum Ausdruck:

> Das ganze deutsch-österreichische Volk hat allen Grund, die diplomatischen Verhandlungen über den Plan des Herrn Tardieu mit misstrauischer Wachsamkeit zu beobachten. Österreich braucht unzweifelhaft dringend wirtschaftliche Hilfe. Aber wir müssen uns davor bewahren, unter wirtschaftlichen Vorwänden in gefährliche politische Bindungen hineingepresst zu werden und um den Preis von Krediten unter die Diktatur der internationalen Hochfinanz zu geraten.[48]

Zumindest das mediale Interesse an der zentraleuropäischen Entwicklung war sehr groß und Meldungen in Verbindung mit dem Tardieu-Plan waren über drei Monate auf den Titelseiten der österreichischen Zeitungen zu finden.

Anfang April fand ein Treffen der vier Großmächte in London statt, um über den Tardieu-Plan zu verhandeln. Eigentlich stritten dort die Großmächte nicht um den Plan selbst, sondern nur darüber, ob die Donaustaaten allein oder gemeinsam mit den Großmächten verhandeln sollten. Das Treffen war ein Misserfolg, die französischen Ansichten konnten sich nicht gegen die deutsche (und weniger sichtbare) italienische Opposition durchsetzen. Auch England stellte

---

46 Ebd.
47 Österreichische Vertretung beim Völkerbund an BKA/AA, 9.3.1932 – ÖStA/AdR, NPA, Karton 410, Liasse Mitteleuropa/Geheim, Chronologische Zusammenstellung, fol. 76-78.
48 Arbeiterzeitung, 6.3.1932, Sozialwissenschaftliche Dokumentation in der Bibliothek der Arbeiterkammer Wien, Tagblattarchiv. Zu der Haltung der österreichischen Regierung siehe auch das Telegramm von Schüller an Österreichische Gesandtschaft in Rom, 10.3.1932 – ÖStA/AdR, NPA, Karton 410, Liasse Mitteleuropa/Geheim, Chronologische Zusammenstellung, fol. 74.

sich schließlich auf die Seite der Kritiker, damit war das Schicksal des Planes besiegelt[49]. Anfang Mai verlor Tardieu die Parlamentswahlen in Frankreich und wurde durch Edouard Herriot ersetzt. Der Tardieu-Plan war also im Grunde gescheitert, bevor er genau ausgearbeitet und verhandelt worden war.

Auch in Österreich wurde Buresch durch den bisherigen Landwirtschaftsminister Engelbert Dollfuß ersetzt (Mai 1932) und die ganze Debatte rund um die wirtschaftlichen Neuordnungspläne endete für Österreich mit der Anleihe von Lausanne. Österreich bekam einen Völkerbundkredit von 300 Millionen Schilling, im Gegenzug musste es aber politische und finanzielle Verpflichtungen auf sich nehmen (keine Zollunion, kein Anschluss an Deutschland).

Conclusio

Trotz des kläglichen Scheiterns des Tardieu-Plans erreichte die Diskussion über die mitteleuropäische Ordnung in Österreich und auch europaweit im Jahr 1932 durch den Tardieu-Plan seinen Höhepunkt. Der Niedergang des Tardieu-Plans beendete die Periode, in der Hoffnungen auf eine zentraleuropäische Zusammenarbeit gehegt worden waren. Auch den sogenannten Römer-Protokollen von März 1934 ist ein gewisser Integrationsmoment im Donauraum (im wirtschaftlichen und politischen Bereich) natürlich nicht abzusprechen. Die Vorzeichen dieser „zerbrechlichen Allianz" (Béla Rásky) waren jedoch andere, die handelspolitischen Abmachungen zwischen Rom, Wien und Budapest waren zu einem großen Teil gegen die Kleine Entente gerichtet.

Österreich und Italien spielten bei den besprochenen zentraleuropäischen Integrationsplänen eine besondere Rolle. Österreich war dabei hauptsächlich ein Objekt der Großmachtpolitik. Die österreichische Außenpolitik konnte sich zu keinem Zeitpunkt mit dem Gedanken einer Donauföderation anfreunden. Vielmehr legte man Anfang der 1930er-Jahre alle Hoffnungen auf Rom.

Italien hat in Bezug auf die Integrationspläne im Donauraum eine recht geschickte Diplomatie angewendet. Im Palazzo Chigi war man sich wohl bewusst, dass man neben Deutschland und Frankreich im Donauraum nur die zweite Geige spielen konnte. Doch wurde jede Gelegenheit ausgenützt, um Vorteile herauszuschlagen. Beim Schober-Curtius-Plan standen die Italiener auf der Seite von Paris, beim Tardieu-Plan auf der Seite Berlins. Nie in der ersten Reihe, aber die Ziele wurden dennoch erreicht.

---

49 Österreichische Gesandtschaft in London an BKA/AA, 9.4.1932 – ebd., Liasse Mitteleuropa/ Geheim 1932 IV–XII,. fol. 708.

Entscheidend für das weitere Schicksal des Donauraumes war die Tatsache, dass Frankreich und Deutschland zunächst auf Mitteleuropainitiativen verzichten mussten. Italien ergriff die Gunst der Stunde und stieß – auf die seit 1932 privilegierten Beziehungen mit Österreich und Ungarn aufbauend – in dieses Vakuum vor.

Für das Deutsche Reich war dieser Ausgang sicherlich zufriedenstellend, da der Versuch einer Blockbildung der mitteleuropäischen Kleinstaaten nun endgültig ebenso gescheitert war wie eine Verfestigung des französischen Sicherheitssystems. Der Tardieu-Plan wurde ein für alle Mal ad acta gelegt und durch ein System von bilateralen Verträgen ersetzt, was Deutschlands wirtschaftliche Durchdringung des Raumes ermöglichte. Auch Italien konnte längerfristig für Österreich keine Sicherheiten politischer und wirtschaftlicher Art bieten.

Giorgio Petracchi

Dietro le quinte del convegno Volta sull'Europa. Un piano per sovvertire l'Europa centro-orientale?*

Il presente contributo è basato su una ricerca archivistica effettuata presso il Public Record Office di Londra. Essa prende lo spunto da un'inchiesta, aperta dai diversi dipartimenti del Foreign Office, relativa alle rivelazioni contenute in due articoli pubblicati da Wickham Steed sul settimanale londinese "Sunday Times" del 20 novembre e dell'11 dicembre 1932. Gli articoli denunciavano un piano, o meglio un complotto, italo-tedesco per rovesciare l'ordine di Versailles nell'Europa danubiano-balcanica[1]. Lo sfondo storico, delineato nel corso dell'istruttoria avviata negli uffici del Foreign Office, apre un nuovo scenario, assai giovevole alla comprensione della politica italiana nell'Europa centro-orientale e balcanica nella congiuntura del 1932 e dintorni.

Il convegno Volta sull'Europa

Henry Wickham Steed è personaggio troppo noto per dilungarsi a tracciarne il profilo. Basti qui dire che egli è stato corrispondente del "Times" nelle capitali della Triplice Alleanza (Berlino, Roma, Vienna) dal 1896 al 1913; è autore di un pregevole volume sulla monarchia absburgica, che la polizia austriaca aveva confiscato per "delitto di lesa maestà"[2]; è stato capo del servizio estero del "Times" dal 1913 alla fine della guerra; nel 1916 fondò, insieme a Thomas Masaryk e a Robert William Seaton-Watson, il settimanale "New Europe" e l'associazione "The Serbian Society of Great Britain" con lo scopo di sostenere l'indipendenza delle nazionalità soggette all'Austria-Ungheria, segnatamente dei cechi, degli

---

* Il presente contributo costituisce una rielaborazione di quanto già pubblicato in: "Nuova storia contemporanea" XVII, 2003, 4, 17–41.

1 Riferimenti al primo articolo sono contenuti nel volume di Fulvio D'AMOJA, Declino e prima crisi dell'Europa di Versailles. Studio sulla diplomazia italiana ed europea (1931–1933), Milano 1967, 171. Il contenuto del primo articolo è esposto anche da Jens PETERSEN, Hitler e Mussolini. La difficile alleanza, Roma-Bari 1975, 86 [orig. Hitler – Mussolini. Die Entstehung der Achse Berlin-Rom 1933–1936, Tübingen 1973].

2 Possiedo l'edizione francese, appartenuta a Ugo Ojetti, Henry Wickham STEED, La Monarchie des Habsbourg, Paris, Armand Colin, 1914.

slovacchi e degli slavi del Sud alla conferenza della pace; nel triennio 1919–1921 è stato direttore del "Times"; tra il 1925 e la Seconda guerra mondiale, quale pubblicista e lecturer di Storia dell'Europa orientale al King's College di Londra[3], fu avversario del fascismo, poi del nazismo su tutti i problemi lasciati aperti dai trattati di pace nell'Europa danubiano-balcanica. In conclusione, egli aveva impostato tutta la sua professione a fare del "Times" la guida della Gran Bretagna e dell'opinione pubblica democratica europea[4]. E il caso da lui "montato" nel 1932 è esemplare.

Lo sfondo in cui sarebbe stato concepito il piano denunciato da Steed è oltremodo simbolico: esso sarebbe nato dietro le quinte del secondo convegno Volta, svoltosi a Roma dal 14 al 20 novembre del 1932[5].

I convegni Volta erano annuali ed erano indetti a turno fra le quattro classi dell'Accademia Reale d'Italia. Nel 1932 spettava alla classe delle Scienze Morali e Storiche organizzare il convegno Volta. Il governo italiano volle dare alla conferenza una risonanza maggiore di quella ad essa riservata nell'occasione precedente, quella del 1931. Il convegno Volta cadeva, infatti, nell'anno delle celebrazioni del decennale della Marcia su Roma, e si sarebbe aperto pochi giorni dopo l'inaugurazione della Mostra della Rivoluzione Fascista.

Già in maggio, la stampa aveva annunciato il tema: L'Europa[6]. Si diceva che l'argomento fosse stato suggerito dallo stesso Mussolini agli accademici d'Italia

---

3   Le Lectures tenute da Steed al Graduate Institute of International Studies di Ginevra sono state pubblicate con il titolo: The Antecedents of Post-War Europe, London 1932.

4   Per conoscere la personalità di Steed è imprescindibile la lettura delle sue memorie, l'opera sua considerata più importante: Henry Wickham STEED, Trent'anni di storia europea, 1892–1922, Milano 1962 [orig. Through Thirty Years 1892–1922: a Personal Narrative, London e New York 1925].

5   La Fondazione Volta era finanziata con i fondi che la Edison metteva a disposizione dell'Accademia d'Italia. Il suo scopo era di organizzare, annualmente, in diverse città d'Italia i convegni delle diverse classi dell'Accademia.

6   I temi particolari proposti come argomento di discussione, o di relazioni specifiche, erano i seguenti:
"1 L'Europa come unità. Caratteri specifici della civiltà europea nella loro formazione storica e nella loro consistenza attuale
2 Posizione, valore e funzione dell'Europa nel mondo contemporaneo, avanti e dopo la guerra
3
4 } La presente crisi europea
5
A) Ragioni d'ordine interno
B) Ragioni extraeuropee
I. Le altre civiltà in relazione con l'europea
II. La situazione coloniale
6 Coscienza europea e possibilità d'una solidarietà attiva nell'Europa".

Francesco Coppola e Alberto De Stefani. Le lingue del convegno erano l'italiana, la francese, l'inglese, la tedesca e la spagnola.

Gli inviti erano stati diramati a giugno dal senatore Guglielmo Marconi, presidente dell'Accademia, e dal senatore Vittorio Scialoja, presidente del convegno, ad un cospicuo numero di personalità pubbliche e a noti intellettuali europei. Russi e americani erano stati intenzionalmente esclusi.

Nella lettera d'invito era spiegato che il congresso non aveva carattere politico, ma unicamente culturale. Il suo scopo era quello di promuovere uno scambio di idee fra uomini d'azione, storici e filosofi con l'auspicio di far luce sulle cause della crisi dell'Europa e di raggiungere qualche sintesi, o qualche risultato utile a sensibilizzare gli uomini di Stato e le personalità della politica sulla necessità che l'Europa riprendesse coscienza di sé e del proprio destino. Era dagli anni Venti, dall'uscita dei volumi di Oswald Spengler "Der Untergang des Abendlandes"[7], che nei circoli intellettuali europei incombeva l'idea che l'Europa fosse attraversata da una crisi storica, nella sua vita politica e economica, nella sua autocoscienza e nel suo prestigio mondiale. Il tema dell'Europa era particolarmente sentito e dibattuto.

Circa centoventi delegati accettarono l'invito. Già scorrere l'elenco degli aderenti apre il pensiero a riflessioni interessanti sul rapporto tra il fascismo e la cultura europea. Altrettanto interessanti sono le motivazioni di coloro i quali avevano declinato l'invito, come le giustificazioni di coloro che, avendolo accolto all'ultimo momento, non erano intervenuti; di non meno interesse è scorrere i nomi di quelle personalità che, pur avendo ricevuto l'invito, non avevano risposto. Tutto ciò è contenuto nelle pagine introduttive degli Atti, i quali riportano anche i profili di tutti gli intervenuti[8].

In conclusione, coloro che effettivamente arrivarono a Roma la sera del 13 novembre furono circa un centinaio[9]. La delegazione tedesca era la più nu-

---

7   Oswald SPENGLER, Der Untergang des Abendlandes. Umrisse einer Morphologie der Weltgeschichte, I, Gestalt und Wirklichkeit, Wien 1918, II, Welthistorische Perspektiven, München 1922. Di entrambi i volumi ci sono edizioni successive.

8   Convegno di Scienze Morali e Storiche, 14–20 novembre 1932-XI. Tema: "L'Europa", Roma, Reale Accademia d'Italia, 1933.

9   La delegazione britannica comprendeva sir Rennell Rodd, ex ambasciatore a Roma negli anni della Prima guerra mondiale, sir Charles Petrie, storico, Mr. Paul Einzig, economista, Christopher Dawson, storico di formazione cattolica, autore di volumi sull'Europa. Tra gli invitati che avevano giustificato la loro assenza ricordo, tra gli altri, John Maynard Keynes e Austen Chamberlain. Tra gli invitati che non avevano risposto spicca il nome di Winston Churchill.
La delegazione francese comprendeva Henri Beranger, senatore, Louis Bertrand, letterato, Marcel Olivier, governatore di colonie, Maurice Pernot, giornalista, M. Jérôme Carcopino, professore, Gabriel Hanatoux, ex ambasciatore, Daniel Halévy, storico, Pierre Gaxotte, direttore della rivista "Je suis partout", Roger Nathan, redattore capo di "Europe Nouvelle", Alfred Rébellieu, profes-

merosa; tra gli studiosi e i pubblicisti troviamo Alfred Weber, professore (Heidelberg), Albrecht Mendelssohn-Bartholdy, professore, Werner Sombart, professore (Berlino), Erich Brandenburg, professore (Lipsia). Tra gli studiosi che non erano potuti intervenire, ma avevano dato la loro adesione, troviamo il celebre giurista Karl Schmitt e lo storico Friedrich Meinecke. Tra le personalità rappresentative della politica spiccavano gli uomini della destra come Hjalmar Schacht, dei leader dello Stahlhelm Vicco von Bülow-Schwante e Franz Seldte, i nazionalsocialisti Hermann Göring, presidente del Reichstag, e Alfred Rosenberg, direttore del "Völkischer Beobachter". Gli ultimi tre furono ricevuti più volte dallo stesso Mussolini, con il quale ebbero diversi colloqui. E tra i delegati si diffuse l'indiscrezione che il "duce" avesse riconciliato i nazisti allo Stahlhelm, se risponde al vero ciò che l'ambasciatore tedesco, appena giunto a Roma, Ulrich von Hassell, raccontò al suo omologo britannico sir Ronald W. Graham[10].

L'inaugurazione ebbe luogo in Campidoglio nella sala Giulio Cesare alla presenza del "duce", il cui discorso si distinse per la sua brevità. Sir Rennell Rodd, con grande scorno della delegazione francese, ebbe il compito di portare il saluto dei delegati. Nei giorni seguenti i lavori del "gran consulto" sull'Europa continuarono nel palazzo della Farnesina.

Non è qui il caso di farne la storia; assai più istruttivo è seguire il filo del resoconto fatto da Graham. Le opinioni espresse furono diverse, riassunte più o meno bene dalla stampa. E in generale il convegno fece del suo meglio per evitare la politica.

I delegati italiani, soprattutto con l'intervento di Francesco Coppola, non resistettero, però, alla tentazione di inserire nel dibattito i temi cari al revisionismo della politica estera italiana. E qualche altro accennò alla indesiderabilità dell'impiego di truppe di colore in Europa.

---

sore. Tra coloro che non erano potuti intervenire, ma avevano giustificato la loro assenza, cito, tra gli altri, George Duhamel, Albert Demageon, André Siegfried.

Tra coloro che non risposero spiccano i nomi di Charles Maurras, Anatole de Monzie, Paul Hazard, Leon Daudet, Paul Valery.

Fra gli intervenuti delle altre delegazioni richiamo i nomi del conte Alberto Apponyi, ex ministro (Ungheria), di Karl Anton principe de Rohan, direttore della "Europäische Revue" (Austria), di Stefan Zweig, scrittore (Austria), di William Martin, giornalista (Svizzera), di Joseph Avenol, segretario generale della Società delle Nazioni, di M. de Fontenay, visconte, ambasciatore presso l'Académie Diplomatique Internationale (Francia), di Henry Jaspar, ex presidente del Consiglio (Belgio), di Paul Humans, ex presidente del Consiglio (Belgio), di Otto von Franges, ex ministro (Jugoslavia), di Momčil Ninčić, ex ministro (Jugoslavia), di Nicola Jorga, ex presidente del Consiglio (Romania), di Nicolas Politis, ministro di Grecia a Parigi.

10   Graham a sir John Allsebrook Simon (ministro Esteri), Confidential, Roma, 30 novembre 1932 – National Archives, Public Record Office, Foreign Office [in seguito NA PRO FO] 371/15988/C 9924/9924/22.

I delegati tedeschi mantennero le loro relazioni su di un piano filosofico più che politico, ma non poterono eludere qualche riferimento alla crisi politica e di governo che attraversava il loro paese. I delegati britannici svilupparono temi specifici. Rennell Rodd sostenne che la Gran Bretagna era l'unico paese che avesse fatto passi sostanziali verso il disarmo. Einzing sostenne la tesi che l'Europa fosse il banchiere del mondo e che gli USA non fossero adatti a tale compito.

I delegati francesi non fecero niente "intenzionalmente" per irritare l'opinione pubblica italiana. Forse proprio per questo, la stampa dette poco spazio ai loro interventi.

Il secondo giorno del convegno, il visconte Joseph de Fontenay, ambasciatore francese in Vaticano (1928–1932), lanciò il suo scoop. Egli lesse ai convegnisti un messaggio ricevuto da Franklin Delano Roosevelt, il presidente degli Stati Uniti appena eletto.

A quanto sembra, il messaggio non era stato diretto al convegno Volta, ma, in via privata, all'organizzazione presieduta dallo stesso de Fontenay. Quest'ultimo l'aveva letto all'assemblea del convegno per accrescere il proprio ruolo[11].

L'aspetto più gratificante dal punto di vista italiano fu quello di far convergere l'attenzione dei convegnisti sull'ideologia sociale del fascismo e sullo Stato corporativo. Alcuni di essi, segnatamente Alfred Rosenberg, Nicolas Politis, Charles Petrie, Albert De Berzeviczy, Mihaïl Manoilesco e il principe de Rohan, fiancheggiarono questa tesi e in sostanza sostennero che l'Europa avrebbe dovuto muoversi lungo le linee del corporativismo. I delegati italiani svilupparono lo stesso tema in molte variazioni. Pochi delegati difesero la democrazia e la stampa riportò la loro difesa in forma succinta e poco accurata.

Un'altra caratteristica dei lavori, conseguente alla decisione italiana di escludere americani e russi dal convegno, fu l'invito, quasi generalizzato, alla formazione di una coscienza europea in qualche modo opposta ai modelli di civiltà diffusi dall'America e dalla Russia. Ma questa impostazione, contrariamente alle premesse, fu contestata proprio da un delegato italiano, il diplomatico Leonardo Vitetti, il quale criticò come ideologica, cioè non fondata sull'esperienza storica, la tesi della separazione dei destini storici dell'America da quelli dell'Europa.

In conformità al programma non fu votata nessuna risoluzione. Si registrò

---

11   Il Foreign Office chiese alla propria ambasciata a Roma notizie sul visconte de Fontenay e sulla sua fantomatica "Académie Diplomatique Internationale". La risposta fu che l'ambasciatore presiedeva questo "busybody", la cui funzione era di mantenere alta nei diplomatici in pensione la considerazione del loro rango. La sede si trovava a Parigi e il suo segretario era il greco A. F. Frangulis. I diplomatici inglesi, per quanto sollecitati, non si erano fatti sedurre. Chanchery a Foreign Office, Roma, 17 dicembre 1932 – NA PRO FO 371/15988/10806/9924/22, d. 187/9/32.

soltanto un timido tentativo per indurre il congresso a esprimere un indirizzo di voto in favore della soluzione della crisi europea in senso corporativo. In ogni caso, se quel tentativo fu consumato, non produsse effetti.

Dietro le quinte del congresso fu notato l'attivismo di madame Boas De Jouvenel, moglie dell'ambasciatore francese a Roma, la quale si intrattenne garbatamente con tutti i delegati ed ebbe successo nel fondare una nuova associazione conosciuta con il nome "L'ospitalità italiana", risultato che ella stava perseguendo da diversi anni. Il socio più illustre ascritto da madame Boas fu Emilio Brodero, seguito solo da pochi altri francofili, che, a detta di Graham, non avrebbero esercitato nessuna grande influenza nel nostro paese.

Il giovedì Mussolini dette un gran pranzo al Grand Hotel. I delegati tedeschi gli si strinsero attorno, in modo da impedire ai delegati delle altre nazioni di avvicinarlo.

Nel mezzo del congresso, il 17 novembre, giunse la notizia delle dimissioni del governo Papen. Seldte, Rosenberg e Göring furono subito ricevuti da Mussolini, il quale mise a disposizione del presidente del Reichstag un aereo particolare per accelerare il suo ritorno in Germania[12].

Il "programma sensazionale" rivelato da Steed

La stampa internazionale non aveva dedicato molto spazio al convegno. E non è qui il caso di riassumere gli argomenti trattati. A proiettare i riflettori della stampa mondiale su di esso furono, appunto, le clamorose rivelazioni di Wickham Steed, le quali sollevarono il paludato manto culturale del convegno per metterne a nudo l'anima machiavellica[13].

Dietro le quinte del convegno – assicurava Steed – era stata progettata la costituzione di una nuova entità geopolitica nell'Europa centrale, sotto forma di federazione tedesco-ungherese, imperniata sull'Ungheria ingrandita con la Transilvania, la Bukovina e una parte della Jugoslavia (porzioni di Slovenia, Dalmazia, Croazia). In seguito a questo riassetto, l'Italia avrebbe preso la guida della federazione degli Stati balcanici usciti dal ridimensionamento della Jugoslavia e della Romania. Si trattava, in sostanza, della divisione dell'Europa danubiana in sfere d'influenza. Secondo questa intesa, la Germania non avrebbe dovuto estendere la propria penetrazione economica a sud delle Alpi e ad est dei Carpazi. Questa complessa manovra diplomatica ricordava – pur senza alcun riferi-

---

12   Petersen, Hitler e Mussolini, 108.
13   Henry Wickham Steed, "Europe Congress". A Sensational Programme, in: "Sunday Times", 20 novembre 1932.

mento diretto – il piano italiano, concepito da Mussolini nel febbraio 1926 e da lui ripreso nel marzo 1928, di una Locarno danubiano-balcanica, egemonizzata dall'Italia[14].

Le rivelazioni fecero molto scalpore per l'autorevolezza della testata e la fama internazionale dell'autore. Il Foreign Office chiese lumi ai suoi ambasciatori. Graham fu colto di sopresa, per non dire che cadde letteralmente dalle nuvole. Egli si meravigliò che un personaggio della riconosciuta esperienza e reputazione di Steed avesse potuto dar credito ad elucubrazioni di tal genere[15]. Rennell Rodd, presente oltretutto al convegno Volta come relatore, si sentì chiamato direttamente in causa, tanto da sentirsi autorizzato a replicare a Steed dalle colonne del "Sunday Times". Egli scrisse che le rivelazioni contenute nell'articolo erano un mero parto di fantasia del giornalista. E avanzò il sospetto che Steed fosse stato male informato e che avesse sopravvalutato la sincronia tra l'inaugurazione del convegno e l'arrivo a Roma del presidente del Consiglio ungherese Gyula Gömbös. Nel sostenere questa tesi, Rodd citò le parole dello stesso giornalista, il quale – in senso puramente retorico – aveva premesso "if my information is correct".

Steed, ferito nell'orgoglio, ribadì ogni parola dell'articolo, cominciando con il togliere proprio la premessa cautelativa "Unless I am misinformed"[16]. Tolta l'avvertenza riduttiva, la notizia assunse il valore di un'affermazione, quasi di una testimonianza. Ciò ebbe l'effetto di rilanciare la polemica sulla stampa internazionale e di accendere l'attenzione delle cancellerie dei paesi interessati.

Dopo qualche giorno di sconcerto anche la stampa italiana ruppe il silenzio. Sul "Giornale d'Italia" del 27 novembre, Virginio Gayda, portavoce ufficioso di Palazzo Chigi, denunciò Wickham Steed di minacciare addirittura la pace. Naturalmente, Gayda coinvolse nell'accusa anche "Le Temps", che aveva ripreso l'articolo del "Sunday Times". Tra gli articoli usciti sulla stampa italiana, quello che suscitò maggior scalpore apparve sul "Popolo di Roma" del 30 novembre. L'articolo riproduceva, in traduzione, un brano del volume del colonnello Maximilian Ronge, ex capo del Evidenzbüro dello Stato maggiore austro-ungarico, nel quale Wickham Stedd e R. W. Seaton Watson (in pratica tutto il gruppo della "New Europe") venivano accusati di essere stati sul libro paga del ministero degli Esteri serbo, già ai tempi di Niš[17]. Qualche giorno dopo, Mussolini liquidò

---

14   Cfr. Giampiero CAROCCI, La politica estera dell'Italia fascista, Bari-Roma, 1968, 48–50, 115.

15   Graham a Simon, Confidential, Roma, 26 novembre 1932 – NA PRO FO 371/15988/9924/9924/22, d. 934.

16   "Europe Congress" in Rome. Sir Rennell Rodd's Disclaimer and Mr. Wickham Steed's Reply, in: "Sunday Times", 27 novembre 1932.

17   Graham a Simon, Roma, 3 dicembre 1932, – NA PRO FO 371/15988/10222/9924/22, d. 964, 187/7/32. Su questa materia si veda l'integrazione bibliografica in PETERSEN, Hitler e Mussolini, 478, nota 67.

le rivelazioni di Steed come "folli fantasie di un italianofobo notorio"[18], mentre sulla base di tali argomentazioni von Hassell introdusse cautamente il tema della cooperazione italo-tedesca.

L'articolo di Steed suscitò forti reazioni anche in Romania. Telegrammi da Vienna e da Bucarest arrivati al Foreign Office attribuirono alle "rivelazioni" di Steed l'origine delle dimostrazioni antitaliane e antiungheresi avvenute a Cluj. Il 28 novembre, il ministro degli Esteri Nicolae Titulescu disse al ministro inglese Michael Palairet che non trovava le rivelazioni di Steed tanto fantasiose alla luce dell'intervista resa dal presidente austriaco il 12 novembre alla "Neue Freie Presse" e delle allusioni sulla necessità di riaprire la questione della Transilvania, fatte da Winston Churchill alla Camera dei Comuni il 23 novembre[19].

Ancora nel febbraio 1933, l'esistenza di un trattato segreto fra l'Italia, la Germania e l'Ungheria, risalente all'agosto dell'anno precedente, rimbalzò nella Commissione per gli affari esteri della Camera francese. Edouard Herriot, l'ex presidente del Consiglio ed ex ministro degli Esteri, chiamato a confermare la notizia, non ne smentì la fondatezza. Precisò soltanto che aveva lasciato il Quai d'Orsay prima di averne acquisito le prove[20].

Alla ricerca delle fonti del "programma sensazionale"

Allarmato dalla dimensione internazionale assunta dall'affare, il Foreign Office pensò subito a come circoscrivere la polemica. Perciò fece avvicinare Steed da

---

18   Petersen, Hitler e Mussolini, 87.
19   Palairet a Simon, Bucarest 28 novembre 1932 – NA PRO FO 371/15988/C 10503/9924/22. Titulescu avanzò l'ipotesi che le informazioni fossero state fornite a Steed da qualcuno che aveva buone fonti in Baviera. Secondo Titulescu, tali idee erano caratteristiche dei circoli nazionalisti tedeschi e in Italia erano sostenute da qualche avventuroso fascista, come Balbo, anche se non da Mussolini. E le esternazioni del presidente austriaco, Miklas, fatte in connessione con la vista di Dollfuß a Budapest, mostravano comunque che le sorprendenti rivelazioni di Steed non fossero solo "terrore (scare) giornalistico": Paul Berend, Für eine neue Staatengemeinschaft in Mitteleuropa. Ein Gespräch mit Bundespräsidenten Miklas, in: "Neue Freie Presse", 12 novembre 1932, 1.
20   A parlare dell'esistenza del trattato era stato il deputato Jean Ybarnegaray. Cfr. Pignatti a Mussolini, 10 febbraio 1933, in: I documenti diplomatici italiani [in seguito DDI], serie VII, 13, d. 79. In un appunto datato 12 febbraio 1933, il nuovo sottosegretario agli Esteri, Fulvio Suvich, suggerì a Mussolini di smentire la voce dell'esistenza di una alleanza italo-germanico-ungherese: "… non si possono passare sotto silenzio le dichiarazioni di un ex Capo del Governo e Ministro degli Esteri quando parla di cose avvenute durante il periodo in cui era in funzione e dal quale si deve pretendere almeno conoscenza degli argomenti di cui parla e senso di responsabilità", ibid., nota 2.

un proprio funzionario con l'istruzione di conoscere ed acquisire le fonti da cui Steed traeva le sue informazioni. Insomma, il Foreign Office non si fidava troppo di Steed e voleva avere le prove.

Il 7 dicembre, Stephen Gaselee, la persona scelta allo scopo, incontrò Stedd, il quale senza rivelargli il nome della propria fonte, gli disse che le informazioni pubblicate gli erano state passate da qualcuno a Londra in contatto con i circoli hitleriani (Hitlerites). L'articolo, aggiunse, fu considerato in Germania come una fuga di notizie e di segreti hitleriani. Steed, invece, consegnò a Gaselee in traduzione inglese, una lettera anonima da lui ricevuta in lingua italiana, datata 29 novembre. Il giornalista propendeva ad attribuire ad un ex ambasciatore italiano la paternità della lettera.

Il suo contenuto confermava le rivelazioni da lui fatte nell'articolo del "Sunday Times". E aggiungeva molte altre informazioni di carattere riservato[21]. La

---

21   La lettera del 29 novembre conteneva informazioni circostanziate, non tutte riscontrabili, alcune sicuramente discutibili, altre false – NA PRO FO/371/15988. Nella premessa, l'estensore giustificava, non senza studiato imbarazzo, la scelta dell'anonimato e la spedizione della lettera da Vienna, quali espedienti adottati per sfuggire alla censura della polizia fascista. La lettera entrava, poi, nel merito, confermando che quanto affermato nell'articolo del "Sunday Times" corrispondeva al vero. In particolare, sottolineava la sincronia tra il convegno Volta e l'arrivo di Gömbös a Roma il 10 novembre. La coincidenza non era fortuita, ma intenzionale, e si era verificata simultaneamente all'arrivo a Roma, ospiti del governo italiano, di venti giornalisti bulgari, guidati da Antonov, capo dell'Ufficio stampa del ministero degli Esteri bulgaro.
      Il convegno Volta, sempre secondo la lettera, non era che il paravento del grandioso piano propagandistico messo in campo dal regime fascista per la fascistizzazione dell'Europa, annunciato da Mussolini nel suo giro di discorsi attraverso le varie città d'Italia e sintetizzato in quello di Milano del 25 ottobre. Lo schema, o complotto, elaborato a Roma contro l'ordine di Versailles nell'Europa centrale coinvolgeva l'Ungheria, la Bulgaria, l'Albania, l'Austria e gli hitleriani (Hitlerites). La parte attiva di questa vasta riorganizzazione l'avrebbe svolta il "duce". Egli avrebbe promesso a Gömbös la ricostruzione dell'Ungheria nelle antiche frontiere della Corona di Santo Stefano e forniture di armi ai magiari e ai bulgari, al momento opportuno. Alcune industrie italiane, piccole e grandi, nell'area di Brescia avevano ricevuto commesse di armi ben al di sopra del fabbisogno dell'esercito italiano. Molti ufficiali erano stati inviati in Albania e membri dei Comitaji bulgari, sussidiati dal governo italiano, avevano stabilito il loro quartier generale ad Ancona.
      L'attenzione del "duce" era rivolta alla Croazia. Il governo fascista guardava con grande simpatia al movimento separatista croato e lo finanziava. Mussolini faceva assegnamento su di una sollevazione in Croazia appena fosse scoppiata una guerra e si aspettava, perciò, una rapida dissoluzione della Jugoslavia. Zara sarebbe stata per Mussolini la base italiana da cui fomentare la secessione della Croazia. Perciò, in caso di guerra, la città doveva essere tenuta sotto controllo italiano, contro il parere di Badoglio che avrebbe voluto evacuarla. Il generale Albricci era stato inviato a Zara a questo scopo.
      Nei colloqui tra Mussolini e Gömbös sarebbero state gettate anche le basi di un piano generale per la resurrezione della monarchia danubiana su base "trialistica", tanto da includere l'Ungheria,

lettera – come già detto – era scritta in italiano, e anche l'indirizzo era scritto nella stessa lingua, ma era stata impostata a Vienna. Steed riteneva autentico il documento, non una provocazione, né una trappola montata contro di lui[22]. Perciò, si sentì in dovere di raccomandare al Foreign Office di verificare seriamente le affermazioni in essa contenute, segnatamente riguardo alle notizie che si riferivano alle manovre sviluppate dal governo italiano per incoraggiare la rivolta in Croazia in senso antijugoslavo.

Qualche giorno dopo, arrivò a Steed, per una strada diversa dalla prima, una seconda lettera anonima, scritta sempre in italiano, datata Roma 4 dicembre 1932. Steed ne attribuì ancora la paternità al supposto ex ambasciatore e la consegnò, in traduzione inglese, a Gaselee nell'incontro che ebbe con lui il 12 dicembre, con la malcelata soddisfazione di chi registra un'ulteriore conferma alle proprie rivelazioni[23].

---

l'Austria e la Croazia. I colloqui riguardarono perciò anche la restaurazione degli Absburgo. Gömbös propose il matrimonio tra l'arciduca Otto e una figlia del re d'Italia. La candidatura di Otto incontrava anche il favore del Vaticano che, disapprovando l'ortodossia serba e romena, segretamente approvava i piani di Mussolini.

L'ultima parte della lettera era rivolta a controbattere coloro, fossero francesi o altri, i quali sostenevano una politica di rapprochement fra la Francia e l'Italia fascista. Un tale risultato sarebbe stato possibile solo se la Francia fosse stata disposta a cedere all'Italia aggiustamenti coloniali e a dare soddisfazione alle istanze irredentistiche italiane riguardo Nizza, Tunisi e Savoia.

22 Gaselee a Central Department, lettera del 8 dicembre 1932 – NA PRO FO/371/15988/10279/9924/22.

23 Questa seconda lettera ribadiva l'esistenza del cosiddetto "Volta Plan" – NA PRO FO/371/15988. Un punto riguardava il supposto filonazionalsocialismo del "duce". Mussolini sarebbe stato estremamente deluso dalla soluzione della crisi di governo in Germania, aperta con le dimissioni di von Papen e risolta con l'esclusione di Hitler da ogni carica governativa. Secondo l'anonimo estensore, Mussolini aveva, invece, consigliato Hitler di accettare di entrare nel governo a qualsiasi condizione, e gli aveva raccomandato, una volta in carica, di usare gli strumenti dello Stato per fare la sua rivoluzione.

La lettera illustrava dettagliatamente l'ingerenza del ministero degli Esteri italiano nella situazione interna croata. Il "duce" era favorevole a riconoscere l'indipendenza della Croazia a condizione che le prerogative della lingua italiana fossero preservate a Fiume e a Zara. E fece il nome del duca delle Puglie come futuro candidato al trono della Croazia. Una tipografia croata era entrata in azione ad Ancona per stampare fogli e manifesti irredentisti. Un'altra tipografia stampava a Livorno fogli di propaganda irredentistica per la Corsica, Tunisi e Nizza. Insomma, in Italia cresceva l'aspettativa della guerra e ci si attendeva che potesse scoppiare all'improvviso, senza ultimatum. Questa mobilitazione degli animi era l'arma diversiva usata dal "duce" per superare le difficoltà economiche che attanagliavano l'Italia.

Come ultima pennellata, la lettera gettava una luce fosca sull'arrivo di Vittorio Cerruti alla guida dell'ambasciata italiana a Berlino. Cerruti era considerato uno tra i principali sostenitori del "Volta Plan", in ragione anche dei suoi legami familiari, avendo sposato una nota ex attrice magiara, di dubbia reputazione, nel corso della sua precedente missione a Vienna. Dimenticato

Wickham Steed, confortato dal nuovo materiale ricevuto, scrisse un secondo articolo, uscito l'11 dicembre sul "Sunday Times"[24], il cui contenuto riguardava la grave crisi che travagliava la Jugoslavia. I prodromi di essa erano cominciati in seguito alla dolosa distruzione dei leoni di San Marco, antichi emblemi della repubblica veneta, nella città di Trau (Trogir) in Croazia. Gli incidenti che ne erano conseguiti erano da Steed collegati all'insurrezione, incoraggiata da influenze straniere, scoppiata in settembre nella regione montagnosa della Croazia, conosciuta come la Lika[25]. In questo nuovo articolo Steed ripropose la tesi che gli incidenti e la crescente tensione in corso sulle coste orientali dell'Adriatico fossero frutto degli intrighi tessuti dietro le quinte del convegno Volta. Come prova addusse le informazioni contenute nella prima lettera ricevuta, relative la cooperazione militare tra le autorità fasciste e i comitati bulgari. Anche gli attacchi personali, a lui diretti dalla stampa italiana, vennero da lui assunti come prova indiretta dell'autenticità delle sue rivelazioni. Quegli attacchi, secondo il giornalista, erano ispirati dallo stesso Mussolini, perché smascherato nei suoi intrighi balcanici. L'Europa, insomma, secondo Steed si trovava di fronte ad una situazione esplosiva, acuita dal fallimento della conferenza sul disarmo della Società delle Nazioni e dalla crescente animosità dell'Italia contro la Francia e contro la sua protetta Jugoslavia.

Dai commenti lasciati dai diplomatici del Foreign Office in margine ai documenti che essi andavano raccogliendo, si evince perfettamente che essi considerassero esagerate le rivelazioni di Steed, e non ne approvassero il taglio e lo stile scandalistico con cui erano state lanciate. Ciò corrispondeva al giudizio poco lusinghiero su Steed che gli uomini del Foreign Office avevano maturato nei loro contatti, quasi giornalieri, nel corso degli anni in cui il giornalista era a capo del servizio Esteri del "Times". Essi non mettevano in discussione le sue competenze, deprecavano (e temevano) i suoi eccessi. Naturalmente, la disistima

---

lo scandalo connesso al matrimonio, e dopo un giro di "purificazione" consumato attraverso una serie di ambasciate periferiche, Cerruti era ritornato sulla scena europea ad interpretare la politica filonazista e revisionista di Mussolini.

24   Wickham STEED, Grave Crisis in Yugoslavia. Danger to Peace of Europe. Necessity for Vigilance. Major Powers Affected, in: "Sunday Times", 11 dicembre 1932.

25   Nel settembre 1932 scoppiò una rivolta nella regione montagnosa della Croazia sud-occidentale, stretta tra la Bosnia e la Dalmazia, detta Lika, suscitata dai fuoriusciti croati appartenenti al gruppo di Ante Pavelić e Perćec, i cosiddetti ustascia, che avevano le loro basi in Italia e in Ungheria. Pavelić e i suoi cominciarono a essere accolti in Italia già dal 1929, dove si organizzarono in diverse città. Soltanto dal 1932, distaccatisi dalla linea della resistenza passiva di Maček, gli ustascia cominciarono a progettare azioni di tipo terroristico e di guerriglia. Essi erano concentrati nei pressi della città di Brescia. Per un riscontro sull'intera vicenda, cfr. Massimo BUCARELLI, Mussolini e la Jugoslavia, 1922–1939, Bari 2006, 236–237.

era reciproca. Se i diplomatici lo consideravano un vanitoso, il giornalista stigmatizzava la lentezza dei loro riflessi[26]. In base a questi precedenti, oltre che per spirito di corpo, la maggioranza dei funzionari fece propria l'opinione di sir Rennell Rodd e di sir Ronald Graham. Permanevano, certo, alcune domande sulle fonti utilizzate da Steed e altre curiosità. Qualche funzionario avrebbe voluto spingere l'indagine fino a stabilire l'identità dell'informatore londinese di Steed, fino a risalire, poi, all'identità del sedicente ex ambasciatore italiano. Titulescu avanzò l'ipotesi che le informazioni fossero pervenute a Steed da qualcuno che aveva buone fonti in Baviera. Mr. Stewart Perowne, un funzionario del Foreign Office, avrebbe voluto sentire, o coinvolgere, due funzionari dell'ambasciata tedesca a Londra, i signori Auer e Kissling.

L'attribuzione della paternità delle due lettere ad un ex ambasciatore italiano è materia ancora più spinosa. Steed non aveva dubbi sulla loro autenticità. Orme G. Sargent, un autorevole funzionario del Foreign Office, era più scettico. Il suo scetticismo derivava dal fatto che dall'Italia, o da ambienti legati al fuoriuscitismo antifascista, frequentemente arrivavano informazioni interessate, o difficilmente verificabili. In ogni caso, la prima delle due lettere era stata presa molto sul serio; la seconda assai meno. Appariva meno dettagliata e, al contrario della prima, si ingeriva nella condotta della politica estera britannica e elargiva consigli non richiesti.

Ho ritrovato e esaminato entrambe le lettere (sia la prima del 29 novembre, sia la seconda datata 4 dicembre) in traduzione inglese, non nell'originale italiano. Troppo poco perché io possa esprimermi circa la loro autenticità. In generale, molte informazioni possono apparire più verosimili che vere e, entrando nel dettaglio, anche troppo approssimative. Il profilo di Mussolini filohitleriano non convince (e non convinceva completamente neppure i funzionari del Foreign Office). Le notizie biografiche sull'ambasciatore Cerruti, che Steed aveva personalmente conosciuto, erano precise. In effetti, l'ambasciatore considerava il suo arrivo a Berlino il coronamento della sua carriera, ma eccessivo era definirlo filonazista[27].

---

26 La dimostrazione di questa reciproca diffidenza si trova nel colloquio tra Steed e un funzionario del Foreign Office avvenuto il 21 luglio del 1914. Reduce dalla colazione con l'ambasciatore austriaco conte Albert von Mensdorff, Steed si precipitò al Foreign Office per comunicare al ministro degli Esteri britannico, Edward Grey, la convinzione, tratta dalle parole appena udite dall'ambasciatore, che l'Austria aveva maturato la decisione di muovere guerra alla Serbia. Il funzionario, prima di scomodare Grey, pretese che Steed gli fornisse una prova di quanto asseriva. Cfr. STEED, Trent'anni di storia europea, 357–359.

27 In realtà, Cerruti aveva avvertito Mussolini del rischio derivante all'Italia dalla diffusione dell'ideologia nazista in Europa. Cfr. Federico SCARANO, Mussolini e la Repubblica di Weimar. Le relazioni diplomatiche tra Italia e Germania dal 1927 al 1933, Napoli 1996, 524.

Negli uffici del Foreign Office si discusse, perciò, se fosse il caso di sottoporre le lettere ricevute da Steed all'esame di Graham e di sir Neville Henderson, inviato straordinario e ministro plenipotenziario a Belgrado, e aspettare i loro commenti. Prevalse, invece, l'opinione di chiudere la questione il prima possibile. Il clamore sollevato in alcuni paesi dell'Europa centrale aveva prodotto pericolose aperture alle speculazioni legate al revisionismo. Sargent attribuì all'articolo di Steed una parte di responsabilità per l'inasprimento delle relazioni, normalmente sempre tese, tra l'Italia e la Jugoslavia e anche per il rifiuto dell'Italia di iniziare colloqui con la Francia. Graham e Henderson non furono, perciò, coinvolti nell'inchiesta avviata per stabilire l'autenticità delle lettere.

Al momento, il problema più urgente parve quello di indurre Wickham Steed a cessare la polemica. Lo si fece di nuovo avvicinare da Gaselee, il funzionario che aveva qualche influenza su di lui, e in qualche modo lo si convinse a mettere la sordina alle sue rivelazioni.

Il silenzio di Steed chiuse anche l'inchiesta del Foreign Office senza che molte domande avessero ricevuto risposta. Tuttavia, il Foreign Office raccolse l'invito ad indagare sui maneggi italiani in Croazia e sul sostegno offerto dall'Italia ad ungheresi e bulgari per i loro maneggi in Macedonia. E continuò anche la ricerca delle prove della convergenza, di cui si aveva qualche sospetto, tra la politica orientale hitleriana e la ripresa della campagna sul revisionismo intrapresa da Mussolini.

"Il programma sensazionale" alla luce della "svolta" del 1932

Al di là della loro discussa attendibilità, le rivelazioni di Steed rispecchiavano i timori reali suscitati nelle capitali della Piccola Intesa dal nuovo corso assunto dalla politica estera italiana nella seconda metà del 1932.

Il 20 luglio 1932 il ministro degli Esteri Dino Grandi fu praticamente licenziato (anche se, formalmente, prevenne il "licenziamento" presentando le dimissioni)[28]. E Mussolini riassunse la direzione del ministero degli Esteri. Il congedo

---

28 Graham a Simon, Private and Confidential, Roma, 27 luglio 1932, – NA PRO FO/371/15987/C 6752/6225/22, d. 7/41/32. Ecco come Graham riassume i fatti, evidentemente sulla scorta delle confidenze ascoltate dall'ex ministro degli Esteri: Grandi aveva dato le dimissioni il 16 luglio. Mussolini gli rispose il 18 con un biglietto di due righe, accettandole. Grandi aveva così anticipato la sua sostituzione, che si attendeva per l'autunno insieme ad un rimpasto della compagine ministeriale. Il 19 luglio Mussolini gli offrì l'ambasciata di Washington. Ma Grandi la rifiutò per una serie di ragioni. Non ultima quella di non perdere i contatti con la politica interna italiana. Qualora il suo allontanamento dall'Italia fosse stato deciso, Grandi avrebbe preferito piuttosto andare a Tokio, dove sarebbe arrivato con comodo dopo un viaggio

di Grandi coincise con un generale rimpasto ai vertici del governo e del partito. Insieme a lui furono sostituiti Mosconi, Bottai, Rocco e Balbino Giuliano[29]. Il cambio della guardia marcò la "svolta" della politica estera italiana in chiave espansionista e revisionista. Voci significative, in tal senso, circolarono a Roma nel settembre 1932. Si mormorava che Mussolini avesse riscritto interamente l'articolo sul fascismo per l'"Enciclopedia Italiana", accentuando, nella nuova versione, le aspirazioni espansionistiche dell'Italia e la strategia bellicistica per realizzarle[30].

Il 14 giugno 1932, un mese prima di essere congedato, Grandi aveva messo al corrente Graham (con il quale sapeva di potersi confidare) della crescente diffusione in Italia del sentimento filotedesco. Gli aveva parlato del radicamento nei circoli ultrafascisti italiani e nell'entourage del "duce" del nazionalsocialismo, dei malumori riguardo alla politica "rinunciataria" italiana a Ginevra, della pressione di coloro che spingevano il fascismo ad unire il proprio destino al nazismo[31]. Nel successivo colloquio con l'ambasciatore, a dimissioni avvenute, Grandi non nascose il carattere ideologico della svolta mussoliniana, anche se tese ad attenuarlo per un comprensibile riserbo diplomatico. Al contrario, nelle sue memorie avrebbe oltremodo enfatizzato il carattere della svolta, fino al punto di sostenere che il suo licenziamento avrebbe rappresentato uno spartiacque nella storia del regime: dall'apogeo, raggiunto nel 1932, al piano inclinato che lo avrebbe portato al declino.

---

d'istruzione attraverso l'India e il Siam. Il "duce" replicò che non lo voleva mandare in esilio. E a quel punto gli offrì l'ambasciata di Londra. Grandi oppose un nuovo rifiuto e l'incontro ebbe termine. In serata, però, riconsiderò l'offerta, indotto dall'andamento del rimpasto governativo, spostato verso il sindacalismo fascista (vedi Rossoni). Allora scrisse al "duce" che avrebbe accettato l'ambasciata di Londra. Graham trasse la conclusione che Grandi volesse tornare abbastanza presto a giocare un ruolo nella politica attiva. Poi chiese a Grandi se le sue dimissioni segnavano una svolta nella politica estera italiana. Grandi rispose di essere assai assicurato dal fatto che Mussolini stesso avesse assunto il ministero degli Esteri. Nell'immediato, certamente il "duce" avrebbe fatto la faccia feroce per ciò che era successo a Ginevra e a Losanna; ma la sua irritazione sarebbe stata temporanea. Perciò non si doveva temere che l'Italia abbandonasse la Società delle Nazioni. La responsabilità del ministero degli Esteri avrebbe responsabilizzato il "duce", il quale si sarebbe convinto che la politica perseguita fino allora rispondeva agli interessi più veri dell'Italia. Grandi parlò in termini assai favorevoli di Suvich e Aloisi, il nuovo sottosegretario e il nuovo capo di gabinetto. Ed aveva ricevuto assicurazioni dal "duce" che non avrebbe riempito di fascisti i ranghi della diplomazia ed era pronto a promuovere uomini come Rosso e Guariglia, che lui stesso gli aveva raccomandato. Aloisi come Suvich, giovane funzionario di origine triestina, erano esperti nelle questioni danubiane e balcaniche. Ciò sembrava indicare la prevalenza della tendenza adriatica nel ministero degli Esteri italiano.

29   Paolo NELLO, Dino Grandi, Bologna 2003, 133.
30   Cedric James LOWE, Frank MARZARI, Italian Foreign Policy, 1870–1940, London 1975, 221.
31   Graham a Simon, Very Confidential, Roma, 15 giugno 1932 – NA PRO FO 371/15986/ 4890/2868/22, d. 435.

Nell'interpretazione proposta a posteriori da Grandi, a marcare – mediante il suo congedo – quello spartiacque, sarebbe stata l'ascesa del partito nazista in Germania, nell'anno in cui il fascismo celebrava il primo decennale della Marcia su Roma. Quella coincidenza avrebbe fatto scattare in Mussolini, come un riflesso condizionato, l'impulso ad imprimere al fascismo la svolta in senso ideologico-universalistico. Il congedo della "vecchia guardia" sarebbe stato, insieme alla promozione dei "giovani zelanti"[32], il risvolto politico di ciò che il convegno Volta sull'Europa avrebbe voluto essere sul piano culturale.

Questa interpretazione appare troppo interessata. Essa nasconde la pretesa di Grandi di rappresentare se stesso quale diplomatico di scuola realista (di stampo tradizionale, insomma) e Mussolini quale avventuroso interprete della politica estera fascista, cioè ideologica. Tuttavia, fatta la debita tara, ciò che scrive Grandi rimane indicativo di una svolta che veramente ci fu. Grandi fu licenziato per il carattere non ideologico (apparentemente poco fascista) della sua impostazione. E il provvedimento assumeva una sua coerenza se considerato alla luce della percezione che Mussolini si era fatto di quella congiuntura internazionale. La vittoria del nazismo, che egli ormai dava per scontata, avrebbe polarizzato – a suo giudizio – la politica europea, riducendo ogni spazio di manovra alla politica della mediazione, locarnista e societaria[33]. Nelle intenzioni di Mussolini, il rimpasto ministeriale avrebbe dovuto imprimere il carattere di una "svolta" alla politica estera italiana, anche se la storiografia italiana l'ha interpretata piuttosto come una "giravolta", con la conseguenza che l'allontanamento di Grandi avrebbe comportato solo marginali differenze di stile o di metodo, "anch'esse più apparenti che reali", e tali da far apparire il nuovo corso mussoliniano "come una politica vecchia rimessa a nuovo"[34].

Questo giudizio riduttivo, espresso da Fulvio D'Amoja negli anni Sessanta, rimane fondato se riferito al quadro d'insieme della politica estera fascista. Sarebbe fuori luogo sostenere che la politica di Grandi fosse alternativa a quella di Mussolini. E in ogni caso, Grandi non possedeva la forza politica per attuarla. Per cui, salvo casi particolari, la sua politica estera "si era sempre dispiegata nella

---

32   Dino Grandi, Il mio paese. Ricordi autobiografici, Bologna 1985, 360. Per accentuare il carattere della "svolta", Grandi non esita ad assemblare fatti strettamente non collegati. Egli scrive: "Grandi fu inviato a Londra, Balbo in Africa, Federzoni al Senato, Bottai quale governatore a Roma, Arpinati al confino". Ma la nomina di Balbo a governatore della Libia avvenne nel 1934; e Arpinati fu mandato al confino nel 1933. Lo spartiacque si produsse, in effetti, tra il 1932 e il 1934.

33   Renzo De Felice, Mussolini il duce, I, Gli anni del consenso, 1929–1936, Torino 1974, 407–411.

34   D'Amoja, Declino e prima crisi dell'Europa di Versailles, 95.

linea tracciata dal 'duce', e in pieno accordo con lui"[35]. Con il quale – è bene precisarlo – condivideva la concezione dell'Italia quale "grande potenza", imperiale e paritaria[36].

Una differenza si osserva, invece, nello specifico, ovvero nell'originale impostazione negoziale che Grandi impresse alla sua azione diplomatica. Non a caso si parla di lui come del teorico della "diplomazia del pendolo", la quale, se ben esercitata nelle controversie internazionali, avrebbe portato l'Italia ad esercitare, ben oltre il suo potere specifico, quel "peso determinante", che le avrebbe consentito di cogliere (diplomaticamente) alcuni importanti obiettivi. L'esercizio di questo tecnicismo richiedeva, però, la rinuncia ad ogni interferenza ideologica nell'azione diplomatica; si fondava, cioè, sulla pregiudiziale a-idelogica[37]. A fondamento di questo tecnicismo è dato scorgere, pur in modo embrionale, una concezione della politica italiana non omologa a quella mussoliniana.

E proprio l'analisi della politica di Grandi riferita al mondo germanico e all'Europa balcanico-danubiana, fa emergere le differenze di metodo e di impostazione generale rispetto a quella mussoliniana, per cui il giudizio riduttivo inizialmente introdotto non appare sempre appropriato, e richiede di essere articolato.

La politica danubiano-balcanica di Grandi e dei funzionari di palazzo Chigi, dei quali il ministro degli Esteri assunse lo stile, si muoveva nel solco della linea conservatrice e nazionalista della politica estera italiana; la stessa che dall'epoca crispina aveva mirato a ridimensionare l'Austria-Ungheria quanto bastava a non provocare il suo dissolvimento, in modo che la duplice monarchia restasse abbastanza forte da bloccare la Russia, impedendole di rovesciarsi in Adriatico in posizione egemonica. Dal momento che la duplice monarchia si era sfasciata, al di là delle intenzioni del governo conservatore Salandra-Sonnino, Grandi e il ministero degli Esteri avrebbero desiderato tentare di ricomporre alcuni di quei cocci, per quanto l'operazione potesse apparire difficile, forse illusoria.

Il progetto era di creare in Austria un regime conservatore sul modello ungherese. Qualora questo risultato non fosse stato conseguito, Grandi non aveva

---

35 DE FELICE, Gli anni del consenso, 407.

36 NELLO, Dino Grandi, 127.

37 "Il Fascismo – scrisse Grandi a Mussolini – non è forse ancora abituato a distinguere esattamente fra diplomazia e politica. Questa è la religione delle grandi verità, quella è semplicemente l'arte con cui si inganna il nemico, si preparano all'estero, e cioè fra i nemici, le condizioni migliori per far loro la guerra". DDI, VII, 9, d. 334 (31 agosto 1930). Lo sdoppiamento tra ideologia e diplomazia introdusse, però, uno straordinario dualismo nella politica italiana. Mentre Grandi sviluppava a Ginevra la sua strategia pacifista, Mussolini accentuava in patria il tono bellicoso dei suoi discorsi. Cfr. H. James BURGWYN, Il revisionismo fascista. La sfida di Mussolini alle grandi potenze nei Balcani e nel Sud Danubio, 1925–1933, Milano 1979, 212.

dubbi che l'Austria sarebbe stata risucchiata nel mondo teutonico. Pertanto, Grandi considerò la stabilizzazione interna austriaca, in funzione antigermanica, come la chiave di volta di tutta la politica italiana nella Mitteleuropa[38]. L'inter-

---

38   Grandi considerò il problema austriaco nei suoi termini reali nel suo viaggio nell'Europa cen-tro-orientale, 7–17 giugno 1930. Di ritorno a Roma, dopo aver effettuato la visita di Stato a Varsavia, si fermò un giorno a Budapest, il 14 giugno, e quasi tre giorni a Vienna, dalla sera del 14 al 17 giugno. Il governo austriaco l'aveva pregato di raggiungere Vienna in incognito. Di questo viaggio non è stata trovata documentazione al ministero degli Esteri, DDI, VII, 9, d. 54 (23 maggio 1930), (la nota 3 contiene un errore. Grandi si fermò a Vienna 3 giorni, non un gior-no). In realtà, Grandi ha lasciato un diario (Diario mio viaggio a Varsavia, Cracovia, Budapest, Vienna per S. E. il capo del governo) che trasmise a Mussolini come relazione politica conclusi-va. E di questo diario di viaggio, pieno di considerazioni e di commenti, mi avvalgo per illustrare il suo pensiero, formatosi alla luce dei colloqui avuti con Schober, Vaugoin, Starhemberg e altre personalità austriache.

Nel corso del colloquio con Schober, Grandi si rende conto della precarietà della situazione interna austriaca e delle difficoltà del cancelliere. In parte esse gli derivavano dai contrasti con le Heimwehren, in parte dal controllo socialdemocratico su Vienna, in parte dalle pressioni eser-citate su di lui dai governi francese ed inglese, perché presentasse al parlamento la legge sul disarmo dei corpi paramilitari, e dalla cui presentazione facevano dipendere la concessione del prestito di cui l'Austria aveva estremo bisogno.

Nel corso del colloquio, pur confidando a Schober di non aver mai avuto molta fiducia nel magg. Pabst (arrestato in quei giorni da Schober), al quale il governo italiano aveva versato 2 milioni e mezzo di lire; di aver sempre nutrito scarsa fiducia nei riguardi di Steidle, Pfrimer, e di essere scettico sulle Heimwehren, a causa della loro eterogeneità e per la mancanza di un capo degno di tal nome, tuttavia consigliò Schober di: "costituire sul nucleo delle Heimwehren, un grande partito politico, e quindi un regime. [Di] Fare qualcosa di simile a quello che Bethlen ha fatto in Ungheria. Senza di che la sua opera sarebbe transitoria ed effimera. In breve tempo egli dovrebbe ridursi alla politica di Seipel, la politica di tutti i capi di governi, costretti a 'manovrare' le forze politiche cui essi rimangono estranei, anziché 'comandare' una forza politica propria".

Impartendo questi consigli, Grandi pensava di lavorare contro la prospettiva dell'Anschluss. Ma tornò da Vienna sfiduciato e realista. Egli non si nascose che tutto l'impegno che l'Italia stava profondendo per puntellare l'indipendenza dell'Austria non era risolutivo, ma puramente tattico. E ne conosceva il motivo.

"L'idea anschlussista – scrive nel diario – vive segreta nelle anime delle Heimwehren. Sarebbe un errore credere il contrario. Starhemberg, nel calore del suo discorso si è lasciato sfuggire più volte, a proposito delle sue simpatie e dell'amicizia che lo lega ad Hitler, che le Heimwehren sono l'espressione della grande patria tedesca. Le Heimwehren attendono che Hitler, i nazionalisti e le destre in genere abbiano il sopravvento in Germania. Quando questo si verificherà (è questione di tempo) avremo forse delle sorprese".

"Parlando tanto con Schober quanto con Vaugoin, Starhemberg ed altri si sentiva chiaramente che essi sperano di costituire l'anello di congiunzione permanente fra la Germania e l'Italia. L'Anschluss dovrà essere, nel loro pensiero, il pegno di questo futuro blocco italo-germanico. Queste anticipazioni non hanno, per ora, basi sulla realtà. Il problema è, nell'attuale momento, esclusivamente tattico per noi. A noi conviene, in tutti i modi, il consolidamento interno di un regime antidemocratico in Austria, ed un'Austria sotto l'influenza e l'orbita della politica italiana.

vento nella politica interna austriaca non aveva per Grandi lo scopo dell'esportazione del modello fascista, quanto piuttosto di puntellare il governo Schober e di espandere l'influenza culturale latina in Austria. Per questo, come riconosce James Burgwyn, "cercò di liberare l'Italia dal coinvolgimento nei complotti della Heimwehr"[39], consapevole del pangermanesimo dei suoi capi e del sottofondo teutonico, per razza e per tradizione, del popolo austriaco. Forse a Grandi sfuggiva la distinzione fra Großdeutsche e Alldeutsche riferita ai movimenti politico-culturali austriaci. Ciò che aveva capito, però, era che sia gli uni, sia gli altri concepivano l'Anschluss come ponte del futuro blocco italo-germanico.

La residua influenza del mondo latino passava attraverso la struttura familiare dell'alta società austriaca, l'aristocrazia, la burocrazia, le classi colte, in virtù della tradizionale associazione con la Chiesa romana. All'Italia sarebbe spettato il compito, per quanto difficile e forse illusorio, di resuscitare il tessuto "latinizzato" di questo esiguo stato sociale, mediante il rafforzamento del sentimento monarchico. Si deve a Grandi, per es., il fatto che l'Italia non si considerasse più legata alla convenzione antiabsburgica[40]. Tutto ciò era esattamente alternativo all'ipotesi della costruzione di un blocco italo-austro-tedesco, secondo le propensioni dei circoli fascisti, condivise, saltuariamente, dello stesso Mussolini.

Neppure il Foreign Office aveva capito fino in fondo la diffidenza di Grandi verso il mondo germanico e la sua avversione nei confronti del nazismo[41]. La

---

Questo è l'immediato e principale interesse nostro. A questo scopo bisogna lavorare senza tregua, lasciando per ora da parte gli interrogativi lontani. L'obiettivo ripeto è tattico. Nulla più. Gli elementi della politica generale europea sono ancora troppo confusi perché si possano fissare oggi linee strategiche alla nostra azione futura". Il Diario si trova in Archivio Storico del Ministero degli Affari Esteri [in seguito ASMAE], Carte Grandi, b. 26, fasc. 91, s. fasc. 4/1. Si veda in appendice al presente testo.

39 BURGWYN, Il revisionismo fascista, 195. Tra il 1929 e il 1932, Grandi cercò sempre di scoraggiare le Heimwehren dal mettere in scena una riedizione austriaca della Marcia su Roma: una prima volta nell'autunno del 1929: in modo ancora più deciso nell'ottobre del 1930 per impedire il tentativo di putsch del gen. Ellison; e anche per scoraggiare un anno dopo il fallito colpo di Pfrimer, cfr. DDI, VII, 9, d. 318 (21 ottobre 1931).

40 I governi della Piccola Intesa fecero pervenire a quello italiano una richiesta ufficiale per conoscere se l'Italia si riteneva ancora legata dal patto antiabsburgico concluso fra gli Stati successori dell'Impero austro-ungarico il 12 novembre 1920. Grandi lasciò cadere l'interrogativo, senza dare alcuna risposta (Dino GRANDI, La politica estera dell'Italia dal 1929 al 1932, a cura di Paolo Nello, Roma 1985, I, 376). L'Italia, in realtà, non si considerava più legata dalla Convenzione antiabsburgica, decaduta per mancata rinnovazione (ibid., 387). Il candidato dell'Italia alla restaurazione absburgica sarebbe stato l'arciduca Alberto e non l'arciduca Otto. Grandi fece questa precisazione al conte Bethlen nel colloquio con lui avuto a Budapest il 13 giugno 1930 – ASMAE, Carte Grandi, b. 26, fasc. 91, s. fasc. 4/1.

41 Cfr. H. James BURGWYN, Grandi e il mondo teutonico, 1929–1932, in: "Storia contemporanea" XIX, 1988, 2, 197–223.

diplomazia britannica interpretò, invece, la riconciliazione italo-austriaca del 7 febbraio 1930 (trattato di amicizia, arbitrato e di conciliazione) come la prima mossa volta alla costruzione del blocco italo-austro-tedesco da contrapporre alla Francia e alla Piccola Intesa. E prese alcune contromisure[42].

L'annuncio del protocollo di unione doganale austro-tedesco (Zollunion) il 21 marzo 1931[43] decretò, prima di quanto Grandi avesse previsto, la sconfitta della sua strategia, che già egli aveva messo in preventivo, forse prima in Italia che in Europa.

L'iniziativa fu respinta da una combinazione d'interessi bancari e industriali franco-britannici, sostenuta dai rispettivi governi a cui si unì anche quello italiano, dopo il momento di esitazione di Mussolini[44] (il quale fece anche studiare ai suoi

---

42   Il Foreign Office trasse questa interpretazione dalle osservazioni "poco sorvegliate" (injudicious remarks) fatte il 7 febbraio da Schober, il quale aveva presentato l'Austria come la base del ponte tra l'Italia e la Germania; anche l'altro avventato riferimento fatto dallo stesso Schober all'esistenza dell'altro gruppo di potenze, avvalorava per il Foreign Office quella interpretazione. Di conseguenza il Foreign Office prese queste contromisure:

a – pur non ritenendo il trattato particolarmente importante dal suo punto di vista, il Foreign Office avrebbe dovuto guardare con attenzione gli sforzi che l'Italia stava facendo per attrarre l'Austria nella sua orbita.

b – il Foreign Office avrebbe dovuto fare del suo meglio per dissuadere l'Austria di entrare nel gioco italiano, sia in opposizione alla Piccola Intesa, alla Jugoslavia in particolare, sia per costituire il ponte tra Roma e Berlino.

c – perciò si sarebbe dovuta dare ogni assistenza a Schober affinché impedisse che il trattato producesse effetti in questa direzione, incoraggiandolo nell'idea di visitare Parigi e Londra e di concludere un simile trattato con la Francia. Sargent a Eric Phipps (ministro britannico a Vienna), 24 febbraio 1930 – NA PRO FO 371/14310/C 1580/1014/3.

43   Il progetto estendeva ai due Stati le tariffe doganali tedesche, che erano molto più elevate di quelle austriache. Una volta in essere, tale accordo avrebbe reso più difficile l'accesso delle merci di altri paesi in Austria, segnatamente di quelle italiane. Inoltre, un tale blocco doganale avrebbe gettato, attraverso l'Austria, un ponte verso i Balcani e fatto di un'intera regione economica un "impero informale" del Reich. Cfr. Paul H. Hehn, A Low Dishonest Decade. The Great Powers, Eastern Europe, and the Economic Origins of World War II, 1930–1941, New-York-London 2005, 109.

44   Piccola Intesa, Francia e Gran Bretagna considerarono subito il protocollo come non compatibile con l'art. 88 del trattato di San Germano e con il protocollo di Ginevra del 4 dicembre 1922, che proibiva l'unione fra Austria e Germania senza l'assenso della Società delle Nazioni. Il governo italiano ebbe un momento di esitazione e non si associò subito. L'imbarazzo era provocato dal mancato preavviso da parte di Berlino, ma soprattutto da parte di Vienna, dopo la riconciliazione tra l'Italia e l'Austria raggiunta l'anno prima con il trattato di amicizia. Ma la fonte di maggiore imbarazzo per il governo italiano derivò dalla congiuntura in cui fu dato l'annuncio; il momento sembrava ben calcolato. L'annuncio cadde nel momento di evidente difficoltà internazionale dell'Italia. Il 21 marzo la Francia aveva ripudiato l'accordo navale già raggiunto con l'Italia e dopo che la sua accettazione era stata resa nota l'11 marzo. Il governo tedesco aveva calcolato

esperti "la fattibilità economica di associare l'Italia al progetto austro-tedesco")[45]. Con acrobazia negoziale, Grandi riuscì a differenziare la posizione diplomatica dell'Italia da quella francese; con ciò indebolì la posizione tedesca che cercò di recuperare in via privata, e finì per convergere poi con la tesi del Quai d'Orsay, sfruttando la rinnovata iniziativa britannica. Per inciso, Winston Churchill cantò fuori dal coro. Il progetto di unione doganale austro-tedesco rappresentava per lui un fattore di pace in Europa. Senza contare che un successo del cancelliere Brüning avrebbe arrestato la spinta del movimento nazista in Germania[46].

L'acrobazia diplomatica di Grandi non era priva di difetti e di rischi, ed espose Grandi, a Ginevra come a Roma, a risentimenti e a incomprensioni. Ma la crisi gli dette la misura di come il problema austriaco non si potesse risolvere in un rapporto diretto italo-tedesco. L'Austria era un problema europeo, per la cui soluzione conveniva all'Italia non perdere il contatto con la Francia[47]. Egli

---

di poter sfruttare il malcontento dell'Italia per strappare un suo atteggiamento più favorevole, o neutrale.

Il momento di esitazione del governo italiano fu interpretato dall'ambasciatore tedesco a Roma, Schubert, come "un'attitudine benevola" dell'Italia, cfr. DDI, VII, 10, d. 182 (2 aprile 1931). E, in effetti, il 3 aprile, il "duce" in uno dei suoi scatti umorali antifrancesi si era dichiarato favorevole al progetto di unione doganale austro-tedesca (GRANDI, La politica estera dell'Italia, a cura di Nello, Roma, II, 375). Grandi non ebbe nessun ripensamento in tal senso. Rintuzzò da subito l'interpretazione data dell'ambasciatore Schubert.

Le esitazioni italiane cessarono, però, alla vigilia delle riunioni del Consiglio della Società delle Nazioni. Grandi comunicò ufficialmente a Londra che l'Italia avrebbe aderito alla nota britannica che chiedeva l'iscrizione della questione all'ordine del giorno della sessione del Consiglio della Società delle Nazioni del 18 maggio, basandosi sulla violazione del protocollo del 4 dicembre 1922. Il Consiglio girò alla Corte Internazionale dell'Aja la questione della legalità del progetto e prima che la Corte si pronunciasse, Schober ripudiò l'accordo con Curtius, ministro degli Esteri tedesco. La posizione di Grandi, riguardo al protocollo austro-tedesco, è precisata anche da H. James BURGWYN, Dino Grandi and the Customs Union Crisis af 1931, in: "Italian Quarterly" XXVIII, 108, 1987, 57–67.

45 BURGWYN, Grandi e il mondo teutonico, 214.

46 Austro-German Union Would Aid European Peace, in: "New York American", 5 aprile 1931.

47 Due articoli apparsi sul giornale romano la "Tribuna" del 25 aprile e del 3 maggio 1931 con il significativo titolo "Quo vadis Austria?" chiarirono il punto di vista politico. Il primo presentò la progettata unione doganale come la prima tappa di un cammino, il cui vero obiettivo era l'unione politica fra l'Austria e la Germania, l'Anschluss appunto. Il secondo inquadrò la questione austriaca nella prospettiva generale europea, auspicando che l'Austria, in unione con l'Ungheria, magari sotto la monarchia di un re della casa d'Absburgo, riprendesse la sua missione storica danubiana, ritrovasse il suo ubi consistam politico.

Il carattere ufficioso del giornale e l'autorevolezza del quadro tracciato portarono subito all'identificazione dell'autore degli articoli: il ministro degli Esteri Dino Grandi. Tutto questo è noto, come noti sono anche i tentativi fatti da Grandi in via ufficiosa di portare a Ginevra il problema della restaurazione absburgica all'attenzione dei ministri degli Esteri. Il progetto cadde per le

espresse senza riserve questa convinzione nel suo diario intimo, al quale riservò il "coraggio" della verità. Nel mezzo della crisi (3 aprile 1931), egli confessò a se stesso di ritenere "rovinosa" per l'Italia l'espansione dell'influenza tedesca nell'Europa orientale (quella francese era solo "irritante"). E ammise a se stesso che per conservare i Balcani alla sfera d'influenza dell'Italia bisognava "arrivare ad un'intesa con la Francia; noi dobbiamo – scrisse – costringere la Francia a farci riconoscere i nostri diritti in Albania"[48].

Il ritorno della Germania in posizione preponderante sul Danubio e nei Balcani sembrava, a giudizio di tutte le cancellerie europee, soltanto rinviato. L'intera regione sarebbe entrata presto o tardi nell'orbita tedesca senza l'attuazione di programmi tariffari a favore degli Stati dell'Europa danubiano-balcanica, le cui economie erano rese particolarmente vulnerabili dagli effetti della depressione economica.

Edvard Beneš, il ministro degli Esteri cecoslovacco, nell'aprile del 1931 lanciò di sua iniziativa il piano "Danubio", che prevedeva agevolazioni tariffarie per i prodotti agricoli dei paesi dell'Europa centrale e balcanica senza reciprocità a favore dell'importazione dei prodotti industriali delle potenze occidentali. Il piano, successivamente corretto, fu ripresentato da François-Poncet e da Briand un mese dopo alla commissione per l'Unione dell'Europa della Società delle Nazioni. Ulteriormente rielaborato, nell'intento di ricreare un raggruppamento economico assai vicino a quello dell'impero austro-ungarico prima della guerra, fu riproposto come piano francese il 2 marzo del 1932. Mi riferisco al cosiddetto piano Tardieu "pour le relèvament des Etats danubiens". In apparenza, il piano appariva strettamente economico, nella sostanza, invece, aveva una profonda portata politica[49]. Per discutere il piano fu riunita a Stresa (5–20 settembre 1932) la conferenza per la ricostruzione economica dell'Europa centro-orientale sotto la presidenza del ministro francese Georges Bonnet. La conferenza approvò una serie di raccomandazioni, più o meno ragionevoli, rimaste del tutto accademiche. I governi si rifiutarono di ratificarle e quello britannico si oppose

---

opposizioni dei governi della Piccola Intesa e della Francia, con il sollievo della Germania e anche di alcuni settori del fascismo, contrari a questa prospettiva. Anche "Il Popolo d'Italia" aveva manifestato la sua contrarietà, rispondendo alla "Tribuna". Cfr. GRANDI, La politica estera dell'Italia, II, 377–388.

48   Citazione tratta da BURGWYN, Grandi e il mondo teutonico, 215.

49   HEHN, A Low Dishonest Decade, 260–261. Esso prevedeva la concessione di dazi preferenziali reciproci fra i singoli Stati danubiani e la creazione di una cassa comune tra Austria, Cecoslovacchia, Jugoslavia, Ungheria, Romania, mediante un grosso prestito concesso dalla Francia. Nella conferenza di Londra dell'aprile 1932 trionfò la tesi inglese e italiana, secondo la quale il piano risultava inapplicabile, a causa delle sue premesse.

più degli altri alla sua ratifica[50]. Parallelamente al piano tariffario francese la diplomazia di Palazzo Chigi cercò di chiudere alla Germania la strada verso l'area danubiana con una intesa trasversale, fondata sul binomio Austria-Ungheria. Grandi aveva fatto elaborare un programma tripartito, basato, però, su due accordi bilaterali: quello tra l'Italia e l'Austria da una parte e tra l'Italia e l'Ungheria dall'altra. Tali accordi erano congegnati in modo da funzionare come sistema mascherato di tariffe preferenziali, aggirando la clausola della nazione più favorita. Noti come accordi Brocchi, dal nome del suo estensore materiale, essi furono perfezionati all'inizio del 1932 nei protocolli di Semmering[51].

Questo complesso di accordi commerciali offriva all'Italia anche la base per futuri sviluppi politici. E fu questa finalità che Mussolini perseguì quando, riassumendo il ministero degli Esteri, ritenne che l'Italia potesse svolgere, evitando di scegliere, sia una politica di espansione imperialistica in Africa, sia una politica di espansione della propria sfera d'influenza nell'Europa centrale.

La svolta impressa da Mussolini alla politica danubiano-balcanica consisté nel reintrodurre la variante ideologica (la fascistizzazione dell'Austria), e la mediazione di Gömbös nei confronti di Dollfuß. Si trattava, in pratica, della riproposizione dello stesso schema che Grandi aveva cercato di ostacolare, con più o meno successo, e della reiterazione della mediazione ungherese, che Grandi era riuscito a scalzare, già svolta dal conte Bethlen nei confronti di Schober e della Heimwehr[52].

Questa scelta politica, alternativa a quella di Grandi, prese forma in modo consistente dopo l'avvento al potere di Gömbös in Ungheria e nella prospettiva della presa del potere di Hitler in Germania.

La documentazione ungherese mostra quale impulso abbia ricevuto la politica mussoliniana nell'Europa danubiana dall'arrivo al potere dell'"uomo nuovo", Gyula Gömbös, nominato ministro presidente dell'Ungheria il 30 settembre

---

50 Georges Bonnet, Le Quai d'Orsay sous trois Républiques, Paris 1961, 112.
51 L'obiettivo di tali accordi, secondo quanto riferito da Ciancarelli, capo della sezione politica economica del ministero degli Affari Esteri italiano, a Mr. Murray, membro dello staff dell'ambasciata britannica a Roma, era quello di incoraggiare il reciproco commercio tra i tre paesi, rimuovendo tutti i possibili ostacoli doganali e migliorando le facilitazioni creditizie. A tale scopo era stata istituita una commissione mista dei tre paesi per snellire le procedure dei trasporti e ridurre le tariffe. Si pensava che la commissione mista fosse in grado di regolare i transiti delle merci direttamente tra le autorità ferroviarie italiane, austriache e ungheresi, senza passare attraverso i ministeri degli Esteri e del Commercio, per ottenere i permessi. Per quanto riguarda il credito era stata creata una clearing house e una forma speciale di fattura negoziabile. Lo schema era basato sulla parità legale tra la lira e lo scellino. Graham a Simon, Roma, 19 marzo 1932 – NA PRO FO 371/15986/2172/2172/22, d. 186.
52 Burgwyn, Il revisionismo fascista, 198.

1932. Il 4 ottobre 1932, appena quattro giorni dopo la costituzione del suo governo, egli inviò a Mussolini una lettera personale di attestazione di stima, nella quale si propose come mediatore tra Roma e Berlino, come tra Vienna e Roma, e fautore della politica revisionista. Lo scambio di saluti che ne seguì fu dominato, appunto, dal tema del revisionismo, che costituì l'anticipazione del discorso che Mussolini tenne a Torino il 23 ottobre, in occasione del decennale della Marcia su Roma.

Il 27 ottobre fu annunciata la visita di Gömbös in Italia. Sulla via per Roma, il 7 novembre 1932, il ministro presidente volle incontrare a Vienna il cancelliere Dollfuß per prospettargli l'opportunità di integrare gli accordi di Semmering con l'auspicata unione doganale, prospettiva che il cancelliere era riluttante ad accogliere.

Gömbös si trattenne a Roma dal 10 al 13 novembre e nel corso dei colloqui avuti con Mussolini fu convenuto di puntare su Dollfuß per imprimere alla politica austriaca la svolta filofascista, in funzione anti-Anschluss. Ma pur d'accordo nel contenere in Austria l'influenza tedesca, Gömbös si oppose a sostenere l'indipendenza austriaca, qualora ciò implicasse una rottura con la Germania. Come anticipato nella lettera al "duce" del 4 ottobre, egli immaginava d'appoggiare l'Ungheria ad un'alleanza tedesco-italiana, ad un asse per l'appunto, dal quale sarebbero emerse due sfere d'influenza, rispettivamente a nord e a sud del Danubio[53]. E non abbandonò mai l'idea che l'Austria potesse servire da ponte tra l'Italia e la Germania. Due anni dopo, nel corso dei negoziati per i protocolli di Roma (17 marzo 1934), si rifiutò di sottoscrivere qualsiasi clausola a favore dell'indipendenza dell'Austria, la quale potesse essere interpretata in senso anti-tedesco[54]. Con questa motivazione in mente, Gömbös distolse definitivamente Mussolini dal coltivare l'idea di un'ipotetica restaurazione degli Absburgo, che certamente "il duce" aveva vagheggiato.

La politica danubiana di Mussolini si allontanava da quella di Grandi. E non si trattava di sfumature. Al momento di lasciare il ministero degli Esteri, Grandi aveva manifestato a Graham la sua preoccupazione che la sua politica fosse abbandonata. Nel decennale della Marcia su Roma, Grandi pubblicò sul "Popolo

---

53   Jenő GERGELY, Gömbös Gyula. Politikai pályakép [Gyula Gömbös. Ritratto di una carriera politica], Budapest, 2006, 271–280. Ringrazio Gianluca Volpi per la traduzione dei documenti. Cfr. il verbale del colloquio tra Mussolini e Gömbös, in: DDI, VII, 9, d. 414.

54   Gömbös fece la stessa precisazione a Mussolini il 13 marzo 1934, due giorni prima della firma del Tripartito: "L'Ungheria si sente chiamata a fare una sua politica nella valle del Danubio, appoggiandosi a Sud del Danubio all'Italia, e a Nord del Danubio alla Germania. Il Duce, così come al tempo della visita di Suvich a Budapest, si è impressionato fortemente dell'espansione verso Sud del colosso tedesco". György RANKI, Il Patto Tripartito di Roma e la politica estera della Germania (1934), in: "Studi storici", a. III, 1962, 2, 365.

d'Italia" un articolo dal titolo "La Politica estera del Governo fascista". Il tema sviluppato era il revisionismo mussoliniano nel quadro dell'equilibrio europeo. Nella lettura grandiana, il revisionismo veniva rivestito di un contenuto giuridico, rispettoso dei trattati di Locarno, risolto nella cooperazione anglo-italiana. Gli specialisti del Foreign Office che lessero l'articolo (e lo commentarono nel rapporto inviato al segretario di Stato), ne dedussero che Grandi tendesse ad affermare la continuità della politica estera italiana, quasi a suggerire l'idea di una guida a due mani della stessa. Al Foreign Office ne furono così compiaciuti da comunicare a Grandi, al suo ritorno in ambasciata dall'Italia, che l'articolo aveva sollevato più interesse a Londra che probabilmente a Roma[55].

Contrariamente, però, a quello che si pensava al Foreign Office, Grandi non aveva in mano una briglia della politica estera italiana. Il sodalizio tra Mussolini e Gömbös proseguì indisturbato. Per lo storico James Burgwyn quell'amicizia fu "distruttiva"[56]; non produsse gli affetti sperati e dette ai rapporti italo-ungheresi i contorni di una associazione "torbida". Il "duce" non riuscì, come era nelle sue intenzioni, ad associare il ministro presidente alla difesa dell'indipendenza dell'Austria e al contenimento dell'influenza nazista. Il saldo di questo sodalizio si dimostrava assolutamente negativo per l'Italia.

La Germania continuava come l'"ombra di Banco" a turbare i rapporti tra Roma e Vienna e a contendere l'influenza dell'Italia nella stessa Ungheria. Mussolini fu tentato di risolvere queste contraddizioni, con un colpo d'ala, ossia tramite un'intesa diretta con Berlino. Prove in tal senso erano state fatte, anche all'insaputa del ministro degli Esteri Grandi, in quella sorta di alleanza aeronautica italo-tedesca a cui collaborò attivamente il sottosegretario, poi ministro, Italo Balbo[57].

Riassunta la titolarità del ministero degli Esteri, Mussolini ci riprovò. Il 9 dicembre presentò a von Hassell la proposta di cooperazione economico-industriale italo-tedesca riguardo al bacino del Danubio, elaborata nel corso del 1932. La proposta era dettata sempre dall'esigenza di contenere la ripresa del "Drang nach Südosten" della Germania.

Mussolini puntava ad un accordo preventivo con la Germania, meglio con il

---

55 Il contenuto dell'articolo fu comunicato da Graham a Simon, Roma 5 novembre 1932 – NA PRO FO 371/15896/9322/2868/22, d. 886. I commenti e la redazione del rapporto finale, "Signor Grandi's Article in the Popolo d'Italia", ad opera di sir Orme Gustav Sargent – NA PRO FO 371/15896/C.10069/2868/22, alla data del 30 novembre 1932.

56 H. James Burgwyn, La trojka danubiana di Mussolini: Italia, Austria, Ungheria, 1926–1936, in: "Storia contemporanea", a. XXI, 1990, 4, 618.

57 Petersen, Hitler e Mussolini, 248–249; Gregory Alegi, Balbo e il riarmo clandestino tedesco. Un episodio segreto della collaborazione italo-tedesca, in: "Storia contemporanea", a. XXIII, 1992, 2, 305–320.

gabinetto Schleicher, che con un gabinetto Hitler. Il programma, la cui valutazione divise l'ambasciatore a Roma, von Hassell dal ministro degli Esteri von Neurath fu respinto dal governo tedesco ai primi di gennaio.

Le capitali della Piccola Intesa avevano registrato l'infittirsi, dall'estate all'autunno, dei contatti e dei colloqui italo-tedeschi e italo-ungheresi. E pur ignorandone la portata, ma in possesso di molte indiscrezioni, si prefigurarono che l'affinità ideologica che stava per realizzarsi tra i tre regimi aiutasse la saldatura di un'alleanza segreta italo-ungaro-tedesca. Indizi, indiscrezioni, appelli al revisionismo costituirono il canovaccio a cui si ispirarono pur "in modo improbabile e scandalistico" gli articoli apparsi sul "Sunday Times". Come l'uccello di Minerva, che si alza sull'orizzonte al tramonto e vede più lontano, Wickham Steed lanciò un grido d'allarme. Il suo suggeritore era stato il ministro degli Esteri cecoslovacco Beneš[58].

Appendice

Nota introduttiva

Il 7 giugno 1930, Dino Grandi partì da Venezia per la sua visita di Stato in Polonia. Alla stazione di Vienna lo attendeva Arlotta, inviato straordinario e ministro plenipotenziario a Budapest, latore della richiesta di Bethlen di incontrarlo a Vienna al suo rientro in Italia. Grandi accettò, ma preferì allungare il viaggio di ritorno, passando per Budapest, e poi proseguire per Vienna, onde evitare i commenti della stampa internazionale sui colloqui Grandi – Schober – Bethlen a pochi giorni da quelli da lui avuti in Polonia con Józef Piłsudski, primo maresciallo e ministro della Guerra, e August Zaleski, ministro degli Esteri.

Di questo viaggio e dei colloqui con i capi di Stato e di governo, con i ministri e le varie personalità dei paesi visitati, Grandi ha lasciato un Diario ("Diario mio viaggio a Varsavia, Cracovia, Budapest, Vienna per S. E. il Capo del governo"). Quella che qui si pubblica è la parte conclusiva, riferita ai colloqui tenuti a Vienna tra il 14 e il 17 giugno.

Il testo è stato trascritto integralmente come da originale. Nelle note non è stata data notizia delle correzioni apposte a penna dall'autore sul testo dattiloscritto e delle parole espunte.

---

58   Petersen, Hitler e Mussolini, 86.

Vienna, 14 giugno 1930–VIII
Arrivo Vienna. Apprendo che il Maggiore Pabst[59] Capo di Stato Maggiore delle Heimwehren è stato arrestato stamane dalla polizia di Schober[60] e che il suo decreto di espulsione sta per essere firmato. I giornali di Vienna portano a grandi caratteri la notizia che i Capi delle Heimwehren si sono radunati per decidere la linea di condotta e per protestare contro Schober. Vi è in tutti un senso di emozione e preoccupazione. Cosa sta succedendo? Lo saprò esattamente domani.

Vienna, 15 giugno 1930–VIII
Il Cancelliere Schober mi attende al Palazzo del Ministero degli Esteri austriaco, che è l'antica famosa Ballplatz. Salendo le scale provo una certa emozione. Sono il primo Ministro degli Esteri del Regno d'Italia che sale le scale di questo Palazzo dove i grandi Segretari di Stato dell'Impero, da Metternich a Berchtold, hanno per un secolo meditato e realizzato con aulica prepotenza la grande politica degli Asburgo. Dai ritratti ancora appesi alle pareti i loro visi mi guardano. Visi pallidi, occhi ghiacciati, mascella forte. La nostra audacia temeraria e fortunata ha vinto e sepolto per sempre questa grandezza. Cerchiamo di non smarrire mai il senso della nostra vittoria! Entro nella stanza di Metternich. Seduto al tavolo non c'è più il profilo duro e sprezzante del grande Consigliere di Francesco I e di Francesco Giuseppe. C'è al suo posto un piccolo brav'uomo che mi viene incontro stendendomi la mano con cordialità aperta. È Schober, il Cancelliere della piccola democratica repubblica viennese, tutto quello che è rimasto della grande architettura imperiale. Egli mi parla come il Capo del Governo di un piccolo Stato parla al Rappresentante di un grande Paese cui si domanda protezione ed amicizia.

Colloquio con Schober
Ne riassumo gli argomenti principali.

1° – Proposta di trattato con la Francia.
Schober mi dichiara enfaticamente che egli non intende dare seguito all'invito francese. Il Governo francese lo ha coperto d'ogni sorta di cortesie. Il governo di Belgrado fa altrettanto. Da Parigi e da Belgrado si fa il possibile per scuotere

---

59 Pabst, Waldemar, 24.12.1880 Hamburg (Germania) – 29.5.1970 Düsseldorf (Germania). Ufficiale, comandante delle Heimwehren.
60 Schober, Johann, 14.11.1874 Perg (Alta-Austria) – 19.8.1932 Baden (Bassa-Austria). Giurista, presidente della polizia di Vienna dal 1918 al 1932 (con interruzioni durante i periodi in cui fu cancelliere e vicecancelliere), cancelliere per la terza volta e ministro degli Esteri dal 1929 al 1930, poi vicecancelliere e ministro degli Esteri fino al 1932.

la base della sua politica, che è l'amicizia e la collaborazione coll'Italia. Ma egli non si lascerà smuovere. Se il Ministro di Francia concreterà le proposte di un trattato d'amicizia, cui per ora non è stato fatto se non un cenno, senza seguito da parte di Schober, Schober mi dichiara risponderà non potere accettare l'invito "per non danneggiare gli ottimi rapporti stabiliti coll'Italia". Gli dichiaro di prendere atto con piacere di questa simpatica dichiarazione. Schober mi parla dell'ottima impressione avuta a Londra da MacDonald[61], non così da parte di Henderson[62], il quale gli ha posto brutalmente la questione del disarmo interno dell'Austria. Tranquillizzo Schober per quello che riguarda Henderson il quale conta assai poco nella politica estera britannica guidata effettivamente da MacDonald. Circa le improvvise simpatie francesi per l'Austria faccio rilevare che questo è la prima conseguenza del Trattato di amicizia italo-austriaco. Schober mi conferma la sua gratitudine per il Duce di cui non dimentica i consigli che seguirà fedelmente. La collaborazione con l'Italia e con l'Ungheria sarà la base della sua azione internazionale.

2° – Progetto Briand per la Federazione Europea.

Schober (come del resto lo stesso Bethlen[63]) si preoccupa di dare una risposta che possa indispettire il governo di Parigi. Non risponderà in senso negativo. Rimaniamo d'accordo che io gli farò conoscere le linee della risposta italiana onde egli possa avere degli utili elementi su cui basare la sua.

3° – Prestito – Schober mi legge un telegramma del Ministro d'Austria a Londra il quale riferisce sul buon andamento delle operazioni per il collocamento del prestito germanico, esprimendo conseguentemente la fiducia che il prestito austriaco potrà concludersi subito dopo. Schober crede che prima di un mese il prestito sarà un fatto compiuto, malgrado gli ostacoli [che] il governo francese crea ad ogni momento, con evidente intenzione e minaccia di rappresaglia. Il giorno in cui l'Austria potrà finalmente essere tranquilla ed avere risolto questo problema, Schober sarà in grado di agire con maggiore libertà sia all'estero come all'interno.

4° – Heimwehren – Premetto che ritengo mio dovere parlargli di questo problema che è proprio della politica interna della Repubblica austriaca, per due ragioni. Anzitutto perché il Governo di Mussolini desidera non vengano meno

---

61   Mac Donald, J. Ramsay, primo ministro e primo lord della Tesoreria inglese.
62   Henderson, Arthur, ministro degli esteri laburista, poi presidente della Conferenza per il disarmo.
63   de Bethlen, Istvàn, conte, presidente del Consiglio ungherese.

nelle mani di Schober tutti gli elementi utili e necessari a costituire la forza del suo governo e il suo personale prestigio. In secondo luogo perché la questione del regime interno austriaco è divenuta ormai una questione a riflessi internazionali. La Seconda Internazionale, ed in genere tutta la socialdemocrazia europea, considera l'Austria come una trincea di battaglia tutt'altro che perduta.

Anzi al contrario le speranze si sono riaccese ultimamente. Bisogna che Schober sia estremamente guardingo e sottilmente "politico" onde evitare l'indebolimento dell'attuale situazione. Non commetta l'imperdonabile errore di giudicare le situazioni politiche esclusivamente con criteri di polizia. Non commetta l'errore di allontanare da sé le Heimwehren e di indebolirne la compagine in omaggio ad un principio puramente formale dell'autorità di governo. Un governo è forte soltanto se lo Stato è forte. E lo Stato è forte soltanto se entro lo Stato vi è un partito forte, disciplinato, omogeneo che ne è la difesa e il presidio. Senza polizia non si governa, ma soltanto con la polizia parimenti non si governa.

Esprimo infine a Schober la speranza che l'esperienza di anni del Regime fascista possa essergli utile. Egli deve preoccuparsi di costituire, sul nucleo delle Heimwehren un grande partito politico, e quindi un regime. Fare insomma qualcosa di simile di quello che Bethlen ha fatto in Ungheria. Senza di che la sua opera sarebbe transitoria ed effimera. In breve tempo egli dovrebbe ridursi alla politica di Seipel[64], la politica di tutti i Capi di Governi costretti a "manovrare" le forze politiche cui essi rimangono estranei, anziché "comandare" una grande forza politica propria.

Gli domando quindi di tranquillizzarmi sopra l'arresto di Pabst sul quale del resto io non ho mai avuto molta fiducia, come scarsa fiducia ho sempre avuto nei riguardi di Steidle[65], Pfrimer[66] e lo Stato Maggiore in genere delle Heimwehren, il cui difetto costituzionale è stato sempre la mancanza di un capo degno di tal nome.

Schober mi dichiara che egli rimane fedele alle linee concordate a Roma col Duce. Egli non è contrario alle Heimwehren, ma intende che esse siano obbedienti alla sua autorità. Ha fatto arrestare Pabst perché egli ha le prove che Pabst, suddito germanico, stava determinando una sobillazione vera e propria contro il governo. L'agitazione delle Heimwehren contro la legge del disarmo

---

64 Seipel, Ignaz, 19.7.1876 Vienna – 2.8.1932 Pernitz (Bassa-Autria). Monsignore, teologo, politico, capo del partito cristiano-sociale austriaco, cancelliere della repubblica austriaca dal 1922 al 1924 e dal 1926 al 1929.

65 Steidle, Richard, 20.9.1881 Meran/Merano (Sütirol/Alto Adige) – 30.8.1940 Buchenwald (Germania). Avvocato e politico, capo delle Heimwehren tirolesi.

66 Pfrimer, Walter, 22.12.1881 Marburg/Maribor (Slovenia) – 30.5.1968 Judenburg (Stiria). Avvocato e politico; quale capo dell'ala nazional-radicale delle Heimwehren entrò in conflitto con il principe Starhemberg.

votata in questi giorni al Parlamento austriaco non ha ragione di essere, ed i capi delle Heimwehren lo sanno perfettamente. Se egli avesse voluto disarmare effettivamente le Heimwehren le antiche leggi tuttora in vigore sarebbero state sufficienti. La legge del disarmo gli è stata imposta dalle necessità di ottenere il prestito. Parigi e Londra sono state esplicite su questo punto. Soltanto quando egli, Schober, si è deciso ad inviare una nota alla Società delle Nazioni per annunciare la prossima presentazione della legge sul disarmo, soltanto allora la fiducia internazionale ha accettato di discutere la domanda del governo austriaco per la concessione del prestito. Purtroppo la finanza internazionale è attualmente in mano della socialdemocrazia.

Ma, evidentemente, egli non ha alcuna intenzione di applicare sul serio questa legge. Non è lui, Schober, che ha fornito alle Heimwehren non solo le armi, ma altresì le somme di denaro occorrenti, e gliele fornisce tuttora? Bisogna che le Heimwehren abbiano fiducia in lui, e collaborino con le direttive del Governo disciplinatamente. Ecco tutto.

Faccio osservare a Schober che questo non basta. Bisogna dare a questa organizzazione dei capi che siano parimenti di fiducia sua ed abbiano prestigio in seno all'organizzazione. Occorre che egli si ponga il problema non soltanto dell'obbedienza delle Heimwehren, ma altresì della necessità di evitarne la disgregazione. Le elezioni sono prossime; le Heimwehren se organizzate con senso politico possono decidere della vittoria del blocco antisocialista. Possono anzitutto determinare la formazione di questo blocco sul quale ancora si discute. Gli domando quello che egli pensa del giovane Principe Starhemberg[67] e se egli ritiene utile che io lo veda, avendo egli domandato di essere ricevuto.

Schober mi dice di essere al corrente dell'udienza concessa recentemente dal Duce alla Principessa Starhemberg, e di essere molto grato al Duce per i consigli dati alla Starhemberg, consigli che hanno già prodotto un grave benevolo effetto. Mi fa capire che lo stesso Starhemberg non è in fondo dispiaciuto dell'arresto e dell'espulsione di Pabst, di cui le stesse Heimwehren apertamente ne diffidano ormai. Anche Schober ritiene che Starhemberg possa essere il futuro Capo delle Heimwehren, ma essendo molto giovane egli abbisogna, almeno nei primi tempi, di un consigliere militare, che Schober avrebbe scelto nella persona del Generale Wardlof [sic!][68]. Schober non solo è lieto che io riceva lo Starhemberg, ma mi prega di non risparmiargli dei buoni consigli.

---

67   Starhemberg, Ernst Rüdiger, von (1899–1956), uomo politico. Partecipò al fallito putsch di Hitler a Monaco nel 1923. Assunse il comando delle Heimwehren nel 1930. Venne a Roma il 7 luglio 1930 e fu ricevuto da Mussolini.

68   Si trattava in realtà del generale maggiore Carl (Freiherr von) Bardolff, 3.9.1865 Graz – 17.5.1953. Ufficiale di carriera aveva partecipato alla Prima guerra mondiale nell'armata imperialregia.

5° – <u>Seipel</u> – Schober ne parla con ironia e con concitata amarezza. È evidente che egli non perdona a Seipel il fatto di volere atteggiarsi come protettore spirituale delle Heinwehren eccitandole conseguentemente contro di lui. Schober accusa Seipel di tutti i mali di cui ha sofferto negli ultimi tempi la Repubblica austriaca. Secondo Schober Seipel non serve che la sua ambizione ed opportunismo. Gli rispondo che Seipel è un liberale e tiene nella vita politica austriaca lo stesso posto che Giolitti ha tenuto nella vita politica italiana di un tempo.

6° – <u>Visita ufficiale</u> – Schober mi prega di effettuarla non dopo l'autunno. A questa restituzione egli tiene moltissimo. Nulla potrebbe meglio rafforzare il suo prestigio come l'invio da parte di Mussolini del suo Ministro degli Esteri nella capitale austriaca, in forma ufficiale. Gli prometto che ne parlerò con il Capo del governo e che ritengo fin d'ora il Duce non avrà difficoltà.

7° – <u>Mussolini.</u> Durante l'intero colloquio, durato due ore, il Cancelliere ha spesso ricordato con ammirazione il Duce, rammentando con riconoscenza l'accoglienza da lui avuta, i preziosi consigli e le dichiarazioni di amicizia. Egli mi prega di trasmettergli i sensi della sua devozione e di assicurarlo che si sarebbe rivolto a lui con fiducia e franchezza ogni qualvolta ne sentisse il bisogno.

Vienna, 16 giugno 1930
L'addetto militare Ten. Colonnello Fabbri[69] (il quale tra l'altro mi ha fatto un'ottima impressione), mi ha informato che stamane ha luogo la cerimonia di giuramento delle reclute alla presenza del Presidente della Repubblica Michlas [sic!][70]. Cerimonia seguita dalla rivista militare. Faccio sapere a Schober che sarebbe mio desiderio assistere alla rivista. Il Cancelliere mi ringrazia. Accompagnato da un Colonnello di Stato Maggiore austriaco, messo a mia disposizione, mi reco ad assistere a questa cerimonia militare con una certa curiosità. Il Presidente della Repubblica mi attende all'entrata della Hofburg insieme al ministro della Guerra Vaugoin[71] ed un largo stuolo di ufficiali, fra cui gli Addetti Militari esteri in grande uniforme. Il Presidente della Repubblica Michlas mi invita a salire nella tribuna presidenziale che è posta sul Ring, mi fa sedere fra lui ed il ministro della Guerra. Sfilano le truppe. Seimila uomini, fanteria, artiglieria, cavalleria, ciclisti,

---

69   Fabbri, Umberto, tenente colonnello, addetto militare e aeronautico a Vienna.
70   Miklas, Wilhelm, 15.10.1872 Krems (Bassa-Austria) – 20.3.1956 Vienna. Professore di liceo e uomo politico del partito cristiano-sociale, dal 1928 al 1938 presidente della repubblica austriaca.
71   Vaugoin, Carl, 8.7.1873 Vienna – 10.6.1949 Krems (Bassa-Austria). Politico, ufficiale ed esponente del partito cristiano-sociale, di cui fu anche capo, fu a lungo ministro dell'Esercito (Heeresminister), nel 1929/30 vicecancelliere e dal settembre al dicembre 1930 anche cancelliere.

armi sussidiarie. Il reclutamento di queste truppe è fatto in maggioranza dagli ambienti socialisti di Vienna. Queste truppe sfilano bene, col tipico passo di parata austriaco, preceduto dalle bandiere che sono ancora le bandiere degli antichi disciolti reggimenti imperiali. Bene inquadrate, discretamente equipaggiate. Queste truppe che hanno appena tre mesi di istruzione mi fanno una buona impressione. Non credevo fossimo già arrivati a tanto. Il materiale di artiglieria è vecchio ma le mitragliatrici sono di ultimo modello. Questa rinascita dell'esercito austriaco è esclusivamente opera del Ministro Vaugoin. Esso lo ha ripulito ed organizzato. In materia di truppe il mio occhio ed il mio istinto di vecchio ufficiale non si inganna.

Mi guardo attorno. Dietro a noi la grande statua di Maria Teresa. Davanti l'arco trionfale di Francesco I, il degno nemico di Napoleone. Le truppe che passano fissano gli occhi, nell'atto del saluto, alle parole gigantesche scolpite sul Frontone: "Franciscus Imperator – Justitia fundamentum Regni". Dietro la mole massiccia della Hofburg, è il monumento ad Eugenio di Savoia. Ultimo al posto d'onore è il reggimento di Eugenio di Savoia che sfila davanti a noi. Sulle drappelle c'è la croce bianca sabauda.

Dodici anni appena sono passati dal giorno in cui gli Imperi sono crollati. Eppure già i popoli, divisi e suddivisi dall'anarchia democratica, che è poi la base del famoso diritto di nazionalità, già sentono l'inquieta nostalgia del passato. Sono fermamente persuaso che gli storici del futuro definiranno il nostro periodo come la "fase babelica la quale prepara e precede una nuova e più armonica età degli Imperi".

Vienna, 17 giugno 1930
Ricevo Starhemberg nel Palazzo della Legazione d'Italia. Domandando di essere ricevuto Starhemberg ha fatto presente che gli sarebbe stato gradito avere un abboccamento discreto in luogo da destinarsi. Gli ho mandato a dire che il Ministro degli Esteri d'Italia non poteva ricevere il Principe Starhemberg, discendente di uno dei più grandi capitani dell'Impero, se non nel Palazzo d'Italia. Ciò lo ha in fondo (l'ho saputo dopo) lusingato. Starhemberg ha 31 anni (Schober mi aveva detto 26). È un ragazzone serio simpatico. Parla adagio, con convinzione. È un meditativo. Dev'essere sufficientemente colto. Ha preso parte al Putsch di Hitler, e comanda attualmente le Heimwehren dell'Alta-Austria. Ha tutti i caratteri del patriota di autentica razza tedesca. È imbevuto, e mostra di avere assimilato, la dottrina dello Stato fascista.

Il colloquio è durato due ore e credo sia stato utile. Starhemberg si è dimostrato perfettamente d'accordo con me sulla necessità assoluta di tenere unite le Heimwehren resistendo ad ogni tentativo di disgregazione. Ha convenuto sulla necessità di favorire il blocco dei quattro partiti antisocialisti presentando un'unica lista di concentrazione nazionale per le prossime elezioni.

Ho insisto molto sulla necessità di seguire un metodo tattico quale è deter-minato da necessità pratiche assai più che dalla rigidità dei principi teorici. Vale in politica quello che vale in guerra: non si possono vincere tutti i nemici in una volta.

I socialdemocratici sono ancora troppo forti in Austria e hanno troppo forti alleati fuori dell'Austria perché le Heimwehren possano permettersi il lusso, in queste situazioni, di discutere se i provvedimenti del Cancelliere Schober e l'opera del suo Governo rispondano perfettamente a tutti i principi di carattere politico che le Heimwehren dichiarano di voler seguire. Si tratta di vincere una battaglia contro il nemico comune. Tutto deve essere adeguato a questa vitale necessità. Il resto si vedrà dopo. Starhemberg è d'accordo. Mi confida che egli non aveva alcuna fiducia in Pabst e mi manifesta la sua viva sorpresa quando gli comunico che Pabst ha avuto dal Governo fascista nell'autunno scorso due mi-lioni e mezzo di lire. Di questa considerevole somma Pabst non ha dato alcuna notizia ai suoi compagni. Starhemberg mi parla dello stato corporativo e del suo dispiacere nel vedere come le classi industriali resistano a questa concezione. Lo consiglio di rimettere il problema a dopo le elezioni. Non è tatticamente opportuno svegliare le diffidenze in coloro che dovranno essere i naturali alleati nella lotta elettorale contro Bauer[72] e i socialdemocratici. Egli deve concentrarsi tutto nell'organizzazione. Lo prego di dirmi francamente il suo giudizio sugli altri capi delle Heimwehren. Starhemberg non ha fiducia in Steidle (Presidente dell'organizzazione) né in Pfrimer (Vice Presidente), ma non vuole combatterli per non seminare discordie. Essi sono del resto usciti molto diminuiti dall'inci-dente Pabst. Tanto Steidle come Pfrimer non sono che dei professionisti della politica. Non sono, dice Starhemberg, dei patrioti. Alla carica di Capo di S. M., tenuta fino ad ieri da Pabst, è stato nominato un certo Rautmer [sic!][73], uomo di fiducia di Starhemberg. Egli è quindi sicuro da quella parte.

Mi parla con entusiasmo della visita fatta dalla madre al Duce e dell'invito pervenutole [sic!] dal Duce di recarsi a Roma, ciò che egli farà prossimamente. Prima di congedarlo prego lo Starhemberg di tenersi in istretto contatto col Mi-nistro Auriti[74] e di farmi conoscere tutto quanto egli ritiene possa essermi utile, non soltanto pei riflessi del Governo Schober, ma anche delle Heimwehren.

---

72   Bauer, Otto, 5.9.1881 Vienna – 5.7.1938 Parigi. Capo e teorico del socialismo austriaco; mi-nistro degli Esteri dal 1918 al 1919, firmò l'accordo segreto di annessione alla Germania, poi respinto dall'Intesa. Membro del Consiglio nazionale austriaco dal 1920 al 1934.

73   In realtà si tratta di Rauter, Hanns Baptist, 4.2.1895 Klagenfurt (Carinzia) – 25.3.1949 Wals-dorper Flakte (Olanda). Uomo politico nazionalista, fondatore nel 1922 delle squadre di autodi-fesa stiriane insieme a Pfrimer, con il quale nel 1931 collaborò al tentato putsch.

74   Auriti, Giacinto, inviato straordinario e ministro plenipotenziario a Vienna dall'ottobre 1926 all'ottobre 1932.

Starhemberg mi ringrazia e mi assicura che egli sarà il fedele collaboratore di Schober anche se non ne condivide e non ne approvi completamente, in certi momenti, l'azione.

Starhemberg è molto devoto alla madre che ha grande influenza su di lui. Anche la moglie, che mi dicono essere intelligente e buona, è molto ascoltata. Le ho fatto pervenire l'invito di recarsi essa pure a Roma insieme al marito.

Nel pomeriggio mi incontro in casa del Colonnello Fabbri col Ministro della Guerra Vaugoin. Vaugoin, oltre che ministro della Guerra, copre la carica di Vice Cancelliere ed ha sostituito recentemente Seipel nella presidenza del partito cristiano-sociale. Vaugoin è un uomo simpatico, dalla faccia aperta. È il naturale successore di Schober, nel caso in cui Schober per una ragione o per l'altra dovesse essere sostituito. Poiché la sostituzione di Schober con Vaugoin è un fatto di cui si parla con insistenza a Vienna, Vaugoin ha tenuto subito a darmi l'impressione della sua fedele collaborazione come capo del Partito cristiano-sociale al cancelliere. Mi parla con entusiasmo di Mussolini e del Fascismo. Mi prega di portare al Duce la sua riconoscenza per i fucili e per mitragliatrici messe a sua disposizione. Un problema interessa particolarmente Vaugoin: la possibilità di ottenere dalla Conferenza degli Ambasciatori l'autorizzazione al servizio militare obbligatorio. Gli dichiaro che l'Italia non solo è disposta ad appoggiare la domanda dell'Austria, ma a farsene la promotrice a Parigi ed a Ginevra. Rimaniamo d'accordo di studiare subito la modalità della cosa. Vaugoin è l'uomo adatto su cui puntano le simpatie delle Heimwehren. Ma Vaugoin è d'accordo con me nel riconoscere che la più piccola divisione in questo momento potrebbe significare la sconfitta non solo di Schober, ma dell'attuale regime antisocialista che si deve, è fuor di dubbio, al coraggio e anche all'abilità dimostrata da Schober contro Bauer ed i social-democratici. Anche Vaugoin concorda sulla necessità di un blocco di concentrazione nazionale con un'unica lista.

Questa ripresa di contatto coll'uomo destinato eventualmente alla successione di Schober credo non sia stata inutile soprattutto per l'avvenire.

18 giugno 1930

Parto da Vienna. Questo mio soggiorno di tre giorni nella capitale austriaca è stato proficuo ed interessante. Schober è in sella. Con tutte le sue qualità e con tutti i suoi difetti che gli derivano dall'avere egli un'esperienza poliziesca più che politica. La questione del prestito domina in questo momento la vita austriaca. Fino a settembre non vi saranno novità. Se non sarà Schober sarà Vaugoin. In fondo, l'atto d'energia compiuto da Schober con l'arresto e l'espulsione di Pabst finirà per rappresentare un vantaggio tanto per Schober quanto per le Heimwehren. Qualunque cosa accada o stia per accadere noi dobbiamo appoggiare apertamente Schober. Questo è il mio parere. L'appoggio dato con lealtà a Schober ci varrà in definitiva anche nei riguardi dell'eventuale successore di Schober, il quale avrà dalla nostra condotta la prova della lealtà con cui il governo fascista sostiene i suoi amici, e ne dedurrà quindi l'interesse a non mutare indirizzo. Tanto il governo di Schober quanto l'azione delle Heimwehren vanno sorretti, guidati, consigliati. Dal modo come saranno organizzate le prossime elezioni, che avranno luogo in primavera, e dall'esito di esse, dipendono le sorti del futuro regime in Austria e quindi in ultima analisi della nostra politica in Austria.

L'idea anschlussista vive segretamente nell'anima delle Heimwehren. Sarebbe errore credere il contrario. Starhemberg, nel calore del suo discorso, si è lasciato sfuggire più volte, a proposito delle sue simpatie e dell'amicizia che lo lega ad Hitler, che le Heimwehren sono l'espressione della grande Patria tedesca. Le Heimwehren attendono che Hitler, i nazionalsocialisti e le destre in genere abbiano il sopravvento in Germania. Quando questo si verificherà (è questione di tempo) avremo forse delle sorprese. Parlando tanto con Schober quanto con Vaugoin, Starhemberg ed altri si sentiva chiaramente che essi sperano di costituire l'anello di congiunzione permanente fra la Germania e l'Italia. L'Anschluss dovrà essere, nel loro pensiero, il pegno di questo futuro blocco italo-germanico. Queste anticipazioni non hanno, per ora, basi sulla realtà. Il problema è, nell'attuale momento, esclusivamente tattico per noi. A noi conviene, in tutti i modi, il consolidamento interno di un regime antidemocratico in Austria, ed un'Austria sotto l'influenza e l'orbita della politica italiana. Questo è l'immediato e principale interesse nostro. A questo scopo bisogna lavorare senza tregua lasciando per ora da parte gli interrogativi lontani. L'obiettivo, ripeto, è tattico. Nulla di più. Gli elementi della politica generale europea sono ancora troppo confusi perché si possano fissare oggi linee strategiche alla nostra futura azione.

Gianluca Volpi

Roma sul Danubio. La politica italiana verso l'Europa danubiana osservata dagli ungheresi (1921–1936)

Il 4 novembre 1918 l'Italia usciva vincitrice dall'estenuante conflitto sostenuto a fianco delle potenze dell'Intesa contro gli Imperi centrali e i loro alleati bulgari e ottomani. La sconfitta dell'esercito austro-ungarico e la dissoluzione della monarchia danubiana non si tradussero nella creazione in Europa centro-orientale di un assetto politico-territoriale che il regno sabaudo giudicasse favorevole, soprattutto pensando all'Adriatico, dove l'Italia aveva sperato di rilevare il ruolo di potenza egemone al posto della duplice monarchia e aveva invece dovuto negoziare, peraltro abilmente, con il neonato regno dei serbi, croati e sloveni (SHS) il destino della Dalmazia e della città portuale di Fiume.

Sul versante degli sconfitti l'Ungheria aveva nutrito speranze ugualmente frustrate dall'esito del conflitto. Dal crollo della monarchia absburgica, della quale l'Ungheria era stata fino all'ultimo e malgrado tutto il partner fondamentale nel sostegno umano e materiale allo sforzo bellico, gli ungheresi si erano illusi di poter salvare l'integrità dell'Ungheria storica. Avevano dovuto invece subire il fardello della sconfitta, l'umiliazione e lo smembramento territoriale imposto dal trattato del Trianon il 4 giugno 1920.

Italia ed Ungheria, per ragioni opposte, si trovarono dunque nel campo di coloro che non potevano e non volevano rassegnarsi a considerare permanente l'assetto territoriale dell'Europa centro-orientale sancito dai trattati di pace.

Questa constatazione attualmente piuttosto ovvia, frutto di decenni di studi sull'argomento che non necessitano di alcuna revisione, non deve però condurci ad un'analisi delle relazioni internazionali fra l'Italia e l'Ungheria nel periodo tra le due guerre che soggiaccia al luogo comune della naturale convergenza di interessi fra i due Stati.

La storia della seconda metà del XIX secolo e dei primi decenni del XX fino alla sconfitta e dissoluzione dell'Austria-Ungheria non si svolse nel segno dell'amicizia italo-ungherese. Gli episodi legati all'epopea risorgimentale, la lotta della legione italiana in Ungheria nel 1848–49 e di quella ungherese in Italia dal 1859 al 1861, brillano per la loro eccezionalità e non possono essere visti sotto il segno di una profonda solidarietà tra le due culture e i due paesi.

Gli accordi costituzionali del 1867 segnarono la nascita della duplice monarchia ma furono anche il preludio di una stagione in cui l'Ungheria, divenuta un elemento imprescindibile per la stabilità della monarchia absburgica, maturò ambizioni economiche e politiche nell'area adriatica e balcanica che la posero in contrasto non dichiarato ma evidente con le analoghe ambizioni che l'Italia liberale andava sviluppando nella costruzione della sua politica estera. Nel primo decennio del Novecento nella città-porto ungherese di Fiume si polarizzò lo scontro nazionale tra italiani e ungheresi: ovvero si ruppero la solidarietà italo-magiara e l'equilibrio nei rapporti fra il Municipio e Budapest, sotto la spinta degli opposti nazionalismi.

In quel contesto le personalità del mondo politico ed economico interessate all'armonica cooperazione fra ungheresi e fiumani si richiamarono ai buoni rapporti del passato per tentare di lavorare al benessere comune in un clima di reciproca fiducia, ma con scarso successo. Basti a testimoniarlo il fatto che il conte István Tisza, ministro presidente ungherese dal 1913 al 1917 alla testa di una forte maggioranza liberal-conservatrice, si disse disposto a tollerare come il male minore il partito autonomista, bestia nera dei locali nazionalisti magiari[1].

Gli autonomisti, guidati dalle prestigiose figure di Michele Maylender e Riccardo Zanella, si opponevano bensì alla progressiva magiarizzazione di Fiume, ma dominando il Municipio e l'opinione pubblica moderata non lasciavano spazio al più pericoloso movimento irredentista, sostenuto occultamente dall'altra sponda dell'Adriatico.

A dividere Italia e Ungheria ben prima della guerra mondiale 1914–18 fu poi la questione della Dalmazia. Se l'irredentismo dalmata a favore dell'Italia fu un fatto incontestabile malgrado l'evidente sproporzione fra italiani e croati a vantaggio degli ultimi, meno conosciuta ma altrettanto importante fu l'attività dei circoli economici ungheresi, la cui influenza si estendeva all'imperiale e regio ministero comune delle Finanze, al fine di ottenere la reincorporazione della Dalmazia al regno di Croazia-Slavonia.

La manovra, se coronata dal successo, avrebbe aperto i porti dalmati all'influenza ungherese per il fatto di essere la Croazia un regnum in regno nella parte transleithana della duplice monarchia. Gli episodi che testimoniano l'interesse ungherese volto a stabilire una sfera d'influenza adriatico-balcanica, carica tra l'altro di reminiscenze storiche altrettanto pregnanti del richiamo italiano alla civiltà veneziana sulla sponda opposta dell'Adriatico[2], si moltiplicarono anche

---

1 Lettera del ministro presidente ungherese al comandante della 5ª armata austro-ungarica, generale di fanteria Svetozar Boroević von Bojna, 30 agosto 1915, in: TIÖM (Tisza István Összes Művei/Opere complete di István Tisza), Budapest 1926, IV, d. 1269, 150–151.

2 János CSERNOCH, Az Egyház és a háború [La Chiesa e la guerra], discorso del cardinale Primate d'Ungheria del 15 dicembre 1914: "... Con amore consolidato nelle tempeste della sua millenaria Storia, la Chiesa ungherese nella tragedia che attualmente infuria intorno a noi ha accresciuto il suo attaccamento alla Patria magiara. [...] Nuovi mercati le si aprono dinanzi nei

nel corso della guerra mondiale. Il naufragio del progetto di creare un "impero ungherese" che dal bacino danubiano estendesse la sua influenza sull'Adriatico e sui Balcani occidentali obbligò i superstiti della deriva a riconsiderare la politica estera e la ricerca di alleati per l'obiettivo fondamentale: la ricostruzione dell'Ungheria storica nei suoi confini del 1914.

L'analisi della politica estera ungherese tra le due guerre mondiali non può prescindere dal complesso di sentimenti e interessi di cui era profondamente partecipe la classe dirigente emersa dal collasso della monarchia: la revisione del trattato del Trianon, obbiettivo irrinunciabile che univa le opposte parti politiche, metteva in secondo piano ogni altra opzione anche agli occhi dell'uomo della strada. Non è possibile negare che la revisione del trattato del Trianon sia stata posta e imposta quale problema principale da risolvere per la politica estera ungherese, premessa della quale doveva essere la ricostruzione interna del paese, politica, economica e morale.

Per lunghi anni, dalla fine della Seconda guerra mondiale alla caduta del muro di Berlino, la lettura prevalente del revisionismo offerta dalla storiografia ungherese di impostazione marxista intese sottolineare la predominanza di questo tema politico e la sua natura strumentale: nella logica di questa interpretazione, il revisionismo era stato nel contempo il fine e il mezzo per il quale e con il quale un regime controrivoluzionario e fascista aveva mobilitato la società, ponendo in secondo piano gli autentici interessi del paese: la trasformazione democratica e l'introduzione del suffragio universale, la riforma agraria e la fine dei latifondi, l'inserimento pacifico e a pieno diritto nella comunità internazionale rappresentata dalla Società delle Nazioni. Sfrondando questa interpretazione dai suoi giudizi più duri e deterministici, rimane comunque ineludibile la constatazione che la revisione dei trattati fu parte essenziale dei gravi problemi che la nazione ungherese dovette affrontare dopo la Grande guerra: perché la questione dello smembramento dell'Ungheria storica poneva il problema della tutela internazionale delle minoranze ungheresi incluse nei paesi successori della monarchia absburgica, e perché il revisionismo non era soltanto l'invenzione politica di un gruppo o partito di ispirazione conservatrice o peggio fascista, ma qualcosa che interessava e appassionava in maniera più o meno estesa e profonda vasti settori della comunità nazionale, sulla base

---

Balcani e nel territorio dell'antico impero ottomano. Nell'espansione della Patria ungherese la Chiesa cattolica mostrerà la sua riconoscenza verso i magiari cavallereschi e amanti della libertà […]". In: Hadi Beszédek [Discorsi di guerra], összeallította és kiadta a Nemzeti Hadsegélyező Bizottság megbizására a Magyar királyi Honvédelmi Ministerium hadsegélyező osztálya [redatti e pubblicati dalla Sezione di sostegno alla guerra del regio ungarico ministero della Difesa], Pallas irodalmi és nyomdai Részvénytársaság, Budapest 1915, 11–15.

di una nazionalizzazione delle masse portata avanti con coerenza per quasi cinquant'anni dal 1867 al 1918.

L'idea che l'Italia potesse essere di aiuto alla causa ungherese non fu né facile da immaginare né accettabile come una scelta ovvia: perché a dividere i due paesi era pur sempre il fatto che il regno sabaudo era deliberatamente entrato in guerra contro l'Austria-Ungheria nel 1915, uscendone poi nel 1918 come il quarto dei "grandi" vincitori dell'Intesa. Nel 1919 alla conferenza di pace di Versailles gli italiani avevano incluso anche la città di Fiume nella lista delle loro rivendicazioni territoriali, sebbene la "perla della corona ungherese" non fosse stata compresa nel bottino di guerra promesso dall'Intesa all'Italia con il Memorandum di Londra dell'aprile 1915. Il contenzioso sul destino di Fiume aveva continuato a dividere l'Italia vincitrice e i governi che si erano succeduti al potere nell'Ungheria sconfitta dall'ottobre 1918 all'agosto 1919. La restaurazione attuata dalle forze conservatrici e legittimiste guidate dall'ammiraglio Horthy, dopo il turbine rivoluzionario e bolscevico della repubblica dei Consigli di Béla Kun, non aveva mutato l'atteggiamento italiano sulla questione. All'ambasciatore ungherese, conte Albert Nemes, che presentò le proprie credenziali a Roma nel febbraio 1920, l'allora segretario di Stato agli Esteri, conte Carlo Sforza, ribadì fermamente l'idea che l'Ungheria dovesse adattarsi a considerare come migliore soluzione per i propri interessi la sovranità italiana su Fiume[3].

Dopo un lungo intermezzo, che in Italia aveva visto il tramonto del liberalismo, la Marcia su Roma e l'avvento del primo governo Mussolini, si erano avuti il trattato di Rapallo e la successiva annessione di Fiume all'Italia (1924). La diplomazia italiana aveva fatto ingoiare l'amaro boccone al regno SHS privando in via permanente l'Ungheria del suo sbocco privilegiato al mare.

Il conte István Bethlen dominò la politica ungherese ben al di là dell'effettiva durata al potere, nel decennio 1921–1931. Uomo di grande intelligenza e consumata abilità politica, Bethlen fu l'artefice della politica triangolare con l'Austria e con l'Italia, ma senza escludere alcuna soluzione che potesse portare al risultato che stava a cuore agli ungheresi.

Erede di una delle più antiche e celebri famiglie della nobiltà transilvana, Bethlen era stato tra i giovani intransigenti oppositori alla linea di compromesso con il movimento nazionale dei romeni di Transilvania durante gli anni immediatamente precedenti il conflitto e la guerra stessa. Negli anni della formazione e dell'apprendistato politico, inizialmente nelle file del partito liberale, poi in quello dell'indipendenza, era stato educato all'idea e nel mito della Grande Un-

---

3   L'ambasciatore a Roma, conte Albert Nemes, al ministro degli Esteri, conte József Somssich, in: Francis Deák (ed.), Papers and Documents relating to the Foreign Relations of Hungary, New York 1993, I, d. 154, 1373/pol., 178–179.

gheria, della sua integrità e indissolubilità statuale, il cui risultato non poteva non essere il rifiuto consapevole del trattato del Trianon.

Per Bethlen e per altri transilvani aristocratici e borghesi che si trovarono in posizioni importanti di potere e responsabilità negli anni tra le due guerre, il revisionismo non fu semplicemente ed esclusivamente lo strumento per riprendersi le proprietà avìte cadute sotto la sovranità di un'altra nazione; né si trattò semplicemente di uno degli arcani imperii della classe dirigente dell'Ungheria di Horthy, una trovata propagandistica per distogliere le masse da complesse questioni politiche e sociali, ma di un pensiero e un progetto politico condiviso, simile a quello dei francesi dal 1870 al 1914 sul destino dell'Alsazia-Lorena.

Per il ruolo avuto nella politica interna ed estera del suo paese, Bethlen si era fatto una notevole esperienza di questioni internazionali. Il bilancio che trasse nel 1933, quando ormai non teneva più il bastone del comando, è illuminante per lo storico che voglia farsi un'idea realistica delle linee-guida della politica estera ungherese e dei reali sentimenti che animavano l'opinione pubblica magiara nei confronti dell'Italia.

Bethlen ricordava che l'Italia era uscita a sorpresa nel ruolo di mediatrice fra Austria e Ungheria nel momento in cui si doveva decidere attraverso un plebiscito il destino della città di Sopron (Odenburg) e del suo territorio. Nella conferenza di Venezia, dall'11 al 13 ottobre 1921, l'Ungheria e l'Austria avevano trovato un accordo sulla cessione della regione del Burgenland alla repubblica austriaca: ma il mediatore naturale nella questione avrebbe dovuto essere la Germania, l'alleata fondamentale dell'Ungheria dualista anche prima del costituirsi della Triplice Alleanza[4].

Esprimendosi apertamente in questi termini, Bethlen riaffermava l'orientamento filotedesco della politica ungherese del tempo di guerra in un momento in cui in Germania da poco più di un mese Adolf Hitler, il Führer del movimento nazionalsocialista, era stato nominato cancelliere del Reich. Nel 1917 proprio l'asse ungaro-tedesco era valso a frustrare i tentativi dell'imperatore Carlo I/IV d'Absburgo di sottrarsi all'alleanza con la Germania e sottoscrivere la pace con l'Intesa; quell'asse era stato forgiato e diretto dal ministro presidente István Tisza, la cui politica estera continuava nel solco della tradizione inaugurata da uno dei padri fondatori del Dualismo, il conte Gyula Andrássy il vecchio, ministro comune degli Esteri della monarchia dal 1871 al 1879[5].

---

4   Discorso di István Bethlen dell'8 marzo 1933, in: István BETHLEN, Válogatott politikai irasok és beszédek [Discorsi e scritti politici scelti], Budapest 2000, 262.

5   L' orientamento filotedesco del conte Gyula Andrássy padre è stato oggetto delle ricerche di uno dei maggiori esperti della politica estera della duplice monarchia, István DIÓSZEGI, in: Az osztrak-magyar Monarchia külpolitikaja [La politica estera della monarchia austro-ungarica],

Poiché nella Germania del 1921 il governo di coalizione a guida socialde-mocratica era ostile all'Ungheria dell'ammiraglio Horthy e dunque non aveva visto l'opportunità di esercitare un proprio intervento mediatore nella questione del Burgenland, si chiedeva il conte Bethlen perché l'occasione fosse stata colta dall'Italia e considerata di "grande interesse".

La ragione andava spiegata con le stesse motivazioni a suo tempo addotte da Charles Roux, incaricato d'affari francese a Roma, nel rapporto del 18 ottobre 1921 al presidente del Consiglio e ministro degli Esteri Aristide Briand[6].

La proposta di mediazione cecoslovacca offerta dal presidente Edvard Beneš avrebbe potuto essere gradita anche dall'Italia, se il regio ministro degli Esteri marchese Pietro Tomasi Della Torretta fosse stato semplicemente interessato alla pacifica composizione del contrasto austro-ungherese.

Monsieur Charles Roux attribuiva invece all'Italia il desiderio di aumentare il proprio prestigio e l'influenza nel bacino danubiano-carpatico, motivo per cui non era disposta a cedere il ruolo di mediatrice alla Cecoslovacchia. E vi era anche di più, secondo l'ambasciatore francese a Belgrado, Clément-Simon l'Italia aspirava ad essere nell'Europa danubiana l'interprete e lo strumento della Grande Intesa, volendo sembrare la protettrice, la direttrice e perfino la moderatrice della Piccola Intesa[7]. Il conte Bethlen invece sosteneva che il gioco dell'Italia avesse avuto motivazioni più concrete e fosse derivato da un antefatto: i cechi erano interessati alla creazione di un corridoio nell'Ungheria occidentale e volevano annettersela già al tempo della conferenza di Versailles. Se il progetto fosse andato a buon fine avrebbe creato il contatto fra gli slavi del nord e del sud, completando l'accerchiamento dell'Ungheria e assicurando alla Cecoslovacchia lo sbocco sull'Adriatico[8].

Budapest 1970; A Ferenc József-i kor nagy hatalmi politikája [La politica di grande potenza all'epoca di Francesco Giuseppe], Kossuth Kiadó, Budapest 1987; Bismarck és Andrássy. Magyarország a német hatalmi politikában a XIX. Század második felében [Bismarck e Andrássy. L'Ungheria nella politica tedesca di grande potenza nella seconda metà del XIX secolo], Budapest 1998.

6   Charles Roux, chargé d'Affaires de France à Rome, à Briand, Président du Conseil, Ministre des Affaires Étrangères, in: Magda Ádám, Katalin Litván (eds.), Documents diplomatiques français sur l'histoire du Bassin des Carpates, III, Budapest 2001, d. 399, 545–547.

7   Ibid., 546. Sulla volontà dell'Italia di trarre profitto dall'affare dei comitati occidentali ungheresi per assumere un ruolo preminente in Europa centrale cfr. l'ambasciatore a Belgrado Clément-Simon in un telegramma confidenziale al presidente del consiglio Briand, siglato 376–378, del 21 settembre 1921, ibid., d. 342, 479.

8   Il pretesto storico era rintracciabile nel fatto che Svjatopluk nel IX e Ottokar II nel XIII secolo avevano costituito per alcuni anni un regno slavo sui territori in questione. Erano entrambi stati sconfitti da un esercito tedesco-magiaro. L'allusione del conte Bethlen al ruolo storico di tedeschi e magiari nel bacino danubiano si commenta da sè. BETHLEN, Válogatott politikai irasok és beszédek [Discorsi e scritti politici scelti], 263.

L'Italia dunque aveva avuto le migliori ragioni per opporsi alla creazione di un asse territoriale slavo sull'Adriatico, e tutto l'interesse a prendere la mediazione nelle sue mani. Era stato il primo caso in cui gli interessi dell'Italia e quelli dell'Ungheria erano coincisi. Il servizio reso dall'Italia all'epoca era stato indubbiamente un gesto non disinteressato ma amichevole, che aveva fatto seguito all'atteggiamento tenuto nel corso dell'elaborazione del trattato di pace con l'Ungheria[9].

L'occasione per dimostrare analogo atteggiamento amichevole si era ripetuta nel 1923–24, allorché la Gran Bretagna e l'Italia avevano appoggiato l'Ungheria sostenendo la mediazione con la Francia e gli Stati della Piccola Intesa nella questione del prestito internazionale e del credito presso la Società delle Nazioni.

L'Ungheria disarmata e sotto il controllo delle potenze vincitrici, chiusa nell'anello di ferro della Piccola Intesa, aveva visto nell'Italia il vincitore insoddisfatto del predominio francese sui paesi successori della monarchia degli Absburgo, Polonia, Cecoslovacchia, Regno SHS, e sulla nazione balcanica verso la quale maggiormente si indirizzava il desiderio di esercitare l'influenza politica, la Romania. Non è casuale che l'accordo politico di amicizia e cooperazione del 1927 partisse dall'appoggio offerto dalla diplomazia italiana nel liberare l'Ungheria dal controllo militare e finanziario dell'Intesa.

Il riconoscimento di interessi comuni preluse all'avvio di una politica estera concorde, la quale però dovette superare non pochi ostacoli, come dimostrarono le lunghe trattative per la stipula di un trattato commerciale tra le due nazioni. Dal 1924 al 1927 i negoziati proseguirono con alterne vicende, inclusa la vera e propria guerra del vino che gli italiani sostennero con Budapest per imporre il riconoscimento dell'origine e della qualità di una serie di prodotti nazionali da immettere sul mercato ungherese[10].

Le relazioni italo-ungheresi dal 1921 al 1936 offrono l'opportunità di ricostruire la politica estera italiana nell'area danubiana attraverso le fonti diplomatiche, economiche e militari del governo di Budapest: queste fonti possono an-

---

9   Il ministro degli Esteri ungherese Somssich all'ambasciatore Nemes, a proposito dell'iniziativa del ministro degli Esteri italiano Nitti a favore di un miglioramento delle condizioni da sottoporre all'Ungheria, in: Ádám, Litván (eds.), Documents diplomatiques français , dd. 169 e 175, 1374/pol., 7 marzo 1920, 1358/pol., 9 marzo 1920.

10   Protocole concernant le regime des importations et des exportations en Italie; nota dell'ambasciatore András Hory al Ministro degli Esteri Lajos Walkó, 20 gennaio 1928; Traite de Commerce et de Navigation entre la Hongrie et l'Italie; Memorandum sur l'Aide-Mémoire de la Délégation italienne concernant le traitement douanier des vins importés en Hongrie. – Magyar Országos Levéltár [Archivio Nazionale Ungherese] [in seguito MOL], Külügyi Ministerium [Archivio del reale ministero ungherese degli Esteri] [in seguito KüM], K69, Gazdasági osztály [sezione economica], 1928-I-1/Olaszország /Italia, d. 992.

che servire per analizzare da prospettiva diversa il problema della continuità tra la politica estera dell'età liberale e quella fascista. Naturalmente occorre tenere conto delle premesse per sottolineare il carattere strumentale di quelle relazioni, che preludevano ad un matrimonio d'interesse piuttosto che d'amore: Budapest e Roma non si avvicinarono per la conclamata reciproca simpatia e amicizia né per ragioni di autentica affinità politica e culturale.

Ad unire le due nazioni furono prospettive in negativo: il revisionismo e il riconoscimento della correlata necessità di cooperare per superare l'opposizione dei sostenitori del sistema di Versailles.

La politica estera dell'Italia liberale dei primissimi anni Venti si mantenne comunque leale all'Intesa, gelosa dei propri interessi adriatici ma incline a cercare di non inasprire le condizioni di pace imposte ad Austria e Ungheria, per guadagnare il favore degli ex nemici soprattutto in funzione del ruolo che l'Italia aveva intenzione di assumere nell'Adriatico e nella valle del Danubio. Indubbiamente la politica estera fascista, velleitaria o meno, fu considerata dal punto di vista ungherese un'opportunità migliore di quella dispiegata a suo tempo dal presidente del Consiglio Francesco Saverio Nitti e dal conte Sforza. Anche sotto questo profilo però la visione generale sottintesa alla collaborazione era diversa: come acutamente ha sottolineato Renzo De Felice, Mussolini intese bilanciare in Europa centrale e nei Balcani la preponderanza francese che si esercitava anche tramite l'anello di ferro della Piccola Intesa[11].

Il "duce" del fascismo e capo del governo italiano vide nell'Ungheria il mezzo per isolare il regno SHS, poi di Jugoslavia, ponendo nel contempo un freno al revisionismo tedesco con la cooperazione dell'Austria. Il conte Bethlen riconobbe invece nella collaborazione con l'Italia la possibilità di ricevere un appoggio concreto al programma di revisione.

L'Italia però si trovava in condizioni diverse da quelle dell'Austria e dell'Ungheria, nazioni sulle quali contava per tenerc a bada la Piccola Intesa da un lato e tenere in soggezione la Germania dall'altro: come Mussolini fece capire al principe Starhemberg nel 1933, una soluzione pangermanica del problema danubiano sarebbe stata altrettanto inaccettabile di una panslava, perché il bacino del Danubio era la retrovia immediata dell'Italia. Se questa vi avesse rinunciato, il suo destino sarebbe stato quello di diventare una penisola alla periferia dell'Europa. Ecco dunque spiegato il suo interesse per tutto quanto avvenisse in Austria e in Ungheria[12].

---

11 Renzo De Felice, citato da György Réti, in: Budapest – Róma Berlin árnyékában. Magyar – olasz diplomáciai kapcsolatok 1932–1940 [Budapest all'ombra di Roma e Berlino. Rapporti diplomatici italo-ungheresi 1932–1940], Budapest 1998.
12 Ernst Rüdiger von Stahremberg, Between Hitler and Mussolini, New York-London 1942, 236.

L'Italia agli occhi degli ungheresi era pur sempre una potenza mediterranea: la sua politica estera dunque non poteva che essere condotta come se il suo responsabile avesse posseduto la dote dell'antico dio della guerra latino-romano, il bifronte Giano.

Questa doppia fronte degli interessi italiani era evidente anche nel settore danubiano-balcanico, dove italiani e magiari furono divisi dal diverso atteggiamento verso le potenze della Piccola Intesa, e soprattutto sulla spinosa questione austriaca, ovvero sull'eventualità dell'Anschluss con la Germania.

La fase "attiva" della politica estera ungherese si concretizzò con l'andata verso l'Italia nel 1927, per due ragioni: la Germania era ancora quella di Weimar, tendenzialmente ostile al "regime" di Horthy anche se il cancelliere Gustav Stresemann non era un socialista; in quel momento l'Italia sembrava inoltre agli ungheresi il fattore più potente al servizio di un'idea di revisione. Premesse fondamentali di questo corso erano state il congedo delle Commissioni interalleate di controllo finanziario e militare sull'Ungheria e la rinnovata indipendenza riacquistata da quest'ultima nella gestione degli affari esteri.

Esistono tuttavia altre premesse, non legate alla situazione internazionale quanto piuttosto al fattore umano: ovvero all'azione nelle file del reale ministero ungherese degli Esteri di personaggi nuovi, che non avevano fatto carriera nell'imperiale e regio ministero comune degli Esteri della duplice monarchia e pertanto non si erano formati nel cosiddetto "spirito del Ballhausplatz".

Accanto a questi crebbe il gruppo di coloro che erano stati educati e si identificavano nello spirito del 1848 e dell'indipendenza ungherese, definiti dalla storiografia ungherese la "terza forza": quella rete costituita soprattutto da appartenenti alla piccola nobiltà dei comitati, funzionari e impiegati pubblici, ufficiali dell'esercito, che dopo l'esperienza della rivoluzione borghese e della successiva repubblica comunista dei Consigli furono cooptati o si fecero adottare dalla controrivoluzione (si perdoni la definizione in uso prima del crollo del muro di Berlino)[13].

Veri araldi del nazionalismo magiaro, questi uomini occuparono le posizioni di alto livello in aperta concorrenza con i magnati sopravvissuti alla catastrofe della guerra e con i detentori del grande capitale. La terza forza avrebbe trovato il suo leader naturale nella persona di Gyula Gömbös, membro dell'élite militare formatasi nelle scuole ufficiali della disciolta duplice monarchia, reduce di guerra e militante nazionalista per vocazione e convinzione.

La convergenza ideale fra i rappresentanti più accreditati dell'aristocrazia magnatizia e gli esponenti della terza forza si realizzò nella collaborazione politica

---

13   Pál Pritz (ed.) nell'introduzione alle memorie dell'ambasciatore András Hory, Bucaresttől Varsóig [Da Bucarest a Varsavia], Budapest 1987, 7–37: 26 e 33.

con l'ambasciatore ungherese a Roma dal 1927 al 1934, András Hory. Transilvano come il conte Bethlen, Hory era entrato nella carriera diplomatica soltanto nel 1919, proveniente dalle file dei funzionari del reale ministero ungherese dell'Agricoltura. Non apparteneva quindi al gruppo del Ballhausplatz come Kálmán Kánya, l'uomo che sarebbe divenuto il ministro degli Esteri del governo Gömbös sposandone il duplice orientamento filoitaliano e filogermanico.

Hory e Kánya non erano divisi sull'obbiettivo fondamentale della politica estera ungherese, ma sui criteri e sui tempi della sua realizzazione.

Coerentemente con l'educazione ricevuta al tempo della monarchia austro-ungarica, i diplomatici legati all'eredità del Ballhausplatz possedevano una visione più ampia della politica estera, avevano pazienza ed erano disposti ad attendere tempi più propizi per la revisione, che sarebbe potuta venire solo da un sostanziale mutamento degli orientamenti delle grandi potenze e degli equilibri europei. Era quanto aveva fatto notare a più riprese tra il 1921 e il 1927 lo stesso conte Bethlen[14].

I sostenitori dello spirito del'48 volevano invece una politica estera attiva, che a loro modo di vedere implicava passi decisi nei confronti dei paesi vicini e provvedimenti per alleviare la condizione delle minoranze magiare all'estero: il che significava essenzialmente trattare con i paesi della Piccola Intesa con l'appoggio di alleati influenti.

Questo gruppo di diplomatici, al quale Hory apparteneva per indole e formazione, con i cui obbiettivi si identificava, sposò realisticamente l'opzione italiana mentre continuava ad alimentare la fiducia nella rinascita della potenza tedesca.

La permanenza dell'ambasciatore Hory a Roma coincise con il periodo "creativo" dei rapporti italo-ungheresi: dalla firma del trattato di amicizia italo-ungherese dell'aprile 1927, a quella del patto a tre fra Italia, Austria e Ungheria del marzo 1934, caratterizzato dall'affermazione dell'influenza italiana nel bacino danubiano fino al suo declino, non ancora evidente nel momento dell'apparente trionfo ma compromesso dall'apparire sulla scena politica internazionale della Germania di Hitler.

Un contesto in cui l'ambasciatore Hory si pose nella duplice veste di fedele interprete del 'corso italiano' della politica del suo governo e coerente seguace dell'idea di perseguire l'accordo con il regno dei Karađjorđjević e con la Polonia del maresciallo Piłsudski[15].

---

14 Ignác ROMSICS, Bethlen István, Budapest 2005, 254; l'autore rimanda a due discorsi del conte Bethlen, rispettivamente del 1° febbraio 1924 sulla politica estera e dell'8 maggio 1925 sulla revisione dei trattati di pace.

15 András Hory era stato ambasciatore a Belgrado dal 1924 al 1927; fu trasferito a Varsavia dal 1935 al 1939. Nelle sue memorie manca completamente la parte dedicata agli anni italiani,

La tendenza filopolacca della politica ungherese rispondeva a ragioni sentimentali e storiche, che i magiari cresciuti nel culto della guerra d'indipendenza del 1848–49 avevano ben presenti, e riposava sul progetto politico di creazione di una frontiera comune, il cui evidente corollario tattico era indebolire la Piccola Intesa. Il tutto senza preoccuparsi eccessivamente della fondamentale divergenza tra gli interessi dei due paesi: la Polonia che aveva beneficiato della vittoria dell'Intesa e nella forza della stessa aveva posto le basi della propria sicurezza, e l'Ungheria che aveva buone ragioni per desiderare l'indebolimento del sistema di Versailles[16].

Alla fine degli anni Venti Budapest aveva visto in Mussolini un capo di Stato disposto a superare il tradizionale riserbo diplomatico, maggiormente incline a manifestare apertamente le sue convinzioni di fondo e più deciso a portare avanti la linea della critica e revisione dei trattati di pace.

Già all'epoca del pronunciamento fascista e della nomina di Mussolini a capo del governo italiano nell'ottobre 1922, si era diffusa fra gli ungheresi l'idea che il fascismo al potere significasse un nuovo e più dinamico corso delle relazioni con l'Italia[17].

Nei suoi primi contatti con gli ungheresi, il governo fascista aveva subito fatto capire l'opportunità di aggiornare sine die la questione del re, sulla quale l'Italia aveva una posizione del tutto coerente con il ruolo di potenza vincitrice del conflitto 1914–18, per introdurre il discorso dell'integrità nazionale dell'Ungheria stessa. Per il governo del conte Bethlen questa posizione italiana costituiva la base per una cooperazione incentrata sulla revisione dei trattati.

Gli ungheresi si trovarono nella posizione più idonea, dal 1923 alle prime concrete manifestazioni della politica estera tedesca negli anni Trenta, per valutare l'Ostpolitik italiana: maggiore fosse stato l'impegno italiano nell'area danubiana, migliori opportunità avrebbero avuto i magiari nel negoziato incessante per ottenere la revisione del trattato del Trianon.

La politica estera fascista appariva orientata al ruolo di "grande gendarme" dell'area danubiano-balcanica e da questo punto di vista non esisteva soluzione fondamentale di continuità con quella liberale precedente il 28 ottobre 1922[18].

---

probabilmente a causa della perdita di parte del suo archivio personale durante la battaglia di Varsavia nel settembre 1939. Hory, Bucaresttől Varsóig [Da Bucarest a Varsavia], 131–242.

16 Pritz (ed.) in: Hory, Bucaresttől Varsóig [Da Bucarest a Varsavia], 30.

17 Articolo di Manko Gagliardi, membro del comitato croato a Vienna, sul foglio "Hrvat" del 7 novembre 1922, citato dall'ambasciatore ungherese a Roma, conte Nemes, nel telegramma del 30 novembre 1922 al reale ministero ungherese degli Esteri – MOL, KüM, sezione K 64/Atti riservati, 1923–41.

18 Definizione adottata dall'ambasciatore ungherese a Bucarest, Rubido-Zichy, nel telegramma del 19 giugno 1923, riassuntivo del colloquio avuto con il collega italiano Aloisi, al ministro degli

Un problema non lieve per i magiari fu la deliberata intenzione italiana di guadagnare nettamente una posizione di influenza sulla Romania spingendo anche gli ungheresi ad accordarsi con Bucarest, fatto che suscitava tutte le perplessità di Budapest per quello che veniva definito lo sciovinismo antimagiaro del governo romeno.

Il riavvicinamento ungaro-romeno era stato caldeggiato dall'Italia anche prima della firma del trattato del Trianon e non vi poteva essere dubbio che servisse principalmente l'interesse dell'Italia stessa, che aveva suggerito all'Ungheria di non sollevare la questione della Transilvania, di evitare la mediazione delle grandi potenze (o meglio accettare solo quella italiana) e rivolgersi direttamente a Bucarest[19].

I buoni rapporti con la Romania erano evidentemente giudicati dall'Italia necessari per rompere il fronte della Piccola Intesa, e la cooperazione dell'Ungheria in questo disegno costituiva una necessità che la politica italiana inquadrava nel disegno più vasto di riassetto geopolitico dell'area danubiano-balcanica sotto la supervisione dell'Italia.

Nel lungo colloquio del 4 aprile 1927, preliminare alla firma del trattato di amicizia italo-ungherese, il conte Bethlen aveva udito Mussolini sottolineare la necessità di accordarsi con almeno uno degli Stati della Piccola Intesa per indebolirne la coesione: mentre però il ministro presidente ungherese pensava allo Stato SHS, il suo interlocutore intendeva la Romania. A tal proposito si era informato sullo stato delle relazioni ungaro-romene, dopo aver ribadito che l'Italia non voleva che gli ungheresi stabilissero un accordo tale da superare il trattato di arbitrage con i serbi[20].

Gli ungheresi non compresero alcuni dei giri di valzer della politica italiana: il doppio gioco condotto nei rapporti con il regno jugoslavo, tra accordi effettivamente siglati, politica filomacedone e filocroata di sovversione antiserba e contemporaneo accordo di eventuale spartizione della Croazia tra Roma e Budapest, osservabile come possibile vantaggio anche da parte di Belgrado. Cerca-

---

Esteri Géza Daruváry – MOL, KüM., sezione K 64/Atti riservati, 356 res/pol. 1923, d. 168, protocollato sotto la titolatura K64-1923-41-356.

19 L'ambasciatore a Roma conte Nemes al ministro degli Esteri Sándor Simonyi-Semadam, d. 214, 2207/pol., in: Deák (ed.), Papers and Documents relating to the Foreign Relations of Hungary, I, 225–226.

20 Nel testo si parla espressamente di serbi e non di jugoslavi. Elek Karsai (ed.), Iratok az ellenforradalom történetéhez 1919–1945, IV. Kötet, A magyar ellenforradalmi rendszer külpolitikája 1927. január 1–1931. augusztus 24 [Scritti per la storia della controrivoluzione 1919–1945, IV. La politica estera del sistema controrivoluzionario ungherese, 1° gennaio 1927–24 agosto 1931], Budapest 1967, d. 22, 53.

rono pur tuttavia di adattarvisi tenendo presente l'obiettivo comune più generale legato alla revisione[21].

La terza grande questione dopo le relazioni con il regno SHS e la Romania, quella austriaca, venne affrontata dallo stesso Mussolini con un'uscita sorprendente. Non soltanto il "duce" aveva accolto senza batter ciglio il cinico commento di Bethlen, secondo cui l'Austria era un cadavere politico con il quale non era il caso di stipulare alleanze, ma si era prodotto nell'affermazione più singolare per un capo di governo impegnato a sostenere l'indipendenza della repubblica austriaca: ovvero che l'Anschluss fosse inevitabile, e presto o tardi dovesse essere posto in atto. E come a voler sottolineare l'inanità dei tentativi di procrastinarlo, aveva fatto intendere al ministro presidente ungherese l'importanza dell'espansione italiana oltremare, intesa come valvola di sfogo per l'eccedenza demografica della nazione.

Durante e successivamente ai colloqui romani che portarono alla firma del trattato del 1927 la figura di Mussolini fu oggetto di notevole interesse da parte degli ungheresi: le brillanti capacità politiche che il "duce" del fascismo aveva saputo dimostrare parevano aver steso un velo d'ombra sulle sue origini plebee e socialiste. Ai loro occhi Mussolini sembrava l'interlocutore ideale, il corrispettivo italiano degli ungheresi che popolavano le file del partito di governo di Bethlen, esponenti della terza forza piccolo-nobile e borghese, risolutamente nazionalista.

Qualcuno però osservava il capo del governo italiano con un misto di ammirazione e disprezzo, incapace di decidere se fosse attratto dal pericoloso fascino dell'uomo forte o provasse piuttosto dell'antipatia inestinguibile per il rozzo parvenu che si atteggiava a moderno Cesare. Nel corso degli incontri romani del 1927 il consigliere di legazione Miklós Kozma vergò un abbozzo del "duce":

> […] mi avvicino a Mussolini. Tento di osservarlo bene. Volto romano del tipo più brutale. Non è il volto romano effeminato o abbellito dello stile di Petronio, ma quello degli imperatori-soldati, che si può vedere in alcune statue. Mento forte, quasi selvaggio, bocca grande, interessante, che mostra un'energia concentrata, cranio e fronte possenti, e due splendidi occhi. Grandi occhi neri, il cui fuoco non è solo profondo e intenso, ma sfavilla duramente. Non è l'occhio nero profondo, tipicamente italiano. Non sono nemmeno occhi che trafiggano: esprimono un'energia inaudita, sono freddamente penetranti, di un nero che emana la durezza dell'acciaio. Il bianco dell'occhio è sorprendentemente grande. La pupilla appare quasi nella sua intera rotondità. Anche il volto è pura forza, anche più pesante perché non è asciutto ma carnoso, eppure duro ed irradiante energia.

---

21 Manko Gagliardi citato dall'ambasciatore ungherese a Roma nel telegramma del 30 novembre 1922 – MOL, KüM, sezione K64/Atti riservati 1923–41.

Ho sentito che Mussolini è uso alle pose. Ma la sua posa, se è una posa, è sostanza. Ogni imperatore si mette alquanto in mostra, questa però è testa da imperatore, con fronte alta e capelli tirati all'indietro, stempiata [...][22]

Meno entusiasmo dimostrò l'ambasciatore ungherese a Costantinopoli/Istanbul, László Tahy, in un rapporto al vice-ministro Sándor Khuen-Héderváry, allorché affermò essere suo dovere rendere noti gli svantaggi dell'orientamento italiano del suo governo.

Nei ventidue anni di servizi compiuto in Macedonia, a Praga e nella sede turca, aveva constatato che l'Ungheria dall'Italia aveva ricevuto soltanto delusioni. Non era interesse dell'Italia, proseguiva Tahy, che l'Ungheria fosse forte; l'alleanza di quest'ultima con la Jugoslavia era più naturale, perché dagli jugoslavi avrebbe potuto ricuperare Fiume: la libertà dell'Adriatico era un interesse comune ungaro-serbo. Le relazioni italo-romene erano poi un ostacolo per l'amicizia ungherese. Tahy contestava pertanto l'intervista rilasciata il 12 aprile 1927 dal conte Bethlen al quotidiano "Magyarság", nella quale aveva definito affini gli interessi della politica estera italiana e ungherese, e auspicato da quel punto di vista la cooperazione in consapevole armonia[23].

Il governo del conte Bethlen era stato peraltro messo sull'avviso anche dai tedeschi, affinché si guardasse da un'eccessiva fiducia nelle possibilità italiane sul teatro europeo: scriveva in un rapporto confidenziale proprio Kálmán Kánya, all'epoca ambasciatore ungherese a Berlino, il 16 novembre 1928:

La Germania è costretta, malgrado tutte le difficoltà, a cercare buoni rapporti con la Francia e la Gran Bretagna, perché queste giocano un ruolo decisivo in Europa, un ruolo dominante che né la Russia, del resto isolata, né l'Italia sono in grado di limitare o diminuire. La Francia, appoggiata dalla Gran Bretagna, è uscita vincitrice nella gara fra le potenze, i *Realpolitiker* devono trarne le conseguenze. Negli uffici esteri, nei rapporti di personaggi ufficiali e nelle fonti ufficiose emerge la domanda, a me rivolta: cosa si attende l'Ungheria dall'amicizia italo-ungherese? [...] Volevano farmi intendere che secondo l'opinione tedesca gli italiani non sono disposti ad appoggiare seriamente l'Ungheria, non ne sono neppure capaci! Ne ha parlato poco tempo fa in via confidenziale il barone Neurath, attualmente a Berlino, aggiungendo che era stato indicato da Stresemann per il posto di ambasciatore a Mosca, che però non ha accettato. Secondo l'ambasciatore tedesco a Roma, l'Ungheria riceverà soltanto delusioni dall'Italia. Il noto egoismo italiano si

---

22   Karsai (ed.), Iratok az ellenforradalom történetéhez 1919–1945 [Scritti per la storia della controrivoluzione 1919–1945], d. 26, 57.

23   Ibid., d. 34, 68-69.

è manifestato ancora più fortemente che in altri tempi, e Mussolini, il quale volentieri sfrutta l'Ungheria per isolare la Jugoslavia, non sarà disposto a sacrificarsi per gli interessi dell'Ungheria. Le speranze riposte dagli ungheresi nell'Italia non porteranno ad alcun risultato compiuto![24].

Bethlen nutriva forse illusioni sull'Italia? Molto meno di quanto farebbero supporre i commenti sulle sue giornate romane ad uso e consumo delle agenzie informative e della stampa. Analizzava invece acutamente la posizione dell'Italia e la politica che avrebbe dovuto assumere nel bacino danubiano dal momento in cui erano entrati in vigore i trattati bilaterali della Francia con le nazioni della Piccola Intesa.

L'Italia aveva dunque tre fondamentali interessi nell'area in questione: due negativi e uno positivo. Il primo, più forte e dalle radici storiche era quello di impedire il congiungimento fra gli slavi del sud e del nord, nel presente e nel futuro: un obiettivo che si poteva realizzare impedendo l'unione di ungheresi e romeni in un unico Stato (idea già apparsa nel 1918–19), bloccando sul nascere la creazione di qualsivoglia corridoio o ponte territoriale e rigettando progetti di federazione dell'Ungheria con gli Stati slavi del nord o del sud[25], perché in un'ipotesi del genere l'Ungheria sarebbe stata da questi dominata. La creazione di un grande Stato federale slavo che includesse l'Ungheria avrebbe minacciato o rischiato di annullare l'influenza italiana nel Mediterraneo orientale.

Il secondo interesse italiano, sempre negativo, era creare un contrappeso nella valle del Danubio che bilanciasse l'egemonia francese esercitata attraverso la Piccola Intesa. Senza contare la questione della mano libera che la Francia aveva guadagnato da quell'egemonia, la posizione francese era filoslava come si era visto nel caso della Russia.

I due principi negativi erano però guidati da quello positivo, o meglio portavano inevitabilmente al principio positivo, quello di rafforzare l'Ungheria sostenendo nel contempo l'Austria, e di mantenere amichevoli relazioni con la Romania.

In sostanza Bethlen, che indulgeva nell'equivoco di attribuire a Mussolini il progetto che egli avrebbe adottato se fosse stato il Capo del governo italiano nelle stesse circostanze, riteneva che l'Italia dovesse rafforzare gli Stati che non volevano agire e che strutturavano la loro politica estera secondo un indirizzo filoslavo.

---

24 Berlino, 21/IX/1928 – MOL, KüM, Sezione K64/Atti riservati, d. 4580/pol.

25 Rigettando quindi l'originale idea del padre dell'indipendenza ungherese del XIX secolo, Lajos Kossuth, di una federazione danubiano-balcanica di cui facesse parte anche l'Ungheria, una volta cacciati gli Absburgo.

Il vero punto forte dell'argomentazione dello statista magiaro era però costituito dall'idea che il principio positivo della politica estera italiana sul Danubio fosse congruo con quello ungherese senza essere in fondamentale contrasto con quello della Germania, la quale non aveva interesse a vedere un mare slavo estendersi dalle pianure del Danubio fino alle sponde dell'Adriatico. In questo scenario il piccolo popolo magiaro adempisse dunque alla sua storica funzione di crocevia e divisore degli slavi[26].

La salita al potere nel 1932 di Gyula Gömbös portò alla seconda fase del corso italiano della politica ungherese.

Il 4 ottobre 1932 il nuovo ministro presidente ungherese annunciò all'ambasciatore Hory l'intenzione di compiere una visita a Mussolini, sottolineando che egli si riteneva il prosecutore dell'opera politica del conte Bethlen nei confronti dell'Italia: pertanto si sarebbe appoggiato agli italiani, attribuendo la massima importanza all'Austria e alla questione austriaca, della quale intendeva occuparsi il più attentamente possibile in accordo con lo Stato fascista[27]. Il generale Gömbös però intendeva il rapporto con l'Italia come parte di un disegno più ampio, che avrebbe dovuto includere la Germania.

In passato la storiografia ha attribuito con eccessiva leggerezza a Gömbös tanto l'intenzione di emulare il fascismo in Ungheria quanto un aperto filonazismo, tendenze che lo avrebbero spinto a voler trasformare il suo paese in una dittatura di tipo fascista o nazista. Si tratta di una chiave di lettura semplicistica.

Per capire le opinioni di Gömbös nei confronti dell'Italia e le aspettative che nutriva verso Mussolini e il suo regime, è sufficiente riandare al commento del nuovo ministro presidente, allorché dichiarò di essere un estimatore del fascismo, di poter esprimere la sua simpatia per il sistema fascista in Italia aggiungendo che si trattava della manifestazione del genio italico. Questo però non significava che egli volesse fare del fascismo un'istituzione magiara. Aveva usato l'esempio dell'albero di arancio, che in Ungheria non avrebbe potuto crescere liberamente, per dire che esistevano principi politici che non potevano attecchire e sviluppare il loro albero frondoso come se si fossero trovati sotto il cielo italiano[28].

In realtà Gömbös era un pragmatico come Mussolini: le sue speranze politiche si appuntavano sul fascismo e sulla destra tedesca, con la quale aveva avuto contatti fin dai primi anni Venti. Era stato Gömbös stesso a parlare per primo di "asse" italo-tedesco e a ritenere il suo avvento un obiettivo fondamentale della politica estera ungherese.

---

26 Bᴇᴛʜʟᴇɴ, Válogatott politikai irasok és beszédek [Discorsi e scritti politici scelti], 265.

27 MOL, KüM, res.pol. 1932 – 23 – 545.

28 József Rᴇ́ᴠᴀɪ, Gömbös Gyula élete és politikája [Vita e politica di Gyula Gömbös], Budapest 1934, 311.

La politica di Gömbös e il rinnovato impulso della cooperazione italo-ungherese si svolse nel cruciale biennio che in Germania vide salire al potere il nazismo: il problema delle relazioni con la Germania offrì il quadro della fondamentale divergenza di vedute tra Roma e Budapest. Sin dal primo incontro con Mussolini, Gömbös si rese conto che il "duce" era turbato dalla certezza che l'ascesa politica dei nazisti e di Hitler in particolare avrebbe manifestato tutto il suo potere eversivo nei confronti degli equilibri europei.

Da quella certezza derivava la convinzione che fosse necessario impedire alla Germania nazista di affacciarsi sul Brennero, pur nella realistica considerazione dell'ineluttabilità dell'Anschluss: un evento che auspicava si verificasse il più tardi possibile. Gömbös vide nel veto del "duce" all'unione tra Germania e Austria una politica che non si accordava con gli interessi ungheresi: l'Italia avrebbe dovuto invece trovare un modus vivendi con la nuova Germania. La differenza nella visione dei due capi di governo era sostanziale e tutta incentrata sulle riserve di Mussolini nei confronti di Hitler.

Il sanguigno ministro presidente ungherese non poté fare a meno di notare il pessimismo di Mussolini sulla situazione internazionale, che il "duce" del fascismo riteneva caratterizzata dall'approssimarsi senza rimedio di una Seconda guerra mondiale. Alla luce di questa cupa visione, occorreva risolvere le questioni pendenti all'interno e all'estero tanto in Italia quanto in Ungheria.

L'opinione pubblica in patria condivideva i sentimenti di ambivalenza di Mussolini verso Hitler: soprattutto l'idea che il crescere della potenza tedesca avrebbe fatto guadagnare mano libera all'Italia e dunque all'Ungheria, ma anche il timore che il prezzo da pagare avrebbe potuto essere la pesante ingerenza della Germania sul Danubio e nei Balcani.

Il nuovo corso italiano della politica estera ungherese aveva lo scopo di stipulare altri e più vantaggiosi accordi economici e guadagnare l'appoggio di Mussolini per il riarmo, ma non incontrò l'unanime consenso nel parlamento ungherese e dovette fronteggiare l'insoddisfazione della Commissione esteri[29]. I socialdemocratici all'opposizione sostennero che l'Italia avrebbe seguito anche nelle nuove circostanze la politica del "sacro egoismo", per cui non bisognava attendersi alcun appoggio concreto. L'interpellanza fu respinta e la critica smorzata, ma il partito di governo fu da allora sempre più incline a sostenere il doppio orientamento di Gömbös.

L'appoggio più concreto a questa politica venne dal ministro degli Esteri Kánya. Giudicato filotedesco, Kánya lo era nella misura in cui la Germania poteva servire a supportare gli interessi del suo paese. I colloqui a Roma nel febbraio 1933 rivelarono che sulla questione austriaca italiani e ungheresi nu-

---

29   Archivio Storico del Ministero degli Affari Esteri, Ambasciata Budapest 1932, b. 5, fasc. 10/11.

trivano divergenze nell'auspicare l'avvento di un governo autoritario delle destre a Vienna. Per i secondi si trattava di costituire un'armonica costellazione di regimi affini, mentre Mussolini pensava solo in termini di rinvio ad oltranza dell'Anschluss.

Gli obiettivi dell'Italia erano molteplici, ma pure reciprocamente antitetici: ristabilire l'equilibrio minacciato dall'avvento di Hitler al potere (cosa che Mussolini riteneva si potesse fare con il progetto del nuovo Patto a Quattro, un accordo anglo-franco-italo-tedesco volto ad ammansire la Germania), diventare nel contempo la portavoce degli Stati insoddisfatti del sistema di Versailles, ma soprattutto esercitare il ruolo centrale nelle trattative fra gli Stati revisionisti e non revisionisti. A detta dello storico Jens Petersen, si trattava del ruolo del domatore di leoni nel circo delle rivalità europee[30].

Il Patto a Quattro del giugno 1933 lasciò in sospeso la parte relativa alla revisione, naturalmente per impulso della Francia e della Piccola Intesa. A Budapest l'insoddisfazione nei confronti dell'Italia fu grande proprio perché Mussolini aveva lasciato intendere che avrebbe condotto il direttorio a quattro ad ammettere la possibilità di procedere alla revisione. La lettera inviata dal Capo del governo italiano a Gömbös, nella quale si tentava di far passare l'idea che il clima instauratosi fra le quattro grandi potenze arbitre del destino dell'Europa avrebbe finito per tradursi in un vantaggio anche per l'Ungheria e in un incremento dell'amicizia italo-magiara, non fece altro che spingere con maggiore alacrità Gömbös verso il viaggio a Berlino del 18 giugno 1933.

Se il ministro presidente ungherese si adattò infine a giocare principalmente la carta italiana, fu perché Hitler stesso gli disse quello che Mussolini e Bethlen già si erano detti nel 1927: che la revisione era possibile e si sarebbe realizzata con il concorso della Germania soltanto nei confronti della Cecoslovacchia, perché il Führer e cancelliere del Reich riteneva potenziali alleati tanto la Jugoslavia quanto la Romania[31].

Senza ripercorrere l'intenso scambio di relazioni che condusse il Capo del governo italiano Mussolini, il cancelliere austriaco Dollfuß e il ministro presidente ungherese Gömbös alla firma dell'accordo a Tre, o patto di Roma nel marzo 1934, ci soffermeremo piuttosto sul giudizio che si diede in Ungheria dell'evento.

Con la firma dell'accordo a Tre l'Italia ritenne di aver guadagnato il diritto di inserirsi nella politica estera di Austria e Ungheria, ma in realtà fece un passo indietro dal momento che non si riuscì ad assicurarsi il consenso di Gömbös per

---

30   Jens PETERSEN, Hitler – Mussolini. Die Entstehung der Achse Berlin-Rom 1933–1936, Tübingen 1973, 142.

31   György RÁNKI, A római hármas egyezmény és a német külpolitika [Il triplice accordo di Roma e la politica estera tedesca], in: "Századok", 1961, 4-5, 648–649.

garantire ufficialmente l'indipendenza austriaca: Mussolini e Dollfuß dovettero accontentarsi di assicurazioni generiche[32].

Gli accordi economici avvantaggiarono l'export della produzione agricola ungherese verso l'Italia in misura sei volte superiore alla quota stabilita precedentemente con la Germania e assicurarono il primato economico italiano nell'area danubiana, ma anche qui in apparenza: perché gli ungheresi non vollero mettere in discussione l'accordo economico del febbraio 1934 con la Germania.

Nel giudizio del nuovo ambasciatore a Roma, barone Frigyes Villani, i circoli di governo italiani e Palazzo Chigi avevano presentato i protocolli di Roma come un successo personale del "duce", ma il ministro ungherese sottolineava come fosse necessario costruire un edificio dalle solide fondamenta economiche dietro la splendida facciata degli accordi. Le risposte che riceveva non erano tali da destare speranze di concreta realizzazione.

Il barone Villani temeva che i negoziati economici avrebbero portato risultati di gran lunga minori dell'attesa, se il "duce" non avesse provveduto di persona e fatto pendere la bilancia a favore degli ungheresi con la sua autorevole parola. Difficilmente però avrebbe potuto farlo, in considerazione della decisa opposizione dei ministri economici e della grave situazione finanziaria[33].

Nella misura in cui era stato dato contenuto politico agli accordi, insistendo sull'indipendenza austriaca, la politica estera italiana poteva essere archiviata come un successo. Che questo successo però fosse solo di facciata, lo prova il commento dell'ambasciatore di Germania a Roma, Ulrich von Hassell, allorché definì il comportamento dell'Italia nei confronti dell'Anschluss quello di un bambino che procrastina la visita dal dentista[34].

Il ministro degli Esteri Kánya riassunse gli eventi nel rapporto ai capi delle delegazioni ungheresi all'estero vantando il fatto che l'Ungheria avesse mantenuto la sua libertà d'azione nei confronti di altri Stati secondo i propri interessi, avesse salvaguardato il diritto di stipulare accordi con altri che non fossero l'Italia e l'Austria e non avesse vincolato se stessa con alcuna garanzia per l'indipendenza dell'Austria.

L'idea di fondo di queste riflessioni era che il paese avesse mantenuto la propria autonomia e fosse in grado di fare la propria politica nel bacino danubiano-carpatico giocando all'equidistanza fra Italia e Germania. Nel momento decisivo in cui l'Italia dimostrò tutto il suo interesse per il settore danubiano,

---

32 Nell'accordo Mussolini – Gömbös del luglio 1933 la conditio sine qua non per addivenire ad un patto comune era il riconoscimento tedesco dell'indipendenza austriaca.

33 Rapporto del 24 marzo 1934 – MOL, KüM, pol., 1934 – 23/7, 959.

34 Jerzy W. Borejsza, Il fascismo e l'Europa Orientale. Dalla propaganda all'aggressione, Bari 1981, 189.

l'Ungheria ne temette l'ingerenza e si sforzò di mantenere la porta aperta con la Germania, insistendo perché Mussolini autorizzasse la sua legazione a Berlino a offrire l'assicurazione che il patto di Roma non avesse contenuti antitedeschi e potesse anzi essere trasformato in quadruplice con l'ingresso della Germania.

Il favore popolare con cui l'Ungheria accolse il patto a Tre trasse partito dall'idea che Mussolini fosse ormai diventato il supremo garante della revisione, dato che aveva affermato che non vi sarebbe potuta essere pace in Europa senza la revisione stessa e che gli echi europei del patto non fossero stati negativi.

Un nuovo motivo di divisione fra Italia e Ungheria fu dato dal putsch dei nazisti austriaci e dall'assassinio del cancelliere Dollfuß: Gömbös reagì negativamente alla campagna stampa italiana contro la Germania e criticò la dimostrazione militare sul Brennero, perché l'orientamento antitedesco di Mussolini mandava in pezzi la costellazione politica che egli vagheggiava.

Budapest si convinse una volta di più della fondamentale ambiguità di Mussolini quando questi smentì la precedente affermazione secondo cui non aveva pensato di intervenire veramente con le armi in Austria, dopo le manovre militari ostentatamente tenute in Alto Adige: allora il "duce" parlò invece di guerra imminente e del dovere dell'Italia di trasformarsi in una nazione armata.

Il paradosso dell'intera situazione fu che il riavvicinamento italo-tedesco del 1935–36 non si concretizzasse attraverso l'ingresso della Germania nel sistema a Tre, come si era augurato Gömbös, ma superandolo di fatto. Sicché l'Ungheria, che aveva assunto una posizione incline a sacrificare l'indipendenza dell'Austria, quando effettivamente avvenne l'Anschluss si ritrovò in una posizione più debole, aperta alle ingerenze di entrambe le potenze dell'Asse e direttamente dipendente dai loro buoni uffici per la revisione territoriale. Budapest si accorse all'epoca della crisi etiopica del gravitare sempre più forte della politica estera italiana verso l'Africa, seguendo miraggi imperiali nel Mediterraneo. Ne prese atto con rammarico[35], perché appariva chiaro che la latitanza italiana dall'area danubiana andava a vantaggio della Germania nazista, interlocutore che l'Ungheria aveva ritenuto di poter considerare privilegiato ed era invece diventato spiacevolmente obbligato.

---

35 L'opinione era del capo di Stato maggiore dell'esercito ungherese nel dossier conservato nell'Archivio del reale Ministero ungherese degli Esteri – MOL, KüM, sezione K 64, anno 1935. Il dossier è stato da me tradotto dall'ungherese e pubblicato in appendice al presente testo.

APPENDICE

Allegato
494 res. pol. 935
Il Capo di Stato maggiore della Honvédség
121.956/eln. sz.
VI.-2.- — 1935
Andrea-megbeszélés 1935
VII/6-8   A Sua Eccellenza
                                        Il Ministro ungherese degli Esteri

Budapest, 10 luglio 1935
Ho la fortuna di inviare per Vostra conoscenza il risultato dei colloqui
avuti dal 6 all'8 luglio 1935 a Budapest con il capo dell'Ufficio informazioni dell'esercito italiano, generale Roatta e con il direttore della sezione
VI-2 del Ministero ungherese della Difesa.
                                    József Somkuthy
                                    Capo di Stato Maggiore
                        della reale Honvédség ungherese

Allegato al nr.121.956/eln. VI-2.1935.   SEGRETO
Sostanza dei colloqui politico-militari avuti con il generale Roatta, capo
dell'Ufficio informazioni italiano.
1. Situazione abissina: la decisione di Mussolini di prendere possesso
dell'Etiopia non è nuova, da anni si occupa della questione. Per la realizzazione di questo piano ha scelto il momento attuale perché vuole risolvere il problema abissino prima (sottolineato nel testo, n.d.t.) del rafforzamento della Germania, prima che prenda forza la politica coloniale
tedesca. Del resto l'Etiopia è il solo paese che tanto per la sua collocazione che per il suo valore economico può essere presa in considerazione
dalla politica coloniale italiana. In realtà l'Italia riteneva più semplice la
soluzione della questione. Un certo accordo con la Francia era giunto in
porto con i colloqui di Roma, mentre l'Italia non faceva conto dell'attuale
posizione dell'Inghilterra, e questa per loro è stata una sorpresa. Mussolini non ha ancora detto l'ultima parola nella sistemazione della questione
abissina, ma è determinato a sistemare questa faccenda anche al prezzo di
una guerra, anche se si levasse contro di lui la Gran Bretagna. Il governo
è al corrente della situazione critica della questione abissina e anche del
fatto che in caso di guerra dovrebbe fare i conti con una campagna molto
lunga e difficile ⊠ forse della durata di anni — ma questo non tratterrà
l'Italia dall'ultima possibilità di acquisire una colonia. La guerra non è

ancora decisa, ma i preparativi sono in parte avvenuti in parte in corso, e sono in sostanza questi: l'aumento del contingente del tempo di pace dell'esercito a un milione di uomini circa, la mobilitazione di alcune divisioni permanenti, la formazione di 5 divisioni coloniali e 5 della milizia, che sostituiscono con effetto immediato le formazioni permanenti mobilitate per la guerra d'Africa. Le nuove unità saranno però pienamente efficienti soltanto dal punto di vista materiale, non per quanto attiene la forza viva, il che significa un certo svantaggio; l'incremento della capacità produttiva industriale di materiale bellico: per questa occasione la direzione militare risolve molteplici problemi logistici che non sono soltanto in stretta relazione alla questione abissina, ma sono importanti dal punto di vista degli armamenti; la costituzione di basi operative in Eritrea e Somalia.

Per il momento sono state trasportate in Africa soltanto le truppe necessarie a rintuzzare un eventuale attacco abissino. Il grosso si trova in Italia sul piede di guerra e soltanto in caso di dichiarazione di guerra verrà il turno del suo trasporto in massa; il fatto è comprensibile, così il rifornimento è più semplice, meno costoso, le truppe poi non sono esposte ad un clima malsano. Poiché l'Italia conta sul probabile intervento inglese, i vertici della Marina convocati in questi giorni hanno deciso lo spiegamento della flotta. In caso di guerra l'Italia non conta su un intervento massiccio di forze inglesi, si propone di impadronirsi del canale di Suez qualora gli inglesi intendano chiuderlo. Hanno la promessa della neutralità francese: un accordo è stato ottenuto in occasione dell'ultima visita a Roma da parte del capo di Stato maggiore francese, generale Maurice Gamelin, con la congiunta richiesta che la Francia non consenta il trasporto d'armi a favore dell'Etiopia attraverso Gibuti. Mussolini è convinto che la questione abissina influenzerà l'Italia nella questione europea, ma egli farà in modo di poter mantenere l'influenza italiana anche sul continente con tutte le sue forze.

Con la questione abissina l'Italia si assume un carico gravoso, finanziariamente equivale ad un grande svantaggio, ma questo problema devono risolverlo dal punto di vista del futuro.

Come dato interessante comunico che l'Italia nell'interesse di impedire il traffico d'armi si sforza di acquistare dalle fabbriche straniere armi per se, il che fino ad oggi le è riuscito in gran quantità.

Del resto l'Italia ha la promessa della maggior parte degli Stati europei di non trasportare armi in Etiopia o di tentare di ostacolarne il trasporto.

La forza dell'esercito abissino: soltanto tre battaglioni della guardia sono organizzati militarmente. Al contrario sono impiegabili nel servizio in armi circa 800.000 uomini tra la popolazione, dei quali almeno 100.000 sono ben armati. L'artiglieria è molto scarsa, dispone di non più di 2000 proiettili, senza riserve. Munizioni per fanteria sono a disposizione in quantità abbastanza grande.

Il contingente aviatorio consta di 7 aerei. In caso di conflitto bisogna contare soprattutto sulla guerriglia da parte di ciascuna tribù. In caso di operazioni italiane l'attacco sarà condotto da nord, dall'Eritrea, in nessun caso dalla Somalia e come ho già detto l'Italia prevede una guerra lunga e dura.

2. relazioni italo-tedesche

L'Italia desidera assolutamente buone relazioni con la Germania, in particolare a causa della questione abissina. Da parte loro hanno già compiuto nuovi passi in questa direzione. Un peso particolare è attribuito alla questione della collaborazione militare. Attualmente tra i due paesi si percepisce un'atmosfera migliore. Il solo e maggiore ostacolo a una stretta cooperazione militare è la questione austriaca. Se questa si potesse chiarire, in un colpo solo si creerebbe una nuova situazione in Europa centrale. Il generale Roatta parte per Monaco, dove incontrerà il capo dell'Abwehr tedesca, ammiraglio Canaris, con il quale parlerà delle condizioni italiane – naturalmente non in forma ufficiale – per poter stabilire buone relazioni tra i due paesi, e cioè: Hitler faccia una dichiarazione nell'interesse dell'autonomia dell'Austria, la Germania ponga fine all'attività di spionaggio particolarmente vivace nel Tirolo meridionale e nell'Italia del nord, organizzata soprattutto su base nazista.

L'Italia si aggrappa assolutamente all'indipendenza dell'Austria, perché non può tollerare sotto nessun colore la vicinanza di uno Stato tedesco di 70 milioni di abitanti. L'Austria deve rimanere incondizionatamente uno 'Stato cuscinetto' (Pufferstaat nel testo, n.d.t.).

Malgrado questo, comunque non interferirebbero qualora l'Austria annunciasse la propria unione con la Germania sulla base di un movimento proveniente dall'interno.

La recente visita a Roma del generale Gamelin mirava a discutere le misure militari comuni dei due Stati maggiori che si rendessero necessarie per la difesa dell'indipendenza austriaca. La base politica della questione è stata già abbozzata dai colloqui tra Inghilterra, Francia e Italia.

Ho chiesto al generale perché, se l'Italia desidera buone relazioni con la Germania, consolidi le sue forze di stanza nel Tirolo meridionale, dato che non si prevede un attacco da parte tedesca.

Il generale Roatta ha risposto che lo si fa in primo luogo perché nell'eventualità dello scoppio di una nuova guerra tra Italia e Germania, a motivo dell'umore dominante in Austria non è certo che si possa contare su una condotta amichevole del paese, per questa ragione dovrebbero penetrare in Austria e lo potrebbero fare solo se le forze necessarie fossero già sul confine. L'Italia è al corrente dell'umore della maggioranza della popolazione austriaca. Del resto non solo ha rafforzato le sue frontiere con l'Austria, ma pure quelle con la Jugoslavia e la Francia.

Le manovre militari su vasta scala di quest'anno nel Tirolo meridionale, secondo lui, non sono legate alla questione tedesca, quel territorio è il più adatto per mettere in opera un'esercitazione militare in un'estesa area montana. Parlando dell'addetto militare tedesco a Roma, Roatta ha ricordato che il generale Fischer purtroppo a causa della sua suscettibilità e di altre sue attitudini non è riuscito a stabilire rapporti militari italo-tedeschi, che sono rimasti alquanto larvali. La Germania non si è fatta un buon nome quando ha tralasciato di rendere loro noto il momento dell'annuncio della Gleichberechtigung, se soltanto lo avesse fatto con una o due ore di anticipo avrebbe trovato tutt'altro umore a Ginevra.

3. Le relazioni con la <u>Francia</u> sono buone, del resto ve n'è bisogno ora in modo particolare, a causa della questione abissina. Delle conversazioni romane recentemente avute con il capo di Stato maggiore francese Gamelin, ho fatto riferimento nei punti 1 e 2.

In Italia è molto vivo l'umore anti-inglese, soprattutto a motivo dell'Abissinia, ma anche per l'accordo navale anglo-tedesco.

4. <u>Cecoslovacchia.</u>
Ritengo la situazione politica di questo Stato la peggiore possibile, in particolare dalla firma del trattato ceco-sovietico. Quest'ultimo ha fatto della Germania il peggior nemico della Cecoslovacchia. In conseguenza della vicinanza tedesca, polacca e magiara la Cecoslovacchia sarebbe perduta nel caso di una guerra. Il generale ha confermato la costruzione di basi aeree sovietiche nel Félvidék (odierna Slovacchia, n.d.t). Secondo le sue notizie la Romania non consentirà il transito di truppe russe sul suo territorio neppure se Titulescu firmasse qualche trattato in proposito. Il generale Roatta era molto interessato al comportamento dell'Austria in una guerra contro la Cecoslovacchia. Ho risposto dicendo che ritengo probabile anche l'intervento dell'Austria contro la Cecoslovacchia, ma quanto a questo potrà ricevere maggiori informazioni dal Capo della sezione 1.-VI del Ministero della Difesa ungherese – il che è già avvenuto –.

Secondo il giudizio italiano è del tutto impossibile una guerra circoscritta tra l'Ungheria e la Piccola Intesa, perché in caso di qualsiasi conflitto troveremo l'Italia al nostro fianco e questo significherebbe una guerra europea. Dobbiamo elaborare ogni nostro giudizio politico-militare da questo punto di vista. In relazione alle convenzioni militari della Piccola Intesa non hanno nuove di sostanziali variazioni. L'ho informato della notizia in nostro possesso, secondo cui lo Stato maggiore romeno su pressione francese e ceca sarebbe costretto a mettere a disposizione dei cechi un contingente di due divisioni di fanteria e una brigata di cavalleria nell'Ungheria orientale, allo scopo di impedire la cooperazione ungaro-polacca.

Roatta ha accolto con interesse questa notizia. L'ho pure informato del piano di manovre comuni ceco-romene nell'area di Munkács. Secondo il giudizio italiano la Cecoslovacchia in caso di guerra muoverebbe solo con forze ridotte contro l'Ungheria – le forze presenti nel Félvidék –, mentre la massa troverebbe impiego contro la Germania.

5. Il giudizio della <u>situazione russa e balcanica</u> è identico al nostro. Ritengo degna di citazione la dichiarazione del generale che l'Italia non considera la Bulgaria uno Stato amico e non conta sul fatto che la Bulgaria in una guerra europea combatta al fianco dell'Italia.

<u>Impressione mia complessiva</u>: la guerra italo-etiopica sarà a mala pena evitabile, l'Italia vi sarà impegnata per lungo tempo e si ritirerà prevalentemente dalla politica europea. Prevedendo questo, l'Italia cerca il contatto più stretto con la Francia – ad esempio, il viaggio a Roma di Gamelin –, soprattutto a causa dell'antagonismo anglo-italiano, ma in misura non minore per la pericolosa situazione dell'Austria, la qual cosa in definitiva dal punto di vista ungherese significa soltanto uno svantaggio.

Luciano Monzali

La Jugoslavia e l'assetto dell'Europa centrale nella politica estera dell'Italia fascista (1922– 1939)[1]

Una politica estera fascista? Mussolini, la Jugoslavia e la regione danubiana 1922–1932.

Per comprendere la politica estera dell'Italia fascista è necessario avere ben presente la natura del regime mussoliniano. Il fascismo, movimento nazionalista autoritario di massa, per conquistare e mantenere il potere fu costretto ad assorbire le più diverse forze politiche e culturali e i più svariati interessi sociali ed economici. Il regime fascista[2] fu sostanzialmente il coagulo di svariate forze e orientamenti, tenute insieme dall'accettazione del potere supremo del capo del fascismo, Benito Mussolini, e da un disegno di riorganizzazione autoritaria della società italiana, che doveva anche consentire una più decisa e forte affermazione internazionale dello Stato italiano. Le tradizioni politiche e culturali, le visioni di politica internazionale esistenti nella società italiana nell'epoca liberale sopravvissero all'interno dell'Italia fascista, in parte mutando e interagendo all'interno del regime. In seno alla classe dirigente fascista accanto ai teorici dell'imperialismo nazionalista e fascista coesistettero i sostenitori di approcci ai problemi dell'Europa centrale e balcanica ispirati alla tradizione realista liberale, all'esperienza dell'interventismo nazionaldemocratico o alla politica estera di Carlo

---

1   Questo saggio costituisce una rielaborazione di quanto da noi pubblicato nel volume: Luciano MONZALI, Il sogno dell'egemonia. L'Italia, la questione jugoslava e l'Europa centrale, Firenze 2010.

2   Per la comprensione del sistema di potere fascista rimangono fondamentali le opere di Renzo DE FELICE, in particolare la sua biografia di Mussolini: Renzo DE FELICE, Mussolini il fascista, I, La conquista del potere 1921–1925, Torino, 1966; ID., Mussolini il duce, I, Gli anni del consenso 1929–1936, Torino 1974; ID., Mussolini il duce, II, Lo Stato totalitario 1936–1940, Torino, 1981; e ID., Mussolini l'alleato, I, L'Italia in guerra 1940–1943, Torino 1990, due tomi. Si vedano anche gli scritti di Emilio Gentile: Emilio GENTILE, Il culto del Littorio. La sacralizzazione della politica nell'Italia fascista, Roma-Bari 1993; ID., Le origini dell'ideologia fascista (1918–1925), Bologna 1996; ID., Il mito dello Stato nuovo, Roma-Bari 1999; ID., La via italiana al totalitarismo. Il partito e lo Stato nel regime fascista, Roma 1995; ID., La Grande Italia. Ascesa e declino del mito della nazione nel ventesimo secolo, Milano 1997.

Sforza[3]. Proprio all'interno della diplomazia italiana non poche figure di spicco, pensiamo allo stesso Salvatore Contarini, erano stati collaboratori di Sforza e partecipi delle sue idee. Possiamo quindi constatare che nel corso degli anni Venti il dibattito interno al regime fascista sulla politica estera fu caratterizzato dalla coesistenza di due indirizzi. Da una parte, vi erano coloro che desideravano proseguire una politica di stabilizzazione dell'assetto politico europeo prodotto dalla guerra, puntando all'intensificazione della collaborazione con gli Stati usciti vincitori dal conflitto bellico. In questo quadro lo Stato jugoslavo veniva percepito non come avversario, ma come un partner fondamentale per la politica estera italiana. Dall'altra, vi erano coloro, numerosi nel partito fascista, che predicavano un rinnovamento della politica estera italiana, la quale doveva assumere uno stile e un orientamento più dinamico e aggressivo, mirante ad assicurare all'Italia l'espansione nel Mediterraneo e l'egemonia nell'Europa danubiana e balcanica: questa egemonia era da conquistarsi svolgendo una politica favorevole ai diritti di alcune nazionalità oppresse e alla revisione dei trattati di pace al fine di facilitare l'aumento dell'influenza italiana negli Stati insoddisfatti dell'assetto politico esistente (Austria, Ungheria, Bulgaria, Albania). Per molti fascisti, ex dannunziani o ex nazionalisti, cruciale doveva essere l'impegno per favorire la disgregazione dello Stato jugoslavo unitario, ritenuto nemico mortale dell'Italia, attraverso il sostegno all'affermazione del principio di nazionalità in Jugoslavia. Essendo noti gli orientamenti revisionisti e imperialisti esistenti in molti settori del fascismo e del nazionalismo, vari osservatori internazionali assistettero con preoccupazione alla conquista fascista del potere. In realtà, l'avvento al governo di Benito Mussolini, capo del movimento fascista, alla fine dell'ottobre 1922 non provocò drammatiche rotture nella politica internazionale del governo di Roma e, paradossalmente, ebbe la conseguenza di produrre un miglioramento delle relazioni fra l'Italia e il regno dei Serbi, Croati e Sloveni (SHS)[4].

---

3 Riguardo all'azione internazionale di Carlo Sforza nel 1920–21: Luciano MONZALI, Italiani di Dalmazia 1914–1924, Firenze 2007; ID., Il sogno dell'egemonia; ID., La politica estera italiana nel primo dopoguerra 1918–1922. Sfide e problemi, in: "Italia contemporanea" 256–257, 2009, 379–406; Luca MICHELETTA, Italia e Gran Bretagna nel primo dopoguerra, Roma 1999; Maria Grazia MELCHIONNI, La politica estera di Carlo Sforza nel 1920–21, in: "Rivista di studi politici internazionali" 1969, 536 e ss.; ID., La convenzione antiasburgica del 12 novembre 1920, in: "Storia e Politica" 1972, 2, 224 e ss., 3, 374 e ss.; Giancarlo GIORDANO, Carlo Sforza: la diplomazia 1896–1921, Milano 1987; Livio ZENO, Carlo Sforza: ritratto di un grande diplomatico, Firenze 1999; Carlo SFORZA, L'Italia dal 1914 al 1944 quale io la vidi, Verona-Milano 1944; ID., Jugoslavia. Storia e ricordi, Milano 1948.

4 Sulle relazioni italo-ugoslave e la politica estera di Mussolini verso l'area danubiano-balcanica nel corso degli anni Venti: Massimo BUCARELLI, Mussolini e la Jugoslavia (1922–1939), Bari 2006; Luciano MONZALI, Antonio Tacconi e la Comunità italiana di Spalato, Padova-Venezia 2008, 187 e ss.; ID., Italiani di Dalmazia; ID., Il sogno dell'egemonia; ID., La questione jugoslava

Mussolini era un politico cinico e pragmatico, il cui principale obiettivo era l'accrescimento del suo potere personale. Desideroso di successi internazionali per consolidare il suo potere interno, il politico romagnolo decise di procedere al miglioramento dei rapporti italo-jugoslavi. In quest'ottica si spiega il suo progetto iniziale, poi fallito, di nominare ministro degli Esteri Carlo Sforza, e la conferma di Salvatore Contarini alla segreteria generale, sostenitore di buoni rapporti con Francia e regno SHS. I primi atti del "duce" verso lo Stato jugoslavo furono orientati al miglioramento dei rapporti. Inviò segnali rassicuranti a Belgrado circa la sua volontà di creare una reale amicizia italo-jugoslava[5], impose ai gruppi nazionalisti e fascisti italiani di non suscitare incidenti antijugoslavi a Fiume[6] e, nel febbraio 1923, presentò gli accordi di Santa Margherita al parlamento ottenendone la ratifica. Mussolini giustificò la ratifica degli accordi di Santa Margherita, in precedenza criticati dai nazionalisti e fascisti come segno di debolezza dei governi liberali verso gli jugoslavi, impegnandosi a modificarne i contenuti dopo la ratifica. Obiettivo della nuova politica jugoslava di Mussolini era convincere Belgrado a procedere alla spartizione dello Stato libero di Fiume, al fine di annettere la città del Quarnero all'Italia e di ottenere così un grande successo di politica estera utilizzabile anche sul piano interno. Gli elementi di pressione sui quali il capo fascista puntava per convincere gli jugoslavi erano la promessa della restituzione della terza zona dalmata ancora sotto il controllo italiano, nonché la possibilità della cessione di parte del territorio fiumano (Porto Baros e il Delta) e della conclusione di un'alleanza fra Roma e Belgrado. Per il governo di Belgrado, guidato da Nikola Pašić e ormai dominato dalla classe dirigente serba, accettare la spartizione dello Stato di Fiume significava, però,

nella politica estera italiana dalla prima guerra mondiale ai trattati di Osimo (1914–75), in: Franco Botta, Italo Garzia (eds.), Europa adriatica. Storia, relazioni, economia, Roma-Bari, 2004, 24 e ss.; Francesco LEFEBVRE D'OVIDIO, L'Intesa italo-francese del 1935 nella politica estera di Mussolini, Roma 1984; ID., Il programma di politica estera del governo Mussolini, in: "Clio" 2008, 4, 539–568; ID., Mussolini e Bethlen (1927–1929), in: "Clio" 2011, 2, 213–248; Alan CASSELS, Mussolini's Early Diplomacy, Princeton 1970; Giampietro CAROCCI, La politica estera dell'Italia fascista (1925–1928), Bari 1969; Ennio DI NOLFO, Mussolini e la politica estera italiana 1919–1933, Padova 1960; Pietro PASTORELLI, Italia e Albania 1924–1927. Origini diplomatiche del trattato di Tirana del 22 novembre 1927, Firenze 1967; Mario DASSOVICH, I molti problemi dell'Italia al confine orientale, I, Dall'armistizio di Cormons alla decadenza del patto Mussolini-Pasić (1866–1929), Udine 1989, 202 e ss.; H. James BURGWYN, Italian Foreign Policy in the Interwar Period 1918–1940, London-Westport 1997, 24 e ss.; Giuliano CAROLI, La Romania nella politica estera italiana 1919–1965. Luci e ombre di un'amicizia storica, Roma 2009.

5   I Documenti Diplomatici Italiani [d'ora innanzi DDI], serie VII, 1, dd. 62, 72; LEFEBVRE D'OVIDIO, L'Intesa italo-francese, 52–55.

6   DDI, VII, 1, d. 6.

affrontare le ire dell'opinione pubblica croata che avrebbe visto in tale atto l'ennesimo sacrificio di terra croata a vantaggio dell'Italia. Da qui le inevitabili resistenze del governo jugoslavo, che per vari mesi rifiutò le proposte di Mussolini[7].

Gli elementi che sbloccarono il negoziato furono le pressioni su Belgrado del principale alleato dello Stato jugoslavo, la Francia, desiderosa di rafforzare le relazioni italo-francesi e alla quale la diplomazia italiana promise la futura conclusione di un accordo tripartito italo-franco-jugoslavo[8], e la volontà di re Alessandro Karađorđević di chiudere il contenzioso territoriale con l'Italia nell'Alto Adriatico e di consolidare lo Stato jugoslavo, già minato da dure lotte nazionali interne, con un trattato che sancisse l'amicizia con Roma. I trattati italo-jugoslavi firmati a Roma il 27 gennaio 1924[9] determinarono la fine del contenzioso confinario fra i due Stati. Nell'accordo concernente Fiume veniva sancita la spartizione dello Stato libero: l'Italia annetteva la città e il porto di Fiume mentre il regno SHS otteneva la sovranità su Porto Baros, sul Delta e su alcuni territori già appartenuti allo Stato fiumano. Contropartita all'accettazione jugoslava della dissoluzione dello Stato di Fiume fu la firma di un patto di amicizia e di collaborazione fra l'Italia e il regno dei Serbi, Croati e Sloveni. Con questo patto l'Italia di Mussolini sosteneva e accettava l'esistenza di uno Stato jugoslavo unitario. Nell'articolo primo, infatti, le due parti contraenti s'impegnavano a prestarsi reciproco appoggio e a collaborare allo scopo di "mantenere l'ordine stabilito dai Trattati di pace conclusi al Trianon, a S. Germano e a Neuilly e a rispettare ed eseguire le obbligazioni stipulate in questi trattati". Nell'articolo secondo, dopo essersi promesse reciproca neutralità in caso di attacco subito e non provocato da parte di una delle due parti contraenti, vi era l'impegno italiano a non alimentare forze secessioniste antijugoslave.

La politica di buoni rapporti con la Jugoslavia fu contemporanea a uno sforzo della diplomazia italiana di intensificare i rapporti economici e politici con gli altri Stati appartenenti alla Piccola Intesa, Cecoslovacchia e Romania, nonché di migliorare le relazioni con la Polonia. Furono, in particolare, i rapporti con la Cecoslovacchia a conoscere un positivo sviluppo[10]. Nonostante le diversità

---

7   Sulla genesi dei trattati di Roma del 1924: BUCARELLI, Mussolini e la Jugoslavia; MONZALI, Antonio Tacconi e la Comunità italiana di Spalato, 187 e ss.; LEFEBVRE D'OVIDIO, L'Intesa italo-francese, 55 e ss.

8   William I. SHORROCK, From Ally to Enemy: the Enigma of Fascist Italy in French Diplomacy 1920–1940, Kent 1988; LEFEBVRE D'OVIDIO, L'Intesa italo-francese, 62 e ss.

9   I testi di questi accordi sono riprodotti in Amedeo GIANNINI, Documenti per la storia dei rapporti fra l'Italia e la Jugoslavia, Roma 1934, 124 e ss.

10   Sulle relazioni italo-cecoslovacche si veda il pregevole saggio di Francesco CACCAMO, Italia e Cecoslovacchia negli anni Venti, in: "Nuova Storia Contemporanea" 2000, 2, 59–76. Utili anche: Vlastimil KYBAL, Czechoslovakia and Italy: My Negotiations with Mussolini 1922–1924, in:

ideologiche fra il fascismo italiano e il nazionalismo "democratico" di Beneš e di Masaryk, i buoni rapporti di Mussolini con la Francia e la Jugoslavia favorirono il riavvicinamento fra Italia e Cecoslovacchia nel corso del 1924. Italia e Cecoslovacchia conclusero un accordo di commercio il 1° marzo 1924 e un trattato di amicizia e di collaborazione politica il 5 luglio dello stesso anno. Nel trattato di amicizia Roma e Praga affermarono l'impegno a collaborare in Europa centrale e a difendere lo status quo europeo sancito dai trattati di pace. Occasione per un ulteriore avvicinamento fra l'Italia e i Paesi centro-europei antirevisionisti si creò nel corso del 1925, a causa dei negoziati per l'accordo di sicurezza sul Reno. Come ha giustamente rilevato Francesco Caccamo, la proposta tedesca di un patto renano ebbe effetti politici destabilizzanti in Europa centrale e orientale:

> La proposta del patto renano effettuata all'inizio del 1925 dal governo di Berlino con l'appoggio inglese consisteva nella previsione di una specifica garanzia per i confini occidentali della Germania e comportava dunque una differenziazione con le altre frontiere tedesche stabilite dal trattato di Versailles, aprendo implicitamente prospettive revisionistiche nella loro direzione. Tali prospettive erano destinate a suscitare profonde preoccupazioni sia in Italia che in Cecoslovacchia, intuendosi in entrambi i paesi che la concessione di margini di manovra al revisionismo tedesco avrebbe potuto avere riflessi pericolosissimi tanto sulla questione dell'indipendenza austriaca quanto sulle minoranze tedesche presenti in Alto Adige e, in misura assai più massiccia, nelle terre ceche.[11]

Per qualche mese il timore delle conseguenze del riavvicinamento franco-tedesco spinse il governo cecoslovacco a vedere nell'Italia un potenziale alleato contro il risorgere dell'espansionismo germanico. Da parte sua, il governo di Roma considerò negativamente il fatto che gli accordi di Locarno, garantendo solamente l'assetto territoriale renano, sancissero la diversificazione fra le frontiere occidentali della Germania e quelle meridionali e orientali. La diplomazia italiana vide come una grave minaccia politica il risorgere della questione dell'eventuale unione austro-tedesca sul piano internazionale. Proprio nel 1925 il governo fascista cominciò a pensare ad accordi politici ed economici fra l'Italia, la Cecoslovacchia, la Jugoslavia e l'Ungheria per tutelare l'indipendenza dell'Austria e rafforzarne l'autonomia economica rispetto alla Germania. A partire dal marzo 1925 si svilupparono conversazioni italo-cecoslovacche per delineare una linea comune sulla questione austriaca. Nel settembre Beneš propose a Dino

---

"Journal of Central European Affairs" 1953, 352–368, 1954, 65–76; Cassels, Mussolini's Early Diplomacy, 175 e ss.

11   Caccamo, Italia e Cecoslovacchia negli anni Venti, 66.

Grandi, sottosegretario italiano agli Esteri, la futura conclusione di un accordo tra Cecoslovacchia, Italia e Jugoslavia per la difesa degli interessi comuni e per il mantenimento dello status quo in Austria. Ma dopo la conferenza di Locarno nell'ottobre 1925 e l'ottenimento di un nuovo trattato di alleanza franco-cecoslovacco e di un accordo di arbitrato con la Germania, il governo di Praga perse interesse verso questa iniziativa e verso l'intensificazione dei rapporti con Roma. Fra il 1925 e il 1926 Mussolini continuò a cercare di sfruttare l'insoddisfazione che la politica di Francia e Gran Bretagna aveva creato in alcune capitali dell'Europa centrale per rafforzare l'influenza dell'Italia nella regione. A tale fine rispose il progetto di una "Locarno danubiano-balcanica", l'idea di un accordo di garanzia politico-territoriale che avrebbe raccolto un'unica grande potenza, l'Italia, e i vari Paesi dell'Europa centro-orientale, iniziativa lanciata nel febbraio 1926[12]. Ma l'ostilità francese all'iniziativa di Mussolini e il disinteresse cecoslovacco e jugoslavo ad aderirvi vanificarono ben presto il progetto.

Peraltro, proprio l'anno 1926, con il riesplodere della tensione fra Italia e Jugoslavia a causa dell'Albania, segnò l'inizio di una decisa evoluzione della politica estera italiana nell'Europa danubiana e balcanica. Dopo il ritiro italiano dall'Albania nel 1920 e il trattato di Tirana dell'agosto dello stesso anno (che aveva sancito il riconoscimento italiano dell'indipendenza albanese e la concessione all'Italia dell'isolotto di Saseno, di fronte a Valona) lo Stato albanese si era lentamente organizzato e dato una sua struttura politica. Rimanevano però pesanti incognite sul futuro dello Stato. Innanzitutto i confini con la Grecia e il regno SHS rimanevano incerti, con vasti territori assegnati dalle grandi potenze all'Albania nel 1913 ancora sotto occupazione militare serba e greca. Le mire politiche degli Stati vicini contribuivano a alimentare e a influire sulla conflittualità interna albanese, caratterizzata da un diffuso uso della violenza politica. L'Italia liberale e poi quella mussoliniana si erano impegnate a favorire la stabilizzazione dello Stato albanese difendendone gli interessi contro gli Stati vicini. Questa tendenza albanofila della politica italiana aveva provocato tensioni con la Grecia, sfociate nell'eccidio dell'ufficiale Tellini, membro della Commissione per la delimitazione dei confini greco-albanesi[13]. Il miglioramento dei rapporti italo-jugoslavi aveva portato alla decisione del governo di Roma di perseguire una politica in Albania in accordo con Belgrado. Da qui l'astensionismo italiano dalle lotte interne albanesi che nel giugno 1924 provocarono un colpo di Stato che rovesciò il governo di Ahmed Zogolli (più noto in Italia come Zog), capo del partito progressista, e portò al potere i democratici guidati dal vescovo

---

12 Pastorelli, Italia e Albania, 195 e ss.; Caccamo, Italia e Cecoslovacchia negli anni Venti, 69.
13 Lefebvre D'Ovidio, L'Intesa italo-francese, 21 e ss.

ortodosso di Valona, Fan Noli[14]. Tuttavia, l'occasione di affermare una propria posizione di forza nel paese schipetaro si rivelò troppo allettante per Belgrado. Il governo jugoslavo decise d'intervenire unilateralmente nella politica interna albanese sostenendo il tentativo di Zog di riconquistare con la forza il potere: nel dicembre 1924 Zog, partendo dal territorio jugoslavo e con il sostegno finanziario e politico di Belgrado, penetrò in Albania e dopo alcune settimane di combattimenti rovesciò il governo di Fan Noli. L'atteggiamento di Belgrado irritò non poco Mussolini, che da quel momento cominciò ad essere diffidente verso la classe dirigente jugoslava e a perseguire una politica di supremazia solitaria in Albania. Il mutamento di politica italiana fu favorito dallo stesso Zog, il quale, desideroso di preservare la propria autonomia da Belgrado, appena riconquistato il potere fece alcune aperture politiche all'Italia. Fra il 1925 e il 1928 vennero conclusi fra il governo di Zog e l'Italia fascista numerosi accordi[15] che crearono una strettissima collaborazione fra i due Paesi e affermarono l'egemonia politica ed economica italiana in Albania. Con l'accordo del 25 febbraio 1925 il governo di Zog ottenne ingenti prestiti e in cambio concesse privilegi economici e petroliferi all'Italia. Importante, poi, fu lo scambio di lettere Mussolini – Zog datato 23–26 agosto 1925, un patto segreto di assistenza militare, con la promessa, in caso di conflitto, di compensi all'Albania consistenti nella futura annessione dei territori jugoslavi abitati da albanesi (il Kosovo, il Montenegro meridionale e la Macedonia occidentale). L'alleanza italo-albanese si manifestò più compiutamente nei trattati di alleanza del novembre 1926 e del novembre 1927 e nella convenzione militare del 31 agosto 1928, atti con i quali l'Italia acquisì un alleato che indeboliva non poco la posizione strategica del regno SHS in caso di eventuale conflitto bellico italo-jugoslavo. La nuova politica albanese

---

14   Circa la situazione interna albanese fra le due guerre: Roberto Morozzo Della Rocca, Nazione e religione in Albania, Lecce 2002; Marco Dogo, Kosovo. Albanesi e Serbi: le radici del conflitto, Lungro di Cosenza 1992, 147 e ss.; id., I discutibili privilegi dell'arretratezza: Zog e il caso albanese, in: Francesco Guida (ed.), L'altra metà del continente: L'Europa centro-orientale dalla formazione degli Stati nazionali all'integrazione europea, Padova-Roma, 2003, 77 e ss.; Bernd J. Fischer, King Zog and the Struggle for Stability in Albania, Boulder 1984; Michael Schmidt-Neke, Entstehung und Ausbau der Königsdiktatur in Albanien 1912–1939, München 1987; Edwin E. Jacques, The Albanians. An Ethnic History from Prehistoric Times to the Present, Jefferson-London, 1995, 382 e ss.

15   A proposito dei rapporti italo-albanesi nel corso degli anni Venti: Pastorelli, Italia e Albania; Carocci, La politica estera dell'Italia fascista; Bucarelli, Mussolini e la Jugoslavia; Morozzo Della Rocca, Nazione e religione in Albania; Alessandro Roselli, Italia e Albania: relazioni finanziarie nel ventennio fascista, Bologna 1986; Pietro Quaroni, Valigia diplomatica, Milano 1956; Di Nolfo, Mussolini e la politica; Massimo Borgogni, Tra continuità e incertezza. Italia e Albania 1914–1939. La strategia politico-militare dell'Italia in Albania fino all'operazione "Oltre Mare Tirana", Milano 2007.

di Mussolini provocò un radicale deterioramento dei rapporti bilaterali con Belgrado[16]. In seno allo stesso ministero degli Affari Esteri italiano l'influenza degli elementi favorevoli ad una politica di collaborazione con la Jugoslavia s'indebolì con l'allontanamento di Salvatore Contarini dalla segreteria generale nel 1926. In seno al ministero degli Affari Esteri con il declino politico di Contarini perse influenza il gruppo che era stato vicino a Sforza ed era favorevole ad una politica antirevisionistica in Europa centrale e crebbe il peso del partito fascista (che con Dino Grandi, sottosegretario dal 1925 e poi ministro degli Esteri fra il 1929 e il 1932, organizzò una forte fascistizzazione della diplomazia con l'immissione in carriera di numerosi politici fascisti e nazionalisti), con la sua ostilità ideologica allo Stato jugoslavo e la sua simpatia verso il revisionismo. La reazione politica del governo di Belgrado allo scontro con l'Italia fu l'ulteriore avvicinamento alla Francia, che culminò nel patto d'amicizia franco-jugoslavo del 1927 e in una crescente collaborazione economica e militare fra i due paesi[17]. Tale mossa infuriò la classe dirigente italiana e fece sorgere la paura della Jugoslavia quale possibile braccio armato della Francia, ossessione che caratterizzò lungamente numerosi ambienti politici fascisti[18]. Ben presto l'Italia mussoliniana decise di favorire la disgregazione dello Stato SHS. Consapevole della grave crisi interna jugoslava – che vedeva la maggioranza della popolazione croata, musulmana, macedone e albanese ostile all'appartenenza ad uno Stato jugoslavo unitario dominato dall'elemento serbo e che obbligò Re Alessandro ad un colpo di Stato nel gennaio 1929 e alla creazione di un governo puramente autoritario –, l'Italia fascista cominciò a sostenere attivamente alcuni movimenti secessionisti anti-jugoslavi. Fra questi vanno ricordati l'Organizzazione rivoluzionaria interna macedone, che lottava contro le persecuzioni serbe nei confronti delle popolazioni bulgaro –macedoni della Macedonia, alcuni gruppi albanesi del Kosovo[19] e numerosi elementi nazionalisti croati, espressione dell'ala estremista del partito del diritto, molti dei quali, guidati da Ante Pavelić, si rifugiarono in esilio in Italia a par-

---

16   Circa la visione della diplomazia britannica della politica italiana in Albania in quegli anni: Documents on British Foreign Policy 1919–1939 [d'ora innanzi DBFP], London 1947–, Ia, 4, dd. 47, 55, 61, 135, 136.

17   Francois GRUMEL-JACQUIGNON, La Yougoslavie dans la stratégie française de l'Entre-deux-Guerres (1918–1935). Au origines du mythe serbe en France, Bern 1999. Sulla politica estera francese verso l'Europa centrale: Piotr WANDYCZ, France and her Eastern Allies 1919–1925; ID., The Twilight of French Eastern Alliances 1926–1936, Princeton 1988; Miro KOVAČ, La France, la création du royaume «yougoslave» et la question croate, 1914–1929, Bern 2001.

18   LEFEBVRE D'OVIDIO, L'Intesa italo-francese, 147 e ss.; SHORROCK, From Ally to Enemy; CAROCCI, La politica estera, 94 e ss.

19   DOGO, Kosovo, 161 e ss.

tire dal 1929[20]. Nel corso del 1926 e del 1927, svanita la possibilità di una reale cooperazione con Praga ed entrata in crisi l'alleanza con Belgrado, Roma cercò una collaborazione privilegiata con la Romania. Non a caso verso Bucarest la diplomazia italiana compì un grande sforzo di avvicinamento, sfruttando l'avvento al potere in Romania del generale Averescu[21]. Il 16 settembre 1926 fu concluso un trattato di amicizia italo-romeno, che pose le basi per un'eventuale cooperazione intensificata fra i due paesi, mentre nel marzo 1927 l'Italia decise di ratificare il protocollo internazionale che sanciva la sovranità rumena sulla Bessarabia. Con queste concessioni Mussolini sperava di porre le basi per una futura "quadruplice alleanza" fra Italia, Romania, Ungheria e Bulgaria, avente il chiaro obiettivo di isolare politicamente Belgrado e fare dell'Italia la potenza mediatrice e riconciliatrice fra Stati vincitori e Stati sconfitti nell'Europa danubiana e balcanica. Il progetto mussoliniano si dimostrò ben presto irrealizzabile, anche per l'impossibilità a superare i dissidi esistenti fra Romania, Ungheria e Bulgaria. Nonostante i numerosi tentativi, l'Italia non riuscì a sganciare la Romania dalla Piccola Intesa e dalla Francia e ad attirarla nella propria sfera d'influenza.

Proprio a partire dal 1927 le relazioni italo-jugoslave si deteriorarono gravemente, provocando la fine dell'alleanza fra Roma e Belgrado: non a caso il governo di Roma decise di non rinnovare gli accordi italo-jugoslavi del 1924[22]. La crisi fra Italia e Jugoslavia contribuì a favorire il forte peggioramento dei rapporti fra Roma e Praga, alleata di Belgrado nella Piccola Intesa e accusata dagli italiani di essere lo strumento della politica antiitaliana della Francia in Europa centrale. Nel giugno 1929, avvicinandosi la scadenza dell'accordo italo-cecoslovacco del 1924, Mussolini decise di non rinnovarlo. Era l'inizio di un periodo di raffreddamento dei rapporti bilaterali, che avrebbe non poco indebolito la posizione internazionale dello Stato cecoslovacco.

20 Sul sostegno italiano ai movimenti secessionisti antijugoslavi negli anni Venti e Trenta: BUCA-RELLI, Mussolini e la Jugoslavia; Bogdan KRIZMAN, Pavelić i Ustaše, Zagreb 1978; Ivo PETROVIČ, Mile Budak. Portret jednog političara, Split 2002; James J. SADKOVICH, Italian Support for Croatian Separatism 1927–1937, New York, 1987; Pasquale JUSO, Il fascismo e gli Ustascia 1929–1941. Il separatismo croato in Italia, Roma 1998; CAROCCI, La politica estera, 168 e ss.; Srdja TRIFKOVIC, Ustaša. Croatian Separatism and European Politics 1929–1945, London 1995; Mario JAREB, Ustaško – domobranski pokret od nastanak do travnja 1941, Zagreb 2006; Pino ADRIANO, Giorgio CINGOLANI, La via dei conventi. Ante Pavelic e il terrorismo ustascia dal Fascismo alla Guerra Fredda, Milano 2011.

21 Sulle relazioni fra Italia e Romania negli anni Venti: CAROCCI, La politica estera; CAROLI, La Romania nella politica estera italiana; CASSELS, Mussolini's Early Diplomacy, 338 e ss.; Luca RICCARDI, Il trattato italo-romeno del 16 settembre 1926, in: "Storia delle relazioni internazionali" 1987, 1, 39–72.

22 DASSOVICH, I molti problemi dell'Italia al confine orientale, I, 273–275.

L'incapacità dell'Italia di sostituire la Francia come principale partner politico, economico e militare degli Stati antirevisionisti centro-europei, nonché l'esplodere della rivalità fra Roma e Belgrado spinsero progressivamente la politica estera italiana a mutare direttive nei Balcani e in Europa centrale. Fallito il disegno originale di Mussolini di fare dell'Italia lo Stato protettore della Piccola Intesa, la diplomazia italiana intensificò gli sforzi per conquistare influenza e posizioni presso gli Stati revisionisti e insoddisfatti dello status quo, in primis Ungheria e Bulgaria. Fu una politica che ebbe un certo successo, come dimostrò il patto d'amicizia italo-ungherese dell'aprile 1927, con il quale, in uno scambio di lettere segreto, i due Paesi s'impegnarono a una stretta collaborazione e consultazione politica. Oltre che con l'Albania e l'Ungheria, l'Italia consolidò i suoi rapporti con la Bulgaria, anche sfruttando il sostegno italiano all'irredentismo macedone. Simbolo dell'intensificazione dei rapporti bilaterali fu il matrimonio fra il sovrano bulgaro Boris e la figlia di Vittorio Emanuele III, Giovanna[23]. Meno felici, invece, furono i tentativi di Mussolini di attrarre Grecia e Turchia nella sfera d'influenza italiana, che portarono alla conclusione di accordi bilaterali nel 1928, senza però ulteriori importanti sviluppi politici[24]. A partire dal 1927 divenne molto forte il sostegno propagandistico italiano, chiaramente strumentale, alle lamentele dei governi ungherese, bulgaro e albanese, che denunciavano il maltrattamento dei propri connazionali viventi in Jugoslavia. La pubblicistica italiana fu sempre più favorevole al revisionismo, ovvero al mutamento dei trattati di pace del 1919–1920 in Europa centro-orientale a vantaggio delle potenze sconfitte nella Prima guerra mondiale, con l'idea che sarebbe stata la Jugoslavia (nuovo nome ufficiale dello Stato SHS dal 1929) la principale vittima di queste modifiche[25]. La diplomazia italiana e la classe dirigente fascista mostrarono attenzione anche verso i conflitti nazionali in Cecoslovacchia, Polonia e Unione Sovietica, ma in questi casi, a differenza della situazione jugoslava,

---

23 Alfredo Breccia, La politica estera italiana e l'Ungheria (1922–1933), in: "Rivista di studi politici internazionali" 1980, 1, 93 e ss.; Burgwyn, Italian Foreign Policy; Carocci, La politica estera, 78 e ss.; Di Nolfo, Mussolini e la politica estera; Lefebvre D'Ovidio, Mussolini e Bethlen, 213 e ss.

24 Lefebvre D'Ovidio, L'Intesa italo-francese, 168 e ss.

25 Sulla pubblicistica revisionista antijugoslava in Italia fra le due guerre mondiali: Stefano Bianchini, L'idea fascista dell'Impero nell'area danubiano-balcanica, in: Ennio Di Nolfo, Romain Rainero, Brunello Vigezzi (eds.), L'Italia e la politica di potenza in Europa (1938–40), Milano, 1985, 173 e ss.; Francesco Casella, L'immagine fascista dell'Impero: Quale ruolo all'Adriatico, ibid., 187 e ss.; Luciano Monzali, Tra irredentismo e fascismo. Attilio Tamaro storico e politico, in: "Clio" 1997, 2, 286 e ss.; id., Attilio Tamaro, la questione adriatica e la politica estera italiana (1920–1922), in: "Clio" 2007, 2, 229–253; id., Oscar Randi scrittore di storia dalmata, in: "Clio" 2000, 4, 647–667.

non vi fu nessun appoggio materiale alle minoranze e a gruppi irredentisti o secessionisti[26].

La crisi finanziaria ed economica che cominciò a sconvolgere l'Europa all'inizio degli anni Trenta e l'evoluzione politica europea, con l'ascesa elettorale del nazionalsocialismo a partire dal 1930, indicarono ai diplomatici e ai politici italiani più avveduti l'esigenza di un approccio attento ai problemi dell'Europa centrale. Non a caso la questione dei rapporti con l'Austria cominciò a divenire sempre più importante nella politica estera italiana. I primi anni di governo fascista erano stati caratterizzati da cattive relazioni con Vienna[27]. A partire dal 1927–1928 l'Italia fascista cominciò a ritenere utile rafforzare la propria influenza in Austria intrecciando rapporti con alcune forze politiche locali, in particolare con il movimento nazionalista-legittimista delle Heimwehren, già finanziato e sostenuto dal governo ungherese, e in particolare con un capo di queste, Ernst Rüdiger Starhemberg, molto vicino a Schober[28]. Gli stessi governi borghesi austriaci, guidati da Seipel e Schober[29], iniziarono a cercare un parziale miglioramento dei rapporti con l'Italia, il che portò alla firma del trattato di amicizia italo-austriaco il 6 febbraio 1930. Il governo fascista era favorevole a che l'Austria intensificasse i rapporti economici e politici con Roma e Budapest per creare una sorta di blocco autonomo al centro dell'Europa; contemporaneamente vi furono sforzi per rafforzare il peso politico delle Heimwehren, con il tentativo di spingere a destra gli equilibri politici interni austriaci, favorendo un'alleanza fra le Heimwehren e i cristiano-sociali. I tentativi italiani furono inizialmente fallimentari, poiché, fra il 1930 e il 1931, la diplomazia austriaca cercò di reagire alla crescente crisi economica puntando soprattutto sull'intensifica-

---

26 Caccamo, Italia e Cecoslovacchia negli anni Venti; Giorgio Petracchi, Il fascismo, la diplomazia italiana e la "questione ucraina". La politica orientale dell'Italia e il problema dell'Ucraina (1933–1941), in: "Nuova storia contemporanea" 2004, 3, 73–98.

27 Sulle relazioni italo-austriache e italo-tedesche negli anni Venti: Ennio Di Nolfo, I rapporti austro-italiani dall'avvento del fascismo all'Anschluss (1922–1938), in: "Storia e Politica" 1974, 1–2, 33–81; Carocci, La politica estera; Lefebvre D'Ovidio, L'Intesa italo-francese; Cassels, Mussolini's Early Diplomacy; Außenpolitische Dokumente der Republik Österreich 1918–1938 [d'ora innanzi ADÖ], München 1993– , 5, dd. 738, 765, 790, 818, 822, 825, 827; Akten zur Deutschen Auswärtigen Politik 1918–1945 [d'ora innanzi ADAP], Frankfurt/M.-Göttingen 1950–1995, B, 3, dd. 3, 6, 19, 127; Federico Scarano, Mussolini e la Repubblica di Weimar. Le relazioni diplomatiche tra Italia e Germania dal 1927 al 1933, Napoli 1996; Pasquale Cuomo, Il miraggio danubiano. Austria e Italia politica ed economia 1918–1936, Milano 2012.

28 Al riguardo Carocci, La politica estera. Sulla figura di Starhemberg le sue memorie: Ernst Rüdiger Starhemberg, Memorie. L'Austria dal 1918 al 1938, Roma 1980.

29 Sulla politica estera austriaca negli anni Venti e Trenta: Arnold Suppan, Jugoslawien und Österreich 1918–1938. Bilaterale Außenpolitik im Europäischen Umfeld, Wien-München, 1996.

zione delle relazioni con la Germania[30]. In generale possiamo notare che, all'inizio degli anni Trenta, la contrapposizione con la Jugoslavia costituì un elemento di debolezza della politica estera italiana in Europa. Le dure e feroci polemiche di stampo nazionalistico fra i giornali italiani e jugoslavi, i numerosi incidenti concernenti le rispettive minoranze nazionali nei due Paesi (condanne a morte di allogeni sloveni responsabili di attentati in Italia[31], aggressioni a cittadini italiani in Dalmazia, distruzioni di monumenti veneziani a Traù)[32] e il sostegno italiano al separatismo croato avvelenarono i rapporti fra Italia e Jugoslavia. Alcuni politici e diplomatici italiani (ad esempio Raffaele Guariglia[33] e Carlo Galli[34]), però, percepivano l'interesse dell'Italia ad avere buoni rapporti con la Jugoslavia. Carlo Galli, ambasciatore a Belgrado all'inizio degli anni Trenta, riteneva che un pieno accordo con la Jugoslavia avrebbe enormemente rafforzato la posizione strategica e la politica internazionale dell'Italia: "L'accordo italo-jugoslavo [...] rafforzerebbe considerevolmente – scriveva Galli all'inizio degli anni Trenta – la nostra posizione diplomatica nei riguardi della Francia spezzando uno dei tanti denti della tenaglia attorno alla nostra frontiera; per ragioni analoghe ci rafforzerebbe nelle trattative con la Germania e di fronte a questa, venendo a limitare il peso dell'apporto francese nell'economia generale dei rapporti tra le grandi potenze".[35]

Pure settori degli ambienti imprenditoriali italiani giuliani e veneti erano favorevoli ad un miglioramento dei rapporti politici fra i due Paesi al fine di potenziare le relazioni commerciali fra due sistemi economici complementari in un momento di grave crisi internazionale[36]. Nonostante le difficili relazioni politiche fra i due Stati, i rapporti commerciali italo-jugoslavi rimanevano intensi, grazie alla complementarietà delle economie e alla vicinanza geografica. Nel 1929 l'Italia costituiva il principale mercato per la Jugoslavia, ricevendo il 24,9 per cento delle esportazioni jugoslave, di più dell'Austria e della Germania considerate congiuntamente; il sistema economico jugoslavo, invece, importava soprattutto dai Paesi germanici (33 per cento del totale), ma l'Italia era la seconda

---

30 Ibid.
31 Elio Apih, Italia fascismo e antifascismo nella Venezia Giulia (1918–1943), Roma-Bari 1966, 314 e ss.
32 DDI, VII, 12, d. 190; Mario Dassovich, I molti problemi dell'Italia al confine orientale, II, Dal mancato rinnovo del patto Mussolini–Pašić alla ratifica degli accordi di Osimo (1929–1977), Udine, 1990, 40 e ss.
33 Raffaele Guariglia, Ricordi 1922–1946, Napoli 1950.
34 Massimo Bucarelli, "Manicomio jugoslavo". L'ambasciatore Carlo Galli e le relazioni italo-jugoslave tra le due guerre mondiali, in: "Clio" 2002, 3, 467–509.
35 Ibid., 499.
36 Dassovich, I molti problemi dell'Italia, II, 43 e ss.

esportatrice in Jugoslavia con il 10,8 per cento[37]. Dino Grandi, ministro degli Esteri italiano dal 1929 al 1932, si sforzò di migliorare i rapporti con Belgrado. Ma all'interno del partito e del regime fascista forti erano le simpatie verso il separatismo croato, molti capi del quale erano esuli in Italia. A favore di una disgregazione della Iugoslavia spingeva, ad esempio, il console a Zagabria, Umiltà, convinto della possibilità di trovare un vantaggioso compromesso territoriale fra l'Italia e la futura Croazia indipendente[38]. Lo stesso Mussolini sembrava essersi convinto della fragilità dello Stato iugoslavo unitario e della necessità di fomentare le spinte indipendentiste croate, magiare e albanesi.

Fra la fine degli anni Venti e i primi anni Trenta assistiamo pure ad un crescente disinteresse politico italiano verso la Polonia e la Cecoslovacchia. A tale riguardo sicuramente pesò il deterioramento dei rapporti fra Italia e Francia. Ritenuti Stati fortemente legati e dipendenti dalla Francia, la diplomazia italiana li percepì privi di autonomia politica. Ogni mutamento della loro politica estera era considerato dipendente dall'evoluzione delle direttive internazionali di Parigi. Verso la Cecoslovacchia pesavano anche le differenze ideologiche. Beneš e Masaryk erano giudicati italofobi e antifascisti[39]. Da parte cecoslovacca, d'altra parte, vi fu scarsa attenzione all'Italia e al suo ruolo politico in Europa centrale. Beneš riteneva di non avere bisogno di buoni e stretti rapporti con il governo di Roma[40]. Nei confronti della Polonia, regime autoritario-nazionalista, l'Italia fascista non aveva pregiudizi e ostilità ideologiche. Ma si percepiva la Polonia come uno Stato fragile, indebolito dall'esistenza di numerose popolazioni allogene al proprio interno e da controversie territoriali con la maggior parte degli Stati confinanti. La Polonia era un soggetto della politica internazionale poco considerato dalla diplomazia italiana; le si dava scarsa importanza privilegiando piuttosto i rapporti politici ed economici con la Germania e con la stessa Unione Sovietica, percepite come le grandi potenze dell'Europa orientale[41].

---

37 John R. LAMPE, Yugoslavia as History. Twice there was a Country, Cambridge 2000, 181–183. Si veda anche: Nicola LA MARCA, Italia e Balcani fra le due guerre. Saggio di una ricerca sui tentativi italiani di espansione economica nel Sud Est europeo fra le due guerre, Roma 1979, 41 e ss.; Fred SINGLETON, Bernard CARTER, The Economy of Yugoslavia, London-New York 1982, 60 e ss.

38 Umiltà a ministero degli Affari Esteri, 4 gennaio 1933 – Archivio storico del Ministero degli Affari Esteri a Roma [d'ora innanzi ASMAE], Carte del Gabinetto del Ministro e della Segreteria Generale dal 1923 al 1943 [d'ora innanzi GAB 1923–43], busta [d'ora innanzi b.] 773.

39 Sulla visione di Beneš riguardo a Mussolini e all'Italia fascista: Documents Diplomatiques Français 1932–1939 [d'ora innanzi DDF], Paris 1964–, serie I, 2, d. 129.

40 Riguardo ai rapporti italo-cecoslovacchi alcune interessanti informazioni in DDI, VII, 9, dd. 31, 305; ibid., 10, d. 220; ibid., 12, dd. 45, 46, 49; ibid., 14, dd. 234, 320.

41 DDI, VII, 10, dd. 151, 211, 380; ibid., 12, d. 188. Sulle relazioni italo-sovietiche: Giorgio PETRACCHI, La Russia rivoluzionaria nella politica italiana. Le relazioni italo-sovietiche 1917–25,

Dalla ricerca della stabilità alla creazione del disordine. La politica estera italiana verso l'Europa centrale 1932–1936

L'evoluzione della politica europea e mondiale – con l'aggravarsi delle tensioni internazionali a causa della conquista giapponese della Manciuria e del rafforzamento politico del partito nazionalsocialista in Germania – convinse Mussolini a dimissionare Grandi e ad assumere in prima persona la carica di ministro degli Esteri nel luglio 1932. Fu il segnale dell'inizio di una nuova fase della politica estera italiana, più dinamica e attiva, pronta a sfruttare l'evoluzione degli equilibri europei a proprio vantaggio. Mussolini scelse come suoi principali collaboratori a Palazzo Chigi Fulvio Suvich e Pompeo Aloisi, due personalità particolarmente esperte e preparate per incarichi internazionali. Il triestino Suvich, ex irredentista di formazione nazionale-liberale, già deputato fascista, avvocato legato al mondo delle Assicurazioni di Trieste, esperto di problemi economici e finanziari e buon conoscitore dell'Europa centrale, fu nominato sottosegretario agli Esteri[42], mentre Pompeo Aloisi, ex ufficiale di marina, che aveva vissuto avventurosamente fra servizi segreti e diplomazia, divenendo ministro italiano in Albania, Giappone e Turchia, fu scelto come capo di gabinetto del ministro[43]. Mussolini era il centro propulsore dell'azione diplomatica italiana, ma Suvich e Aloisi ebbero un certo peso nella politica estera dell'Italia di quegli anni incaricandosi della gestione quotidiana della macchina diplomatica e della riflessione strategica internazionale. Nella nuova equipe ministeriale fu soprattutto Suvich a seguire e guidare con particolare attenzione e sagacia l'azione italiana in Europa centrale. A differenza di molti politici e diplomatici italiani, nella visione internazionale di Suvich la questione austriaca e il tema dell'assetto dell'Europa centrale erano problemi centrali e vitali. Per l'ex suddito asburgico, il nazionalsocialismo tedesco con i suoi progetti egemonici in Europa centrale costituiva una minaccia mortale per l'Italia e andava contrastato in tutti i modi. Per Su-

Bari-Roma, 1982; ID., Da San Pietroburgo a Mosca. La diplomazia italiana in Russia 1861–1941, Roma 1993; Jay CALVITT CLARKE III, Russia and Italy against Hitler. The Bolshevik-Fascist Rapprochement of the 1930s, Westport, 1991.

42 Fulvio SUVICH, Memorie 1932–1936, Milano 1984; Anna MILLO, Fra Trieste, Roma e Washington. Note su Fulvio Suvich e la politica estera italiana durante il fascismo, in: Franciska D'Elhoungne Herval, Dávid Falvay (eds.), "Sul fil di ragno della memoria". Studi in onore di Ilona Fried, Budapest 2012, 405–415; Tomaso DE VORGOTTINI, Fulvio Suvich e la difesa dell'indipendenza austriaca, in: Autori Vari, Le fonti diplomatiche in età moderna e contemporanea, Roma 1995. Su Suvich e il suo ambiente politico-culturale di provenienza si legga anche: Anna MILLO, Le elite del potere a Trieste. Una biografia collettiva 1891–1938, Milano 1990; ID., Trieste, le assicurazioni, l'Europa. Arnoldo Frigessi di Rattalma e la Ras, Milano 2004.

43 Su Pompeo Aloisi: Pompeo ALOISI, Journal (25 juillet 1932–14 juin 1936), Parigi 1957.

vich, a differenza di Mussolini e di altri dirigenti e diplomatici italiani, la difesa dell'indipendenza austriaca era una battaglia cruciale, riguardo alla quale non erano possibili compromessi: egli s'impegnò a tale riguardo con determinazione e convinzione, sacrificando alla fine la propria carriera politica pur di difendere i suoi convincimenti personali. L'origine triestina di Suvich, invece, spiega il suo interesse a favorire la ripresa economica e commerciale nei paesi centro-europei e l'atteggiamento pragmatico verso la Jugoslavia: il politico triestino era consapevole dell'importanza degli interessi finanziari triestini nella regione e desiderava l'intensificazione delle relazioni economiche dell'Italia con gli Stati dell'Europa centrale proprio perché la sua regione d'origine, la Venezia Giulia, ne sarebbe stata la prima beneficiaria.

Il fallito tentativo di creare un'unione doganale austro-tedesca nel 1931 fu il segnale che la politica estera italiana doveva perseguire una politica più determinata e attiva se voleva preservare la propria influenza in Europa centrale di fronte al riemergere della presenza germanica e ai rischi di destabilizzazione che la recessione economica provocava. Proprio in quegli anni, segnati dalla conquista nazionalsocialista del potere a Berlino con la nomina di Adolf Hitler a cancelliere germanico nel gennaio 1933, l'assetto dell'Europa centrale divenne il tema centrale delle relazioni fra Italia e Germania. Come la storiografia ha mostrato[44], Mussolini assistette con simpatia alla conquista del potere da parte del movimento nazionalsocialista. L'emergere della Germania nazionalsocialista metteva in crisi le relazioni franco-tedesche e aumentava il peso internazionale dell'Italia. Non a caso, Mussolini, inizialmente, coltivò il progetto di presentarsi come mediatore fra potenze occidentali e Germania. Per il "duce" la pace in Europa poteva essere mantenuta solo restituendo alla Germania il rango e il ruolo di grande potenza europea e risolvendo per via diplomatica alcune controversie territoriali particolarmente gravi. A tal fine, nel marzo 1933 Mussolini propose la conclusione di un patto di collaborazione politica fra Francia, Gran Bretagna, Germania e Italia (il cosiddetto Patto a Quattro), le cui finalità principali erano la creazione di un direttorio delle grandi potenze che risolvesse alcuni contenziosi territoriali e facilitasse l'inserimento della Germania hitleriana nell'ordine politico europeo[45]. La lettura della documentazione diplomatica mostra che proposito italiano era disinnescare le tensioni in Europa procedendo alla

---

44 DE FELICE, Mussolini il duce, I, Gli anni del consenso; SCARANO, Mussolini e la Repubblica di Weimar; Jens PETERSEN, Hitler e Mussolini. La difficile alleanza, Roma-Bari 1975.

45 Molto materiale documentario sul Patto a Quattro in DDI, VII, 13 e 14. Si vedano anche: DDF, I, 2, 3, 4. Rimangono importanti: DE FELICE, Mussolini il duce, I, Gli anni del consenso; Jean-Baptiste DUROSELLE, Politique étrangère de la France. La décadence 1932–1939, Paris 1979; Francesco SALATA, Il Patto Mussolini. Storia di un piano politico e di un negoziato diplomatico, Milano 1933.

concessione di Danzica alla Germania e alla restituzione all'Ungheria di alcuni territori persi nel 1918. In realtà il Patto a Quattro venne parafato nel giugno 1933, ma non entrò mai in vigore, a causa dell'ostilità di molti Stati dell'Europa centrale (Polonia, Cecoslovacchia, Romania) all'idea di un direttorio delle grandi potenze favorevole ad iniziative revisioniste[46] e a causa della decisione tedesca di abbandonare la Conferenza del disarmo e la Società delle Nazioni. Il fallimento del Patto a Quattro fu seguito dal progressivo esplodere della rivalità italo-tedesca riguardo all'Austria. Mussolini cercò di assurgere al ruolo di protettore dell'Austria indipendente, ma pose una serie di condizioni al governo cristiano-sociale austriaco. Prima fra tutte la costituzione di un governo di coalizione che desse largo spazio ai vecchi amici austriaci dell'Italia, le Heimwehren guidate dal principe di Starhemberg. Il governo di Roma, poi, insistette a favore della creazione di una dittatura autoritaria antisocialista e antinazionalsocialista[47]. Dopo non poche resistenze, il cancelliere austriaco Dollfuß si convinse a seguire le indicazioni italiane e nel febbraio 1934 procedette alla definitiva repressione del movimento socialista, alla messa al bando del nazionalsocialismo austriaco e all'instaurazione di un regime dittatoriale[48]. Sempre in un'ottica di contenimento antigermanico, la diplomazia italiana cercò di intensificare le relazioni economiche con Vienna e Budapest[49]. Fallito il progetto di un'unione doganale italo-austro-ungherese, ci si accontentò di un approfondimento dei rapporti commerciali fra Roma, Vienna e Budapest[50]. Espressione di questa politica fu la conclusione dei cosiddetti protocolli di Roma nel marzo 1934, intese che istituzionalizzavano la periodica consultazione fra i tre governi nelle questioni di comune interesse e impegnavano i tre Stati ad un'intensificazione delle relazioni economiche sulla base dei preesistenti accordi commerciali[51]. Fra il 1933 e il 1934, sempre in funzione antigermanica, il governo italiano si dimostrò pronto a considerare favorevolmente il raggiungimento di un accordo economico danubiano, che includesse Ungheria, Austria, Cecoslovacchia, Jugoslavia e Romania,

---

46   DDI, VII, 14, d. 235.
47   DDI, VII, 12, dd. 351; DDI, VII, 14, d. 111; LEFEVBRE D'OVIDIO, L'intesa italo-francese, 342 e ss. Per la prospettiva austriaca: Helmut WOHNOUT, Bundeskanzler Dollfuß und die österreichisch-italienischen Beziehungen 1932–1934, in: Florian Wenninger, Lucile Dreidemy (eds.), Das Dollfuß-Schuschnigg Regime 1933–1938. Vermessung eines Forschungsfeldes, Wien 2013, 601 e ss.
48   Si veda l'analisi compiuta dal ministro francese a Vienna, Puaux, sull'evoluzione autoritaria del governo di Dollfuß: DDF, I, 5, dd. 223, 246, 255, 410. Sull'ostilità britannica verso l'avvento di un regime autoritario in Austria: DBFP, II, 6, dd. 270, 273, 275, 332.
49   DDF, I, 4, d. 77.
50   DDI, VII, 12, dd. 389, 408, 414.
51   LEFEVBRE D'OVIDIO, L'intesa italo-francese, 377 e ss.; PETERSEN, Hitler e Mussolini.

da concludersi sotto il patrocinio di Roma e Parigi e con adeguate garanzie per i porti adriatici dell'Italia[52].

In questi anni l'Italia conquistò un innegabile ruolo di protagonista nelle vicende centro-europee[53]. Ma le iniziative italiane si scontrarono con inevitabili difficoltà, dalla scarsità di risorse economiche e finanziarie in possesso del governo di Roma alla reticenza di alcuni alleati, ad esempio l'Ungheria, a sposare pienamente le direttive politiche dell'Italia: Budapest era ostile a fare una scelta netta fra Roma e Berlino e spingeva per la creazione di una stretta collaborazione politica fra Italia, Germania e Ungheria[54]. Va comunque rilevato che da parte italiana vi era la piena consapevolezza della precarietà della situazione austriaca e degli equilibri colà esistenti. Pur di salvare l'indipendenza austriaca, molti diplomatici italiani, in primis lo stesso Suvich, si mostrarono disponibili a considerare la possibilità della ricostituzione di uno Stato austro-ungarico e perfino l'eventualità della restaurazione di un ramo degli Asburgo a Vienna[55]. Tuttavia, a differenza di Suvich e di vari esponenti politici austriaci, Mussolini fu freddo verso l'ipotesi di un ritorno degli Asburgo, accusati di essere antiitaliani e antifascisti[56]. L'intensificazione delle relazioni italo-austriache nel corso del 1933 e dei primi mesi del 1934 irritò il governo di Berlino e portò ad un progressivo deterioramento dei rapporti fra Germania e Italia. Dopo aver tentato con Göring e von Papen di convincere Mussolini a trovare un accomodamento italo-tedesco sull'Austria, fallendo a causa della pretesa di Hitler di estromettere Dollfuß dalla vita politica austriaca e di assicurare ai nazisti austriaci un netto predominio, la Germania ispirò un'azione di forza contro l'esecutivo di Vienna. Il colpo di Stato nazista del luglio 1934 fallì clamorosamente, ma i seguaci hitleriani riuscirono ad uccidere l'anima della resistenza antiunionista, il cancelliere Dollfuß. Il nuovo cancelliere, Kurt von Schuschnigg, poté riorganizzare il governo austriaco proseguendo la stretta collaborazione con Roma. La reazione italiana fu netta e chiara. Gli eventi del luglio 1934 convinsero Mussolini che con la Germania non erano possibili, per il momento, trattative e accordi. La politica estera italiana abbandonò la ricerca di un compromesso con Berlino e s'orientò con decisione nei mesi successivi a favore di un riavvicinamento alla Francia. Mussolini iniziò a perseguire una

---

52   Appunto del sottosegretario agli Esteri, Suvich, settembre 1933, in: DDI, VII, 14, d. 231; ibid.,
      Memorandum italiano per l'Europa danubiana, 29 settembre 1933, d. 232.

53   DDF, I, 2, d. 110.

54   György Réti, Hungarian-Italian Relations in the Shadow of Hitler's Germany 1933–1940,
      Boulder 2003; Gyula Juhász, Hungarian foreign policy, 1919–1945, Budapest, 1979.

55   DDI, VII, 16, dd. 794, 852.

56   Ad esempio DDI, VII, 14, d. 802. Il governo italiano accusava gli Asburgo di alimentare i sentimenti antiitaliani dell'aristocrazia tirolese: DDI, VII, 12, d. 192.

politica apertamente ostile al pangermanismo hitleriano e ai progetti d'unione austro-tedesca. L'ascesa del movimento nazionalsocialista in Germania spaventò la Francia che cominciò ad apprezzare maggiormente l'utilità dell'amicizia italiana in funzione antitedesca. Il miglioramento dei rapporti con la Francia ebbe ricadute positive anche sulle relazioni italo-jugoslave. Come abbiamo visto, le relazioni bilaterali fra Roma e Belgrado erano complicate dal coesistere di tendenze contraddittorie nella politica italiana verso la Jugoslavia. Da una parte, alcuni esponenti della diplomazia italiana, in primis Carlo Galli ministro a Belgrado, ritenevano che l'avvento di un regime dittatoriale monarchico in Jugoslavia facilitasse un possibile avvicinamento politico italo-jugoslavo sulla base del rispetto dei confini esistenti e avendo come interlocutore privilegiato re Alessandro e i militari serbi[57]. Dall'altra, però, Mussolini e vari dirigenti fascisti sembravano convinti della debolezza dello Stato jugoslavo unitario, della sua prossima disgregazione e dell'interesse italiano di alimentare le spinte secessioniste croate, magiare, macedoni e albanesi al fine di poterle manipolare e sfruttare a proprio vantaggio. Constatando la crescente debolezza politica della dittatura jugoslava, che si era macchiata di innumerevoli atti di violenza contro le opposizioni, i nazionalisti croati più radicali e estremisti (ustaša e pravaši), guidati da Ante Pavelić, progettarono una rivolta in Croazia, con il sostegno finanziario dell'Italia, che consentì loro di usare come base logistica la città di Zara. Nel settembre 1932 i preparativi dei rivoltosi furono scoperti dalla polizia jugoslava. I nazionalisti croati, allora, decisero di fare iniziare immediatamente la rivolta nella Lika, dove, grazie alla simpatia e al sostegno della popolazione croata locale, la ribellione durò alcune settimane per poi essere repressa nel sangue[58]. Il tentativo di rivolta, compiuto con la chiara simpatia e benevolenza italiana, irritò fortemente il governo jugoslavo, che lo considerò un tentativo di distruggere lo Stato monarchico[59]. In quei mesi la tensione fra Italia e Jugoslavia raggiunse livelli altissimi, con i governanti jugoslavi, in primis re Alessandro, ormai pronti alla guerra contro lo Stato vicino. Nonostante la grave tensione esistente fra i due Stati, nel corso della prima metà degli anni Trenta i canali di comunicazione fra Roma e Belgrado furono sempre mantenuti aperti, e ciò fu probabilmente la ragione perché la contrapposizione non conobbe un'escalation di natura bellica. Si svilupparono in modo discontinuo negoziati segreti per giungere a un chiarimento nei rapporti italo-jugoslavi. Ma la volontà di Mussolini di vedere riconosciuta un'indiscussa supremazia poli-

---

57   Ad esempio: DDI, VII, 11, d. 112; DDI, VII, 12, dd. 4, 15, 34; BUCARELLI, Mussolini e la Jugoslavia.

58   BUCARELLI, Mussolini e la Jugoslavia.

59   DDI, VII, 12, d. 357.

tica in Albania, i sospetti del governo di Belgrado verso il sostegno fascista ai separatisti croati e la difesa italiana dell'indipendenza austriaca[60] ostacolarono il successo delle trattative bilaterali[61]. Con il miglioramento delle relazioni fra Roma e Parigi nel corso del 1934 la diplomazia francese spinse gli jugoslavi ad accettare l'avvicinamento verso l'Italia, ormai parte della coalizione antihitleriana. Il movimento separatista croato all'estero percepì la minaccia che un avvicinamento italo-franco-jugoslavo costituiva per le sorti della lotta contro Belgrado. Da qui la decisione di sabotare il tutto organizzando il clamoroso attentato di Marsiglia nell'ottobre 1934, quando alcuni terroristi legati agli ustascia, uno dei quali in esilio in Italia, uccisero il re jugoslavo Alessandro e il ministro degli Esteri francese Barthou[62]. Il tentativo dei nazionalisti croati di sabotare il miglioramento dei rapporti fra Roma e Belgrado non ebbe successo. Il miglioramento dei rapporti italo-jugoslavi continuò, seppur lentamente. Il governo fascista reagì duramente all'attentato di Marsiglia inviando al confino molti esuli croati e sopprimendo le loro strutture politiche e militari in Italia[63]. Nonostante l'omicidio di re Alessandro e del ministro degli Esteri francese Barthou, il riavvicinamento italo-francese in funzione antihitleriana proseguì culminando nella conclusione degli accordi Laval-Mussolini del gennaio 1935[64]. Una volta migliorati i rapporti con Parigi, l'ossessione italiana circa il possibile accerchiamento franco-jugoslavo cominciò a svanire e Mussolini iniziò a preparare una graduale distensione nelle relazioni con Belgrado. A partire dalla fine del 1934, per il "duce" la politica estera italiana doveva ormai orientarsi verso l'espansione africana; diveniva, quindi, possibile e utile un miglioramento dei rapporti con Belgrado al fine della stabilizzazione politica dell'Europa centro-orientale mentre l'Italia si preparava ad una campagna di conquista coloniale. Non a caso, i rapporti fra Italia e Jugoslavia, nonostante che lo scoppio della guerra d'Etiopia e il risorgere di tensioni fra Roma e Parigi potessero spingere i due Paesi su posizioni opposte, assunsero un carattere cordiale ed amichevole nel corso del 1935 e del 1936. A ciò contribuì anche la nuova direttiva che il governo presieduto dall'economista serbo, Milan Stojadinović[65], diede alla politica internazionale della Jugoslavia: constatando

---

60 Sulla simpatia iniziale del governo jugoslavo verso la Germania hitleriana cfr. Massimo BUCA-RELLI, Gli accordi Ciano-Stojadinovic del 25 marzo 1937, in: "Clio", 2000, 2, 327 e ss.

61 Ibid; ID., Mussolini e la Jugoslavia.

62 JUSO, Il fascismo e gli Ustascia, 67; DUROSELLE, Politique étrangère de la France. La décadence, 112.

63 JUSO, Il fascismo e gli Ustascia, 81 e ss.

64 Sul riavvicinamento italo-francese: DE FELICE, Mussolini il duce, I, Gli anni del consenso; DUROSELLE, Politique étrangère de la France, 87 e ss.; SHORROCK, From Ally to Enemy.

65 BUCARELLI, Mussolini e la Jugoslavia; DDI, VIII, dd. 411, 454.

il declino della forza della Francia e il disimpegno britannico verso i problemi centro-europei, egli cercò di migliorare i rapporti con la Germania e l'Italia[66].

Le speranze italiane di un rapido ed indolore assorbimento di gran parte dell'Etiopia grazie alla complicità e all'aiuto di Francia e Gran Bretagna si rivelarono fallaci. A causa di una manchevole preparazione diplomatica e di un'impostazione imperialista datata e retrograda, le mire espansioniste italiane suscitarono una forte opposizione nell'opinione pubblica internazionale e le resistenze della Gran Bretagna. L'impresa etiopica si rivelò più difficile e pericolosa del previsto[67]. Pericolosamente isolato sul piano internazionale, con la possibilità di uno scontro militare contro Londra e il rischio di un indebolimento del regime fascista sul piano interno, nel gennaio 1936 Mussolini decise di riprendere i contatti politici con la Germania. Il 7 gennaio invitò a colloquio l'ambasciatore tedesco a Roma, Hassell, al quale comunicò la possibilità di procedere a un deciso miglioramento dei rapporti italo-germanici e alla soluzione di alcune gravi controversie, quella austriaca in particolare, esistenti nelle relazioni bilaterali. Egli auspicava un miglioramento delle relazioni fra Vienna e Berlino e non aveva nessuna difficoltà ad accettare un avvicinamento politico austro-tedesco: la stessa trasformazione dell'Austria in un "Satellit Deutschlands" era accettabile per l'Italia purché lo Stato austriaco mantenesse una formale indipendenza internazionale[68]. Nei mesi successivi prese progressivamente sviluppo la collaborazione italo-tedesca[69], mentre contemporaneamente Mussolini incitava i dirigenti austriaci ad accettare la pacificazione con Berlino.

Sulla base di questa nuova strategia internazionale fondata sulla riconciliazione con la Germania, nel corso dei primi mesi del 1936 l'Italia abbandonò definitivamente ogni progetto di accordo internazionale relativo alla difesa dell'indipendenza austriaca[70], accettò passivamente l'occupazione militare tedesca della Renania e si dimostrò ostile ai tentativi di Schuschnigg di migliorare i rapporti

---

66   DDF, II, 5, dd. 43, 89, 100, 235, 240; Documents on German Foreign Policy 1918–1945 [d'ora in poi DGFP], London 1949–, serie C, 4, dd. 191, 447, 533; DGFP, D, 5, dd. 158, 162, 163, 184, 229.

67   Per una ricostruzione degli eventi relativi alla guerra italo-etiopica del 1935–1936 rimandiamo a: DE FELICE, Mussolini il duce, I, Gli anni del consenso; George W. BAER, La guerra italo-etiopica e la crisi dell'equilibrio europeo, Bari 1970; Renato MORI, Mussolini e la conquista dell'Etiopia, Firenze 1978; ID., Delle cause dell'impresa etiopica mussoliniana, in: "Storia e politica" 1978, 664 e ss.

68   ADAP, C, IV, 2, d. 485.

69   DDI, VIII, 3, dd. 275, 282, 384, 614; DE FELICE, Mussolini il duce, I, Gli anni del consenso; MORI, Mussolini e la conquista dell'Etiopia; PETERSEN, Hitler e Mussolini. Si veda la percezione francese dell'avvicinamento italo-tedesco in: DDF, II, 1, dd. 121, 135, 209, 211, 360.

70   Per informazioni su questo progetto e sullo sviluppo degli accordi Mussolini-Laval: DDI, VII, 16, dd. 214, 330, 338.

dell'Austria con gli Stati della Piccola Intesa e con le potenze occidentali[71]. Mussolini fece pressioni perché il governo di Vienna accettasse il chiarimento con la Germania e la progressiva subordinazione alla politica estera hitleriana. La documentazione diplomatica italiana ci mostra con chiarezza le pressioni italiane su Schuschnigg per favorire e affrettare la conclusione di un accordo di riconciliazione austro-tedesca, che aprisse le porte del potere ai nazionalsocialisti preservando formalmente la sovranità dell'Austria, trattato che fu poi firmato nel luglio 1936[72]. Non a caso nei primi mesi del 1936 furono definitivamente accantonate le ipotesi di restaurazione asburgica, coltivate da Suvich[73].

Le vittorie militari italiane in Etiopia, favorite dalla passività e dalla connivenza delle grandi potenze europee, fecero svanire i timori di un tracollo del regime fascista. Il regime mussoliniano sembrò uscire dalla guerra rafforzato sul piano del prestigio sia a livello interno che internazionale. Grazie alla guerra d'Etiopia Mussolini si costruì sul piano propagandistico l'immagine di un abile e astuto statista, capace di creare un grande impero coloniale. In realtà ad osservatori abili e realisti[74] non sfuggì che la conquista dell'Etiopia avrebbe provocato un indebolimento della posizione dell'Italia nel continente europeo, poiché l'avrebbe costretta a dividere le sue forze e risorse fra Europa e Africa.

Per consolidare il rapporto con Berlino, nel giugno 1936 il "duce" decise di sostituire i due suoi più stretti collaboratori agli Esteri[75]: Suvich era odiato dai nazionalsocialisti tedeschi, che lo accusavano a ragione di essere stato il più determinato difensore italiano dell'indipendenza austriaca, mentre di Aloisi era conosciuta la simpatia per la Francia. Dall'estate del 1936 la politica estera italiana, mirante a trasformare l'Italia in una grande potenza mondiale e orientata verso l'amicizia con la Germania nazionalsocialista, sarebbe stata condotta dal giovane delfino del "duce", Galeazzo Ciano, nuovo ministro degli Esteri[76].

---

71 DDI, VIII, 3, dd. 28, 75, 79; DDF, II, 1, dd. 72, 74, 88, 100.
72 DDI, VIII, 3, d. 523; DDI, VIII, 4, dd. 192, 439, 455, 460, 503, 514; Luca Riccardi, Francesco Salata tra storia, politica e diplomazia, Udine 2001; Pietro Pastorelli, Dalla prima alla seconda guerra mondiale. Momenti e problemi della politica estera italiana 1914–1943, Milano 1997; Franceso Lefebvre D'Ovidio, Il problema austro-tedesco e la crisi della politica estera italiana (luglio 1934–luglio 1936), in: "Storia delle Relazioni Internazionali" 1999, 2, 3–64.
73 DDI, VIII, 3, dd. 91, 105, 119; DDF, II, 2, d. 397.
74 Si vedano le riflessioni di un diplomatico sovietico che constatò come la guerra d'Etiopia avesse provocato il rafforzamento della Germania e l'indebolimento dell'Italia, in: DDI, VIII, 4, d. 10.
75 Al riguardo si vedano le riflessioni di Hassell, in: ADAP, C, V, 2, d. 381.
76 A tale proposito le considerazioni di François-Poncet, ambasciatore francese a Berlino, al riguardo, in: DDF, II, 2, d. 338.

Mussolini, Ciano e il declino dell'influenza italiana nell'Europa danubiana e balcanica 1936–1939

La guerra d'Etiopia, il massimo successo politico del fascismo, mutò definitivamente la percezione che Mussolini aveva di sé e del ruolo dell'Italia sul piano internazionale. Come ha finemente notato Renzo De Felice, Mussolini cominciò a sopravvalutare le proprie capacità politiche e a pensare di essere uno statista di rilevanza mondiale. Ormai il suo destino era la costruzione di una nuova civiltà fascista che si doveva diffondere in tutto il pianeta. L'Italia, nazione giovane e vigorosa, doveva divenire una grande potenza mondiale. Mussolini era convinto dell'inevitabile decadenza delle democrazie liberali: a suo avviso, francesi, britannici e statunitensi erano popoli imbelli, corrotti dal benessere e dal liberalismo edonista, non più in grado di combattere e di confrontarsi con nazioni guerriere come italiani, tedeschi e giapponesi; con il trascorrere del tempo, a suo avviso, era inevitabile il rafforzamento delle potenze fasciste e l'indebolimento di quelle liberaldemocratiche. Da questa visione del mondo derivò per Mussolini la scelta di una strategia internazionale fondata sulla ricerca di una collaborazione preferenziale con la Germania hitleriana, potenza simile ideologicamente all'Italia mussoliniana e le cui mire espansionistiche rivolte verso l'Europa orientale e centrale erano ritenute compatibili con le ambizioni imperiali italiane nel Mediterraneo e nel Vicino Oriente[77]. A partire dal 1936 la diplomazia fascista puntò a costruire un asse politico con Berlino, considerato la base diplomatica su cui sviluppare la progressiva espansione economica e politica italiana nel Mediterraneo a spese della Francia. Verso la Gran Bretagna, invece, la politica estera fascista oscillò per alcuni anni fra la speranza di conquistarne la neutralità di fronte al contenzioso italo-francese e la preparazione ad un scontro finale nel Mediterraneo[78]. Mussolini giudicava inevitabile una futura guerra

---

[77] Sulla svolta impressa dalla crisi etiopica alla politica estera italiana: DE FELICE, Mussolini il duce, I, Gli anni del consenso; ID., Mussolini il duce, II, Lo Stato totalitario; Ennio DI NOLFO, Le oscillazioni di Mussolini: la politica estera fascista dinanzi ai temi del revisionismo, in: "Nuova Antologia" 2176, 1990, 172–195; PASTORELLI, Dalla prima alla seconda guerra mondiale, 119 e ss.; MONZALI, Il sogno dell'egemonia, 65 e ss.; Fulvio D'AMOJA, La politica estera dell'Impero. Storia della politica estera fascista dalla conquista dell'Etiopia all'Anschluss, Padova 1967; Rosaria QUARTARARO, Roma fra Londra e Berlino. La politica estera fascista dal 1930 al 1940, Roma 1980; ID., I rapporti italo-americani durante il fascismo (1922–1941), Napoli 1999; Liliana SENESI, Italia e Stati Uniti: tra collaborazione e diffidenza 1936–1940, Siena 1991; Alessandra GIGLIOLI, Italia e Francia 1936–1939, Roma 2001.

[78] DE FELICE, Mussolini il duce, II, Lo Stato totalitario, 320, 467; DUROSELLE, La politique étrangère de la France. La décadence, 389 e ss.; GIGLIOLI, Italia e Francia, 534 e ss.; Donatella BOLECH CECCHI, Non spezzare i ponti con Roma. Le relazioni fra l'Italia e la Gran Bretagna dall'accordo di Monaco alla seconda guerra mondiale, Milano 1986.

contro la Francia, ma non aveva fretta: riteneva che il guadagnare tempo servisse al rafforzamento delle potenze fasciste e all'ulteriore disgregazione delle liberal-democrazie europee; sul breve termine, perciò, evitò di cercare l'aperto conflitto militare con gli anglo-francesi, preferendo lo scontro politico e diplomatico, che garantisse il progressivo rafforzamento delle posizioni italiane e tedesche a spese degli occidentali[79]. In questo quadro generale, nel quale le ambizioni e le prospettive della politica estera italiana si ampliarono a dismisura, con una sempre maggiore dimensione mondiale, l'Europa centrale perse quella centralità che aveva avuto nell'azione diplomatica del governo di Roma negli anni precedenti. Dopo la conquista dell'Etiopia per Mussolini il fulcro dell'attenzione dell'azione internazionale italiana doveva rivolgersi verso i problemi del Vicino Oriente e dell'area mediterranea. L'obiettivo che la diplomazia fascista avrebbe perseguito nell'Europa danubiana era soprattutto il semplice mantenimento di un'influenza italiana nella regione, con la rinuncia ad ogni ambizione di egemonia esclusiva a favore di un condominio italo-tedesco nell'area. Si sperava, insomma, di preservare un'influenza italiana nella regione centro-europea conciliando gli interessi dell'Italia con quelli della Germania, della quale, in ogni caso, a partire dalla primavera del 1936, fu riconosciuta la preponderante egemonia in Austria e alla quale fu promesso il disinteressamento dell'Italia alle sorti della Cecoslovacchia.

Oltre a sposare con entusiasmo la politica di amicizia con la Germania nazionalsocialista, Ciano cercò di dare un tono personale alla sua azione internazionale[80] puntando a migliorare i rapporti con la Jugoslavia. Mussolini era ormai da tempo favorevole alla riconciliazione con Belgrado e lo fece capire pubblicamente in un discorso a Milano nel novembre 1936. I dirigenti di Belgrado erano disponibili alla riconciliazione con Mussolini. La vittoria italiana in Africa orientale e l'occupazione tedesca della Renania mostrarono alla classe dirigente serba che gli equilibri di potere in Europa stavano mutando e che fondare la propria politica estera sulla Piccola Intesa e l'alleanza con la Francia non era più sufficiente a garantire la sicurezza dello Stato. Il presidente del consiglio Stojadinović, al potere dal 1935, decise di rendere più autonoma la politica estera jugoslava, migliorando i rapporti con Italia e Germania; riteneva utile un accordo politico con l'Italia per indebolire i movimenti secessionistici croati e bulgaro-macedoni e rafforzare così la stabilità della Jugoslavia[81]. Risultato del riavvicinamento fra

---

79   L'azione italiana in Spagna, che contribuì enormemente al consolidamento della collaborazione con la Germania, fu un perfetto esempio del modus operandi della diplomazia fascista. Al riguardo: De Felice, Mussolini il duce, II, Lo Stato totalitario; John Coverdale, I fascisti italiani alla guerra di Spagna, Roma-Bari, 1977.

80   Per un giudizio francese sulla personalità di Galeazzo Ciano: DDF, II, 3, d. 380.

81   Sulla politica di Stojadinović: Milan Stojadinović, Jugoslavia fra le due guerre, Bologna 1970; Lampe, Yugoslavia as History, 163 e ss.; Bucarellli, Gli accordi Ciano-Stojadinović; Ja-

Italia e Jugoslavia furono gli accordi del 25 marzo 1937, consistenti in un trattato di amicizia, in un accordo commerciale e in alcuni scambi di note[82]. Con il trattato di amicizia l'Italia fascista abbandonò ogni politica di sostegno agli ustascia croati e ai separatismi antijugoslavi e rinunciò ai progetti di disgregazione della Jugoslavia: infatti le parti contraenti s'impegnarono a rispettare le frontiere marittime e terrestri della controparte e a non ricorrere alla guerra come strumento di politica nazionale e per risolvere conflitti o dissidi fra i due paesi. In una nota verbale segreta il governo italiano promise in modo specifico l'internamento dei capi croati in esilio, il possibile invio di altri esuli croati nelle colonie africane e la comunicazione di liste alla polizia di Belgrado con i nominativi dei separatisti croati presenti sul territorio italiano e il loro luogo d'internamento e confino[83]. In un altro scambio di note i due governi promisero di rispettare la sovranità, l'indipendenza politica e l'integrità territoriale dell'Albania: l'Italia, in particolar modo, s'impegnò a non ricercare alcun esclusivo vantaggio politico o economico che potesse compromettere l'indipendenza albanese e a non fornire aiuto tecnico o finanziario al governo di Tirana per lo sviluppo di fortificazioni esistenti o per la costruzione di nuove. Negli accordi la diplomazia fascista si disinteressò completamente dei problemi della minoranza italiana in Dalmazia, mentre si dichiarò pronta a considerare con benevolenza la possibilità del ripristino dell'insegnamento privato delle lingue croata e slovena e del loro uso per il culto religioso in Venezia Giulia e a Zara, nonché l'eventualità della pubblicazione di giornali e libri in tali lingue. Nell'accordo commerciale i due Paesi s'impegnarono a riconoscersi un'eguaglianza di trattamento nelle relazioni economiche; l'Italia, poi, concesse alla Jugoslavia ampie facilitazioni finanziarie e a livello di dazi, simili a quelle concesse a Stati amici come Austria e Ungheria[84]. L'obiettivo era riconquistare quell'importante fetta del commercio jugoslavo che era stata italiana fino al 1935, ma che era andata persa a vantaggio della Germania dopo le sanzioni economiche che la Società delle Nazioni aveva imposto all'Italia a

---

cob B. Hoptner, Yugoslavia in Crisis 1934–1941, New York 1962; Antonio Tasso, Italia e Croazia, Macerata 1967, 1. Si vedano anche: DDF, II, 3, dd. 299, 464; DDF, II, 5, dd. 59, 89, 100, 152, 153, 154, 160, 164, 212, 235; Lane al Segretario di Stato, 12 marzo 1938, in: Foreign Relations of the United States [d'ora innanzi FRUS], Washington 1861–, 1938, 1.

82   I testi degli accordi del 25 marzo 1937 sono editi in: DDI, VIII, 6, d. 340 e allegati.

83   La legazione italiana a Belgrado al ministero degli Affari Esteri jugoslavo, 25 marzo 1937, in: DDI, VIII, 6, d. 340, allegato H.

84   Accordo supplementare al trattato di commercio e navigazione del 14 luglio 1924 e agli accordi addizionali del 25 aprile 1932, del 4 gennaio 1934 e del 26 settembre 1936, relativo all'ampliamento degli scambi commerciali, attualmente esistenti fra i due paesi, nonché allo sviluppo dei rapporti economici generali, fra l'Italia e la Jugoslavia, in: DDI, VIII, 6, d. 340, allegato L.

causa dell'aggressione all'Etiopia[85]. Come ha constatato Massimo Bucarelli, gli accordi del marzo 1937 erano un successo della diplomazia jugoslava "che migliorò in generale i difficili rapporti con l'Italia, riuscì a reinserirsi in qualche modo nella politica albanese, ed eliminò uno dei principali sostegni esterni al separatismo croato, proprio quando il reggente Paolo e Stojadinović erano alla ricerca di un chiarimento con Maček per far partecipare il Partito contadino croato alle responsabilità di governo e coinvolgere così la componente croata nella vita politica del Paese"[86]. L'Italia fascista aveva fatto queste concessioni perché nel nuovo scenario della politica estera italiana aperto dalla guerra d'Etiopia, ovvero la progressiva crisi della collaborazione con la Gran Bretagna e la Francia e l'avvicinamento alla Germania hitleriana, l'intesa con Belgrado rafforzava non poco la posizione strategica del regime fascista[87]. Ciano ritenne gli accordi del 1937 un suo grande successo, il primo passo verso la creazione di una vera e propria alleanza fra Italia e Jugoslavia, che lui considerava complementare a quella italo-tedesca, in quanto serviva a frenare la penetrazione economica e politica della Germania hitleriana nella regione, preservando un'influenza italiana nei Balcani occidentali e nella regione adriatica. Era un'alleanza che avrebbe avuto, a suo avviso, un carattere anche ideologico, perché Ciano riteneva Stojadinović non solo un sincero amico dell'Italia, ma anche un vero leader fascista[88], desideroso di creare in Jugoslavia un regime simile a quello mussoliniano.

Le speranze italiane di un duopolio italo-tedesco in Europa centrale si sgretolarono rapidamente nel corso del 1938. Hitler non si accontentò di un'Austria alleata e amica della Germania, ma volle procedere rapidamente all'annessione. Nel febbraio 1938, senza consultare l'amico italiano, impose al governo di Vienna dei nuovi accordi che dovevano intensificare la nazificazione dell'Austria[89]. Di fronte ai tentativi di Schuschnigg di reagire all'assorbimento forzato

---

85 LAMPE, Yugoslavia as History, 181–183. Sulla penetrazione commerciale germanica in Jugoslavia negli anni Trenta: Johann WUESCHT, Jugoslawien und das Dritte Reich. Eine dokumentierte Geschichte der deutsch-jugoslawischen Beziehungen von 1933 bis 1945, Stuttgart 1969, 79 e ss.

86 BUCARELLI, Gli accordi Ciano-Stojadinović, 390.

87 DE FELICE, Mussolini il duce, II, Lo Stato totalitario, 401 e ss.; BUCARELLI, Gli accordi Ciano-Stojadinović, 392–394.

88 DDI, VIII, 6, d. 345.

89 DDI, VIII, 8, dd. 147, 148, 153, 157, 165, 166, 167. A Roma si capì che la Germania stava accelerando la sua azione distruttiva dell'indipendenza austriaca, ma si decise di non fare nulla per ostacolarla e frenarla. In un appunto autografo del 27 febbraio, pochi giorni dopo il bellicoso discorso di Hitler al Reichstag, Mussolini affermò che spettava in primo luogo all'Austria, piuttosto che all'Italia, "mostrare con i fatti che vuole essere e restare indipendente". L'Italia fascista non era disposta a danneggiare i rapporti con la Germania per frenare l'Anschluss: "È nell'interesse dell'Italia – scrisse Mussolini – che l'Austria resti uno stato indipendente: tale interesse

con la proclamazione di un plebiscito[90], Hitler fece invadere l'Austria dalle sue forze armate (il 12 marzo 1938) e impose l'annessione al Reich germanico[91].

L'Anschluss costituì una dura sconfitta politica per l'Italia fascista. La realizzazione dell'unione dell'Austria alla Germania, pur da tempo prevista da Mussolini, era un grave scacco per il fascismo presso l'opinione pubblica italiana, che vedeva risorgere ai propri confini settentrionali un grande Stato tedesco[92], e diffuse preoccupazione in molti diplomatici ed esponenti fascisti. Gli eventi austriaci mostrarono che la guerra d'Etiopia aveva fortemente indebolito la posizione dell'Italia in Europa: il gioco di sponda fra Berlino, Londra e Parigi era ormai sempre più difficile a causa del deterioramento dei rapporti bilaterali con francesi e britannici, e l'Italia si trovava costretta a subire le iniziative di Hitler, perdendo peso e forza internazionale[93]. La reazione della diplomazia fascista alla scomparsa dell'Austria indipendente fu quella di consolarsi con la speranza che, dopo l'Anschluss, l'Italia era divenuta il primo "grande creditore della Germania nazionalsocialista"[94], e che, quindi, in futuro i tedeschi avrebbero tenuto conto dei desiderata italiani. In realtà, osservatori più realisti della Germania hitleriana, come ad esempio l'addetto militare italiano a Berlino, Marras, si facevano poche illusioni sulle intenzioni dei circoli di Berlino. Il 14 marzo 1938 Marras constatò come il successo austriaco avesse galvanizzato il regime nazionalsocialista e rafforzato le sue componenti più estremiste. Crescevano la forza e l'influenza della Germania nel bacino danubiano. Il successo austriaco, piuttosto che indebolire, aveva rafforzato il carattere aggressivo della politica estera nazionalsocialista:

> I risultati raggiunti confermeranno la Germania hitleriana nella sua linea politico-militare. Sviluppare al massimo gli armamenti per profittare con la minaccia della violenza, di ogni possibile occasione. Nuovi obiettivi che si presentano a scadenza più o meno breve: Cecoslovacchia, corridoio polacco, Memel. Nei nostri

---

però non è tale che meriti di essere difeso con una guerra e nemmeno col capovolgimento delle nostre posizioni politiche nei confronti della Germania. [...] Poiché l'Italia scarta l'eventualità di opporsi colla forza all'Anschluss, è chiaro che se tale evento deve verificarsi, è meglio che non si faccia contro l'Italia", in: DDI, VIII, 8, d. 235.

90   DDI, VIII, 8, dd. 275, 276.

91   DDI, VIII, 8, dd. 284, 285, 286, 292, 293, 298.

92   DE FELICE, Mussolini il duce, II, Lo Stato totalitario, 474 e ss.; Galeazzo CIANO, Diario 1936–1943, Milano, 1990, 110 e ss. Al riguardo anche: DDF, II, 8, dd. 388, 414, 423, 454, 486.

93   Al riguardo le riflessioni del diplomatico statunitense Messersmith: Memorandum by the Assistant Secretary of State (Messersmith) to the Secretary of State, 18 febbraio 1938 in: FRUS, 1938, 1, 17–24.

94   Magistrati a Ciano, 12 marzo 1938, in: DDI, VIII, 8, d. 305.

riguardi, la lettera del Führer – che i giornali tedeschi non hanno pubblicato – contiene un'assicurazione esplicita per l'Alto Adige. Sul valore effettivo di tale dichiarazione non conviene fare molto assegnamento. È caratteristico della mentalità dei tedeschi di torcere con cavilli e sofismi le situazioni e di creare in se stessi una particolare psicosi che li porta ad attribuire agli avversari l'inosservanza degli accordi. Non si dimentichi che nella Feldherrnhalle, la grande loggia degli eroi, di Monaco figura tra gli scudi dedicati alle terre irredente anche quello del Süd-Tirol.[95]

Nel corso del 1938 contemporaneamente alla perdita di peso di Francia e Italia, a lungo potenze predominanti nell'Europa balcanica e danubiana, si assistette all'emergere di un inedito duello politico fra Londra e Berlino, con le due diplomazie in lotta per affermare la rispettiva influenza nella regione. La Germania sviluppò un'azione di penetrazione economica e commerciale in Ungheria, Jugoslavia, Romania e Bulgaria che emarginò sempre più l'Italia[96]. Il governo di Londra, da parte sua, cercò di rafforzare le sue posizioni nei Balcani e nel Mediterraneo orientale, intensificando la propria azione in Jugoslavia e Romania, favorendo il miglioramento dei rapporti fra Grecia e Turchia e stimolando la riconciliazione fra Bulgaria, Grecia, Turchia[97]. Dopo l'Anschluss il governo di Roma iniziò a porsi l'obbiettivo di competere con la crescente influenza della Germania mediante il rafforzamento dei rapporti con Ungheria, Romania, Polonia e Jugoslavia. Le speranze di rafforzare le relazioni con l'Ungheria si scontrarono con il crescente interesse magiaro a collaborare con Berlino per potere partecipare all'eventuale smembramento della Cecoslovacchia[98]. I tentativi di intensificare i rapporti con la Polonia e la Romania pure non diedero molti risultati: nonostante la propensione di Beck e dei leader rumeni a mantenere buoni rapporti con Roma, il deterioramento delle relazioni dell'Italia con Francia e Gran Bretagna rendeva difficile la concretizzazione di un'intima collaborazione politica ed economica con il governo di Mussolini[99]. In questo contesto generale piuttosto inquietante, i buoni rapporti con la Jugoslavia divennero ancora più necessari e vitali per l'Italia dopo l'Anschluss[100]. Per Ciano l'avanzata della Germania verso il Brennero rendeva ancora più urgente l'alleanza italo-jugoslava.

---

95 Marras al ministero della Guerra, 14 marzo 1938, in: DDI, VIII, 8, nota 1 a d. 325.

96 DGFP, D, 5, dd. 154, 155, 159, 166, 181, 201, 250; DDF, II, 11, d. 381.

97 DDF, II, 10, dd. 124, 146.

98 A proposito della politica estera ungherese nel 1938: Réti, Hungarian-Italian Relations, 115 e ss.; DGFP, D, 5, dd. 149, 173, 177, 182, 183, 214, 215, 252.

99 Sui rapporti fra Italia e Polonia: Valerio Perna, Galeazzo Ciano. Operazione Polonia. Le relazioni diplomatiche italo-polacche degli anni Trenta 1936–1939, Milano, 1999.

100 Duroselle, La politique étrangère de la France, 325 e ss.; De Felice, Mussolini il duce, II, Lo Stato totalitario, 454 e ss.

Annotò a tale riguardo nel suo diario il 17 febbraio 1938:

Ho parlato con Christich [ministro plenipotenziario jugoslavo a Roma] della situazione austriaca. A cuore aperto: Italia e Jugoslavia sono in un'identica posizione di fronte al pangermanesimo. Loro peggio di noi: perché sono meno forti e perché non hanno una così salda barriera naturale di frontiere. [...] È indispensabile che i legami tra Roma e Belgrado vengano ancora rafforzati e conviene tenere sempre presente che anche l'Ungheria e la Polonia si trovano in situazione analoga. Christich era d'accordo. Penso che bisogna ormai studiare un'alleanza con la Jugoslavia. L'Asse orizzontale potrà permettere l'esistenza dell'Asse verticale[101].

Per Ciano, la creazione di stretti rapporti politici con la Jugoslavia era ormai così importante da spingerlo, fra il 1938 e l'inizio del 1939, a considerare, in caso di occupazione italiana dell'Albania, l'eventualità di concedere compensi territoriali agli jugoslavi, o di procedere con loro ad una spartizione del regno albanese[102]. In realtà il progetto di un'Asse orizzontale, di un'alleanza italo-jugoslava, non riuscì a concretizzarsi. L'ascesa politica della Germania hitleriana e la sua penetrazione economica nell'Europa centro-orientale indebolirono fortemente l'influenza italiana anche in Jugoslavia e resero la classe dirigente jugoslava restia a legarsi in modo esclusivo con l'Italia. Lo stesso Stojadinović, l'uomo su cui si appuntavano tutte le speranze di Ciano, preferiva mantenere un certo equilibrio fra Roma e Berlino. Le vicende cecoslovacche, poi, mostrarono con chiarezza le crescenti difficoltà dell'Italia in Europa centrale. Era per molti evidente che l'indipendenza dell'Austria e la sopravvivenza della Cecoslovacchia erano fortemente collegate e difficilmente potevano disgiungersi[103], e che quindi, avvenuto l'Anschluss, la dislocazione dello Stato cecoslovacco ad opera di Hitler sarebbe avvenuta in tempi rapidi. Ciano e la diplomazia fascista mostrarono disinteresse verso la questione cecoslovacca[104]. Sia il ministero degli Affari Esteri che l'ambasciata italiana a Berlino pensavano che la Germania intendesse agire contro la Cecoslovacchia gradualmente e nel medio periodo. Solo il 18 agosto 1938, con una comunicazione dell'addetto militare a Berlino, Marras, si evidenziò con chiarezza anche a Roma che la spartizione della Cecoslovacchia era un obiettivo immediato della Germania. L'Italia si rivelò impreparata alla crisi cecoslovacca, con il governo di

---

101 Ciano, Diario, 100.
102 Ciano a Mussolini, 2 maggio 1938, DDI, VIII, 9, d. 42.
103 DDI, VIII, 8, d. 242.
104 Ciano, Diario, 137 e ss. Sulla disgregazione dello Stato cecoslavacco rimandiamo a Arnold Suppan, Hitler – Beneš – Tito. Konflikt, Krieg und Völkermord in Ostmittel- und Südosteuropa (= Internationale Geschichte/International History 1), Wien 2014, I, 470 e ss.

Berlino ben attento a non trasmettere a Roma chiare informazioni sulle proprie intenzioni. Mussolini ebbe un atteggiamento incerto ed oscillante nel corso della crisi cecoslovacca del settembre 1938[105]. Da una parte, dichiarò ai suoi più stretti collaboratori di auspicare lo scoppio di una guerra europea e di essere pronto a lanciare l'esercito italiano a fianco della Germania nel conflitto contro la Francia. Dall'altra, cercò di ritagliarsi un ruolo diplomatico presentandosi come colui che difendeva le richieste di ungheresi e polacchi di partecipare alla spartizione dei territori cecoslovacchi e come lo statista pacificatore, capace di mediare fra Berlino, Londra e Parigi[106]. Ma quella di Mussolini fu un'azione diplomatica incerta e debole, tutta orientata all'esecuzione dei desiderata tedeschi. Istruttiva, a tale riguardo, è la vicenda dei tentativi di Ungheria e Polonia di creare un diretto contatto territoriale fra i due Paesi (il cosiddetto corridoio ungherese-polacco) garantendo la conquista magiara della Rutenia subcarpatica[107]: inizialmente la diplomazia fascista si dimostrò assai favorevole a questo progetto magiaro-polacco[108]; ma appena percepì l'ostilità tedesca alla creazione di un corridoio diretto fra ungheresi e polacchi, Mussolini divenne un avversario del piano magiaro[109]. Nel corso di ottobre il governo italiano si sforzò di perseguire un'azione diplomatica finalizzata a fare apparire l'Italia quale grande potenza che preservava un'influenza decisiva in Europa centrale. Ciano s'impegnò per favorire la realizzazione delle rivendicazioni territoriali ungheresi a spese dei cecoslovacchi e per attribuire all'Italia il merito di tali mutamenti di confine. Non a caso, l'Arbitrato di Vienna, con il quale Germania e Italia decisero i confini fra Cecoslovacchia e Ungheria all'inizio di novembre, fu considerato dal ministro un grande successo dell'Italia: l'Arbitrato era, a suo avviso, "il sigillo sul fatto che ogni influenza franco-britannica è crollata per sempre nell'Europa danubiana e balcanica. Un evento gigantesco"[110]. Il favore di Ciano verso il rafforzamento dell'Ungheria era da lui giustificato con la volontà di costruire un nuovo blocco in Europa centrale, composto da Italia, Ungheria e Jugoslavia[111]. Nei mesi successivi, la distruzione dello Stato cecoslovacco[112] e la violazione degli accordi di Monaco ad opera della Germania, iniziative condotte senza consultare preventivamente

---

105　Al riguardo: DDI, VIII, 10, dd. 4, 12, 24, 30, 56, 101; Ciano, Diario, 172 e ss.
106　Si veda l'analisi di Réti, Hungarian-Italian Relations, 128 e ss.
107　DDI, VIII, 10, dd. 59, 60; DDI, VIII, 11, dd. 15, 58; DDF, II, 11, dd. 219, 284; DDF, II, 12, dd. 3, 67, 92, 222.
108　DDF, II, 12, d. 191.
109　Ciano, Diario, 196.
110　Ciano, Diario, 203.
111　Ciano, Diario, 226.
112　DGFP, D, 4, dd. 202, 222, 225, 227, 228, 229; DBFP, III, 4, dd. 203, 220, 254, 256, 258, 272; DDF, II, 15, dd. 36, 43, 54, 75.

il governo di Roma[113], indicarono senza ambiguità la vacuità delle valutazioni di Ciano. L'occupazione germanica della Boemia e Moravia e l'indipendenza della Slovacchia, posta sotto la protezione della Germania, nel marzo 1939 provocarono una grave crisi interna all'establishment fascista[114]. Pure i politici e i diplomatici più filotedeschi, ad esempio Attolico, constatarono l'imprevedibilità e l'inaffidabilità del governo nazionalsocialista, e la difficoltà nel gestire in modo proficuo il rapporto con Berlino[115]. Fra i politici fascisti si sparse il timore di un possibile futuro colpo di forza tedesco contro la Jugoslavia in nome della difesa dei croati contro il dispotismo serbo. A questo proposito il senatore Alessandro Dudan scriveva a Mussolini il 22 marzo 1939:

> La Germania – se non vi sono contrastanti accordi precisi con l'Italia (e poi: fino a qual punto sarebbero impegnativi?) – può adoperare oggi i croati, come ha adoperato ieri gli slovacchi, per arrivare attraverso le varie gradazioni di protettorato, protezione, unione doganale ecc. al dominio sulla Slovenia, sulla Croazia e sulla Dalmazia, cioè sulla costa adriatica militarmente più importante, da Sussak a Cattaro. La Germania potrebbe agire da sola mettendosi in contatto diretto con Lubiana e con Zagabria […]; oppure potrebbe agire – il che sarebbe più prudente e storicamente più giustificabile – aiutando l'Ungheria a riconquistare la Croazia-Slavonia d'accordo con gli stessi Croati[116].

Nel dalmata Dudan l'espansionismo germanico risvegliava la paura di una nuova egemonia del mondo tedesco nell'Adriatico, simile a quella avuta dall'impero asburgico. Per scongiurare questo pericolo l'Italia fascista, a suo avviso, doveva espandersi a sua volta: l'ostilità ideologica contro lo Stato unitario jugoslavo e il desiderio dell'annessione italiana della Dalmazia lo spingevano a consigliare a Mussolini di agire per fare sì che fosse l'Italia a provocare la disgregazione della Jugoslavia e a sostenere l'indipendentismo croato. Pure in Mussolini vi era una forte preoccupazione riguardo ad una possibile azione tedesca in Jugoslavia. Il 17 marzo Ciano scrisse nel suo diario:

> Il Duce è soprapensiero e depresso. È la prima volta che lo vedo così. Anche nei momenti dell'Anschluss conservava una maggiore spregiudicatezza. Lo preoccupa

---

113 Al riguardo: DGFP, D, 4, dd. 187, 224, 239, 460.
114 CIANO, Diario, 264 e ss.; DE FELICE, Mussolini il duce, II, Lo Stato totalitario. Si veda anche: DDF, II, 15, dd. 10, 30, 44, 86, 190, 211.
115 DDI, VIII, 11, d. 340.
116 Dudan a Mussolini, 22 marzo 1939, allegato a Dudan a Mussolini, 2 agosto 1940 – ASMAE, Carte di Francesco Salata, b. 142. Sulla figura di Alessandro Dudan: MONZALI, Antonio Tacconi e la Comunità italiana di Spalato.

il problema croato: teme che Macek proclami l'indipendenza e si metta sotto la protezione tedesca: "In tal caso non ci sono alternative – egli dice – tranne queste: o sparare il primo colpo di fucile contro la Germania o essere spazzati da una rivoluzione che faranno gli stessi fascisti: nessuno tollererebbe di vedere la croce uncinata in Adriatico"[117].

Dopo alcuni giorni di dubbi e di incertezza, Mussolini decise di mantenere fermo l'orientamento favorevole ad una futura alleanza con la Germania[118]. Ma impartì la nuova direttiva di puntare al controllo politico territoriale di quei territori adriatici e balcanici (Dalmazia, Albania) ritenuti parte della sfera vitale italiana, prima che l'espansione germanica nei Balcani fosse inarrestabile. Si decise poi di accelerare la soluzione del problema del trasferimento di parte dei tedeschi dell'Alto Adige in Germania[119]. Per cercare di bloccare possibili iniziative germaniche in Jugoslavia, la diplomazia italiana decise, con un colloquio di Ciano con Mackensen, ambasciatore tedesco a Roma, il 17 marzo, di chiedere assicurazioni a Hitler circa l'impegno a non intervenire a favore dei croati e il riconoscimento dei diritti esclusivi dell'Italia fascista sull'Adriatico e sul Mediterraneo[120]. Il 20 marzo Mackensen portò la risposta rassicurante della Germania alle paure italiane: l'ambasciatore assicurò che la Germania non aveva alcuna mira in nessuna zona del Mediterraneo, ritenuto "mare italiano", e che si disinteressava completamente della questione croata. Il governo tedesco prendeva poi nota delle dichiarazioni dell'Italia "che non può disinteressarsi di eventuali modificazioni dello status quo in Croazia" e dichiarava:

Come l'Italia si è disinteressata della questione cecoslovacca che dalla Germania è stata risolta in rispondenza alle sue necessità ed ai suoi interessi, così, se sorgerà la questione croata, sarà il turno per la Germania di disinteressarsi al cento per cento di tale problema, lasciandone la soluzione all'Italia[121].

---

117 Ciano, Diario, 267.
118 Sulla crisi della politica estera italiana nel marzo 1939: Mario Toscano, Le origini diplomatiche del patto d'Acciaio, Firenze, 1956, 159 e ss.; De Felice, Mussolini il duce, II, Lo Stato totalitario, 585 e ss.; Pastorelli, Dalla prima alla seconda guerra mondiale, 132.
119 DGFP, D, 6, d. 143, 163; Mario Toscano, Storia diplomatica della questione dell'Alto Adige, Roma-Bari 1967.
120 Verbale del colloquio Ciano-Mackensen, 17 marzo 1939, edito in: Toscano, Le origini diplomatiche del patto d'Acciaio, 162–163 e in DDI, VIII, 11, d. 325. Si veda anche DGFP, D, 6, d. 15.
121 Verbale redatto da Ciano, 20 marzo 1939, edito in Toscano, Le origini diplomatiche del patto d'Acciaio, 169 e in DDI, VIII, 11, d. 351.

Queste dichiarazioni di Mackensen furono confermate da una lettera di Ribbentrop, ministro degli Esteri tedesco, datata 20 marzo e consegnata il pomeriggio del 21: i due documenti vennero considerati dal governo fascista il riconoscimento formale del diritto italiano ad includere i territori croati nella propria sfera d'influenza esclusiva e a disporne a proprio piacimento[122].

La fine della Cecoslovacchia segnò definitivamente il declino dell'influenza italiana in Europa centrale di fronte all'emergere dello strapotere hitleriano[123]. A partire dal marzo 1939 l'Italia fascista rinunciò a svolgere un ruolo politico di primo piano e si rassegnò a divenire progressivamente marginale in quella parte dell'Europa, consolandosi con il sogno dell'Adriatico e del Mediterraneo quali zone appartenenti alla sfera d'influenza esclusiva italiana nel futuro sistema internazionale dominato dalle potenze fasciste[124]. La speranza di Ungheria e Polonia di trovare nell'Italia fascista un potenziale partner per frenare la minacciosa e pervasiva presenza della Germania in Europa si rivelò illusoria[125], in quanto Mussolini aveva ormai di fatto dato carta bianca a Hitler in tutta l'Europa centro-orientale pur di ottenere future conquiste nei Balcani adriatici e nelle regioni mediterranee. È quanto lo stesso Mussolini dichiarò all'elite fascista il 21 marzo 1939: l'Italia, ormai, doveva cercare di chiudere l'Adriatico alla Germania e concentrarsi sulla creazione di una propria sfera d'influenza riservata nel Mediterraneo[126]. L'evoluzione politica interna jugoslava nei primi mesi del 1939 contribuì a favorire la decisione dell'Italia fascista di abbandonare la politica di collaborazione con Belgrado e riprendere i vecchi disegni espansionistici antijugoslavi. Nella classe dirigente serba la volontà di Stojadinović di creare un forte legame politico con l'Italia trovò non pochi critici, sostenitori piuttosto dell'allineamento della Jugoslavia a una delle due sole grandi potenze europee rimaste, la Germania o la Gran Bretagna. Criticato per la sua politica estera, incapace di risolvere il contenzioso politico con l'opposizione croata, ormai resa più forte dalle crescenti simpatie tedesche

---

122 Ribbentrop a Ciano, 20 marzo 1939, edito in DGFP, D, 6, d. 55 e in Toscano, Le origini diplomatiche del patto d'Acciaio, 169–171.

123 Si vedano le dichiarazioni di Ribbentrop ai governanti ungheresi alla fine di aprile 1939, in: DGFP, D, 6, d. 295.

124 Interessanti a questo riguardo le dichiarazioni di Mussolini ai dirigenti ungheresi nell'aprile 1939: György Réti, I rapporti italo-ungheresi Aprile–Maggio 1939, in: "Rivista di Studi Politici Internazionali" 242, 1994, 233–248; id., Hungarian-Italian Relations, 163 e ss. Sui nuovi equilibri all'interno della collaborazione italo-germanica si vedano i verbali dei colloqui Mussolini – Göring nell'aprile 1939, in: DGFP, D, 6, dd. 205, 211.

125 Al riguardo i colloqui di Mussolini e Ciano con ungheresi e polacchi nel corso della primavera del 1939: György Réti, Relazioni italo-ungheresi Giugno –Agosto 1939, in: "Rivista di Studi Politici Internazionali" 244, 1994, 531–546; Perna, Galeazzo Ciano. Operazione Polonia.

126 DDI, VIII, 11, d. 415.

per la sua causa, Stojadinović venne destituito dal reggente Paolo all'inizio del febbraio 1939; il nuovo governo, più filooccidentale, fu guidato dal serbo Cvetković[127]. La caduta di Stojadinović fu accolta negativamente in Italia, dove venne interpretata come una manovra franco-britannica in senso antiitaliano. I tentativi del principe Paolo di seguire una politica più equidistante fra Roma e Londra crearono diffidenza e sospetti nell'Italia fascista e in Mussolini in particolare, che tornò a considerare lo Stato jugoslavo un potenziale nemico in caso di conflitto italo-britannico[128]. Non a caso la caduta del governo Stojadinović e la crisi della collaborazione italo-jugoslava favorirono il risorgere di mire espansionistiche italiane contro lo Stato jugoslavo. Progressivamente le relazioni italo-jugoslave iniziarono a deteriorarsi. Il risorgere del disegno di favorire la disgregazione della Jugoslavia fu confermato dalla ripresa della politica di sostegno verso il separatismo croato[129] e dalla fine dell'ostracismo verso i capi del movimento degli ustascia a partire dal marzo 1939[130]. La speranza dell'Italia era di usare al momento opportuno gli ustascia per provocare una rivolta in Croazia e l'occasione di un intervento militare italiano che portassero al crollo dello Stato jugoslavo: speranze, però, che risultarono vane perché gli ustascia erano deboli e disorganizzati in Croazia, dove la forza politica egemone era il partito agrario guidato da Maček, sostenuto dalla Chiesa cattolica, partito che puntava a sfruttare le simpatie italiane e tedesche per raggiungere un compromesso croato-serbo che riconoscesse una larga autonomia e una vasta estensione ai territori croati all'interno di una Jugoslavia federale e decentralizzata. La conquista italiana dell'Albania nell'aprile 1939[131] peggiorò ulteriormente i rapporti fra Roma e Belgrado. Le mire ostili dell'Italia erano confermate dal sostegno del governo fascista all'irredentismo albanese in Kosovo, usato sia per guadagnarsi le simpatie degli albanesi recentemente conquistati sia per tenere "un pugnale piantato nel dorso alla Jugoslavia"[132]. La conclusione del patto d'Acciaio nel maggio 1939[133], alleanza sia difensiva che offensiva fra Italia fascista

127 DDI, VIII, 11, dd. 153, 156, 162, 182, 198, 199; LAMPE, Yugoslavia as History, 194 e ss.; STO-JADINOVIC, Jugoslavia fra le due guerre, 299 e ss.; Donald C. WATT, 1939. Come scoppiò la guerra, Milano 1939, 266 e ss.

128 DE FELICE, Mussolini il duce, II, Lo Stato totalitario, 320, 467; DUROSELLE, La politique étrangère de la France, 389 e ss.; GIGLIOLI, Italia e Francia, 534 e ss.; BOLECH CECCHI, Non spezzare i ponti con Roma; QUARTARARO, Roma fra Londra e Berlino.

129 Sui contatti italiani con il separatismo croato e con il Partito contadino croato: DDI, VIII, 11, dd. 256, 280, 308, 316, 353, 380, 406.

130 CIANO, Diario, 262, 269, 274; JUSO, Il fascismo e gli Ustascia, 125 e ss.; Alfredo BRECCIA, Jugoslavia 1939–1941. Diplomazia della neutralità, Milano 1978.

131 Francesco JACOMONI DI SAN SAVINO, La politica dell'Italia in Albania, Bologna 1965, 64 e ss.

132 CIANO, Diario, 286–287; Luca MICHELETTA, La resa dei conti. Il Kosovo, l'Italia e la dissoluzione della Jugoslavia (1939–1941), Roma 2008.

133 Sulla genesi del patto d'Acciaio: TOSCANO, Le origini diplomatiche del patto d'Acciaio; DE FE-

e Germania hitleriana, indicò la crescente inclinazione italiana a prepararsi ad un ulteriore uso della forza per costruire il proprio spazio vitale nell'Adriatico e nel Mediterraneo: Jugoslavia e Grecia erano i possibili obiettivi di questa espansione. Un elemento di freno alle velleità di Mussolini fu comunque la volontà della Germania di non creare instabilità nei Balcani in vista della soluzione della questione polacca. La Germania aveva ormai conquistato l'egemonia economica e finanziaria in Jugoslavia e piuttosto che distruggere lo Stato jugoslavo preferiva attrarlo in una coalizione egemonizzata da Berlino[134]. Il governo jugoslavo cercò di reagire alla crescente minaccia italiana svolgendo una complessa trama diplomatica che, pur incentrata sulla difesa di una posizione di neutralità di fronte al profilarsi dello scontro fra le potenze occidentali e gli italo-tedeschi, assicurasse il sostegno della Germania e della Gran Bretagna al mantenimento dell'integrità territoriale e dell'indipendenza jugoslava[135]. Sul piano interno, invece, il reggente Paolo e il governo Cvetković cercarono di raggiungere un compròmesso politico con l'opposizione croata, principale minaccia all'unità del paese. Nel corso del 1939 si svolsero lunghi negoziati fra il governo di Belgrado e il partito contadino croato, che ebbero successo alla fine di agosto. Allarmato dal diffondersi di notizie sulla possibile conclusione di un patto tedesco-sovietico e sui preparativi militari della Germania in vista di un attacco contro la Polonia, il governo di Belgrado decise di fare grandi concessioni ai croati pur di raggiungere un accordo che evitasse il rischio dell'internazionalizzazione della questione croata e di un possibile intervento italiano o tedesco. Nell'accordo siglato il 23 agosto 1939 veniva decisa la creazione di un nuovo esecutivo Cvetković con la partecipazione del capo del partito contadino Maček, nominato vicepresidente del Consiglio, e di vari ministri croati; in più era concessa una certa autonomia amministrativa e politica ai territori definiti croati ed organizzati nella cosiddetta Banovina croata, costituita da Croazia, Slavonia, Dalmazia ed Erzegovina[136]. Lo scoppio della Seconda guerra

---

LICE, Mussolini il duce, II, Lo Stato totalitario; PASTORELLI, Dalla prima alla seconda guerra mondiale.

134 Al riguardo: BRECCIA, Jugoslavia; DDI, VII, 12, dd. 68, 98, 115. Sulla politica estera della Germania hitleriana: Klaus HILDEBRAND, The Foreign Policy of the Third Reich, London 1973; ID., Das vergangene Reich: deutsche Außenpolitik von Bismarck bis Hitler 1871–1945, Stuttgart 1995; Andreas HILLGRUBER, La strategia militare di Hitler, Milano 1986; ID., Storia della seconda guerra mondiale. Obiettivi di guerra e strategia delle grandi potenze, Bari-Roma 1994; ID., La distruzione dell'Europa, Bologna 1991.

135 Sulla politica estera jugoslava fra il 1939 e il 1941 rimane fondamentale il volume di BRECCIA, Jugoslavia. Si veda anche: HOPTNER, Yugoslavia in Crisis; WATT, 1939. Come scoppiò la guerra, 373 e ss.; Dragoljub R. ŽIVOJINOVIC, Yugoslavia, in: Neville Wylie (ed.), European Neutrals and Non-Belligerants during the Second World War, Cambridge 2002, 217 e ss.

136 BRECCIA, Jugoslavia, 182 e ss.; Jože PIRJEVEC, Il giorno di San Vito. Jugoslavia 1918–1992. Storia di una tragedia, Torino, 1993, 104–147; LAMPE, Yugoslavia as History, 195.

mondiale trovò quindi una Jugoslavia che, grazie all'accordo con Maček, era riuscita a stabilizzare la propria situazione interna. L'impreparazione militare italiana e l'incertezza dell'esito della guerra fra tedeschi e anglo-francesi consigliarono al governo fascista di rimandare l'intervento nel conflitto e quindi resero impossibile al "duce", per il momento, di cercare di realizzare le sue mire antijugoslave.

L'inizio della guerra mondiale nel settembre 1939 ebbe luogo al termine di un processo di progressivo ridimensionamento dell'influenza italiana in Europa centrale a vantaggio di quella germanica. Agli occhi dell'establishment fascista l'ascesa della Germania nazionalsocialista e l'avvicinamento ad essa avevano costituito una grande opportunità. La trasformazione dello Stato tedesco nella potenza egemone sul continente europeo poteva facilitare la realizzazione dei progetti d'espansione imperialistica di Mussolini nell'area mediterranea e l'affermazione dell'Italia quale potenza mondiale. Di fatto, però, a partire dal 1936 l'ascesa della Germania aveva indebolito il peso dell'Italia in Europa e aveva fortemente ridimensionato il ruolo di Roma nell'area danubiana e balcanica. Come abbiamo visto, l'irrompere aggressivo, in maniera non controllabile dall'Italia, dell'egemonia germanica nell'Europa centrale spaventò e preoccupò l'establishment fascista. La risposta di Mussolini al sempre più frenetico attivismo tedesco fu, da una parte, l'acquiescenza alla crescente preponderanza hitleriana in Ungheria, Romania e Bulgaria, dall'altra, la preparazione e la realizzazione di disegni d'espansione nei Balcani occidentali, poiché anche l'Italia doveva procurarsi la sua "parte di bottino"[137] e costruire la sua sfera vitale esclusiva nell'Adriatico e nel Mediterraneo. Va sottolineato, però, che per l'Italia fascista la scelta dell'espansionismo balcanico dopo il marzo 1939 non era un segnale di forza, ma di crescente debolezza. Per Mussolini, vittima della sua strategia diplomatica, l'espansione adriatica e balcanica nel 1939 era ormai motivata da ragioni di difesa dello spazio vitale italiano, non tanto dagli occidentali, quanto dall'alleato tedesco. Nel giugno 1940, di fronte al crollo della Francia, ritenendo decisa la vittoria della Germania, Mussolini spinse l'Italia in guerra contro Francia e Gran Bretagna certamente per partecipare alla spartizione delle spoglie dei presunti sconfitti realizzando lo spazio vitale italiano nel Mediterraneo e in Africa, ma anche per ragioni difensive: rafforzare diplomaticamente l'Italia fascista di fronte all'inquietante espansionismo germanico ricostituendo l'alleanza fra Roma e Berlino, la cui solidità si era pericolosamente incrinata nel settembre 1939 con la scelta italiana della non belligeranza[138].

---

137 CIANO, Diario, 332.
138 Per una ricostruzione della genesi dell'intervento italiano nella Seconda guerra mondiale: Gian Luca ANDRÈ, La guerra in Europa (1° settembre 1939–22 giugno 1941), Milano 1964, 267 e ss.; DE FELICE, Mussolini il duce, II, Lo Stato totalitario, 794 e ss.

Valerio Perna

Austria e Polonia. Identica parabola nella politica dell'Italia fascista

È nota la posizione ferma assunta dall'Italia in merito all'indipendenza austriaca negli anni 1933–35 e la progressiva erosione dell'atteggiamento di intransigenza durante il biennio successivo fino ad accettare l'Anschluss con la solo garanzia del confine al Brennero. Meno nota è la parabola percorsa dalla politica italiana nei confronti della Polonia in un tempo molto più breve: da gennaio ad agosto del 1939. In pochi mesi, i rapporti di cordiale amicizia basati sulle affinità storiche e culturali furono sostituiti dalle pressioni e dalle accuse di irresponsabilità rivolte al governo polacco, colpevole di non accettare il Diktat della Germania sulla questione di Danzica e del "corridoio".

Gli inglesi a Roma

Le relazioni italo-polacche all'inizio del 1939 erano decisamente cordiali. Il resoconto del quotidiano filogovernativo "Gazeta Polska" sulla politica estera del 1938 non mancò di evidenziarlo[1]:

> I rapporti polacco-italiani si sono sviluppati in un'atmosfera di armoniosa amicizia. Il ministro Beck si è recato in visita a Roma dal 6 al 10 marzo intrattenendo colloqui con Mussolini, con il re, con il ministro Ciano. Dopo la partenza, il ministro Beck ha parlato alla stampa degli sviluppi positivi dei rapporti bilaterali [...] Il 15 maggio, Wieniawa-Długoszowski è stato nominato ambasciatore della Repubblica Polacca a Roma [...] Poco dopo il presidente della Repubblica Polacca si è recato per un soggiorno di riposo e cura a Laurany dal 26 giugno al 12 agosto nel corso del quale ha rilasciato un'intervista alla stampa (31 luglio) per sottolineare la continuità dell'amicizia italo-polacca. Il successore al trono d'Italia, principe di Piemonte, ha reso visita il 1° agosto al presidente, che successivamente ha ricevuto vari rappresentanti politici italiani tra i quali il viceministro degli affari Esteri Bastianini. La cooperazione polacco-italiana durante la risoluzione della crisi cecoslovacca ha visto l'Italia appoggiare, il 21 settembre, le rivendicazioni territoriali

---

1   Polska polityka zagraniczna w r. 1938 [La politica estera polacca nell'anno 1938], in: "Gazeta Polska", 2 gennaio 1939, 5.

polacche in Cecoslovacchia. Per questo, l'ambasciatore Wieniawa-Długoszowski ha ringraziato, il 26 settembre, il governo italiano. Il 16 ottobre, il capo della polizia polacca, generale Kordian-Zamorski è giunto in visita a Roma. Oltre a ciò, è stato concluso a Varsavia dal 14 al 19 novembre, l'accordo polacco-italiano per le tariffe doganali, mentre a Roma, il 1° dicembre, durante la visita dei giovani polacchi, è stato firmato l'accordo di cooperazione per la gioventù.

La visita di Chamberlain e Halifax a Roma prevista per i giorni 11–14 gennaio era vista con favore. Se l'Italia riprendeva il dialogo con la Gran Bretagna e la Polonia stabiliva un modus vivendi con la Germania, Italia e Polonia avrebbero potuto mantenere e sviluppare una politica di amicizia cointeressata. Al contrario, l'appiattimento di Roma sulle posizioni di Berlino avrebbe pregiudicato anche gli interessi della Polonia che auspicava un'Italia diplomaticamente forte in veste di mediatore tra la Germania e le democrazie occidentali sulla scia di quanto era avvenuto a Monaco e in occasione del primo arbitrato di Vienna. A tali condizioni, l'Italia poteva mantenere sufficiente l'autorevolezza per contenere le prevedibili mire di Berlino verso le regioni ex tedesche della Polonia.

L'8 gennaio, il "duce" espose un progetto incoraggiante. Auspicò un'intesa politico-economica più stretta con la Jugoslavia, l'Ungheria, la Romania, la Polonia. Il ministro degli Esteri Galeazzo Ciano ne fu confortato. Da tempo vagheggiava una strategia di politica estera che coincideva con le aspettative della Polonia: la costituzione di un Asse orizzontale da Roma a Varsavia attraverso Belgrado e Budapest per compensare l'Asse verticale Roma-Berlino.

Alla vigilia dell'arrivo degli inglesi a Roma, l'ambasciatore polacco Bolesław Wieniawa-Długoszowski parlò a lungo con il collega ambasciatore di Francia François-Poncet. Questi espresse il suo scetticismo sulla politica polacca di equidistanza tra la Germania e la Russia così come era stata impostata dal maresciallo Piłsudski: "La Germania vuole Danzica e l'Ucraina – affermò François-Poncet – e voi polacchi coltivate eccessive illusioni"[2]. Erano frasi che infastidivano l'ambasciatore polacco, tanto più se pronunciate con un tono di malcelato senso di superiorità come era nelle abitudini del francese.

Contrariamente agli auspici, gli incontri italo-britannici si conclusero con un nulla di fatto soprattutto in merito all'appeasement delle relazioni tra l'Italia e la Francia che costituivano il presupposto per rilanciare la centralità di Roma nella politica europea. Galeazzo Ciano definì le conversazioni di Roma come

---

2   Wieniawa a Esteri, Roma, 14 gennaio 1939, in: Józef Chudek (ed.), Z raportów ambasadorskich Wieniawy-Długoszowskiego [Dai rapporti dell'ambasciatore Wieniawa-Długoszowski], in: "Polski Instytut Spraw Międzynarodowich. Zeszyty Historyczne", 6, Varsavia 1957, doc. X, rapporto 3/2, 35–36.

"una grande limonata" senza valutarne a pieno le conseguenze negative. Da quel momento, Roma vedeva restringersi la libertà di movimento in Europa dato che le stabili intese con gli inglesi e le minori tensioni con la Francia erano i presupposti per mantenere inalterato il prestigio italiano e per contenere i rischi di cedimento nei confronti della Germania. Anche l'ambasciatore Wieniawa dovette ammette l'inconsistenza delle conversazioni a quattro Mussolini – Chamberlain e Ciano – Halifax[3]:

> Ognuna delle parti ha ribadito, ad li là del generico impegno a concretizzare i recenti accordi italo-inglesi, la propria posizione. Mussolini ha esposto ampiamente la natura degli interessi italiani nel Mediterraneo, e anche Chamberlain e Halifax si sono espressi chiaramente. Le conversazioni hanno talmente evidenziato le divergenze tra le posizioni dell'Italia e quelle della Francia che gli inglesi non hanno neanche accennato alle condizioni preliminari di un'intesa italo-francese. E Mussolini non ha chiesto nessuna mediazione.

I cedimenti di febbraio

I rapporti con le grandi potenze erano riservati al "duce". Galeazzo Ciano godeva di un certo spazio di autonomia nelle relazioni con i paesi dell'Europa balcanica e centro-orientale. Il giovane ministro non disdegnava la teatralità e i suoi interlocutori ne erano a conoscenza. Così, fu accolto in maniera regale a Belgrado dal 18 al 22 gennaio quando l'eco del primo arbitrato di Vienna era ancora forte e l'intesa italo-jugoslava procedeva sotto buoni auspici. Non era un mistero che la Jugoslavia di Stojadinović costituisse un cardine della strategia diplomatica italiana e rappresentasse il trampolino del fascismo proteso verso i Balcani e verso la regione danubiana e polacca.

In quel clima di rinnovata fiducia, fu celebrata il 6 febbraio all'Università di Bologna la ricorrenza di un evento emblematico dell'amicizia italo-polacca: la risoluzione a favore della rinascita dello Stato polacco presentata al parlamento italiano dal senatore Luigi Montresor il 7 dicembre 1915 insieme a settanta firmatari. Il quotidiano "Warszawski Dziennik Narodowy" dedicò un ampio resoconto all'evento[4]:

---

3   Ambasciata polacca a Esteri, Roma, 14 gennaio 1939 – Archivio Atti Nuovi di Varsavia [di seguito AAN], Ambasciata della Repubblica Polacca a Roma [di seguito ARPR], syg. [segnatura] 6, rapporto 3/3, 25–27.

4   Manifestacja przyjaźni polsko-włoskiej [Manifestazione dell'amicizia polacco-italiana], in: "Warszawski Dziennik Narodowy", 7 febbraio 1939, 2.

Il presidente della Società degli Amici della Polonia e presidente dell'Accademia dei Lincei, professore e senatore Pier Silverio Leich ha sottolineato che Luigi Montresor, proponendo il 7 dicembre 1915 la sua risoluzione, fu il primo parlamentare a percepire la necessità della rinascita della Polonia indipendente. Per l'Italia si trattava di una questione di giustizia, ossia correggere l'errore compiuto nel XVIII secolo da Prussia, Russia e Austria. Alla fine, Leich ha offerto al senatore Montresor la pergamena commemorativa sottolineando la solida amicizia che unisce i due popoli. L'ambasciatore Wieniava ha attribuito un duplice significato all'iniziativa del senatore Montresor: da un lato essa ribadiva la tradizione dell'amicizia tra l'Italia e la Polonia, dall'altro auspicava il recupero del ruolo della Polonia come bastione dei valori culturali ereditati dalla tradizione latina. Ha quindi ringraziato quegli italiani che avevano compreso il ruolo della Polonia nella nuova Europa. Dopo l'ambasciatore ha parlato Leonardo Kociemski, presidente della società Adam Mickiewicz di Roma, per ricordare che tra i firmatari della risoluzione era anche Ludovico Federzoni, attuale presidente del Senato e dell'Accademia d'Italia. Ha quindi preso la parola Luigi Montresor. Ha ringraziato per gli onori ricevuti e per ricordare le non poche difficoltà diplomatiche alle quali andò incontro la risoluzione nel 1915.

La celebrazione di Bologna evidenziò le buone intese tra Roma e Varsavia e confermò il credito di cui godeva l'Italia tra le medie potenze europee. Fu sicuramente il momento in cui la percezione di potenza espressa dal fascismo in Europa toccò il punto più alto, ma proprio in quei giorni si verificarono alcuni eventi negativi che provocarono una brusca inversione di tendenza e annunciarono il cedimento delle deboli fondamenta della politica estera italiana. Il 4 febbraio, si dimise Stojadinović, provocando una serie di reazioni a catena nella politica jugoslava che si avviò verso una fase di profonda revisione. Emersero le divergenze di vedute tra croati e serbi. I primi rivolsero sempre maggiori attenzioni verso il Terzo Reich, mentre i secondi iniziarono il percorso di avvicinamento alle democrazie occidentali. Un'altro segnale di cedimento giunse da Oriente l'8 febbraio quando i giapponesi comunicarono il loro diniego sulla conclusione del Patto a Tre. Il passo era altamente significativo, ma non fu sufficiente a modificare la volontà di Mussolini, ormai protesa verso il legame indissolubile con la Germania. Il 19 febbraio, si verificò il terzo evento negativo sulla via del dialogo tra l'Italia e le democrazie occidentali. Su iniziativa del "duce" venne richiamato da Londra l'ambasciatore Dino Grandi, promotore del gentlemen's agreement del gennaio 1937 e animatore delle conversazioni che avevano portato agli accordi di Roma del 16 aprile 1938.

I "cedimenti di febbraio" affievolirono lo spazio di manovra dell'Italia e le cancellerie europee ne valutarono immediatamente le conseguenze. Si stava verificando l'esatto contrario di quanto la diplomazia e l'opinione pubblica polacca si attendevano da Roma. "Warszawski Dziennik Narodowy" non mancò di rilevarlo il 22 febbraio[5]:

[...] In considerazione che il mantenimento del sistema politico stabilito dopo la guerra non si è rivelato durevole e che l'Europa non può cadere nell'anarchia, è necessario ricercare un nuovo sistema politico, una nuova forma di ordine del nostro continente. Il fondamento di questo ordine deve essere il principio dell'equilibrio e la presenza di sistemi nell'ambito dei quali gli stati europei possano intendersi per avviare la risoluzione delle problematiche. Sono stati intrapresi dei tentativi con il Patto delle quattro grandi potenze o con gli accordi di Monaco, ma tutto ciò non è più sufficiente per soddisfare le attuali necessità. Mentre procedevano i tentativi, le grandi potenze si sono divise in due blocchi ideologici. Purtroppo, una tale divisione non persegue l'interesse e il bene dei popoli europei e in primo luogo della Polonia, che ha davanti a sé grandi problematiche e non può schierarsi ideologicamente. Non è quindi sufficiente ricercare l'equilibrio tra i due blocchi. È necessario porsi altri obiettivi. Ci sembrerebbe opportuno ricercare qualcosa di simile all'ottocentesco "concerto" europeo, nell'ambito del quale trovino posto gli stati che occupano posizioni preminenti, tra i quali la Polonia. Un tale ordine al di sopra degli Stati tutelerebbe gli interessi non solo della Polonia, ma anche dell'Italia, che aderisce ai blocchi ideologici solo per circostante temporanee. La situazione geografica della Polonia ci costringe ad avversare i blocchi e le guerre ideologiche e di conseguenza i patti antibolscevichi. Le ragioni politiche ci impediscono anche di collocarci su posizioni antifrancesi o di avallare l'affermazione di una nazione egemone in Europa.

Il giorno seguente, lo stesso quotidiano polacco tornò sull'argomento sempre con la firma di Kosicki per sottolineare le attenzioni delle grandi potenze verso le questioni occidentali che avrebbero egemonizzato la politica europea nell'anno in corso[6]:

[...] La vittoria del generale Franco crea una nuova situazione, non solo sulla penisola iberica ma su tutta l'Europa occidentale e sul Mediterraneo [...] Dopo la guerra civile, saliranno all'ordine del giorno gli attriti italo-francesi [...] A fianco dell'Italia si collocherà la Germania, a fianco della Francia, l'Inghilterra. Il comportamento degli Stati Uniti e del Giappone, legati dagli orientamenti anticomunisti

---

5   Stanislaw Kozicki, Polska i Włochy [Polonia e Italia], in: "Warszawski Dziennik Narodowy", 22 febbraio 1939.

6   "Warszawski Dziennik Narodowy", 23 febbraio 1939.

a Italia e Germania, sarà importante. Le questioni euro-occidentali domineranno l'anno 1939, ma la politica della Polonia dovrà essere attiva […] Noi dobbiamo preoccuparci di non essere lasciati soli di fronte alla potenza crescente della Germania […] A proposito dell'Italia, il punto di vista polacco sull'evoluzione dei rapporti europei è quello di favorire l'intesa franco-italiana. Soltanto ciò può preservare l'Europa dall'egemonia di una sola potenza e assicurare l'equilibrio.

Ma proprio in quei giorni si avvertirono i primi segnali della guerra di nervi esercitata dalla Germania sul governo polacco. Già nei colloqui del 4 e 5 gennaio a Berchtesgaden, il ministro Beck aveva percepito un diverso umore nell'atteggiamento di Hitler e Ribbentrop sulle questioni baltiche. Aveva tenuta riservata quella sensazione per non allarmare il corpo diplomatico verso il quale si era espresso con parole rassicuranti. Ma la conferma delle peggiori previsioni giunse alla fine di gennaio quando Beck incontrò nuovamente Ribbentrop a Varsavia e rimase turbato dai toni del colloquio. Il ministro tedesco parlò con ostinazione dei diritti del Terzo Reich su Danzica e sulle vie di comunicazione attraverso il corridoio, accennando a vaghi compensi che la Polonia poteva ottenere in Slovacchia. Beck oppose un fermo rifiuto e pregò Ribbentrop di riferire chiaramente a Hitler la sua indisponibilità riguardo a ogni ipotesi di "sistemazione" del corridoio di Danzica.

La Polonia aveva quindi mantenuto fermi i capisaldi della sua politica estera, ma i margini entro i quali si muoveva il sistema dell'equilibrio e dell'equidistanza si facevano sempre più stretti. A quel punto la visita di Ciano a Varsavia, prevista per l'ultima decade di febbraio, andava ben oltre i contatti di *routine*. La Polonia auspicava che il ministro italiano promuovesse un'iniziativa di mediazione o una trattativa bilaterale, fermi restando i diritti inviolabili di Varsavia su Danzica e sullo sbocco al mare.

Ciano in Polonia

A metà febbraio giunse in Italia il sottosegretario polacco agli Esteri Jan Szembek per partecipare ai funerali di Pio XI, deceduto il 10 febbraio per una crisi cardiaca. Szembek approfittò della circostanza per intavolare una serie di conversazioni con il padre superiore dei gesuiti Włodzimierz Ledochowski, con il cardinale Eugenio Pacelli, il sottosegretario italiano Giuseppe Bastianini, l'ambasciatore Wieniwa. Le conversazioni riguardavano principalmente il rapporto tra Italia e Francia che stava molto a cuore alla Polonia, ma non trovava corrispondenza a Roma dove l'atteggiamento verso i transalpini era a dir poco freddo. Nonostante ciò, Wieniawa manifestò a Szembek il suo ottimismo, condito da una punta di ironia: "Nessuno si batte per ottenere qualcosa che in ogni caso otterrà. I possedimenti italiani aumenteranno senza la guerra – sentenziò l'ambasciatore – mentre quelli della Francia diminuiranno". La conversazione cadde poi sull'Asse Roma-Berlino, che Wieniawa definì solido e infine sulla figura del ministro Ciano: "Indubbiamente è il portavoce di Mussolini, forse non ha una grande cultura, ma si può contare su di lui (…) Attribuisco molta importanza alla sua visita a Varsavia".[7]

In quei giorni, la stampa italiana e polacca dedicarono ampio spazio ai rapporti bilaterali. La visita di un ministro degli Esteri italiano si ripeteva a distanza di nove anni da quella di Dino Grandi. Il "Messaggero" e il "Corriere della Sera" resero omaggio al ministro Beck e al suo orgoglio nazionale, mentre "Gazeta Polska" pubblicò in prima pagina e in lingua italiana un comunicato di Mussolini.

Galeazzo Ciano partì per Varsavia il 24 febbraio. Lo stesso giorno "Gazeta Polska" pubblicò un articolo che ripercorreva i rapporti culturali italo-polacchi nel corso dei secoli[8]:

Lo scambio di valori culturali tra la Polonia e l'Italia continua da cinque secoli. Nel Medio Evo giungevano in Italia i letterati, gli artisti, i politici e uomini di stato polacchi. Anche in Polonia non mancavano gli italiani illustri come Filippo Buonaccorsi (Callimaco) […] Dopo la III spartizione della Polonia le città italiane si riempirono di emigrati polacchi. Da quel momento si strinsero sinceri legami di comprensione e di rispetto tra i due popoli. La lotta per la libertà approfondì ulteriormente la loro amicizia. La morte eroica del colonnello Nullo, il cui monumento sarà inaugurato dal ministro Ciano durante la sua visita a Varsavia, costituì un ulteriore episodio della lotta comune dei polacchi e degli italiani […] Dopo il 1918, sono stati istituiti i lettorati di lingua polacca nelle università di Roma, Padova e Firenze. L'università di Varsavia intitolata a Józef Piłsudski ha creato la cattedra di lingua e letteratura italiana sotto la direzione dell'illustre romanista Mieczysław Brahmer. A Roma la cattedra di letteratura polacca è retta dal noto slavista professor Giovanni Maver […] I governi dei due paesi lavorano ora per la conclusione di un trattato di collaborazione culturale tra la Repubblica di Polonia e il Regno d'Italia. Tra l'altro, è prevista l'apertura dell'Istituto di cultura italiana a Varsavia.

L'articolo di "Gazeta Polska" lasciava chiaramente intendere le basi sulle quali era fondato il rapporto di amicizia con l'Italia. Gli antichi legami spirituali e cul-

---

7 Jan Szembek, Journal 1933–1939, Parigi 1952, alla data del 22 febbraio 1939, 423.

8 Stosunki kulturalne polsko-włoskie [I rapporti culturali polacco-italiani], in: "Gazeta Polska", 24 febbraio 1939, 3.

turali costituivano il substrato sul quale poggiavano le solide intese che si allungavano fino al tempo presente. Si trattava di radici ben diverse rispetto a quelle auspicate dal ministro Ciano. Non erano il fascismo e le sue realizzazioni a destare ammirazione, ma piuttosto il patrimonio artistico e culturale prodotto nei secoli dai grandi italiani. Un'altra delusione giunse al giovane ministro italiano dalla percezione del sentimento di avversione verso i tedeschi. Annotò sul diario[9]: "La Polonia [...] è fondamentalmente antitedesca. La tradizione, l'istinto e gli interessi la portano contro la Germania". L'approccio del ministro verso la Polonia si rivelò quindi basato su un malinteso, o meglio sull'errata convinzione che il governo polacco nutrisse un timore reverenziale verso l'Italia fascista e risultasse malleabile nei suoi orientamenti di politica estera. In sostanza, Ciano riteneva di poter convincere il suo omologo Beck a modificare il suo atteggiamento verso Berlino avviando la politica di concessioni. Non aveva predisposto un progetto definito, ma confidava nel suo prestigio per provocare una svolta nella politica di Varsavia. Viceversa, Beck confidava sulla volontà di Ciano a impegnarsi nell'opera di mediazione sulla questione polacco-tedesca, ma senza sacrificare i diritti sovrani della Polonia. Il quotidiano "Warszawski Dziennik Narodowy" espresse chiaramente le aspettative del suo paese[10]:

> [...] L'opinione polacca saluta il rappresentante dell'Italia fascista e auspica di individuare nelle sue risposte non solo l'espressione della cortesia formale, ma la manifestazione dei legami vivi che uniscono i nostri popoli, e non solo da oggi.

Il ministro italiano giunse a Varsavia nel pomeriggio del 25 febbraio. Dopo poche ore Beck capì che Ciano era giunto a mani vuote. Per di più, avvertì il suo stato di insicurezza sulle questioni aperte in Europa, come se fosse preso dal timore di venire coinvolto in prese di posizione o atteggiamenti sui quali non era autorizzato a esprimersi. Ripeteva concetti generali e scontati che non incidevano sulle vicende in corso. Anche Ciano percepì lo stato di disagio del suo interlocutore. Lo attribuì alla precarietà della collocazione internazionale della Polonia che appariva evidente in quei primi mesi del 1939. Varsavia rischiava di trovarsi isolata diplomaticamente pur essendo vicina ideologicamente all'Asse, e Ciano non ne capiva le ragioni. A suo modo di vedere, Beck stava perdendo l'occasione per effettuare una chiara scelta di campo e per regolare definitivamente la sua controversia con la Germania.

I due ministri rimasero convinti di non essersi aperti fino in fondo. Beck era sicuro che Ciano sapesse, ma non prendesse posizione per timore di essere

---

9 Galeazzo Ciano, Diario 1937–1943, Milano, 1990, al 25–26–27 febbraio 1939, 257.
10 Wizyta włoska [Visita italiana], in: "Warszawski Dziennik Narodowy", 25 febbraio 1939, 3.

smentito dai fatti. Ciano era certo che Beck stesse rielaborando le sue strategie di politica estera, ma non volesse ammetterlo per mantenersi coerente fino in fondo sostenendo l'insostenibile. La realtà era invece più complessa. Il ministro italiano era all'oscuro delle reali intenzioni di Berlino nei confronti della Polonia e delle condizioni vessatorie che le avrebbe imposto per ammetterla alla politica anticomintern. Di sicuro, sarebbe stata trasformata in uno Stato fantoccio con pesanti ridimensionamenti territoriali alla stregua di ciò che si stava preparando per la Cecoslovacchia. Beck era consapevole di essere finito in un vicolo cieco, ma la sua formazione ideologica gli impediva di accettare la logica dei cedimenti. Rimaneva arroccato sul caposaldo dell'orgoglio nazionale e della politica dell'equidistanza rifiutando le soluzioni di compromesso.

Le tensioni dopo il 15 marzo

La crisi cecoslovacca di metà marzo scoprì le carte e l'Italia scivolò nella politica dei compensi. Da quel momento, nessun paese dell'Europa centro-orientale si sentì più al sicuro. L'obiettivo successivo di Berlino poteva essere l'Ungheria, oppure la Polonia, oppure la Croazia e il mare Adriatico, con l'Ucraina che rimaneva comunque in bilico.

Il 18 marzo, il sottosegretario polacco agli esteri Jan Szembek tornò a Roma per l'insediamento del cardinale Pacelli sul soglio pontificio. Fu ricevuto da Ciano alla presenza di Wieniawa. Entrambi espressero il compiacimento per la realizzazione dell'agognato confine polacco-ungherese attraverso la Rutenia subcarpatica concessa dalla Germania all'Ungheria, ma non riuscirono a celare la preoccupazione per il clima di inquietudine che aveva pervaso l'Europa. A quel punto, Szembek rivolse a Ciano la domanda che valeva l'incontro. Gli chiese quali fossero, a suo avviso, le cause dirette degli ultimi avvenimenti. Il ministro rispose con un gesto spontaneo, ma molto eloquente: allargò le braccia ammettendo, con ciò, di non essere in possesso di un preciso quadro di riferimento[11]. Conversando poi a quattr'occhi, Szembek e Wieniawa concordarono sul malcontento del governo italiano per il comportamento della Germania e ne auspicarono le reazioni più convenienti per gli interessi della Polonia, ossia la ripresa dei contatti di Roma con le democrazie occidentali.

Anche Ciano effettuò una seria riflessione sullo stato dei rapporti polacco-tedeschi dopo il 15 marzo e sullo spettro di Danzica che si aggirava per l'Europa con sempre maggiore insistenza. Il suo diario riporta la seguente annotazione[12]:

---

11   Szembek, Journal, al 18 marzo 1939, 431–432.
12   Ciano, Diario, al 30 marzo 1939, 274.

Un'azione tedesca contro la Polonia avrebbe qui avuto ripercussioni sinistre. Intanto la Polonia ha molte simpatie, e poi i tedeschi non devono esagerare. È già difficile trovare chi presti fede alla loro parola. Ciò sarebbe addirittura impossibile qualora venissero meno ai tante volte riaffermati patti di collaborazione con la Polonia.

L'osservazione era pertinente, ma non sviluppava nessun progetto o proposta, come se la questione fosse destinata a trovare la sua naturale sistemazione attraverso la disponibilità dei polacchi a valutare le pretese dei tedeschi e trovare una sistemazione accettabile. Viceversa, l'atteggiamento della Polonia si muoveva nella direzione opposta. L'atmosfera nel paese era tranquilla, ma affioravano dubbi sempre più insistenti sulla politica dell'equilibrio e sulla fiducia eccessiva nei trattati bilaterali di non aggressione. Fu allora che Beck manifestò a Szembek l'intenzione di avviare le trattative con la Gran Bretagna per la conclusione di un trattato bilaterale di assistenza[13]. Il 23 marzo convocò i suoi collaboratori per ribadire la gravità della situazione e confermare la linea della fermezza, nel rispetto dell'onore patrio e della dignità nazionale.

Il 5 aprile, Ciano incontrò Wieniawa in occasione di un ricevimento. Scambiarono alcune frasi sulla visita ufficiale di Beck a Londra nel corso della quale era stato formalizzato l'accordo bilaterale polacco-britannico. L'ambasciatore confermò le intenzioni di Beck di non aderire a un eventuale blocco antitotalitario perché esso sarebbe stato rivolto contro l'Italia, nei confronti della quale la Polonia era interessata a mantenere le intese più cordiali[14]. Ma al di là delle espressioni formali di cortesia e dei toni apparentemente sereni, i due uomini capivano che sarebbe stato molto difficile conciliare la scelta di campo della Polonia con la politica di amicizia verso l'Italia. Tali difficoltà erano avvertite lucidamente dall'opinione pubblica che iniziò a esprimersi in modo crudo senza giri di parole. Il quotidiano "Ilustrowany Kurier Codzienny" si chiese quale sarebbe stata la scelta del governo italiano quando fosse stato posto di fronte alle scelte estreme[15]:

L'Italia, almeno nel presente e forse anche nel futuro, non desidera e non aspira al conflitto armato, benché essa non sia in grado di evitare una tale possibilità. La sua situazione è molto complicata sia nei confronti delle potenze occidentali sia verso il suo partner tedesco [...] Lo sviluppo degli avvenimenti delle ultime

---

13   Szembek, Journal, al 22 marzo 1939, 434.
14   Lettera di Wieniawa a Beck, Roma 6 aprile 1939, in: Chudek (ed.), Z raportów, doc. XII, 42–44.
15   Decydujące dni walki o samodzielność polityki włoskiej [I giorni decisivi della lotta per l'indipendenza della politica italiana], in: "Ilustrowany Kurier Codzienny", 17 aprile 1939, 2.

settimane ha fatto perdere in buona parte all'Italia i vantaggi della sua posizione geografica, che le ha permesso fino a oggi di difendere un solo fronte (il Nord). In questo momento, in caso di conflitto, l'Italia avrebbe più fronti aperti. Pur supponendo che il suo potenziale bellico sia ben sviluppato, dovrebbe provvedere a una grande frammentazione delle sue forze armate [...] Questa situazione è conosciuta a Berlino, ma anche nella capitali degli Stati occidentali. Le conclusioni alle quali è giunto Churchill sono corrette: prima di un eventuale attacco, la Germania vuole assicurarsi che l'Italia entrerà in guerra, ma la Gran Bretagna non ha alcuna intenzione di facilitare questo progetto [...] In buona misura, la pace in Europa centrale e settentrionale dipende da come l'Italia saprà mantenere una linea politica indipendente. Le parole di Mussolini che ha invitato il mondo a lasciare in pace l'Italia riguardano non soltanto Londra e Parigi, ma anche Berlino.

Le frasi di "Ilustrowany Kurier Codzienny" evidenziavano la divergenza di interessi ormai profonda tra Roma e Varsavia e la volontà di abbandonare il Leitmotiv conciliante che ribadiva gli antichi e saldi legami di amicizia tra le due nazioni. Da quel momento nessun organo di stampa prese più le difese dell'Italia dalle critiche del quotidiano socialista "Robotnik", che si ripetevano con cadenza periodica dal momento della crisi albanese e culminarono in un commento lapidario all'approssimarsi della firma del Patto d'acciaio[16]: "L'Italia si è dichiarata definitivamente a favore della Germania e contro la Polonia". Di conseguenza, il quotidiano socialista invitava i nostalgici che ancora parlavano di asse Roma – Budapest – Varsavia e confidavano nella soluzione magica della neutralità a non insistere su quelle reminiscenze e prendere atto della scelta di campo ormai chiara della Polonia.

La svolta: dall'amicizia alle pressioni minacciose

Il 29 aprile si riunì a Roma il Consiglio dei ministri. In considerazione del clima di tensione in Europa fu posto all'ordine del giorno un tema molto delicato: lo stato dell'organizzazione delle forze armate e la predisposizione della macchina bellica italiana. Le conclusioni accertarono una situazione di forte ritardo e la necessità di tempi medi per provvedere all'approntamento. In considerazione di tali circostanze, fu deciso di esercitare la massima pressione sulla Polonia per costringerla a imboccare la via delle concessioni. Se ciò non avesse prodotto risultati, l'Italia avrebbe favorito la localizzazione del conflitto polacco-tedesco

---

16 Niemiecki-włoska gra polityczna [Il gioco politico tedesco-italiano], in: "Robotnik", 9 maggio 1939, 1.

e nello stesso tempo avrebbe predisposto il terreno per la risoluzione della crisi attraverso una conferenza internazionale.

L'effetto immediato di tale strategia fu l'inversione di tendenza generalizzata della stampa italiana nei confronti della Polonia, già anticipata in occasione della questione albanese e della visita di Beck a Londra. L'atteggiamento di cordialità lasciò il posto alla critica per l'ingiustificata intransigenza del governo polacco di fronte alle fondate rivendicazioni della Germania, aggravata dalla decisione di giocare l'avventata carta inglese che aveva provocato la decisione di Hitler di denunciare il trattato decennale di non aggressione.

La campagna di stampa contro la "ceca ostinazione della Polonia" fece presa sugli italiani e Wieniawa dovette ammettere l'orientamento filotedesco di molti ambienti romani sulla questione di Danzica e del "corridoio"[17]. Anche il sottosegretario agli Esteri Giuseppe Bastianini, un dichiarato amico della Polonia, giudicò insostenibile lo stato giuridico della città libera e priva di senso comune la permanenza di un corridoio attraverso il territorio tedesco[18]. L'Italia si dimostrò quindi coesa nella strategia delle pressioni per indurre la Polonia a porsi sulla via della soluzione pacifica. Ma non ottenne gli effetti sperati. Quando il ministro Beck pronunciò il fermo discorso del 5 maggio davanti al parlamento per ribadire la linea dell'orgoglio e il rifiuto a scivolare sul piano dei compromessi, l'Italia decise di esercitare un ulteriore pressione facendo valere il suo peso di grande potenza. L'ambasciatore a Varsavia Pietro Arone di Valentino fu incaricato di comunicare a Beck la decisione italiana di schierarsi, in caso di conflitto tra la Polonia e la Germania, dalla parte di quest'ultima.

Le direttive impartite all'ambasciatore si inquadravano perfettamente negli indirizzi diplomatici decisi dall'Italia. Dopo aver abbandonato, volente o nolente, la politica dell'asse orizzontale, Roma aveva adottato la logica dei compensi per rispondere, colpo su colpo, alla strategia delle annessioni da parte della Germania. Anche nella crisi polacco-tedesca, si proponeva di acquisire meriti in Europa esercitando pressioni sulla Polonia e, nel caso peggiore, promuovendo la conferenza internazionale. Lo scopo della comunicazione di Arone sulla lealtà di Roma verso Berlino era quello di costringere Beck a cedere, anche a costo di sacrificare il tradizionale rapporto di amicizia tra le due nazioni. Ma il governo italiano era certo che le relazioni con la Polonia sarebbero tornate nel loro alveo naturale dopo la conclusione della crisi.

La strategia della pressione si rinnovò quando Ciano vide Wieniawa il 15

---

17 Wieniawa a Beck, Roma 4 maggio 1939, in: Documenti per la storia delle relazioni italo-polacche (1918–1940). Pubblicazioni degli archivi di Stato, Roma 1998, doc. 495, rapporto 3/13, 1432.

18 Giuseppe BASTIANINI, Uomini, cose, fatti, Milano, 1959, 300.

maggio. Ma non colse impreparato l'ambasciatore polacco. La conversazione iniziò in maniera formale, poi divenne confidenziale con l'esposizione delle catastrofi nazionali alle quali sarebbero andati incontro i rispettivi paesi in caso di guerra. Curioso mettere a confronto il resoconto dell'ambasciatore con il diario del ministro.

> In tutti i casi – ipotizzò Wieniawa – o voi perdete la guerra, e allora sarà la sconfitta, o voi, cioè la Germania, la vincerete, e questa sarà forse una sconfitta ancora più grave perché la Germania soggiogherà completamente il bacino del Danubio, i Balcani, raggiungerà il Mar Nero attraverso la Romania, diventerà il vostro pericoloso concorrente sul Mediterraneo, impossessandosi naturalmente del Tirolo meridionale, di Trieste, e forse anche di Venezia e Milano.[19]
>
> La Polonia – fece eco Ciano – pagherà le spese del conflitto. Perché le alternative sono due: o vince l'Asse e allora la Germania assorbe la Polonia, o l'Asse è sconfitto e allora la Polonia diventa una provincia dell'internazionale bolscevica. Nessun aiuto franco-britannico è possibile almeno nella prima fase della guerra: la Polonia sarà in breve ridotta a un cumulo di macerie.[20]

Nonostante le parole catastrofiche, i due rimasero ottimisti. Al momento del congedo, Ciano ribadì all'ambasciatore la sua convinzione di fondo: la Germania non avrebbe scatenato una guerra europea per Danzica. Wieniawa interpretò le parole del ministro nella maniera a lui più conveniente. Ne dedusse che l'Italia avrebbe accettato l'alleanza con la Germania solo dopo aver ricevuto precise garanzie sulle future intenzioni di Berlino in Europa e assumendo il ruolo del partner moderato, anche a tutela degli interessi polacchi. Le supposizioni di Wieniawa sembrarono trovare conferma quando Galeazzo Ciano, dopo essersi recato a Berlino il 22 maggio per firmare il patto di alleanza militare tra Italia e Germania, tornò a Roma con la convinzione di aver chiuso in cassaforte il suo piano strategico. Pronunciò parole rassicuranti sugli impegni vincolanti accettati dal governo tedesco e invitò espressamente il sottosegretario Bastianini a tranquillizzare Varsavia[21].

Una tale interpretazione del patto non era condivisa in Polonia dove si parlava piuttosto di una tela tessuta dal ragno tedesco nella quale Roma era caduta vittima[22] legandosi al Terzo Reich per la vita e per la morte. Ne erano prova gli

---

19 Wieniawa a Beck, Roma 1–6 maggio 1939, minuta – AAN, ARPR, syg. 24, 270.
20 Ciano, Diario, al 15 maggio 1939, 297–298.
21 Bastianini, Uomini, 253.
22 Włochy w sieci niemieckiego pająka [L'Italia nella tela del ragno tedesco], in: "Ilustrowany Kurier Codzienny", 2 giugno 1939, 1–3.

attacchi quotidiani della stampa italiana. Il "Messaggero" denunciava l'ingratitudine della Polonia verso la Germania alla quale doveva la propria indipendenza, "Il Telegrafo", il giornale della famiglia Ciano, giustificava le pretese della Germania su Danzica, sulla Pomerania e anche sulla Slesia[23], infine il "Corriere della Sera" del 7 giugno pubblicava un resoconto di Paolo Monelli sulla atmosfera che regnava in Polonia. Si trattava di un articolo malevolo, talvolta ironico, basato su interviste, ma arricchito da molte falsità. L'opinione polacca cercò le ragioni di quella violenta campagna di stampa e rimase convinta che l'operazione fosse stata ispirata da Berlino. Nonostante ciò, era convinzione comune che l'amicizia italo-polacca non poteva essere spazzata via, almeno tra i due popoli. Scrisse "Warszawski Dziennik Narodowy"[24]:

> Per la prima volta, la stampa italiana ha attaccato in massa e pesantemente la Polonia assecondando la propaganda antipolacca della stampa tedesca che da qualche giorno si è fatta più intensa. Probabilmente il ministero della propaganda a Berlino ha coltivato la convinzione che il popolo italiano debba essere coinvolto nel clima ostile verso la Polonia (…) Noi non crediamo che l'opinione italiana si lascerà convincere facilmente sulla obiettività degli interventi antipolacchi della stampa a vantaggio degli interessi altrui e non dei propri (…) Su iniziativa di Mussolini, le potenze occidentali hanno riconosciuto le frontiere orientali della Polonia a dimostrazione che il «duce» e il popolo italiano auspicano che la Polonia sia forte e possa condurre una politica estera indipendente.

Tali considerazioni, formulate in Polonia, possedevano una loro logica. Ma dall'Italia erano viste con una diversa angolazione che non sfuggiva all'attenta osservazione dell'ambasciatore Wieniawa. Egli giudicò la campagna di stampa come un sistema di pressione per indebolire la posizione ferma del governo polacco e per fiaccare il morale della nazione con uno scopo ben preciso: la volontà dell'Italia di evitare a tutti i costi la guerra. Wieniawa individuò il movente nel timore degli italiani di essere coinvolti in un conflitto. Così, tutti si erano trasformati in partigiani della Germania, malgrado la loro avversione per i tedeschi, e in "nemici" della Polonia, pur con le dovute eccezioni. "Le aspirazioni dell'Italia – concluse – portano dritto verso una conferenza internazionale di pace alla quale tendono anche altre potenze intermedie come la Jugoslavia e l'Ungheria che nutrono lo stesso timore per la guerra".[25]

---

23 Ibid.
24 Fantaścii pyszałki. Klin niemiecki w stosunkach polsko-włoskich [Sognatori e illusi. Il cuneo tedesco nei rapporti polacco-italiani], in: "Warszawski Dziennik Narodowy", 16 giugno 1939, 3.
25 Wieniawa a Beck, Roma 16 giugno 1939, in: Chudek (ed.), Z raportów, doc. XIV, 50–53.

Il senso di impotenza

Mussolini era preoccupato per l'evolversi della crisi e per il rischio di una guerra imminente. Il prestigio che aveva conquistato a Monaco l'autunno precedente era stato eroso dallo smembramento della Cecoslovacchia e dalla successiva crisi polacco-tedesca che aveva introdotto in Europa la logica dura dei rapporti di forza e messo a nudo l'impreparazione militare dell'Italia. Il "duce" non poteva sopportare uno stato di inferiorità che lo relegava tra i comprimari e ne addossava la responsabilità all'atteggiamento di sciocca intransigenza assunto dal governo polacco. Era incapace di valutare freddamente le responsabilità della Germania e tanto meno il destino della Polonia. Lo sconforto per la perdita del suo prestigio personale superava ogni altra considerazione. Tale stato di frustrazione lo condusse nel mese di luglio a orchestrare una nuova ondata di pressioni per denunciare la colpevole intransigenza della Polonia sulla questione di Danzica. "Relazioni Internazionali" si rivolse ai politici e all'opinione pubblica di Francia e Gran Bretagna per indurli a riflettere sull'assurdità di morire per Danzica[26].

I colloqui di Salisburgo dell'11 e 12 agosto tra Ciano, Ribbentrop e Hitler, nel corso dei quali i tedeschi manifestarono la volontà implacabile di colpire, spensero le illusioni del ministro italiano sugli impegni vincolanti liberamente assunti dalla Germania nel trattato di alleanza con l'Italia. A quel punto non rimaneva che manipolare la crisi per farne ricadere la responsabilità sulla Polonia e sulle democrazie occidentali. Prontamente Virginio Gayda dal "Giornale d'Italia" attribuì all'incontro di Salisburgo il significato dell'ultimo avvertimento rivolto a Francia e Gran Bretagna perché non istigassero pericolosamente la Polonia verso la provocazione nei confronti della Germania.

Quando Ciano incontrò nuovamente Wieniawa dopo il viaggio a Salisburgo, si trattenne dal comunicargli la fredda determinazione della Germania e anche l'indiscrezione più imbarazzante sulle possibili intese tra Berlino e Mosca di cui era venuto a conoscenza di sfuggita nel momento in cui si era congedato da Ribbentrop. Intendeva rispettare il riserbo diplomatico di cui aveva dato parola, ma soprattutto avvertiva il disagio suo personale e di tutta la diplomazia italiana nell'accettare quell'evento. La sua formazione ideologica gli impediva di comprendere il ribaltamento della politica anticomintern e gli sviluppi futuri della politica estera della Germania. L'unico dato certo era il seguente: la Polonia sarebbe stata aggredita e i rischi di coinvolgimento dell'Italia sarebbero aumentati. Anche Bastianini e gli ambasciatori a Varsavia e a Berlino, Arone e Attolico, avvertivano il rischio che l'Italia rimanesse invischiata nella questione di Dan-

---

26 Nowy Wyskok prasy włoskiej w sprawie Gdańska [Nuova invettiva della stampa italiana sulla questione di Danzica], 31 luglio 1939, in: "Ilustrowany Kurier Codzienny", 15.

zica e venisse trascinata in una guerra non voluta ai danni di una nazione tradizionalmente amica. Si adoperavano quindi per spiegare fino nei dettagli le intenzioni tedesche. Tutti insieme cercavano di orientare le decisioni di Mussolini, ma incontravano grandi difficoltà perché il "duce" intendeva tutelare a ogni costo il suo prestigio e quello del fascismo. Era infastidito dall'idea di dover giustificare il disimpegno temporaneo dell'Italia, che appariva sempre più chiaramente come l'unica via d'uscita. Addossava la responsabilità del suo grave imbarazzo alla Polonia e alla sua intransigenza che aveva provocato la presa di posizione irreversibile di Londra e di Parigi. Il governo polacco si era poi dimostrato insensibile a ogni forma di pressione accogliendo freddamente la dichiarazione di lealtà italiana verso il Reich e ignorando la pressione delle campagne di stampa.

Il patto tedesco-sovietico del 22 agosto impresse un'accelerazione agli avvenimenti. Ciano era preparato alla notizia e ne fornì l'interpretazione più rassicurante. Dopo quella firma aveva maturato la certezza che il conflitto polacco-tedesco sarebbe stato localizzato in quanto le democrazie occidentali non potevano più far conto sulla Russia per sviluppare il sistema di accerchiamento della Germania[27]. L'indirizzo dato alla stampa fu quello di dichiarare indifendibili le posizioni della Polonia e di sostenere la conferenza internazionale come l'unica via d'uscita dalla crisi. Ma si trattava di un'ipotesi già superata dai fatti. Sia l'ambasciatore britannico a Roma Percy Loraine sia quello francese François-Poncet ribadirono la ferma intenzione dei loro paesi di presentarsi armati a fianco della Polonia là dove la sua indipendenza fosse stata minacciata. La conferma giunse da Londra il 25 agosto con la firma del trattato di alleanza polacco-britannico. Le pressioni diplomatiche e di stampa non avevano prodotto gli effetti sperati.

Il 1° settembre alle ore 13, a guerra iniziata, la sede dell'ambasciata d'Italia a Varsavia fu posta sotto sorveglianza. Il ministro degli Esteri polacco dichiarò di essere in attesa di conoscere la posizione che avrebbe assunto l'Italia. Alle 15 il Consiglio dei ministri approvò la dichiarazione di non belligeranza dell'Italia. Alle 23 la decisione venne comunicata a Varsavia[28].

---

27 CIANO, Diario, al 22 agosto 1939, 332.
28 Ciano ad Arone, Roma 1° settembre 1939, in: Documenti Diplomatici Italiani, serie VIII, 13, d. 559.

3. Das Dreiecksverhältnis Italien –Österreich – Deutschland/ Il rapporto triangolare Italia – Austria – Germania

Joachim Scholtyseck

Auf dem Weg zu „brutalen Freundschaften": Die deutsche Österreich- und Italienpolitik in der Zwischenkriegszeit

Nach dem Ende des Ersten Weltkrieges mündete das deutsch-österreichisch-italienische Verhältnis in ein Abhängigkeitsgeflecht, das dem entspricht, was als „brutale Freundschaft" bezeichnet werden kann und damit das ambivalente Verhältnis zwischen den drei Staaten in jenen beiden Jahrzehnten treffend charakterisiert. Unleugbar aufeinander angewiesen, überwogen doch die außenpolitischen Interessengegensätze der drei Nationen, deren innenpolitische und geistig-ideologische Unterschiede auf der Hand lagen: zunächst disparate politische, soziale und wirtschaftliche Voraussetzungen, letztlich aber unterschiedliche Ausformungen der jeweiligen Diktaturen, die im italienischen und österreichischen Fall sich in autoritäre Richtungen, im deutschen Fall in eine totalitäre Richtung entwickelten[1]. In dieser Periode waren Italien und Deutschland stets in unterschiedlichem Ausmaß die Akteure; Österreich hingegen – ein Staat, der aus der Konkursmasse der Habsburgermonarchie hervorgegangen war und allein aufgrund seiner inneren Schwäche das Interesse der großen Nachbarn auf sich ziehen musste – stellte zwar einen zentralen Faktor in diesem Mit- und Gegeneinander dar, blieb aber im Wesentlichen nur ein Objekt der Begierde und war zum autonomen Handeln kaum fähig.

Die Ausgangslage der drei Staaten im Jahr 1918 hätte unterschiedlicher nicht sein können. Italien war Siegermacht und konnte sich Südtirol bis zum Brenner sichern, blieb aber in seinen Erwartungen enttäuscht und hatte den Eindruck einer „vittoria mutilata"[2]. Die Londoner Vereinbarungen von 1915 schienen als Gegenleistung für die italienische Hilfe nur unvollständig gewesen zu sein: „The bribes were sufficient to secure the Italian frontiers, though not enough to turn the Adriatic into an Italian lake."[3] Deutschland hingegen blieb – was durchaus beachtenswert erscheint, damals aber kaum wahrgenommen wurde – immerhin

---

1   Als Überblicksdarstellung Stanley G. Payne, Geschichte des Faschismus. Aufstieg und Fall einer europäischen Bewegung, München-Berlin 2001.

2   Carlo Ghisalberti, Il mito della vittoria mutilata, in: Antonio Scottà (Hg.), La Conferenza di pace di Parigi fra ieri e domani (1919–1920), Atti del Convegno Internazionale di Studi Portogruaro–Bibione 31 maggio–4 giugno 2000, Soveria Mannelli 2003, 125–139.

3   Zara Steiner, The Lights that Failed. European International History 1919–1933, Oxford 2005, 86.

in seiner staatlichen Existenz erhalten. Am dramatischsten war die Situation für Österreich. Georges Clemenceau soll auf der Friedenskonferenz ausgeführt haben, Österreich sei das, „ce qui reste", also das was übrig bleibe, nachdem das Habsburgerreich aufgeteilt war. Die dekretierte Unabhängigkeit Österreichs wurde von den Siegermächten für „unabänderlich" erklärt. Harry Graf Kessler hat angesichts solcher Friedensergebnisse und der vorwaltenden Stimmung zeitgenössisch eine beklemmende Prognose abgegeben: „Eine furchtbare Zeit beginnt für Europa, eine Vorgewitterschwüle, die in einer wahrscheinlich noch furchtbareren Explosion als der Weltkrieg enden wird."[4]

In Deutschland erhielt nach 1918 das Konzept des Anschlusses von Österreich, ein Projekt, das sich auf die Tradition der Paulskirche berufen konnte, eine hohe Priorität. Die entsprechende Forderung wurde parteiübergreifend geteilt, sogar bis in die Reihen der USPD und KPD. Auch in Österreich erhoffte man nach dem Untergang der Doppelmonarchie angesichts der „bezweifelten Lebensfähigkeit"[5] der Republik den Anschluss an Deutschland. Ein solches Reich musste allerdings für seine Nachbarn als Gefahr erscheinen – ähnlich wie Schwarzenbergs 70-Millionen-Reich, jetzt aber, nach dem Ende eines furchtbaren Weltkrieges, noch einmal mehr. Das liberale Italien, das mit der Auflösung der Habsburgermonarchie auch Gefahren verband und die Zerschlagung deshalb nicht ausdrücklich gefordert hatte, hätte sich mit dem Anschluss notfalls sogar abfinden können, allerdings nur unter der Bedingung, dass Deutschland die Brennergrenze akzeptierte. Aus der Sicht Roms war die geplante Donaukonföderation Frankreichs, die unter der Vorherrschaft von Paris eine Union von Tschechoslowakei, Österreich und Ungarn bedeutet hätte, potentiell bedrohlicher. Zum Zuge kamen diese auf der Pariser Friedenskonferenz erörterten Dinge jedoch nicht: Frankreich verzichtete auf die Donaukonföderation. Italien konnte sich nicht „aus der Abhängigkeit der Westmächte lösen" und Deutschland war „noch zu schwach [...], um für das Königreich (Italien) ein Partner zu sein".[6]

Der Anschlussgedanke trat eine Zeitlang zurück, da er angesichts der hartnäckigen Opposition der Westmächte und vor allem des französischen Si-

4 Eintrag vom 10.1.1920, in: Harry Graf KESSLER, Tagebücher 1918-1937, hg. v. Wolfgang Pfeiffer-Belli, Frankfurt am Main 1961, 206.
5 Phil COTTRELL, Der Wiederaufbau Österreichs 1920 bis 1921: Ein Fall für die Privatwirtschaft oder Aufgabe des Völkerbundes?, in: Hartmut Berghoff, Jürgen Kocka, Dieter Ziegler (Hgg.), Wirtschaft im Zeitalter der Extreme. Beiträge zur Unternehmensgeschichte Deutschlands und Österreichs. Im Gedenken an Gerald D. Feldman, München 2010, 160–182, hier 162.
6 Franz-Josef KOS, Der Faktor Österreich in den Beziehungen des Deutschen Reiches zu Italien 1871-1945, in: Jost Dülffer, Bernd Martin, Günter Wollstein (Hgg.), Deutschland in Europa. Kontinuität und Bruch. Gedenkschrift für Andreas Hillgruber, Frankfurt am Main-Berlin 1990, 154–174, hier 162.

cherheitstraumas chancenlos war. Stattdessen stellte die Locarno-Politik den Versuch dar, zu einer westlichen Territoriallösung zu kommen, die den bestehenden Besitzstand wahren und eine neue Periode des friedlichen Ausgleiches in Europa ermöglichen sollte. Sogar Mussolinis Italien, neben Großbritannien Garantiemacht der westeuropäischen Grenzen, sah in den entsprechenden Vereinbarungen eine Chance.

Stresemanns „nationale Revisionspolitik als internationale Versöhnungspolitik"[7] war jedoch zugleich auf die Wiederherstellung Deutschlands als Großmacht ausgerichtet. In einer geheimen Denkschrift führte er dazu aus, es sei Ziel, für „alle deutschen Volksteile, die innerhalb des geschlossenen deutschen Siedlungsgebietes in Mitteleuropa leben und den Anschluss an das Deutsche Reich wünschen"[8], eine solche Möglichkeit zu schaffen. In großdeutsch-liberaler Tradition stehend, gab es für ihn langfristig kaum eine Alternative zur Angliederung Österreichs. Er sah zwar auch, wie er im berühmt-berüchtigten „Kronprinzenbrief"[9] erkennen ließ, Schwierigkeiten angesichts der sozialistischen und katholischen Strömungen in Österreich voraus, verlor das Anschlussprojekt jedoch aus wirtschaftlich-strategischen Überlegungen heraus niemals aus den Augen[10].

Nach dem Beitritt Deutschlands zum Völkerbund rückte die Frage des Minderheitenschutzes, besonders mit Blick auf die Südtiroler, ins Zentrum der Außenpolitik Stresemanns. Dies führte zu einer deutlichen Verschlechterung der deutsch-italienischen Beziehungen. Mussolini war, wie bereits Vera Torunsky in einer wegweisenden Studie gezeigt hat, ein entschiedener Feind des „Anschlusses". Selbst deutschen Garantien der Brennergrenze mochte der „Duce" nicht trauen[11]. Die Beziehungen zum faschistischen Italien wurden zudem durch die forcierte Italianisierung Südtirols besonders belastet[12]. Die Minderheit von 200.000 Deutschen entzog sich beharrlich den faschistischen

---

7 Karl Dietrich ERDMANN, Gustav Stresemann. Sein Bild in der Geschichte, in: „Historische Zeitschrift" 227, 1978, 599–616, hier 615.

8 Geheime Denkschrift Stresemanns vom 13.1.1925, zitiert nach Wolfgang RUGE, Stresemann – ein Leitbild?, in: „Blätter für deutsche und internationale Politik" 14, 1969, 468–484, hier 472.

9 „Kronprinzenbrief" vom 7. September 1925, in: Herbert Michaelis, Ernst Schraepler (Hgg.), Ursachen und Folgen. Vom deutschen Zusammenbruch 1918 und 1945 bis zur staatlichen Neuordnung Deutschlands in der Gegenwart. Eine Urkunden- und Dokumentensammlung zur Zeitgeschichte, 6, Berlin o. J., 487.

10 Vgl. Andreas HILLGRUBER, Das „Anschluß"-Problem (1918-1945) aus deutscher Sicht, in: DERS., Die Zerstörung Europas. Beiträge zur Weltkriegsepoche 1914-1945, Frankfurt am Main-Berlin 1988, 121–136.

11 Vgl. Vera TORUNSKY, Entente der Revisionisten? Mussolini und Stresemann 1922-1929, Köln-Wien 1986, bes. 79.

12 Vgl. Umberto CORSINI, Rudolf LILL, Südtirol 1918-1946, Bozen 1988, 145–155.

Assimilierungsanstrengungen und konnte dabei auf eine große Sympathie Deutschlands zählen. Das politisch und wirtschaftlich schwache Österreich hingegen konnte sich kaum selbst behaupten und fiel als Fürsprecher der Südtiroler schon deshalb aus, weil es sich bereits in einer gewissen Abhängigkeit von Italien befand, wie der österreichische Bundeskanzler und Außenminister Ignaz Seipel in der zweiten Hälfte der 1920er-Jahre ein ums andere Mal feststellen musste – ungeachtet aller wechselseitigen persönlichen und politischen Aversionen, die den italienischen Diktator mit seinem österreichischen Kontrahenten verbanden[13].

Angesichts einer ausgesprochen feindlichen Pressestimmung stellte der italienische Diktator in einer Kammerrede am 6. Februar 1925 kriegerisch fest, Italien werde die Flagge auf dem Brenner niemals einholen und wenn nötig, die Trikolore noch weiter tragen[14]. Stresemann antwortete zwar beruhigend und versachlichend[15], was wiederum Mussolini zu einer beschwichtigenden Antwort bewegte[16], aber das „Rededuell"[17] zeigte, dass Deutschland inzwischen wieder gewillt und fähig war, auf dem politischen Parkett seine Ziele geltend zu machen. Deutschland wollte, so erklärte Stresemann in Wien im November 1927, durchaus gute Beziehungen zu Italien pflegen, aber das sei abhängig von der Behandlung der Südtiroler[18].

Eine Chance auf Verwirklichung des Anschlusses existierte nicht, solange selbst ein auf Ausgleich bedachter französischer Außenminister wie Aristide Briand kategorisch erklärte: „Der Anschluß, das ist der Krieg."[19] Daher wandten sich auch viele außenpolitische Experten und Diplomaten von Locarno ab. Trotz aller deutschen Empörung über die inzwischen unter Ettore Tolomei forcierte Italianisierungspolitik erklärte Staatssekretär Bernhard von Bülow 1929, er plädiere eher für ein Zusammengehen mit Mussolini.

Deutschland empfand sich als inzwischen wieder gestärkte Macht als natürliches „Gravitationszentrum"[20] für den südosteuropäischen Raum. Auch durch

---

13 Zara STEINER, The Lights that Failed. European International History 1919–1933, Oxford 2005, 506 f.

14 Benito MUSSOLINI, Opera Omnia, hg. v. Eduardo und Duilio Susmel, 20, Firenze 1957, 68.

15 Rede vom 9.2.1925, in: Gustav STRESEMANN, Vermächtnis. Der Nachlass in drei Bänden, hg. v. Henry Bernhard, Berlin 1932–1934, 2, 490.

16 Rede im Senat am 10.2.1925, in: MUSSOLINI, Opera Omnia, 20, 74.

17 Rudolf LILL, Südtirol in der Zeit des Nationalismus, Konstanz 2002, 93.

18 Vgl. ebd., 98 f.

19 Zitiert nach Ferdinand SIEBERT, Aristide Briand, 1862–1932. Ein Staatsmann zwischen Frankreich und Europa, Erlenbach-Zürich-Stuttgart 1973, 581.

20 Aufzeichnung des Gesandten in Belgrad, von Mutius, Anfang 1928, zitiert nach TORUNSKY, Entente der Revisionisten?, 213.

verstärkte Wirtschaftsoffensiven in Österreich hatte man Wien inzwischen stärker an sich gebunden, was wiederum die Orientierung Österreichs nach Italien vermindert hatte. Das Mitteleuropakonzept sollte eine engere Bindung der mittelosteuropäischen Staaten an Deutschland ermöglichen und hatte dabei eine missionarische Komponente. Der angestrebte und immer wieder einge- forderte Minderheitenschutz, der auch für Südtirol verlangt wurde, sollte als „Anknüpfungspunkt für den deutschen Handel" dienen und der Etablierung des Deutschen als Lingua franca für diesen Raum Vorschub leisten[21]. Der 1930 aufgebrachten österreichischen Initiative einer „Zollunion" stand man in Berlin daher höchst aufgeschlossen gegenüber, weil durch sie eine ökonomische Wirt- schaftsunion mit den südeuropäischen Ländern unter deutsche Ägide in den Bereich des Vorstellbaren rückte.

Dies konnte nicht im Interesse Italiens sein, das in Mittel- und Südosteu- ropa eigene ökonomische Ambitionen unter machtpolitisch-ideologischen Vor- zeichen hatte[22]. Es war daher für Italien eine Genugtuung, dass sich die im März 1931 vereinbarte Zollunion zwischen dem Deutschen Reich und Öster- reich nicht durchsetzen ließ, denn ein Erfolg hätte die italienischen Ambitionen langfristig durchkreuzt. Österreich geriet unter erheblichen französischen und italienischen Druck, sodass schon im September 1931 das Projekt aufgegeben werden musste und sich – in erster Linie für Wien und Berlin – zugleich „die politischen Risiken und die wirtschaftlich destabilisierenden Auswirkungen"[23] einer auf Bilateralismus ausgerichteten Handelspolitik zeigten. Wie sich die Lage weiter entwickelt hätte, wenn in Deutschland nicht der Nationalsozialis- mus an die Macht gekommen wäre, muss offen bleiben. Langfristig hätte sich der deutsche Einfluss in Österreich und in Mittelosteuropa wohl aus wirtschaft- lichen Gründen weiter verstärkt, zumal die Westmächte einschließlich Italien in diesem Raum mit ihren Wirtschaftsvorstellungen nicht wirklich erfolgreich waren und der deutsche Absatzmarkt für die Staaten der Region zunehmend an Attraktivität gewann[24].

In Deutschland verband sich 1933 preußische Militärtradition mit der zwi- schen Atavismus und Hochtechnologie oszillierenden Dynamik der national-

---

21 Kos, Der Faktor Österreich, 164.
22 Vgl. Jerzy W. Borejsza, Il fasicmo e l´Europa orientale. Dalla propaganda all´aggressione, Rom-Bari 1981; James Burgwyn, Il revisionismo fascista. La sfida di Mussolini alle grandi potenze nei Balcani e sul Danubio, Milano 1979.
23 Eckart Teichert, Autarkie und Großraumwirtschaft in Deutschland 1930–1939. Außenwirt- schaftspolitische Konzeptionen zwischen Wirtschaftskrise und Zweitem Weltkrieg, München 1984, 268.
24 Vgl. Andreas Hillgruber, Deutsche Außenpolitik im Donauraum 1930–1939, in: Ders., Die Zerstörung Europas, 137–146.

sozialistischen „Revolution". Diese spezifische Modernität Deutschlands war letztlich dafür verantwortlich, dass das „Dritte Reich" den Zweiten Weltkrieg effizienter und erbarmungsloser führen konnte als das faschistische Italien.

Hitler hat schon früh Italien als möglichen Partner auf dem Weg zur Isolierung Frankreichs und zur Revision der Ordnung von Versailles angesehen. Spätestens seit er in der Landsberger Festungshaft „Mein Kampf" geschrieben hatte, betrachtete er den Faschismus als seinen natürlichen Verbündeten. Ausschlaggebend war für ihn der geopolitische Gegensatz zwischen Italien und Frankreich in der Balkanregion und in Nordafrika. Hitler spekulierte auf die italienische Ablehnung der Nachkriegsordnung und kalkulierte die Enttäuschung über die „vittoria mutilata" in sein eigenes außenpolitisches Konzept ein, das völkisch-rassische Ideen mit dem Anspruch auf „Lebensraum im Osten" kombinierte. Insofern war ein Bündnis mit Italien „Teil von Hitlers außenpolitischem Grundplan"[25].

Die „Mare-nostro"-Politik Mussolinis[26] interpretierte Hitler dabei als eher traditionelle italienische Großmachtphantasie. Als gravierendes Hindernis auf dem Weg zu einer Allianz, in der Italien den Juniorpartner spielen sollte, stand auch für ihn zunächst die Südtirol-Frage. Der Anlass zu der im Jahr 1928 erfolgten Niederschrift des sogenannten „Zweiten Buches" von Hitler war der im Kampf um die Reichstagswahlen des gleichen Jahres gegen ihn erhobene Vorwurf gewesen, mit seiner pro-italienischen Einstellung in der Südtirol-Frage deutsche Interessen verraten zu haben. Sogar unter seinen Anhängern stieß Hitlers „Verzicht" auf Südtirol auf heftigen Widerspruch. Im Zusammenhang seiner übergeordneten außenpolitischen Pläne, die im hier behandelten Kräftefeld in erster Linie den Anschluss Österreichs bedeuteten[27], opferte Hitler jedoch Südtirol auf dem Altar der Realpolitik[28] und erklärte mehrfach öffentlich und gegenüber Kampfgefährten, das Land südlich des Brenners sei Teil des italienischen Lebensraumes. Faktisch bedeutete dies die Zwangsoption für die Südtiroler, die sich nun entweder für Italien oder für das „Dritte Reich" zu entscheiden hatten.

Hitler hat in seiner Strategie, in der es um die Konsolidierung und Aufrüstung Deutschlands und die Schaffung von Bündnissen mit Italien und Großbri-

---

25 Christoph STUDT, Hitlers Außenpolitik, in: Volker Dahm, Albert A. Feiber, Hartmut Mehringer, Horst Möller (Hgg.), Die tödliche Utopie, München 2008, 526–563, hier 559.

26 Grundsätzlich MacGregor KNOX, To the Thresholds of Power, 1922/33. Origins and Dynamics of the Fascist and National Socialist Dictatorships, Cambridge 2007.

27 Vgl. Jens PETERSEN, Hitler–Mussolini. Die Entstehung der Achse Berlin-Rom 1933–1936, Tübingen 1973, 63–65.

28 Zur Südtirol-Frage v.a. LILL, Südtirol; Rolf STEINIGER, Südtirol. Vom Ersten Weltkrieg zur Gegenwart, Innsbruck 1999.

tannien gehen sollte, Mussolini durchaus als gleichrangig anerkannt. Schon vor 1933 und auch danach hat er sich um die Aufnahme persönlicher Beziehungen, um einen Besuchsempfang in Italien und andere Gunsterweise Mussolinis bemüht. Auch über den Sturz 1943 hinaus hat er seine Verehrung für Mussolini öffentlich, aber auch im kleineren Kreis immer wieder betont. Das hatte politisch-strategische Gründe, aber es entsprach eben auch Hitlers Selbststilisierung und war durchaus ernst zu nehmen. Mit anderen Worten: Hitler war Mussolini stärker zugetan als umgekehrt, während Mussolinis Verhältnis zu Hitler immer zwiespältig blieb. Mussolinis Haltung gegenüber dem Nationalsozialismus war ausgesprochen komplex. Der „Duce" war eifersüchtig darauf bedacht, die Stellung des Faschismus als wichtigste Bewegung des 20. Jahrhunderts zu erhalten. Er hat zwar jahrelange Geheimkontakte mit Hitler gepflegt, aber eher den konservativen „Stahlhelm" als die revolutionäre NS-Bewegung unterstützt. Mussolini war zudem ein „an Italien angelehntes Österreich noch weitaus wichtiger als die totale Italianisierung Südtirols".[29] Auch im Verhältnis zu Hitler bestand vor 1933 noch ein „politisch ausgesprochen asymmetrisches Verhältnis: hier der erfolgreiche Diktator und Lehrmeister des Faschismus und dort der faschistische Musterschüler, der sich trotz des Wahlerfolges vom September 1930 erst anschickte, die politische Macht zu erobern".[30]

Das Jahr 1933 stellte eine tiefe Zäsur dar. Als Hitler an die Macht kam, begrüßte die italienische Presse diesen neuen Triumph einer „faschistischen" Bewegung. Hitler akzeptierte die italienische Billigung der deutschen Aufrüstung. Dabei sah er auch, dass sich Italien ebenso wie Deutschland eine langfristige Verschiebung des europäischen Gleichgewichts zuungunsten Frankreichs und Englands wünschte. Vorerst ignorieren konnte Deutschland, dass Mussolini die Unterschiede zwischen beiden Bewegungen hervorhob: Man sei sich nur in den negativen Dingen einig, so Mussolini: „Ich billige weder ihre Rassentheorien noch ihre Judenverfolgungen."[31] Zugleich musste Hitler akzeptieren, dass Mussolini ihn in den Tagen nach seinem Amtsantritt gleich mehrfach vor einem Anschluss Österreichs warnte. Das Misstrauen des „Duce" gegenüber eventuell weitergehenden territorialen Ambitionen jenseits der Brennergrenze und in Mittelosteuropa verhinderte auch, dass der aus dem Jahr 1933 stammende Vorschlag Hitlers, einen Bund zu schmieden, um die „Welt faschistisch zu machen",

---

29   Lɪʟʟ, Südtirol, 131.

30   Wolfgang Sᴄʜɪᴇᴅᴇʀ, Faschismus im politischen Transfer. Giuseppe Renzetti als faschistischer Propagandist und Geheimagent in Berlin 1922-1941, in: Dᴇʀs., Faschistische Diktaturen. Studien zu Italien und Deutschland, Göttingen 2008, 223–249, hier 244.

31   Charles de Chambrun, Ambassadeur de France à Rome, à Joseph Paul-Boncour, Ministre des affaires étrangères vom 15.8.1933, in: Documents Diplomatiques Français, Serie 1, IV, Paris 1968, 197.

Chancen auf Verwirklichung hatte. Der „Führer" versprach Mussolini zwar durch Goebbels, mit ihm „durch dick und dünn"[32] zu gehen, dieser reagierte auf solche Avancen jedoch skeptisch. Das erste Treffen zwischen den beiden Diktatoren, in Italien im Frühsommer 1934, verlief nicht sonderlich erfolgreich. Hitler driftete in seinen Gesprächen in seine berühmt-berüchtigten Monologe ab, er belehrte Mussolini über die Völker des Mittelmeerraumes, die alle mit „Negerblut" verseucht seien und er führte noch weitere ähnliche Beispiele aus seinem bekannten Repertoire an[33].

Auf dem anvisierten Weg zur Weltherrschaft boten sich für Hitler sowohl Großbritannien als auch Italien als Bündnispartner an. Um ihr Ziel zu erreichen, bedienten sich die Nationalsozialisten einer „Politik des ‚parteipolitischen' Intervenierens"[34] in die inneren Angelegenheiten Österreichs. Bereits in Hitlers „Mein Kampf" nahm der Anschluss von Österreich eine zentrale Position ein, da „gleiches Blut [...] in ein gemeinsames Reich"[35] gehöre. In Österreich allerdings war die seit Ende des Ersten Weltkrieges vorherrschende Zustimmung zum Anschluss an das Deutsche Reich inzwischen in eine ziemlich deutliche Zurückweisung der Diktatur Hitlers umgeschlagen. Die österreichischen Nationalsozialisten stellten eine zunehmende Gefahr für die Unabhängigkeit Österreichs dar. Bundeskanzler Dollfuß verwandelte daraufhin mit tatkräftiger Unterstützung Italiens und Ungarns Österreich kurzerhand in ein autoritäres Regime, das das italienische Vorbild nicht leugnen konnte. Obwohl Deutschland – nicht zuletzt über Hermann Göring – versuchte, Italien von einer Unterstützung der „Kanzlerdiktatur" Dollfuß' abzuhalten, gelang dies vorerst nicht.

Die deutschen Österreich-Ambitionen ließen Italien zum Beschützer Österreichs werden, das sich seinerseits immer stärker an Italien anlehnte. Auch die deutsche Botschaft in Rom musste im Sommer 1933 geradezu erstaunt registrieren, wie weit Mussolini bereits in seinen Bemühungen gelangt war, einen eigenen Wirtschaftsblock und eine „Zollunion" unter Einschluss Österreichs zu schmieden[36].

---

32 Eintrag vom 4.6.1933, in: Die Tagebücher von Joseph Goebbels. Sämtliche Fragmente, hg. v. Elke Fröhlich, Teil 1, 2, München-New York-London-Paris 1987, 427.

33 Vgl. umfassend PETERSEN, Hitler–Mussolini, 344-361; Max DOMARUS, Mussolini und Hitler. Zwei Wege – Gleiches Ende, Würzburg 1977, 184 f.

34 Günter WOLLSTEIN, Vom Weimarer Revisionismus zu Hitler. Das Deutsche Reich und die Großmächte in der Anfangsphase der nationalsozialistischen Herrschaft in Deutschland, Bonn 1973, 290.

35 Adolf HITLER, Mein Kampf, München 1940, 1.

36 Der Botschafter in Rom, von Hassell, an das Auswärtige Amt vom 8.8.1933, in: Akten zur Deutschen Auswärtigen Politik [zukünftig ADAP], Serie C, I/2, Göttingen 1971, 723.

Entsprechende Überlegungen konnten nahtlos an die geheimen Handelsabsprachen anknüpfen, die zwischen Italien, Österreich und Ungarn in den sog. Semmering- oder Brocchi-Verträgen in den Jahren 1931/32 getroffen worden waren[37]. Es war ein Zeichen für die kaltblütige Selbstsicherheit des NS-Regimes, dass Hitler, obwohl er die Brisanz der Vereinbarungen durchaus erkannte, sich in der Erwartung zurückhielt, dass seine Zeit kommen würde, um die hochfliegenden italienischen Planungen zu durchkreuzen. Auch von dem italienischen Donau-Memorandum, das am 30. September 1933 in Genf vorgelegt wurde und den angesprochenen Ländern italienische „Präferenzialbehandlung" in Aussicht stellte, ließ sich das NS-Regime im Vertrauen auf seine ökonomische Überlegenheit keineswegs übermäßig beirren.

Italiens Rolle als Protektor wuchs noch, als die österreichischen Sozialisten im Februar 1934 gewaltsam ausgeschaltet wurden und sich daraufhin die Westmächte nicht länger als Schutzmächte Wiens verstanden. Die Folge war ein weiterer Bedeutungsgewinn Italiens. Die am 17. März 1934 von Italien, Ungarn und Österreich unterzeichneten „Römischen Protokolle" dienten der Betonung dieser Führungsrolle, die Mussolini in der gesamten Donauregion für sich beanspruchte. Die österreichische Abhängigkeit von Italien schob einer Annexion durch Hitler vorerst den Riegel vor. Das Treffen zwischen Hitler und Mussolini im Juni 1934 in Venedig endete ergebnislos.

Der gescheiterte Putsch der österreichischen Nationalsozialisten gegen Dollfuß am 25. Juli 1934 beunruhigte Italien daher umso mehr. Mussolinis Unterstützung Österreichs zur Schaffung einer Einflusssphäre im Donauraum und zur Erhaltung eines Pufferstaates gegen ein potentiell territorial ambitioniertes Deutschland erforderte eine Reaktion, die in der Entsendung von sechs Divisionen an die Brenner-Grenze recht deutlich ausfiel. Das standfeste Eintreten Italiens für die österreichische Unabhängigkeit zeigte Hitler einmal mehr seine außenpolitische Isolierung. Das „Dritte Reich", das den Staatsstreich mitgetragen hatte[38], stritt jegliche Beteiligung ab und musste erkennen, dass seine Lage prekär war. Staatssekretär von Bülow formulierte diese Erkenntnis fünf Tage nach dem Putsch in Österreich wie folgt: „Alle Mächte, auf die es ankommt, sind gegen uns. Frankreich, das nach wie vor mit seiner Drohung im Hintergrund steht, braucht keinen Finger rühren, um eine für es günstige Situation

---

37 Vgl. hierzu Joachim Kühl, Föderationspläne im Donauraum und in Ostmitteleuropa, München 1958, 52 f.; Petersen, Hitler–Mussolini, 83 f.; Jürgen Elvert, Mitteleuropa! Deutsche Pläne zur europäischen Neuordnung (1918–1945), Stuttgart 1999, 185.
38 Vgl. Kurt Bauer, Hitlers zweiter Putsch. Dollfuß, die Nazis und der 25. Juli 1934, St. Pölten-Salzburg-Wien 2014.

zu schaffen."[39] Mussolini erschien in den Hauptstädten Europas als ehrlicher Makler und guter Europäer, der jede aggressive Veränderung des Status quo auf dem Kontinent verhindern wolle. Österreich hingegen geriet unter Kurt von Schuschnigg, dem Nachfolger Dollfuß', gegenüber seinem Beschützer Mussolini in eine noch größere Abhängigkeit.

Eine bereits zuvor vorhandene subkutane faschistische Kritik am Nationalsozialismus verstärkte sich nach dem Juli 1934. Italienische Faschisten beschuldigten die Nationalsozialisten, zu sozialistisch, zu anti-individualistisch und zu antikatholisch zu sein. Trotz dieser Differenzen und Meinungsverschiedenheiten kam es zu einer Annäherung zwischen Deutschland und Italien, weil seine außenpolitischen Begehrlichkeiten Mussolini in die Arme Hitlers trieben. Was Hitler dem „Duce" zu bieten hatte, schien verlockend: Die Destabilisierung des europäischen Staatensystems wollte Mussolini für seine aggressive Außenpolitik ausnutzen. Immer häufiger sprach er von der Notwendigkeit, sich auf einen Krieg vorzubereiten. Seit dem Frühjahr 1934 gab es auch erste ernsthafte Überlegungen, die koloniale Frage militärisch zu lösen. Er glaubte inzwischen selbst an die Propaganda, nur er sei berufen, Italien aus der Misere in eine hellere Zukunft zu führen. Nur ihm sei es gegeben, als verantwortungsvoller und doch stählerner Führer ein neues römisches Imperium zu errichten und im Sinn der faschistischen Revolution den „uomo nuovo" zu schaffen.

Die vom „Dritten Reich" missmutig zur Kenntnis genommene Annäherung Italiens an Frankreich blieb Episode. Trotz aller Verurteilungen der Verstöße gegen den Versailler Vertrag wurde von den Teilnehmern, die alle ihre eigenen Interessen verfolgten, daraus keine Konsequenz gezogen. Hitler nutzte es sofort aus, als sich Italien durch den Überfall auf Abessinien im Oktober 1935 aus der westlichen Allianz herauslöste. Er betrieb in dieser Situation ein ebenso wirksames wie raffiniertes Doppelspiel: „Einerseits bestärkte er den ‚Duce' in seinem militärischen Vorgehen gegen Äthiopien und lieferte andererseits dem abessinischen Negus für seinen Kampf gegen die Italiener heimlich Waffen. Auf diesem Weg gedachte Hitler, den afrikanischen Konflikt möglichst zu verlängern, das Interesse der beiden Westmächte auf den mittelmeerisch-afrikanischen Bereich zu lenken, Mussolinis nicht zuletzt wehrwirtschaftlich bedingte Abhängigkeit vom ‚Dritten Reich' zu vergrößern und Rom dadurch an die Seite Berlins zu ziehen."[40] Hitler wollte sowohl im Fall einer als unwahrscheinlich

---

39 Aufzeichnung Becks über ein Gespräch mit Staatssekretär v. Bülow über die außenpolitische Lage vom 30. Juli 1934, in: Klaus-Jürgen MÜLLER, General Ludwig Beck. Studien und Dokumente zur politisch-militärischen Vorstellungswelt und Tätigkeit des Generalstabschefs des deutschen Heeres 1933–1938, Boppard am Rhein 1980, 358.
40 Klaus HILDEBRAND, Das Dritte Reich, München 2003⁶, 31.

angesehenen Niederlage Italiens als auch im Fall eines Sieges der Truppen des italienischen Königs profitieren. Die Spekulation Hitlers, Italiens Interesse an der Stresa-Front zu verringern, ging Anfang 1936 auf: Mussolini gab angesichts der Völkerbundssanktionen und deutscher Hilfszusagen seine Vorbehalte gegen Deutschland auf. Deutschland registrierte aufmerksam das kurzfristige Stocken des italienischen Vormarsches in Äthiopien und das Scheitern der Hoare-Laval-Verhandlungen. Nachdem sich die italienisch-englischen Verhandlungen festliefen und der Machtantritt der französischen Volksfrontregierung eine Verständigung Mussolinis mit Paris auf absehbare Zeit unmöglich machte, opponierte Italien nicht länger gegen das deutsche Vorhaben, Österreich zu einem „Satelliten" des Reiches zu machen. Hitler wiederum konnte im Gegensatz zu Frankreich und Großbritannien problemlos akzeptieren, dass Mussolini als Mittelmeergroßmacht reüssieren wollte, solange er dafür freie Hand in Österreich erhielt – und im ohnehin zunehmend von Deutschland wirtschaftlich durchdrungenen Donauraum[41]. Auch aus Ungarn kamen in dieser Hinsicht ermutigende Signale, zumal Ministerpräsident Gömbös bereits im Jahr 1935 in Wien erklärt hatte, auf die deutsche Karte zu setzen. Hitler hatte ihm vorgegaukelt, „in der Frage Österreich [...] völlig desinteressiert" zu sein[42]. Unter diesen Vorbedingungen nahm die „Achse" zwischen Rom und Berlin ihren Anfang.

Die nationalsozialistischen Österreich-Planungen waren dabei keineswegs ganz neu: Sie konnten sich an manchen traditionellen Überlegungen orientieren, einen wirtschaftlichen Großraum im Zentrum Europas zu schaffen, der Deutschland als Kernstaat vorsah. An das geplante Großreich, das auch einen Gegenpol zu den anderen Imperien USA, UdSSR und Großbritannien bilden sollte, sollten die Länder des Donauraums, der Balkan sowie Polen und das Baltikum angeschlossen werden. Es konnte keine Frage sein, dass eine solche Ost- und Südverschiebung gegen die italienischen Machtansprüche verstoßen musste[43].

---

41 Vgl. Manfred Funke, Sanktionen und Kanonen. Hitler, Mussolini und der internationale Abessinienkonflikt 1934–1936, Düsseldorf 1970.

42 Zitiert nach Michael Riemenschneider, Die deutsche Wirtschaftspolitik gegenüber Ungarn 1933–1944. Ein Beitrag zur Interdependenz von Wirtschaft und Politik unter dem Nationalsozialismus, Frankfurt am Main u. a. 1987, 111.

43 Vgl. Drahomír Jančik, Herbert Matis, „Eine neue Wirtschaftsordnung für Mitteleuropa ...". Mitteleuropäische Wirtschaftskonzeptionen in der Zwischenkriegszeit, in: Alice Teichova, Herbert Matis (Hgg.), Österreich und die Tschechoslowakei 1918–1938, Wien 1996, 329–387, bes. 358–361; Boris Barth, Mitteleuropakonzepte und die deutsche Exportwirtschaft in der Weimarer Republik, in: Ders. u. a. (Hgg.), Konkurrenzpartnerschaft. Die deutsche und die tschechische Wirtschaft in der Zwischenkriegszeit, Essen 1999, 112–131.

Mitte Juli 1936 begann ein neuer Vorstoß Hitlers, den „Anschluss" durchzusetzen, weil er erkannte, dass sich der Schwerpunkt der italienischen Außenpolitik von Österreich weg in Richtung Mittelmeer verlagerte. Ein Abkommen
mit Österreich versprach nach außen freundschaftliche Beziehungen, sollte aber
in Wirklichkeit das Land „mit den Methoden des Trojanischen Pferdes und der
psychologischen Kriegsführung für den Anschluß reif"[44] machen. Österreichs
Stellung war zu diesem Zeitpunkt bereits fragil: Es war auf den französischen
und britischen Kapitalmarkt angewiesen, ohne nennenswerte politische Unterstützung aus London und Paris zu erhalten. Die „Vaterländische Front" war
inzwischen nur noch ein Schatten ihrer selbst, was Hitler kühl ausnutzte.

Zwar bestimmten auch wirtschaftlich weiterhin „Rivalität und gegenseitige
Unberechenbarkeit" das Verhältnis zwischen Rom und Berlin, aber angesichts
der nationalsozialistischen und der faschistischen Handelsoffensiven in Mittel-
und Südosteuropa blieb für Wien wenig mehr als die Rolle des Zaungasts[45].

Beim Besuch des neuen italienischen Außenministers Galeazzo Ciano am
24. Oktober 1936 auf Hitlers Berghof wurden die Einflusssphären festgesteckt:
Italien gestand den Deutschen die Ausdehnung im Osten zu, während diese
ihrerseits den Mittelmeerraum, den Balkan und den Nahen Osten zum Inte-
ressensgebiet Italiens deklarierten. Demonstrative Freundschaftsbesuche und
-bekundungen ergänzten diese Entwicklung. Am 25. Oktober 1936 wurde mit
Deutschland eine neue europäische „Achse" aus der Taufe gehoben, um die herum, wie angemerkt wurde, „alle jene europäischen Staaten sich bewegen können, die vom Willen zur Zusammenarbeit und zum Frieden beseelt sind"[46].

Deutschland und Italien waren sich in ihrer Intervention zu Gunsten Francos
im Spanischen Bürgerkrieg bereits einig, weil hierdurch den Westmächten demonstriert werden sollte, dass beide Staaten inzwischen zu den eigentlichen Verteidigern des Abendlandes gegen den Kommunismus geworden waren. Hitler
hoffte nun erst recht, dass Italien seine bislang noch hinhaltende Unterstützung
einer inzwischen auch rüstungspolitisch erwünschten Einverleibung Österreichs
bekräftigen würde. Die Signale aus Italien waren ermutigend: Im November 1937
erklärte Mussolini, dass er es leid sei, die von Österreich offenbar gar nicht mehr
gewünschte Unabhängigkeit noch länger zu schützen[47]. Die passende Gelegenheit ergab sich im Frühjahr 1938. Die Widerstandskraft des österreichischen

---

44 Norbert SCHAUSBERGER, Österreich und die nationalsozialistische Anschlußpolitik, in: Man-
    fred Funke (Hg.), Hitler, Deutschland und die Mächte. Materialen zur Außenpolitik des Drit-
    ten Reiches, Düsseldorf 1976, 728– 756, hier 739.
45 Maximiliane RIEDER, Deutsch-italienische Wirtschaftsbeziehungen. Kontinuitäten und Brü-
    che 1936–1957, Frankfurt am Main-New York 2003, 481.
46 MUSSOLINI, Opera Omnia, 28, Florenz 1959, 69 f.
47 Vgl. LILL, Südtirol, 165.

Bundeskanzlers Schuschnigg, der lange Zeit durch „Verbot und Verfolgung"[48] versucht hatte, den Mitgliedern der „Nationalen Opposition" die Macht zu verweigern, ließ nach. Der stark unter Druck gesetzte Schuschnigg unterschrieb am 12. Februar das Berchtesgadener Abkommen: Besetzung des Innenministeriums mit dem österreichischen Nationalsozialisten Seyß-Inquart, freie Hand für die NSDAP, Konsultationen mit dem Reich bezüglich der Außenpolitik Österreichs. Als letzte Rettung der österreichischen Unabhängigkeit setzte Schuschnigg für den 13. März 1938 eine Volksabstimmung über den weiteren Weg Österreichs an. Hitler suchte sich Vorwände für ein Eingreifen, nachdem am 10. März unter dem Decknamen „Otto" die Würfel für einen militärischen Einmarsch gefallen waren. Aus Rom kam kein Widerstand mehr, worauf Hitler seinem Emissär, dem SA-Führer und Oberpräsidenten von Hessen-Nassau, Prinz Philipp von Hessen, erleichtert ausrichten ließ: „Dann sagen Sie Mussolini bitte, ich werde ihm das nie vergessen [...] Nie, nie, nie, es kann sein, was sein will. [...] Wenn die österreichische Sache jetzt aus dem Weg geräumt ist, bin ich bereit, mit ihm durch dick und dünn zu gehen, das ist mir alles gleichgültig. [...] Wenn er jemals in irgendeiner Not oder irgendeiner Gefahr sein sollte, dann kann er überzeugt sein, daß ich auf Biegen und Brechen zu ihm stehe, da kann sein, was da will, wenn sich auch die Welt gegen ihn erheben würde."[49]

Im Vergleich zu der aus diesen Worten sprechenden ungeheuren Erleichterung beschränkte sich die Reaktion der Westmächte auf „entrüstete [...] Nachgiebigkeit"[50], so der italienische Außenminister Ciano. Es muss Spekulation bleiben, wie sich die Südtirolfrage entwickelt hätte, wenn nicht der deutsche Diktator, sondern eine demokratische Regierung langfristig wieder an die Macht gekommen wäre; möglicherweise wäre es für Italien schwieriger gewesen, eine demokratisch-liberale Forderung nach dem Selbstbestimmungsrecht der Südtiroler dauerhaft zurückzuweisen. Aus diesem Grund war es für Italien günstiger, es mit Hitler zu tun zu haben, der aus seiner eigenen Machtlogik heraus das Südtirol-Problem als sekundär betrachtete.

Der „Anschluss" Österreichs war für Hitler nicht nur die Konsequenz des großdeutschen Nationalgedankens, sondern als Sprungbrett für die Expansion in Mitteleuropa eine Prämisse für die Eroberung von „Lebensraum" im Osten[51]. Südtirol durfte für diese Politik kein Hindernis darstellen. Die südlich

---

48 Joachim FEST, Hitler. Eine Biographie, Frankfurt am Main-Berlin 1973, 749.

49 Zitiert nach Herbert Michaelis, Ernst Schraepler (Hgg.), Ursachen und Folgen, 11: Das Dritte Reich, Berlin 1966, 655.

50 Eintrag vom 12.3.1938, in: Galeazzo CIANO, Tagebücher 1937–1938, Hamburg 1949, 124.

51 Vgl. Klaus HILDEBRAND, Das vergangene Reich. Deutsche Außenpolitik von Bismarck bis Hitler 1871–1945, München 1995, 637 f.

des Brenners aufkeimenden Hoffnungen, der „Führer" werde auch die Südtiroler „heim ins Reich" holen, mussten daher schnell und möglichst geräuschlos erstickt werden. Das Auswanderungsmodell des Nationalsozialismus bot hierfür die geeignete Gelegenheit und darf als weiteres Beispiel für die Komplizenschaft Hitlers und Mussolinis gelten.

Das nationalsozialistische Deutschland konnte die italienische Politik, in traditioneller Weise als „peso determinante" zu agieren, angesichts des eigenen Machtzuwachses vergleichsweise entspannt hinnehmen. So zählten die Bemühungen um den Erhalt der österreichischen Staatlichkeit 1937-38, die Mussolini jedoch schon 1936 gegenüber deutschen Diplomaten in Frage gestellt hatte, zu den eher demonstrativen italienischen Gesten. Das Münchner Abkommen vom 29.-30. September 1938 hingegen bedeutete nur scheinbar einen Triumph der Vermittlungskünste Mussolinis; diesem brachte seine Vermittlerrolle ein erhöhtes Ansehen und auch zum Teil ein Stück Unabhängigkeit in der „brutalen Freundschaft"[52] zu Hitler ein. Doch bereits mit dem Einmarsch der deutschen Truppen in Prag im Frühjahr 1939 demonstrierte Hitler, dass er allein die Bündnisdynamik bestimmte und Italien hilflos im Schlepptau hinter sich herzog: Die bewährte Strategie, als Schiedsrichter Europas aufzutreten und mit Italiens letztlich entscheidendem Gewicht, die Waagschale auf die Italien genehme Seite zu senken[53], funktionierte nicht mehr. Im Vorfeld der militärischen Aktion im März-April 1939 wurde der „Duce" erst im allerletzten Moment über die deutschen Planungen informiert, wie so oft in der ungleichen Beziehungsgeschichte jener Jahre. Die Besetzung Albaniens durch Italien im folgenden Monat war gleichsam ein Trostpflaster; das NS-Regime akzeptierte den Schritt, weil er keine eigenen territorialen Wünsche berührte und das aggressive Italien weiterhin von den westlichen Demokratien fernhielt. Die „Stunde der Entscheidung"[54] war gekommen und ließ die Entscheidungsmöglichkeiten des faschistischen Italien auf ein bis dahin kaum bekanntes Maß sinken.

Auch deshalb näherte sich der „Duce" wieder Hitler an. Am 22. Mai 1939 wurde der nach deutschen Entwürfen formulierte deutsch-italienische „Stahlpakt" abgeschlossen. Dieses Militärbündnis war im Zusammenhang der ge-

---

52 Frederick William DEAKIN, Die brutale Freundschaft. Hitler, Mussolini und der Untergang des italienischen Faschismus, Köln-Berlin 1962.

53 Vgl. hierzu Renzo DE FELICE, Alcune osservazioni sulla politica estera mussoliniana, in: DERS., L`Italia fra tedeschi e alleati. La politica estera fascista e la seconda guerra mondiale, Bologna 1973, 65–74; Aristotle A. KALLIS, Fascist Ideology. Territory and Expansionism in Italy and Germany, 1922–1945, London-New York 2000.

54 Jens PETERSEN, Die Stunde der Entscheidung. Das faschistische Italien zwischen Mittelmeerimperium und neutralistischem Niedergang, in: Helmut Altrichter, Josef Becker (Hgg.), Kriegsausbruch 1939. Beteiligte, Betroffene, Neutrale, München 1989, 131–152.

scheiterten Verhandlungen zum militärischen Ausbau des „Antikominternpaktes" entstanden. Hitler war der mächtigere Partner, ihm konnte es nur recht sein, dass eine konkrete Abklärung der jeweiligen Ziele unterblieb. Zweifellos spielte Hitler auch mit der unbewussten Sorge Italiens und des „Duce", vergleichbar mit der Situation 1914–15, als „Verräter" angesehen zu werden. Dies führte allerdings nicht dazu, dass Hitler von seinem Vorhaben abrückte, bei „ein[em] Bündnis Frankreich–England–Rußland gegen Deutschland–Italien–Japan [...] mit einigen vernichtenden Schlägen England und Frankreich anzugreifen".[55] Diese Ziele waren von seiner Seite aus auf die Aufteilung der Welt gerichtet, während Italien an einen regionalen Krieg dachte, der ohnehin frühestens nach einer für die Aufrüstung notwendigen Friedensphase von vier Jahren folgen sollte. Das faschistische Italien war zu einer baldigen Kriegsführung zu diesem Zeitpunkt nicht fähig[56]. Die Teilstreitkräfte waren in innere Streitigkeiten verwickelt und blockierten sich in lähmender Konkurrenz. Die Industrie war auf einen Kriegseinsatz kaum vorbereitet, was auch für die Ausbildung der Soldaten galt[57]. Hitler sah die Überbürdung eines Staates, der mehr dem Anspruch nach als in der Realität eine Großmacht war. Er wusste schließlich auch, dass es in Italien kaum Begeisterung für den Krieg gab. Aber Hitler akzeptierte die italienischen Kalamitäten, da er jetzt auch mit den österreichischen Soldaten rechnen konnte. Mit anderen Worten: Italien sollte nach der Ansicht Berlins lieber mit Arbeitern als mit Soldaten zum „Endsieg" beitragen[58].

Von Kriegsplänen gegen Polen wurde Ciano wieder einmal sehr spät informiert, in Gesprächen mit Hitler und Ribbentrop, die er vom 11. bis 13. August 1939 führte. Resigniert stellte er fest, die Deutschen seien „vom Dämon der Zerstörung besessen".[59] Noch am Vorabend des Zweiten Weltkrieges, am 31. August, unterbreitete Mussolini erfolglos den Vorschlag, mit Blick auf die polnischen Angelegenheiten eine Konferenz nach dem Münchner Vorbild einzuberufen[60]. Auf solche Manöver ging Hitler nicht mehr ein. Eine „brutale Freundschaft" beruht nun einmal darauf, dass man seinen Partner zum Glück zwingen will.

55 „Bericht über eine Besprechung am 23. Mai 1939", in: ADAP, D, VI, Baden-Baden 1961, 479.
56 Hildebrand, Das vergangene Reich, 684.
57 Vgl. MacGregor Knox, Hitler's Italian Allies. Royal Armed Forces, Fascist Regime, and the War of 1940–1943, Cambridge 2000.
58 Zur italienischen Politik: Malte König, Kooperation als Machtkampf. Das faschistische Achsenbündnis Berlin–Rom im Krieg 1940–41, Köln 2007, bes. 19–26; MacGregor Knox, Mussolini unleashed 1939–1941. Politics and Strategy in Fascist Italy`s Last War, Cambridge-London-New York 1982; Lutz Klinkhammer, Amedeo Osti Guerrazzi, Thomas Schlemmer (Hgg.), Die „Achse" im Krieg. Politik, Ideologie und Kriegführung 1939–1945, Paderborn 2010.
59 Eintrag vom 11.8.1939, in: Galeazzo Ciano, Tagebücher 1939–1945, Bern 1946, 122.
60 Hildebrand, Das vergangene Reich, 698.

Jörg Zedler

„Geschrieben sollte in der ganzen Angelegenheit nichts werden."
Die autoritären Regime in Italien und Österreich aus staatsbayerischer Perspektive (1922–1934)*

Am 13. Juli 1922, nur wenige Monate vor Mussolinis Marsch auf Rom, führte Ministerpräsident Hugo Graf von Lerchenfeld im bayerischen Ministerrat aus, dass die gegenwärtigen Gesetzgebungsverhandlungen – gemeint waren diejenigen des Deutschen Reiches – ein scharfer Kampf des Linksradikalismus um die Eroberung der politischen Macht in Deutschland seien. Seine in den Ministerratsprotokollen nur knapp wiedergegebenen Ausführungen gipfelten in der Forderung: „Unser Trachten muß weiterhin daraufgehen, aus der Weimarer Verfassung herauszukommen und wieder selbständiger zu werden."[1] Im Jahr darauf initiierte Bayern unter Generalstaatskommissar Gustav von Kahr den Versuch, die verfassungsmäßige Ordnung im Reich zu stürzen[2], sollte damit aber kläglich scheitern. – Schon in diesen nur grob skizzierten Ereignissen spiegelt sich ein Reichsverdruss, wie er typisch war für die Münchner Gemütslage 1922–23. Er war bedingt von der politischen Partizipation der Sozialdemokraten im Reich, vor allem aber von dem unitarischen Zuschnitt der Reichsverfassung. Beide Faktoren verstärkten nicht zuletzt das staatsbayerische Selbstverständnis als rechtskonservativer Ordnungszelle, die der parlamentarischen Zersplitterung auf Reichsebene eine autoritäre Führung entgegensetzen wollte. Ob und inwieweit der faschistischen Machtergreifung in Italien und den autoritären Ten-

---

* Der vorliegende Aufsatz fußt auf den Überlegungen, die der Autor 2010 unter dem Titel „Vorbild oder Vorwand? Faschismus-Rezeption im Horizont der bayerischen Politik von 1922 bis 1934", in dem von Hans-Michael Körner und Florian Schuller herausgegebenen Band „Bayern und Italien. Kontinuität und Wandel ihrer traditionellen Bindungen" (Lindenberg 2010, 310–335) veröffentlichte, wurde für die Drucklegung aber noch einmal wesentlich überarbeitet und um den Vergleich mit Österreich erweitert.

1   Ministerratsprotokoll vom 13.7.1922, Punkt IV – Bayerisches Hauptstaatsarchiv [zukünftig BayHStA], Bayerisches Staatsministerium des Äußern [zukünftig MA] 99517.

2   Vgl. Wolfgang ZORN, Bayerns Geschichte im 20. Jahrhundert, München 1986, 276–281; Bruno THOSS, Der Ludendorff-Kreis 1919–1923. München als Zentrum der mitteleuropäischen Gegenrevolution zwischen Revolution und Hitler-Putsch, München 1978, v.a. 307–349; Heinz HÜRTEN, Revolution und Zeit der Weimarer Republik, in: Alois Schmid (Hg.), Handbuch der bayerischen Geschichte, IV/1, Das neue Bayern. Von 1800 bis zur Gegenwart. Staat und Politik, München ²2003, 439–498, hier: 479–486.

denzen in Österreich hierbei eine Vorbildfunktion für die Münchner Staatsregierung zukam, ob sie gar imitiert werden sollten oder ob die staatsbayerischen Verhältnisse gänzlich anders gelagert waren, ist Gegenstand der vorliegenden Untersuchung[3].

***

Bayerische „Außenpolitik"?

Gemäß den Bestimmungen der Weimarer Verfassung oblag die Vertretung Deutschlands nach außen allein dem Reich[4]. Allerdings hatte Bayern im Gegensatz zu den anderen deutschen Staaten schon in den Jahren nach 1871 nicht auf seine Auslandsgesandtschaften verzichtet[5], und auch nach 1918/19 versuchte der Freistaat, eine von der Reichsdiplomatie unabhängige Sicht auf die umliegenden Staaten zu bewahren[6]. Zwar waren die bayerischen Auslands-

---

3   Hiervon abzugrenzen sind zahlreiche andere Aspekte, etwa die Einflüsse auf oder die Rezeption von einzelnen politischen Gruppierungen, die Wahrnehmung in den Medien usw. Die umfangreichste und derzeit maßgebliche Publikation zu solchen Fragen hat Matthias DAMM vorgelegt, Die Rezeption des italienischen Faschismus in der Weimarer Republik, Baden-Baden 2013; vgl. außerdem Jens PETERSEN, Der italienische Faschismus aus der Sicht der Weimarer Republik. Einige deutsche Interpretationen, in: „Quellen und Forschungen aus italienischen Bibliotheken und Archiven" 55/56, 1976, 315–360 sowie Wolfgang SCHIEDER, Das italienische Experiment. Der Faschismus als Vorbild in der Krise der Weimarer Republik, in: „Historische Zeitschrift" 262, 1996, 73–125. Vgl. zur Rezeption ausgewählter Medien Michael FUNK, Das faschistische Italien im Urteil der „Frankfurter Zeitung" (1920–1933), in: „Quellen und Forschungen aus italienischen Bibliotheken und Archiven" 69, 1989, 255–311 sowie die Arbeiten von Lönne: Karl-Egon LÖNNE, Der „Völkische Beobachter" und der italienische Faschismus, in: „Quellen und Forschungen aus italienischen Archiven" 51, 1971, 539–584; DERS., Il fascismo italiano nel giudizio del Cattolicesimo politico della Repubblica di Weimar, in: „Storia contemporanea" 1971, 2, 697–716; DERS., Faschismus als Herausforderung. Die Auseinandersetzung der „Roten Fahne" und des „Vorwärts" mit dem italienischen Faschismus 1920–1933, Köln 1981. Zu den Einflüssen der Faschisten auf Ludendorff und Hitler vgl. auch THOSS, Der Ludendorff-Kreis, 456–467.

4   Vgl. Art. 6 Satz 1 und Art. 78 Satz 1 der Weimarer Reichsverfassung, abgedruckt in: Ernst Rudolf Huber (Hg.), Dokumente zur Deutschen Verfassungsgeschichte, 4, Stuttgart-Berlin-Köln [3]1991, 151–180, hier: 152 und 163.

5   Das Gesandtschaftsrecht stand während des Deutschen Kaiserreichs allen Einzelstaaten zu, jedoch verzichteten die meisten aus finanziellen Gründen nach und nach hierauf. Während es unmittelbar nach der Reichsgründung noch mehrere Auslandsgesandtschaften deutscher Teilstaaten gegeben hatte, unterhielten vor dem Ersten Weltkrieg neben Bayern lediglich Preußen (am Heiligen Stuhl) und Sachsen (in Wien) je eine eigene Gesandtschaft außerhalb des Reichs. Bayern verfügte über solche in Sankt Petersburg, Wien, Bern, Paris, in Rom (Quirinal) und am Heiligen Stuhl.

6   Vgl. Jörg ZEDLER, Bayern und der Vatikan. Eine politische Biographie des letzten bayerischen

konsulate schon mit der Gründung des Kaiserreichs eingezogen worden[7] und folgte nach der Etablierung der ersten Republik auch die Auflösung der Auslandsgesandtschaften[8]. Allerdings blieb diejenige am Heiligen Stuhl erhalten, da der bayerische Vertreter in Berlin, Konrad Ritter von Preger, in den Reichsverfassungsverhandlungen eine entscheidende Änderung durchgesetzt hatte[9]: Statt der ursprünglichen Formulierung, wonach die Beziehungen zum *Ausland* Sache des Reichs gewesen wäre, hieß es in der in Kraft getretenen Verfassung: „Die Pflege der Beziehungen zu den *auswärtigen Staaten* ist ausschließlich Sache des Reichs."[10] Da der Heilige Stuhl vor den Lateranverträgen von 1929 nicht als Staat galt, konnte diese bayerische Vertretung erhalten bleiben. Der zuvor umstrittene völkerrechtliche Status des Pontifex wurde zwar mit dem Abschluss der vertraglichen Regelungen zwischen dem italienischen Staat und dem Papsttum eindeutig; die Frage einer Einziehung der bayerischen Gesandtschaft kam jedoch nicht mehr aufs Tableau. Erst 1934, mit dem Gesetz über den Neuaufbau des Reichs, verlor Bayern sein aktives und passives Gesandtschaftsrecht; die letzte bayerische Auslandsvertretung wurde am 31. Mai 1934 eingezogen[11]. Während der republikanischen Zeit wurde München von seinem römischen Vertreter indes ausführlich und aus erster Hand nicht nur über Dinge der Kirchen-, sondern auch der italienischen Politik informiert. Eine kontinuierliche Beobachtung der politischen Verhältnisse war freilich entscheidend für eine vorurteilsfreie Berichterstattung, die sich nicht von oberflächlichen Erfolgen des Faschismus blenden ließ[12].

Gesandten am Heiligen Stuhl Otto von Ritter (1909–1934), Paderborn u.a. 2013, 317–348.

7   Vgl. Gerhard HETZER, Die bayerischen Konsulate und ihre archivische Überlieferung, in: Albrecht Liess, Hermann Rumschöttel, Bodo Uhl (Hgg.), Festschrift Walter Jaroschka zum 65. Geburtstag, Köln-Weimar-Wien 1997, 139–155.

8   Vgl. v.a. BayHStA, MA 102669, 102670, 102683, 102684, 102689.

9   Vgl. ZEDLER, Bayern und der Vatikan, 329 f. Vgl. auch Georg FRANZ-WILLING, Die bayerische Vatikangesandtschaft 1803–1934, München 1965, 165.

10   Huber (Hg.), Dokumente, 163, Hervorhebung durch den Verfasser.

11   Reichsaußenminister Konstantin von Neurath hatte die Aufhebung der bayerischen Gesandtschaft auf den 31.5.1934 festgelegt (Neurath an den deutschen Botschafter am Heiligen Stuhl, Diego von Bergen, 5.3.1934 – Politisches Archiv des Auswärtigen Amtes [zukünftig PA AA], Rom-Vatikan 286), der daraufhin den Heiligen Stuhl informierte, dass das aktive und passive Gesandtschaftsrecht Bayerns erloschen sei – Segreteria di Stato, Sezione per i Rapporti con gli Stati, Archivio Storico, Congregazione degli Affari Ecclesiastici Straordinari [zukünftig S.RR. SS, AA.EE.SS] 195 / 39, hier: ohne Datum. Der Entwurf des Abberufungsschreibens mit dem Datum „im Juni 1934" befindet sich in BayHStA, Staatskanzlei [zukünftig StK] 5009, dessen Original aber nicht in dem zu erwartenden Bestand S.RR.SS, AA.EE.SS 195 / 39.

12   Hierauf wies zuletzt DAMM, Die Rezeption des italienischen Faschismus, 191 f., am Beispiel der Presseberichterstatter hin.

Für die vorliegende Untersuchung wurden neben dem umfangreichen Bestand des bayerischen Vatikandiplomaten weiterhin die Aufzeichnungen über die italienische bzw. die österreichische konsularische Vertretung in München herangezogen. Mittelbar wurde die Münchner Staatsregierung über Auslandsvorgänge überdies anhand der Berichte des bayerischen Gesandten in Berlin unterrichtet. Dieser fasste die Rezeption des Auswärtigen Amtes regelmäßig zusammen und kommentierte sie mitunter auch. Die Bestände der Gesandtschaften, des Außenministeriums bzw. der Staatskanzlei werden ergänzt von Akten des bayerischen Justiz- und Innenministeriums sowie von den Nachlässen der maßgeblichen Politiker. Während Justiz- und Innenministerium über die nachgeordneten Polizei- und Geheimdienststellen autoritäre Strömungen im In- und Ausland aufgrund von deren möglicher Bedeutung für den Freistaat beobachteten, darf man dem Außenministerium ein nachgerade natürliches Interesse an Vorgängen in anderen Staaten unterstellen.

Erst 1933 ging das bayerische Staatsministerium des Äußern in der neu gegründeten Staatskanzlei auf[13], die spätestens ab 1934 ihr Hauptaugenmerk auf die inneren Verhältnisse Bayerns legte. Die Einsetzung eines Reichsstatthalters im April 1933[14], die Gleichschaltung des politischen Apparats[15] und die Liquidation bayerischer Staatlichkeit[16] taten ein Übriges, um von einer eigenständigen bayerischen Sicht der Dinge nicht mehr sprechen zu können. Der vorliegende Beitrag wird sich daher auf die Jahre 1922 bis 1934 beschränken.

Innenpolitisch haben während dieser Periode die unterschiedlichen parteipolitischen Grundausrichtungen in Land und Reich, vor allem aber die verschiedenen staatspolitischen Auffassungen zu massiven und vielfältigen Konflikten zwischen München und Berlin geführt. Während im Reich zumeist (Vernunft-) Republikaner die Regierung bildeten, an der überdies häufig die Sozialdemokratie beteiligt war, und Konsens über eine zentralistisch zu führende Politik herrschte, gab es in Bayern, sieht man von dem Prolog der Weimarer Republik bis März 1920 ab, durchweg bürgerlich- bzw. rechtskonservative Kabinette,

---

13 Vgl. Gesetz betreffend die Staatsverwaltung vom 12.4.1933. Gesetz- und Verordnungs-Blatt für den Freistaat Bayern 1933, 113. Überlegungen der Nationalsozialisten, das Staatsministerium des Äußern aufzulösen, gab es schon vor der eigentlichen Machtübernahme, vgl. Susanne WANNINGER, Nationalsozialistische Pläne zur Regierungsbildung in Bayern. Eine Denkschrift von Rudolf Buttmann vom März 1933, in: Andreas Wirsching (Hg.), Das Jahr 1933. Die nationalsozialistische Eroberung und die deutsche Gesellschaft, Göttingen 2009.

14 Vgl. Zweites Gesetz zur Gleichschaltung der Länder mit dem Reich. Vom 7.4.1933, Reichsgesetzblatt I, 1933, 173.

15 Vgl. Walter ZIEGLER, Bayern im NS-Staat 1933 bis 1945, in: Alois Schmid (Hg.), Handbuch der bayerischen Geschichte, 499–634, hier: 527–530.

16 Vgl. Gesetz über den Neuaufbau des Reichs vom 30.1.1934, Reichsgesetzblatt 1934, Teil I, 75.

die stets ein höheres Maß an Föderalismus innerhalb des Reichs durchsetzen wollten. Bis zur Einsetzung der Regierung Heinrich Held 1924 konnte der Föderalismus immer wieder in Partikularismus umschlagen. Selbst die partei-politische Vertretung des Katholizismus, das Zentrum, war auf Reichsebene und trotz seiner übereinstimmenden konfessionellen Ausrichtung keineswegs ein natürlicher Verbündeter Münchens. Mal galt es der bayerischen Schwes-terpartei, der Bayerischen Volkspartei (BVP), als zu links[17], mal als zu berlin-lastig, d.h. zu zentralistisch. 1927 motivierte der Freistaat sogar einen Protest des Reichsnuntius, Eugenio Pacelli, gegen die – nach bayerischer Lesart – allzu zentralistische Politik von deren Parteileitung[18]. Der Streit Bayerns mit dem Reich um die Einwohnerwehren[19], die bayerische Opposition gegen Gustav Stresemanns Locarno-Politik[20] oder die Initiativen zu einer Reichsreform im föderalen Sinne, die die gesamte Zeit der Republik überdauern sollten[21], trugen zur fortdauernden Reibung zwischen München und Berlin bei.

Die permanenten Spannungen zwischen dem Reich und seinem zweitgröß-ten Land einerseits, die konservative Ausrichtung der Münchner Regierun-gen andererseits liegen der Ausgangsannahme zugrunde, dass die autoritären Entwicklungen und Systeme Italiens und Österreichs in Bayern eine andere Rezeption erfahren haben könnten als auf Reichsebene[22]. Die eingangs wie-

---

17 Zu erinnern ist in diesem Zusammenhang an die Haltung der BVP während der Reichsprä-sidentenwahl von 1925. Statt den katholischen Rheinländer Wilhelm Marx unterstützte sie den Kandidaten der Rechten, Paul von Hindenburg, weil Marx in seiner Kooperation mit der Sozialdemokratie als zu links galt. Vgl. Ulrich VON HEHL, Wilhelm Marx 1863–1946. Eine politische Biographie, Mainz 1987, 340–351.

18 Vgl. den Privatbrief des Ministerialrats im Staatsministerium des Äußern, Paul Stengel, an den bayerischen Gesandten am Heiligen Stuhl, Otto von Ritter zu Groenesteyn, vom 5.11.1927, die dazugehörige undatierte Informatorische Aufzeichnung des Staatsministerium des Äußern, den Bericht des Gesandten vom 18.11.1927 sowie den Privatbrief des Gesandten an Ministerpräsi-dent Heinrich Held vom 27.12.1927. Alles in: BayHStA, Gesandtschaft Päpstlicher Stuhl [zu-künftig GPSt] 1009. 1928 sprach Ritter dieses Thema selbst beim Papst an und drängte zudem Kardinal Michael von Faulhaber, auch dieser möge den Papst zu einer Kundgebung gegen die „Einheitsstaatler" im Zentrum veranlassen, Privatbrief Ritters an Stengel, 30.10.1928 sowie den Bericht vom 19.11.1928, beide: BayHStA, GPSt 1014.

19 Vgl. Friedhelm MENNEKES, Die Republik als Herausforderung. Konservatives Denken in Bay-ern zwischen Weimarer Republik und antidemokratischer Reaktion (1918–1925), Berlin 1972, 153–197.

20 Vgl. Klaus SCHÖNHOVEN, Die Bayerische Volkspartei 1924–1932, Düsseldorf 1972, 133–149.

21 Vgl. HÜRTEN, Revolution, 490, 495 f.

22 Vgl. zu dieser Frage auf Reichsebene v.a. die nun maßgebliche Studie von DAMM, Die Rezepti-on des italienischen Faschismus. Vgl. zum enormen quantitativen Umfang der Berichterstattung über den Faschismus in Deutschland auch die Bemerkung bei SCHIEDER, Das italienische Ex-periment, 76.

dergegebene Äußerung des Ministerpräsidenten mit seiner bis zur Ununterscheidbarkeit betriebenen Vermischung von föderalen Zielen mit antiparlamentarischen, antiliberalen und antidemokratischen Anklängen bestärkt eine solche Vermutung. Der „Ordnungszelle Bayern" wird man eine besondere Affinität zu Autoritarismus und Faschismus zunächst jedenfalls eher unterstellen, als den lange Zeit in der politischen Mitte zu verortenden Reichskabinetten. Die geographische Nähe Bayerns zu Italien und Österreich, die wiederholt als Aspekt der Sach- und Personalpolitik auftaucht[23], ist ein weiterer Grund, die Wahrnehmung der Heimwehren sowie die Etablierung und Entwicklung der Regierungen Mussolini bzw. Dollfuß/Schuschnigg aus bayerischer Perspektive zu betrachten. Mit diesem Blickwinkel soll gleichwohl keine strukturelle Identität der Systeme in Italien und Österreich unterstellt werden[24]. Dennoch kann der Umweg über deren zeitgenössische Wahrnehmung dem analytischen Wert der Termini Autoritarismus bzw. Faschismus schärfere Konturen verleihen. Im Vordergrund des Interesses steht demnach nicht der Vergleich beider Regierungssysteme als vielmehr die Frage, ob eine vergleichende Wahrnehmung in Bayern zeitgenössisch vorgenommen wurde, zu welchem Zweck dies geschah und ob daraus politische Konsequenzen gezogen wurden[25].

---

23 Vgl. z.B. die Vormerkung des Staatsrats im Staatsministerium des Äußern, Schmelzle, vom 10.11.1925 – BayHStA, MA 103085, oder die Argumentation, die das Ministerium am 5.6.1926 dem Gesandten in Berlin an die Hand gab – BayHStA, MA 103088.

24 Der Frage, ob bzw. inwieweit der österreichische Korporativismus oder die Heimwehren faschistisch waren, kann an dieser Stelle nicht nachgegangen werden. Zur Faschismusdefinitionen vgl. z.B. Arnd BAUERKÄMPER, Der Faschismus in Europa 1918–1945, Stuttgart 2006; Stephen J. LEE, The European Dictatorships 1918–1945, London-New York 1987; Richard SAAGE, Faschismus. Konzeptionen und historische Kontexte. Eine Einführung, Wiesbaden 2007; Stefan BREUER, Nationalismus und Faschismus. Frankreich, Italien und Deutschland im Vergleich, Darmstadt 2005; Detlef SCHMIECHEN-ACKERMANN, Diktaturen im Vergleich, Darmstadt [2]2006; Wolfgang WIPPERMANN, Europäischer Faschismus im Vergleich 1922–1982, Frankfurt am Main 1983; Stanley G. PAYNE, Geschichte des Faschismus. Aufstieg und Fall einer europäischen Bewegung, München 2001; Michael MANN, Fascists, Cambridge 2004; Aristotle A. Kallis (Hg.), The Fascism Reader, London-New York 2003; Karl Dietrich BRACHER, Zeitgeschichtliche Kontroversen um Faschismus, Totalitarismus, Demokratie, München [3]1976; v.a. 13–32 und 62–100; zu Österreich vgl. z.B. Jill LEWIS, Austria: 'Heimwehr', 'NSDAP' and the 'Christian Social' state, in: Kallis (Hg.), The Fascism Reader, 212–222, insbesondere: 214 f.; Ludwig JEDLICKA, Die österreichische Heimwehr, in: Internationaler Faschismus 1920–1945, München 1966, 177–201; Lucian O. MEYSELS, Der Austrofaschismus. Das Ende der ersten Republik und ihr letzter Kanzler, Wien-München 1992; Emmerich TÁLOS, Wolfgang Neugebauer (Hgg.), Austrofaschismus. Politik – Ökonomie – Kultur 1933–1938, Wien [5]2005.

25 Vgl. für diese Frage auf Reichsebene DAMM, Die Rezeption des italienischen Faschismus, sowie die älteren Beiträge von PETERSEN, Der italienische Faschismus; SCHIEDER, Das italienische Experiment und Klaus-Peter HOEPKE, Die deutsche Rechte und der italienische Faschismus.

Der italienische Faschismus aus bayerischer Perspektive

Das Wissen um die Entstehungsbedingungen und die Strukturmerkmale des italienischen Faschismus war in München vorhanden[26]: Noch vor dem Marsch auf Rom wurden die anhaltenden Streiks infolge der Wirtschaftslage als eine der Grundlagen für den Aufstieg der italienischen Faschisten benannt. Nur die Schwarzhemden, so die nach München übermittelte Einschätzung, würden der roten Streikbewegung mit der notwendigen Entschlossenheit Einhalt gebieten[27]. Der neuen politischen Partei sei damit auch die Sympathie der Großindustrie sicher, die sie „mit ihrem besonderen Wohlwollen" verfolge und in Mussolini „nicht mit Unrecht" den Retter „vor drohender Kommunistenherrschaft" sehe[28]. Die Faschisten erschienen in dieser Perspektive als einzig ernst zu nehmende Alternative zum Sozialismus, dessen Siegeszug bei Bürgerlichen, Konservativen und der politischen Rechten als bevorstehend befürchtet wurde. Abweichende zeitgenössische Meinungen, wie etwa diejenigen des deutschen Staatsrechtlers Hellers oder des italienischen Politikers Don Sturzo, die schon in den 1920er-Jahren der These vom Faschismus als einziger Alternative gegenüber dem Sozialismus widersprachen[29], wurden nicht rezipiert. Und nur in Parenthese sei angemerkt, dass die Vorstellung einer von der Großindustrie protegierten autoritären Bewegung auch in Bayern auf große Sympathie stieß – in Zeiten finanzieller Nöte, wie sie am Beginn der 1920er-Jahre herrschten, zumal[30].

Ein Beitrag zum Selbstverständnis und zur Politik von Gruppen und Verbänden der deutschen Rechten, Düsseldorf 1968.

26 Die Literatur über den Faschismus, seine Kennzeichen und seine Einordnung in der Geschichtswissenschaft ist praktisch nicht mehr zu überblicken. Vgl. als Einführung: MANN, Fascists; Kallis (Hg.), The Fascism Reader; PAYNE, Geschichte des Faschismus; Wolfgang SCHIEDER, Faschistische Diktaturen. Studien zu Italien und Deutschland, Göttingen 2008; Emilio GENTILE, Fascismo. Storia e interpretazione, Roma-Bari 2002; Alberto DE BERNARDI, Una dittatura moderna. Il fascismo come problema storico, Milano 2001; SAAGE, Faschismus.

27 Vgl. Informatorische Aufzeichnung Nr. 29, 19.8.1922 – BayHStA, Gesandtschaft Berlin 1117.

28 Informatorische Aufzeichnung Nr. 18, 20.10.1924 – BayHStA, Gesandtschaft Berlin 1119. Vgl. auch die Bemerkungen bei PETERSEN, Der italienische Faschismus, 330 und 344.

29 Vgl. Luigi STURZO, Italien und der Faschismus, Köln 1926, 104 sowie zu Heller die Ausführungen von PETERSEN, Der italienische Faschismus, 350 f. Vgl. auch die abweichende Einschätzung der Frankfurter Zeitung, in: FUNK, Das faschistische Italien im Urteil der „Frankfurter Zeitung", 263 und 286 f.

30 Bayern versuchte, den von ihm initiierten und kontrollierten regierungsnahen Deutschen Notbann, einer nicht regulären Polizeitruppe zur Unterstützung der Regierungspolitik, aus Mitteln der Industrie zu finanzieren. Da dies weitgehend scheiterte, ging der Notbann rasch wieder ein. Vgl. z.B. den Privatbrief des bayerischen Finanzministers Wilhelm Krausneck an Ministerprä

Dass sich die ökonomische Krise mit einer politischen verband, machte derselbe Bericht von 1922 deutlich: „Sie" – gemeint ist die linke Mehrheit des Kabinetts Luigi Facta – hätten es nicht gewagt, den Faschismus zu verbieten, „da sie wissen, dass der Fascismus weit über seine zahlenmässig geringe Vertretung im Abgeordnetenhaus hinaus im Lande eine reale Macht darstellt, weil die Faschisten den Mut haben, ihre Drohungen in die Tat umzusetzen und ihr rücksichtsloses, tatkräftiges Eingreifen ihnen in weiten Kreisen des Landes Sympathien verschafft hat, das der theoretischen Haarspalterei sowie des öden Portefeuille- und Mandatschachers der parlamentarischen Gruppen der Linken müde ist".[31]

Bemerkenswert an diesen Berichten ist zunächst die Schilderung der parteipolitischen Zerstrittenheit und der Unzufriedenheit mit dem parlamentarisch-demokratischen System, von der der Leser nicht weiß, ob sie ausschließlich den italienischen Verhältnissen galt oder ob die Doppeldeutigkeit intendiert war, mit der sie der Verfasser also auch auf die deutschen Zustände beziehen würde. Ohne dass dies erkennbar intendiert wäre, beschreibt der Autor somit zwei wesentliche Voraussetzungen für den Aufstieg des Faschismus[32] – die ökonomischen Probleme und eine breite Frustration über demokratische Willens- und Entscheidungsbildungsprozesse – und analysiert zugleich, warum die Schwarzhemden mit ihrem antiliberalen, antidemokratischen Gedankengut und ihrem Aktivismus breiten Anklang in der Bevölkerung finden konnten. Politische Kompromisse der gemäßigten Parteien und die Notwendigkeit parlamentarischer Konsensbildung verschwanden hinter den Ängsten der biennio rosso. Vom Niedergang der Parteien[33], „schwächliche[n]" Parteiführern und dem daraus resultierenden „Zustand latenter Anarchie"[34] wird an anderer Stelle berichtet.

Wirtschaftskrise und politisches Chaos werden aber weniger auf die Handlungsträger als vielmehr auf das politische System zurückgeführt. Sehr aufmerksam wurde schon 1924 registriert, dass Italien die „Errungenschaften des Jahres 1789 über Bord geworfen" habe, weil sie „dem Zeitgeist nicht mehr entsprächen"[35]. Das kommt dem nahe, was in Teilen der Faschismusforschung als

---

sident Held vom 16.12.1925 oder die Information Krausnecks an das bayerische Innenministerium vom 6.2.1927 – beide BayHStA, MA 104592.

31 Informatorische Aufzeichnung Nr. 29, 19.8.1922 – BayHStA, Gesandtschaft Berlin 1117.

32 Vgl. z.B. LEE, The European Dictatorships, 1–3; Walther L. BERNECKER, Europa zwischen den Weltkriegen 1914–1945, Stuttgart 2002, 101–103.

33 Die Rede ist z.B. von der „Verworrenheit der Parteiverhältnisse", in: Informatorische Aufzeichnung Nr. 28, 5.8.1922 – BayHStA, Gesandtschaft Berlin 1117.

34 Informatorische Aufzeichnung Nr. 36, o.D. (Oktober 1922) – BayHStA, Gesandtschaft Berlin 1117.

35 Informatorische Aufzeichnung Nr. 9, 5.6.1924 – BayHStA, Gesandtschaft Berlin 1119; ähnlich:

„Aufstand gegen die liberale Moderne" bezeichnet wird[36], mit dem Unterschied allerdings, dass man den Faschismus – wie übrigens auch den Kommunismus – zeitgenössisch grob vereinfachend als Antipoden zu den Errungenschaften der Französischen Revolution begriff. Tatsächlich lehnte der Faschismus zwar Rationalismus und Egalitätsdenken ab und damit diejenigen Momente, denen in Frankreich an der Wende vom 18. auf das 19. Jahrhundert herausragende Bedeutung zugemessen worden war. Mussolini übernahm indes den Vitalismus des Einzelnen und die Vorstellung von der Gestaltungskraft des Willens, die als „aktive Mitarbeit des Teiles [d.h. des Einzelnen] am Ganzen", d.h. an der nationalen Gemeinschaft, in diese einfließen sollten[37]. Beides war in der Aufklärung angelegt und kam in der Französischen Revolution zum Durchbruch. Hier wie dort sollte der wahren Natur des Menschen zum Erfolg verholfen werden[38]. Der „Duce" selbst, hatte der deutsche Botschafter am Quirinal, Konstantin von Neurath, 1923 festgestellt, begreife seine Bewegung durchaus nicht als reaktionär, sondern betone vielmehr die erneuernde Kraft und den Gestaltungswillen „durch neue junge Kräfte"[39]. Den Faschismus als Gegenentwurf zu den Ideen der Französischen Revolution zu begreifen, entsprach somit zwar dem Bedürfnis eines manichäischen Weltbildes, ging aber an der Realität vorbei.

Klar erkannt werden in der oben genannten Einschätzung der bayerischen Bürokratie der antidemokratische und der antiparlamentarische Grundzug des Faschismus. Die Ausschaltung innerstaatlicher wie innerparteilicher Gegner Mussolinis sowie die Beschneidung der italienischen Verfassung spiegeln sich in dem Bericht der bayerischen Diplomatie, ohne dass darüber Sorge herrschte[40] (diese Kühle der Diktion verband die Administration allerdings mit zeitge-

---

Informatorische Aufzeichnung Nr. 5, 15.5.1928 – BayHStA, Gesandtschaft Berlin 1123.

36 Erstmals bei Ernst NOLTE, Der Faschismus in seiner Epoche. Action française, Italienischer Faschismus, Nationalsozialismus, München, Zürich ⁹1995, 516–518. Vgl. zu Einwänden und dem Stand dieser Diskussion jüngst Fernando ESPOSITO, Mythische Moderne. Aviatik, Faschismus und die Sehnsucht nach Ordnung in Deutschland und Italien, München 2011, v.a. 23–62.

37 Informatorische Aufzeichnung Nr. 6, 11.5.1932 – BayHStA, StK 5231.

38 Vgl. PAYNE, Geschichte des Faschismus, 17.

39 Bericht des deutschen Botschafters von Neurath an das Auswärtige Amt, 18.11.1923 – BayHStA, Gesandtschaft Berlin 1100.

40 Vgl. hierzu den Bericht des Gesandten am Heiligen Stuhl, Ritter, 22.11.1922 – BayHStA, GPSt 982; sowie die Informatorischen Aufzeichnungen Nr. 2 (20.2.1924), 9 (5.6.1924), 13 (30.7.1924), 17 (30.9.1924) – BayHStA, Gesandtschaft Berlin 1119; die Informatorischen Aufzeichnungen Nr. 3 (20.3.1925), 9 (5.8.1925) – BayHStA, Gesandtschaft Berlin 1120; die Informatorischen Aufzeichnungen Nr. 1 (10.1.1926), 14 (30.10.1926), 15 (22.11.1926) – BayHStA, Gesandtschaft Berlin 1121; die Informatorische Aufzeichnung Nr. 2, 28.2.1929 – BayHStA, Gesandtschaft Berlin 1124.

nössischen Analysen[41]). Ganz im Gegenteil: Die Wendungen lassen erkennen, dass nicht das demokratisch-parlamentarische System mit seinem Zwang zum Kompromiss, sondern dessen Überwindung erstrebenswert sei. Immer wieder tauchen die Stereotypen auf, nach denen nur eine starke Hand die politische und wirtschaftliche Krise zu lösen und die zerstrittene Nation zu einigen imstande sei[42]. 1929 stellte ein Bericht fest, dass die Wahlrechtsreform „mit dem parlamentarischen System endgültig aufräum[e]" und schlussfolgerte, dass dies „zur Konsolidierung des Regimes für die Zukunft" führen werde[43]. Angesichts von 16 Kabinetten, die die Weimarer Republik bis dahin verschlissen hatte, geht man vermutlich nicht fehl in der Annahme, in einer konsolidierten Regierung unter Abschaffung der Volksvertretung und einem starken „Führer"[44] etwas Positives zu sehen. Der Antiparlamentarismus bildete hier wie dort zunächst den politischen Grundkonsens. Nicht umsonst verzichtete die BVP bis zur Ernennung von Heinrich Held 1924 darauf, einen Mann mit politischem Rückhalt an die Spitze der Regierung zu stellen, um dergestalt das Kabinett und mit ihm die Regierungsform zu stabilisieren[45]. Terror und Gewalt im Vorgehen Mussolinis wurden registriert, aber als Späne akzeptiert, die beim Hobeln eben naturnotwendig fallen[46]. Der Ordnungsgedanke wurde – und das vermitteln die Berichte aus Rom und Berlin in aller Klarheit und ohne daran Anstoß zu nehmen – in Italien eindeutig über denjenigen der Rechtstaatlichkeit gestellt. Neben dem innerstaatlichen wird auch der innerparteiliche Machtausbau, die Zurückdrängung entsprechender Konkurrenten, beobachtet und als Beendigung des Parteienzwists gepriesen[47]. Tatsächlich erkannten die hier ausgewerteten Quellen

---

41 Vgl. PETERSEN, Der italienische Faschismus, 331.
42 Vgl. die Informatorischen Aufzeichnungen Nr. 29 (19.8.1922), 36, o.D. (Oktober 1922) – BayHStA, Gesandtschaft Berlin 1117; die Informatorischen Aufzeichnungen Nr. 2 (20.2.1924), 9 (5.6.1924) – BayHStA, Gesandtschaft Berlin 1119; die Informatorischen Aufzeichnungen Nr. 14 (30.10.1926), 15 (22.11.1926) – BayHStA, Gesandtschaft Berlin 1121.
43 Informatorische Aufzeichnung Nr. 2, 28.2.1929 – BayHStA, Gesandtschaft Berlin 1124.
44 Informatorische Aufzeichnung Nr. 14, 30.6.1926 – BayHStA, Gesandtschaft Berlin 1124.
45 Vgl. HÜRTEN, Revolution, 474.
46 Vgl. Informatorische Aufzeichnungen Nr. 28 (5.8.1922), 29 (19.8.1922) – BayHStA, Gesandtschaft Berlin 1117; Informatorische Aufzeichnung Nr. 1 (10.1.1923), 22 (20.9.1923) – BayHStA, Gesandtschaft Berlin 1118; Informatorische Aufzeichnungen Nr. 2, 20.2.1924 – BayHStA, Gesandtschaft Berlin 1119; Informatorische Aufzeichnungen Nr. 1, 10.2.1925 – BayHStA, Gesandtschaft Berlin 1120; Bericht der deutschen Botschaft an das Auswärtige Amt, 10.2.1927, BayHStA, Bayerisches Staatsministerium des Innern [zukünftig MInn] 71806. Dies deckt sich mit den Ergebnissen von FUNK, Das faschistische Italien im Urteil der „Frankfurter Zeitung", 261.
47 Vgl. Informatorische Aufzeichnungen Nr. 15, 22.11.1926 – BayHStA, Gesandtschaft Berlin 1121.

primär in der Person Mussolinis und praktisch nicht in der faschistischen Partei, dem Partito Nazionale Fascista (PNF), die treibende politische Kraft[48].

Derartige, auf autoritäre Führung zielende Berichte der bayerischen Diplomaten wurden während der stabilen Jahre der Weimarer Republik weniger, verstummten aber nie ganz und stiegen in den Krisenjahren ab 1930 in quantitativer Hinsicht wieder an. So heißt es in einer Aufzeichnung vom November 1932: Die eigentliche Leistung des Faschismus liege darin, das Volk zu einen. Dies führe zu „der Zusammenfassung eines früher parteipolitisch stark zersplitterten Volkes zu einer sich einem Staatsgedanken unterordnenden Nation" und somit zu einer „moralische[n] Erneuerung des ganzen Volkscharakters"[49]. Im „neuen Italien [herrsche] Arbeitsfriede [...] und Klassenkampf wie soziale Frage [haben] ihre Schrecken verloren"[50]. Auf dem Höhepunkt der Arbeitslosigkeit in Deutschland, im November 1932, heißt es: „Wenn Italien in der gegenwärtigen allgemeinen Krise, die sich hier nicht minder drückend auswirkt als in anderen Ländern, ohne ernstliche innere Erschütterungen aushält, so ist dies sicherlich nicht zum wenigsten auf das dem Volke zum Bewusstsein gebrachte Gefühl für nationale Zusammengehörigkeit und Opferwilligkeit in schwierigen Zeiten zurückzuführen." Dieses „befriedete Italien" könne Anspruch erheben, „im Rate der europäischen Großmächte als gleichberechtigter Faktor Anerkennung zu finden"[51]. – Die eigene deutsche Sehnsucht nach der Volksgemeinschaft und einer wiederherzustellenden Größe sind nicht zu überhören. Man wird nicht fehlgehen in der Annahme, dass die Krisen der Jahre 1922/23 und 1932 hier in unmittelbarem Zusammenhang mit der Ineffizienz des parlamentarischen Systems, der politischen Zersplitterung seiner Parteien und den dadurch bedingten gesellschaftlichen Kämpfen gesehen wurden[52]. Die Unzufriedenheit mit den Zuständen innerhalb der Weimarer Republik führte nicht nur, aber auch in Bayern zu einer „fortschreitenden Auszehrung der demokratischen Substanz"[53].

---

48 Dies bestätigt die aktuelle Forschung, wonach Mussolini nicht nur die zentrale Figur war, sondern darüber hinaus die Partei zugunsten des Staates sukzessive entmachtete, vgl. Renzo DE FELICE, Mussolini il fascista, II, L'organizzazione dello Stato fascista 1925–1929, Torino ³1995, 298. Vgl. außerdem PETERSEN, Der italienische Faschismus, 329, 338, 354.

49 Informatorische Aufzeichnungen Nr. 10, 30.11.1932 – BayHStA, StK 5232.

50 Informatorische Aufzeichnungen Nr. 2, 28.2.1929 – BayHStA, Gesandtschaft Berlin 1124.

51 Informatorische Aufzeichnungen Nr. 10, 30.11.1932 – BayHStA, StK 5232.

52 Dies bestätigt die wiederholt geäußerte These, dass der Faschismus infolge von Krisen an Attraktivität gewann, vgl. zuletzt DAMM, Die Rezeption des italienischen Faschismus, 38; vgl. auch SCHIEDER, Das italienische Experiment, 84–87. Vgl. auch PETERSEN, Der italienische Faschismus, 316 f. sowie die bei ihm ausgeführten zeitgenössischen Überlegungen zur Unterordnung der Wirtschaft unter den Staat, die im vorliegenden Beitrag ausgespart bleiben, v.a. 328.

53 HÜRTEN, Revolution, 498.

Dabei ist der unmittelbare Zusammenhang zwischen der Ablehnung des Parlamentarismus und einer Führersehnsucht evident. Wenn der bayerische Gesandte am Heiligen Stuhl, Otto Freiherr von Ritter zu Groenesteyn, schon im November 1922 formulierte: „Sehnt man sich doch auch hier wie anderswo nach dem großen Manne, der die verfahrenen innerpolitischen und aussenpolitischen Verhältnisse wieder in Ordnung bringen soll"[54], so nimmt er damit eine Opinio communis der Forschung vorweg: „Zu viele Interessen und Denkgewohnheiten klammerten sich in Europa nach den Erschütterungen der Nachkriegszeit an die Wirklichkeit und den Begriff der Autorität, als daß Mussolini nicht von Anfang an auch im Ausland viel Sympathie und Unterstützung gefunden hätte."[55] Im Jahr 1932 tauchen diese Sehnsüchte wieder auf, als von Mussolini als „einzelnem genialen Mann"[56] und „bezwingende[r] Persönlichkeit des genialen Führers"[57] berichtet wird.

Die sich damit verbindenden Hoffnungen sind schon zum Zeitpunkt der Machtübernahme des „Duce" enorm. Als „Garibaldi im schwarzen Hemd" wurde er begrüßt[58], ohne dass sich dies jedoch von der Haltung der bürgerlichen, geschweige denn der konservativen Presse in Deutschland unterschieden hätte[59]. Die Berichte Ritters aus Rom nach München erkennen den extremen Nationalismus, auf den die Faschisten bauen, beschränken sich aber auf eine, zumeist nüchterne, Beschreibung seines einigenden Potentials[60]. Dass er umgekehrt zur Ausgrenzung all dessen führte, was nicht in die eigene Vorstellung von Nation passte, entfällt. Ob hieraus auf eigene deutschnationale Einigkeitsträume geschlossen werden kann, geht aus den Berichten zwar nicht positiv hervor, darf indes angenommen werden, zumal der bayerische Diplomat in Rom seine Aufgabe stets auch als Wirken für die Reichsinteressen verstand und sein

---

54 Bericht Ritters vom 22.11.1922 – BayHStA, GPSt 982. Dies sahen aber etwa auch zahlreiche bürgerliche Presseorgane so, vgl. DAMM, Die Rezeption des italienischen Faschismus, 171.

55 Ernst NOLTE, Italien vom Ende des I. Weltkriegs bis zum ersten Jahrzehnt der Republik 1918–1960, in: Theodor Schieder (Hg.), Handbuch der Europäischen Geschichte, 7, Stuttgart 1979, 619–650, hier: 634 f.

56 Informatorische Aufzeichnungen Nr. 6, 11.5.1932 – BayHStA, StK 5231.

57 Informatorische Aufzeichnungen Nr. 7, 27.7.1932 – ebd.

58 Bericht vom 22.11.1922 – BayHStA, GPSt 982.

59 Vgl. DAMM, Die Rezeption des italienischen Faschismus, 174 f., 181; vgl. auch ebd. 200–211, 252–258, 302– 307. V.a. die politische Rechte sah (und bewunderte) im Nationalismus und dem Führerkult die zentralen Elemente des Faschismus.

60 Vgl. Berichte vom 30.10.1922, 1.11.1922, 4.11.1922, 12.11.1922 – BayHStA, GPSt 982 sowie Bericht vom 18.7.1923 – BayHStA, GPSt 991. Ritters Berichte waren jedoch grundsätzlich von einem hohen Maß an beschreibenden Passagen und einer weitgehenden Absenz eigener Interpretation gekennzeichnet; dies überließ er stets dem Adressaten.

bayerischer Patriotismus einen Partikularismus ausschloss[61]. Vielmehr bauen die Berichterstatter in Rom wie in Berlin auf die hohe Mobilisierungskraft des Faschismus, die sie ihm infolge seiner nationalen Trumpfkarte zuschreiben. Kraft seines Erfolges in weiten Teilen der Bevölkerung erschien er als überparteiliches und damit als einigendes und Ordnung schaffendes Element, dank dessen weitere, bisher apolitische Schichten für den Staat gewonnen wurden[62]. Dieser Massenerfolg erhöhte freilich – das war die Kehrseite der Medaille – die Schichtenheterogenität innerhalb der Bewegung und diese wiederum die Gefahr von Flügelkämpfen und auseinanderdriftenden Erwartungen. Auch das wird in diplomatischen Kreisen klar erkannt und bereits in den Anfangsjahren von Mussolinis Regierung als Erklärung für dessen umfassenden Totalitätsanspruch zur Übertünchung gesellschaftlicher bzw. innerparteilicher Divergenzen sowie für den Einsatz von Terror herangezogen[63]. Die politische Kreativität des Faschismus wird hingegen eher skeptisch beurteilt: „Man ist versucht, ein bekanntes Wort Lessings dahin zu variieren, daß das finanzpolitische Regierungsprogramm zwar nicht vieles, aber immerhin einiges Positive und Neue enthalte; nur, daß das Positive nicht neu und das Neue nicht positiv ist."[64]

Die zitierten Ordnungsvorstellungen fielen in Bayern spätestens seit 1920 auf fruchtbaren Boden. In diesem Jahr hatte Gustav Ritter von Kahr, ein monarchistischer, obrigkeitsstaatlich denkender Beamter, der stärker auf außerparlamentarische Mächte als die Mechanismen der Demokratie setzte[65], den sozialdemokratischen Ministerpräsidenten Johannes Hoffmann abgelöst. Zwar musste Kahr bereits ein Jahr später zurücktreten, wurde aber 1923 Generalstaatskommissar in Bayern und nahm seine Konfrontationspolitik gegenüber dem Reich wieder auf. Bayern sollte als autoritäre Ordnungszelle der Gegenentwurf zum vermeintlich roten Berlin werden[66]. Ganz in diesem Sinne hatte Ministerpräsident Eugen von Knilling bereits im Januar 1923 vor Kabinettskollegen verkündet, dass Bayern keinesfalls sein Image als „Ordnungsstaat" unterminieren

61 Vgl. ZEDLER, Bayern und der Vatikan, v.a. 487–503.
62 Vgl. Informatorische Aufzeichnungen Nr. 36, o.D. (Oktober 1922) und 39 vom 21.11.1922 – BayHStA, Gesandtschaft Berlin 1117. Auf die Heterogenität der faschistischen Bewegung weist auch der Gesandte am Heiligen Stuhl wiederholt hin. Stellvertretend: Bericht vom 25.2.1925 – BayHStA, GPSt 1014.
63 Vgl. Informatorische Aufzeichnungen Nr. 39, 21.11.1922 – BayHStA, Gesandtschaft Berlin 1117; Informatorische Aufzeichnungen Nr. 1 (10.1.1923), 22 (20.9.1923) – BayHStA, Gesandtschaft Berlin 1119.
64 Informatorische Aufzeichnung Nr. 40, 28.11.1922 – BayHStA, Gesandtschaft Berlin 1117.
65 Vgl. HÜRTEN, Revolution, 474.
66 Vgl. ebd., 474 f.

lassen dürfe[67]. Dabei bezog sich die Abwehrhaltung nicht nur auf Gegner, die links der eigenen Anschauung standen, sondern auch auf die völkische Bewegung am rechten Rand des Spektrums. Sympathien innerhalb der bayerischen Exekutive für den italienischen Faschismus dürfen demnach nicht mit dem Ziel, ein analoges Regime in München aufzubauen, mithin mit einer Preisgabe der eigenen Macht verwechselt werden. Die maßgeblichen Politiker des Freistaats nahmen gedankliche Anleihen hinsichtlich der Ziele: Die Beschneidung der parlamentarischen Republik und die Etablierung eines autoritäreren Staats- und Regierungssystems galten hier wie dort – in Bayern zumindest bis 1924 – als erwünscht. Auch die Methoden der Schwarzhemden verfolgte München mit Sympathie, war deshalb aber durchaus nicht bereit, den eigenen rechtsextremen oder gar völkischen Gruppen eine ähnliche Rolle zuzugestehen[68].

Mündete das Ordnungsdenken bei Kahr zunächst in eine Restauration der Monarchie, so integrierten Knilling und dessen Vorgänger Lerchenfeld es in einen Staat autoritäreren Zuschnitts. Ein Schlaglicht hierauf werfen private Äußerungen Lerchenfelds aus dem Jahr 1922. Nachdem er sich im April in einem Privatbrief an Heinrich Held über „heftige Angriffe gegen mich wegen […] Demokratischer [sic] Gesinnung" beschwert hatte[69], führte er im November demselben Adressaten gegenüber aus: Man klage allgemein über den Parlamentarismus, aber die Kritiker „wissen nichts an die Stelle zu setzen, wie etwa mehrere Parlamente, wie Steiner, oder die Diktatur, wie die Überbayern um Hitler". Ohne „repräsentative Regierungsformen" komme man aber „nun einmal nicht" aus. Er denke deshalb an einen „Staatspräsidenten mit einem kleinen, aber wirksamen Staatsrat".[70]

Dies war das altbekannte Ziel der BVP, mittels eines Staatspräsidenten und einer zweiten Kammer die Wiedereinführung der Monarchie vorzubereiten und die parlamentarische Kompetenz zu beschneiden[71]. Auch darf das revisionistische Streben Lerchenfelds nicht als separatistische Bestrebung fehlinterpretiert

---

67 Ministerratsprotokoll vom 12.1.1923, Punkt II – BayHStA, MA 99518.

68 Der Begriff Ordnungsstaat richtete sich auch gegen mögliche nationalsozialistische Umsturzpläne; vgl. BayHStA, MA 99518.

69 Privatbrief Hugo von Lerchenfelds an Heinrich Held vom 11.4.1922 – BayHStA, NL Held 892.

70 Privatbrief Hugo von Lerchenfelds an Heinrich Held vom 16.11.1922 – ebd.

71 Die BVP hatte diese Ziele bereits in die Koalitionsvereinbarung von 1920 schreiben lassen und ihr Abgeordneter Fritz Schäffer hatte 1921 einen entsprechenden Antrag im Landtag eingebracht, der jedoch die nötige Zweidrittelmehrheit verfehlte. Ein Volksbegehren 1924 und ein weiterer Antrag im Landtag zur Verfassungsänderung scheiterten ebenfalls, vgl. SCHÖNHOVEN, Die Bayerische Volkspartei, 25; Otto ALTENDORFER, Fritz Schäffer als Politiker der Bayerischen Volkspartei 1888–1945, Teilband 1, München 1993, 243 f. und 246–250.

werden. So hatte er – auf offiziellem Briefpapier des Auswärtigen Amtes(!)[72] – zwar von seiner monarchistischen Grundeinstellung und einem „föderalistische[n] und grossdeutsche[n] Ideal" gesprochen aber zugleich betont: „Bei der Betrachtung der Vorkommnisse und Veröffentlichungen der letzten Zeit in Bayern drängt sich der Eindruck auf, als seien manche unverantwortliche Kräfte am Werk, um dem bayerischen Separatismus die Wege zu ebnen"[73]. Auch Knillings Politik zielte darauf, die Stellung Bayerns innerhalb des Reichs zu stärken. Dieses Ziel zeigt sich sehr deutlich in der bayerischen Denkschrift „Zur Revision der Weimarer Reichsverfassung" vom Januar 1924. Sie zielte auf eine Änderung der Reichsverfassung im föderalen Sinn und pries die Bismarcksche Verfassung als Vorbild[74]. Allerdings war es eine Offensive, die sich in den Grenzen der verfassungsmäßigen Ordnung bewegte. Eine Drohung, den Staatsverband zu verlassen, die Generalstaatskommissar Kahr im Herbst 1923 vorschwebte[75], lehnte Knilling als Mittel seiner Politik ab[76]. Man kann Lerchenfeld und Knilling also revisionistische Absichten im Sinn einer Rückkehr zu einer stärker föderalen Ordnung, mitunter auch autoritäre Ziele unterstellen, nicht aber faschistische.

Ob und inwieweit Kahr vom italienischen Faschismus beeinflusst war, ist weitaus schwieriger zu beantworten. Aus seinem Nachlass geht eine unmittelbare Bezugnahme nicht hervor[77]. Ganz offenkundig ist, dass er die Novemberrevolution, ihre Träger und die von ihnen geschaffene Ordnung ablehnte. Obwohl erster republikanischer Regierungspräsident von Oberbayern, vermied er den Eid auf die Verfassung zunächt. Ihm ging es darum, die politisch rechts zu verortenden Kräfte in Bayern zu sammeln und gegen die Sozialdemokratie zu positionieren[78]. In der antisozialistischen Zielsetzung wusste Kahr sich demnach mit dem Faschismus, der in den oben zitierten Gesandtschaftsberichten als die einzig nennenswerte Kraft Italiens gegen die Linke konturiert wurde, einig.

---

72   Lerchenfeld war zu diesem Zeitpunkt Leiter der Referats II, Abteilung Italien, des Auswärtigen Amtes.

73   Privatbrief Hugo von Lerchenfelds an Gustav Ritter von Kahr, 18.7.1920 – BayHStA, NL Kahr 34.

74   Vgl. Erika SCHNITZER, Das Ringen der Regierung Held um die Stellung Bayerns im Reich, o.O. [München] 1968, 50–78.

75   Diese Drohung ergibt sich aus einem Schreiben Finanzminister Wilhelm Krausnecks an Ministerpräsident Knilling vom 1.12.1923 – BayHStA, MA 103255.

76   Dies ergibt sich aus dem Umstand, dass er die Forderung Kahrs nicht, wie von diesem angeregt, an Reichskanzler Stresemann weitergab; Knilling an Stresemann – BayHStA, MA 103456.

77   Vgl. BayHStA, NL Kahr.

78   Vgl. Franz MENGES, Vom Freistaat zur Reichsprovinz (1918–1933), in: Manfred TREML, Geschichte des modernen Bayern, München [2]2000, 147–273, hier: 191.

Am 26. September 1923 wurde Kahr vom bayerischen Ministerrat zum Generalstaatskommissar ernannt. Auch wenn dieser Schritt der Furcht vor einem rechtsextremen Putsch entsprang[79], war die Ernennung des Separatisten Kahr ein Affront gegenüber dem Reich. Als er zwei Tage nach seiner Ernennung den Befehlshaber des Wehrkreises VII, General Otto von Lossow, darin bestärkte, einen Befehl des Reichswehrministers zu missachten, wenig später eine Order des Reichspräsidenten ignorierte und den vom Reich abgesetzten Lossow zum Landeskommandanten erhob, war der Konflikt mit Berlin programmiert. Kahr erklärte die Auseinandersetzung zwischen der „internationalen marxistisch-jüdischen" Weltanschauung, deren Protagonisten in Berlin säßen, und der „nationalen deutschen" 1923 für gekommen[80]. Paramilitärische Truppen und Polizei standen für einen „Marsch nach Berlin" bereit, der das Ziel einer „nationalen Diktatur" verfolgte[81]. In diesem Moment verschwammen die Grenzen „zwischen bayerischem Föderalismus und reaktionärer Verfassungsrevision"[82]. Die Ziele dieses Vorhabens blieben vage, und auf eine programmatische Ähnlichkeit zum italienischen Faschismus kann aufgrund des Umstandes, dass Lossow auf eine von der Legislative unabhängige Regierung drängte[83], nicht geschlossen werden. Dennoch legt die verwendete Terminologie gedankliche Anleihen nahe, deren Ursprung jenseits des Brenners lag. Da die bayerischen Revisionisten um Kahr und Lossow für ihre Pläne jedoch keine Unterstützung außerhalb der Landesgrenzen fanden, scheiterte das Unternehmen jämmerlich: Unfähig zu handeln, nutzte Hitler eine Zusammenkunft von Lossow, Kahr und dem Chef der Landespolizei, Hans von Seisser, um die Aktionshoheit an sich zu reißen, die dann im sogenannten Hitler-Putsch vom 8./9. November 1923 mündete und, statt in der Reichshauptstadt zu enden, am Münchner Odeonsplatz zusammenbrach[84].

Um Missverständnissen vorzubeugen: Bayern hatte in der Weimarer Republik nicht die Machtmittel, um aus den von Sympathie begleiteten Beobachtungen des italienischen Faschismus Aktionen im Sinne einer Systemveränderung

---

79 Vgl. Hürten, Revolution, 482; Ministerratsprotokolle vom 12.1.1923, Punkt II – BayHStA, MA 99518. Vgl. in diesem Zusammenhang auch die Zielsetzung des Notbann: Denkschrift ohne Verfasser [General Epp] und Datum – BayHStA, NL Held 717.

80 Zitiert nach: Ernst Deuerlein (Hg.), Der Hitler-Putsch. Bayerische Dokumente zum 8./9. November 1923, Stuttgart 1962, 238.

81 Erklärung General von Lossows vor Vertretern der Landespolizei und verschiedener Vaterländischer Verbände, zitiert nach ebd., 257 f.

82 Hürten, Revolution, 484.

83 Vgl. ebd., 485 f.

84 Als Übersicht vgl. Ernst Rudolf Huber, Deutsche Verfassungsgeschichte seit 1789, VII: Ausbau, Schutz und Untergang der Weimarer Republik, Stuttgart-Berlin-Köln 1984, 402–410.

zu bewirken. Die Ereignisse des Herbstes 1923 und die Handlungsunfähigkeit eines auf sich allein gestellten Bayern hatten dies in aller Deutlichkeit gezeigt. Knillings Nachfolger Heinrich Held, der von 1924 bis März 1933 bayerischer Ministerpräsident war, zog daraus den Schluss unbedingter Reichstreue. Gleichwohl fällt auf, dass die maßgeblichen Münchner Persönlichkeiten gut und mit Sympathien über den italienischen Faschismus informiert worden waren. Dies gilt sogar in verstärktem Maß für die Jahre 1929 bis 1932. Und als gesichert wird man festhalten dürfen, dass der Erfolg des italienischen Modells die Attraktivität rechtsautoritärer Staatsvorstellungen in Bayern zumindest in den Jahren 1923/24 förderte; „Italia docet", galt auch hier[85].

Einem weiteren Vorurteil ist entgegenzutreten: Die Kenntnis und die von Sympathie begleitete Wahrnehmung des Faschismus bedingten keineswegs eine politische Nähe zu Rom: Im Januar 1926 gab es eine parlamentarische Anfrage im Münchner Landtag, ob die Landesregierung von den Gerüchten über italienische Expansionsbestrebungen wisse, die vermeintlich über Nordtirol hinaus bis zum Karwendelgebirge und Kufstein reichten und damit auch bayerisches Gebiet umfassten[86]. Diese Anfrage einer Gruppe konservativer, großdeutsch orientierter Abgeordneter brachte die Regierung Held in eine veritable Zwickmühle. Einerseits, notierte Held in einem internen Papier, könne er kaum öffentlich gegen die Faschisten Stellung nehmen, wohl wissend, dass die Reichsregierung Mussolini als Bündnispartner für ihre revisionistische Außenpolitik brauchte[87]. Andererseits könne er genauso wenig diejenigen Gruppen, die das Deutschtum in Südtirol stützten, brüskieren[88], womit der Kern des Problems benannt war. Bayern mit Held an der Spitze unterstützte massiv jenes breite bürgerliche und konservative Klientel[89], das materiell und ideell die Italianisie-

---

85   Schieder, Das italienische Experiment, 79.

86   Vgl. „Kurze Anfrage Nr. 284" vom 7.1.1926 – BayHStA, MInn 71806.

87   Deutschland suchte Italien nicht nur als Partner bei der Revision des Versailler Vertrages zu gewinnen, sondern benötigte dessen Wohlwollen auch in der zweiten „Kardinalfrage" (Informatorische Aufzeichnungen Nr. 11, 9.10.1928 – BayHStA, Gesandtschaft Berlin 1123), des Anschlusses Österreichs an das Reich. Vgl. hierzu neben den nachfolgenden Akten z.B. auch die Antwort des Auswärtigen Amtes auf eine Anfrage Helds vom 12.5.1926 (BayHStA, Gesandtschaft Berlin 1103), den Bericht des bayerischen Gesandten in Berlin, Konrad Ritter von Preger, vom 10.3.1923 über die Sitzung im Auswärtigen Ausschuss sowie den Bericht des deutschen Gesandten in Rom, Konstantin von Neurath, an das Auswärtige Amt vom 5.3.1923; beides in – BayHStA, Gesandtschaft Berlin 1100.

88   Vgl. die undatierte Vormerkung Heinrich Helds – BayHStA, Gesandtschaft Berlin 1100.

89   Vgl. für die breite Ablehnung der Südtirolpolitik Mussolinis im bürgerlichen Lager stellvertretend Damm, Die Rezeption des italienischen Faschismus, 188–191, 238 sowie Schieder, Das italienische Experiment, 93 und 110–114.

rungspolitik Südtirols bekämpfte[90]. Den außenpolitischen Rücksichtnahmen kam in München nicht die Bedeutung wie in Berlin zu – schlichtweg, weil Bayern zu wenig politische Potenz hatte, seinen Worten auch Taten folgen zu lassen. Hinzu trat, dass die landsmannschaftlichen und geographischen Bindungen von München aus enger waren als von Berlin aus.

Das wegen der parlamentarischen Anfrage an das Berliner Auswärtige Amt gestellte Hilfeersuchen brachte die erwartete Antwort: „Die Reichsregierung ist in einer Reihe wichtiger Fragen wie Abrüstung, Luftfahrt, Besatzungsstärke etc. nach wie vor auf die Unterstützung gerade der italienischen Regierung angewiesen. Daher müsste eine Debatte im bayerischen Landtag über den Fascismus, bei der wegen der augenblicklich gereizten Stimmung voraussichtlich recht scharfe Worte gegen Italien und das fascistische Regiment in Südtirol fallen würden, allseits zurzeit im hohen Maße als unerwünscht bezeichnet werden.“[91] Da auch die italienische Botschaft alarmiert und vorstellig geworden war[92], ließ Held das Auswärtige Amt über den Reichsvertreter in München wissen, dass er in einer geheimen Haushaltssitzung gegen allzu große öffentliche Hetze eingetreten sei[93]. Dies sollte Berlin und Rom offenkundig beruhigen. In Wahrheit hatte Bayern innen- und außenpolitisch eine Abwehrstellung gegen den italienischen Faschismus bezogen: Italienische Vereine in Bayern wurden unter Faschismusverdacht geheimdienstlich überwacht[94], Boykottaufrufe gegen italienische Waren, die als Reaktion auf Mussolinis Italianisierungspolitik in Südtirol initiiert und staatlicherseits toleriert worden waren, erst unterbunden, als der „Duce" seinerseits mit einem Boykott deutscher Güter drohte[95]. Schließlich wurde faschistischen Verbänden in Bayern per se eine allitalienische und antideutsche Zielsetzung unterstellt[96] und klassifizierte die Staatsregierung italienischen

90 Vgl. hierzu die Akten über Südtirol – BayHStA, MA 103085, 103086, 103087, 103088.

91 Stellungnahme des Auswärtigen Amtes, die unter dem 3.2.1926 über den Vertreter des Reichs in München, Edgar Haniel von Haimhausen, dem Staatsministerium des Äußern zugeleitet wurde.

92 Vgl. Ministerratsprotokoll vom 20.1.1926 – BayHStA, MA 103088.

93 Vgl. Privatbrief Helds an Haniel – BayHStA, MA 103088 und an Preger (Abdruck) – BayHStA, MInn 71806, beide vom 21.1.1926.

94 Vgl. Ministerratsprotokoll, 20.1.1926 – BayHStA, MA 103088; Innen- an Außenministerium und an die Polizeidirektion München, beide: 1.4.1926 – BayHStA, MInn 71806.

95 Die Staatsregierung hatte mit dem Boykott nicht unmittelbar zu tun und lehnte ihn aus außenpolitischen Erwägungen heraus ab, tolerierte ihn aber insoweit, als sie erst nach massiven Protesten des italienischen Generalkonsulats und Nachteilen für deutsche Firmen dagegen einschritt; vgl. die Dokumente in BayHStA, MA 103088, insbesondere den Privatbrief Helds an Haniel, 21.1.1926 sowie die Schreiben des Handels- und des Innenministeriums, 20.2.1926 bzw. 27.2.1926 – BayHStA, MInn 71806.

96 Bayern unterschied demnach weniger nach faschistisch oder nicht-faschistisch, identifizierte

Sprachunterricht als Kulturimperialismus, um ihn mit dieser Begründung massiv zu behindern. Diese „Wühlarbeit an dem Bestande des bayerischen Volkes" diene, so die Begründung, lediglich der Vorbereitung einer Expansion Italiens bis an die Donau[97]. „Im Hinblick darauf erachten wir ein Vorgehen gegen die faszistischen Gründungen in Deutschland für eine absolute Notwendigkeit", hatte die Polizeidirektion München 1923 gefordert[98], war aber am Veto des – auf außenpolitische Belange fixierten – Reichs gescheitert.

Welche Ausmaße die Abneigung gegen die römische Politik in München annehmen konnte, belegt ein Zwischenfall von 1925/26. Im Herbst 1925 fürchtete die Innsbrucker Landesregierung zum wiederholten Mal[99] einen faschistischen Einmarsch in Nordtirol[100]. Nicht zuletzt, weil die Wiener Zentralregierung entsprechende Ängste 1922 ignoriert hatte[101], wandte sich der Führer der Heimatwehr, Richard Steidle, mit der Bitte um Unterstützung – es handelte sich um die nicht unerhebliche Menge von 8000 Mann „Kampftruppe" sowie Waffen, Munition, Benzin und andere Ausrüstungsgegenstände[102] – an München[103]. Die staatlichen Akten weisen den Kontakt erst ab Dezember 1925 aus. Tatsächlich fand eine erste diesbezügliche Fühlungnahme mit dem Führer des Deutschen Notbann, einem paramilitärischen, regierungsnahen Verband[104], General Franz

---

97 den Faschismus aber mit einer Gegnerschaft zum Deutschtum in Südtirol. Vgl. hierzu die Vormerkung Schmelzles, 19.1.1926 (BayHStA, MA 103088) und das Schreiben der Polizeidirektion München über das Staatsministerium des Innern an den Reichskommissar für öffentliche Ordnung, 27.3.1923 – BayHStA, MInn 73566.

97 Polizeidirektion München an das Staatsministerium des Innern, 25.6.1923 – BayHStA, MInn 73566.

98 Polizeidirektion München über das Staatsministerium des Innern an den Reichskommissar für öffentliche Ordnung, 27.3.1923 – BayHStA, MInn 73566. Vgl. auch zahlreiche weitere Dokumente in diesem Sinne, ebd.

99 Die Heimatwehr selbst rechtfertigte ihr Dasein mit einer Schutzfunktion vor faschistischen Einfällen 1922, vgl. Josef RIEDMANN, Tirol, in: Erika Weinzierl, Kurt Skalnik (Hgg.), Österreich 1918–1938. Geschichte der Ersten Republik, 2, Graz-Wien-Köln 1983, 961–1010, hier: 982.

100 Vgl. Verena LÖSCH, Die Geschichte der Tiroler Heimatwehr von ihren Anfängen bis zum Korneuburger Eid (1920–1930), Diss. masch., Innsbruck 1986, 199; RIEDMANN, Tirol, 987.

101 Vgl. LÖSCH, Die Geschichte der Tiroler Heimatwehr, 172–174.

102 Undatierte [zwischen 12.12.1925 und 30.1.1926] Denkschrift General von Epps – BayHStA, NL Held 718.

103 Dass sich die Tiroler zuerst an München wandten, geht aus einem Privatbrief Helds an Preger vom 4.3.1926 hervor – BayHStA, Gesandtschaft Berlin 1103.

104 Vgl. BayHStA, MA 104592; BayHStA, Staatsministerium der Justiz 15655; BayHStA, MInn 72449 und 72450; BayHStA, NL Held 718. Anstelle der Bezeichnung „Deutscher Notbann" tauchte seit 1925 gelegentlich der Name „Verband Volkskraft" auf. Grund hierfür waren außenpolitische Erwägungen, die aus den Entwaffnungsbestimmungen der Siegermächte resultierten.

von Epp, spätestens am 21. Oktober 1925 statt[105]. Und am 14. November 1925 gab es eine Besprechung mit Steidle, dem in Bayern und Tirol bestens vernetzten Waldemar Pabst[106], Epp und Ministerpräsident Held, in der Epp notierte: „Held betrachtet es an und für sich als eine Selbstverständlichkeit, daß die bayerische Regierung sich für die Tiroler Interessen einsetzt, weil in diesem Fall die Tiroler und bayerischen Notwendigkeiten konform sind. General Epp soll verständigt werden, daß er ausdrücklich ermächtigt ist, alles vorzubereiten, was zur Abwehr eines italienischen [sic] Angriffes notwendig ist." Später habe ihm der bayerische Staatsrat im Staatsministerium des Äußern, Hans Schmelzle, den Auftrag übermittelt, „mit Major Pabst über die Pläne zur Abwehr eines faschistischen Einfalls in Tirol zu sprechen"[107].

Die Tagebucheinträge Epps belegen, wie wenig differenziert dieser den Vorgang sah, sich hierin aber nicht von politischen Verantwortungsträgern unterschied. Tatsächlich sprach man in Österreich mitunter von der Gefahr eines *regulären italienischen* Einmarschs. Dies spiegelt sich in Epps erster Formulierung. In Deutschland hingegen war meist von einem Einbruch *faschistischer Banden* die Rede[108]. Auch in den Münchner Akten ist die Terminologie nicht eindeutig. Die oben erwähnten Formationsstärken legen es jedoch zumindest nahe, dass mit einem großangelegten Angriff von italienischer Seite gerechnet wurde – oder richtiger: die Heimatwehr eben diese Furcht schürte, um die Gelegenheit zur eigenen Aufrüstung zu nutzen. Held sagte bayerische Unterstützung zu[109], schränkte aber in einer neuerlichen Besprechung mit den Tirolern am 11./12. Dezember 1925 immerhin ein, dass Bayern erst eingreife, wenn „ernste fascistische Angriffsabsichten jenseits der Tiroler-Südgrenze durch die nach Südtirol vorgeschobenen Nachrichtenagenten als sicher erkannt werden" und beauftragte Ritter von Epp mit geheimen militärischen Vorbereitungen[110]. „Ge-

---

105 Vgl. NL Epp, Tagebuch 1925, Bundesarchiv [zukünftig BArch], N 1101/23, 32.

106 Vgl. zu Person, Stellung und Funktion Pabsts – trotz manchen polemischen Urteils – Klaus GIETINGER, Der Konterrevolutionär. Waldemar Pabst – eine deutsche Karriere, Hamburg 2009. Vgl. auch Doris KACHULLE, Waldemar Pabst und die Gegenrevolution. Vorträge, Aufsätze. Aus dem Nachlaß, Berlin 2007.

107 NL Epp, Tagebuch 1925 – BArch, N 1101/23, 40 f. Epp spricht in seinem Tagebuch wiederholt von sich in der 3. Ps. Sg. Vgl. zu dem Sachverhalt auch BayHStA, MA 104592.

108 Vgl. die Aufzeichnung des Ministerialdirektors und Leiters der Abteilung II (West- und Südosteuropa) im Auswärtigen Amt, Gerhard Köpke, vom 14.12.1925 über einen möglichen „faschistische[n] Überfall auf Innsbruck" – PA AA, R 72812.

109 Vgl. die undatierte Vormerkung des Innenministeriums – BayHStA, Staatsministerium des Innern 71806.

110 Denkschrift Ritter von Epps als Beilage zu einem Brief an Heinrich Held vom 30.1.1926 – BayHStA, NL Held 718. Zu dem Besprechungstermin vgl. auch NL Epp, Tagebuch 1925 – BArch N 1101/23, 42.

schrieben sollte in der ganzen Angelegenheit nichts werden", heißt es in einer der seltenen Vormerkungen des Innenministeriums hierzu[111], und Epp bestätigt das aus innen- wie außenpolitischen Erwägungen entspringende Doppelspiel der Staatsregierung: „Ich bin ermächtigt, das erforderliche Militärische mit Major Pabst zu besprechen. Wegen Waffen und sonstiger Ausrüstung mit Landeskommandanten sprechen. Die Regierung will offiziell mit der Sache nichts zu tun haben. Aufsehen darf nicht entstehen."[112]

Dass es zu einer konkreten Zusammenarbeit mit der Tiroler Heimatwehr kam, geht aus einem Bericht der Polizeidirektion München hervor. Man habe diese von Berlin nicht gewünschte Zusammenarbeit nicht weiter untersucht, heißt es dort weiter, „weil der Nachrichtendienst zu der bestimmten Anschauung kam, dass dieser Plan sich der Unterstützung, mindestens aber der Duldung der bayerischen Staatsregierung erfreue".[113] Allerdings meldete Staatsrat Schmelzle, dessen Sympathien für Österreich so weit gingen, dass er einen Anschluss der kleindeutschen Lösung vorgezogen hätte[114], Bedenken hinsichtlich der Finanzen wie der außenpolitischen Rückwirkungen an[115] und empfahl Rücksprache mit Reichsregierung und Reichswehr. Diese führte dazu, dass sich Stresemann zwar bereit erklärte, für die „von Bayern aus zu leistende Abwehr" fünf Millionen Reichsmark für den Ernstfall bereitzustellen[116], dem Freistaat die Angelegenheit aber aus der Hand nahm, indem er die Sache dem Landeskommandanten übergab und so die Wahrung von Reichsinteressen sicherstellte[117]. Held protestierte gegen dieses Vorgehen und wurde auf eine mündliche Aussprache mit dem Reichswehrminister Ende März vertröstet[118]. Zu diesem Zeitpunkt

---

111 Undatierte Vormerkung des Innenministeriums – BayHStA, MInn 71806.

112 NL Epp, Tagebuch 1925 – BArch, N 1101/23, 41.

113 Polizeidirektion München an das Staatsministerium des Innern, 13.1.1926 – BayHStA, MInn 71806.

114 Vgl. Franz MENGES, Hans Schmelzle. Bayerischer Staatsrat im Ministerium des Äußeren und Finanzminister. Eine politische Biographie mit Quellenanhang, München 1972, 90.

115 Vgl. Handschriftliche Notizen vom 3.2.1926 auf der undatierten Denkschrift Epps – BayHStA, NL Held 718.

116 Privatbrief Helds an den bayerischen Gesandten in Berlin, Preger, vom 4.3.1926 – BayHStA, Gesandtschaft Berlin 1103. Zur Höhe der Summe vgl. Pregers Aktennotiz vom 22.1.1927 – BayHStA, Gesandtschaft Berlin 1104.

117 Vgl. zu den außenpolitischen Implikationen und der Reichspolitik im Südtirol-Konflikt Rudolf LILL, Südtirol in der Zeit des Nationalsozialismus, Konstanz 2002, 93–99. Das Reich traute Bayern in dieser Angelegenheit nicht, zumal der deutsche Konsul in Innsbruck dem Auswärtigen Amt meldete, dass Bayern den – von Berlin unerwünschten – Boykott italienischer Waren fördere. Held stritt dies allerdings ab. Verbalnote Helds an den Reichsvertreter in München, 28.2.1926 – BayHStA, MA 103085.

118 Vgl. Privatbrief Pregers an Held vom 12.3.1926 – BayHStA, NL Held 718.

war Berlin freilich längst entschlossen, die Sache versanden zu lassen, denn man war im Auswärtigen Amt zu der Überzeugung gelangt, dass ein faschistischer Einmarsch in Tirol durchaus nicht drohe[119]: Schon Mitte Dezember hatte der Leiter der Abteilung II (West- und Südosteuropa) notiert, dass Wien diesen Gerüchten keinen Glauben schenke[120], und im selben Monat hatte der deutsche Konsul in Innsbruck gemeldet, dass „akute Gefahren in Südtirol insbesondere hinsichtlich der Rückwirkung auf Nordtirol nicht vorhanden" seien[121]. Um sich abzusichern, hatte Außenminister Gustav Stresemann einen Vertrauten[122] nach Südtirol geschickt, offiziell, damit dieser dort eine Kur antrete, tatsächlich, um sich privatim ein Bild von der Situation zu machen. Dessen Bericht datiert von Anfang Januar 1926 und lässt an Eindeutigkeit nichts zu wünschen übrig: Ein faschistischer Einmarsch in Nordtirol sei fernab jeder Realität; die Schikanen, denen die Bozener Bevölkerung von italienischer Seite ausgesetzt sei, seien „zum grossen Teil selbst verschuldet"[123]. Bayern muss demnach klar gewesen sein, dass eine Aggression von Seiten Italiens nicht drohte. Es musste sich darüber hinaus in seiner Stellung als Schutzmacht Südtirols angegriffen fühlen, denn die Schuldzuweisungen gegenüber Italien, das Deutschtum in Südtirol massiv zu unterdrücken, wurden hier zumindest relativiert. Nun war es Held, der in die Offensive ging. Am 5. Februar, zehn Tage nachdem er von dem Brief des Stre-

---

119 Am 11.2.1926 hatte der deutsche Botschafter am Quirinal berichtet, dass Mussolini dem österreichischen Gesandten auf dessen Demarche hin versichert habe, keinerlei aggressive Absichten gegen Österreich zu hegen, vgl. Akten zur Deutschen auswärtigen Politik 1918–1945 [zukünftig ADAP], Serie B, III, Göttingen 1968, 114. Neben diesem Hinweis spricht für die Annahme des Versandenlassens, dass sich im NL Stresemann und den offenen und geheimen Akten der Länderabteilung II des Politischen Archivs des Auswärtigen Amtes keine Dokumente zu dem Vorgang finden, ebenso wenig in den einschlägigen Akten des Wehrkreiskommandos VII (BArch, RH 53-7, v 403 / 541 und v 443 / 554), der Korrespondenz Helds mit Stresemann im Nachlass Held (BayHStA, NL Held 905) und dem Nachlass Epp (Tagebuch 1925 und 1926 – BArch, N 1101/23 bzw. 1101/24; andere Teile in BayHStA, Kriegsarchiv). Tatsächlich geht aus einer Aktennotiz Pregers vom 22.1.1927 hervor, dass weitere Verhandlungen zwischen Bayern und dem Auswärtigen Amt einschliefen – BayHStA, Gesandtschaft Berlin 1104. Vgl. auch die Berichte des deutschen Konsulats Innsbruck, 31.3.1926, und des Reichsvertreters in München, 26.4.1926, über italienische Truppenstärken an der Grenze, beide als Abdruck – BayHStA, MA 103085.
120 Vgl. die Aufzeichnung des Ministerialdirektors im Auswärtigen Amt, Gerhard Köpke, 14.12.1925 – PA AA, R 72812.
121 Die Abschrift des Berichts vom 23.12.1925 wurde dem bayerischen Ministerium vom Reichsvertreter in München, Haniel, unter dem 2.1.1926 zugestellt – BayHStA, MA 103085.
122 Es handelte sich um den Legationssekretär von Twardowski. Dessen Bericht vom 3.2.1926 in: ADAP, Serie B, III, 94–96.
123 Eine Abschrift des Privatbriefes wird Held vom Auswärtigen Amt über den bayerischen Gesandten in Berlin am 26.1.1926 zugestellt.

semann-Vertrauten Kenntnis erhalten hatte, hielt er seine berühmte Rede gegen Mussolini, in der er nicht nur die bewusst herbeigeführte „furchtbare seelische und politische Not" der Südtiroler beklagte, sondern auch die „brutale Vergewaltigung des Deutschtums" in Südtirol geißelte, vor allem aber dem „Duce" einen fahrlässigen Umgang mit dem europäischen Frieden vorwarf und erklärte: „Wir können nur das eine tun, daß wir alles an Opfern bringen, was unseren Südtiroler Brüdern ihre Lage erleichtert und was dazu geeignet ist, sie wieder auf den Weg der Freiheit zu führen."[124]

Um die Rede, die in der Literatur meist gar nicht erwähnt oder nur beiläufig mit dem nachfolgenden außenpolitischen Konflikt in Berührung gebracht wird[125], politisch korrekt verorten zu können, muss sie vor dem innenpolitischen Hintergrund jener Wochen gesehen werden: Held hatte der Reichsregierung am 26. Januar 1926 die „Denkschrift der Bayerischen Staatsregierung über die fortlaufende Aushöhlung der Eigenstaatlichkeit der Länder unter der Weimarer Verfassung" übergeben lassen[126]. Darin forderte Bayern unter anderem eine Verbesserung des Finanzausgleichs von 1925 sowie eine Revision verschiedener Verfassungsartikel, darunter auch jenes Artikels 6, der die alleinige Gesetzgebungskompetenz des Reichs regelte und als Absatz 1 die Beziehungen zum Ausland nannte. Es mag dahingestellt bleiben, ob Held mit seiner anti-italienischen Rede vom 5. Februar gehofft hatte, die außenpolitische Weichenstellung jener Monate zu verändern; zumindest aber gilt es Folgendes zu bedenken: Deutschland hatte die Verträge von Locarno zwar bereits unterschrieben, diese erhielten jedoch erst mit dem Eintritt in den Völkerbund ihre volle Wirkung. Überdies hatte Frankreich die Verträge noch nicht ratifiziert. Bayern lehnte Teile der Vereinbarungen wie auch den Beitritt zum Völkerbund zu diesem Zeitpunkt ab[127]. Tatsächlich hatte der deutsche Gesandte in Bern am 8. Februar 1926 – also unmittelbar nach der Rede – angedeutet, dass Mussolini der Auf-

---

124 Verhandlungen des Bayerischen Landtags, III. Tagung 1925–26. Stenographische Berichte, Nr. 75 bis 105, IV, München 1926, 519–531 (Nr. 90, 5.2.1926), Zitat: 521.

125 Vgl. z.B. Damm, Die Rezeption des italienischen Faschismus, 188–191 oder Schieder, Das italienische Experiment, 93.

126 Menges, Schmelzle, 86. Zur Denkschrift vgl. den Auszug in: Ursachen und Folgen. Vom deutschen Zusammenbruch 1918 und 1945 bis zur staatlichen Neuordnung Deutschlands in der Gegenwart. Eine Urkunden- und Dokumentensammlung zur Zeitgeschichte, herausgegeben und bearbeitet von Herbert Michaelis und Ernst Schraepler, VII: Die Weimarer Republik. Vom Kellogg-Pakt zur Weltwirtschaftskrise 1928–30. Die innenpolitische Entwicklung, Berlin 1962, 106–111; vgl. auch Schnitzer, 50–78.

127 Vgl. Menges, Schmelzle, 94–97. Vgl. auch die Rede Helds vom 5.2.1926, in: Verhandlungen des Bayerischen Landtags, III. Tagung 1925–26. Stenographische Berichte, Nr. 75 bis 105, IV., München 1926, 519–531 (Nr. 90, 5.2.1926), hier: 528 f.

nahme Deutschlands in den Völkerbund bei anhaltenden politischen Spannungen Schwierigkeiten bereiten könne[128]. In jedem Fall aber lag der Rede Helds die seit langem verfolgte Absicht der Staatsregierung[129] zugrunde, Bayerns Einfluss auf die Außenpolitik zu stärken. Dieses Ziel steuerte er an, indem er die aus seiner Sicht deplorable Lage der Südtiroler erneut in die öffentliche Debatte und somit das Bewusstsein der politischen Handlungsträger hob. Dies dürfte ihm umso wichtiger gewesen sein, als es angesichts der allgemeinen Friedensstimmung nach den Locarno-Verträgen zumindest im Bereich des Denkbaren erschien, dass nach der West- auch die Südgrenze völkerrechtlich von Deutschland anerkannt und die Interessen der Südtiroler von deutscher Seite ignoriert würden. Dies zu verhindern, war Helds Intention. Ganz in diesem Sinne ist die interne Äußerung des maßgeblichen Staatsrats im Staatsministerium des Äußern, Adolf von Lutz, zu interpretieren: „Was in der Sache nötig und möglich gewesen sei, das sei bereits geschehen. Er [Held] sei es, der der Katze die Schelle angehängt habe. Das habe im Effekt eine doppelte [sic] gute Wirkung gehabt, einmal dass die Italiener gleich auf den Speck angebissen hätten, und zum andern, dass auch die Reichsregierung bei diesem günstigen Anlass dazu gedrängt worden sei, einmal vor aller Welt den Schleier von ihrer Auffassung der Dinge hinwegzuziehen und Farbe zu bekennen."[130]

Hinzu kommt – und darum ging es dem Ministerpräsidenten mit seiner Rede offensichtlich zum zweiten –, dass er im Sinne der Denkschrift die Handlungsfähigkeit des Freistaats in außenpolitischen Belangen bewies. Um es deutlich zu sagen: Es ging Held dabei nicht um eine tatsächlich eigenständige Außenpolitik, sondern um die Demonstration bayerischer Handlungsfähigkeit, die er mit der Rede einerseits, seiner Rolle als Protektor Südtiroler Interessen andererseits unterstrich. Eine Störung der bilateralen Beziehungen des Reichs nahm er dabei bewusst in Kauf, obwohl er wusste, dass Berlin in höchstem Maße um Ruhe im deutsch-italienischen Verhältnis bemüht war, zumal das Auswärtige Amt eine Verständigung Italiens mit Frankreich fürchtete, die einer erfolgreichen deutschen Revisionspolitik zuwiderlaufen musste[131]. Stresemann hatte sich nur zwei Tage zuvor öffentlich beklagt: „Wir haben die italienische Regierung jetzt zum Feind in allen Dingen, auch in allen außenpolitischen Dingen"[132], und der bay-

---

128 Vgl. das Telegramm des Botschafters in: ADAP, Serie B, III, 105.
129 Vgl. neben der o.g. Denkschrift auch die Ministerratssitzung vom 22.5.1922 – BayHStA, MA 99517.
130 Vormerkung des Ministerialdirektors Adolf von Lutz, 19.2.1926 – BayHStA, 103085.
131 Schon im Dezember 1925 hatte der deutsche Botschafter am Quirinal empfohlen, der Presse Zurückhaltung in der Südtirol-Frage aufzuerlegen, ADAP, Serie B, III, 6. Vgl. auch den Bericht Ritters vom 3.2.1926 – BayHStA, MA 103085.
132 Ansprache Stresemanns vor Journalisten zur Südtirol-Frage am 3.2.1926, abgedruckt in: Ursa-

erische Gesandte in Berlin, Preger, hatte unmittelbar vor Helds Rede ergänzt, dass das Auswärtige Amt die Schuld für die fehlende Unterstützung Italiens in internationalen Gremien in der „Übertreibung des Konflikts wegen Südtirol" sehe[133]. Entsprechende Mühe kostete es den Reichsaußenminister, die Wogen nach Helds Attacken und Mussolinis wütender Antwort wieder zu glätten[134]. Doch der bayerische Ministerpräsident erneuerte nur wenige Wochen später seine Kritik an der italienischen Südtirol-Politik[135], wissend, dass das weder die diplomatischen Bemühungen um den Erhalt des Deutschtums in Südtirol erleichterte[136], noch mit dem außenpolitischen Vorgehen des Auswärtigen Amtes in Einklang zu bringen war. Erst als Reichskanzler Hans Luther Bayern barsch in die Schranken wies und wiederholt klarstellte, dass die Außenpolitik einer „ausschließliche[n] Zuständigkeit" des Reichs unterliege, allen bayerischen Revisionsambitionen also einen Riegel vorschob, verstummte Held[137].

Die Reden des bayerischen Ministerpräsidenten als Kriegsdrohung zu interpretieren, dürfte der Aktenlage nach genauso verfehlt sein, wie sie als Missgeschick darzustellen[138]. Vielmehr dürfte es ihm darum gegangen sein, vor dem Hintergrund der eben überreichten Denkschrift die Bedeutung Bayerns zu dokumentieren, seine außenpolitische Rolle zu profilieren und seine Wahrnehmung als Protektor der deutschsprachigen Südtiroler zu zementieren. Dies alles diente letztlich dazu, den Charakter Bayerns als Staat zu sichern – der zentralen Sorge seiner Politiker während der gesamten Zeit der Weimarer Republik[139]. Nur in diesem Licht wird die Reaktion Helds auf die oben zitierte Kritik Luthers verständlich. Held argumentierte, dass es der „bayernfeindliche Einfluß absolut zentralistisch und unitarisch eingestellter Kreise der Linken" gewesen

---

chen und Folgen, VI: Die Weimarer Republik. Die Wende der Nachkriegspolitik 1924–1928. Rapallo – Dawesplan – Genf, Berlin 1961, 530–532, Zitat: 530.

133 Auszug aus einem Bericht Pregers vom 3.2.1926 – BayHStA, MA 103085.

134 Vgl. hierzu die Reden Mussolinis und Stresemanns vom 6., 9. bzw. 10.2.1926, abgedruckt in: Ursachen und Folgen, VI, 535–545.

135 Vgl. SCHÖNHOVEN, Die Bayerische Volkspartei, 159–161.

136 Einer Vormerkung von Staatsrat Lutz vom 19.2.1926 folgend wusste Held, dass sich „starke moralische Mächte" – womit nur der Papst gemeint sein konnte – „der Südtiroler Frage" annahmen – BayHStA, MA 103088.

137 SCHÖNHOVEN, Die Bayerische Volkspartei, 160. Wie sehr beiden Staaten daran gelegen war, das Verhältnis zu glätten, geht auch aus der Ernennung eines neuen italienischen Gesandten in Berlin und eines neuen Generalkonsuls in München 1926 hervor – BayHStA, MA 100055 bzw. 103085.

138 Vgl. Barbara PÖHLMANN, Heinrich Held als bayerischer Ministerpräsident (1924–1933). Eine Studie zu 9 Jahren bayerischer Staatspolitik, o.O. [München] o.J. [1995], 64 f.

139 Vgl. ZEDLER, Bayern und der Vatikan, v.a. 487–503 sowie die Anmerkungen 18 und 161 in diesem Text.

sei, der das Verhältnis zwischen Land und Reich zerrüttet und so zu Fehlinterpretationen des Kanzlers in Bezug auf außenpolitische Ambitionen Bayerns geführt habe[140]. In welchem Maß außenpolitische Überlegungen für innenpolitische Zielsetzungen instrumentalisiert wurden, zeigt ein protokollarischer Zwischenfall, der sich wenige Wochen zuvor ereignet hatte: Der italienische Generalkonsul hatte sich bei dem Münchner Vertreter der Reichsregierung, Edgar Haniel von Haimhausen, beschwert, dass die bayerische Staatsregierung ihm nicht zu einem vereitelten Attentat auf Mussolini gratuliert hatte. Haniel wies das empört zurück, weil es die Kompetenz der bayerischen Regierung überschritten hätte, gab die Beschwerde an Berlin weiter, das seinerseits den deutschen Botschafter in Rom informierte. Dort erfuhr es der bayerische Gesandte am Heiligen Stuhl, der in einer geheimen Mitteilung nach München anmerkte, dass man lieber italienische Eitelkeiten befrieden als sich vom Reich den Umgang mit dem Ausland diktieren lassen solle[141]: „Habe Staatsrat und Minister vorgetragen", lautete die chiffrierte Antwort und weiter: „Erkennen Richtigkeit Deiner Auffassung an. Wir [...] lassen uns Recht auf Höflichkeit von Berlin nicht nehmen."[142]

Der bayerische Selbstbehauptungswille war ein maßgebliches Motiv, möglichst rasch den Abschluss eines völkerrechtlich anerkannten Vertrages anzustreben. Deshalb strebte München schon kurz nach Kriegsende den Abschluss eines Konkordats an, des einzig möglichen völkerrechtlichen Vertrages, den ein Land der Weimarer Republik noch selbständig abschließen konnte[143]. Die Verhandlungen zogen sich bis 1924 hin und machten einen engen diplomatischen Kontakt zwischen Rom und München erforderlich, der ab 1924 von dem kirchennahen Ministerpräsidenten Held auch über den Abschluss hinaus intensiv gefördert wurde. In Bezug auf die Wahrnehmung der italienischen Verhältnisse ist daher kurz der Frage nachzugehen, ob die Haltung der katholischen Kirche zum Faschismus[144] die staatliche bayerische Politik beeinflusste. Hierbei war besonders wichtig, dass Bayern über einen eigenen Diplomaten am Heiligen Stuhl verfügte, prägte doch ansonsten der Romkorrespondent mehrerer Zeitungen, Edmund Freiherr Raitz von Frentz, nachhaltig das Bild der deutschen Katholiken vom Verhältnis des Faschismus zur Kirche. Berührungspunkte zwischen

---

140 Zitiert nach SCHÖNHOVEN, Die Bayerische Volkspartei, 160.

141 Vgl. Privatbrief Ritters an Ministerialrat Lutz vom 16.11.1925 – BayHStA, MA 100055.

142 Chiffriertes Telegramm Lutz' an Ritter vom 23.11.1915 – ebd.

143 Vgl. ZEDLER, Bayern und der Vatikan, 374–454.

144 Vgl. Jutta BOHN, Das Verhältnis zwischen katholischer Kirche und faschistischem Staat in Italien und die Rezeption in deutschen Zentrumskreisen (1922–1933), Frankfurt am Main 1992 sowie Klaus BREUNING, Die Vision des Reiches. Deutscher Katholizismus zwischen Demokratie und Diktatur (1929–1934), München 1969.

ihm und dem bayerischen Gesandten sind jedoch praktisch nicht festzustellen, sodass von einer eigenständigen Sicht Bayerns auszugehen ist[145]. Der Gesandte am Heiligen Stuhl beobachtete bereits mit der Wahl Pius' XI. 1922, dass sich bei diesem und an der Kurie ein „italienisch nationalistisches Empfinden" breit mache, das die Grundlage für eine wohlwollende Beobachtung des Faschismus seitens der Kirche sei[146]. Der Tenor, dass der nationale Gedanke die gemeinsame Basis von Staat und Kirche sei, sollte sich durch die Berichte der nächsten Jahre ziehen[147]. Am Antiparlamentarismus der Faschisten störte sich die Kurie offensichtlich ebenso wenig[148] wie an deren gewaltsamer Regierungsübernahme[149]. Dass die kirchenfreundliche Haltung, mit der sich Mussolini von den vorhergehenden Regierungen erkennbar abhob, beim Papst günstig aufgenommen wurde, kann nicht Wunder nehmen[150]; ebenso wenig, dass die Unterstützung des Partito Nazionale Fascista auch der Sorge vor einer erneuten Regierungsbeteiligung linker Kräfte entsprang, unter denen die Kurie natürlich die Sozialisten Filippo Turatis verstand, in Teilen aber selbst den Partito Popolare: „Der Heilige Stuhl will gewiß nicht der Politik der Faszisten-Partei das Wort reden, aber kann auch nicht die ganz nach links orientierte Haltung des Partito Popolare billigen."[151] Über der positiven Grundhaltung gegenüber Mussolini, auf deren Basis der Papst hoffte, die römische Frage zu lösen, übersah die Kurie indes durchaus nicht, dass die kirchenfreundliche Politik Italiens Opportunitätsgründen entsprang[152], Zugeständnisse sich auf jene Gebiete beschränkten, auf denen sie „ohne besondere Opfer" gemacht werden konnten[153], und sie unterzog ver-

---

145 Vgl. die Arbeiten von ZEDLER, Bayern und der Vatikan, und Andreas BURTSCHEIDT, Edmund Freiherr Raitz von Frentz. Rom-Korrespondent der deutschsprachigen katholischen Presse 1924–1964, Paderborn u.a. 2008. Vgl. zur Bedeutung Raitz von Frentz' auch die Bemerkung bei SCHIEDER, Das italienische Experiment, 97.

146 Bericht vom 30.10.1922, ähnlich: Bericht vom 12.11.1922 – BayHStA, GPSt 982.

147 Vgl. BayHStA, GPSt 991, 997, 999, 1003, 1009, 1014, 1024, 1027, 1031, 1038.

148 Vgl. Bericht vom 22.11.1922 – BayHStA, GPSt 982; Informatorische Aufzeichnung Nr. 5, 15.5.1928 – BayHStA, Gesandtschaft Berlin 1123.

149 Vgl. Bericht vom 12.8.1924 – BayHStA, GPSt 997.

150 Vgl. z.B. die Berichte vom 4.11.1922 (BayHStA, GPSt 982), 21.3.1923 (BayHStA, GPSt 991), 12.8.1924 (BayHStA, GPSt 997), 20.2.1927 und 4.7.1927 (beide BayHStA, GPSt 1009). Hiervon zu unterscheiden ist die Frage einer persönlichen Gläubigkeit Mussolinis, die allgemein angezweifelt wurde, aber auch keine Rolle für die Bewertung spielte, vgl. DAMM, Die Rezeption des italienischen Faschismus, 235.

151 Bericht vom 28.11.1925 – BayHStA, GPSt 999. Eine Regierungsbeteiligung der Sozialdemokraten galt ohnehin als unerwünscht, vgl. z.B. den Bericht vom 2.6.1928 – BayHStA, GPSt 1014.

152 Vgl. Bericht vom 25.2.1928 – BayHStA, GPSt 1014.

153 Bericht vom 6.10.1928 – ebd.

schiedene Aspekte faschistischer Politik wiederholt der Kritik: die Gewalt als Teil der Ideologie[154], die Sorge vor der staatlichen Durchdringung aller Lebensbereiche[155] oder die unbefriedigende Lage des Papstes innerhalb Italiens[156]. Dass die Mehrzahl der hier angeführten Monita zeitlich vor dem italienischen Konkordat artikuliert wurden, ist weit davon entfernt, Zufall zu sein: Die staatlich-kirchliche Einigung erschwerte Kritik an den diktatorischen Zuständen nachhaltig[157].

So wichtig diese Fragen und die Annäherung von Staat und Kirche in Italien für die inneritalienische Politik und die Stellung des Heiligen Stuhles gewesen sein mochten, für die Haltung Bayerns Italien gegenüber spielten sie kaum eine Rolle. Von seiner engen Bindung an den Papst oder dem Wissen, dass dieser einen Ausgleich mit Italien anstrebte, ließ sich Held 1926 weder in seiner harschen Mussolini-Kritik irritieren, noch beeinflusste sie die vorübergehende staatsbayerische Duldung des Boykotts italienischer Waren. Und als 1928 die Frage auftauchte, ob Held anlässlich seines Rom-Besuchs zuerst Mussolini – was „im Interesse der Staatspersönlichkeit" dringend erwünscht gewesen wäre[158] – oder den Papst besuchen solle[159], so war sie mit ihrem Auftauchen auch schon beantwortet: Ein Ansehensverlust bei Mussolini sei für Bayern viel eher zu verkraften als einer beim Papst[160]. Dies lag einerseits daran, dass die einzige Auslandsgesandtschaft Bayerns am Heiligen Stuhl akkreditiert war. In Münchner Augen war diese letzte bayerische völkerrechtliche Vertretung ein Garant bayerischer Staatspersönlichkeit, die dadurch – mittelbar – auch Schutz gegen Berliner Unitarisierungsversuche bot[161].

---

154 Vgl. Bericht vom 12.8.1924 – BayHStA, GPSt 997 und 12.8.1928 – BayHStA, GPSt 1014.

155 Vgl. die Berichte vom 20.2.1927 (BayHStA, GPSt 1009), 31.3.1928 (BayHStA, GPSt 1014) und 21.11.1929 – BayHStA, GPSt 1024.

156 Vgl. die Berichte vom 21.3.1923, 18.7.1923 (beide BayHStA, GPSt 991), 20.2.1927 (BayHStA, GPSt 1009) und 31.3.1928 – BayHStA, GPSt 1014.

157 Dies bestätigt die Forschungen Bohns, Lönnes und Damms sowie die Bemerkungen bei SCHIEDER, Das italienische Experiment, 94–96.

158 Privatbrief des Gesandten an Ministerpräsident Held vom 26.2.1928 – BayHStA, GPSt 1014.

159 Aufgrund der offenen Römischen Frage hatte der Papst stets darauf bestanden, dass katholische Staatsmänner ausschließlich ihn besuchten. Diese Haltung hatte sich zwar in den Jahren vor 1928 schon gelockert, sodass nach einer kurzen Abreise aus und einer Wiedereinreise nach Rom auch der Besuch bei König und Staatsoberhaupt möglich war; anlässlich eines Besuch des polnischen Außenministers Zaleski hatte sich 1928 die Frage jedoch wieder dahingehend verschärft, dass der Papst insistierte, allein aufgesucht zu werden.

160 Vgl. Bericht vom 9.5.1928 – BayHStA, GPSt 1014. Aufgrund der Reich-Länder-Konferenz und der politischen Beanspruchung Helds entfiel der Besuch jedoch.

161 Vgl. stellvertretend für zahlreiche entsprechende Stellen: Privatbrief des Gesandten an Ministerialrat Stengel vom 30.10.1928 und Bericht vom 19.11.1928 – BayHStA, GPSt 1014. Vgl. grundsätzlich zu dieser Frage ZEDLER, Bayern und der Vatikan, v.a. 487–503.

Andererseits war der Papst der wichtigste Verbündete des Freistaats im Kampf um die deutschen Interessen in Südtirol[162], als deren Protektor sich Bayern sah. Nicht zuletzt Ritters permanenter Einflussnahme an der Kurie war es zu verdanken, dass 1922 die deutschsprachigen Dekanate des italophilen Bistums Trient aus dessen Verwaltung herausgelöst und der des Bistums Brixen zugeschlagen wurden[163], dass Pius XI. 1930 den österreichischen Prälaten Johannes Geisler zu dessen neuem Bischof ernannte[164] und dass er das Nord- und Südtiroler Gebiete umfassende Bistum demjenigen Trients nicht unterordnete[165]. All diese Entscheidungen stießen naturgemäß auf die Ablehnung Italiens, weil sie dessen Italianisierungspolitik in Südtirol behinderten. Dass sie dennoch im bayerischen Sinne und gegen italienische Pressionen durchgesetzt wurden[166], verdankte man wesentlich Pacellis Einflussnahme[167]. Auch den (partiellen) Erhalt der deutschen Sprache in Südtirol konnte Bayern nur über den Heiligen Stuhl geltend machen, der gegenüber dem Staat das Recht auf die Muttersprache in religiösen Handlungen reklamierte[168]. Rückwirkungen auf die Politik Bayerns gegenüber dem Staat Italien, der Ideologie oder den Trägern des Faschismus lassen sich aus den Akten nur insofern ablesen, als München um die Zwänge des Heiligen Stuhles wusste, die dieser seiner auswärtigen Politik auferlegen musste. Allerdings wäre es erheblich zu weit gegriffen, aus der kirchenfreundlichen Haltung Münchens eine ultramontane Orientierung seiner (Italien-)Politik abzuleiten; eine solche hat es zu keinem Zeitpunkt gegeben. Hierin unterscheidet sich der politische Katholizismus Bayerns erkennbar von der Haltung des Rom-Korrespondenten Raitz von Frentz', für den die Interessen der Amtskirche stets über denjenigen der politischen Parteien, auch der katholischen, standen[169].

---

162 In welchem Maß Bayern hierbei auf die Unterstützung des Heiligen Stuhles setzte, geht aus einer Vormerkung des Ministerialrats Stengel vom 6.9.1927 hervor – BayHStA, MA 103086.

163 Vgl. Bericht vom 6.9.1922 – BayHStA, MA 103085.

164 Sogar der Tiroler Landeshauptmann Franz Stumpf hatte Held 1927 gebeten, den bayerischen Einfluss in Rom in diesem Sinne geltend zu machen. Vormerkung des Ministerialrats Paul Stengel vom 6.9.1927 – BayHStA, MA 103086.

165 Vgl. Bericht vom 4.6.1930 – BayHStA, GPSt 987.

166 Vgl. Bericht vom 10.11.1927 – BayHStA, GPSt 1009.

167 Vgl. Bericht vom 4.4.1930 – BayHStA, GPSt 987.

168 Die Einflussnahme Bayerns und die Politik des Heiligen Stuhles in dieser Frage kann hier nicht nachgezeichnet werden, da sie stets auch die Römische Frage im Blick hatte und daher zwischen verschiedenen Interessen lavierte. Vgl. hierzu die Akten im BayHStA, MA 100055, 103085, 103086, 103087, 103088, 104592; MInn 71082, 71086, 73566; GPSt 987, 991, 997, 999, 1003, 1009, 1014, 1024, 1027, 1031, 1038; Gesandtschaft Berlin 1100, 1103, 1104, 1123, 1124; NL Held 718, 926, 927, 928. Vgl. dazu auch DAMM, Die Rezeption des italienischen Faschismus, 238.

169 Vgl. BURTSCHEIDT, Edmund Freiherr Raitz von Frentz, z.B. 13 oder 91 f.

Österreichische Heimwehren und Ständestaat aus bayerischer Perspektive

In erheblich knapperen Strichen kann die Wahrnehmung Österreichs skizziert werden. Das liegt an drei Faktoren. Erstens: Der Republik Österreich wurde nicht die Bedeutung zugeschrieben wie dem italienischen Staat. Bayern kooperierte im Wesentlichen mit Tirol, was mit der unmittelbaren Nachbarschaft, der Aktivität der dortigen Heimatwehr und der Furcht vor einer italienischen Expansion zusammenhing. So vermittelte der Staatsrat im Ministerium des Äußern Zweigniederlassungen der Bayerischen Hypotheken- und Wechselbank, als der Landeshauptmann von Innsbruck, Dr. Franz Stumpf, um finanzielle und wirtschaftliche Hilfe nachsuchte[170]. Auch der österreichische Politiker und Heimatwehrführer Steidle sah den Ansprechpartner seiner Heimatwehr eher in München als in Berlin, wie sich bereits im oben erwähnten Hilfeersuchen zeigte. Als sich jedoch im März 1926 auch der Kärntner Heimwehrführer Emil Barnert mit der Bitte um Hilfe gegen eine mögliche Invasion Jugoslawiens an Held wandte, wurde er abschlägig beschieden[171]. Anders als Tirol lag Kärnten Bayern offensichtlich zu fern, weshalb die Angelegenheit sofort an Berlin abgegeben und dort negativ beschieden wurde, weil man weder an einen Einfall von Seiten Jugoslawiens glaubte noch Mussolinis Versuch torpedieren wollte, stärkeren Einfluss auf die Kleine Entente zu gewinnen[172]. Obwohl der Anschluss Deutsch-Österreichs das langfristige Ziel bayerischer Politik war[173], trat mit Ausnahme des Bundeslandes Tirol Österreich kaum in das Münchner Blickfeld. Dies mag erklären, warum die Maßnahmen Engelbert Dollfuß' praktisch nicht rezipiert wurden, obwohl sie – wie in Italien 1922/23 – auf eine autoritäre Herrschaftsform zielten und obwohl die Koinzidenz der politischen mit einer ökonomischen Krise auch in der Alpenrepublik seit 1932 zu einer schrittweisen Ausschaltung der parlamentarischen Demokratie führte. War diese Entwicklung als Voraussetzung für den Aufstieg eines autoritären Machthabers in Italien noch aufmerksam analysiert worden, schlägt sich diejenige Österreichs kaum in bayerischen Akten nieder[174]. Selbst die Enzyklika „Quadragesimo anno" aus dem Jahr 1931 – mit ihren Stellungnahmen zur gesellschaftlichen

---

170 Vgl. MENGES, Schmelzle, 90.
171 Vgl. Held an den bayerischen Gesandten in Berlin, Preger, 16.3.1926 – BayHStA, Gesandtschaft Berlin 1103.
172 Vgl. Preger an Held, 24.3.1926 – BayHStA, MInn 71806.
173 Vgl. MENGES, Schmelzle, 89.
174 Auch im Nachlass Held findet sich nur ein einziger Brief Engelbert Dollfuß' (BayHStA, NL Held 878), während es mit dem Landeshauptmann von Tirol eine sehr viel intensivere Korrespondenz gab (NL Held 907).

Ordnung so etwas wie das Gründungsdokument des Ständestaates[175] – wurde in Bayern zwar wahrgenommen[176], aber nicht in Zusammenhang mit der österreichischen Politik gebracht.

Zweitens: Die Etablierung des Ständestaates mit der Ausrufung einer neuen, autoritären und berufsständisch gegliederten Verfassung vollzog sich zu einer Zeit, als die bayerischen Ministerien bereits gleichgeschaltet waren[177]. Zwar amtierte der als Gründer des Ständestaats geltende Engelberg Dollfuß bereits seit 10. Mai 1932 als österreichischer Bundeskanzler. Den Beginn der Diktatur datiert der überwiegende Teil der Forschung jedoch erst auf den 4. März 1933, als sich das österreichische Parlament zunächst selbst ausschaltete und die Regierung diesen Schritt dann nutzte, um weitere rechtsstaatliche Institutionen abzubauen[178]. Fast zeitgleich, am 9. März 1933, übertrug der deutsche Reichsinnenminister die vollziehende Gewalt in Bayern dem von ihm ernannten Reichskommissar General von Epp, und führende Nationalsozialisten erklärten den Ministerpräsidenten am selben Tag für abgesetzt. Held versuchte zwar noch für einige Tage, seine Regierung aufrecht zu erhalten, trat jedoch am 15. März 1933 angesichts der tatsächlichen Machtverhältnisse zurück. Im Laufe der darauffolgenden Woche etablierte sich eine nationalsozialistische Landesregierung[179].

Als die „Übergangsphase" zum Austrofaschismus[180] begann, deckte sich die bayerische Sicht der Dinge demnach bereits mit der der Nationalsozialisten. Es war vor allem Hitler selbst, der umgehend eine aggressive Anschlusspolitik forcierte, die die Regierung Dollfuß in die Knie zwingen sollte, jedoch nicht nur auf dessen, sondern auch auf den Widerstand Mussolinis traf[181]. Handlungs-

---

175 Vgl. Ernst HANISCH, Der Politische Katholizismus als ideologischer Träger des „Austrofaschismus", in: Tálos, Neugebauer (Hgg.), Austrofaschismus, 68–86; Ulrich KLUGE, Der österreichische Ständestaat 1934–1938. Entstehung und Scheitern, München 1984, 47.

176 Vgl. BayHStA, GPSt 1033 und 1036.

177 Die neue österreichische Verfassung trat am 1.5.1934 in Kraft. Zu diesem Zeitpunkt hatten bereits zwei Gleichschaltungsgesetze den Reichstag passiert, sodass Bayern nur noch als Verwaltungseinheit, jedoch nicht mehr als politischer Akteur existierte. Seine tatsächlichen politischen Kompetenzen waren damit marginalisiert.

178 Vgl. Karl VOCELKA, Österreichische Geschichte, München 2007², 105 f.; LEWIS, Austria, 212.

179 Vgl. ZIEGLER, Bayern im NS-Staat, 517–522 sowie jüngst Winfried BECKER, Heinrich Held (1868–1938), in: Katharina Weigand (Hg.), Große Gestalten der bayerischen Geschichte, München 2012, 357–379. Vgl. zu den handelnden Akteuren auch: Richard Bauer, Hans Günter Hockerts, Brigitte Schütz, Wolfgang Till, Walter Ziegler (Hgg.), München – „Hauptstadt der Bewegung". Bayerns Metropole und der Nationalsozialismus, Wolfratshausen 2002, 212 f. und 225–231.

180 Emmerich TÁLOS, Wolfgang NEUGEBAUER, Zum Konstituierungsprozeß des Austrofaschismus, in: dies. (Hgg.), Austrofaschismus, 6–27, hier: 6.

181 Vgl. Dieter ROSS, Hitler und Dollfuß. Die deutsche Österreich-Politik 1933–1934, Hamburg

spielräume bestanden für die bayerische Administration damit nicht mehr. Die Akten zeugen bereits in dieser Zeit von einer gleichgeschalteten bayerischen Politik. Und im darauffolgenden Jahr sollte Hitler dekretieren: „Um eine einheitliche Politik, wie ich sie in Zukunft geführt sehen will, zu gewährleisten, ordne ich hiermit an, daß künftig weder von Parteistellen noch von anderer Seite Fragen, welche die deutsch-österreichische Politik berühren, im Rundfunk oder in der Presse behandelt werden dürfen, ohne daß zuvor eine Einigung darüber zwischen dem Herrn Reichspropagandaminister und dem derzeitigen Gesandten in Wien, Herrn von Papen, erzielt worden ist."[182] Die feindselige Haltung der Nationalsozialisten Österreich gegenüber trug denn dazu bei, dass von einer vorurteilslosen Beobachtung des österreichischen Systems nicht mehr die Rede sein konnte[183].

Und drittens: München verfügte – anders als mit dem Gesandten am Heiligen Stuhl, der auch über innenpolitische Vorgänge Italiens informierte – seit 1919 über keinen offiziellen Vertreter in Wien mehr, sondern war ausschließlich auf Reichsinformationen angewiesen. Zu einem Gegensatz kam es dabei in der Einschätzung der Heimwehren. Während in Berichten des deutschen Botschafters in Wien wiederholt von der Gefahr eines „Marsch[es] auf Wien" und von den faschistischen Neigungen verschiedener Heimwehrführer die Rede war[184], merkte die Münchner Polizeidirektion 1928 hierzu lakonisch an: Die österreichischen Heimwehren seien keine „faschistischen Verbände [...], sondern sie sind bürgerliche, aber parteilose Organisationen auf nationaler Grundlage, ähnlich der früheren bayerischen Einwohnerwehr".[185] Beide Urteile kommen übrigens ohne nähere Beschreibung dessen aus, was faschistische Kennzeichen eigentlich sind. Für die Staatsregierung hat sich die Frage nach der ideologischen Ausrichtung der Heimwehren offensichtlich nicht gestellt. Ein eigener Bestand, der Auskunft über Ziele und Mittel dieser Organisationen gibt, existiert jedenfalls nicht, und auch sonst sind kaum Dokumente aufzufinden, in

---

1966; Klaus Hildebrand, Das vergangene Reich. Deutsche Außenpolitik von Bismarck bis Hitler 1871–1945, Stuttgart 1995, 594 f.

182 Hitler an Hess, Goebbels, Papen und die Gestapostelle Berlin, 8.8.1934 – BayHStA, StK 5231. Diese Weisung resultierte aus dem Bemühen Hitlers, Ruhe in das deutsch-österreichische Verhältnis zu bringen und jede unkoordinierte Äußerung zu vermeiden. Er zielte damit weniger auf Wien als vielmehr auf Rom, da Mussolini während des nationalsozialistischen Putschversuchs in Österreich italienische Truppen am Brenner aufmarschieren hatte lassen und damit klar gemacht hatte, die österreichische Integrität zu garantieren.

183 Vgl. hierzu die zahlreichen Beispiele in BayHStA, StK 5210 und 5211.

184 Stellvertretend: Bericht des deutschen Gesandten in Wien, 10.2.1928 – BayHStA, MInn 71802.

185 Schreiben der Polizeidirektion München an das Staatsministerium des Innern, 18.2.1928 – BayHStA, MInn 71802.

denen eine entsprechende Charakterisierung vorgenommen würde. Dies erklärt sich aus dem Umstand, dass es ohnehin einen regen Kontakt bayerischer Einwohner- und österreichischer Heimwehren gab, der bis in die Regierungsspitze reichte. Steidle[186] wurde wiederholt von Ministerpräsident Held empfangen[187], leider zumeist, ohne dass die Akten Auskunft darüber geben, was der Inhalt der Gespräche war. Man geht aber wohl nicht fehl in der Annahme, die ungezählten Meldungen über aufgedeckten Waffenschmuggel[188] und die nur halbherzigen Anweisungen, diesen zu verfolgen, als materielle, finanzielle und auch, wie in dem oben erwähnten Fall von 1925/26 gezeigt, personelle Hilfe Bayerns an die Heim(at)wehr zu interpretieren. Die enge Kooperation kann insofern nicht verwundern, als Überlegungen Tirols, sich an Bayern anzuschließen, zwischen dem Ende des Ersten Weltkriegs und 1921 mehrfach ventiliert worden waren[189]. In deren Gefolge kam es auch zu einer personellen Verquickung bayerischer und Tiroler Wehrverbände[190] und dem Anspruch, auch inhaltlich zu kooperieren.

Die in der Literatur anzutreffende Meinung[191], eine Kooperation habe bereits mit dem Scheitern der von Kahr aktiv unterstützten Versuche des bayerischen Landtagsabgeordneten Rudolf Kanzler, eine internationale Zusammenar-

---

186 Steidle selbst war nicht nur Leiter der Tiroler Heimatwehr, sondern von 1919 bis 1934 auch Mitglied der Tiroler Landesregierung. Da diese ihrerseits eng mit der Heimatwehr kooperierte, ist von Verknüpfungen auch auf Regierungsebene auszugehen, auch wenn sich diese nicht in den Akten niederschlagen.

187 Vgl. BayHStA, MA 103085, 103086, 103087, 103088, MInn 71082.

188 Vgl. stellvertretend für viele diesbezügliche Meldungen und Anweisungen: Bayerisches Innenministerium an die Polizeidirektion München, 28.2.1928; Polizeidirektion München an Bayerisches Innenministerium, 16.6.1928 – BayHStA, MInn 71802. Dass auch das Auswärtige Amt bayerische Unterstützung für die Heimwehren fürchtete, geht z.B. aus der Aktennotiz des bayerischen Gesandten in Berlin, Preger, vom 22.1.1927 hervor – BayHStA, Gesandtschaft Berlin 1004; vgl. Lösch, Die Geschichte der Tiroler Heimatwehr, 27–31.

189 Vgl. Michael Forcher, Bayern – Tirol. Die Geschichte einer freud-leidvollen Nachbarschaft, Innsbruck 1993, 245 f. 1921 war sogar eine Tiroler Delegation in Berlin, um den Anschluss Tirols anzubieten. Vgl. hierzu die Zeitungsmeldungen und die Korrespondenz zwischen dem Gesandten und Ministerpräsident Lerchenfeld – BayHStA, Gesandtschaft Berlin 1098.

190 Beispielsweise wurde der bayerische Major Voith von Voithenberg Stabsleiter im Landesverband der Heimatwehr, der Bayer Rudolf Kanzler übte über seine Organisation Kanzler (Orka) Einfluss aus. Kanzler, Prof. Stempfle und Dr. Hemmeter sind aus Bayern zur Gründungssitzung der Heimatwehr gefahren, und Escherich war – wenn er auch keinen nachhaltigen Einfluss ausüben konnte – formell Oberkommandierender der österreichischen Heimwehren, deren erster Versuch eines Zusammenschlusses auf einer Konferenz in Regensburg (!) stattfand, vgl. Riedmann, Tirol, 970; Forcher, Bayern – Tirol, 247 f.; Lösch, Die Geschichte der Tiroler Heimatwehr, insbesondere 15–27.

191 Vgl. Lösch, Die Geschichte der Tiroler Heimatwehr, 30, vorsichtiger: Forcher, Bayern – Tirol, 249 f.

beit der Wehrverbände zu initiieren[192], mithin spätestens im Jahr 1921 geendet, ist nachweislich falsch[193]. Gleichwohl ebbten die wechselseitigen Kontakte[194] – verglichen mit den Anfangsjahren der Republiken – ab 1926 deutlich ab, und Steidle hatte schon sehr früh versucht, die Heimatwehr aus jedweder einseitigen Abhängigkeit von München zu lösen[195]. Und nach 1926 unterband Bayern mit Blick auf die unübersichtliche innenpolitische Lage Österreichs und aus Rücksichtnahme auf das Reich zunehmend restriktiver personelle und materielle Unterstützung für das Nachbarland[196]. Das Hilfeersuchen Steidles von 1926 belegt jedoch, dass die Heimatwehr über die Jahre 1921/23 hinaus in München einen Ansprechpartner sah, nicht zuletzt, weil man sich in der gemeinsamen Überzeugung des Antibolschewismus verbunden wusste. In München wurden die Pläne der Heimatwehr zur Bekämpfung der Sozialdemokraten ebenso wenig einer Analyse unterzogen wie die zur Überwindung der Parteienherrschaft und Herstellung einer Volksgemeinschaft[197]. Ob sie als Zielvorgabe geteilt wurden, ist angesichts der oben aufgeführten Befunde im Zusammenhang mit dem italienischen Faschismus zwar wahrscheinlich, kann auf Basis der hier ausgewerteten Akten aber nicht eindeutig belegt werden. Auch die zunehmend antidemokratische und -republikanische Einstellung der Heimwehren[198], ihre Orientierung auf Mussolini ab 1928 und schließlich die offen faschistische Zielsetzung in Folge des Korneuburger Eides 1930[199] schlagen sich nicht in den bayerischen Archivbeständen nieder. Die finanzielle Unterstützung der Heimwehr seitens Mussolinis schmälerte jedoch das bayerische Interesse an Steidles Organisation, denn dieser hatte im Gegenzug dem „Duce" zugesagt, die Südtirol-Frage nicht mehr öffentlich zu thematisieren[200]. Bayerischen Revisionsplänen, so vage sie auch sein mochten, und selbst einer bayerischen Interessenspolitik in Bezug auf

---

192 Vgl. Hürten, Revolution, 472 und 475.

193 Vgl. stellvertretend das Hilfsgesuch Steidles von 1925 (Anmerkungen 102, 103). Die Kontakte gehen jedoch weit über diesen Einzelfall hinaus (vgl. Anmerkung 187).

194 Vgl. Ludger Rape, Die österreichischen Heimwehren und die bayerische Rechte 1920–1923, Wien 1977.

195 Vgl. Lösch, Die Geschichte der Tiroler Heimatwehr, 167; Riedmann, Tirol, 982.

196 Vgl. Anweisung des bayerischen Innenministeriums an die Polizeidirektion München, 28.2.1928, und alle Regierungspräsidenten, August 1929; Vermerk des Staatsrats Dr. Josef Bleyer vom 7.10.1928 – BayHStA, MInn 71802.

197 Vgl. Riedmann, Tirol, 982; Jedlicka, Die österreichische Heimwehr, 187–189; Meysels, Der Austrofaschismus, 19; Wippermann, Europäischer Faschismus, 86 f.; Lösch, Die Geschichte der Tiroler Heimatwehr, 14 f.; Tálos, Neugebauer, Konstituierungsprozeß, 8.

198 Vgl. Lösch, Die Geschichte der Tiroler Heimatwehr, 275–284.

199 Vgl. Riedmann, Tirol, 983; Jedlicka, Die österreichische Heimwehr, 190 f.; Meysels, Der Austrofaschismus, 28; Lösch, Die Geschichte der Tiroler Heimatwehr, 286–288.

200 Vgl. Lösch, Die Geschichte der Tiroler Heimatwehr, 253 f.

die Tiroler Gebiete jenseits des Brenners war damit ein Bündnispartner verloren gegangen. Die Münchner Einschätzung der Heimwehren änderte sich erst 1933. Hierbei dürften die negative und aggressive Haltung der Nationalsozialisten gegenüber Österreich und die Unterstützung der Regierung Dollfuß seitens der Heimwehren[201] zusammengewirkt haben. Großdeutsche Träume, wie sie sich unter bayerischen Konservativen lange gehalten hatten, waren jedenfalls ausgeträumt, als Wien sich von Anschlussplänen abwandte, eine eigene Österreich-Ideologie kreierte und Dollfuß sich zu einem dauerhaft eigenständigen Staat Österreich bekannte[202].

Nationalsozialistische Stellen zögerten in dieser Situation nicht, strukturelle Analogien zum italienischen Faschismus, ja sogar eigenen Ordnungsvorstellungen zu beklagen, weil sie nicht in die gegenwärtigen politischen Ziele passten: So wurde 1933 zwar von einem Aktivismus der jungen Männer um Dollfuß gesprochen, der im Gegensatz zu dem morbiden parlamentarischen System stehe[203] und ein Jahr darauf von den stark autoritären Zügen des Regimes berichtet[204] – beides aber einer scharfen Kritik unterzogen, weil es deutsche Interessen gefährde. Der Antisozialismus, der die österreichische Regierung mit den Regimen in Deutschland und Italien verband, taucht nach 1933 praktisch nicht mehr in den Akten auf. So kann es auch nicht verwundern, dass Beschwerden, denen man Italien gegenüber nach 1933 nachgab – die Unterdrückung privater italienfeindlicher Äußerungen beispielsweise[205] – gegenüber Österreich ignoriert wurden. Eine von deutscher Seite initiierte Kranzniederlegung für die 1934 gestorbenen österreichischen Nationalsozialisten an der Feldherrenhalle sei Parteisache, wird dem österreichischen Generalkonsul und dessen Stellvertreter auf deren mehrfache Beschwerden hin mitgeteilt[206]. Dass Kranzniederlegungen

---

201 Vgl. Jedlicka, Die österreichische Heimwehr, 194 f.

202 Vgl. Anton Staudinger, Austrofaschistische „Österreich"-Ideologie, in: Tálos, Neugebauer (Hgg.), Austrofaschismus, 28–52, v.a. 35 f.

203 Vgl. den Bericht von Hans Eisele an das Auswärtige Amt über eine Reise nach Wien, 9.–12.5.1933 –BayHStA, StK 5210. Vgl. hierzu die nahezu deckungsgleichen Aussagen in Bezug auf Mussolini, Anmerkung 39.

204 Vgl. Informatorische Aufzeichnung Nr. 4, 18.4.1934 – BayHStA, StK 5232.

205 Vgl. stellvertretend die Entfernung eines Kranzes mit der Aufschrift „Südtirol hält durch" aus der Feldherrnhalle auf die Klage des italienischen Generalkonsuls vom 12.9.1935 hin – BayHStA, StK 5204. In dem Akt finden sich zahlreiche Beispiele, wie dienstbeflissen staatliche deutsche Stellen italienischen Beschwerden nachkamen, offenkundig, weil Deutschland sich um Italien als Bündnispartner bemühte.

206 Die Beschwerden erfolgten mündlich. Das AA habe dieselben Beschwerden des österreichischen Gesandten im Übrigen „ironisch" behandelt. Eine Notwendigkeit zum Handeln ergebe sich daher nicht. Vormerkung des Geheimrats Krafft von Dellmensingen, 9.8.1935, und Schrei-

an der Feldherrenhalle der Genehmigung des Innenministers bedurften[207], sagte die Antwort freilich nicht. Auf das höchste zynisch und doch zugleich bezeichnend ist auch die harsche Stellungnahme des bayerischen Innenministers Adolf Wagner auf die Bitte des Generalkonsuls[208], ein Requiem für den ermordeten Bundeskanzler Dollfuß abhalten zu dürfen: „Unter dem Bundeskanzler Dr. Dollfuß und seinem Nachfolger in Österreich wurden die dortigen Nationalsozialisten in der schandbarsten Art und Weise behandelt. Sie wurden, selbst wenn ein Anlaß vorlag, der unter gesitteten Völkern niemals zu einer sehr ernsten Strafe führen konnte, in bestialischer Weise gehängt und erschossen. Im übrigen darben tausende von Nationalsozialisten in Österreich; sie sterben an Hunger. In den Konzentrationslagern werden Nationalsozialisten heute noch entmannt und systematisch vergiftet. [...] Es ist klar, dass jeder Besucher des Gottesdienstes durch seine Teilnahme an dem Requiem für Dollfuß dokumentiert, daß er die Maßnahmen, die heute in Österreich gegen die Nationalsozialisten durchgeführt werden, billigt. [...] Wenn also die Verhinderung des Requiems nicht möglich sein sollte, dann wären nach meinem Dafürhalten sämtliche Besucher des Gottesdienstes beim Verlassen der Kirche zu verhaften, zum mindesten müßten ihre Namen festgestellt werden, damit sie binnen kürzester Frist aus dem deutschen Staatsgebiete ausgewiesen werden."[209] Das Requiem unterblieb.

***

Die bayerische Politik wurde zwischen 1922 und 1934 weder in Bezug auf Italien noch in Bezug auf Österreich von ideologischen Momenten bestimmt. Vielmehr überlagerten realpolitische Ziele, unter denen wirtschaftliche, vor allem aber nationale Aspekte hervorstechen[210], die Gesinnungsfragen. Dies wird bei der Zusammenarbeit oberster bayerischer Stellen mit der Tiroler Heimatwehr evident. Die Bewunderung für die autoritären und nationalistischen Züge der römischen Politik hinderte Bayern nicht, die Heimatwehr in jedweder Weise gegen Italien zu unterstützen. München kooperierte wiederholt mit Steidles Verband, nahm darüber auch Konflikte mit dem Reich in Kauf, die es bei dem Hilfeersuchen Kärntens scheute. Anders als bei einem faschistischen Übergriff

---

ben der Staatskanzlei an das bayerische Staatsministerium des Innern, 19.8.1935 – BayHStA, StK 5211.

207 Vgl. Vormerkung der Staatskanzlei, 8.11.1935 – ebd.
208 Vgl. Generalkonsul an die Bayerische Staatskanzlei, 18.7.1935 – ebd.
209 Innenminister Adolf Wagner an Ministerpräsident Ludwig Siebert, 22.7.1935 – ebd.
210 Ein Blick auf die Beobachtung anderer Faschismen bestätigt diese Ergebnisse. So wird der tschechoslowakische Faschismus ausschließlich unter dem nationalen Moment gesehen – BayHStA, MInn 71812.

nach Nordtirol hätte ein Kärntner Konflikt mit Jugoslawien bayerische Interessen weder in nationaler noch in wirtschaftlicher Hinsicht tangiert.

In Bezug auf Italien weisen die Akten den Wunsch nach Erhaltung der deutschen Sprache und Kultur in Südtirol einerseits, die vage Aussicht auf dessen Rückgewinn andererseits, die Profilierung als deutscher Interessenvertreter Südtiroler Ansprüche zum dritten und schließlich die ernst genommene Gefahr einer italienischen Expansion nach Nordtirol bis Südbayern als Motivation bayerischer Politik aus. Die vier Faktoren vermischen sich dabei mitunter bis zur Ununterscheidbarkeit. Trotz mancher offenkundiger Sympathie für faschistisches Gedankengut sowie einzelne Ziele und Methoden der italienischen Machthaber war die tatsächliche Politik bestimmt von konservativ-revisionistischen Kräften, deren Denken von der fehlenden Bündnistreue Italiens im Jahr 1915 und großdeutschen Nachkriegsträumen bestimmt war. Dies unterschied die Politik Bayerns gravierend von derjenigen der politischen Rechten im Reich[211].

Erst nach 1933 und der Gleichschaltung der Länder ist ein Zurücktreten der nationalen Komponente zugunsten der Ideologie zu beobachten: Das offizielle München entfernte nun Kränze mit der Aufschrift „Südtirol hält durch", unterband die Behauptung „Deutsche" – gemeint sind Südtiroler – müssten in Abessinien für Italien kämpfen[212] und bemühte sich, faschistische Jugendgruppen nach Bayern einzuladen[213]. Es war das zunächst unerwiderte Liebeswerben der Nationalsozialisten um den Staat Mussolinis. Darüber darf freilich nicht übersehen werden, dass die Bedingungen für den Aufstieg des italienischen Faschismus, dessen Strukturen und Methoden – zu nennen sind als Stichpunkte: die Verbindungen von wirtschaftlicher und politischer Krise für das Erstarken des Faschismus, das Führerprinzip, der politische Stil, der rigorose Antisozialismus, -liberalismus und -parlamentarismus, die Sehnsucht nach der geeinten Volksgemeinschaft, der Nationalismus, aber auch der Totalitätsanspruch der Regierung Mussolini nach 1925 – in der bayerischen Staatsregierung frühzeitig bekannt und ungeachtet der italienischen Südtirolpolitik mit Sympathie betrachtet worden waren. Realpolitische Relevanz erlangte dies freilich nicht.

Als Österreich seine Demokratie abbaute, wurden die diesbezüglichen Schritte kaum zur Kenntnis genommen. Die Akten geben keinerlei Hinweis darauf, dass die Entwicklungen beider Länder auf strukturelle Analogien hin verglichen, geschweige denn, dass sie als Teil einer europaweiten Wendung zu

---

211 Vgl. DAMM, Die Rezeption des italienischen Faschismus, 276–302, v.a. 278.
212 Dankschreiben des italienischen Generalkonsulats an die Staatskanzlei, 12.9.1935 – BayHStA, StK 5203.
213 Vgl. BayHStA, StK 5205.

autoritären Regimen begriffen worden wären. Das Wissen um Entwicklung, Vorgehen, Zwänge und Probleme des italienischen Faschismus oder des österreichischen Ständemodells diente der bayerischen Staatsregierung für die tagespolitische Auseinandersetzung. Teile davon – die Volksgemeinschaft, die Abschaffung des Parteiensystems und der Meinungsbildung als Prozess einer politischen Konsensfindung – galten als erstrebenswert, ohne dass die Kehrseite – Gewalt, Terror, Unterdrückung politischer Gegner – für eine zukünftige Gesellschaftsentwicklung und die eigene Nation in Betracht gezogen worden wäre. Auch die privaten Aufzeichnungen der Münchner Akteure geben hierauf keinen Hinweis. Vielmehr schwebte das Ideal einer restaurierten monarchischen Ordnung und einer Art Burgfriedenpolitik über allem, ohne auf seine Alltagstauglichkeit hinterfragt zu werden. Die Erkenntnisse von jenseits der Alpen konnten dergestalt nicht für den staatsbayerischen Umgang mit rechtsextremen und völkischen Gruppen fruchtbar gemacht werden[214]. In diesem Versäumnis liegt ein Moment für den Niedergang der Demokratie in Deutschland vor 1933[215].

---

214 Beobachtungen über Berührungspunkte zwischen Nationalsozialisten und Faschisten werden eher routinemäßig aufgenommen als dass sie auf gesellschaftspolitische Relevanz hinterfragt würden. Vgl. z.B. den Bericht der Polizeidirektion München an das Staatsministerium des Innern, 28.2.1931 – BayHStA, MInn 73566, oder den unkommentiert zu den Akten gelegten Bericht der deutschen Botschaft Ankara an das Auswärtige Amt, 17.2.1932 – BayHStA, MA 100055.

215 Vgl. zu diesem Aspekt auch die Überlegungen bei SCHIEDER, Das italienische Experiment, 123–125 sowie PETERSEN, Der italienische Faschismus, 343.

Federico Scarano

La lunga strada di Mussolini verso le opzioni dei sudtirolesi nel 1939*

L'affermarsi dell'italianità delle terre "redente", tra le quali l'Alto Adige (Süd-tirol in tedesco, cioè Sudtirolo), territorio abitato in grande maggioranza da una popolazione di lingua tedesca e annesso dall'Italia dopo la prima guerra mondiale, sarebbe stato uno dei postulati del fascismo. Il capo del fascismo era emozionalmente legato alla questione altoatesina e, come rilevato da Rudolf Lill, fu, oltre ad Alcide De Gasperi, l'unico importante uomo politico italiano con una conoscenza diretta del problema avendo vissuto a Trento, allora territorio austriaco, per quasi 8 mesi nel 1909[1]. Mussolini, espulso dalle autorità asburgi-che per la sua attività politica, rientrato in Italia scrisse due opere frutto delle sue esperienze trentine: prima un romanzo scandalistico che si rifaceva alle sue campagne anticlericali a Trento dal titolo "Claudia Particella l'amante del cardi-nale", pubblicato in 57 puntate non consecutive sul "Popolo di Trento", il gior-nale socialista di Trento diretto da Cesare Battisti[2] e, soprattutto, un volumetto sul Trentino dal titolo "Il Trentino veduto da un socialista"[3]. Quest'ultimo era un pamphlet di un certo interesse per gli storici di oggi nel quale, oltre ad un duro attacco ai partiti borghesi trentini, ed in particolare a quello popolare cattolico definito tout court clericale, veniva affrontato anche il problema dell'irredenti-smo nonché quello delle associazioni pangermanistiche. Descriveva la politica di queste ultime tesa alla "germanizzazione" del Trentino e con notevole per-

---

* Questo saggio, inizialmente pensato come anticipazione di una monografia sull'argomento, viene invece pubblicato dopo la stampa del suddetto lavoro ed è quindi un riassunto del mio volume: Tra Mussolini e Hitler. Le opzioni dei sudtirolesi nella politica estera fascista (Storia internazionale dell'età contemporanea Franco Angeli), Milano 2012. Esso è basato in particolare sul primo paragrafo del primo capitolo del suddetto libro che vi è in parte riportato.

1 Rudolf LILL, Südtirol in der Zeit des Nationalismus, Konstanz 2002, 31. Sul periodo trentino di Mussolini cfr. Renzo DE FELICE, Mussolini il rivoluzionario 1883–1920, Torino 1995, 62–78.

2 Benito MUSSOLINI, Claudia Particella, l'amante del cardinale. (Grande romanzo storico dell'e-poca del cardinale Carlo Emanuele Madruzzo), in: ID., Opera Omnia, Edoardo e Duilio Susmel (eds.), XXXIII, Opere giovanili 1904–1913, Firenze 1961, 38–147. Dopo la Conciliazione, Mus-solini si sarebbe espresso molto criticamente nei confronti di questo romanzo definendolo "un orribile libraccio", scritto "con intenzione politica per un giornale. Allora il clero era veramente inquinato da elementi corrotti. È un libro di propaganda politica", ibid., IX.

3 Benito MUSSOLINI, Il Trentino veduto da un socialista (Note e notizie), Firenze 1911 e in: ID., Opera Omnia, XXXIII, 149–213.

spicacia politica ne prevedeva impossibile una cessione volontaria all'Italia da parte dell'Austria affermando che Vienna l'avrebbe ceduto solo in seguito ad una guerra perduta[4]. L'allora giovane agitatore socialista inviò le bozze che concernevano le società pangermanistiche ad Ettore Tolomei, lo studioso irredentista trentino già allora ritenuto la massima autorità italiana in materia[5]. Un rapporto quello con Tolomei che avrebbe acquistato particolare importanza dal 1920 e soprattutto dopo l'avvento al potere del fascismo.

Dopo l'annessione all'Italia, al primo congresso dei fasci nell'ottobre 1919, fermo restando il principio del confine al Brennero, il programma del movimento fascista si era dichiarato favorevole ad un'autonomia amministrativa per i sudtirolesi a differenza che per gli sloveni[6]. Ma presto, già pochi mesi dopo, con articoli del corrispondente del "Popolo d'Italia" da Trento Franco Ciarlantini[7], e ancor più nel periodo dello squadrismo, i fascisti si presentarono come i difensori dell'italianità dell'Alto Adige denunciando le incertezze delle autorità e dei governi italiani: soprattutto quello di Nitti, in carica fino al giugno del 1920, ma anche i successivi, ritenuti colpevoli di essere troppo arrendevoli verso i sudtirolesi che non si erano per nulla rassegnati a far parte del Regno d'Italia e alla violazione del loro diritto all'autodeterminazione[8]. La situazione era certamente complessa ed i sudtirolesi avrebbero desiderato un'amplissima autonomia regionale, che l'Italia non voleva né poteva concedere. Tuttavia le autorità italiane, al di là degli inevitabili problemi derivati ai nuovi abitanti dall'ingresso in una compagine statale straniera e burocraticamente e amministrativamente meno efficace di quella asburgica, avevano inizialmente cercato di venire incontro ai nuovi sudditi di lingua tedesca; si era permesso che nella regione rimanessero i funzionari e i simboli del passato regime: anche le vie erano rimaste intitolate a Francesco Giuseppe o a Guglielmo II. Perfino vecchie leggi asburgiche erano ancora in vigore e venivano fatte osservare mentre erano state in buona parte

---

4 Ibid., 198–200. Sull'importanza di questo scritto anche Antony Evelyn ALCOCK, The History of the South Tyrol Question, London 1970, 40–41; Gisela FRAMKE, Im Kampf um Südtirol. Ettore Tolomei (1865–1952) und das Archivio per l'Alto Adige, Tübingen 1987, 26–27.

5 DE FELICE, Mussolini il rivoluzionario, 78.

6 Sergio BENVENUTI, Il fascismo nella Venezia Tridentina 1919–1924, Trento 1976, 44; Wilfried ADLER, L'era Credaro nell'Alto Adige (1919–1922) Un primo passo verso il fascismo?, in: "Studi Trentini di Scienze Storiche", LVII, 1978, 4, 478–479. Per un raffronto tra la politica di Mussolini verso i sudtirolesi e quella molto più aggressiva verso le minoranze slovene e croate in Venezia Giulia cfr. Claus GATTERER, Im Kampf gegen Rom. Bürger, Minderheiten und Autonomien in Italien, Wien-Frankfurt-Zürich 1968.

7 Cfr. Giorgio RUMI, Alle origini della politica estera fascista (1918–1923), Bari 1968, 137–138.

8 Sull'atteggiamento dei sudtirolesi che non potevano accettare la fine del mondo nel quale erano vissuti e che sembrava incrollabile cfr. Leopold STEURER, Südtirol zwischen Rom und Berlin 1919–1939, Wien-München-Zürich 1980, 28–33.

abolite nella nuova Repubblica austriaca[9]. Fino al luglio 1921 anche la vecchia gendarmeria austriaca fu lasciata al suo posto con le sue uniformi: ai poliziotti ex austriaci furono soltanto affiancati alcuni funzionari di polizia italiani[10]. L'autorevole e liberale "Corriere della Sera" scriveva con la penna di Luigi Barzini, che:

> l'Italia ha conservato in Alto Adige un minuscolo e bizzarro campione dell'Austria distrutta: abbiamo conservato nella calma atesina una specie di piccolo innocente museo dell'imperial regio passato, con le sue idee, con i suoi emblemi, con le sue consuetudini e le sue istituzioni. L'Alto Adige è divenuto il nido dell'aquila bicipite impagliata[11].

In particolare, accusati dai fascisti d'incapacità se non di tradimento, erano il professor Luigi Credaro, senatore radicale, già ministro dell'Istruzione e neutralista, profondo conoscitore e studioso della cultura tedesca, nominato da Nitti nel 1919 commissario generale per la Venezia Tridentina che comprendeva Trento e Bolzano, e il capo dell'Ufficio centrale delle nuove Provincie Francesco Salata, studioso e pubblicista, già irredentista istriano, ma, a differenza di Ettore Tolomei, sostenitore di una politica tesa a rispettare le usanze e le culture delle minoranze annesse all'Italia dopo la prima guerra mondiale e a garantire loro un'autonomia[12].

Credaro, storico della filosofia e professore di pedagogia all'università di Roma, si era formato scientificamente in Germania e in particolare a Lipsia; tuttavia molti sudtirolesi vedevano in lui l'espressione dello straniero occupante ed inoltre gli rimproveravano un passato massone e laico che non era ben accetto a questo popolo tradizionalmente cattolico e conservatore[13]. Per studiosi di

---

9   Christoph von HARTUNGEN, Come si giunse alle Opzioni del 1939. L'Alto Adige/Südtirol nella prima metà del Novecento, in: Gustavo CORNI, Christoph von HARTUNGEN, Fabrizio MIORI, Giovanni PEREZ, Niccolò PIANCIOLA, Tiziano ROSANI, Le lettere aperte 1939–1943: l'Alto Adige delle opzioni, (d'ora in poi citato come: Le lettere), Bolzano 2006, 68–69. C'è da dire che in Italia vi erano anche state voci autorevoli, ma minoritarie, come quelle dell'interventista di sinistra e poi ministro Leonida Bissolati, di Gaetano Salvemini e dei socialisti, che si erano opposte all'annessione dell'Alto Adige, cfr. Paolo ALATRI, La questione storica del Trentino e dell'Alto Adige, Firenze 1961, 56–66.

10 Rolf STEININGER, Südtirol im 20. Jahrhundert. Vom Leben und Überleben einer Minderheit, Innsbruck-Wien 1997, 57.

11 "Il Corriere della Sera", 3 maggio 1921.

12 Su Salata cfr. in particolare l'esauriente biografia di Luca RICCARDI, Francesco Salata tra storia, politica e diplomazia, Udine 2001.

13 Su Credaro cfr. Dizionario Biografico degli Italiani, Istituto dell'Enciclopedia Italiana fondato da Giovanni Treccani, XXX, Roma, 1984, ad indicem; ADLER, L'era Credaro nell'Alto Adige,

lingua tedesca egli sarebbe stato quantomeno incerto e, secondo Claus Gatterer, anche privo di coraggio civile[14]. Il professore certamente desiderava mantenere l'Alto Adige all'Italia, e, in particolare, riteneva necessario che nei comuni dove vi fossero italiani, venissero introdotte scuole italiane; tuttavia credeva nei valori liberal-democratici applicati alle minoranze e, per far conoscere le idee dei nuovi concittadini italiani, nel 1920 fece perfino tradurre nella lingua di Dante, dal suo segretario, dottor Lambertenghi, una raccolta di saggi, fortemente antiitaliana, di 20 studiosi e personalità tirolesi, uscita l'anno prima nella speranza d'influenzare la conferenza della pace, e ne scrisse la prefazione[15].

La maggioranza dell'opinione pubblica italiana non era ostile alle opinioni di Mussolini. Bisogna considerare che l'Italia, nel primo conflitto mondiale, aveva avuto 700.000 soldati morti ed almeno un milione e mezzo di feriti e mutilati e che a soffrire erano state particolarmente le popolazioni trentine sfollate dai loro paesi dichiarati zona di guerra e internate in altre regioni dell'impero asburgico, anche lontane. Secondo Alcide De Gasperi – allora più noto con il suo cognome originario di Degasperi – questa sorte era toccata a oltre 70.000 trentini, mentre 43.500 si erano trasferiti volontariamente ed altri 35.000 erano espatriati clandestinamente in Italia[16]. Lo stesso vescovo di Trento monsignor Celestino Endrici fu internato nell'abbazia di Heiligenkreuz, nella selva viennese. Ministro dell'Interno austriaco nel 1917–1918 e quindi responsabile di queste misure era stato proprio un sudtirolese, il conte Friedrich Toggenburg, uno dei principali esponenti politici del Sudtirolo anche dopo l'annessione e deputato al parlamento italiano dal 1921 al 1924. Inoltre anche tra i sudtirolesi prima della sconfitta vi erano state organizzazioni, come il Tiroler Volksbund della quale era membro anche il sindaco di Bolzano Julius Perathoner, che erano favorevoli alla germanizzazione dei trentini[17].

475–490; Dennison I. Rusinow, Italy's Austrian Heritage 1919–1946, Oxford, 1969, 62–73 e soprattutto l'ottimo saggio di Umberto Corsini, L'opera di Commissario Generale Civile per la Venezia Tridentina in: Patrizia Guarnieri (ed.), Luigi Credaro nella scuola e nella storia (Atti del Convegno internazionale, Sondrio, 15–16 settembre 1979), Sondrio 1986. Un'attenta e critica analisi dell'operato di Credaro in Alto Adige è in Stefan Lechner, Die Eroberung der Fremdstämmigen. Provinzfaschismus in Südtirol 1921–1926 (Veröffentlichung des Südtiroler Landesarchivs 20), Innsbruck 2005, ad indicem.

14 Gatterer, Im Kampf gegen Rom, 36.
15 Carlo di [Karl von] Grabmayr (ed.), La passione del Tirolo innanzi all'annessione (con prefazione di Luigi Credaro), Milano 1920. Sulla vicenda della traduzione del libro e le polemiche che suscitò, alimentate da Tolomei con il pamphlet: Un libro di scienza? Da Grabmayr a Credaro, Trento 1921, cfr. Umberto Corsini, Giolitti, Credaro e la prima pubblicazione a cura della Società per gli studi trentini, in: "Studi Trentini di Scienze Storiche", L, 1971, 200–240.
16 Alcide Degasperi, I profughi in Austria, in: Gino Marzari (ed.), Il martirio del Trentino, Milano 19202, 99–104.
17 Adler, L'era Credaro, 483.

L'11 gennaio 1921 fu rifondato il fascio di Trento non da un trentino, ma da Achille Starace, pluridecorato e violento ex volontario di guerra pugliese, capitano in congedo. Fu lo stesso Mussolini a sceglierlo dopo il fallimento del primo tentativo di creare un fascio nel capoluogo trentino compiuto dal locale ex irredentista professore Alfredo Degasperi nel 1919[18]. Non a caso Starace, fedelissimo di Mussolini, sarebbe stato nominato, nel congresso del novembre 1921, vice segretario politico del nuovo partito nazionale fascista, per poi diventare, dal 1931 al 1939, il più longevo segretario del partito. A Bolzano il fascio sarebbe stato fondato il 19 febbraio 1921, seguendo le direttive di Starace, da un altro emigrato in Alto Adige e cioè il ragioniere siciliano ed ex ufficiale Attilio Crupi, fedelissimo di Starace. Crupi fu presto sostituito, per breve tempo, dall'ex medico militare bolzanino Vittorio Moggio e, quindi, il 6 maggio 1921, dal commerciante di legname Luigi Barbesino, anch'egli tenente nella Grande guerra e proveniente dalle vecchie provincie e in particolare da Alessandria[19].

Il 24 aprile 1921, a meno di un mese dalle elezioni politiche generali del 15 maggio, gli squadristi fascisti organizzati da Starace e provenienti in maggioranza da altre regioni e soprattutto dalla Venezia Giulia, attaccarono un corteo pacifico di sudtirolesi nei loro costumi tradizionali e con simboli del loro passato storico, uccidendo Franz Innerhofer, un maestro di Marengo (Marling), paese nelle vicinanze di Merano, e ferendo decine di persone appartenenti al gruppo etnico tedesco. Per il "Corriere della Sera" del 26 aprile i feriti, tutti sudtirolesi, furono 46 di cui però solo 14 trattenuti in ospedale[20]. Lo storico sudtirolese Stefan Lechner, autore della più recente ricerca sull'episodio, scrive di oltre 50 sudtirolesi feriti di cui 15 trattenuti in ospedale. Il giorno dell'azione fascista non era stato scelto a caso, in quanto esso segnava il culmine del programma per l'inaugurazione della fiera campionaria di Bolzano, riaperta per la prima volta dal 1914. Inoltre era la stessa data in cui nel Tirolo settentrionale si teneva un

---

18 BENVENUTI, Il fascismo, 7, 79.

19 LECHNER, Die Eroberung, 85–90; BENVENUTI, Il fascismo, 84.

20 Cfr. anche STEININGER, Südtirol im 20. Jahrhundert, Innsbruck-Wien, 1999, 53; LILL, Südtirol in der Zeit des Nationalismus, 63, Eduard REUT-NICOLUSSI, Tirol unterm Beil, München, 1928, 81–87; Umberto CORSINI, Rudolf LILL, Alto Adige 1918–1946, Bolzano 1988, 84–85.
    I due principali dirigenti del fascio di Bolzano Attilio Crupi e Vittorio Moggi furono arrestati ma in seguito rilasciati. Il gruppetto di fascisti che aveva sparato proveniva da Verona, ma non si riuscì a scoprirli nonostante l'impegno di Credaro che condannò duramente l'azione criminosa e partecipò al funerale di Innerhofer. La vittima sarebbe stato ricordata e onorata come un martire dai tirolesi e nel decimo anniversario della sua uccisione gli fu eretta una targa commemorativa ad Innsbruck nel viale del parco dei giardini di Hofburg.

referendum consultivo per l'annessione alla Germania che avrebbe dato il 98,8 % dei voti favorevoli[21].

La possibilità dell'annessione dell'Austria al Reich tedesco era considerata da Mussolini un pericolo per l'Italia. Egli, già il 3 novembre 1920, era intervenuto sul suo giornale condannando fortemente il ministro degli Esteri tedesco Walter Simons che aveva menzionato, in maniera molto moderata, la questione sudtirolese in parlamento. In quell'articolo Mussolini aveva ammonito del pericolo di una grande Germania che, conseguito l'Anschluss, non si sarebbe fermata al Brennero[22].

Due problemi, impedire l'Anschluss e quello sudtirolese, sarebbero stati tra i principali della politica estera del futuro "duce".

La questione sudtirolese fu uno dei principali cavalli di battaglia di Mussolini alle elezioni del 1921, alle quali i fascisti partecipavano inseriti nelle liste elettorali dei blocchi nazionali promossi da Giolitti. Sottolineando l'irriducibilità dei sudtirolesi nel non voler accettare l'Italia, in alcuni suoi scritti e discorsi il capo del fascismo aveva anche criticato il governo italiano per non avere ridotto il numero dei tedeschi in Alto Adige, subito dopo la fine del conflitto come, affermava, avevano fatto i francesi in Alsazia-Lorena[23]. Commentando sul suo giornale l'azione squadrista di Bolzano scrisse "che la cortesia latina è interpretata dai tedeschi come debolezza e dedizione e che i tedeschi non si trattano coi guanti di velluto, bensì col pugno di ferro. Anche perché i tedeschi preferiscono di essere trattati in quest'ultima guisa conformemente alla loro speciale psicologia. I tedeschi non capiscono l'invito, l'esortazione, la preghiera. Tutto ciò vale per noi. I tedeschi sentono l'ordine, l'imperio [...]"[24].

---

21 LECHNER, Die Eroberung, 137–142. Su "Il Popolo d'Italia" del 6 maggio, Mussolini scrisse, falsamente, che erano stati i sudtirolesi ad iniziare a lanciare proiettili e a sparare contro i fascisti e protestò per l'arresto effettuato dalle autorità dei due dirigenti fascisti altoatesini, in: MUSSOLINI, Opera Omnia, XVI, 305.

22 MUSSOLINI, Opera Omnia, XV, 293–294. Per l'intervento di Simons cfr. Paul HERRE, Die Südtiroler Frage. Entstehung und Entwicklung eines europäischen Problems der Kriegs- und Nachkriegszeit, München 1927, 174–176. Secondo Francesco Lefebvre d'Ovidio, autore dello studio più recente e documentato sulla politica estera italiana degli anni '20, Mussolini riteneva che, per un'alleanza con l'Italia in funzione antitedesca, la Francia dovesse pagare un prezzo. Inoltre, aggiunge lo stesso autore, per il "duce" l'Anschluss, pur essendo un pericolo per l'Italia, lo sarebbe stato maggiore per la Francia perché l'Italia in una situazione di emergenza avrebbe potuto accettarlo in cambio della garanzia del Brennero (Francesco LEFEBVRE D'OVIDIO, L'Italia e il sistema internazionale. Dalla formazione del governo Mussolini alla grande depressione [1922–1929], Roma 2016, I, 557–560.)

23 Cfr. Fascismo e Alto Adige, "Il Popolo d'Italia", 30 aprile 1921, in: MUSSOLINI, Opera Omnia, XIV, 291.

24 Ibid., 292.

Nel comizio elettorale del 3 maggio 1921 a Milano, Mussolini dichiarò che "se oltre centomila intrusi, sopraggiunti a inquinare lassù [in Alto Adige] la nostra razza, faranno ancora la voce grossa, noi li spazzeremo!"[25].

E undici giorni dopo, nel comizio di chiusura della campagna elettorale, sempre a Milano, in piazza Borromeo, rispondendo ad una interruzione del pubblico che chiedeva la sua opinione sull'Alto Adige replicò che "[...] i tedeschi sono abusivamente nell'Alto Adige italiano. Aggiungo che se ci fosse stato un governo meno imbelle e meno deficiente, i 180 mila tedeschi dell'Alto Adige sarebbero ridotti ad una cifra più modesta; e dico anche che noi fascisti faremo il possibile per italianizzare quella regione. Penso anche che il nuovo Governo e la nuova casta politica di domani, attraverso l'economia, attraverso le scuole, la politica, le guarnigioni riuscirà a rendere italiano l'Alto Adige"[26].

Rifacendosi alle idee di Ettore Tolomei, Mussolini riteneva che almeno la metà dei sudtirolesi non fossero di etnia tedesca bensì italiani germanizzati da secoli di dominio asburgico e quindi bisognava farli tornare italiani, perfino italianizzando i loro cognomi. Importante per Mussolini era anche il totale controllo di una regione come l'Alto Adige che dal punto di vista strategico era una chiave di accesso al territorio italiano in particolare per il mondo germanico.

Nemici del fascismo erano le autorità tedesche in Alto Adige come il già citato anziano sindaco di Bolzano Julius Perathoner, ex deputato al parlamento austriaco, già importante esponente del partito nazionalista liberale austriaco (Deutsche Freiheitliche Partei) che ricopriva la carica dal 1895[27] e le associazioni pangermaniste e irredentiste e in particolare l'Andreas Hofer Bund costituitosi a Innsbruck il 13 settembre 1919 dalla trasformazione del Tiroler Volksbund già fondato nel 1905.

Dopo le elezioni del 15 maggio 1921, lo stesso Mussolini prese la parola il 21 giugno per il suo primo discorso da deputato nel nuovo parlamento. La denuncia della situazione in Alto Adige fu il primo argomento toccato e anche quello affrontato più a lungo[28]. Il capo del fascismo in questo discorso chiedeva l'eliminazione di tutti i simboli che ancora ricordavano la scomparsa monarchia asburgica, lo scioglimento del Deutscher Verband, cioè dell'unione dei partiti tedeschi, la deposizione immediata di Credaro e di Salata, la creazione di una provincia unica di Trento e Bolzano e la stretta osservanza del bilinguismo in ogni

---

25 Mussolini, Opera Omnia, XIV, 301.

26 Ibid., 346.

27 Anche la storiografia in lingua tedesca ne sottolinea i sentimenti nazional-tedeschi e antiitaliani, cfr. Steininger, Südtirol, 185.

28 Mussolini, Opera Omnia, XVIII, 431–446, in particolare sull'Alto Adige: 432–435. Per un commento sulle altri parti del discorso cfr. Renzo De Felice, Mussolini il fascista, I, La conquista del potere 1921–1925, Torino 1966, 126–129.

atto politico e amministrativo. Il discorso di Mussolini era anche una risposta al deputato sudtirolese Wilhelm von Walter che, a nome di tutto il suo gruppo, aveva espresso l'opposizione degli abitanti di lingua tedesca all'annessione all'Italia e ribadito la violazione del principio di autodeterminazione[29].

Tra la fine di agosto e i primi di ottobre 1922 vi fu a Bolzano e a Trento quella che alcuni storici hanno definito una vera e propria prova generale della Marcia su Roma. Il 29 agosto i fascisti di Bolzano rivolsero dieci richieste al consiglio comunale della città tra cui le dimissioni del sindaco tedesco Perathoner rieletto plebiscitariamente il 22 gennaio per la decima volta, l'introduzione della lingua italiana fino ad allora esclusa, la sostituzione di una delle 4 scuole in lingua tedesca con una scuola in lingua italiana, minacciando di agire con la forza se dopo un mese le loro richieste non fossero state accolte. Il governo presieduto da Luigi Facta, nella speranza di evitare azioni di forza da parte dei fascisti, fece revocare il 28 settembre il decreto regio di conferma dell'elezione di Perathoner. Ma, poiché il consiglio comunale di Bolzano non aveva risposto alle altre richieste fasciste, si radunarono circa 7000 squadristi provenienti in grande maggioranza dalle zone limitrofe del Veneto e della Lombardia, tra i quali grosse personalità del fascismo come Roberto Farinacci, Alberto De Stefani e Roberto Giunta oltre ad Achille Starace. Il 1° ottobre 1922 le camicie nere occupavano a Bolzano la scuola tedesca dedicata all'imperatrice Elisabetta, la Elisabethschule, trasformandola in scuola regina Elena, e il giorno dopo occupavano anche il municipio. Il 3 ottobre le squadre fasciste proseguirono per Trento occupando la sede della Giunta provinciale straordinaria e poi quella del Commissariato generale civile, costringendo Credaro a lasciare la città e a rassegnare le dimissioni tre giorni dopo[30]. Anche se il 4 ottobre i poteri a Bolzano e negli uffici di Trento erano stati assunti dalle autorità militari, la debolezza dal governo Facta con la sua impotenza e arrendevolezza era stata clamorosa tanto da costituire un precedente incoraggiante per Mussolini che, per questa azione, ebbe il plauso anche di organi di stampa moderati come il quotidiano riformista di Trento "Il Popolo"[31]. Il 4 ottobre Mussolini poteva affermare che era stato il fascismo a introdurre le leggi e il diritto italiano in Alto Adige e a spegnere ogni speranza di secessione da parte dei sudtirolesi. Inoltre aggiunse che oramai accanto all'imbelle e moribondo Stato liberale vi era già un risoluto Stato fascista[32].

---

29 ALCOCK, The History, 32; GATTERER, Im Kampf gegen Rom, 265; REUT-NICOLUSSI, Tirol, 92.

30 BENVENUTI, Il fascismo, 136–160, 254–269; CORSINI–LILL, Alto Adige, 86–89. Renzo DE FELICE, Mussolini il fascista, I, 318–319; e soprattutto LECHNER, Die Eroberung, 196–242.

31 Ibid., 318.

32 MUSSOLINI, Opera Omnia, XVIII, 435.

Il 17 ottobre 1922, undici giorni prima della Marcia su Roma, il governo manifestava l'intenzione di estendere immediatamente tutta la legislazione italiana, provinciale e comunale, alle nuove provincie e sopprimeva, con un decreto legge, il Commissariato Generale Civile che era stato retto da Credaro, nonché l'Ufficio centrale per le nuove provincie del regno retto da Francesco Salata[33].

Per Ettore Tolomei, la "marcia su Bolzano" era stata decisiva per l'avvento del fascismo come scrisse nelle sue memorie e come affermò in maniera enfatica in un importante discorso a Bolzano il 15 luglio 1923, nel quale annunziava i provvedimenti di italianizzazione per l'Alto Adige: "Era da Bolzano che era iniziato il grande moto di ottobre [...] La travolgente azione di Bolzano – disse – iniziò la rivoluzione: la rivoluzione riportò a Roma in trionfo l'anima della Vittoria. Non sia dimenticato mai"[34].

Giunto al potere, Mussolini era sembrato inizialmente non contrario a cercare un compromesso con i sudtirolesi, molto ben visto dal governo austriaco. La base dell'accordo – definita anche modus vivendi o semplicemente tregua doveva essere il riconoscimento da parte dei sudtirolesi del fatto che la questione dell'Alto Adige era una pura faccenda interna italiana, che escludeva qualsiasi coinvolgimento estero, e in cambio Mussolini sarebbe stato disposto a rispettare la lingua e la cultura tedesca[35]. Aveva poi però deciso di portare avanti la politica di italianizzazione della provincia di Bolzano, secondo il programma di Ettore Tolomei, senza curarsi delle proteste, a volte dure, che venivano da oltralpe. Già le azioni squadristiche a Bolzano erano state violentemente condannate in Tirolo e il capitano provinciale del Tirolo Franz Stumpf aveva affermato che se i

---

33 CORSINI–LILL, Alto Adige, 88–89.

34 Provvedimenti per l'Alto Adige. Discorso tenuto dal Sen. Ettore Tolomei nel teatro di Bolzano il 15 luglio 1923, Trento 1923. Leggermente diverso il testo menzionato nelle memorie: "È da Bolzano che partì il grande moto di ottobre – È dal cuore dell'Alto Adige che venne l'impulso – La travolgente azione di Bolzano iniziò la Rivoluzione, riportò a Roma in trionfo l'anima della vittoria", in: Ettore TOLOMEI, Memorie di vita, Milano 1948, 457.

35 Di queste trattative condotte da una parte dai principali esponenti politici sudtirolesi e dall'altra dal commissario regio di Bolzano Augusto Guerriero, insieme a Luigi Barbesino, e il cui fallimento provocò molta delusione soprattutto da parte dei circoli governativi austriaci, la storiografia e pubblicistica in lingua tedesca ne ha scritto per la prima volta già nel 1926, cfr. HERRE, Die Südtiroler Frage, 269–274. Secondo l'irredentista ed ex deputato sudtirolese al parlamento di Roma Eduard Reut-Nicolussi, le trattative sarebbero fallite per l'opposizione del Gran Consiglio del fascismo, in: Michael Gehler (ed.), Eduard Reut-Nicolussi und die Südtirolfrage 1918–1958. Streiter für die Freiheit und die Einheit Tirols (Schlern-Schriften 333/2), II, Dokumentenedition vorwiegend aus dem Nachlass, 1384–1385. La vicenda è ben ricostruita da BENVENUTI, Il fascismo, 174–182, e in particolare da LECHNER, Die Eroberung, 262–291 sulla base dei documenti. Cfr. anche LILL, Südtirol, 76–77; CORSINI–LILL, Alto Adige, 101–102; RUSINOW, Italy's Austrian Heritage, 167–169 che sottolinea il ruolo di Tolomei per far fallire l'accordo.

fascisti fossero andati al potere una convivenza tra le due nazionalità sarebbe stata impossibile e il Tirolo avrebbe fatto meglio a staccarsi dall'Austria e a unirsi alla Germania[36].

All'indomani dell'avvento al potere di Mussolini nel 1922 vi furono manifestazioni antiitaliane a Innsbruck e la stampa tirolese si esprimeva in termini molto offensivi contro il movimento fascista definendolo un branco di malfattori al soldo dei francesi oltre a ripetere le accuse di tradimento agli italiani e a definirli di scarso valore militare[37]. Il che provocò una immediata reazione da parte del nuovo presidente del Consiglio e ministro degli Esteri italiano che ottenne le scuse del capitano provinciale del Tirolo[38]. Mussolini seguiva con grande attenzione la politica estera e leggeva e spesso appuntava ogni rapporto relativo all'Alto Adige. In realtà, come sarebbe stata una costante della politica interna austriaca, erano soprattutto i tirolesi ad avere a cuore il problema. Il cancelliere, leader cristiano sociale monsignor Ignaz Seipel, aveva in cuore suo molta simpatia per i sudtirolesi e aveva sempre sperato che fosse possibile migliorare la loro situazione con l'amicizia dell'Italia, tanto che alcuni anni dopo avrebbe detto a Stresemann che Mussolini avrebbe potuto cambiare la sua politica sudtirolese se l'Austria e la Germania l'avessero appoggiato quando avesse avanzato rivendicazioni coloniali[39]. Tuttavia Seipel riteneva più importante delle polemiche per il Sudtirolo ottenere l'appoggio italiano per il prestito della Società delle Nazioni. Per Mussolini era d'altra parte indispensabile che l'Austria restasse indipendente e si opponesse all'Anschluss. Il presidente del Consiglio italiano seguiva quindi con molta attenzione la politica di Seipel, con il quale il ministro plenipotenziario italiano a Vienna e profondo conoscitore del mondo tedesco Luca Orsini Baroni aveva sviluppato un ottimo rapporto. Il cancelliere austriaco si recò in Italia già alla fine di marzo del 1923 incontrando sia Mussolini a Milano che il re a Roma ed era la prima visita in Italia di un capo di governo straniero dall'avvento al potere del capo del fascismo. Significativamente, nel

---

36 Orsini Baroni a Ministero Affari Esteri, Vienna, 20 ottobre 1922 – Archivio Storico del Ministero degli Affari Esteri [d'ora in poi ASMAE], Affari Politici Austria 1919–1930, b. 827, fasc. 10.

37 Sul problema sudtirolese nella prima Repubblica austriaca cfr. Karl Weiss, Das Süditrol-Problem in der ersten Republik. Dargestellt an Österreichs Innen- und Außenpolitik im Jahre 1928, Wien-München 1989.

38 Mussolini ad Orsini Baroni, Roma, 17 novembre 1922, in: I Documenti Diplomatici Italiani [d'ora in poi DDI], Roma 1952–, serie VII, 1, d. 129.

39 Außenpolitische Dokumente der Republik Österreich 1918–1938 [d'ora in poi ADÖ], VI, d. 887. In quest'occasione Seipel arrivò addirittura a prospettare l'ipotesi che Mussolini potesse pensare di restituire il Sudtirolo, cosa che Stresemann non riteneva possibile. Sulla politica di Seipel riguardo al Sudtirolo cfr. Weiss, Das Südtirol-Problem.

colloquio con Seipel, Mussolini toccò la questione dell'Alto Adige[40]. Al termine dell'incontro fu emesso un comunicato nel quale entrambi le parti espressero piena soddisfazione sull'esito dei colloqui. Come afferma il verbale austriaco, Mussolini espresse il suo rammarico, probabilmente insincero, per il fallimento del compromesso con i sudtirolesi[41].

Seipel era però qualche volta costretto a dare soddisfazione all'opinione pubblica, in particolare dopo le nuove proteste soprattutto tirolesi a seguito dell'attuazione da parte del governo italiano dei provvedimenti per l'Alto Adige stabiliti da Ettore Tolomei. Il 25 novembre 1927, lo stesso cancelliere, che pure rifiutava un ricorso alla Società delle Nazioni come richiesto dai Tirolesi e cercava di calmare gli animi, parlò al parlamento austriaco del Sudtirolo come di una ferita bruciante e affermò che relazioni cordiali con l'Italia sarebbero state sempre pregiudicate se non si faceva nulla per guarire questa ferita[42]. Vi furono infocati dibattiti al parlamento austriaco, nei quali l'Italia veniva accusata di brutale oppressione dei sudtirolesi. Questi dibattiti provocarono un'interrogazione al parlamento italiano di Starace e altri deputati il 27 febbraio 1928, alla quale il capo del governo italiano rispose il 3 marzo[43]. Mussolini reagì violentemente: minacciò la rottura delle relazioni diplomatiche con l'Austria e richiamò il ministro plenipotenziario italiano a Vienna Giacinto Auriti, il quale tornò solo il 6 luglio, dopo che Seipel aveva inviato un messaggio al capo del governo italiano, nel quale gli faceva quasi le scuse e dopo un comunicato congiunto nel quale si andava incontro alle richieste dagli italiani[44].

Era in realtà la Germania che Mussolini temeva potesse porsi con il suo peso a sostegno delle richieste dei sudtirolesi oltre a promuovere l'Anschluss. Hans von Herwarth, diplomatico antinazista che partecipò alla cospirazione contro Hitler, ambasciatore a Roma dal 1965 al 1969, giovane studente alla fine della Prima guerra mondiale e sincero amico dell'Italia ha scritto che di tutte le perdite subite dal germanesimo quella del tedeschissimo (urdeutsch) Sudtirolo era stata la più dolorosa[45]. Paul Herre, nella prima opera scientifica in lingua tedesca sulla questione sudtirolese, definiva nella prefazione il Sudtirolo come il paese

---

40   DDI, VII, 1, d. 667.

41   ADÖ, V, d. 738.

42   Erklärung Ignaz Seipels vom 25.11.1927 im Finanz und Budgetausschuß des Österreichischen Nationalrats, in: Walter FREIBERG [Kurt HEINRICHER], Südtirol und der italienische Nationalismus: Entstehung und Entwicklung einer europäischen Minderheitenfrage, II, Dokumente quellenmässig dargestellt von FREIBERG, hg. v. Joseph Fontana, (Schlern-Schriften 282), Innsbruck 1990, d. 204.

43   FREIBERG, Südtirol und der italienische Nationalismus, II, dd. 205–208.

44   DDI, VII, 7, d. 393.

45   Hans von HERWARTH, Von Adenauer bis Brandt, Erinnerungen, Berlin 1990, 296.

tedesco del sole[46]. Nel 1926 in Germania si chiese perfino un boicottaggio delle merci italiane. L'irredentista sudtirolese Eduard Reut-Nicolussi, già deputato nel parlamento italiano e autore nel 1928 di un libro pamphlet in cui denunciava la politica fascista dal titolo "Tirol unterm Beil" (il Tirolo sotto la scure)[47], tenne varie conferenze nel Reich nel 1928, davanti ad un pubblico molto numeroso, ed esse suscitarono grande emozione ed eccitazione contro l'Italia in special modo all'Università di Monaco[48].

Famoso fu il "duello oratorio" di Mussolini con la più importante personalità della Repubblica di Weimar, Gustav Stresemann. Il 6 febbraio 1926 il capo del fascismo, replicava ad un discorso del presidente del Consiglio dei ministri della Baviera, Heinrich Held, che il giorno prima aveva duramente condannato la politica italiana verso i sudtirolesi e aveva dichiarato di essere pronto a qualsiasi sacrificio per alleggerire la loro situazione e ricondurli sulla via della libertà[49]. Alla Camera, il "duce", dopo aver descritto la situazione in Alto Adige secondo il punto di vista del governo italiano e aver duramente criticato i tedeschi e ironizzato sul loro paese, affermò che dei 180.000 tedeschi dell'Alto Adige 80.000 erano italiani diventati tedeschi, che lui avrebbe cercato di riscattare, mentre gli altri erano il residuo delle invasioni barbariche. E concludeva ammonendo che il tricolore poteva avanzare, ma mai arretrare[50]. Stresemann replicò il 9 febbraio che la Repubblica di Weimar riconosceva che il Sudtirolo apparteneva all'Italia, ma affermò che quest'ultima doveva rispettare la lingua e la cultura della minoranza tedesca come le autorità italiane e lo stesso re Vittorio Emanuele III avevano sostenuto dopo l'annessione[51]. Il giorno dopo Mussolini al Senato replicò anche a questo discorso in tono sempre fermo ma più moderato[52]. Nelle

---

46   Herre, Die Südtiroler Frage, IX.

47   Reut-Nicolussi, Tirol.

48   Cfr. in particolare Summonte a Mussolini, Vienna 28 gennaio 1924 tg. n. 624 – ASMAE, Affari Politici Austria 1919–1930, b. 877.

49   Testo stenografico del discorso di Held in Freiberg, Südtirol und der italienische Nationalismus, II, d. 193.

50   Discorso di Mussolini in: Mussolini, Opera Omnia, XXII, 68–73; anche in Freiberg, Südtirol und der italienische Nationalismus, II, d. 194.

51   Testo stenografico del dibattito sul Sudtirolo al Reichstag in: Freiberg, Südtirol und der italienische Nationalismus, II, d. 197, testo del discorso di Stresemann anche in ASMAE, Affari Politici Germania 1919–1930, b. 1167 (1926), fasc. 4495. Ripreso quasi completamente in Gustav Stresemann, Vermächtnis, hg. v. Henry Bernhard, Berlin 1932, 3 voll., II, 490–499. In Freiberg, Südtirol und der italienische Nationalismus, II, 343–397, sono riportati i resoconti stenografici di tutti i discorsi parlamentari sulla vicenda che appassionò il parlamento tedesco, con l'intervento di rappresentanti di tutti i partiti.

52   Cfr. Mussolini, Opera Omnia, XVIII, 96; Freiberg, Südtirol und der italienische Nationalismus, II, d. 198.

sue memorie Tolomei afferma di essere stato lui a preparare il testo del discorso di Mussolini, al quale il "duce" avrebbe apportato solo poche modifiche, ma il nazionalista trentino fa confusione sulle date[53].

Come è risaputo c'era forse un solo tedesco, cioè Adolf Hitler, ad aver dichiarato che l'amicizia dell'Italia valeva la rinunzia al Sudtirolo, ma ciò in cambio dell'Anschluss e in una prospettiva di predominio tedesco sull'Europa, come i principali collaboratori in politica estera di Mussolini, Guariglia e Grandi, avevano sottolineato. In margine a un rapporto del 12 dicembre 1927 del marchese Francesco Antinori, addetto stampa dell'ambasciata di Berlino, che riferiva della richiesta di Hitler di aiutare il movimento nazista nei Sudeti e in altri ambiti in cambio della rinuncia al Sudtirolo, è stato scritto ironicamente: "Hitler ha ragione. Ma non vedo perché ci dovremmo prestare al gioco tedesco (Anschluss, Boemia e Alsazia Lorena). Certo il cosiddetto problema dell'Alto Adige diverrebbe allora un'inezia"[54].

E quali fossero i veri sentimenti dei tedeschi più nazionalisti e antisemiti, cioè dei principali sostenitori di Hitler, nonostante la sua rinuncia ufficiale al Sudtirolo, Mussolini lo sapeva benissimo da tempo in quanto leggeva e vistava anche le lettere di protesta che gli inviavano comuni cittadini tedeschi. Impressionante quella scrittagli da un tedesco che si firmava "il tedesco Michel" – cioè il simbolo tedesco nella caricatura, soprattutto del XIX secolo – e proveniva, per di più, da Amburgo, nell'estremo nord della Germania, dove si poteva ritenere che il problema del Sudtirolo fosse molto meno sentito che nel Sud: "Vostra Eccellenza si è permessa ieri, davanti al parlamento italiano, di gettare del fango contro la Germania e il popolo tedesco, proprio come se noi fossimo della plebaglia di fronte ad altri popoli! Pensi V. E. che fu il popolo tedesco quello che nel 1871 compì e saldò l'unità d'Italia. Che cosa sarebbe stata l'Italia senza l'aiuto tedesco? E pensi ancora che la Germania al presente è purtroppo un povero essere su cui ogni popolo vorrebbe sfogare la sua bile, quantunque tutto il popolo tedesco sappia che né è stato vinto né ha avuto alcuna colpa nello scoppio della guerra. E che il Sudtirolo è puramente tedesco e tale resterà, nonostante l'ingiusta annessione da parte dell'Italia, Ella lo sa bene come qualsiasi scolaro tedesco: quindi la prego di non eccitarsi troppo senza ragione, signor Mussolini! Verrà il giorno in cui l'Italia anelerà l'aiuto tedesco come l'aria per poter vivere, stia sicuro!" E nel post scriptum aggiungeva: "Se la Germania riuscirà a liberarsi dallo staffile giudaico, che ha la colpa sia della guerra mondiale che di tutti i mali della terra, verrà il giorno in cui il furore teutonico tedesco farà tremare il mondo"[55].

---

53 Tolomei, Memorie, 487–488.
54 DDI, VII, 5, d. 680, nota n. 1.
55 Il tedesco Michel a sua eccellenza il Presidente del Consiglio Mussolini, lettera tradotta con visto

Come è ben noto, la politica di italianizzazione dell'Alto Adige non impedì a Mussolini di finanziare e stringere stretti rapporti con le Heimwehren del principe Starhemberg, che si battevano per l'indipendenza dell'Austria contro l'Anschluss. Mussolini avrebbe avuto uno stretto rapporto anche con il cancelliere Engelbert Dollfuß e con il successore Kurt von Schuschnigg, nonostante la sensibilità di quest'ultimo per i sudtirolesi. E con Dollfuß, deciso a difendere l'indipendenza dell'Austria dalle mire hitleriane, Mussolini avrebbe stabilito una vera e propria amicizia personale. Proprio per riguardo a Dollfuß, il "duce" avrebbe anche promesso qualche misura, sia pur secondaria, per venire incontro ad alcune richieste dei sudtirolesi. Ha scritto giustamente Rolf Steininger riferendosi al tema del tradimento del Sudtirolo ancora vivo soprattutto nel Tirolo: "[...] Il Sudtirolo non è stato tradito dai politici austriaci, da Seipel, Dollfuß, Schuschnigg [...] ma da un solo politico vale a dire Adolf Hitler"[56].

L'uccisione di Dollfuß da parte dei nazisti austriaci sembrò portare ad un rottura definitiva di Mussolini con Hitler e non solo riguardo all'Austria; in Sudtirolo erano i nazisti a riprendere illegalmente la più violenta campagna antiitaliana accusando Starhemberg e Schuschnigg di aver venduto l'Austria al più vile ed indegno dei popoli e di aver tradito il Sudtirolo[57]. Ma come è noto l'opposizione inglese all'impresa etiope di Mussolini lo fece riavvicinare a Hitler e il riavvicinamento iniziò proprio quando il duce fece sapere al capo nazista il 6 gennaio 1936[58] che l'Italia non si opponeva più all'Anschluss anche se Mussolini sperava ancora di rimandarlo il più possibile e che esso avvenisse dopo consultazione con l'Italia.

Quando esso avvenne, il 14 marzo 1938, senza alcuna consultazione o trattativa con l'Italia, Mussolini si dovette accontentare della lettera di Hitler che assicurava di considerare definitiva la frontiera del Brennero e delle parole del "Führer" che non avrebbe mai dimenticato il sostegno italiano.

Ma proprio la fine dell'Austria e il gravitare del grande Reich tedesco dal Baltico al Brennero avrebbero convinto il "duce" che bisognava ricorrere a nuove misure per risolvere definitivamente la questione, non fidandosi del tutto della solenne affermazione di Hitler il 7 maggio successivo, durante la sua visita a Roma, che il confine al Brennero era sacro; tanto più che i sudtirolesi e molti ex austriaci erano convinti che la grande Germania non si sarebbe fermata al

---

di Mussolini, Amburgo, 7 febbraio 1926 – ASMAE, Gabinetto del ministro e segreteria generale 1923–1943, b. 156, fasc. Germania, sottofasc. 3.

56 Steininger, Südtirol, 139.

57 Cfr. propaganda nazista in Alto Adige – ASMAE, Affari Politici Austria 1931–1945, b. 36 (1935), fasc. 3.

58 Cfr. Pietro Pastorelli, La politica estera italiana tra il 1914 e il 1943, Milano 1997, 93, 95.

Brennero e vi furono fermenti in Sudtirolo che preoccuparono molto gli italiani. In realtà con la fine dell'indipendenza dell'Austria, l'Italia aveva perso la chiave di volta della sua politica di potenza nell'area danubiano-balcanica e in Europa avviandosi a diventare al massimo un brillante secondo del "Führer".

Furono i tedeschi, come è ben noto, a premere per un'alleanza con l'Italia dando nuove assicurazioni all'Italia riguardo al Sudtirolo, trovando però un Mussolini inizialmente esitante.

Per il "duce" e per il prefetto di Bolzano Giuseppe Mastromattei fondamentale era l'allontanamento dei 10.000 residenti in Sudtirolo con passaporto tedesco, per la maggior parte ex austriaci, mentre altri italiani come l'ambasciatore a Berlino Bernardo Attolico e l'incaricato d'affari a Berlino Massimo Magistrati erano favorevoli ad un esodo totale dei sudtirolesi come già pensato da Göring nel 1937 e accennato dallo stesso Hitler a Roma nella sua visita del maggio 1938. Mussolini auspicava sempre l'indebolimento del gruppo etnico tedesco e l'italianizzazione dell'Alto Adige, ma era incerto e aperto a più possibilità su come raggiungere questi fini; a Ciano disse un mese dopo l'Anschluss: "Ho chiarito le mie idee in materia (Alto Adige). Se i tedeschi si portano bene e sono rispettosi sudditi italiani, potrò favorire la loro cultura e la loro lingua. Se pensano però di spostare di un solo metro il palo di frontiera, sappiano che ciò non avverrà senza la più dura guerra, nella quale coalizzerò contro il germanesimo tutto il mondo. E metteremo a terra la Germania per almeno due secoli"[59].

Ma un mese dopo, commentando un rapporto di Attolico che riferiva delle affermazioni di Ribbentrop secondo le quali il capo del governo italiano avrebbe garantito la lingua e la scuola tedesca agli altoatesini se questi si fossero comportati lealmente, Mussolini scrisse a margine la parola "mente"[60]. Infine, qualche mese più tardi, il 1° settembre 1938 in Consiglio dei ministri il "duce" parlò addirittura della possibilità di un sudtirolese primo ministro, come ha scritto Bottai: "Parla dell'Alto Adige, della politica di più larga comprensione verso gli allogeni leali. 'Le frontiere sono intangibili. Vi sono frontiere segnate col sangue: le nostre. Frontiere segnate con l'inchiostro: quelle cecoslovacche. Per stedeschizzare l'Alto Adige non c'è che un metodo: non isolare gli Alto Atesini, farli partecipare alla vita della nazione. Io ho fatto saper loro, che possono circolare [sic!] nelle carriere del Paese. Possono diventare anche … Capo del governo. Del resto c'è stato un Pelloux. Perché, non potrebbe esserci domani un Müller?' Mentre dice questo, – scrive Bottai – vedo rispuntare in lui quello spirito di universalità, proprio del nostro popolo e che il razzismo rischia di offuscare. 'S'è parlato di restituire alla Germania contingenti di allogeni. Sono contrario. Bisognava farlo

59 Galeazzo Ciano, Diario 1937–1943, ed. Renzo De Felice, Milano 1980, 130.
60 DDI, VIII, 9, d. 153.

prima. Quando la razza non coincide con la geografia, deve muoversi la razza. Così hanno fatto turchi e rumeni, greci e turchi. Per noi, è tardi. Tutt'al più si possono risospingere verso la Germania gli 8 mila sudditi germanici, che ancora sono in Alto Adige'"[61].

In questi mesi in effetti, dopo la solenne dichiarazione di Hitler a Roma, la situazione in Alto Adige sembrava più tranquilla; era il capo nazista a toccare l'argomento con il sottosegretario italiano al ministero della guerra, generale Pariani, che l'11 luglio era in visita dal "Führer". Egli affermava di voler fare proposte concrete per il ritiro dei tedeschi dell'Alto Adige perché la questione non esisteva, ma bisognava evitare qualsiasi possibilità di incidenti[62]. Un paio di settimane più tardi anche Ribbentrop riferiva ad Attolico che un giorno Hitler avrebbe chiesto "all'Italia l'invio definitivo in Germania di qualche migliaia di famiglie altoatesine"[63].

Dopo "il colpo di Praga" del marzo 1939 fu il consigliere d'ambasciata a Berlino Massimo Magistrati a proporre il trasferimento in Germania di tutti i sudtirolesi[64]. Mario Toscano scrive che questa decisione "fu provocata dalle continue segnalazioni pervenute a Roma circa la situazione altoatesina e doveva quasi subito rientrare"[65], mentre per Karl Stuhlpfarrer e Leopold Steurer questa richiesta italiana di un trasferimento totale era solo un mezzo di pressione per ottenere quello che invece Roma riteneva realmente indispensabile, oltre alla garanzia scritta del confine del Brennero: cioè il trasferimento dei 10.000 residenti in Sudtirolo con passaporto germanico[66]. Ad ogni modo sembra tuttavia il caso di sottolineare che anche in Italia vi erano sostenitori del trasferimento totale, quali Magistrati ed Attolico. Rifacendosi alle correnti italiane favorevoli al trasferimento totale, non a caso la storiografia di lingua tedesca ha a volte scritto, come recentemente Rudolf Lill, che la ragione per la quale gli italiani preferirono poi un trasferimento limitato dei sudtirolesi fu dovuta a problemi economici e all'impossibilità di indennizzarli e di sostituire i contadini sudtirolesi con contadini italiani[67].

Ad ogni modo Mussolini, che nel settembre 1938 aveva anche iniziato una politica antisemita e promulgato le leggi razziali, convinto ormai della superiorità tedesca in Europa e della possibilità di estendersi nel Mediterraneo grazie

---

61 Giuseppe Bottai, Diario 1935–1944, ed. Giordano Bruno Guerri, Milano 1982, 131–132.
62 DDI, VIII, 9, d. 311.
63 Ibid., d. 364.
64 Akten zur Deutschen Auswärtigen Politik [d'ora in poi ADAP], serie D, VI, d. 163.
65 Mario Toscano, Storia diplomatica della questione dell'Alto Adige, Bari 1967, 166.
66 Leopold Steurer, Südtirol, 322; Karl Stuhlpfarrer, Umsiedlung Südtirol 1939–1940, 2 voll., Wien-München 1985, I, 153.
67 Cfr. Lill, Südtirol, 179–180.

alla Germania, decise di accogliere finalmente nella primavera del 1939 le richieste tedesche per un'alleanza. Il testo del Patto d'acciaio firmato il 22 maggio 1939 a Berlino fu proposto dai tedeschi: gli italiani però su iniziativa dell'ambasciatore Attolico fecero menzionare nel preambolo l'inviolabilità delle frontiere comuni[68].

Per evitare qualsiasi contrasto con l'Italia in considerazione dei suoi piani di guerra all'Est, Hitler aveva ormai deciso il ritorno in Germania di tutti i sudtirolesi, sia pur in cambio del pagamento da parte italiana dei loro beni, e incaricò proprio il capo delle SS Heinrich Himmler di sovrintendere al trasferimento; questi dichiarò il 30 maggio 1939 che il Sudtirolo era definitivamente perduto come territorio, ma non si dovevano perdere i 200.000 tedeschi che vi risiedevano e quindi "bisognava compiere uno storico, forse unico, grandioso procedimento"[69]. In altre parole il trasferimento all'Est dei sudtirolesi in cambio della vendita dei loro beni.

Un mese dopo, il 23 giugno 1939, a Berlino nella sede del comando supremo della Gestapo e delle SS nella Prinz-Albrecht-Straße n. 8, avvenne la prima delle riunioni dedicate alla concreta messa in atto della decisione di risolvere la questione alto-atesina[70] sotto la presidenza di Himmler. Da parte italiana erano presenti anche il prefetto di Bolzano Mastromattei e l'ambasciatore italiano a Berlino Bernardo Attolico.

Nella riunione si decise in linea di massima il trasferimento degli altoatesini, ma non vi fu alcun accordo scritto. Gli italiani e, in particolare Mastromattei, espressero perplessità su un trasferimento totale dichiarando che solo 100.000 erano di vera razza germanica e non di origini italiane ed un'intesa fu realmente raggiunta solo sul trasferimento obbligatorio dei 10.000 cittadini germanici.

La delegazione italiana fu comunque soddisfatta per quella che sembrava la volontà tedesca di risolvere definitivamente il problema sudtirolese sebbene, come è stato osservato da Stuhlpfarrer: "le decisioni che vennero prese sono incomplete e contraddittorie. Su alcuni punti non ci si è messi esattamente d'ac-

---

68   Cfr. Toscano, Le origini diplomatiche del Patto d'acciaio, Firenze 1956.

69   Conrad F. Latour, Südtirol und die Achse Berlin-Rom 1938–1945 (= Schriftenreihe der Vierteljahrshefte für Zeitgeschichte 5), Stuttgart 1962, 34–35. Come ha rivelato Leopold Steurer, sin dal maggio 1938 Himmler aveva incluso i sudtirolesi tra le popolazioni etniche tedesche viventi all'estero da disciogliere e rimpatriare in Germania. A questo proposito si veda la lettera di Himmler a Greifelt, Berlino, 2 maggio 1938, in: Leopold Steurer, Auflösung und Abruf. Das frühe Interesse des Dritten Reichs an der Um- und Rücksiedlung der „Auslandsdeutschen", in: Günther Pallaver, Leopold Steuer (eds.), Deutsche! Hitler verkauft Euch! Das Erbe von Option und Weltkrieg in Südtirol, Bolzano-Bozen 2011, 47–49.

70   Renzo De Felice, Il problema dell'Alto Adige nei rapporti italo-tedeschi dall'Anschluss alla fine della seconda guerra mondiale, Bologna 1972, 36.

cordo, altri sono rimasti aperti"[71]. In effetti Mussolini non era favorevole ad un trasferimento totale dei sudtirolesi, ma come aveva accennato Mastromattei, solo di una metà di essi.

Nelle settimane successive emerse subito un contrasto tra italiani e tedeschi in quanto questi ultimi riferirono alla popolazione altoatesina l'irrevocabile decisione del "Führer" di richiamare nella grande patria tutti i sudtirolesi: quelli con passaporto tedesco entro tre mesi e tutti gli altri entro due anni.

Per convincere i sudtirolesi a partire, il console germanico Otto Bene – come dimostrato dallo storico austriaco Klaus Eisterer – diffuse la leggenda che coloro che non fossero emigrati in Germania sarebbero comunque stati trasferiti dalle autorità italiane a sud del Po e perfino in Sicilia o nelle colonie[72]. Le autorità italiane affermarono invece che solo il trasferimento dei cittadini tedeschi era obbligatorio, mentre per gli altri sudtirolesi era volontario. Tuttavia esse affermarono anche che coloro che rimanevano dovevano comportarsi e sentirsi come dei buoni cittadini italiani ed il prefetto Mastromattei aveva parlato di una lista nera di 20.000 sudtirolesi comprendente i cittadini tedeschi e 10.000 irriducibili. Sembra che gli italiani inizialmente non si impegnassero particolarmente per smentire la propaganda tedesca, perché ritenevano erroneamente che altrimenti tutti i sudtirolesi avrebbero scelto di rimanere.

Le trattative per arrivare ad un accordo tra italiani e tedeschi furono molto complicate. Tre erano soprattutto i punti di contrasto: la determinazione del tasso di cambio, la somma totale che gli italiani dovevano pagare come rimborso agli altoatesini e le modalità del trasferimento. I tedeschi richiedevano la soluzione "totalitaria" del problema altoatesino, ma sarebbero arrivati a valutare il rimborso per le proprietà dei sudtirolesi in ben 7 miliardi di lire, laddove gli italiani lo valutavano in 3 o 4 miliardi e per il ministro degli Scambi e valute Felice Guarnieri gli italiani non avevano nulla in più da offrire oltre a un miliardo di crediti bloccati in Austria[73].

---

71 STUHLPFARRER, Umsiedlung Südtirol, I, 74.

72 Klaus EISTERER, „Hinaus oder hinunter!" Die Sizilianische Legende: eine taktische Meister-leistung der Deutschen, in: Die Option. Südtirol zwischen Faschismus und Nationalsozialismus, hg. v. Klaus Eisterer, Rolf Steininger, Innsbruck 1989; ID., Noch einmal: Die Urheberschaft der „Sizilianischen Legende", in: „Innsbrucker Historische Studien" 14/15, 1994 (pubblicato nel 1996), 180–185.

73 Nelle sue memorie Guarneri scrive che le richieste tedesche rendevano insolubile il problema e che "Su di noi influivano anche considerazioni di ordine morale. Eravamo stati combattenti della prima guerra mondiale. L'Italia aveva raggiunto i suoi confini naturali sulle Alpi, seminando lungo la via centinaia di miglia di morti. Sembrava mostruoso che si chiedesse ora di pagare a peso d'oro una provincia che già avevamo riscattato col sangue!", in: Felice GUARNIERI, Battaglie economiche fra le due guerre, ed. Luciano Zani, Bologna 1988, 994.

Con la decisione tedesca di attaccare la Polonia, nonostante la contrarietà italiana, poi ancor di più con lo scoppio del conflitto e la dichiarazione di non belligeranza dell'Italia pur alleata di Berlino, i rapporti italo-tedeschi divennero ovviamente più difficili e particolarmente delicata era quindi l'ancora irrisolta questione dell'Alto Adige. Come segnalava subito il console a Innsbruck c'erano ambienti tirolesi che trovavano spunto dal mancato intervento in guerra dell'Italia per far riaffiorare le sopite aspirazioni sull'Alto Adige[74].

Secondo la mia opinione, il mancato intervento in guerra dell'Italia faceva intravedere a Hitler e soprattutto a Ribbentrop la possibilità di mantenere aperta la questione. D'altra parte il ministro degli Esteri nazista aveva giustificato il fallimento delle sue previsioni che l'Inghilterra non avrebbe onorato gli impegni con la Polonia proprio affermando tendenziosamente che la responsabilità era dell'Italia e in particolare di Ciano che aveva comunicato all'ambasciatore inglese Sir Percy Loraine il 31 agosto e all'ambasciatore francese François-Poncet il giorno dopo, che l'Italia non sarebbe entrata in guerra in caso di attacco tedesco alla Polonia.

Tanto Ciano che Attolico erano preoccupati che i tedeschi non volessero più risolvere la questione e non si riusciva a trovare la soluzione al problema del cambio, non essendo gli italiani disposti a scendere sotto il rapporto di uno a cinque.

Il 25 settembre vi fu a Roma una nuova riunione interministeriale presieduta da Ciano e con la partecipazione, tra gli altri, di Mastromattei, del ministro delle Finanze Paolo Thaon di Revel, del ministro degli Scambi e Valute Felice Guarneri[75]. Si decise di dare esecuzione all'accordo non pagando però oltre la cifra di un miliardo, anche se questo limite non doveva essere precisato al governo tedesco; si respingeva sempre la richiesta tedesca di un esodo totale; però si considerava come obiettivo da raggiungere l'espatrio di circa 100.000 sudtirolesi. La stessa cifra era indicata da Mastromattei a Berlino come quella dei "puri" tedeschi. Il prefetto affermava che questa cifra era l'optimum perché permetteva di raggiungere una netta preponderanza italiana nella provincia senza però incorrere nel turbamento economico e nei pericoli che avrebbe causato un esodo di massa, soprattutto delle popolazioni rurali. Sperando sempre di poter raggiungere un accordo sul cambio a cinque, si stabiliva di poter scendere sino a 4,40 purché fossero utilizzati tutti i crediti italiani in Austria[76].

---

74   Romano a Ciano, Innsbruck, 5 settembre 1939, in: DDI, IX, 1, d. 51.

75   Verbale della riunione a Palazzo Chigi presieduta da Ciano lunedì, 25.09.1939 per esaminare e disporre le risoluzioni per eseguire da parte italiana l'accordo italo-tedesco sull'Alto Adige – ASMAE, Rappresentanze Diplomatiche, Berlino, b. 175 (1940).

76   Nel diario di Ciano c'è un riferimento molto stringato a questa riunione che conferma la sua

Nella lettera a Magistrati, con la quale Blasco Lanza d'Ajeta accompagnava il verbale della riunione, il capo di gabinetto di Ciano affermava che solo la scarsità dei mezzi finanziari italiani impedivano al governo italiano di seguire quello tedesco per la soluzione "integrale", pur affermando che l'obiettivo era sempre quello della totale italianizzazione della provincia: "il piano strategico rimane per il momento immutato, mentre per il momento il piano tattico trova nel solo miliardo disponibile una precisa limitazione"[77].

Le autorità tedesche erano, irremovibili sul cambio a 4,5. Ciò significava secondo Attolico la perdita per l'Italia del 45 % sul valore delle merci esportate con gravi conseguenze per i crediti commerciali[78]. Tuttavia lo stesso Attolico ribadiva suo "dovere far presente che occasione per concludere un accordo con Germania in materia Alto Adige è unica e una volta perduta difficilmente si ripresenterà"[79]. Anche Mussolini aveva confidato a Ciano di essere "pronto a fare larghe concessioni ai tedeschi sul terreno economico"[80].

Come ha osservato Renzo De Felice[81], gli italiani furono ulteriormente indispettiti dalla contemporanea soluzione del problema delle minoranze tedesche nei Paesi baltici, entrati nella sfera di influenza sovietica in seguito agli accordi Molotov-Ribbentrop del 23 agosto e del 28 settembre 1939. Queste minoranze non solo furono rapidamente espatriate nella Polonia occupata dai tedeschi, ma soprattutto non si fece loro alcuna concessione economica. Il ministro degli Esteri italiano, l'11 ottobre, scriveva nel suo diario come negli Stati baltici i tedeschi, sotto la pressione russa, avevano fatto partire 80.000 uomini in poche ore[82] e telefonava all'ambasciata a Berlino di far notare a Ribbentrop o a Weizsäcker le difficoltà frapposte dall'esperto di economia Carl Clodius inviato dal governo tedesco a Roma, mentre in Alto Adige la tensione cresceva ed erano stati aggrediti due soldati italiani[83]. Tuttavia Ciano era più preoccupato ad allontanare il pericolo di un intervento in guerra dell'Italia e il 18 ottobre definiva personalmente con Clodius le ultime clausole dell'accordo economico

volontà di fare sacrifici economici. Infatti egli scrive: "Riunione per l'Alto Adige. Nonostante le molte difficoltà frapposte dai tedeschi, tra poco comincerà l'esodo. Ponti d'oro ...", in: CIANO, Diario 1937–1943, 352.

77 Blasco Lanza d'Ajeta a Magistrati, Roma, 26 settembre 1939 – ASMAE, Rappresentanze Diplomatiche Berlino, b. 175. La sottolineatura è di Lanza d'Ajeta.

78 DDI, IX, 1, d. 581.

79 Ibid., d. 582.

80 CIANO, Diario 1937–1943, 346.

81 DE FELICE, Il problema dell'Alto Adige, 43.

82 Ibid., 358.

83 Appunto di Zamboni per Attolico, Berlino, 11 ottobre 1939 – ASMAE, Rappresentanze diplomatiche, Berlino, b. 169 (1939).

che riteneva sarebbe stato firmato l'indomani[84]. Nel suo diario affermava di aver "cercato ancora di contentare alcune delle sue richieste di natura economica e per facilitare il transito. Sono d'avviso che convenga fare tutto quanto è possibile in favore dei tedeschi pur di esimerci dal dover prestare la solidarietà militare"[85].

Solo il 21 ottobre 1939, tre mesi dopo le intese verbali di Berlino, vennero finalmente firmati gli accordi italo-tedeschi sull'Alto Adige, che non sarebbero stati gli unici.

Si stabiliva che il rimpatrio per i cittadini germanici era obbligatorio, mentre l'emigrazione degli allogeni tedeschi era volontaria. Il rimpatrio dei cittadini germanici si doveva compiere entro tre mesi dalla pubblicazione dell'accordo. Ma si prevedeva un'eccezione per quelli che avevano più di 65 anni e per gli ammalati. Essi infatti potevano rimanere in Alto Adige anche se ciò era demandato alla decisione del prefetto di Bolzano e del console generale tedesco a Milano. Gli allogeni tedeschi dovevano presentare entro il 31 dicembre 1939 una dichiarazione al comune di origine con la quale – diceva il testo – "liberamente e spontaneamente si impegnavano in forma assolutamente definitiva o a voler conservare la cittadinanza italiana o a voler acquistare la cittadinanza germanica e a trasferirsi nel Reich"[86].

I risultati delle opzioni sarebbero stati però molto diversi da quelli che la Chiesa e le autorità italiane si aspettavano. Gli uffici e gli organi tedeschi svilupparono al massimo la propaganda nazista continuando a diffondere ogni sorta di falsità sulla sorte che sarebbe toccata agli altoatesini che non emigravano e sul paradiso che attendeva gli altoatesini che si sarebbero trasferiti in Germania. Ma aveva soprattutto successo la voce che veniva diffusa secondo la quale se il gruppo tedesco avesse optato compatto per la Germania, Hitler non avrebbe potuto non dichiarare nulli gli accordi e riprendersi l'Alto Adige. "Deutsch wählen, aber nicht gehen" (votare tedesco, ma non andarsene) era in realtà lo slogan più popolare tra i sudtirolesi.

C'è anche da dire che personalità italiane, come il teorico delle misure di italianizzazione del Sudtirolo, il professore e senatore Ettore Tolomei, oltre all'ambasciatore a Berlino Bernardo Attolico, erano invece favorevoli a un esodo totale dei sudtirolesi e contrari alla politica di un trasferimento parziale. Per Tolomei

---

84   CIANO, Diario 1937–1943, 360.

85   Ibid.

86   Testo in: ASMAE, Affari politici 1945–1950. Italia: Conferenza della pace – Frontiera settentrionale, b. 252 (1950). Trattandosi di un accordo e non di un trattato o convenzione esso non è nella raccolta dei "Trattati e Convenzioni fra il Regno d'Italia e gli altri Stati"; c'è invece la convenzione del 22 dicembre 1939 con uno scambio di note fra l'Italia e la Germania per la ripartizione dell'onere di quiescenza degli allogeni germanici che emigravano in Germania, in: Trattati e Convenzioni fra il Regno d'Italia e gli altri Stati, 1939, 55, Roma 1943, 566–571.

l'Italia si sarebbe pentita amaramente di non aver approfittato di quest'occasione; Attolico che dovette controvoglia eseguire istruzioni di Ciano protestando per le pressioni tedesche, scriveva al suo ministro degli Esteri che questa era l'unica possibilità per l'Italia di liberarsi del "cavallo di Troia" costituito dai sudtirolesi e aggiungeva: "Non Ti nego che a noi qui oggi piange il cuore nel dover andare proprio da quei tedeschi – sui quali per anni abbiamo esercitato, su precise istruzioni di Roma, la più forte pressione allo scopo di indurli a favorire – con ogni mezzo – la risoluzione del problema alto-atesino [sic!] – per pregarli invece che si astengano dal far compiere opera di propaganda per i rimpatri in Germania"[87].

Alla fine, il 10 gennaio le autorità italiane annunciarono che 185.365 sudtirolesi pari al 69,4 % avevano optato per la Germania, ma in realtà il governo italiano dette una percentuale volutamente bassa per mascherare il plebiscito per il Terzo Reich. Secondo i tedeschi il 90 % dei Sudtirolesi aveva infatti optato per la Germania e sembra che in effetti le opzioni avessero superato l'80 %. In ogni caso, quasi come ulteriore prova della complessità della questione altoatesina, è impossibile avere un preciso risultato delle opzioni. Infatti al di là delle contestazioni sul numero degli aventi diritto, vi erano casi di persone che avevano optato sia per la Germania che per l'Italia, altri che chiedevano di cambiare la loro opzione e infine per i risultati finali si doveva aspettare sino al 30 giugno 1940. Infatti, ad alcune categorie anche se poco numerose, quali i religiosi e gli impiegati di lingua tedesca nella pubblica amministrazione italiana, erano stati prorogati i termini dell'opzione sino a quella data.

Karl Stuhlpfarrer, che ha affrontato il problema con grande scrupolosità, ha scritto ironicamente che sembra che ci siano tanti risultati delle opzioni quanti erano gli optanti[88].

Netta era stata la sconfitta del regime fascista, nonostante Mastromattei, in procinto di essere sostituito da Agostino Podestà, scrivesse a Mussolini che si era compiuta la riconquista italiana dell'Alto Adige, che la soluzione radicale della questione altoatesina era quella auspicata dai fascisti i quali si erano, in un secondo momento, opposti a essa solo perché i tedeschi vi avevano dato un significato politico. I risultati, continuava Mastromattei, erano "tali da soddisfarci completamente: non è l'esodo in massa sognato e voluto a fini politici ed economici dai germanici, non è l'esodo minimo che mantenga tuttora in piedi il problema di una minoranza etnica. Quella ottenuta è la soluzione più favorevole, più logica e più giusta"[89].

---

87 Attolico a Ciano, Berlino, 10 novembre 1939 – ASMAE, Rappresentanze diplomatiche, Berlino, b. 169 (1939). La sottolineatura è di Attolico.

88 STUHLPFARRER, Umsiedlung Südtirol, I, 215.

89 FREIBERG, Südtirol und der italienische Nationalismus, II, d. 326.

Anche Mussolini dopo aver assicurato i sudtirolesi optanti per l'Italia che sarebbero rimasti nelle loro terre dichiarò al Consiglio dei ministri del 3 aprile 1940, di non aver parlato prima perché voleva il massimo esodo possibile di tedeschi[90]. In realtà nulla induce a ritenere che Mussolini avesse cambiato le sue precedenti opinioni volte sì a italianizzare l'Alto Adige, ma contrario al trasferimento in massa dei tedeschi; tuttavia come in altre occasioni aveva tenuto una politica incerta e sbagliata: voleva italianizzare la regione, ma desiderava che non se ne andassero più del 50 % dei sudtirolesi e aveva richiesto le opzioni volontarie certo di poter controllare il risultato e che non più di 100.000 sudtirolesi avrebbe scelto la Germania. Aveva cercato, almeno in parte, di resistere alle pressioni tedesche per un esodo totalitario, ma si era trovato con un'opzione contraria di almeno l'80 % e sembra che perfino 7645 italiani, che non avevano alcun diritto ad optare, abbiano scelto la Germania[91].

Se Mussolini credeva realmente di aver risolto la questione altoatesina, egli doveva disilludersi molto presto. Quasi subito arrivarono petizioni in favore di optanti per la Germania che affermarono di essersi ingannati e di voler cambiare la loro opzione. Soprattutto la maggioranza degli optanti, e in particolare tutti i possidenti, non aveva nessuna intenzione di trasferirsi in Germania, in particolare quando dopo l'attacco all'URSS si rese conto che l'arruolamento nelle forze armate tedesche equivaleva ad una probabile morte in Russia. Tale maggioranza avrebbe trovato la collaborazione delle autorità italiane che, in particolare col nuovo prefetto Agostino Podestà, cercavano di venire incontro alle richieste dei sudtirolesi. Podestà dichiarava anche, rifacendosi alla vecchia linea politica italiana, che molti di coloro che avevano optato per la Germania non ne avevano diritto perché, pur essendo di lingua tedesca, erano di razza italiana.

In realtà la Germania aveva ottenuto un grande successo e, nonostante le solenni promesse di Hitler, se le condizioni l'avessero permesso si sarebbe ripresa l'Alto Adige. In ogni caso l'espatrio degli altoatesini optanti che si sarebbe dovuto completare entro il 31 dicembre 1942, venne ulteriormente posposto, tanto che a quella data solo 74.000 si erano trasferiti. Ed anche dei 10.000 cittadini tedeschi che sarebbero dovuti partire già entro settembre 1939 meno della metà si erano trasferiti. I timori italiani quindi si accrescevano e già nel luglio 1941 Ciano annotava nel suo diario che il "duce" temeva che i tedeschi si preparassero a chiedergli l'Alto Adige e che la baronessa sudtirolese Maria Luisa di Pauli, la quale aveva optato per l'Italia ed era madre di un caduto medaglia d'oro, gli aveva "tolto l'ultima illusione sulla reale decisione germanica di annettersi l'Alto Adige, al più tardi dopo la guerra"[92].

---

90   Bottai, Diario 1935–1944, 185.
91   De Felice, Il problema dell'Alto Adige, 56.
92   Ciano, Diario, 533.

E dopo l'8 settembre 1943 il Terzo Reich si sarebbe annesso de facto, anche se non ufficialmente, il Sudtirolo.

L'accordo di Mussolini con i tedeschi per la soluzione del problema dell'Alto Adige, che doveva essere la prova del nove dell'alleanza con la Germania nazista, dimostrava anch'esso l'errore compiuto siglandola e quanto per l'Italia fosse fondamentale la difesa dell'indipendenza austriaca anche per evitare l'acuirsi della questione sudtirolese. Questo accordo era una di quelle tappe che contrassegnarono quell'intesa contro natura voluta da Mussolini che avrebbe portato alla catastrofe e iniziata proprio con l'abbandono della difesa dell'Austria.

4. Im Spiegel der vatikanischen Diplomatie/Agli occhi della diplomazia vaticana

Andreas Gottsmann

Ludwig von Pastor und Enrico Sibilia – Diplomatie im Dienste des katholischen Österreich

Am 18. Februar 1920 wurde der Innsbrucker Universitätsprofessor und Direktor des Österreichischen Historischen Instituts in Rom, Ludwig von Pastor, zum österreichischen Gesandten beim Heiligen Stuhl ernannt. Der gebürtige Deutsche Pastor, der nach seiner Übersiedlung nach Österreich zum Katholizismus konvertiert war, hatte sich durch seine 16-bändige Papstgeschichte als Historiker weit über die Habsburgermonarchie und Rom hinaus einen Namen gemacht. Er zeichnete sich durch gute Kontakte zu Vertretern der römischen Kurie aus und verfügte damit über die besten Voraussetzungen, um Österreich in Rom zu vertreten. Schon vor seiner Ernennung war er politisch und diplomatisch tätig gewesen, wobei er über gute Beziehungen zu Papst Pius X. und zu seinem Nachfolger Benedikt XV., insbesondere aber zu dessen Staatssekretär Pietro Gasparri, verfügte. Auch unter dem Pontifikat Pius' XI. hatte er direkten Zugang zum innersten vatikanischen Machtbereich, umso mehr als ihn Achille Ratti durch seine frühere Tätigkeit als Kardinalbibliothekar persönlich kannte und seine wissenschaftliche Arbeit interessiert verfolgte. So verging kaum eine Audienz, in der sich Pius XI. nicht mit Pastor über seine Forschungen unterhielt und es kam nicht nur einmal vor, dass der unmittelbare Anlass für eine Privataudienz nicht ein politischer war, sondern weil Pastor dem Papst ein Buch überreichen oder sich Pius mit Pastor über geplante Ankäufe der Vaticana unterhalten wollte. Nur über den Sommer vergingen bis tief in den Herbst hinein Monate, in denen es keine Kontakte gab, weil sich der päpstliche Hof nach Castel Gandolfo und Pastor zu ausgedehnten Sommerferien nach Tirol zurückzog. Pastor verließ Rom für gewöhnlich Ende Juni und trat sein Amt erst wieder Mitte Oktober an. In einer dieser langen Sommerferien verstarb er Ende September 1928 überraschend in Innsbruck.

Der Heilige Stuhl wurde in Wien ab 1923 von einer ähnlich charismatischen Persönlichkeit, wie es Pastor war, vertreten: Enrico Sibilia hatte ein besonderes Naheverhältnis zu Bundeskanzler Ignaz Seipel und wurde in den frühen Dreißigerjahren – er vertrat den Heiligen Stuhl bis 1935 in Wien – zu einem Förderer Dollfuß' und entschiedenen Befürworter des „Ständestaates".

Die beiden Persönlichkeiten waren mehr als einfache Boten ihrer Regierungen, sie versuchten aktiv in die Politik einzugreifen und entsprachen dem Typus von Politiker-Diplomaten früherer Jahrhunderte. Sie berichteten nicht neutral über die Ereignisse und die von ihnen geführten politischen Gespräche, ihre Berichte setzten sich vielmehr aus persönlichen Einschätzungen und Empfehlungen zusammen, die weit über ihre eigentliche Rolle als „ideologiefreie" Beamte ihrer Regierungen hinausgingen. Die Briefe und Memoranden Sibilias sind von dem Bemühen um eine Sammlung der katholisch-konservativen Kräfte im Widerstand gegen die Sozialdemokratie gekennzeichnet, der er immer wieder unverblümt vorwarf, im Dienste der Sowjetunion zu stehen.

Ludwig von Pastor – Gespräche im Vatikan

Wie Sibilia fasste Ludwig von Pastor seine Aufgabe als hochgradig politisch auf, er hatte aber als österreichischer Gesandter beim Heiligen Stuhl andere Schwerpunkte zu setzen als der päpstliche Nuntius. In seinen regelmäßigen Zusammenkünften mit dem Papst und dem Staatssekretär besprach er die unterschiedlichsten Aspekte der österreichischen Politik und Gesellschaft. Der Heilige Stuhl war somit nicht nur durch den Nuntius, sondern vor allem auch durch Ludwig von Pastor bestens über die politische Lage in Österreich informiert, wodurch so mancher allzu einseitige Bericht aus der Wiener Nuntiatur inhaltlich zurechtgerückt werden konnte. Aus den Gesprächen Pastors mit dem Staatssekretär und dem Papst wird die große Sympathie deutlich, die man in Rom für Österreich hegte. Nur einmal schlug Pastor im Apostolischen Palast die Verärgerung des Heiligen Stuhls entgegen, als nämlich Gerüchte über die mögliche Ernennung eines Juden zum österreichischen Konsul in Jerusalem auftauchten. Ein katholischer Staat dürfe niemals einen Schritt setzen, der zur Stärkung der zionistischen Bewegung beitrage, machte Gasparri dem österreichischen Vertreter den Standpunkt des Vatikans unmissverständlich klar[1].

Gleich nach seinem Amtsantritt drängte Pastor beim Heiligen Stuhl und bei den diplomatischen Vertretern anderer Staaten auf Unterstützung für das notleidende Österreich und warnte eindringlich, dass, wenn Österreich im Stich gelassen werde, eine bolschewistische Machtübernahme nicht ausgeschlossen sei. Papst und Staatssekretär sicherten Pastor ihre größtmögliche Unterstützung zu und Nuntius Marchetti und Kardinal Piffl wurden angewiesen, im Auftrag des Papstes den Ärmsten finanzielle Unterstützungen zukommen zu lassen. Gasparri bedauerte besonders, dass sich die Entente nicht zu einem schnel-

---

1   Pastor vom 17.3. und 24.3.1922 – Österreichisches Staatsarchiv Wien/Archiv der Republik, Neues Politisches Archiv [zukünftig ÖStA/AdR, NPA], Vatikan, Karton 68, Z 76, fol. 227 und Z 79, fol. 231.

len Eingreifen aufraffen konnte, und Pastor kolportierte folgende Aussage des Staatssekretärs: „An dem armen Österreich ist ein Verbrechen (delitto) begangen worden. Der Narr (pazzo) Wilson und Poincaré sind die Hauptschuldigen, die anderen haben mehr durch Indifferenz gesündigt."[2] Seipel und seine Sanierungspläne wurden vom Vatikan freudig begrüßt, der Bundeskanzler als „Retter Österreichs"[3] und als „Mann der Vorsehung"[4] gefeiert und die „Genfer Sanierung" – eine Anleihe von 650 Millionen Goldkronen – als einzig möglicher Weg zur Gesundung Österreichs gepriesen. Die Kritik der Sozialdemokraten an der „Genfer Sanierung" wurde vom Heiligen Stuhl zurückgewiesen, vielmehr waren für Papst Pius XI. die Genfer Verträge ein „initium novae vitae", das Österreich Bundeskanzler Seipel und Außenminister Grünberger verdankte[5].

Der Inhalt der Gespräche, die Pastor mit dem Papst und dem Staatssekretär im Laufe der Jahre führte, lässt sich in sieben Themenkomplexe zusammenfassen: Die Burgenland-Frage, die mögliche Rückkehr der Habsburger auf den Thron, die Frage des Anschlusses an Deutschland, die allgemeine außen- und innenpolitische Lage der Republik Österreich, die Militarisierung der Innenpolitik, die Neuregelung der Tiroler Diözesangrenzen und der österreichisch-deutsche Streit um Sta. Maria dell'Anima.

Burgenland-Frage: Ein wichtiges Thema der ersten Monate der Tätigkeit Pastors als Vertreter Österreichs beim Heiligen Stuhl war die Burgenland-Frage. Der Papst zeigte sich optimistisch, dass die italienische Vermittlung erfolgreich sein werde, im Gegensatz zu Gasparri, der meinte, die Ungarn würden sich wohl nicht freiwillig aus dem Burgenland zurückziehen. Im Jahr 1922 war es vor allem die damit verbundene Diözesanfrage, die Pastor mit dem Papst und dem Staatssekretär erörterte. Der Heilige Stuhl agierte in der Frage von Diözesanregulierungen traditionell sehr vorsichtig und abwartend, umso mehr als damit schwelende politische Konflikte – insbesondere zwischen Deutschland und Frankreich bzw. Deutschland und Polen – verbunden waren. Vor allem aber war er verstimmt, dass er an den Friedensverhandlungen nicht beteiligt gewesen war, die Siegermächte nun aber erwarteten, dass die katholische Kirche die Pariser Beschlüsse im Diözesanbereich territorial umsetzen werde. Diese distanzierte Haltung des Papsttums erschwerte eine definitive diözesane Neuordnung des

---

2 Pastor vom 9.12. 1921 – ebd., Z 130, fol. 146. Dazu auch die Berichte vom 25.1. und vom 18.2.1921 – ebd., Z 10, fol. 11 und Z 20, fol. 26.

3 Pastor vom 20.1.1923 – ebd., Z 10, fol. 392 f.

4 Pastor vom 9.11.1926 – ebd., Karton 69 Z 122, fol. 191 f.

5 Pastor vom 20.10.1922 – ebd., Karton 68, Z 165, fol. 326. Dazu auch die Berichte vom 30.6. und 13.10.1922, Z 147, fol. 300 und Z 151, fol. 315.

Burgenlandes. Gasparri schlug als Alternative zu einem eigenen burgenländischen Bischof die Ernennung eines Generalvikars vor, was Pastor ablehnte, weil
ein Generalvikar von den ungarischen Bischöfen abhängig gewesen wäre. Er
regte stattdessen die Bestellung eines Apostolischen Administrators an, eine
Funktion, die der Wiener Erzbischof Kardinal Piffl übernehmen sollte. Die österreichische Regierung begründete ihr Drängen auf eine definitive Lösung mit
der katastrophalen pastoralen Lage im Burgenland. Die ungarischen Priester
hatten zum Teil ihre Pfarren verlassen, andere sahen sich mit Hochverratsvor-
würfen konfrontiert, viele Pfarren waren verwaist und ökonomisch verwahrlost[6].

Gasparri dachte zunächst daran, den Nuntius mit der Verwaltung des Burgenlandes zu betrauen, er ging dann aber dank des Einsatzes von Pastor und
trotz anfänglicher ungarischer Widerstände und nicht zuletzt auf Anregung
von Nuntius Francesco Marchetti-Selvaggiani auf den Vorschlag ein, Kardinal
Piffl in Eisenstadt einzusetzen. Kurz nach der Konferenz von Venedig wurde
er am 18. Mai 1922 zum Administrator des Burgenlandes bestellt[7]. Kardinal
Csernoch und die ungarische Regierung hatten die Ernennung mit der Begründung zu verzögern versucht, sie solle erst nach der definitiven Festsetzung der
Grenzen erfolgen, um kein „Fait accompli" zu schaffen[8]. Doch der vatikanische
Vertreter in Budapest, Nuntius Schioppa, ließ keinen Zweifel daran, dass das
ein im Patriotismus der Ungarn begründeter Vorwand war, die ungarische Kir-
chenführung und die Regierung würden trotz versöhnlicher Worte auch künftig
alles daran setzen, eine diözesane Neuregelung des Burgenlandes zu verhindern[9]. Die kirchliche Abtrennung der westungarischen Pfarren und die Schaffung einer neuen Diözese Eisenstadt wurde von den ungarischen Zeitungen als
„Beraubung Ungarns durch die Kirche" gewertet, dem Heiligen Stuhl wurde
vorgeworfen, diese Frage eigenmächtig ohne Abstimmung mit den ungarischen
kirchlichen und staatlichen Behörden entschieden zu haben[10]. Der ungarische
Vertreter in Rom protestierte am 4. Juli offiziell im Vatikan und erklärte im Na-

---

6   Marchetti-Selvaggiani vom 31.3.1922 – Segreteria di Stato, Sezione per i Rapporti con gli Sta-
     ti, Archivio Storico [zukünftig S.RR.SS], Congregazione degli Affari Ecclesiastici Straordinari
     [zukünftig AA.EE.SS.], Austria-Ungheria, fasc. 3, P.O. 752, fol. 41 f. sowie vom 14.4.1922,
     fol. 55.
7   Zur Burgenland-Frage siehe die Berichte vom 10.10. und 15.10.1921 – ÖStA/AdR, NPA, Va-
     tikan, Z 103, fol. 115 f. und Z 106, fol. 117 sowie vom 7.4., 2.5 und 5.5.1922 – ebd., Z 90,
     fol. 243 f., Z 106, fol. 255 sowie Z 114, fol. 262. Dazu Friedrich ENGEL-JANOSI, Vom Chaos
     zur Katastrophe. Vatikanische Gespräche 1918 bis 1938, Wien 1971, 72 ff.
8   Lorenzo Schioppa vom 28.4.1922 – S.RR.SS., AA.EE.SS., Austria-Ungheria, fasc. 3, P.O. 752,
     fol. 63.
9   Schioppa vom 13.6.1922 – ebd., fol. 52 f.
10   Schioppa vom 28.6.1922 – ebd., fol. 66 f.

men seiner Regierung, dass alle aus der Bistumsgründung resultierenden Kosten von der österreichischen Regierung zu tragen seien. Auch Bischof Mikes von Szombathely, der am militantesten aufgetreten war und die Abtrennung eines Teiles seiner Diözese mit allen Mitteln zu verhindern suchte, protestierte – mit einjähriger Verspätung – in einem Schreiben an die römische Kurie und beklagte sich bitter, dass die Verwaltung dieser Gebiete nicht im Einvernehmen mit den Bischöfen von Győr und Szombathely erfolgte[11]. Nach dem Ableben Piffls wurde 1932 auf Empfehlung Sibilias Theodor Innitzer zum Administrator des Burgenlandes bestellt[12].

Restauration der Habsburger: Das Thema der möglichen Restauration der Habsburgerherrschaft wurde in den Zwanzigerjahren eher gemieden. Es gab eine vorsichtig positive Einstellung, ohne dass sich der Heilige Stuhl in dieser Frage, im Gegensatz zu Bischof Sigismund Waitz, exponierte. In den Zwanzigerjahren schwebte Staatssekretär Gasparri eine Donaukonföderation unter Einbeziehung der Alpenrepublik vor, die Staatsform spielte dabei keine wesentliche Rolle. Von einem mitteleuropäischen Staatengebilde als Nachfolger der Donaumonarchie erhoffte sich der Heilige Stuhl die wirtschaftliche Gesundung Österreichs und damit das endgültige Verschwinden der Anschlusspläne an Deutschland[13]. Österreich sollte als Vorleistung auf einen derartigen Staatenbund auf das Burgenland verzichten, schlug Gasparri vor, eine Idee, die von Pastor zurückgewiesen wurde. Dass sich der Staatssekretär bei Pastor mehrmals über die theoretischen Chancen einer monarchistischen Bewegung in Österreich erkundigte, zeigt, dass diese Frage für den Heiligen Stuhl nicht völlig belanglos war. Doch Ludwig von Pastor erwies sich als loyaler Vertreter der Republik und stellte derartige Tendenzen in Österreich stets in Abrede. Es steht außer Zweifel, dass in der römischen Kurie Sympathien für das Haus Habsburg gehegt wurden – der Papst empfing Familienmitglieder weiterhin in Privataudienz[14] – und auch, dass das Papsttum einer Rückkehr der Habsburger auf den Thron positiv gegenüber gestanden wäre. Allerdings hatte das für die reale Politik keine Bedeutung und auch die Restaurationsversuche König Karls im Jahr 1921 wurden vom Vati-

---

11   Csáky vom 4.4.1822 – ebd., fol. 68. sowie Mikes vom 26.5.1923, fol. 69 f. Gasparri wies daraufhin Sibilia an, bei Piffl zu intervenieren, damit dieser künftig stärker auf die Befindlichkeiten der ungarischen Bischöfe Rücksicht nehme. Gasparri vom 22.6.1923 – ebd., fol. 70 f.

12   Sibilia vom 21.10.1932 sowie Gasparri an Sibilia vom 26.10.1932 – ebd., fol. 72 f.

13   Dazu Robert Kriechbaumer, Die großen Erzählungen der Politik. Politische Kultur und Parteien in Österreich von der Jahrhundertwende bis 1945, Wien u.a. 2001, 172–174 und Friedrich Rennhofer, Ignaz Seipel. Mensch und Staatsmann. Eine biographische Dokumentation (= Böhlaus Zeitgeschichtliche Bibliothek, 2), Wien-Köln-Graz 1978, 166–171.

14   Pastor vom 1.2.1921 – ÖStA/AdR, NPA, Vatikan, Karton 68, Z 12, fol. 12.

kan wegen deren geringen Erfolgsaussichten mit größter Skepsis betrachtet. Während Gasparri beim ersten Restaurationsversuch noch freundlich-bedauernd reagierte, bezeichnete er den zweiten Versuch als „Vabanquespiel, infolge dessen jetzt König Karl den Thron, wenn nicht für immer, so doch sicher für ein Menschenalter verloren habe". Karl habe „durch sein unbesonnenes Unternehmen nicht nur sich selbst, sondern auch den monarchischen Gedanken schwer geschädigt". Gasparri gab vor allem den Beratern des Königs die Schuld an dem Desaster, die „mit den Interessen des Landes ein unverantwortliches Spiel getrieben haben"[15]. Die Reaktionen in Österreich und Ungarn auf das Ableben Kaiser Karls wurden von der vatikanischen Diplomatie ausführlich gewürdigt, sah man im Vatikan darin doch einen Indikator dafür, wie stark die monarchischen Kräfte in den beiden Nachfolgestaaten verankert waren[16]. Auf einen Appell der Erzherzogin Stephanie an den Papst, er möge sich für eine bessere Behandlung der aus ihrer Heimat vertriebenen Kaiserfamilie einsetzen, antwortete Gasparri, der Heilige Vater werde sich dafür verwenden, dass die Witwe des verstorbenen Kaisers und ihre Kinder ihren Aufenthaltsort frei wählen könnten[17].

Anschlussproblematik: Immer wieder beschäftigte sich der Heilige Stuhl mit der Anschlussfrage, sie war aber in den Zwanzigerjahren kein zentrales Thema. Gasparri zeigte sich Anfang der Zwanzigerjahre noch optimistisch, dass diese Tendenzen nach Linderung der ärgsten Not wieder verschwinden würden. Österreich müsse unter allen Umständen geholfen werden, „da sonst der Anschluss an Deutschland mit einer Art von Naturnotwendigkeit erfolgen werde"[18]. Das Problem schien durch die „Genfer Sanierung" gelöst, denn der Anschluss wurde erst im Herbst 1927 anlässlich des Besuches des deutschen Kanzlers und des Außenministers in Wien in einem Bericht der Nuntiatur angesprochen, damals aber als nicht aktuell eingestuft[19.] Für Gasparri war allerdings zu diesem Zeitpunkt bereits zumindest für den Fall eines Krieges klar, dass Österreich an

---

15   Pastor vom 28.10., 4.11. und 11.11.1921 – ebd., Z 114, fol. 121 f., Z 116, fol. 127 und Z 119, fol. 131; dazu auch die Berichte Pasters vom 11.4. und vom 7.10. – ebd., Z 36, fol. 49 und Z 102, fol. 113; zu den Restaurationsversuchen siehe u.a. Miklos Zeidler, Charles IV's attempted returns to the Hungarian throne, in: Andreas Gottsmann (Hg.), Karl I. (IV.), Der Erste Weltkrieg und das Ende der Donaumonarchie, Wien 2007, 269–284, mit weiterführender Literatur.

16   S.RR.SS., AA.EE.SS., Austria-Ungheria, fasc. 18, P.O. 837, fol. 53–65.

17   Erzherzogin Stephanie an Benedikt XV. – ebd., fol. 66–69 und Stellungnahme Gasparris vom 3.4.1922, fol. 70.

18   Pastor vom 6.5.1921 – ÖStA/AdR, NPA, Vatikan, Karton 68, Z 52, fol. 73.

19   Bericht der Nuntiatur vom 25.10.1927 – S.RR.SS., AA.EE.SS., Austria-Ungheria, fasc. 20, P.O. 848, fol. 63 f.

Deutschland angeschlossen werden würde[20]. Der Papst neigte Ende 1926 einer katholischen Variante der sozialdemokratischen Anschlussidee zu: Er erhoffte sich von einem Anschluss an Deutschland die Stärkung der katholischen Kirche im deutschsprachigen Raum und die „Eindämmung des radikalen Wiener Sozialismus"[21]. Zwei Jahre später, im Juli 1929, kam die Sache wieder zur Sprache. Gasparri sprach nun von „einer fortschreitenden Verwirklichung der Angleichungstendenzen auf den verschiedensten (Rechts-)Gebieten" und von einem schleichenden Anschluss, der nicht mehr zu stoppen sei, er äußerte aber die Hoffnung, dass zumindest „die Erhaltung österreichischer Eigenart und eines gewissen österreichischen Partikularismus" möglich sein werde[22].

Außen- und Innenpolitik: In den frühen Zwanzigerjahren berichtete Pastor regelmäßig über die italienische Politik des Heiligen Stuhls, allerdings äußerte sich Gasparri später dann immer weniger zur vatikanischen Italienpolitik. Trotz deutlicher Skepsis setzte der Heilige Stuhl große Hoffnungen auf den Faschismus und auf eine Aussöhnung mit Italien. Nur Mussolini wurde in der römischen Kurie zugetraut, ein Übergreifen der bolschewistischen Revolution auf Italien zu verhindern[23]. Diese Einschätzung hatte auch Folgen für die vatikanische Diplomatie in Österreich und generell in Mitteleuropa. Gasparri brachte in seinen Zusammenkünften mehrmals die schwierige Situation der katholischen Kirche in der Tschechoslowakei zur Sprache, in die die Kirche durch das Auseinanderfallen der Donaumonarchie geschlittert war. Die Prager Regierung verfolge „eine geradezu katholikenfeindliche Politik"[24]. Bemühungen um eine Annäherung zwischen Österreich und der Tschechoslowakei, wie das im Vertrag von Lány/Lana versucht wurde, lehnte der Heilige Stuhl ab und drängte

---

20 Pastor vom 2.12.1927 – ÖStA/AdR, NPA, Vatikan, Karton 69, Z 101, fol. 374.

21 Pastor vom 16.10. und vom 9.11.1926 – ebd., Karton 69, Z 115, fol. 174 ff. und 191 f.

22 Kohlruß vom 10.7.1929 – ebd., Karton 69, Z 46, fol. 166 f.

23 Dazu die Berichte Pastors vom 3.11.1922, 10.11.1922, 23.11.1922, 19.12.1922 – ebd., Karton 68, Z 173, fol. 330 f., Z 175, fol. 335, Z179, fol. 343, Z 195, fol. 365. ENGEL-JANOSI, Vom Chaos zur Katastrophe, widmete sich ausführlich der vatikanischen Italienpolitik, 41–47, 59 f., 64–69, 84–89.

24 Pastor vom 10.2.1921 – ÖStA/AdR, NPA, Vatikan, Karton 68, Z 17, fol. 19 und vom 17.12.1921, Z 133, fol. 152. Dazu ausführlich Emilia HRABOVEC, Der Heilige Stuhl und die Slowakei 1918–1922 im Kontext internationaler Beziehungen (= Wiener Osteuropastudien. Schriftenreihe des Österreichischen Ost- und Südosteuropa Instituts, 15), Frankfurt/Main 2002 sowie DIES., Der Heilige Stuhl und die Nachfolgestaaten in der Zeit Benedikts XV., in: Tagungsbericht über den 22. Österreichischen Historikertag, Klagenfurt 1999 (= Veröffentlichungen des Verbandes österreichischer Historiker und Geschichtsvereine, 31), Klagenfurt 2002, 115–126. Dazu auch Maximilian Liebmann (Hg.), Die Stellung der römisch-katholischen Kirche und der politische Katholizismus in den Nachfolgestaaten 1918–1928, Graz 1995.

Österreich zu einer Annäherung an Italien und Ungarn – wie das 1934 in den „Römischen Protokollen" verwirklicht wurde –, denn nur so sei die Rettung des katholischen Mitteleuropa zu bewerkstelligen[25]. Dass dabei dem faschistischen Italien die führende Rolle zukommen sollte, stand für die vatikanische Diplomatie außer Zweifel.

Im Vatikan wurde der Priester-Politiker Seipel anfangs keineswegs als Garant für eine Politik im Sinne des Heiligen Stuhls und der Kirche gesehen. Pastor musste Staatssekretär Gasparri sogar ausdrücklich versichern, dass die Kontinuität der österreichischen Außenpolitik auch unter der neuen Regierung gewahrt bliebe[26]. Diese anfängliche Skepsis Roms wich aber sehr schnell großer Bewunderung für den österreichischen Bundeskanzler und seine Politik. Anfang 1923 lud ihn Gasparri nach Rom ein, man wollte den Politiker persönlich kennenlernen und ihn bei dieser Gelegenheit auch von den Vorteilen einer Allianz Österreichs mit Italien und Mussolini überzeugen[27]. Seipel fuhr im Frühjahr 1923 nach Rom und wurde im Vatikan herzlich empfangen. Allerdings gab seine Reise auch zu diplomatischen Querelen Anlass, weil er zunächst den Quirinal und erst dann den Vatikan besuchte[28].

Das Ergebnis der im Herbst 1923 anstehenden Neuwahlen wurde vom Heiligen Stuhl mit Erleichterung aufgenommen. Vor allem die Niederlage der Kommunisten und der christlichsoziale Sieg im burgenländischen Landtag wurden begrüßt, auch meinte Gasparri einen „Anfang einer Befreiung der Wiener Gemeinde von der ausschließlichen Herrschaft der Sozialisten" erkennen zu können. Vor allem aber war es der Wahlsieg Seipels und die Tatsache, dass die bürgerlichen Parteien die absolute Mehrheit errangen, die von Gasparri freudig begrüßt wurden, weil dadurch keine Koalition mit der – wie er aufgrund der Berichte Sibilias überzeugt war –, von der Sowjetunion unterstützten Sozialdemokratie nötig wurde[29]. Anlässlich der Neujahrsaudienzen 1924 richteten sowohl Gasparri als auch Pius XI. Bundeskanzler Seipel ihre besonderen Wünsche für dessen politische Tätigkeit aus. Gasparri meinte gar: „Zuweilen sendet die Vorsehung den Völkern providentielle Persönlichkeiten. Eine solche ist Ihr

---

25 Pastor vom 23.12.1921 – ÖStA/AdR, NPA, Vatikan, Karton 68, Z 138, fol. 154.
26 Pastor vom 2.6.1922 – ebd., Z 129, fol. 272.
27 Pastor vom 20.1.1923 – ebd., Z 51, fol. 435.
28 Pastor vom 6.4.1923 und vom 13.4.1923 – ebd., Z 56, fol. 437 sowie Z 65, fol. 437. Zum Heiligen Stuhl und der Regierung Seipel siehe ENGEL-JANOSI, Vom Chaos zur Katastrophe, 70 f. und 92 ff. sowie Rupert KLIEBER, Bundeskanzler Seipel und die österreichische Diplomatie der Ersten Republik: Im Dienste von Interessen des Heiligen Stuhles in der Sowjetunion? In: „Römische Historische Mitteilungen" 47, 2005, 477–502.
29 Pastor vom 26.10. und vom 30.10.1923 – ÖStA/AdR, NPA, Karton 68, Z 142, fol. 538 f. und Z 144, fol. 540 ff.

Bundeskanzler." Die „treue Pflichterfüllung" des Bundeskanzlers, so Pius XI., sei „sichtbar vom Segen Gottes begleitet"[30]. Groß war daher in römischen Kirchenkreisen das Entsetzen über die Nachricht vom Attentat auf Seipel im Juni 1924, das im Vatikan auf eine Freimaurerverschwörung zurückgeführt wurde[31]. Noch größer war die Bestürzung aber über den im November 1924 erfolgten Rücktritt des Bundeskanzlers, wobei die Forderungen der Eisenbahner – ein Eisenbahnerstreik galt als Anlass – als überzogen kritisiert wurden. Gasparri betonte allerdings, dass das nicht bedeute, dass er nicht auch in die Regierung des christlichsozialen Ramek (20. November 1924 – 15. Oktober 1926) großes Vertrauen setze[32]. Man tröstete sich im Vatikan damit, dass Seipel im Hintergrund weiter die Fäden zog und, wie Nuntius Sibilia berichtete, die Einheit der Partei wiederherstellen wollte, was ihm als Bundeskanzler nicht möglich gewesen wäre[33]. Umso zufriedener war Gasparri dann im Oktober 1926 über die Rückkehr Seipels an die Macht, denn im Gegensatz zu Ramek sei nur er in der Lage, die Angriffe der Sozialdemokraten abzuwehren[34], und der Papst dankte neuerlich der Vorsehung, dass sie Österreich einen Politiker wie Seipel beschert habe. Bedauerlich sei nur, so Pius XI., „dass das schöne Wien unter der sozialistischen Herrschaft seufzen müsse". Im Mittelpunkt des vatikanischen Interesses stand die Schulpolitik, besondere Bedeutung wurde der Person des Unterrichtsministers beigemessen, die Ernennung des „Hardliners" Richard Schmitz, der Seipel nahe stand, wurde mit Befriedigung zur Kenntnis genommen[35].

Heimwehren und Schutzbund: Hinsichtlich der Militarisierung des öffentlichen Lebens in Österreich und dem Aufbau paramilitärischer Organisationen wurde mit zweierlei Maß gemessen. Das „Treiben des republikanischen Schutzbundes" wurde als Gefahr „nicht bloß für die Katholiken, sondern für die staatliche Ordnung überhaupt" gesehen und Kardinal Gasparri drängte zu einer Interven-

---

30 Pastor vom 28.12. und 30.12.1923 – ebd., Z 180, fol. 591 und Z 181, fol. 592.
31 Dazu Gerhard Botz, Gewalt in der Politik. Attentate, Zusammenstösse, Putschversuche, Unruhen in Österreich 1918 bis 1934, München 1976 sowie Walter Iber, Gewalt im „Roten Wien". Zur antimarxistischen Propaganda des Politischen Katholizismus 1918–1934, in: Johannes Gießauf, Andrea Penz, Peter Wiesflecker (Hgg.), Tabu, Trauma und Triebbefriedigung. Aspekte erlittener und geschauter Gewalt, Graz 2014, 167–181.
32 Pastor vom 5.6.1924, vom 15.11.1924, vom 22.11.1924 und vom 9.1.1925 – ÖStA/AdR, NPA, Karton 68, Z 75, fol. 672; Z 124, fol. 731; Z 127, 735. Dazu auch der Bericht der Nuntiatur vom 8.11.1924 – S.RR.SS., AA.EE.SS., Austria-Ungheria, fasc. 22, P.O. 852, fol. 50 f.
33 Sibilia vom 20.11.1924 – ebd., fasc. 22, P.O. 852, fol. 52 f.
34 Sibilia vom 22.10.1926 – ebd., fasc. 23, P.O. 852, fol. 4 f.
35 Pastor vom 22.10.1926 – ÖStA/AdR, NPA, Vatikan, Karton 69, Z 118, fol. 182.

tion der Entente, denn beim Republikanischen Schutzbund handle es sich „unzweifelhaft um eine verbotene militärische Organisation"[36]. Zu den Heimwehren fand er, unter dem Eindruck der positiven Berichte Sibilias, keine Worte. Pius XI. bezeichnete den Republikanischen Schutzbund – und nur diesen – als „permanente Gefahr für Österreich". Allerdings scheint Achille Ratti prinzipiell eine größere Skepsis gegenüber der in Europa zunehmenden Tendenz zur Militarisierung gehegt zu haben als sein Staatssekretär. „Alle diese Sonderorganisationen sind von Übel, es haftet ihnen zu viel Gewaltsames an", meinte er sinnierend in Bezug auf den italienischen Faschismus. Allerdings war er der Ansicht, dass die rechten paramilitärischen Verbände immerhin für die Ordnung eintraten, „was man vom Republikanischen Schutzbund in Wien nicht behaupten kann". Trotz allen Wohlwollens gegenüber Seipel scheint Pius XI. nicht völlig davon überzeugt gewesen zu sein, dass es ihm gelingen werde, Österreich zu befrieden. Gasparri setzte auf die Bildung einer Einheitsfront aller bürgerlichen Kräfte im Kampf gegen die Sozialisten, wobei er Seipel als Garanten für den Zusammenhalt im bürgerlichen Lager sah. Eine Zusammenarbeit mit den Sozialisten sei in Österreich unmöglich, meinte Gasparri – der die Berichte Sibilias unreflektiert übernahm – und gab als Beweis dafür an, dass die „Wiener Presse gegen Religion und Kirche eine an Gemeinheit kaum zu überbietende Sprache" führte[37].

Nach dem Ableben Pastors nimmt die Intensität der Berichte aus Rom deutlich ab, sein Nachfolger Rudolf Kohlruß verfügte im Vatikan nicht über das Netzwerk seines Vorgängers, dementsprechend wenig aussagekräftig sind seine Berichte. Bundeskanzler Seipel werde Österreich mit „Ruhe und Geduld" in eine glückliche Zukunft führen und auch die paramilitärischen Verbände in die Schranken weisen, gab sich Papst Pius XI. Ende 1928 zuversichtlich[38]. Die Wahl von Wilhelm Miklas zum Bundespräsidenten wurde begrüßt, wenn Gasparri auch lebhaft bedauerte, dass Seipel dieses Amt nicht zusätzlich zu dem des Kanzlers übernehmen wollte – ein Zeichen dafür, dass der Heilige Stuhl, vor allem aber Staatssekretär Gasparri, schon damals in einem Verfassungsbruch kein Problem gesehen hätte[39]. Den Versuch Kohlruß', die Haltung Gasparris zu den Heimwehren zu ergründen, begegnete der Staatssekretär ausweichend. Obwohl er es konsequent vermied, sich negativ zu den Heimwehren zu äußern, meinte Kohlruß doch eine gewisse Distanzierung zu erkennen, was dann auch

---

36 Pastor vom 16.10.1926 – ebd., Z 115, fol. 176.
37 Pastor vom 1.4., vom 29.4.1927 und vom 9.12.1927 – ebd., Z 49, fol. 304; Z 64, fol. 326; Z 104, fol. 380.
38 Kohlruß vom 13.10.1928 – ebd., Z 102, fol. 525 f.
39 Kohlruß vom 7.12.1928 – ebd., Z 139, fol. 580.

im Juni 1930 im „L'Osservatore Romano" durch einen heimwehrkritischen Artikel deutlich wurde[40]. Das waren die einzigen politischen Inhalte, die Kohlruß im Laufe von zwei Jahren mit dem Staatssekretär und dem Papst besprechen konnte. Es wird deutlich, dass Botschafter Kohlruß ein diplomatischer Vertreter wie viele andere war, Pastor dagegen eine herausragende Stellung inne gehabt hatte. Nicht nur, dass er in der römischen Kurie besondere Achtung genoss, verband ihn ein besonderes Vertrauensverhältnis sowohl mit Staatssekretär Gasparri als auch mit Papst Pius XI. Das inhaltliche Abflachen der Berichte aus der österreichischen Vatikanbotschaft setzte sich auch in den frühen Dreißigerjahren fort und verstärkte sich noch, ein Umstand, den Botschafter Kohlruß so erklärte: „Während der vergangenen Zeitperioden war es nahezu unmöglich, von vatikanischen Stellen eine Äußerung oder Stellungnahme zu den innerpolitischen Verhältnissen in Österreich zu hören beziehungsweise zu provozieren."[41]

Neuregelung der Tiroler Diözesangrenzen: Ludwig von Pastor konnte es sich durch seine persönliche und inhaltliche Autorität und durch das hohe Ansehen, das er im Vatikan genoss, leisten, von sich aus politische Schwerpunkte zu setzen. Das betrifft vor allem die Südtirol-Frage, die sich wie ein roter Faden durch die Amtszeit Pastors zieht. Im Jänner 1921 berichtete er erstmals nach Wien, dass die italienische Regierung auf eine Abtrennung Nordtirols und Vorarlbergs von der Diözese Brixen drängte. Pastor konnte Papst Benedikt XV. in einer Audienz mit dem Hinweis auf die mangelnde Dotierung einer neuen Diözese davon überzeugen, dieses Projekt aufzuschieben. Nicht nur beim Papst, auch bei einigen Kurienmitgliedern wurde Pastor aktiv und legte seinen und den Standpunkt der österreichischen Regierung dar. Innerhalb der Kurie gab es allerdings um die Kardinäle Valfré di Bonzo und De Lai starke Kräfte, die auf ein Nachgeben gegenüber den italienischen Forderungen drängten. Im Staatssekretariat argumentierte Pastor politisch, dass ein solcher Schritt des Heiligen Stuhls in der Öffentlichkeit den Eindruck erwecken müsse, der Papst akzeptiere die von ihm in dieser Form abgelehnten Pariser Friedensverträge nun doch. Gasparri zeigte sich den Argumenten Pastors weniger zugänglich als Benedikt XV. Für den Staatssekretär war die diözesane Abtrennung Nordtirols ein notwendiger Schritt, da ein Brixener Bischof „unmöglich zugleich der italienischen Regierung und den Nordtirolern gerecht werden" könne. Um zumindest die formale Einheit zu wahren, schlug Pastor die Ernennung eines Apostolischen Administrators für Nordtirol und Vorarlberg – bei nomineller Aufrechterhaltung der Zugehörigkeit zur Diözese Brixen – vor, doch der Staatssekretär wollte auch dem

---

40 Kohlruß vom 4.6.1930 und vom 18.6. – ebd., Z 41, fol. 513 f. und Z 46, fol. 524 ff.
41 Kohlruß vom 16.12.1930 – ebd., Z 63, fol. 576.

nur als Übergangslösung zustimmen. Für den Fall, dass der Heilige Stuhl Nordtirol dem Erzbistum Salzburg unterstellen wolle, müsse unbedingt auf die Ernennung eines Weihbischofs in Innsbruck gedrängt werden, schrieb Pastor nach Wien[42]. Zumindest kurzfristig setzte sich Pastor beim Papst mit dem Argument durch, der Heilige Stuhl sanktioniere bei einer Diözesanabtrennung Nordtirols den Vertrag von St. Germain[43]. Allerdings wurde durch die Tatsache, dass Sigismund Waitz zum Administrator für Nordtirol und Vorarlberg und Johannes Raffl im April 1921 zum neuen Bischof von Brixen bestellt wurde, ein Faktum geschaffen, das mittelfristig in die Gründung eines eigenen Nordtiroler Bistums mündete[44]. Die Sache wurde allerdings aufgeschoben und bildete erst wieder vier Jahre später, im März 1925, den Gegenstand von Gesprächen Pastors im Vatikan, weil Waitz auf eine endgültige Abtrennung Nordtirols und Konstituierung als eigene Diözese drängte, um die finanziellen und administrativen Missstände seines Verwaltungsgebietes in den Griff zu bekommen. Er stieß damit im Vatikan offene Türen ein, wo man nur auf ein Zeichen aus Innsbruck gewartet hatte, um diesen Schritt zu setzen, der im Dezember 1925 erfolgte. Es wurde aber kein eigenes Bistum gegründet, Waitz blieb Administrator, erhielt jedoch alle Vollmachten eines Bischofs. Er unterstand dem Metropoliten von Salzburg, sein Verwaltungsgebiet blieb allerdings formell Teil der Diözese Brixen[45]. Das war jedoch nur als erster Schritt zur Gründung einer eigenen Nordtiroler Diözese und eines Vorarlberger Bistums gedacht, womit Nordtirol nicht nur de facto, sondern auch de iure von Brixen abgetrennt werden sollte[46]. Zum Wunsch von Bischof Waitz, die Innsbrucker Alumnen weiterhin in das Brixener Seminar zu schicken, äußerte sich der Papst daher sehr reserviert. Weit über seine Zuständigkeit hinaus ging die Forderung des gebürtigen Brixener Waitz im Vatikan nach Abtrennung der deutschen Gebiete von der Diözese Trient, die in Rom peinlich berührte, weil sich die Kurie in der heiklen Phase der Verhandlungen mit Italien keinen Konflikt mit der faschistischen Regierung leisten wollte. Waitz gelang es sogar, in einer Audienz Staatssekretär Gasparri zu überrumpeln, dem erst nach dem Gespräch klar wurde, dass sich die Zuständig-

---

42 Pastor vom 1.1., 11.1., 27.1., 14.2.1921 und 8.4.1921 – ebd., Karton 68, Z 1, fol. 3; Z 6, fol. 7, Z 11, fol. 13 ff.; Z 19, fol. 22 ff.; Z 34, fol. 47. Pastor besprach sich auch ausführlich mit dem italienischen Generalkommissär Credano und berichtete darüber am 26.3.1921 nach Wien – ebd., Z 29, fol. 36–41.
43 Pastor vom 15.4.1921 – ebd., Z 40, fol. 55.
44 Pastor vom 7.7.1921 – ebd., Z 80, fol. 107.
45 Pastor vom 18.3., 28.12. und 30.12.1925 – ebd., Z 48, fol. 827 f., Z 140, fol. 979 f. und Z 150, fol. 981.
46 Pastor vom 17.12.1926 – ebd., Z 145, fol. 237.

keit des Bischofs nicht auf Südtirol erstreckte[47]. Dieser Umstand spricht für sich und lässt gerade in der so brisanten Südtirol-Problematik an der inhaltlichen Kompetenz des Heiligen Stuhls zweifeln. Es ist aber auch ein beredtes Zeichen für die Abneigung höchster vatikanischer Würdenträger, sich im Vorfeld der Lateranverträge mit einem Problem auseinanderzusetzen, das zwangsläufig zu einem Konflikt mit dem faschistischen Italien führen musste. Das Engagement von Bischof Waitz für das deutschsprachige Südtirol mag auch dazu beigetragen haben, dass er nach dem Tod Raffls im Jahre 1927 nicht zu dessen Nachfolger als Bischof von Brixen bestellt wurde. Papst Pius XI. ließ in den Südtiroler Verhältnissen größte Vorsicht walten, weil er sich weder mit dem Südtiroler Klerus und noch weniger mit der italienischen Regierung Probleme einhandeln wollte, allerdings sollte auch der Eindruck vermieden werden, dass die katholische Kirche ein gefügiges Werkzeug der faschistischen Regierung sei[48]. Pastor brachte bei Papst und Staatssekretär immer wieder die schwierige Lage der deutschsprachigen Bevölkerung Südtirols zur Sprache, erhielt aber nur ausweichende Antworten, „woraus ich schließen zu können glaube, dass man im Vatikan bei der bisherigen Reserve beharren will oder muss".[49] Auch Kardinal Piffl erging es bei einer Audienz beim Papst ähnlich[50]. Nach dem Ableben Pastors nahm die Intensität der Berichte zu dieser Thematik deutlich ab. Zur Neugestaltung der Diözesangrenzen zwischen Brixen und Trient kam es erst nach dem Zweiten Weltkrieg[51].

Der österreichisch-deutsche Streit um Sta. Maria dell'Anima: Das zweite Thema, dem sich Pastor zumindest anfänglich mit großem Engagement widmete, war die Reorganisation der Anima, der deutschsprachigen „Nationalkirche" mit angeschlossenem Priesterkolleg in Rom[52]. In dieser Angelegenheit bereitet sich eine ungünstige Wendung für Österreich vor, schrieb Pastor am 8. Jänner 1921 gleich in einem seiner ersten Berichte nach Wien. In Rom war eine historische und juridische Untersuchung im Gange, eine Kommission war eingerich-

---

47   Pastor vom 23.3., vom 4.3. und vom 5.3.1926 – ebd., Karton 69, Z 27, fol. 47, Z 30, fol. 59–64
      und Z 34, fol. 73. Zu Waitz siehe Hans JABLONKA, Waitz – Bischof unter Kaiser und Hit-
      ler, Wien 1971 sowie http://www.bautz.de/bbkl/w/waitz.shtml. Letzter Zugriff: 8.1.2008. Zur
      Südtirol-Problematik Josef GELMI, Kirchengeschichte Tirols, Innsbruck-Wien-Bozen 1986.

48   Pastor vom 28.3.1926 – ÖStA/AdR, NPA, Vatikan, Karton 69, Z 38, fol. 81 f.

49   Pastor vom 2.3.1928 – ebd., Z 23, fol. 430 f.

50   Pastor vom 21.3.1928 – ebd., Z 33, fol. 440 f.

51   Kohlruß vom 23.5. 1929 – ebd., Z 32, fol. 92–97. Dazu ENGEL-JANOSI, Vom Chaos zur Kata-
      strophe, 49 f., 71 f., 97 ff.

52   Zur Anima siehe Josef LENZENWEGER, Sancta Maria dell'Anima. Erste und zweite Gründung,
      Wien-Rom 1959.

tet worden, die die Ansprüche der einzelnen Staaten auf die Anima prüfen sollte. Die Untersuchung bezog sich vor allem auf etwaige Forderungen der Tschechoslowakei und Belgiens – die das Institut in den finanziellen Ruin getrieben hätten – sowie auf die Frage, ob Österreich weiterhin das Recht haben sollte, den Rektor zu ernennen[53]. Zwei Jahre später berichtete Pastor von einem regelrechten „Ansturm der Deutschen" gegen das österreichische Protektorat. Obwohl sich Pastor gesprächsbereit zeigte und ihm sogar der Papst persönlich für seine Kompromissbereitschaft dankte[54], ging der Streit im Herbst 1923 weiter. Pastor berichtete nach Wien, dass in der deutschen Vatikanbotschaft Pläne geschmiedet wurden, „wie man Österreich seinen alten Einfluss auf die Anima nehmen könne". Da aber die Ernennung des Österreichers Alois Hudal zum Rektor und Nachfolger von Prälat Maximilian Brenner nicht den Intentionen der deutschen Diplomatie entsprach und auch Kardinalprotektor Merry del Val an den bestehenden Verhältnissen nicht rühren wollte, versuchte die deutsche Botschaft ihren Einfluss auf die Anima auf Umwegen auszubauen. Es wurde eine Apostolische Visitation verlangt, mit dem Ziel, die Anima „zu einem für ganz Deutschland bestimmten rein geistlichen Institut" zu erklären, das ausschließlich dem Heiligen Stuhl unterstehen sollte. Dieser Plan, so Pastor, war geschickt angelegt und hatte Chancen auf Verwirklichung, weil die römische Kurie prinzipiell bestrebt war, weltliche Protektorate nach Möglichkeit abzuschaffen[55]. Obwohl Pius XI. in Gesprächen mit Pastor und Kardinal Piffl sein Wohlwollen gegenüber Österreich in der Animafrage ausdrückte, blieb der Botschafter skeptisch. „Das Klügste wird sein, more romano alles möglichst hinauszuschieben, um Zeit zu gewinnen", meinte er im Hinblick auf eine ausstehende endgültige Regelung. Als Begründung für die Vertagung sollten die politisch ungeklärte Situation in Mitteleuropa und mögliche Ansprüche der Nachbarstaaten Österreichs dienen. Pastor konnte sich im Frühjahr 1924 zwar eine Umgestaltung der Anima zu einem rein geistlichen Institut vorstellen, in diesem Fall aber „werden wir das Protektorat möglichst teuer verkaufen müssen, indem wir dabei Vorteile für uns herausschlagen". Sollte Deutschland in dieser Phase neuerlich versuchen, Österreich aus der Anima zu verdrängen, werde er in enger Zusammenarbeit mit Kardinal Piffl im Vatikan seinen ganzen Einfluss geltend machen, um eine Benachteiligung Österreichs zu verhindern[56]. Da die österreichische Regierung in der Animafrage nur sehr laues Interesse zeigte, engagierte sich Pastor in der Folge nicht mehr in dieser Sache. Nur im Juni

---

53 Pastor vom 8.1.1921 – ÖStA/AdR, NPA, Vatikan, Karton 68, Z 5, fol. 5.
54 Pastor vom 15.6. und vom 5.7.1923 – ebd., Z 103, fol. 477–486 und Z. 119, fol. 505 f.
55 Pastor vom 16.11. und 21.12.1923 – ebd., Z 155, fol. 540 ff. und Z 176, fol. 585 f.
56 Pastor vom 12. und 21.3.1924 – ebd., Z 32, fol. 630 und Z 35, fol. 632 f.

1927 berichtete er über einen ähnlich gelagerten Fall, nämlich über die Frage des österreichischen Protektorats über die Kirche und Erzbruderschaft „Santissimo Nome di Maria". Pastor ließ noch einmal seine Beziehungen im Vatikan spielen und erhielt dort die Versicherung, dass man in der römischen Kurie nicht daran denke, das österreichische Protektorat über diese Kirche in Frage zu stellen[57]. Die Protektoratsfrage von Sta. Maria dell'Anima blieb über das Ableben Pastors hinaus ungeklärt und beschäftigte auch noch seinen Nachfolger Kohlruß, der wie sein Vorgänger verhindern wollte, dass Österreich aus der Anima verdrängt werde. Allerdings war das aufgrund des fortgesetzten Desinteresses der österreichischen Regierung nicht einfach, denn während Deutschland und Bayern größere Summen für die Restaurierung der Orgel spendeten, hielt sich Österreich zurück. Auf Drängen des Botschafters bewilligte die österreichische Regierung immerhin eine Zulage von 10.000 Schilling für den Rektor[58]. Hudal beklagte sich ebenfalls, dass Österreich seine Protektoratsrechte überhaupt nicht mehr ausübe und er sich daher gezwungen sehe, auf die „deutsche Karte [zu] setzen" – eine Aussage, die im Hinblick auf die spätere politische Tätigkeit des „nazifreundlichen" Bischofs von Interesse ist[59]. Der umstrittene Rektor Hudal blieb jedenfalls bis zum Anschluss das einzige Symbol für die Anima als „österreichische" Institution. Nach dem Ableben von Merry del Val wurde Kardinal Pacelli zu Beginn der Dreißigerjahre zu dessen Nachfolger als Kardinalprotektor bestellt. Neuerlich kam es zu einem deutschen Vorstoß zur Übernahme des Protektorats. Die deutsche Regierung regte den Zusammenschluss von Anima und Campo Santo an, mit dem Zweck, wie Botschafter Kohlruß berichtete, „Österreich endgültig zu verdrängen". Das war nicht neu, denn schon Anfang der Zwanzigerjahre hatte es den Versuch gegeben, sich des unzweifelhaft unter deutschem Protektorat stehenden Campo Santo zu bedienen, um die österreichischen Ehrenrechte über die Anima auszuhebeln[60].

Die Animafrage wurde nicht gelöst, erst 1961 erhielt die Anima ein neues Statut, und erst damit erlosch das kaiserlich-österreichische Protektorat über diese Institution endgültig. Der Rektor der Anima wird seitdem im Einvernehmen mit der österreichischen und deutschen Bischofskonferenz vom Heiligen Stuhl ernannt.

---

57   Pastor vom 7.6. und 24.6.1927 – ebd., Karton 69, Z 84, fol. 352 und Z 90, fol. 364. Dazu ENGEL-JANOSI, Vom Chaos zur Katastrophe, 95.
58   Kohlruß vom 27.11.1928 und vom 6.1. und 20.3.1929 – ÖStA/AdR, NPA, Vatikan, Karton 69, Z 132, fol. 570 f. und Z 3, fol. 5 ff. sowie Z 20, fol. 61 ff.
59   Kohlruß vom 12.6.1929 – ebd., Z 36, fol. 108–115.
60   Kohlruß vom 8.1.1931 – ebd., fol. 591–599. Es liegen in der Folge mehrere Berichte dazu ein. Siehe dazu ENGEL-JANOSI, Vom Chaos zur Katastrophe, 74–77.

Nuntius Sibilia und der politische Katholizismus in Österreich

Ein Nuntius hatte sich bei seinem Amtsantritt an die Instruktionen zu halten, die er mit auf den Weg bekam. Sie wurden vom Sekretär der Affari Ecclesiastici, also dem päpstlichen „Außenminister" oder vom Staatssekretär in enger Abstimmung mit den römischen Kongregationen ausgearbeitet und basierten meist auf den Berichten des Vorgängers. Diese Instruktionen wurden dem Nuntius in den ersten Wochen seiner Amtsführung zugesandt. Den vatikanischen Diplomaten wurden damit die Leitlinien vorgegeben, die sie dann im Laufe ihrer Tätigkeit auf Grundlage eigener Einschätzungen und politischer Zwänge modifizierten. Sibilia erhielt seine Instruktionen am 17. Jänner 1923[61]. Sie beginnen mit einer eingehenden Würdigung Seipels, der als „degno ecclesiastico, noto sociologo ed economista" bezeichnet wird, der sich nur aufgrund der schweren Krise bereit gefunden hatte, in die Politik einzusteigen. Bereits in diesen ersten Sätzen lässt das Schriftstück keinen Zweifel daran, dass man im Vatikan schon Anfang 1923 die Christlichsozialen und vor allem Seipel – der dort bis zu seinem Amtsantritt vollkommen unbekannt gewesen war – für befähigt hielt, die junge Republik Österreich vor dem Untergang zu bewahren: „Circondato dalla stima universale Mons. Seipel affrontò subito, appena nominato, il grave compito di salvare l'Austria dalla rovina." Sibilia sollte den Heiligen Stuhl laufend über die politischen Entwicklungen in Österreich und deren Auswirkungen auf die kirchlichen Interessen berichten. Als potentielle Gefahr wurden die Deutschnationalen gesehen, die Ziele vertraten, die dem sozialdemokratischen Programm nahe kamen. Die römische Kurie sah es als geschickten politischen Schachzug Seipels an, dass er sie in die Regierung eingebunden und dadurch gezügelt hatte. Es wurde befürchtet, dass eine Regierung, die nicht unter Führung der Christlichsozialen und Seipels stand, die aus der Monarchie herrührenden Eigentumsrechte der katholischen Kirche infrage stellen und den kirchlichen Einfluss auf die Jugenderziehung und das Unterrichtswesen zurückdrängen könnte. Die Gefahren einer sozialistischen Machtübernahme – „i nemici della Chiesa e dell'ordine" – und deren Folgen für die katholische Kirche wurden allerdings stark überzeichnet. Die Sozialdemokraten würden den Bundeskanzler planmäßig desavouieren und dessen Wiederwahl torpedieren, um dann selbst die Macht zu übernehmen, hieß es. Auf diese Weise wollten sie ihr Programm verwirklichen, in dem die Trennung von Kirche und Staat, die Enteignung des kirchlichen Eigentums sowie das Verbot der religiösen Erziehung im Mittelpunkt stand. Es wäre nicht nötig gewesen, Sibilia auf diese Punkte aufmerksam zu machen,

---

61   Instruktionen an Sibilia vom 17.1.1923 – S.RR.SS., AA.EE.SS., Austria–Ungheria, fasc. 21, P.O. 852, fol. 52–56.

denn der Nuntius war von Anfang an überzeugt, dass nur Seipel und die Christlichsozialen die „Bolschewisierung" Österreichs und Mitteleuropas verhindern
konnten. Dementsprechend erleichtert zeigte er sich im Herbst 1923 über den
Wahlsieg Seipels, den er als Vertrauensvotum für den Bundeskanzler sah, aber
auch als Volksvotum für dessen Sanierungsprogramm und die Genfer Anleihe[62].
Während Sibilia in den ersten Jahren im Rahmen seiner konservativen Welt-
sicht verhältnismäßig objektiv von den politischen Ereignissen berichtete, wird
nach dem knappen Wahlsieg Seipels im Frühjahr 1927 – an der Spitze einer
Einheitsliste von Christlichsozialen und Großdeutschen – und den Ereignissen
um Schattendorf und den Justizpalastbrand – Sibilia nannte sie die „giornate
rosse a Vienna"[63] – eine deutliche Radikalisierung in der Sprache des Nuntius
deutlich. Er drängte nun verstärkt zum Ausbau des katholischen Schulwesens,
um die Jugenderziehung nicht völlig dem Einfluss des Roten Wiens und der
Sozialdemokratie zu überlassen[64], und auf eine Allianz der katholisch-konservativen Kräfte, wobei die Heimwehren für Sibilia das wichtigste Instrument im
Kampf gegen den Sozialismus waren. Auf Anregung Seipels und auf Vermittlung Sibilias richtete Papst Pius XI. einen Brief an den österreichischen Episkopat, in dem er die Bischöfe und den Klerus aufforderte, die religiösen Interessen
mit der nötigen Härte zu verteidigen und die christliche Erziehung der Jugend
zu fördern[65].

Den Rücktritt Seipels im April 1929 sah Sibilia als Symptom der politischen
Eskalation. Seipel selbst habe ihm vertraulich mitgeteilt, berichtete der Nuntius,
dass gegen die Sozialisten nun härtere Mittel eingesetzt werden müssten, als er
das als Kirchenmann verantworten könne, weshalb sein Rücktritt unvermeidlich
geworden sei[66]. Die Übergangsregierung Streeruwitz (4. Mai – 25. September

---

62 Sibilia vom 5.10.1923 – ebd., fasc. 22, P.O. 852, fol 45 f.
63 Sibilia vom 20.7.1927 – ebd., fasc. 23, P.O. 852, fol. 19 f.; dazu IBER, Gewalt im „Roten Wien".
64 Sibilia vom 30.4.1927 – S.RR.SS., AA.EE.SS., Austria-Ungheria, fasc. 23, P.O. 852, fol. 12.
65 Das päpstliche Schreiben vom 16.9.1927 – ebd., fol. 22 f., das Schreiben des Nuntius bezüglich
    der Heimwehren vom 9.10.1928 – ebd., fol. 40 f. Zur Grundhaltung der katholischen Kirche
    gegenüber den Heimwehren siehe Erika WEINZIERL, Kirche und Politik, in: Erika Weinzierl
    und Kurt Skalnik (Hgg.), Österreich 1918–1938. Geschichte der Ersten Republik, 1, Graz-Wi-
    en-Köln 1983, 437–494.
66 Sibilia vom 4.4.1929 – S.RR.SS., AA.EE.SS., Austria-Ungheria, fol. 55 f. Zu Seipel siehe Kle-
    mens KLEMPERER, Ignaz Seipel. Staatsmann einer Krisenzeit (Amerikanischer Originaltitel:
    Seipel Ignaz, Christian Statesman in a Time of Crisis). Vom Verfasser erweiterte und revidier-
    te Auflage, übers. von K. Margreth, Graz-Wien-Köln 1976 sowie RENNHOFER, Ignaz Seipel.
    Weiters: Alfred DIAMANT, Die österreichischen Katholiken und die Erste Republik. Demo-
    kratie, Kapitalismus und soziale Ordnung 1918–1934 (Amerikanischer Originaltitel: Austrian
    Catholics and the First Republic – Democray, Capitalism and the Social Order 1918–1938,
    übers. von Norbert Leser), Wien 1960 sowie Ernst HANISCH, Die Ideologie des politischen

1929) war für Sibilia eine herbe Enttäuschung, denn statt offensiv gegen die Sozialdemokratie vorzugehen, suchte der Bundeskanzler die Versöhnung – für Sibilia ein folgenschwerer Fehler. Der Erzbischof befürwortete offen eine harte Linie und forderte schon 1929 die Errichtung eines diktatorischen Systems unter Führung der Christlichsozialen und unter Ausschaltung der anderen Parteien. Um die Führer der Sozialdemokratie, so Sibilia, müsse man sich keine Sorgen machen, denn die hätten ihre Gelder bereits in ausländische Banken transferiert und ihre Koffer gepackt, schrieb er gehässig an Staatssekretär Gasparri[67]. Von der Politik des Großdeutschen Johannes Schober (26. September 1929 – 25. September 1930) – dessen Ernennung zum Bundeskanzler er zunächst begrüßt hatte – distanzierte sich Sibilia schon nach wenigen Wochen[68]. Auch in diesem Fall war der Grund die seiner Meinung nach zu kompromissbereite Haltung gegenüber der Sozialdemokratie. Der Nuntius war entsetzt, dass die Regierung gegen die Heimwehren vorgehen wollte, weil sie damit den Sozialdemokraten in die Hände spiele. Sibilia hielt den Rücktritt Schobers für unvermeidlich, er sollte durch den „ottimo cattolico" Carl Vaugoin ersetzt werden. Immer wieder drängte er zu einer autoritären Politik, „onde potere agire liberamente contro le mene e la malafede dei socialisti"[69]. In die Regierung Vaugoin (30. September – 29. November 1930) setzte er große Hoffnungen, in die Regierung Ender (4. Dezember 1930 – 16. Juni 1931) hatte er – im Gegensatz zum österreichischen Episkopat – kein Vertrauen[70].

Auffallend ist vor allem in den Zwanzigerjahren die Vereinfachung komplexer politischer Probleme durch Sibilia und andere Kirchenmänner, die damit die Basis für spätere unheilvolle Entwicklungen legten. Es gab in ihrem Weltbild einen klaren Feind – den Sozialismus, der sich von der Sowjetunion ausbreitete und auch Österreich unterwanderte – und ein klares Ziel: Die Stärkung des katholischen Österreich. Im Jahre 1929 erstellte der frühere Reichsratsabgeordnete und Priester Luigi Faidutti – er war mittlerweile im Dienst des Vatikans als Diplomat im Baltikum tätig – im Auftrag Pietro Gasparris im Rahmen einer Sondermission ein ausführliches Gutachten zur politischen Lage in Österreich. Seine Analyse basierte auf Gesprächen mit christlichsozialen Politikern – darunter mit Bundespräsident Wilhelm Miklas, mit dem Herausgeber der

---

Katholizismus in Österreich 1918–1938 (= Veröffentlichung des Instituts für Kirchliche Zeitgeschichte am Internationalen Forschungszentrum für Grundfragen der Wissenschaften Salzburg, II. Serie, Studien, 5), Wien-Salzburg 1977.

67 Sibilia vom 20.9.1929 – S.RR.SS., AA.EE.SS., Austria-Ungheria, fasc. 23, P.O. 852, fol. 69.

68 Anfänglich hatte er Schober als energischen Politiker und Freund der Kirche gelobt – ebd., fasc. 23, P.O. 852, fol. 73.

69 Sibilia vom 21.11.1929 – ebd., fasc. 24, P.O. 852, fol. 4.

70 Sibilia vom 4.12.1930 – ebd., fasc. 24, P.O. 852, fol. 75 f.

„Reichspost", Friedrich Funder, und natürlich mit Ignaz Seipel[71]. Das Schriftstück trug den Titel „Mali e rimedi in un esame della situazione di Vienna".
Faidutti traf aber nicht nur mit christlichsozialen Politikern zusammen, sondern besprach sich auch mit namhaften Universitätsprofessoren, Bischöfen und führenden Ordensgeistlichen, die er im Frühsommer 1929 – er hielt sich zehn Tage in der österreichischen Hauptstadt auf – traf. Deutlich wurde insbesondere in den Gesprächen mit den Ordensgeistlichen, dass Sibilia mit seiner autoritären und heimwehrfreundlichen Linie innerhalb der katholischen Kirche keineswegs allein stand, denn gleich mehrere Gesprächspartner Faiduttis betonten, dass nur die Heimwehren in der Lage seien, die Ordnung im Land wiederherzustellen[72]. Faidutti scheint nicht ganz dieser Ansicht gewesen zu sein, denn er stand paramilitärischen Organisationen skeptisch gegenüber und aus seinen Worten wird diesbezüglich eine vorsichtige Distanzierung von Nuntius Sibilia deutlich. Von großer Bedeutung waren für Faidutti und Sibilia gleichermaßen der Ausbau der Seelsorge und des katholischen Schulwesens – die katholischen Schulen hatten einen Anteil von 12 % –, wodurch der sozialistischen Indoktrinierung entgegengewirkt werden sollte. 80 % der Schuldirektoren waren Sozialisten und Freimaurer, klagte Faidutti, der auch bedauerte, dass der verpflichtende Religionsunterricht an den öffentlichen Schulen wegen des Fehlens von Katechisten immer häufiger von Laien bestritten werden musste und religiöse Übungen durch Sportaktivitäten verdrängt wurden. In den Familien und in den Jugendorganisationen gab es einen ständigen Kampf zwischen den katholischen und anti-katholischen Prinzipien, schrieb Faidutti, die Kirchenaustritte stiegen aufgrund der sozialdemokratisch geführten antikirchlichen Propaganda stetig an. Um dem entgegenzuwirken, engagierte sich Nuntius Sibilia für katholische Laien- und Jugendbewegungen und bemühte sich um den Aufbau der Katholischen Aktion. Die allzu liberale Neuland-Bewegung um Michael Pfliegler lehnte er ab; er rückte sie in die Nähe der Sozialdemokratie und später auch des Nationalsozialismus und ließ keine Gelegenheit aus, sie im Vatikan in ein schiefes Licht zu bringen[73].
Sibilia und Faidutti meinten der von den Sozialdemokraten vorangetriebenen „Entchristlichung" der Gesellschaft auf allen Ebenen – etwa in der Ehegesetzgebung – entgegenwirken zu müssen[74]. Das beinhaltete die Förderung katho-

---

71 Faidutti an Gasparri v. 6.8.1929 – ebd., fasc. 20, P.O. 848.
72 Vgl. WEINZIERL, Kirche und Politik.
73 S.RR.SS., AA.EE.SS., Austria-Ungheria, fasc. 16, P.O. 822.
74 Dazu und v.a. zu den „Sever-Ehen" Ulrike HARMAT, Ehe auf Widerruf? Der Konflikt um das Eherecht in Österreich 1918–1938 (= Studien zur europäischen Rechtsgeschichte, 121), Frankfurt/Main 1999.

lischer Arbeitnehmerverbände – sie hatten Ende 1928 immerhin über 100.000 Mitglieder – genauso wie der katholischen Jugendorganisationen. So wurde den sozialistischen „Kinderfreunden" die katholische „Frohe Kindheit" gegenübergestellt, die in ganz Österreich etwa 10.000 Mitglieder zählte. Mit den „roten" Organisationen, wie den laut Faidutti von den „sowjetischen Pionieren" beeinflussten „Roten Falken", konnten es katholische Jugendbewegungen allerdings nicht aufnehmen[75]. Faidutti beklagte aber nicht nur deren zahlenmäßige Unterlegenheit, sondern auch den Mangel an finanziellen Mitteln. Die Kirche sollte sich stärker der Arbeitermassen annehmen, denn 97 Pfarren für 1,5 Mio. Gläubige reichten nicht nur nach Ansicht Faiduttis für eine sinnvolle Seelsorge in Wien nicht aus. Für Nuntius Sibilia waren diese Ziele nur in einer Allianz mit Ungarn und Italien zu verwirklichen, weil das der einzige Weg zur Wahrung der politischen und wirtschaftlichen Unabhängigkeit der Alpenrepublik war – womit er den Weg vorzeichnete, der dann 1934 tatsächlich eingeschlagen wurde.

Einig waren sich die vatikanischen Diplomaten Faidutti und Sibilia mit den österreichischen Bischöfen in ideologischen Fragen. Nicht nur für den konservativen Administrator von Tirol und Vorarlberg, Bischof Sigismund Waitz, spitzte sich alles auf den Kampf von Bolschewismus und Katholizismus zu; ein Kampf, der in Wien, dem „Bollwerk Europas", wie er es nannte, zu führen war. Diese Anspielung auf die Rolle Wiens in der Türkenabwehr, als östlicher Vorposten der katholisch-westlichen Zivilisation, war nicht zufällig und kam einige Jahre später beim Türkenbelagerungsjubiläum 1933 noch deutlicher zum Ausdruck[76]. In einem Bericht Faiduttis über die Gefahren einer möglichen bolschewistischen Machtübernahme in Wien („Contro il pericolo bolscevico a Vienna") verglich der Kirchenmann die Sozialdemokraten mit den historischen Türken: „Se ai tempo di Marco d'Aviano, nel XVII secolo, fu dato in gran parte allo zelo apostolico di questo servo di dio la salvezza di Vienna e della Cristianità contro i Turchi, con eguale, se non con più ragione, si deve oggi invocare la protezione di dio contro i nuovi Turchi, che con intendimenti e violenze anche peggiori, al soldo del bolscevichismo russo, si studiano di ridurre Vienna e l'Austria schiave del giogo bolscevico e farne un centro di feroce dominio e di sfacciata propaganda anche all'estero."[77] Auch die sich gemäßigt gebenden linken Politiker waren für Faidutti Bolschwiken reinsten Wassers. Sie planten

---

75 Dazu Gerhard STEGER, Rote Fahne – schwarzes Kreuz. Die Haltung der Sozialdemokratischen Arbeiterpartei Österreichs zu Religion, Christentum u. Kirchen. Von Hainfeld bis 1934, Wien-Köln-Graz 1987 sowie Bela RÁSKY, Die Fest- und Feierkultur der österreichischen Sozialdemokratie der Zwischenkriegszeit, Frankfurt/Main-Wien 2007.

76 KRIECHBAUMER, Die großen Erzählungen der Politik.

77 S.RR.SS., AA.EE.SS., Austria-Ungheria, fasc. 21, P.O. 848, fol. 23 ff.

die Zerstörung des christlichen Fortschritts und der westlichen Zivilisation, nur die Solidarität der katholischen Staaten konnte seiner Meinung nach das von Krieg und Wirtschaftskrise geschwächte Wien aus den Fängen des Sozialismus befreien.

Vereinzelt gab es im katholischen Lager aber auch andere Stimmen, wie die des späteren Wiener Vizebürgermeisters Ernst Karl Winter, der gegen den katholischen Zeitgeist einer Zusammenarbeit mit den Sozialdemokraten das Wort redete. Im Gegensatz zu Sibilia und Faidutti glaubte er keinen antireligiösen Affekt bei der Arbeiterschaft zu erkennen und trat für eine klare Trennung zwischen katholischer Kirche und christlichsozialer Partei ein – was ihm heftige Kritik aus den Reihen der eigenen Partei und von den Heimwehren einbrachte[78]. Sibilia und der österreichische Episkopat hielten solche Ideen für gefährlich und Bischof Waitz bedauerte, dass sich einzelne Christen und sogar Priester von scheinbar toleranten Strömungen bei den Sozialdemokraten irreführen ließen, Christentum und Sozialdemokratie könnten niemals miteinander kooperieren. Insbesondere dem christlichsozialen Politiker, Publizisten und Sozialreformer Anton Orel warf er vor, seine Ideen würden direkt zum Kommunismus führen. Auch Nuntius Sibilia prangerte die „stravaganze" Orels an: „Questo Signore non gode di alcuna stima, è di carattere superbo, iracondo all'eccesso, di animo perverso e ostinato, volubile, intollerante di contraddizioni, si dice cattolico, ma non lo è di fatto, è inviso a tutti i partiti e da molto tempo fu licenziato dai cristiano-sociali." Der Konflikt Orels mit Waitz beruhte seiner Meinung nach allerdings weniger auf ideologischen Divergenzen als auf persönlichen Animositäten, und auch der Rektor der Anima, Alois Hudal, bezeichnete Orel als „Querkopf", der die bischöfliche Autorität in Frage stellte, aber auch als Idealisten, der im „Grunde seines Herzens der Kirche treu ergeben" war[79].

Die Berichte Sibilias stehen bis zum Ende seiner Amtstätigkeit in Wien im Zeichen des Bemühens um eine Vereinigung der katholisch-konservativen Kräfte und einer positiven Bewertung der Heimwehren[80]. Dollfuß und dem „Ständestaat" stand er kritiklos gegenüber, er sah darin die Vollendung christlicher Politik. Neben den rein politischen Fragen hatte der Abschluss eines für die Interessen der katholischen Kirche günstigen Konkordats mit der Republik Ös-

---

78 Nach der autoritären Wende von 1934 legte Winter seine Sicht der Dinge in einem an Pius XI. gerichteten Memorandum nieder. Er bezeichnete darin die Parlamentsauflösung als Fehler und befürwortete die Aussöhnung mit der Sozialdemokratie. Der Papst nahm das ausdrücklich zur Kenntnis, die Ermunterung und der päpstliche Segen, auf den Winter gehofft hatte, blieben jedoch aus – S.RR.SS., AA.EE.SS., Austria-Ungheria, fasc. 42, P.O. 881, fol. 10–19.

79 Zu Orel siehe DIAMANT, Die österreichischen Katholiken und die Erste Republik, 126 ff. und 225 ff.

80 S.RR.SS., AA.EE.SS., Austria-Ungheria, fasc. 24, P.O. 825.

terreich für den Nuntius höchste Priorität. Das Verhältnis von Kirche und Staat sollte dadurch eine neue Qualität erhalten und auf neue Grundlagen gestellt werden. Dem 1933 abgeschlossenen Konkordat kam für den Heiligen Stuhl tatsächlich eine weit über das kleine Österreich hinausgehende Bedeutung zu als Modell für ein von der katholischen Kirche durchdrungenes christliches Staatswesen[81]. Mit dem Nationalsozialismus tauchte allerdings zeitgleich eine neue Herausforderung auf, der die vatikanische Diplomatie nicht gewachsen war. Sibilia wollte wie viele andere Kirchenvertreter nicht akzeptieren, dass durch die „Verchristlichung" Österreichs allein der Nationalsozialismus nicht bekämpft werden konnte. Die Ratlosigkeit höchster Kirchenkreise, wie der neuen Bewegung zu begegnen sei, führte aber auch dazu, dass Priester und Amtsträger ohne klare Vorgaben sich selbst überlassen blieben, was zur Folge hatte, dass sie im Umgang mit dem Nationalsozialismus – je nach persönlicher politischer Einstellung und Interessenslage – ihre eigenen Modelle entwickelten[82].

Resümee

Ludwig von Pastor und Enrico Sibilia waren weit mehr als Befehlsempfänger ihrer Regierungen oder gar nur einfache Nachrichtenüberbringer. Besonders Enrico Sibilia lenkte durch seine einseitigen Berichte die Politik des Heiligen Stuhls gegenüber Österreich in die von ihm gewünschte Richtung. Pastor konnte zwar durch etwas differenziertere Darstellungen im Rahmen seiner zahlreichen Audienzen bei Papst und Staatssekretär zumindest atmosphärisch etwas gegensteuern und zu einer Objektivierung beitragen, sein Nachfolger Kohlruß hatte dann aber keine Möglichkeit mehr, auf den Entscheidungsfindungsprozess in der römischen Kurie einzuwirken.

Der Heilige Stuhl griff in den Zwanziger- und Dreißigerjahren entschieden und unverhohlen in die Tagespolitik ein. Es wurde Stellung bezogen, man ließ politische Präferenzen erkennen und förderte sie. Dominiert wurde diese Politik von der Angst vor dem bolschewistisch-sozialistischen Gespenst, und man war in Rom bereit, dem Kampf dagegen alle anderen politischen Ziele unterzuordnen. Autoritäre anti-sozialistische Regime und Bewegungen wurden unterstützt, demokratische Systeme wurden zwar nicht prinzipiell abgelehnt, aber als potentiell anfällig für eine kommunistische Machtübernahme eingestuft.

---

81   Dazu Erika WEINZIERL-FISCHER, Die österreichischen Konkordate von 1855 und 1933, Wien 1960.

82   Dazu Erika WEINZIERL, Prüfstand. Österreichs Katholiken und der Nationalsozialismus, Mödling 1988.

Diese Tendenz wurde durch den Abschluss der Lateranverträge 1929 bestätigt und sogar noch verstärkt, denn der Institution Kirche wurde dadurch größeres Selbstbewusstsein als vollwertiges Mitglied der Staatenfamilie gegeben. Die Toleranz gegenüber dem italienischen Faschismus war groß, die negativen Seiten – wie die Vereinheitlichung des gesellschaftlichen Lebens unter faschistischer Führung und die damit einhergehende Marginalisierung katholischer Organisationen und der katholischen Jugendarbeit – wurden zwar erkannt und bedauert, manchmal auch verhalten kritisiert, aber dem vermeintlich höheren Ziel untergeordnet. Die aus dieser planmäßigen Nachlässigkeit gegenüber dem Faschismus und autoritären Systemen erwachsenden Gefahren, die sich später im Nationalsozialismus noch potenzierten, wurden fahrlässig unterschätzt. Daran konnte auch nichts ändern, dass den Repräsentanten der vatikanischen Politik – einschließlich Pacellis – keine Sympathien für den Nationalsozialismus nachgesagt werden können[83].

In Österreich war die katholische Kirche eng mit der Dynastie verbunden gewesen. Seit der Aufklärung wuchs aus diesem Gemenge der moderne Staat hervor und emanzipierte sich von dynastischen und kirchlichen Bindungen. Die Trennung von Kirche und Staat war die logische Folge dieses Prozesses. Diese Entwicklung war von Entwicklungsschüben und Rückschlägen gekennzeichnet. Auf den josephinischen Modernisierungsschub folgte die vormärzliche Stagnation, die in das Konkordat von 1855 mündete. Der Kirche wurden im Neoabsolutismus wieder mehr Einflussmöglichkeiten eingeräumt, doch war das Konkordat auch ein wesentlicher Schritt zur Verrechtlichung ihrer Stellung und brachte – durchaus im Rahmen der Trennung von Kirche und Staat – der Kirche eine größere Unabhängigkeit. Durch die liberale Gesetzgebung der Sechziger- und Siebzigerjahre des 19. Jahrhunderts wurden die allzu großen Einflussmöglichkeiten der Kirche auf staatliche Institutionen zurückgedrängt, das staatliche Machtmonopol wurde gestärkt. Die Habsburgermonarchie galt zwar als katholische Großmacht, tatsächlich waren die Regierungen und auch der Kaiser im späten 19. Jahrhundert aber konsequent um ein positives Verhältnis zu allen Religionsgemeinschaften bemüht. Zwar war der Einfluss der Kirche auf die Gesellschaft groß, die Politik ließ sich aber nur in geringem Maß von kirchlichen Interessen instrumentalisieren. Erst der Aufstieg der christlichsozialen Partei eröffnete der katholischen Kirche ab den Neunzigerjahren eine neue Möglichkeit indirekter politischer Partizipation, doch blieb die Instrumentalisierung der Partei durch die Kirche unvollkommen. Der Tod Luegers, für den

---

83   Andreas GOTTSMANN, Archivbericht: ‚Finis Austriae' im Archiv der Kongregation für außerordentliche kirchliche Angelegenheiten (Affari Ecclesiastici Straordinari), in: „Römische Historische Mitteilungen" 50, 2008, 541–552.

die katholische Kirche nur Mittel zum Zweck gewesen war, die Niederlage der Christlichsozialen bei den Wahlen von 1911 und der daraufhin einsetzende „Rekatholisierungsprozess"[84] führten zu einem politischen Paradoxon: Das in der Monarchie trotz ihres katholischen Grundcharakters weitgehend säkularisierte österreichische Staatswesen wurde in der Republik aufgrund der staatstragenden Rolle der Christlichsozialen einer Rekatholisierung unterzogen, die in einigen Aspekten geradezu gegenreformatorischen Charakter annahm. Der Druck auf die Christlichsozialen, die kirchlichen Interessen zu vertreten, wurde stärker und führende christlichsoziale Politiker sahen sich von der Vorsehung berufen, den christlichen Werten im Staatswesen zum Durchbruch zu verhelfen[85]. Auch Nuntius Enrico Sibilia agierte – überspitzt formuliert – im Stile eines Kirchenpolitikers des 18. Jahrhunderts. Unter Führung der Christlichsozialen wurden Staat und Kirche immer stärker miteinander verbunden, was im Konkordat von 1933 und im „christlichen Ständestaat" seinen Höhepunkt und Abschluss fand. Die von kirchlichen Vertretern und von christlichsozialen Politikern angestrebte Aufhebung sozialer Unterschiede auf Basis christlicher Prinzipien blieb jedoch das, was es von Anfang an war: eine Utopie. Es erwies sich vielmehr als fatal, dass die Kirche nur auf einen Teil der Gesellschaft setzte und meinte, dass durch das Ignorieren anderer politischer Ideologien und gesellschaftlicher Vorstellungen die soziale Harmonie wiederhergestellt werden könne. Durch diese politische Festlegung hatte die Kirche keine Möglichkeit, ausgleichend zu wirken, und verspielte durch die politische Parteinahme moralischen Kredit.

Am Beispiel der Republik Österreich wird deutlich, dass die vatikanische Diplomatie eine innenpolitische Radikalisierung unterstützte und darüber hinaus sogar außenpolitische Divergenzen schürte. Der Heilige Stuhl lehnte eine Annäherung Österreichs an die kulturkämpferische Tschechoslowakei ab und befürwortete eine Donaukonföderation. Als sich diese Pläne als obsolet erwiesen, drängte der Heilige Stuhl sehr früh zu einer engen Zusammenarbeit mit dem faschistischen Italien und dem autoritär regierten Ungarn. Der Erhalt eines unabhängigen und demokratischen Österreich war kein Ziel der päpstlichen Diplomatie. Der Anschluss an Deutschland wurde kaum mehr als bedauernd zur Kenntnis genommen, denn im römischen Staatssekretariat war das bereits seit Jahren als unausweichlicher Schritt gesehen worden, und die vatikanische Diplomatie hatte sich auf dieses Ereignis eingestellt.

---

84   Ernst HANISCH, Der lange Schatten des Staates. Österreichische Gesellschaftsgeschichte im 20. Jahrhundert (Österreichische Geschichte 1890-1990 hg. von Herwig Wolfram), Wien 1994, 119.

85   Dazu Otto SCHULMEISTER, Kirche, Ideologien und Parteien, in: Ferdinand Klostermann, Hans Kriegl, Otto Mauer, Erika Weinzierl (Hgg.), Kirche in Österreich 1918–1965, Wien-München 1966, 218–240.

Die österreichische katholische Kirche wurde vom Vatikan damit förmlich im Regen stehen gelassen. Die Bemühungen der Christlichsozialen und der österreichischen Bischöfe um die Stärkung der österreichischen Identität stießen im Vatikan auf Desinteresse. Es ist daher nicht verwunderlich, dass im Jahre 1938 die österreichischen Bischöfe sehr schnell diese Linie verließen und im deutlichen Kontrast zu den bisher vertretenen Standpunkten eine Verständigung mit dem nationalsozialistischen Regime suchten. Erst durch diese Selbstaufgabe des österreichischen Episkopats, der auf eine völlig unkritische Linie zum Nationalsozialismus einschwenkte, wurde die päpstliche Diplomatie wachgerüttelt. Die österreichischen Bischöfe wurden in internen Dokumenten harsch gemaßregelt und erstmals wurden zumindest in vertraulichen Schreiben von der römischen Kurie deutliche Akzente der Distanzierung von Nationalsozialismus und Faschismus gesetzt. Das kam spät und hatte keine konkreten politischen Folgen, leitete aber ein Umdenken ein, das – was Österreich betrifft – nach der Wiedererlangung der staatlichen Unabhängigkeit zu einer grundlegenden Neupositionierung der katholischen Kirche in Staat und Gesellschaft beitrug.

Emilia Hrabovec

Der Vatikan, die Tschechoslowakei und die europäischen Mächte in der politischen Krise der späten Dreißigerjahre

Pius XI. und die internationalen Beziehungen

Als Papst Pius XI. (1922–1939) seine ersten großen doktrinären Enzykliken veröffentlichte, präsentierte er ein düsteres Urteil über den Zustand der friedlos gewordenen Welt. Er sah sie vom moralischem Niedergang, allgemeiner Unzufriedenheit, Revolutionen, Wirtschaftskrisen und einer mit Fortschrittsparolen verbal verbrämten Barbarisierung der Gesellschaft gezeichnet. Die Ursachen dafür erblickte er in der Abkehr der Menschheit von Gott und im Laizismus, jener „Pest unserer Zeit", welche die Religion auf ein rein privates und spirituelles Gebiet reduzierte und aus der öffentlichen Sphäre verdrängte, in der nicht mehr Gott als Zentrum und oberste Autorität der Geschichte respektiert, sondern der Mensch zum Quell der Wahrheit und des Rechtes erhoben wurde, wodurch der objektive Unterschied zwischen Gut und Böse aufgehoben und willkürlichen egoistisch-utilitaristischen Überlegungen und materialistischen Ideologien Tür und Tor geöffnet würde. Das einzige Heilmittel sah der Papst in der Rechristianisierung der Menschheit unter dem Königszepter Christi. Dies war kein bloß spirituelles, sondern auch ein gesellschaftliches Konzept, das versuchte, dem aus kirchlicher Sicht bedrohlichen, umfassenden Anspruch des modernen säkularisierten Staates bzw. der modernen Ideologien auf den Menschen den Grundsatz der uneingeschränkten Souveränität Christi, und somit auch der uneingeschränkten Gültigkeit des göttlichen Rechtes und der christlichen Moral für Individuen, Staaten und Völker, entgegenzusetzen und alle Bereiche des öffentlichen Lebens mit den Lehren der Religion zu durchdringen[1].

Eine solche Ordnungsvorstellung war nicht auf system- oder parteipolitische Festlegungen reduzierbar, sondern verstand sich selbst als diesen übergeordnet. Die katholische Kirche, hieß es in der Enzyklika „Dilectissima nobis", die dies-

---

1   Vgl. die Enzykliken Ubi arcano Dei (1922), in: Enchiridion delle encicliche [Enchiridion der Enzykliken], 5, Pio XI (1922-1939), Bologna 1995, 10–61 sowie Quas primas (1925), in: ebd. 158-193, in welcher zum ersten Mal der Begriff des Laizismus als „Pest unserer Zeit" verwendet wurde.

bezüglich nur bestätigte, was von allen Päpsten seit Leo XIII. erklärt worden war und auch nachher von Kardinalstaatssekretär Eugenio Pacelli mehrfach wiederholt werden sollte, sei in keiner Weise an eine Regierungsform gebunden und habe keine Schwierigkeit, sich mit unterschiedlichen weltlichen Institutionen zu verständigen, solange diese die Rechte Gottes und des christlichen Gewissens respektierten[2]. Ein gewisser Indifferentismus gegenüber politischen Systemen also, der erst unter Pius XII. durch eine – freilich an christliche Werte und moralische Voraussetzungen geknüpfte – Präferenz für Demokratie ersetzt werden sollte[3]. Pius XI. jedenfalls, der totalitäre Regime verurteilte, wurde deshalb kein Vorkämpfer des liberalen Kapitalismus mit dessen individualistischem Materialismus und sozialen Fehlentwicklungen oder der „parteilichen Unredlichkeit" und selbstsüchtigen Fraktionskämpfen „besonders zugänglichen" parlamentarischen Demokratie[4], umso weniger, da die meisten republikanisch-parlamentarischen Staaten im Europa der Zwischenkriegszeit vom laizistischen Impetus geprägt, von liberalen oder sozialistischen Kräften regiert wurden und von den Idealen der kirchlichen Sozial- und Gesellschaftslehre recht weit entfernt waren.

Pius XI. beurteilte die Fähigkeit der Menschheit seiner Zeit, Institutionen aufzubauen, die imstande wären, einen dauerhaften Frieden und Kooperation unter den Völkern zu sichern, relativ pessimistisch. Besonders streng fiel sein Urteil über den Völkerbund aus, dessen universalistischer Charakter und friedenssichernde Rolle, welche an ältere kirchliche Entwürfe übernationaler Institutionen erinnerten, ihn zwar angezogen haben mochten, dessen liberal-laizistischer Geist und Verbindung mit freimaurerischen Kreisen ihn jedoch zutiefst abstießen[5]. In deutlicher Anspielung auf den Völkerbund meinte der Papst wiederholt, dass es in rein menschlichen Rahmenbedingungen mit ihren Zusammenstößen von politischen und ideologischen Interessen keine Organisation geben könne, die imstande wäre, allen Völkern eine internationale Verhaltensordnung aufzuzwingen, wie dies die Kirche in der mittelalterlichen „societas christiana" kraft ihrer spirituellen Autorität zu tun imstande gewesen sei[6].

---

2   Enzyklika Dilectissima nobis (1933), in: Enchiridion delle enciclliche, 5, 936–959.

3   Weihnachtsansprache Pius' XII. im Jahre 1925, in: L'Osservatore Romano, 25.12.1944.

4   Enzyklika Ubi arcano Dei (1922), in: Enchiridion delle enciclliche, 5, 21.

5   Zur Wahrnehmung des Völkerbundes im Vatikan siehe die Korrespondenz zwischen dem Sekretär für außerordentliche kirchliche Angelegenheiten Giuseppe Pizzardo und dem Untersekretär Domenico Tardini und der Nuntiatur in Bern (Nuntius Di Maria und Nuntiaturrat Laghi) in den Jahren 1934–1935 – Segreteria di Stato, Sezione per i Rapporti con gli Stati, Archivio Storico, Città del Vaticano [Staatssekretariat, Sektion für die Beziehungen mit den Staaten, Historisches Archiv, Vatikan] [zukünftig S.RR.SS], fondo Congregazione degli Affari Ecclesiastici Straordinari [Kongregation für außerordentliche kirchliche Angelegenheiten] [zukünftig AA.EE.SS] , Stati Ecclesiastici, pos. 506 P.O., fasc. 515.

6   Ubi arcano Dei (1922), in: Enchiridion delle enciclliche, 5, 10–61. Vgl. Philippe CHENAUX, La

Trotz dieses im Hintergrund unterschwellig vorhandenen Misstrauens gegenüber dem menschlichen Befriedungswerk, oder eben deshalb, um es durch den Beitrag der Kirche in christlichen Werten zu verankern, verfolgte Pius XI. mit großem Interesse die Friedens- und Ausgleichsbemühungen der europäischen Politik. Dieses Interesse entsprach durchaus dem weltpolitischen Rollenbild, mit dem sich die Päpste seit dem 19. Jahrhundert identifizierten und das weit über die eigentlichen katholischen Belange hinaus vom Selbstbewusstsein des Heiligen Stuhls ausging, als moralische Autorität und Friedensinstanz in der Welt eine universale Mission zu erfüllen. Eine Mission, die Giovanni Battista Montini, als „sostituto" einer der wichtigsten Mitarbeiter des Pontifex' und später selbst Papst Paul VI., im Sinne hatte, als er am Vorabend des Zweiten Vatikanischen Konzils in der berühmt gewordenen Rede auf dem römischen Kapitol sagte, das Papsttum würde nun „mit ungewöhnlicher Kraft seine Funktion als Lehrmeister des Lebens und Zeuge des Evangeliums" wiederaufnehmen, „um in solche Höhen in der geistlichen Leitung der Kirche und der Verkündigung in der Welt aufzusteigen wie nie zuvor"[7].

Nachdem sich seit dem ersten Drittel der 1930er-Jahre die Abkehr der europäischen Politik von der kollektiven Sicherheit und die Rückkehr zum Konzert der Mächte abzuzeichnen begannen – der Besuch des britischen Premiers James Ramsay MacDonald und des Außenministers John Simon in Rom im März 1933 und der von Benito Mussolini unterbreitete Viererpaktvorschlag waren dafür klare Zeichen – verfolgte der Heilige Stuhl mit Sympathie alle (freilich mit der Zeit immer rarer werdenden) Zeichen einer Verständigung der vier europäischen Großmächte. In ein funktionsfähiges Zusammenwirken der europäischen Großmächte setzte der Vatikan große Hoffnungen: Es sollte das Überhandnehmen der machtpolitischen Ambitionen NS-Deutschlands abfangen, Frankreich vor der Attraktion der Allianz mit der Sowjetunion bewahren bzw. überhaupt die auf Export von Ideologie und Revolution bedachte kommunistische Sowjetunion von der europäischen Politik fernhalten und verhindern, dass sie durch eine Integra-

Santa Sede, l'Europa e la pace negli anni Venti [Der Heilige Stuhl, Europa und der Frieden in den Zwanzigerjahren], in: Giuseppe Bertagna, Alfredo Canavero, Augusto D'Angelo, Andrea Simoncini (Hgg.), Guido Gonella tra Governo, Parlamento e Partito [Guido Gonella zwischen Regierung, Parlament und Partei], Soveria Mannelli 2007, 69–78.

7   Giovanni Battista MONTINI, Discorsi e scritti sul Concilio (1959-1963) [Reden und Schriften über das Konzil (1959-1963)], hg. v. Antonio Rimoldi, Quaderni dell'Istituto Paolo VI, Roma-Brescia 1983, 170-171. In Bezug auf die Frage der „universalen Mission" im Verhältnis zum NS-Deutschland vgl. Thomas BRECHENMACHER, Teufelspakt, Selbsterhaltung, universale Mission? Leitlinien und Spielräume der Politik des Heiligen Stuhls gegenüber dem nationalsozialistischen Deutschland (1933-1939), im Lichte neu zugänglicher vatikanischer Akten, in: „Historische Zeitschrift" 280, 2005, 592-645, hier 597-604.

tion in die europäischen Entscheidungsprozesse „durch das Fenster hineinkommt, wo sie einst bei der Tür hinausgeworfen worden war"[8], um einen zeitgenössischen Kommentar des italienischen Rechtsphilosophen, politischen Publizisten und späteren Politikers Guido Gonella zu zitieren. Es sollte außerdem Italien im Lager der Westmächte halten, wirksame Garantien für kleinere Staaten und friedliche Konfliktlösungen gewähren und die Herausbildung von festgefügten und geschlossenen militärischen Allianzen, welche die Einheit Europas zu zerreißen und eine konfliktträchtige innere Dynamik zu entwickeln drohten, verhindern.

Vor dem Hintergrund der Besserung in den vatikanisch-französischen Beziehungen, deren äußeres Zeichen der historische Besuch des Ministerpräsidenten Pierre Laval im Vatikan und zwei diplomatische Reisen des Kardinalstaatssekretärs Eugenio Pacelli nach Frankreich waren, sowie einer vorübergehenden Entspannung im italienisch-französischen Verhältnis insbesondere unter der Regierung Laval, begann im insbesondere frankophon-polnischen Umkreis des Vatikans auch die Vorstellung eines katholischen lateinischen Blocks um den französisch-italienischen Kern als eines der Pfeiler der internationalen Beziehungen Konturen anzunehmen[9]. Obgleich über die Haltung des Papstes zu

---

8 Guido GONELLA, Note marginali del bilancio di un'annata politica [Randbemerkungen zur Bilanz eines Jahrgangs], in: L'Osservatore Romano, 31.12.1934–1.1.1935, Kommentar Gonellas zur Aufnahme der Sowjetunion in den Völkerbund im Jahre 1934. Publiziert auch in: Guido GONELLA, Verso la 2° guerra mondiale. Cronache politiche, "Acta Diurna" 1933-1940 [Auf dem Weg zum Zweiten Weltkrieg. Politische Chroniken, „Acta Diurna" 1933-1940], hg. v. Francesco Malgeri, Roma-Bari 1979, 97.

9 Im Archiv der Kongregation für außerordentliche kirchliche Angelegenheiten – also im „außenpolitischen" Archiv des Staatssekretariates – befinden sich zahlreiche, freilich von außen eingereichte Memoranden und Entwürfe eines solchen „lateinischen Blocks" aus der Feder verschiedener kirchennaher Autoren von Belgien bis Polen, welche sich in diesem Kontext explizit zur westlichen und – etwas künstlich – auch „lateinischen" (also römisch-katholischen) Kultur bekannten. In einem Memorandum des im französischen Lourdes lebenden „Abkömmlings polnischer Ritter aus der Ukraine" Etienne de Hulanicki hieß es: „Der Bolschewismus, der Hitlerismus, der Sozialismus und die Maçonnerie, das sind die destruktiven Kräfte, die alle Werte, alle Werke und jeden Ruhm des Jahrhunderts zu vernichten drohen. Es ist unvermeidlich, einen großen Zusammenschluß der katholischen Nationen der lateinischen Kultur gegen alle destruktiven Kräfte zu organisieren". Projekt einer Union der katholischen Nationen lateinischer Kultur von Etienne de Hulanicki, Lourdes 1938 – S.RR.SS, AA.EE.SS, Stati Ecclesiastici, pos. 547 P.O., fasc. 572. Vgl. auch Le Projet de l'Organisation des etats unis chretiens de l'Europe et de l'Amerique latine pour la defense de la morale chretienne de l'esprit latin et de la paix, vorgelegt von Etienne de Hulanicki – ebd., pos. 531 P.O., fasc. 554. Der einflussreiche französische Generalmeister der Dominikaner, Martin-Stanislas Gillet, veröffentlichte 1935 ein Buch, das für die „Wiederherstellung der lateinischen Kultur in Europa" plädierte. Martin-Stanislas GILLET, Culture latine et ordre social, Paris 1935. Vgl. Philippe CHENAUX, Pio XII. Diplomatico e pastore [Pius XII. Diplomat und Hirte], Cinisello Balsamo 2004, 181.

solchen weitreichenden Plänen nur spekuliert werden kann, steht fest, und die Aufzeichnungen des Kardinalstaatssekretärs Eugenio Pacelli über die dem diplomatischen Corps gewährten Audienzen, die diplomatische Korrespondenz mit der Nuntiatur in Paris sowie andere Quellen bestätigen, dass die Diplomatie des Heiligen Stuhls ab der Mitte der Dreißigerjahre durchaus bemüht war, eine italienisch-französische Annäherung als Grundschritt zur Befriedung Europas zu begünstigen. Der Nuntius in Paris, Valerio Valeri, berichtete im November 1937 nach Rom, er habe einem hohen Beamten des Quai d'Orsay zu erklären versucht, warum der Heilige Stuhl aus religiösen Motiven daran eminent interessiert sei, dass „die Beziehungen der beiden katholischen Nationen Frankreich und Italien die intimsten und herzlichsten seien"[10].

Freilich, politische Allianz- und Ordnungsvorstellungen des Papstes sind konkret nur schwer festzumachen. Zum einen wegen der omnipräsenten „passion de la neutralité"[11], zum anderen deshalb, weil der alternde Pontifex sich von der aktiven internationalen Politik immer mehr distanzierte und das alleinwirksame Mittel zur Rettung des Friedens und der christlichen Zivilisation Europas immer deutlicher im spirituellen Bereich und in der geistigen Umkehr sah. Grund dafür war nicht nur die 1936 plötzlich ausgebrochene schwere Krankheit, die zum Bilanzieren „sub specie aeternitatis" motivierte, die eigene Leidenserfahrung mit dem Geheimnis des Leidens Christi und der Auffassung der Kirche als mystischen Leibes Christi in Zusammenhang brachte[12] und

---

10 Valeri an Pacelli, 29.11.1937 – S.RR.SS., AA.EE.SS., Francia, pos. 801 P.O., fasc. 360. Siehe auch Valeri an Pacelli, 24.3.1937 in ebd., Stati Ecclesiastici, pos. 547 P.O., fasc. 571.

11 Victor Conzemius, Eglises chrétiennes et totalitarisme national-socialiste. Un bilan historiographique, Louvain 1969, 469.

12 Während der Audienz an die deutschen Bischöfe am 17.1.1937 sagte Pius XI: „Wir haben die Leiden Christi nie so gut verstanden wie in dieser jetzigen Zeit. Unser eigenes Leiden hat Uns etwas Kostbares gelehrt, und v.a. andern das Geheimnis des Leidens Christi. Wir waren gewissermassen Analphabeten in der großen hl. Wissenschaft des Leidens und der Schmerzen. Nunmehr hat der so gütige, auch mit Uns so gütige Gott, Uns in Seine Leidensschule genommen [...] Wie viele schmerzliche Dinge gibt es zur Zeit (Deutschland, Spanien, Russland, Mexiko)! Wer weiß, was das Zusammentreffen Unserer Schmerzen mit diesen vielen, großen Schmerzen bedeutet? [...] Aber Unsere Leidensintention ist: pro Germania, pro Russia, pro Hispania, pro Mexico, für alle diejenigen Teile des mystischen Leibes Christi, die mehr leiden als die andern. Es ist ein wahres solatium mentis et corporis, so denken zu können." Ludwig Volk (Hg.), Akten Kardinal Michael von Faulhabers, 2: 1935–1945 (Veröffentlichungen der Kommission für Zeitgeschichte, Reihe A: Quellen 26), Mainz 1978, Nr. 607. Die Aufzeichnung über die Audienz ist online zugänglich auf: http://www.klaus-kuehlwein.de/dokumente.htm. Letzter Zugriff: 25.4.2017. Zu diesem Zusammenhang vgl. auch Thomas Brechenmacher, Der Heilige Stuhl und die totalitären Ideologien. Die März-Enzykliken 1937 und ihr innerer Zusammenhang, in: „Zur Debatte" 3, 2012, 39–44, hier 44.

eine um die Begriffe von Opfer, Sühne und Leid zentrierte Gesinnung hervorbrachte, die im bewegten Friedensappell vom 29. September 1938 den spirituellen Höhepunkt fand[13]. Ein gewichtiger Grund war auch die tiefe Enttäuschung über Politiker, die einen Frieden „aus Worten, Diskussionen, einem Kommen und Gehen, aus unnötigen Konferenzen"[14] pflegten und Verträge feierten, die nichts nutzten, solange die Politik nur den Eigennutz suchte und die Menschen in ihren Herzen den Frieden nicht wirklich wollten, sowie davon, dass sein Konzept des friedlichen Zusammenlebens der christlichen Völker ignoriert, missverstanden oder zum einseitigen politischen Vorteil bewusst instrumentalisiert worden sei[15].

Hinter dem allmählichen Rückzug des Papstes aus dem diplomatisch-politischen Bereich stand schließlich auch die in erster Linie wohl auf den genauso feinfühligen wie scharf urteilenden Kardinalstaatssekretär Pacelli zurückgehende Erkenntnis, dass die schwierigsten Konflikte, welche die Kirche bzw. der Heilige Stuhl zu bestehen hatte, nicht mehr durch traditionelle politisch-diplomatische Mittel beizulegen waren. Denn die Staaten, in welchen sie sich abspielten, stellten neuartige Gebilde dar: Sie waren ganz in den Dienst von Ideologien gestellt, welche die Verwirklichung einer sozialen Utopie auf dieser Welt versprachen und daraus den Anspruch auf totale Umgestaltung und pseudoreligiös anmutende letztendliche Sinnstiftung ableiteten. Sie erschufen sich eine pseudoreligiöse Symbol- und Begriffswelt mit eigenen „Liturgien", Propheten, Märtyrern und ethischen Normen, die den Menschen allerdings nicht mehr als zur freien Verantwortungstat bestimmte Person ansahen, sondern ihn im Kollektiv, einem alles überragenden Ganzen, auflösten und der menschlichen Würde beraubten, die seinen ethischen Spielraum auf die Verpflichtung hin einengten, im Einklang mit dem geschichtsdeterministisch bestimmten Interesse des Kollektivs zu handeln, und in deren inneren Architektur die Gewalt als sys-

---

13   Acta Apostolicae Sedis [zukünftig AAS] 30, 1938, 309–310. Siehe auch hier weiter unten.

14   In einer Allokution an Fastenprediger am 13.2.1934 kritisierte der Papst den Frieden, der „aus Worten, Diskussionen, einem Kommen und Gehen, aus unnötigen Konferenzen gemacht" sei, welche „immer mit neuen gegenseitigen Konflikten und neuen Entfremdungen enden". In: Domenico Bertetto (Hg.), I Discorsi di Pio XI [Reden Pius' XI.], 3, Roma 1985, 26. Vgl. auch Yves Chiron, Pio XI. Il papa dei Patti lateranensi e dell'opposizione ai totalitarismi [Pius XI. Der Papst der Lateranverträge und der Opposition gegen die Totalitarismen], Cinisello Balsamo 2004, 340.

15   Sehr pessimistische Worte über die bewusste Entstellung und Desinterpretation der päpstlichen bzw. allgemein kirchlichen Äußerungen fand Pius XI. in seiner letzten, niemals gehaltenen Ansprache an die italienischen Bischöfe anlässlich des zehnten Jahrestags der Lateranverträge am 11.2.1939 - S.RR.SS., AA.EE.SS., Stati Ecclesiastici, pos. 576 P.O., fasc. 607, sowie hier weiter unten.

temimmanentes Phänomen omnipräsent war[16]. Solche ersatzreligiösen Ideologien mussten notgedrungen in unaufhebbaren Widerspruch zum Christentum, dessen transzendentaler Heilslehre, seine Gesellschaftslehre und seinem Menschenbild geraten, das von einer naturrechtlich gegebenen, also gottgewollten und unveräußerbaren Würde und Freiheit jedes Einzelnen ausging und den Anspruch auf die Integrität des christlich verankerten Handelns erhob. Eine Kontaktnahme mit einem solchen totalitären Staat abseits von Ideologie war schwer möglich, was bereits in den Zwanzigerjahren in den gescheiterten Kontaktversuchen der vatikanischen Diplomatie zur Sowjetunion traurig erprobt worden war[17], und ein Jahrzehnt später das Verhältnis mit NS-Deutschland auf die Probe stellte. Kardinalstaatssekretär Pacelli drückte es prägnant aus, als er auf die Frage des französischen Botschafters François Charles-Roux über die Situation der Kirche in Deutschland antwortete: „Es ist kein Kampf um Politik, sondern um Weltanschauung."[18] Und in diesem Kampf schien es für die Kirche

---

16 Mit brennender Sorge, Divini redemptoris. Zum Phänomen der politischen Religionen und zur „Vergottung innerweltlicher Entitäten", des Volkes, des Staates, der Rasse oder der Klasse, die zu höchsten Normen und „zu Bezugspunkten einer neuen innerweltlichen Religiosität wurden und dem Einzelnen Halt, Sinn und Orientierung gaben", vgl. auch Eric VOEGELIN, Die politischen Religionen, hg. v. Peter Opitz, München 1993, Zitat 82.

17 Zu den vatikanisch-sowjetischen Verhandlungen in den Zwanzigerjahren siehe S.RR.SS., AA.EE.SS., Russia, pos. 659 P.O., fasc. 41–46; Evghenia TOKAREVA, Le relazioni tra l'URSS e il Vaticano: dalle trattative alla rottura 1922-1929 [Die Beziehungen zwischen der UdSSR und dem Heiligen Stuhl: von den Verhandlungen bis zum Bruch 1922-1929], in: Santa Sede e Russia da Leone XIII a Pio XI. Atti del Simposio organizzato dal Pontificio Comitato di Scienze Storiche e dall'Istituto di Storia Universale dell'Accademia delle Scienze di Mosca [Der Heilige Stuhl und Russland von Leo XIII. bis Pius XI. Tagungsband des Symposions organisiert vom Päpstlichen Komitee für historische Wissenschaften und vom Institut für Weltgeschichte der Akademie der Wissenschaften in Moskau] (Atti e Documenti 15), Città del Vaticano 2006, 199-261; Emilia HRABOVEC, Der Heilige Stuhl und die rußlanddeutschen katholischen Priester zwischen Revolution und Repression (1918–1939), in: „Römische Quartalschrift" 108, 2013, 1–2, 109–129; Philippe CHENAUX, L'ultima eresia. La Chiesa cattolica e il comunismo in Europa da Lenin a Giovanni Paolo II (1917-1989) [Die letzte Häresie. Die katholische Kirche und der Kommunismus von Lenin bis Johannes Paul II. (1917-1989)], Roma 2011, 29-34; Winfried BECKER, Sowjetische Religionspolitik und vatikanische Hungerhilfe für Rußland. Deutsche Außenpolitik zwischen Moskau und Rom 1920-1929, in: Massimiliano Valente (Hg.), Santa Sede e Russia da Leone XIII a Pio XI. Atti del secondo Simposio organizzato dal Pontificio Comitato di Scienze Storiche e dall'Istituto di Storia Universale dell'Accademia Russa delle Scienze [Der Heilige Stuhl und Russland von Leo XIII. bis Pius XI. Tagungsband des zweiten Symposions organisiert vom Päpstlichen Komitee für historische Wissenschaften und vom Institut für Weltgeschichte der Russischen Akademie der Wissenschaften] (Atti e Documenti 22), Città del Vaticano 2006, 184-251.

18 Audienz von Pacelli an den französischen Gesandten François Charles-Roux, 28.1.1937 – S.RR.SS., AA.EE.SS., Stati Ecclesiastici, pos. 430b, fasc. 364.

genauso wenig möglich, mit den Totalitarismen, die „sich um die Sozialrevolution scharten", wie mit jenen, welche „vom Aberglaube[n] der Rasse und des Blutes besessen" waren, zu paktieren[19].

Die Jahre 1936–1938 zeichneten sich daher durch eine gewisse „antitotalitäre Versteifung"[20] des Papstes aus, dem die von den totalitären Ideologien ausgehende Gefahr für den äußeren und den inneren Frieden und die Freiheit und Würde der Menschen immer deutlicher bewusst wurde und der sie mit zunehmender Deutlichkeit brandmarkte.

Zuerst und am explizitesten richtete sich diese Haltung gegen den Kommunismus, mit dessen revolutionären Lehren und deren Umsetzung in einem zutiefst menschen- und kirchenfeindlichen politischen System als erstes Bekanntschaft gemacht worden war:

> Die erste Gefahr, die größte und die allgemeinste ist sicherlich der Kommunismus in all seinen Formen und auf allen Ebenen, weil er alles gefährdet, sich alles aneignet, sich überall infiltriert, offen oder schleichend, [...]

lautete das warnende Wort des Papstes bei der Eröffnung der internationalen Ausstellung der katholischen Presse im Vatikan am 12. Mai 1936. Die kommunistische Propaganda hielt er für noch gefährlicher, wenn sie

> weniger gewalttätige und scheinbar weniger gottlose Haltungen einnimmt, zu dem Zweck, um – wie es ihr tatsächlich gelingt – in weniger zugängliche Milieus einzudringen und unglaubliche stille Einverständnisse oder zumindest Schweigen und Toleranz zu erreichen, welche der Sache des Bösen unschätzbare Vorteile bringen, mit unseligen Folgen für die Sache des Guten.[21]

Das war eine klare Absage an die ideologische Expansion des Kommunismus unter dem Deckmantel der von Moskau forcierten Taktik der Volksfront, Absage an das von den französischen Kommunisten unter dem Motto der „main tendue" spektakulär vorgetragene Allianzangebot an die Katholiken sowie an alle ideellen oder politischen Bündnisse, die unter dem Anschein der besten Absichten des Kampfes für die soziale Gerechtigkeit und gegen den gemeinsamen

---

19 Vgl. die Rede des Kardinalstaatssekretärs Eugenio Pacelli anlässlich seines Besuchs im französischen Lourdes im April 1935: PIE XII, Discours et panégyriques (1931–1938), Paris 1939, 228-229.

20 CHENAUX, Pio XII. Diplomatico e pastore, 190.

21 Rede Pius' XI. zur Eröffnung der internationalen Ausstellung der katholischen Presse am 12.5.1936, in: Bertetto (Hg.), I Discorsi, 3, 487-488.

Feind – insbesondere den Nationalsozialismus – die katholische Kirche in eine ideologisch, moralisch und politisch unannehmbare Allianz hineinmanövrierten und sie letztlich innerlich zu zersetzen drohten. Der Kommunismus war, wie die Enzyklika „Divini redemptoris" postulierte, „intrinsecamente perverso", „in seinem innersten Kern schlecht", und eine Zusammenarbeit mit ihm war nicht möglich, ohne die Grundfeste der christlichen Zivilisation zu bedrohen[22].

Nach der Enzyklika „Mit brennender Sorge", die nicht nur die wiederholten Verletzungen des Konkordats beklagte, sondern klar die doktrinären Grundlagen des Nationalsozialismus zurückwies, erreichte auch das Verhältnis des Papstes zum nationalsozialistischen Deutschland seinen negativen Höhepunkt[23], obgleich die radikalste Konsequenz des völligen Bruchs vermieden werden konnte. Die weihnachtliche Konsistorialansprache 1937 widmete Pius XI. zur Gänze der Lage der Katholiken in Deutschland, die er offen als „schwere religiöse Persekution" bezeichnete[24]. Die drei Frühjahrsenzykliken vom März 1937 – „Divini redemptoris" gegen den Kommunismus, „Mit brennender Sorge" gegen den Nationalsozialismus und „Firmissimam constatiam" gegen die Persekution der Kirche in Mexiko – mochten im Einzelnen unterschiedliche Schwerpunkte gehabt haben, doch sie nach der Relevanz des Gegenstandes reihen zu wollen, wie dies in historischen Interpretationen nicht selten geschehen ist, erscheint am Kern der Sache vorbeizugehen, hatten doch alle drei Lehrschreiben im Wesentlichen ähnlich den alles vereinnahmenden ersatzreligiösen Anspruch der totalitären Ideologien und deren innerweltlicher Heilslehren als zutiefst menschenfeindlich kritisiert. Durch die zeitliche und inhaltliche Parallelisierung der drei Äußerungen wurde somit, über diplomatische Rücksichten hinaus, deutlich gemacht, dass die verurteilten Doktrinen und Systeme gleichermaßen im Widerspruch zur kirchlichen Lehre standen, und dass die Kirche „als globaler Akteur viel mehr in ‚transnationalen' Kategorien dachte und die Krisen der Zeit

---

22   Für die Genese der Enzyklika Divini redemptoris siehe S.RR.SS., AA.EE.SS., Stati Ecclesiastici, pos. 548 P.O., fasc. 574-576. Vgl. auch Paul DROULERS; Politique sociale et christianisme. Le père Desbuquois et l'Action Populaire, 1919-1946, Paris 1981, 192-198.

23   Der italienische Botschafter beim Heiligen Stuhl Pignatti an den Kardinalstaatssekretär Pacelli, 24.4.1937 – S.RR.SS., AA.EE.SS., Germania, pos. 720 P.O., fasc. 329; Giovanni SALE, Hitler, la Santa Sede e gli Ebrei. Con i documenti dell'Archivio Segreto Vaticano [Hitler, der Heilige Stuhl und die Juden. Mit Dokumenten des Vatikanischen Geheimarchivs], Milano 2004, 127-150; Philippe CHENAUX, Il cardinale Pacelli e la questione del nazismo dopo l'enciclica „Mit brennender Sorge" (1937) [Kardinal Pacelli und die Frage des Nazismus nach der Enzyklika „Mit brennender Sorge" (1937)], in: „Annali dell'Istituto storico italo-germanico in Trento" XXXI, 2005, 261-277.

24   Bericht des Gesandten Vladimír Radimský, 27.12.1937 – Archiv Ministerstva zahraničních věcí České republiky Praha [Archiv des Außenministeriums der Tschechischen Republik] [zukünftig AMZV], Politické zprávy [zukünftig PZ], Vatikán, 1937.

im Lichte übergeordneter normativer Kriterien insgesamt in den Blick nahm"[25].

Nach dem für den Heiligen Stuhl zwar nicht unerwartet gekommenen, aber doch mit stiller Entrüstung wahrgenommenen Anschluss Österreichs[26] wurde der vorläufige Tiefpunkt in den Beziehungen zu Berlin im Mai 1938 erreicht, nachdem sich Hitler demonstrativ geweigert hatte, während der offiziellen Rom-visite auch dem Papst einen Besuch abzustatten[27]. Das immer offensichtlichere Hineinschlittern Italiens in das Achsenbündnis und die zunehmende Ideologi-sierung des faschistischen Regimes und Nachahmung deutscher Vorbilder be-lasteten auch das Verhältnis des Papstes zum faschistischen Regime schwer. Der zutiefst enttäuschte Papst nahm sich in dieser Lage kein Blatt vor den Mund, um in öffentlichen Ansprachen die „heidnischen Irrtümer" der Zeit zu kriti-sieren. Zwischen dem Pontifex und seinem Kardinalstaatssekretär bestanden diesbezüglich keine grundsätzlichen Meinungsverschiedenheiten. Obgleich Pacelli, so wie im Allgemeinen das Staatssekretariat, bemüht war, in der Wahl der Worte behutsamer zu sein und die Wogen etwas zu glätten, um nicht den letzten Gesprächsfaden zu einem Staat, in dessen Grenzen Millionen von Ka-tholiken lebten, abreißen zu lassen, machte er sich keinerlei Illusionen über die Möglichkeiten eines Ausgleichs mit dem Deutschen Reich und über die realen Absichten Hitlers gegenüber der katholischen Kirche. Der apostolische Nuntius in Wien, Gaetano Cicognani, berichtete im April 1937 dem Staatssekretär über ein Gespräch des österreichischen Innenministers Edmund Glaise-Horstenau mit Hitler, in dessen Verlauf Hitler in scharfen Tönen die katholische Kirche attackiert hatte. Cicognani sah darin einen weiteren Beweis dafür, dass die in einigen österreichischen Kreisen verbreitete Meinung, wonach der Hass auf die Kirche nicht von Hitler selbst, sondern lediglich von dessen Gefolgsleuten komme, nicht zutreffe. Pacelli zeigte sich keineswegs überrascht: „Um die Wahr-heit zu sagen, die Gefühle der heftigen Feindschaft und des Hasses von Seiten des heutigen Reichskanzlers gegen die katholische Kirche, nun durch Rachege-fühle zusätzlich verstärkt, waren hier seit langer Zeit gut bekannt."[28]

---

25 BRECHENMACHER, Der Heilige Stuhl und die totalitären Ideologien, 39.

26 Aufzeichnungen Pacellis, 13.3.1938 – S.RR.SS., AA.EE.SS., Austria, pos. 886 P.O., fasc. 48. Vgl. auch Pignatti an Ciano, 18.3.1938, in: I Documenti diplomatici italiani [Die italienischen diplomatischen Dokumente] [zukünftig DDI], Serie VIII., 8, Nr. 357.

27 Mario CASELLA, La crisi del 1938 fra Stato e Chiesa nella documentazione dell'Archivio Sto-rico del Ministero degli Affari Esteri [Die Krise von 1938 zwischen Staat und Kirche in der Dokumentation des Historischen Archivs des Ministeriums des Äußeren], in: „Rivista di storia della Chiesa in Italia" 54, 2000, 91–186; SALE, Hitler, la Santa Sede e gli Ebrei, 167–183.

28 Cicognani an Pacelli, 24.4.1937 und Pacelli an Cicognani, 28.4.1937 – S.RR.SS., AA.EE. SS., Germania, pos. 720, fasc. 329. Zu Pacelli in den Jahren 1937-1938 vgl. auch CHENAUX, Pio XII. Diplomatico e pastore, 199 f.; Giacomo MARTINA, I segretari di Stato della S. Sede.

Nach dem Anschluss Österreichs wurde der vatikanischen Diplomatie klar, dass die Situation der benachbarten Tschechoslowakei äußerst prekär geworden war und mit einem Ausgreifen Deutschlands in ihre Richtung gerechnet werden musste; unklar schien lediglich wann und in welcher Form[29]. Der vatikanische Auditor in Prag, Giuseppe Burzio, meldete am 15. März 1938, die „tragischen österreichischen Ereignisse" und ihre „gewaltige und schlagartige Schnelligkeit" hätten in der Tschechoslowakei

> einen enormen Eindruck, wenn nicht eine quälende Befürchtung hervorgerufen und die ohnehin gefährliche Situation der Tschechoslowakei, die sich heute direkt bedroht fühlt und sich über die von Deutschland praktizierten Methoden keine Illusionen mehr machen kann, extrem erschwert.

Burzio war überzeugt, dass Deutschland, „vom leichten Erfolg berauscht, die Politik der absoluten Präponderanz in Zentraleuropa fortsetzen wird, und nicht abzusehen ist, wie sich die Tschechoslowakei diesem Druck entziehen könnte", und glaubte, dass das Land fortan genötigt sein würde, sein Allianzsystem insbesondere gegenüber der Sowjetunion und seine Politik gegenüber der deutschen Minderheit radikal zu ändern[30].

Besonders pessimistisch interpretierte die Entwicklung der Wiener Nuntius Gaetano Cicognani, der unter dem Eindruck der Österreich-Krise kurz nach der Rückkehr des Kanzlers Kurt Schuschnigg aus Berchtesgaden im Vatikan warnte: „Das Problem, das man heute hier diskutiert, wird sich sehr bald in der Tschechoslowakei einstellen"[31], um zwei Wochen später, ein Gespräch mit dem Bundeskanzler Schuschnigg paraphrasierend, resigniert hinzuzufügen: „Er [Hitler] hat die Absicht, auch die Tschechoslowakei zu annektieren, und Verträge werden ihn daran keineswegs hindern können."[32]

Metodi e risultati di una ricerca [Die Staatssekretäre des Heiligen Stuhls. Methoden und Ergebnisse einer Untersuchung], in: „Mélange de l'École française de Rome. Italie et Méditerranée" 110/2, 1998, 556 f.

29 Der amerikanische Prälat im Dienst des Staatssekretariates Joseph Hurley berichtete nach einer Mission in Österreich, in der amerikanischen Gesandtschaft in Wien sei man der Ansicht, dass die Konzentration der deutschen Truppen in Österreich so hoch sei, dass sie den Verdacht wecke, ihr Ziel sei die tschechoslowakische Grenze, da sie mehrfach die Bedürfnisse der Besetzung Österreichs übersteige. Bericht Hurleys, 19.3.1938 – S.RR.SS., AA.EE.SS., Austria, pos. 910 P.O., fasc. 67.

30 Burzio an Pacelli, 15.3.1938 – ebd., pos. 910 P.O., fasc. 66.

31 Gaetano Cicognani an Pacelli, 21.2.1938 – ebd., pos. 910 P.O., fasc. 66.

32 Gaetano Cicognani an Pacelli, 6.3.1938 – ebd., pos. 900 P.O., fasc. 62.

Doch nicht nur die mitteleuropäischen Kräfteverhältnisse, sondern das gesamte delikate Gleichgewicht Europas, insbesondere von Großbritannien aufmerksam überwacht, schien definitiv in die Brüche gegangen zu sein:

> Diese enorme deutsche Masse im Herzen Europas, angeführt von Menschen, die sich nicht gerade durch übermäßige Ausgeglichenheit und Nachdenklichkeit auszeichnen, stellt eine Bedrohung und eine permanente Gefahr dar, [...]

schrieb in seinem Bericht der meist ausgezeichnet informierte Nuntius in Bern, Filippo Bernardini, der nun die Position der Tschechoslowakei für „äußerst fragil" hielt:

> Herr Hitler hat, nach dem ersten Coup 1936, zwei Jahre gewartet, um gegen Österreich auszuholen. Wird er wohl genauso lang zuwarten, um einen weiteren Schlag zu versetzen?[33]

Um der Gefahr einer kriegerischen Konflagration zu entgehen und Europa zu stabilisieren, setzte die vatikanische Diplomatie ihre Hoffnungen auch jetzt vor allem in die Erneuerung des durch die Nachwirkungen des Abessinienkriegs, den Krieg in Spanien sowie die immer gewagteren Revisionsschritte Deutschlands zutiefst erschütterten Zusammenwirkens der europäischen Großmächte. Der Heilige Stuhl begrüßte die sich in den ersten Monaten des Jahres 1938 abzeichnende Annäherung zwischen Großbritannien und Italien. In einer Zeit, in der die Allianzlandschaft noch nicht festgefügt war, der Anschluss die Beziehungen zwischen Deutschland und Italien belastete und das Osterabkommen zwischen London und Rom der italienischen Außenpolitik einen alternativen Weg vorzuzeichnen schien, hoffte man im Vatikan, dass eben diese Annäherung Italien vor der einseitigen Anbindung an das Achsenbündnis bewahren, zur Entspannung seiner Beziehung zu Paris, zur Besserung der gegenseitigen Beziehungen zwischen allen Großmächten und somit letztlich auch dazu beitragen könnte, einen Ausweg aus der 1938 akut gewordenen mitteleuropäischen Krise zu finden[34]. Es ist interessant zu beobachten, dass nicht nur das Staatsse-

---

33 Bernardini an Pacelli, 13.3.1938 – ebd., pos. 910 P.O., fasc. 66.
34 Pignatti a Ciano, 10.2.1938, in: DDI, VIII, 8, Nr. 130. Vgl. Jahresbericht 1938 des Gesandten Osborne an Außenminister Halifax, in: Thomas Hachey (Hg.), Anglo-Vatican Relations 1914–1939. Confidential annual Reports of the British Minister to the Holy See, Boston 1972, 385–390; Renzo De Felice, Mussolini il duce, II: Lo Stato totalitario 1936–1940 [Mussolini der Duce. Der totalitäre Staat 1936–1940], Torino 1991, 133, 151; Angelo Martini, L'ultima udienza ufficiale di Pio XI. Neville Chamberlain in Vaticano [Die letzte offizielle Audienz von Pius XI. Neville Chamberlain im Vatikan], in: „La Civiltà Cattolica" 127/I, 1976, 526–543;

kretariat, sondern auch die Nuntien, allen voran Valerio Valeri in Paris und Filippo Bernardini in Bern, praktisch alle wichtigen außen- wie innenpolitischen Entwicklungen im Lichte ihrer potentiellen Auswirkungen auf die britisch-italienischen und französich-italienischen Beziehungen interpretierten. So meinte Bernardini zum Schluss seines Berichtes über den Anschluss,

> ein gutes Resultat dieser Ereignisse scheint die grössere Wahrscheinlichkeit einer Verständigung zwischen England und Italien und die Möglichkeit einer gewissen Erkaltung in den Beziehungen zwischen Rom und Berlin zu sein [...][35],

während Valeri in Paris jede der häufigen Regierungsumbildungen sowie andere politische Ereignisse auch danach beurteilte, ob sie Bedingungen für eine Entspannung gegenüber Italien schufen[36]. Valeri sah sich auch bemüht, in Gesprächen mit französischen Politikern über die italienische Politik und die auf beiden Seiten auf Hochtouren laufende Propaganda zumindest indirekt mäßigend zu wirken. Im Jänner 1938 wagte er sich ziemlich weit vor, als er im Gespräch mit dem französischen Handelsminister – obgleich unter dem Vorbehalt, „nicht als Apostolischer Nuntius, sondern als Privatmann zu sprechen" – sagte, dass

> nach meinem Urteil Frankreich auch das Unmögliche hätte unternehmen müssen um zu verhindern, dass sich Italien in die Arme Deutschlands wirft. Ich wies auf den schweren Fehler der Sanktionen hin und der Minister stimmte zu. Ich regte an, dass Frankreich im Namen des Allgemeinwohls für eine Versöhnung zwischen England und Italien wirken und die Frage der Anerkennung des Imperiums beilegen sollte[37].

Es war schließlich kein Zufall, dass gerade im Jahre 1938 der Heilige Stuhl auch zu ungewöhnlich entgegenkommenden Gesten bereit war, um mit Großbritan-

---

Owen CHADWICK, Britain and the Vatican during the Second World War, Cambridge 1986, 17–26; Peter C. KENT, A Tale of Two Popes. Pius XI, Pius XII and the Rome-Berlin Axis, in: „Journal of Contemporary History" 23, 1988, 589–608. Vgl. der britische Botschafter in Rom Perth an Außenminister Halifax, 16.11.1938, in: Documents on British Foreign Policy III, 3, London 1950, 458 f.

35 Bernardini an Pacelli, 13.3.1938 – S.RR.SS., AA.EE.SS., Austria, pos. 910 P.O., fasc. 66.

36 Valeri an Pacelli, 28.2.1938 – S.RR.SS., AA.EE.SS., Francia, pos. 801 P.O., fasc. 361; Valeri an Pacelli, 28.3.1938 (der gesamte Bericht ist „einer neuen Ausrichtung der französischen Ideen in Bezug auf Italien" gewidmet – ebd., pos. 835 P.O., fasc. 397; Valeri an Pacelli, 11.4.1938, ebd., pos. 801 P.O., fasc. 361; Valeri an Pacelli, 22.7.1938 – ebd., pos. 801 P.O., fasc. 362. Hier kommt Valeri zum Fazit, dass es „immer schwieriger sein wird, dass jenes [Italien] sich definitiv mit England verständigt, wenn es sich nicht auch mit Paris verständigen wird".

37 Valeri an Pacelli, 25.1.1938 – S.RR.SS., AS.EE.SS., Stati Ecclesiastici, pos. 547 P.O., fasc. 571.

nien erfolgreich über die Bilateralisierung der bis dahin einseitigen diplomatischen Beziehungen (es gab einen britischen Gesandten beim Heiligen Stuhl, jedoch keinen Nuntius in London) zu verhandeln und in die Metropole an der Themse einen eigenen Vertreter entsenden zu können. Nachdem die Ernennung eines Nuntius auf unüberwindbaren politisch-ideologischen Widerstand gestoßen war und sich als unmöglich erwiesen hatte, begnügte man sich im apostolischen Palast, auf die Zusicherung hin, der Delegat werde einen informellen Zugang zu allen Ministerien haben, mit der Entsendung eines bloßen apostolischen Delegaten ohne diplomatischen Status, dessen Name noch dazu trotz seiner nominell rein kirchlichen Funktion der Regierung im voraus vertraulich bekannt gegeben werden musste und der ein britischer Staatsbürger sein sollte. Damit akzeptierte man im Vatikan die Perpetuierung der Ungleichgewichtigkeit der Beziehungen sowie einen ungewöhnlichen Präzendenzfall, der letztendlich den Wert der von der nationalen Herkunft unabhängigen vatikanischen Staatsbürgerschaft in Frage stellte. Die Wahl fiel auf den mit dem römischen Ambiente gut vertrauten langjährigen Rektor des Englischen Kollegs in Rom, William Godfrey, dessen Aufgabe es war, nicht nur alte anglikanische Vorurteile und neue politische Verdächtigungen gegenüber dem angeblich dem faschistischen Italien nahestehenden Oberhaupt der katholischen Kirche auszuräumen, sondern auch eine wirksame direkte Kommunikationslinie zwischen dem Vatikan und London auszubauen und somit in letzter Konsequenz zur Friedenserhaltung beizutragen[38].

Vom Kulturkampf zur Freundschaftsoffensive: Die Tschechoslowakei und der Heilige Stuhl in den späten Dreißigerjahren

Die Verschlechterung der internationalen Beziehungen kam indirekt auch der Besserung des vatikanisch-tschechoslowakischen Verhältnisses zugute, da die spürbare äußere Bedrohung und das Anwachsen der inneren Spannungen die Bereitschaft der Prager Politik erhöhten, durch Entgegenkommen den Ausgleich mit der katholischen Kirche und die potentielle politische und moralische Unterstützung des Heiligen Stuhls zu suchen.

---

38 Nuntius in Irland Robinson an Pacelli, 8.4.1938, 9.5.1938 und 11.6.1938; britischer Gesandter beim Heiligen Stuhl Osborne an Pacelli, 28.6.1938; Aufzeichnungen von Tardini, 23.6.1938 und 11.7.1938; Pacelli an Osborne, 14.7.1938 – S.RR.SS., AA.EE.SS., Inghilterra, pos. 276 P.O., fasc. 123. Instruktionen für den Apostolischen Delegaten in Großbritannien Guglielmo Godfrey, Jänner 1939 – S.RR.SS., AA.EE.SS., Inghilterra, pos. 276 P.O., fasc. 124.

Das Verhältnis zwischen der Tschechoslowakei und dem Heiligen Stuhl war ein äußerst schwieriges, erfuhr aber im Laufe der Existenz der Ersten Republik eine sichtbare Veränderung. Die im revolutionären Überschwang der Anfangszeit nach 1918 in der tschechischen Gesellschaft erhobenen Maximalforderungen nach einem laizistischen Staat oder der Schaffung einer Nationalkirche als Vervollständigung der nationalen Staatlichkeit wurden schrittweise zurückgenommen und von der Politik eines Modus vivendi mit der katholischen Kirche abgelöst. Dahinter stand die Rücksichtnahme auf die tief religiöse Slowakei, die notwendige innen- wie außenpolitische Konsolidierung des jungen Staates sowie die Tatsache, dass die Mehrzahl der zur religiösen Indifferenz neigenden Tschechen für ein aktives nationalkirchliches Engagement nicht mobilisierbar war[39]. Der tschechische Katholizismus konnte zwar in der Folge seine gesellschaftliche Marginalisierung zum Teil überwinden, seine Integration blieb jedoch relativ oberflächlich und sein betont staatsnationales Denken machte den Brückenschlag zu den nichttschechischen Katholiken der Republik praktisch unmöglich und erschwerte im Bedarfsfalle eine klare Distanzierung von den Positionen der Regierung[40].

---

39 Emilia HRABOVEC, Der Heilige Stuhl und die Slowakei 1918-1922 im Kontext internationaler Beziehungen (Wiener Osteuropa Studien 15), Frankfurt am Main u.a. 2002, 32-46, 107-121, 223-260, 326-342; DIES., Pio XI e la Cecoslovacchia: un rapporto difficile alla luce delle nuove fonti vaticane [Pius XI. und die Tschechoslowakei: eine schwierige Beziehung im Lichte der neuen vatikanischen Quellen], in: Raffaela Perin, Alberto Guasco (Hgg.), Pio XI: Keywords. International Conference Milan 2009 (Christianity and History 7), Berlin 2010, 339-359. Vgl. auch Martin SCHULZE WESSEL, Historismus und konkurrierende kirchliche und konfessionelle Geschichtsdeutungen in Ostmittel- und Osteuropa zwischen den Weltkriegen, in: „Zeitschrift für Geschichtswissenschaft" 50, 2002, 141-154; Pavel MAREK, K problematice církevního rozkolu v Československu v roce 1920 [Zur Problematik des kirchlichen Schismas in der Tschechoslowakei im Jahre 1920], in: „Český časopis historický" 99, 2001, 85-118; Emilia HRABOVEC, Die Reformbestrebungen der tschechischen Priester und die Entstehung der „Tschechoslowakischen Kirche", in: „Römische Historische Mitteilungen" 51, 2009, 337-368.
40 Zu nationalen Spannungen während des Katholikentages und danach vgl. z.B. die Berichte des österreichischen Gesandten in Prag, Ferdinand Marek. Marek an den Außenminister, 4.7.1935, 5.10.1935, 22.11.1935 und 8.10.1936 – Österreichisches Staatsarchiv/Archiv der Republik, Neues Politisches Archiv [zukünftig ÖStA/AdR, NPA], Karton 757. Zur Dreierbeziehung zwischen der tschechischen und der slowakischen Volkspartei und dem Heiligen Stuhl vgl. Emilia HRABOVEC, La Santa Sede, il governo cecoslovacco e gli slovacchi (1918-1939) [Der Heilige Stuhl, die tschechoslowakische Regierung und die Slowaken (1918-1939)], in: Massimiliano Valente (Hg.), Santa Sede ed Europa centro-orientale tra le due guerre mondiali. La questione cattolica in Jugoslavia ed in Cecoslovacchia [Der Heilige Stuhl und Ostmitteleuropa zwischen den beiden Weltkriegen. Die katholische Frage in Jugoslawien und in der Tschechoslowakei] (Collana dell'Ambito di Storia dell'Università Europea di Roma), Soveria Mannelli 2011, 243-272.

Ambivalent blieb auch das Verhältnis der Republik zum Heiligen Stuhl. Während der Anfangsjahre wurde er von den tonangebenden Eliten als legitimistische und um die Einkreisung und Vernichtung der freiheitlichen Tschechoslowakei bemühte feindliche Macht dargestellt und etwaige diplomatische Beziehungen mit ihm abgelehnt. Pragmatischere Politiker dagegen erkannten rasch die Bedeutung der diplomatischen Beziehungen mit dem ältesten Souverän Europas für die innen- und außenpolitische Festigung des Staates[41]. Diese lauwarme Disponibilität, die primär pragmatische politische Vorteile suchte, hatte allerdings zur Folge, dass die gegenseitigen Beziehungen krisenanfällig blieben und mehrere Male am Rande des Bruchs balancierten[42]. Eine Stabilisierung erreichten sie erst in den späten Dreißigerjahren, als es gelang, die langwierigen, mit wirtschaftlichen und völkerrechtlichen Aspekten verbundenen Fragen der neuen Delimitation der Diözesen zu lösen, und somit die Staatsgrenzen der Republik auch kirchlich festzuschreiben[43].

1938 erwuchs in der Tschechoslowakei einer der gefährlichsten Konfliktherde, die über Frieden oder Krieg in Europa entscheiden konnten. Die Erosion des französischen Sicherheitssystems und der Aufstieg NS-Deutschlands hatten die traditionell linksliberale tschechoslowakische Politik auf der Suche

---

41 Micara an Gasparri, 27.10.1919 - S.RR.SS., AA.EE.SS., Austria, pos. 1332, fasc. 527. Vgl. dazu HRABOVEC, Der Heilige Stuhl und die Slowakei, 223–260; vgl. auch den Dokumentenband Emilia HRABOVEC, Slovensko a Svätá Stolica 1918–1927 vo svetle vatikánskyen promeňov [Die Slowakei und der Heilige Stuhl 1918–1927 im Lichte vatikanischer Quellen], Bratislava 2012, 19–23.

42 Zur Krise 1921/1922 siehe Emilia HRABOVEC, Na pokraji prerušenia stykov. Kríza vo vzťahoch medzi Česko-Slovenskom a Svätou stolicou 1921 [Am Rande des Bruchs. Krise in den Beziehungen zwischen der Tschechoslowakei und dem Heiligen Stuhl 1921], in: Jozef M. Rydlo (Hg.), Fidei et Patriae. Jubilejník na počesť 80. narodenín Františka Vnuka [Fidei et Patriae. Festschrift zum 80. Geburtstag von František Vnuk] (Libri Historiae Slovaciae. Scriptores VII), Bratislava 2008, 257–284; zur Krise 1925 um das Fest von Jan Hus vgl. Antonín KLIMEK, Boj o Hrad. 1. Hrad a Pětka (1918–1926) [Der Kampf um die Burg. 1. Die Burg und die ‚Pětka' (1918–1926)], Praha 1996, 338–343; Emilia HRABOVEC, La Santa Sede e la Slovacchia 1918-1938 [Der Heilige Stuhl und die Slowakei 1918–1938], in: Marek Šmid, Cyril Vasiľ (Hgg.), Relazioni internazionali giuridiche bilaterali tra la Santa Sede e gli Stati: esperienze e prospettive [Die internationalen bilateralen rechtlichen Beziehungen zwischen dem Heiligen Stuhl und den Staaten: Erfahrungen und Perspektiven] (Libreria Editrice Vaticana. Atti e documenti 17), Città del Vaticano 2003, 250–254; zur Krise 1933 vgl. Emilia HRABOVEC, „L'incidente Ciriaci" 1933. La diplomazia pontificia e il difficile rapporto fra Chiesa, Stato e Nazione in Cecoslovacchia [Der „Zwischenfall Ciriaci" 1933. Die päpstliche Diplomatie und das schwierige Verhältnis zwischen Kirche, Staat und Nation in der Tschechoslowakei], in: „Römische Historische Mitteilungen" 54, 2012, 585–604; vgl. auch HRABOVEC, Slovensko a Svätá stolica 1918–1927 vo svetle vatikánskych prameňov, passim.

43 Mit der apostolischen Konstitution Ad ecclesiastici regiminis incrementum, in: AAS 29/11, 1937, 366–369.

nach neuen außenpolitischen Stützen in das innenpolitisch umstrittene und außenpolitisch belastende Bündnis mit der Sowjetunion geführt. Parallel dazu und in Abwandlung der von Moskau initiierten Volksfronttaktik versuchte die Prager Regierung, die tschechischen Katholiken zu hofieren und durch öffentlichkeitswirksame Aktionen wie die demonstrative Teilnahme der politischen Spitze am tschechoslowakischen Katholikentag 1935 die Unterstützung der katholischen Kirche zu erreichen[44]. Innenpolitisch sollten dadurch zuerst die katholischen Stimmen für die Präsidentschaftskandidatur von Edvard Beneš gesichert und dann auf dem Umweg über einen – noch wenige Jahre zuvor in Regierungskreisen undenkbaren – „katholischen Block" insbesondere die widerspenstige Slowakische Volkspartei im zentralstaatlichen Sinne „gezähmt" und zur faktischen Aufgabe ihres autonomistischen und katholisch-konservativen Programms bewogen werden[45]. Außenpolitisch sollte die Republik als konsolidierter und katholikenfreundlicher Staat präsentiert und dadurch einerseits der schlechte Eindruck der Allianz mit Moskau und der immer akuteren sudetendeutschen Frage ausbalanciert und andererseits die Durchführung der Delimitation der Bistumsgrenzen und somit die dringend benötigte Stabilisierung der Staatsgrenzen beschleunigt werden.

Nachdem diesbezügliche Verhandlungen mit dem Heiligen Stuhl erfolgreich abgeschlossen worden waren, nützten Präsident Beneš wie Außenminister Kamil Krofta jede sich bietende Gelegenheit, um demonstrativ die guten Beziehungen zum Heiligen Stuhl hervorzuheben[46]. An vatikanische Diplomaten wurden als Zeichen einer besonderen Harmonie hohe Republikorden verliehen[47]. Die tschechoslowakische Gesandtschaft beim Heiligen Stuhl überhäufte das päpstliche Staatssekretariat mit unzähligen Informationen, die den offiziellen Prager Standpunkt verteidigten und die deutschen und slowakischen katholischen Politiker belasteten[48], die Redaktion des „L'Osservatore Romano" erhielt regelmäßig Unterlagen aus der tschechischen Presse, das Außenministerium bot dem Chefredakteur eine private Reise in die Tschechoslowakei an und unterstützte finanziell den im regierungsnahen Ton schreibenden tschechischen Korrespondenten der kirchlichen Presse in Rom, Karel Weirich[49]. Den außen-

---

44 Berichte des päpstlichen Diplomaten in Prag, Panico, an Pacelli und Ottaviani - S.RR.SS., AA.EE.SS., Cecoslovacchia, pos. 135 P.O., fasc. 175–176.

45 Aufzeichnung von Panico über die Wahl des neuen Staatspräsidenten, 27.11.1935 - S.RR.SS., AA.EE.SS., Cecoslovacchia, pos. 137 P.O., fasc. 178; Aufzeichnung des neuen Nuntius Ritter über die Demission von Masaryk und die Ernennung seines Nachfolgers, 8.12.1935 - ebd.

46 Außenpolitisches Exposé von Kamil Krofta - AMZV, II/3, Karton 29.

47 Bericht Radimskýs, 1.7.1938 - AMZV, PZ Vatikán 1938.

48 S.RR.SS., AA.EE.SS., Cecoslovacchia, pos. 144 P.O., fasc. 180 und 181.

49 Bericht Radimskýs, 1.7. 1938 - AMZV, PZ Vatikán 1938; ebd., II/3, Karton 28.

wie innenpolitischen Sinn und Zweck einer solchen „Freundschaftsoffensive" verriet der tschechoslowakische Gesandte Václav Radimský, als er während einer Audienz beim Kardinalstaatssekretär Pacelli sagte: „[…] im Angesicht eines nationalsozialistischen Deutschlands, eines ganz auf Deutschland ausgerichteten Ungarns, eines Österreichs, das in Gefahr schwebt, von Deutschland absorbiert zu werden, bleibt der Kirche in Zentraleuropa nur die Tschechoslowakei, […]", um gleich hinzuzufügen, es sei daher notwendig, zumindest den ersten, die äußeren Diözesangrenzen betreffenden Teil des Modus Vivendi so rasch wie möglich durchzuführen, weil es in der Slowakei „ernste Agitation" gebe und der Vorsitzende der katholischen und autonomistischen Slowakischen Volkspartei, Andrej Hlinka, eine Interpellation im Parlament eingebracht habe. Um jedoch den Kardinalstaatssekretär gleich wieder auf den Boden der tschechoslowakischen Realität zurückzuführen, erinnerte ihn der Gesandte schließlich, die diplomatischen Noten müssten so konzipiert werden, um „für die Kreise der Opposition akzeptabel", also nicht allzu katholisch zu sein[50].

Dieses tschechoslowakische Verhalten erzeugte auf der vatikanischen Seite eine ambivalente Reaktion. Man begrüßte die mit der kulturkämpferischen Atmosphäre der unmittelbaren Nachkriegszeit so deutlich kontrastierende Ausgleichsbereitschaft des Staates und unterstützte auch den Gedanken eines „katholischen Blocks", der zur Überwindung von parteipolitischen Konflikten „zwischen Katholiken und Katholiken" und zur Schaffung einer kompakten katholischen Organisation beitragen und als Grundlage einer schrittweise christlichen Verankerung des Staates dienen konnte. Dies entsprach auch der generellen Haltung des Papstes, der alles zurückwies, was in seiner Sicht im fundamental einheitlichen Menschengeschlecht Teilungen, Zwistigkeiten und Konflikte politischer, ideologischer oder ethnischer Art hervorrief: Das war nicht nur der Rassismus und der übertriebene Nationalismus, sondern auch der Klassenkampf oder die politische Aufspaltung der Katholiken. Sein konservatives hierarchisches Denken, seine Ekklesiologie sowie die Überzeugung, wonach die katholische Kirche „das Recht und die Pflicht hat, die Totalität ihrer Macht über die Menschen zu beanspruchen", da „jeder Mensch ganz der Kirche gehört, da er ganz Gott gehört"[51], bestärkten ihn in der Überzeugung von der zentralen Rolle der Kirche als obersten Führerin in der Gestaltung der Gesellschaft, die

---

50 Audienz Pacellis an den tschechoslowakischen Gesandten Radimský, 27.2.1937 – S.RR.SS., AA.EE.SS., Stati Ecclesiastici, pos. 430b P.O., fasc. 364.

51 Daniele Menozzi, Renato Moro (Hgg.), Cattolicesimo e totalitarismo: Chiese e culture religiose tra le due guerre mondiali (Italia, Spagna, Francia) [Katholizismus und Totalitarismus: Kirchen und religiöse Kulturen in der Zwischenkriegszeit (Italien, Spanien, Frankreich)], Brescia 2004, 381.

der Mediation der katholischen Parteien entweder gar nicht oder nur in außergewöhnlichen Situationen bedürfe. Er konnte sich daher auch mit dem Phänomen der „katholischen Parteien", die in seiner Sicht potentiell die Kirche mit politischen Verwicklungen und inneren Spaltungen belasteten, nicht wirklich anfreunden und gab einerseits der direkten Verhandlung und völkerrechtlich wirksamen Vertragsschließung mit dem Staat, andererseits der gesellschaftlichen Mobilisierung der Laien in der unpolitischen, aber allumfassenden und hierarchischen Katholischen Aktion eindeutig den Vorzug. In der schwierigen internationalen Situation, wie sie sich in der zweiten Hälfte der Dreißigerjahre präsentierte, konnte außerdem in seinen Augen ein stabiler, im Einklang mit den gerechten Forderungen seiner Völker strukturell reformierter, durch die übernationale Zusammenarbeit der Katholiken umgestalteter und durch Garantien der Großmächte international abgestützter tschechoslowakischer Staat ein zusätzliches Element des mitteleuropäischen Gleichgewichts und ein Hindernis im Ausgreifen der totalitären Mächte werden.

Gleichzeitig registrierte der Heilige Stuhl freilich unliebsam, dass unter der Oberfläche der neuen Orientierung nach wie vor katholikenfeindliche Bemühungen wirksam waren, die zum Beispiel die slowakischen Bischöfe im Jahre 1936 dazu veranlassten, ein langes Schreiben an den Präsidenten der Republik und in Abschrift an den Papst zu richten, in welchem die Fortdauer der Diskriminierung des katholischen Schulwesens beklagt wurde[52]. Mit Entsetzen erfuhr man im Vatikan, dass derselbe Beneš, der sich anlässlich des Katholikentages demonstrativ mit dem päpstlichen Vertreter auf dem Balkon gezeigt und der versammelten Menge gewinkt hatte, im Frühjahr 1936 zum Gastgeber des in Prag stattfindenden Weltkongresses der Gottlosen wurde[53].

Mit dem größten Unbehagen nahm man schließlich die schwache Widerstandsfähigkeit des tschechischen Katholizismus gegenüber der Gefahr oder der Anziehungskraft des Kommunismus wahr. Päpstliche Diplomaten in Prag beobachteten argwöhnisch die Passivität des tschechischen Episkopats, der es wegen seiner Uneinheitlichkeit, einer allzu großen Nähe zur Regierung und aus Furcht vor öffentlichen politischen Reaktionen nicht wagte, mit einem gemeinsamen Hirtenbrief energisch gegen den Bolschewismus aufzutreten und die sowjetfreundliche Außenpolitik Prags zu verurteilen[54]. Der Auditor der Prager Nuntiatur, Giuseppe Burzio, meinte im Gespräch mit dem österreichischen Gesandten Ferdinand Marek, es sei „durchaus nicht von der Hand zu

---

52 Aufzeichnung über ein Pro Memoria der slowakischen Bischöfe, 5.7.1936 – S.RR.SS., AA.EE. SS., Cecoslovacchia, pos. 138 P.O., fasc. 178.
53 Ebd., pos. 533 P.O., fasc. 556.
54 Marek an Außenminister Schmidt, 15.9.1936 und 5.10.1936 – ÖStA/AdR, NPA, Karton 757.

weisen, dass, falls ein tschechoslowakischer Bischof in einem Hirtenbriefe anti-
kommunistische Töne anschlüge, er deswegen möglicherweise sogar von einem
katholischen Abgeordneten [...] im offenen Parlament angegriffen werden würde"[55]. Wenige Monate später berichtete Marek, die Sympathien der tschechischen Volkspartei für die Kommunisten seien auch schon in der Öffentlichkeit
zu Tage getreten und hätten die Aufmerksamkeit des päpstlichen Diplomaten
erregt[56]. Nuntius Ritter empörte sich insbesondere über verschiedene Reden
der Abgeordneten der tschechischen katholischen Volkspartei. Einer von ihnen, Pater Světlík, pries in der Zeitung „Den" die „grundsätzlichen Änderungen
in Russland", wo „die Trotzkisten erschossen wurden und wo in vielem eine
Neuordnung eintritt nach den einzig möglichen Grundsätzen des Dekalogs"[57].
Nach einer „bolschewikenfreundlichen Rede im Abgeordnetenhaus" versuchte
Světlík dem Nuntius zu erklären, er habe so wegen der Wähler sprechen müssen,
worauf der Nuntius gemeint haben soll, „Pater Světlík dürfe nicht vergessen,
dass er in erster Linie Priester der katholischen Kirche sei"[58]. Alles in allem, resümierte der Nuntius zum Schluss eines langen und nüchternen Berichtes, habe
das Bündnis der Tschechoslowakei mit der Sowjetunion neben der militärischen
Allianz auch einen kulturellen Austausch bewirkt, der zum Vehikel der kommunistischen Propaganda geworden sei. Es sei nicht wahr, dass die Tschechoslowakei ein Zentrum des Kommunismus sei, wies Ritter die propagandistischen
Anschuldigungen, die aus Deutschland, Ungarn, Polen und Italien gegen die
Tschechoslowakei erhoben wurden, zurück. Der Nuntius verwehrte sich dagegen, die Tschechoslowakei als mit der Sowjetunion militärisch verbündetes
Land und als Bastion des Bolschewismus zu verunglimpfen, doch „im Moment
begegnet die kommunistische Ideologie keine Opposition, so dass dieser Staat
intellektuell wohl nicht imstande sein wird, im gegebenen Augenblick der roten
Welle einen ausreichenden Widerstand entgegenzustellen".[59]

Die sudetendeutsche Frage aus vatikanischer Perspektive

Vorerst schien die Tschechoslowakei jedoch mit einer anderen Gefahr, der Übermacht des deutschen Nachbarn von außen und der akut gewordenen nationalen,

---

55   Marek an Außenminister Schmidt, 15.9.1936 – Ebd.
56   Kopie des Berichtes des österreichischen Gesandten in Prag, Marek, 3.1.1937 – S.RR.SS.,
     AA.EE.SS., Cecoslovacchia, pos. 141 P.O., fasc. 179.
57   Ritter an Pizzardo, 27.10.1936 – ebd.
58   Kopie des Berichtes des österreichischen Gesandten in Prag, Marek, 3.1.1937 – ebd.
59   Ritter an Pizzardo, 8.7.1937 – ebd.

allen voran der sudetendeutschen Frage im Inneren konfrontiert zu werden. Die Entwicklung der sudetendeutschen Frage wurde daher von der vatikanischen Diplomatie insbesondere seit Anfang 1938 mit größter Aufmerksamkeit verfolgt. Der Kardinalstaatssekretär sowie der Prager Nuntius erkannten klar, dass der Hauptprotagonist dieses Dramas Adolf Hitler war. In Nuntiaturberichten, vertraulichen diplomatischen Gesprächen, aber auch auf den Seiten des „L'Osservatore Romano" wurde in den folgenden Monaten wiederholt der äußere Druck Deutschlands auf die Tschechoslowakei gebrandmarkt[60]. Dies bedeutete freilich keineswegs, dass der Heilige Stuhl die reale Existenz von offenen nationalen Fragen in der Tschechoslowakei verkannt hätte. Man sehe vielmehr die Notwendigkeit, sie rasch einer Lösung zuzuführen, führte er in seinen Berichten aus.

In den ausführlichen Situationsberichten, die der apostolische Nuntius in Prag, Saverio Ritter, im Laufe des Frühjahrs und des Sommers 1938 an den Kardinalstaatssekretär sandte, dominierte vor allem die Unsicherheit darüber, welche Position die einzelnen Partner im komplizierten innen- und außenpolitischen Beziehungsgeflecht Zentraleuropas einnehmen würden. Mit dem wohl größten Fragezeichen schien dem Nuntius das Verhalten Hitlers versehen zu sein: Werde er sich mit einem „local government", also einer Art administrativer Selbstverwaltung, welche wohl auch Prag zu konzedieren bereit wäre, zufrieden geben, oder gemäß den Postulaten Henleins ein „self government", eine politische Autonomie, fordern? Werden die Verhandlungen

mit der wirklichen Absicht geführt, eine Übereinkunft zu finden, oder sind sie vielmehr ein Palliativ, um Zeit zu gewinnen und den Bruch bis zu einem geeigneteren Zeitpunkt hinauszuschieben? Wird dieser Bruch schließlich zu einem ‚Anschluss' nach österreichischem Muster führen, oder wird Deutschland auch mit stärkeren Methoden agieren?

Ein diplomatischer Kollege hatte Ritter über eine Äußerung des deutschen Gesandten in Prag berichtet, der zufolge Deutschland keine Tschechen in das Deutsche Reich inkorporieren wollte. „Berlin denkt also vielleicht an ein unabhängiges, jedoch an Deutschland gebundenes Böhmen: eine Art Protektorat oder Kolonie …", resümierte im Mai 1938 Ritter[61].

---

60   Ritter an Pacelli, 8.5.1938 – S.RR.SS., AA.EE.SS., Cecoslovacchia, pos. 144 P.O., fasc. 181; Burzio an Pacelli, 26.5.1938 – ebd. Vgl. auch Fritz SANDMANN, Die Haltung des Vatikans zum Nationalsozialismus im Spiegel des „Osservatore Romano" (von 1929 bis zum Kriegsausbruch), Diss. Mainz 1965, 258–261.

61   Ritter an Pacelli, 8.5.1938 – S.RR.SS., AA.EE.SS., Cecoslovacchia, pos. 144 P.O., fasc. 181. Der

Als weitere Unbekannte auf dem international-politischen Parkett Zentraleuropas präsentierte sich für Ritter Ungarn. Der Prager Nuntius war überzeugt, dass das Land immer deutlicher in die Abhängigkeit von Deutschland hineinschlitterte, innenpolitisch mit deutscher Unterstützung immer klarer nationalsozialistischen Vorbildern nacheiferte und mit deutscher Rückendeckung bald zur entscheidenden Revision des Trianoner Vertrages ausholen und sich die ganze Slowakei inkorporieren könnte. In der machtpolitischen Expansion NS-Deutschlands über Ungarn nach dem europäischen Südosten sah Ritter zwar auch eine mögliche außenpolitische Alternative zur Konzentration des deutschen Interesses auf die Tschechoslowakei, er fürchtete allerdings, dass die Tschechoslowakei dadurch in eine völlige Einkreisung geriete[62].

Auch der die ungarische Politik viel großzügiger und verständnisvoller beurteilende Budapester Nuntius Angelo Rotta bestätigte, dass der Einfluss der nationalsozialistischen Ideologie in Ungarn insbesondere in der Jugend stets wachse, die „Pfeilkreuzerbewegung, die der ungarische Nationalsozialismus ist" sich keine Gelegenheit entgehen lasse, um Wasser auf eigene Mühlen zu ziehen, und vor allem in den Reihen der Jugend an Kraft und Stärke gewinne.[63] Rotta berichtete auch, dass die außenpolitischen Erfolge des Deutschen Reiches in Budapest zwar nicht ohne ernste Besorgnis, aber von vielen als Gelegenheit gewertet werden, um „die Tschechoslowakei zu vernichten" und mit deutscher Rückendeckung „einen Teil der verlorenen Gebieten wiederzuerlangen"[64].

Der Prager Nuntius Saverio Ritter fühlte sich zweifellos an die Tschechoslowakei emotional sehr gebunden. Im Unterschied zu seinen Vorgängern im Amt, Clemente Micara, Francesco Marmaggi und Pietro Ciriaci, die alle unter außergewöhnlichen Umständen und unfreiwillig das Land ihrer Mission hatten verlassen müssen[65], war Ritter 1935 als Wunschkandidat der Regierung nach Prag gekommen, entwickelte bald ungewöhnliche Sympathien für manche Persönlichkeiten der tschechischen politischen Eliten und konnte sich bis zu

---

nachkommende Abschnitt basiert im Wesentlichen auf: Emilia HRABOVEC, Der Heilige Stuhl und die Tschechoslowakei 1938-1939, in: Jörg Zedler (Hg.): Der Heilige Stuhl in den internationalen Beziehungen (1870–1939) (Spreti-Studien 2), München 2010, 333–360, hier 341–351.

62 Ritter an Pacelli, 16.5.1938 – S.RR.SS., AA.EE.SS., Cecoslovacchia, pos. 144 P.O., fasc. 181.

63 Rotta an Pacelli, 22.9.1938 – S.RR.SS., AA.EE.SS., Ungheria, pos. 79 P.O., fasc. 58.

64 Rotta an Pacelli, 18.3.1938 – S.RR.SS., AA.EE.SS., Ungheria, pos. 70 P.O., fasc. 53.

65 Emilia HRABOVEC, Die Nuntien in der Tschechoslowakei: Clemente Micara, Francesco Marmaggi, Pietro Ciriaci, Saverio Ritter, in: Hubert Wolf (Hg.), Eugenio Pacelli als Nuntius in Deutschland. Forschungsperspektiven und Ansätze zu einem internationalen Vergleich (Veröffentlichungen der Kommission für Zeitgeschichte B 121), Paderborn e.a. 2012, 177–196; HRABOVEC, „L'incidente Ciriaci" 1933. La diplomazia pontificia e il difficile rapporto fra Chiesa, Stato e Nazione in Cecoslovacchia, 585–604.

einem gewissen Grad mit einigen politischen Stellungnahmen der „Burg", wie das Machtzentrum um den Staatspräsidenten herum bezeichnet wurde, identifizieren. Dies hinderte ihn allerdings nicht daran, die innenpolitischen Defizite und hausgemachten Ursachen der Krise des tschechoslowakischen Staates, die lange angestauten und ungelösten Probleme und die Intransigenz der tschechischen politischen Führung zu erkennen. Die größte Konzessionsbereitschaft und Konzilianz attestierte Ritter im Frühsommer 1938 der Agrarpartei[66]. Unnachgiebigkeit hielt er dagegen den beiden tschechischen sozialistischen Parteien, sowie der tschechischen katholischen Volkspartei vor, welche, so Ritter, den (tschechischen) Nationalstaat retten wolle, die Agrarier des Verrats an der Heimat beschuldige und in den tschechisch-deutschen Verhandlungen sich an die Maxime „so wenig wie möglich nachgeben" halte. Die bitterste Kritik Ritters ernteten die tschechischen katholischen Volksparteiler für ihre philosowjetische außenpolitische Orientierung oder zumindest ihr naives Vertrauen in die potentielle sowjetische Hilfe und die Unterschätzung der drohenden bolschewistischen Gefahr: „Die peinliche Seite dieser Intransigenz der tschechischen Katholiken besteht darin, dass sie ihre Zuversicht und ihr Vertrauen auf die Sowjets gründen."[67] Dem Parteiführer Msgr. Jan Šrámek attestierte der Nuntius zwar durchaus staatsmännische Qualitäten, gleichzeitig bedauerte er aber, dass dessen „prononcierter Nationalismus ihm zeitweise die klare Sicht der Realität verstellen kann"[68].

Auf sudetendeutscher Seite beobachtete Ritter ein stetes Anwachsen der Zustimmung für die Sudetendeutsche Partei, die Anfang Mai 1938 bereits fast

---

66   Ritter an Pacelli, 8.5.1938: „Die Agrarier sind Patrioten und […] fette Bürger. Es versteht sich daher, dass sie Ideen und […] Eigentum zu verteidigen haben" ("Gli agrari sono patrioti e […] grassi borghesi. Si capisce quindi che hanno da difendere idee e […] beni".) - S.RR.SS., AA.EE. SS., Cecoslovacchia, pos. 144 P.O., fasc. 181.

67   „Il lato penoso di questa intransigenza dei cattolici čechi si é che essi fondano la loro fiducia e la loro sicurezza sui Soviet." Ritter an Pacelli, 8.5.1938 - S.RR.SS., AA.EE.SS., Cecoslovacchia, pos. 144 P.O., fasc. 181.

68   Ritter an Pacelli, 31.7.1938: „Ma mi pare altrettanto innegabile che il pronunciato suo nazionalismo possa talvolta impedirgli la netta visione della realtà." - S.RR.SS., AA.EE.SS., Cecoslovacchia, pos. 144 P.O., fasc. 182. Die Unterstützung, die Šrámek der Prager Regierungspolitik gewährte, hatte ihm auch vorher scharfe Kritik des Heiligen Stuhls eingetragen. So bereits im Jahre 1921, nach dem auch innerparteilich umstrittenen Eintritt seiner Partei in das agrarisch-sozialistische Kabinett, als der damalige Nuntius Clemente Micara die „Taktik der Kompromisse" des Prälaten kritisierte, der „sich völlig in den Einflussbereich der Regierung begeben hat und einen übertriebenen Nationalismus demonstriert, mit dem Ergebnis, dass die tschechische katholische Partei heute, zusammen mit jener des Herrn Kramář, für die von allen am meisten nationalistische gehalten wird". Micara an Gasparri, 8.12.1921 - S.RR.SS., AA.EE. SS., Austria, pos. 1476, fasc. 601.

allgemein geworden sei. In der Bevölkerung herrsche überall „Enthusiasmus, Hoffnungen", „von einem Moment zum anderen werde Hitler erwartet". Schonungslos ging Ritter mit der Intransigenz der sudetendeutschen politischen Führung und den Folgen des nationalistischen Rausches in den sudetendeutschen Gebieten ins Gericht. Die Bevölkerung von Karlsbad und Umgebung – damit war die Hochburg der Sudetendeutschen Partei gemeint – scheine „wahnsinniger denn je … überall Hitlergruß, Boykott der Juden mit dem beginnenden Exodus […]"[69], es komme zu Zusammenstößen und Inzidenten mit der Polizei, die sicher nicht dazu beitrügen, die erregten Gemüter zu beruhigen[70]. Ab Juli berichtete er, dass Henlein und seine Getreuen Hilfe und Unterstützung aus Deutschland erhalten und „zwischen hier und Berlin und Berchtesgaden hinund herfahren, um Bericht zu erstatten und Befehle entgegen zu nehmen"[71].

Zu substantiell ähnlichen Urteilen kam auch der studierte Rechtsphilosoph und außenpolitische Kommentator der vatikanischen Tageszeitung „L'Osservatore Romano" Guido Gonella in seiner berühmten außenpolitischen Rubrik „Acta diurna", auch wenn sie in einer in Rom erscheinenden Zeitung in viel behutsamere Worte gekleidet werden mussten als die nicht öffentlichen diplomatischen Berichte. Anfang September schrieb er, das Treffen des Vorsitzenden der Sudetendeutschen Partei, Konrad Henlein, mit Hitler und anderen Exponenten der NS-Führung in Berchtesgaden sei ein Zeichen, dass Deutschland seinen bis dahin indirekt ausgeübten Einfluss nun durch eine offizielle Rolle als Verhandlungspartner abgelöst habe, wodurch der Konflikt „am Vorabend des Epilogs" angelangt sei. An die Adresse der sudetendeutschen Politiker meinte er, „Intransigenz ist für die Repräsentanten der Sudetendeutschen kein Beweis des begrenzten Verhandlungswillens, sondern eine Taktik, auf die die Partei eifersüchtig und stolz ist"[72].

Der Heilige Stuhl registrierte mit Besorgnis, dass die Euphorie der „nationalen Revolution" und die Anziehungskraft der Sudetendeutschen Partei und ihrer Organisationen auch aktive katholische Laien und Priester in ihren Bann zog und im Laufe des Frühjahrs sudetendeutsche katholische Vereine und Assoziationen dazu bewog, ihren Beitritt zur Partei bzw. deren Organisationen anzumelden. Der Sekretär für außerordentliche kirchliche Angelegenheiten Domenico Tardini appellierte nach besorgniserregenden Berichten aus Prag an den Nuntius, er möge die kompetenten Ordinare

---

69 Ritter an Pacelli,16.5.1938 – S.RR.SS., AA.EE.SS., Cecoslovacchia, pos. 144 P.O., fasc. 181.
70 Ritter an Pacelli, 8.5.1938 – ebd.
71 Ritter an Pacelli, 31.7.1938. – S.RR.SS., AA.EE.SS., Cecoslovacchia, pos. 144 P.O., fasc. 182.
72 L'Osservatore Romano, 3.9.1938.

auf die religiösen Gefahren aufmerksam machen, welche sich aus dem bedingungslosen Beitritt der katholischen Vereine, der Priester [...] zu einer Bewegung, die weder frei von nationalsozialistischem Einfluß ist noch sich offen von der Ideologie distanziert, welche von der Enzyklika ,Mit brennender Sorge' verurteilt worden ist, ergeben können[73].

Trotz Besorgnis über die „nationale Euphorie" der sudetendeutschen Katholiken scheint jedoch Ritter in vertraulichen Nachrichten eher zu vorsichtigem Vorgehen geneigt gewesen zu sein. Der sudetendeutsche Priester und Gelehrte P. Alfons Maria Mitnacht, OSA, berichtete am 3. Mai 1938 dem Kardinalstaatssekretär Pacelli, der Prager Nuntius habe ihn bevollmächtigt, dem Staatssekretär „als private Meinung des Nuntius" mitzuteilen, der Nuntius könne und wolle nicht dem Urteile des Episkopates vorgreifen, aber persönlich sei er, auch auf Grund der in der Kirchenpolitik Italiens gemachten Erfahrungen, der Überzeugung,

[...] es sei nicht im Interesse der Kirche eine Frontstellung ,hie katholisch – hie national' entstehen zu lassen. In einem Kampfe dieser Art erleide die Kirche heute großen Schaden. Freilich dürfe man nichts von dem opfern, was die Kirche niemals opfern könne; aber wenn man durch das Opfer der nicht rein katholischen Jugendorganisationen eine derartige scharfe Kampffrontstellung vermeiden könne, so könnte das für die hochwst. Herren Diözesanbischöfe wohl ein Grund sein um die Entwicklung schweigend zu dulden.[74]

Unter all diesen Umständen hielt Ritter den politischen und psychologischen Raum für erfolgreiche tschechisch-sudetendeutsche Verhandlungen für sehr eng. Auf tschechischer Seite bemängelte er eine Diskrepanz zwischen verbalen Versprechungen und faktischer Intransigenz („solange es sich um Worte handelt, konzedieren die Tschechen alles: wenn es zu den Taten kommt, konzedieren sie nichts mehr; oder zumindest nur soviel, wieviel sie nachzugeben gezwungen sind [...]"), von der der Heilige Stuhl in den diplomatischen Verhandlungen „bereits seine Erfahrung gemacht hat"[75], und eine Neigung zu emotionalen Extremen. Der Anschluss Österreichs habe einen lähmenden Schock und Verzweiflung provoziert,

---

73   Tardini an Ritter, 24.5.1938 – S.RR.SS., AA.EE.SS., Cecoslovacchia, pos. 144 P.O., fasc. 181.

74   „Nachträgliche Aufzeichnung vom 12. Mai 1938 zu den am 3. Mai Sr. Eminenz vorgetragenen Gedankengängen" von P. Alfons M. Mitnacht – ebd.

75   Ritter an Pacelli, 8.5.1938: „fin che si tratta di parole, i cechi concederanno tutto: quando si viene ai fatti, non concedono più nulla; o almeno, solo tanto quanto sono costretti di cedere [...] Per quanto poi riguarda le trattative diplomatiche, [...] la Santa Sede ha già fatto la sua esperienza".– ebd.

die später durch eine unbegründete Zuversicht abgelöst worden sei, die in blinder Hoffnung insbesondere auf sowjetische Hilfe und unter dem Eindruck verschiedener Massenveranstaltungen wie dem Treffen der tschechischen Turnorganisation Sokol im Juli 1938 den Sinn für die reale Lage verloren habe[76]. Die Sudetendeutschen wiederum, so Ritter, hätten spätestens bei den Gemeindewahlen im Mai/Juni 1938 gezeigt, dass sie praktisch geschlossen hinter der Sudetendeutschen Partei stünden[77] und, wie auch viele deutsche Priester und Ordensleute berichteten, aus nationaler Überzeugung seien „überall alle für den ‚Anschluss' an Deutschland". Selbst die guten gläubigen Katholiken dächten nicht daran, „etwas gegen den Glauben zu tun", würden zwar sehen, dass in religiöser Hinsicht „Deutschland das ist, was es ist", zugleich aber hoffen, dass diese Situation sich einmal ändern würde[78].

Der sudetendeutsche Priester und ehemalige christlichsoziale Politiker und Senator Karl Hilgenreiner erklärte im Jänner 1939 in einem Brief an den Rektor des deutschen Kollegs Sta. Maria dell'Anima in Rom, Bischof Alois Hudal, die Position der Christlichsozialen zur Henlein-Politik wie folgt:

> [...] dass uns böse Zeiten drohen, wenn man von dem Rosenberg-Wahn nicht läßt, ist mir klar. Aber gegenwärtig merkt man von diesen Ideen bei uns fast nichts. Nach Konrad Henlein bedeutet ‚nationalsozialistische Weltanschauung' Bekenntnis zur deutschen Volksgemeinschaft im Sinne von: Alles fürs Volk! Also einen Altruismus, den man passieren lassen kann. Von Antikirchlichem und Antireligiösem keine Spur. So sind denn auch im Sudetenland wie bei uns im Reststaat die Geistlichen in der Bewegung. Es war uns ja im März gelungen, die Verbindung mit Henlein herzustellen, ein Glück für Klerus und Kirche, sonst wären sie mit den Sozialdemokraten und den Kommunisten beim Einzuge Hitlers bei den Tschechen gestanden, und die Folge wäre jetzt eine Los-von-Rom-Bewegung ... Auch die mich im März verketzert haben wegen des Einschwenkens der Christlichsozialen zu Henlein, geben mir heute recht und sind froh ein sicheres Dach gefunden zu haben. Dass unsere tschechischen Herren von der Kirchenleitung mehr daran denken, dass dieser Zusammenschluß dem wackligen Nationalstaat den letzten Stoß gegeben hat, und daher dafür keine Anerkennung aufbringen, kann ich Ihnen nicht verdenken; in ihrem Falle würde mir vermutlich das Verständnis auch schwer fallen. Politik ist ja nicht mit Ja und Nein zu machen, es bleibt immer ein trüber Rest. Aber wenn man einer geschlossenen Übermacht gegenübersteht, darf man wohl etwas von der Klugheit der Schlangen versuchen, um der religiösen Sache so gut, als es eben möglich ist, zu dienen. Es wäre wahrhaftig leichter den Unbeugsa-

---

76 Ritter an Pacelli, 8.5.1938 – ebd.; Ritter an Pacelli, 31.7.1938 – ebd. fasc. 182.
77 Burzio an Pacelli, 26.5.1938 – ebd., fasc. 181.
78 Ritter an Pacelli, 31.7.1938 – ebd., fasc. 182. Hervorhebung im Original.

men, Grundsatzgeraden herauszukehren. Das sollten die Herren in Rom bedenken und daher nicht immer an Glaubensverrat denken, wo das Wort «nationalsozialistisch» ausgesprochen wird."[79]

Der Heilige Stuhl quittierte mit Anerkennung die Vermittlungsversuche des britischen Premierministers Neville Chamberlain und die Entsendung des britischen Unterhändlers in die Tschechoslowakei im August 1938. Pacelli betonte gegenüber dem tschechoslowakischen Gesandten Radimský mehrmals den Wunsch, die Mission Walter Runcimans möge erfolgreich die anstehenden Schwierigkeiten lösen und den Frieden in Europa retten[80]. Auch auf Seiten des „L'Osservatore Romano" wurden immer wieder die britische Vermittlungsbereitschaft und die Rolle Runcimans gepriesen, auch wenn solche Lobreden spätestens Mitte September mehr verbale Bemühungen um die Aufrechterhaltung des Dialogs als Hinweise auf konkrete Resultate waren. Abseits der Zeitungsrhetorik überschätzte der Vatikan die Möglichkeiten einer diplomatischen Vermittlungsaktion jedoch keineswegs. Während der sehr beherrschte Kardinalstaatssekretär Pacelli allerdings mit Kommentaren nach außen spärlich umging und gegenüber dem britischen Gesandten Sir Francis d'Arcy Osborne lediglich darauf hinwies, dass die Masse der Sudetendeutschen wohl nicht die Umgestaltung der Tschechoslowakei, sondern die nationale Verbindung mit Deutschland anstrebe, gab der für seine scharfzüngige Direktheit bekannte Sekretär für die außerordentlichen kirchlichen Angelegenheiten Domenico Tardini gegenüber dem britischen Gesprächspartner seine Bedenken über den Ausgang der Runciman-Mission im Spätsommer 1938 unverhüllt zu. Er zweifelte an der Bereitschaft der tschechoslowakischen Seite, rasch einem Ausgleich zuzustimmen und erinnerte den britischen Diplomaten an die schlechten Erfahrungen, die der Heilige Stuhl in Verhandlungen mit den „langsamen und schwerfälligen" tschechischen Politikern gemacht habe[81]. Tardini ging in seinen Bedenken noch weiter und berührte die grundsätzliche Frage der Raison d'être und der Zukunftsaussichten des tschechoslowakischen Staates. Denn diesem fehle „das natürliche Prinzip der Einheit" und seine Grenzen seien nicht zu verteidigen, während es rundherum Nachbarn gebe, die Ansprüche auf sein Territorium erheben[82].

---

79 Karl Hilgenreiner an Alois Hudal, 13.1.1939 – Archiv des Kollegs Sta. Maria dell'Anima Roma, Nachlass Alois Hudal, Karton 30, Korrespondenz 1939.

80 Geheimer Bericht Radimskýs, 19.8.1938 – AMZV, PZ Vatikán, 1938.

81 Hachey (Hg.), Anglo-Vatican Relations 394; zur Persönlichkeit Tardinis vgl. Carlo F. CASULA, Domenico Tardini (1888–1961). L'azione della Santa Sede nella crisi fra le due guerre [Domenico Tardini (1888–1961). Aktivität des Heiligen Stuhls in der Krise der Zwischenkriegszeit], Roma 1988, hier insbesondere Tardinis Tagebuch, 291–388.

82 Hachey (Hg.), Anglo-Vatican Relations 394.

Trotz der Skepsis über die Erfolgsaussichten der Verhandlungen, die durch laufende Berichte Ritters nur bestätigt zu sein schien, verfolgte die vatikanische Diplomatie während des Sommers 1938 mit großer Aufmerksamkeit die diplomatischen Ereignisse und versuchte, zumindest auf jene Akteure still einzuwirken, zu denen sie noch einen Zugang besaß, und sie dazu zu bewegen, durch Entgegenkommen und Kompromissbereitschaft eine beiderseits akzeptable Lösung zu finden. In diesem Sinne argumentierten Pacelli und Tardini gegenüber dem Gesandten Radimský und seinem Chargé d'affaires Messány, wie auch Ritter in Prag nicht nur gegenüber dem Außenministerium, sondern im Auftrag seiner Vorgesetzten, „an der Entspannung zu wirken", auch gegenüber den sudetendeutschen Christlichsozialen um Karl Hilgenreiner. Diese sollten nicht zuletzt mit Hilfe religiöser Argumente zur größeren Distanz gegenüber der Führung der sudetendeutschen Sammelpartei und zu mehr Versöhnungsbereitschaft gegenüber Prag bewegt werden[83].

Anfang August lud Staatspräsident Edvard Beneš den Nuntius zu einem längeren Gespräch auf die Prager Burg ein, um ihm den tschechoslowakischen – oder besser gesagt den Beneš'schen – Standpunkt zu erläutern. Gekonnt begann er mit grundsätzlichen Überlegungen, die an päpstliche Äußerungen anknüpften, welche den übertriebenen Nationalismus verurteilten, der „Teilungen, Gegensätze, mit Gefahren von Kriegen" mit sich bringe[84], und die in einem Ton vorgetragen wurden, der an verschiedene an Katholiken gerichtete Einladungen der französischen Linken und Radikalen im Zeichen der „main tendue" erinnerte. Beneš meinte, die größte Gefahr sei heute nicht der Bolschewismus, sondern der „Supernationalismus", welcher mit dem Bolschewismus die philosophischen, wirtschaftlichen und sozialen Prinzipien teile und in einen absoluten Materialismus münde. Er, Beneš, sei immer gegen einen übertriebenen Nationalismus gewesen. Ritter, der Beneš als überzeugten Sozialisten und Mitglied der betont national gesinnten tschechischen nationalsozialistischen Partei kannte, wurde misstrauisch und fragte sich, „ob er [der Präsident] in der Orthodoxie mit den Überzeugungen ad captandam benevolentiam nicht ein wenig übertrieb". Beneš gab zu, dass in der Behandlung der sudetendeutschen Bevölkerung Fehler und Ungerechtigkeiten geschehen seien, entschuldigte sie aber mit dem Fehlen der Zeit und versicherte seinem Gesprächspartner, dass die Regierung bereit sei, Abhilfe zu schaffen und soweit wie möglich zu gehen, den Staat in vier historische Einheiten zu gliedern und jede von ihnen mit einer umfassenden admi-

---

83 Geheimer Bericht Messánys über die Audienz bei Pacelli, 19.8.1938 - AMZV, PZ Vatikán, 1938.

84 In zahlreichen Äußerungen im Sommer 1938, z.B. in der Ansprache an die Alumnen des Kollegs der Propaganda Fide am 21.8.1938, in: Bertetto (Hg.), Discorsi di Pio XI, 3, 785–786.

nistrativen Autonomie auszustatten[85]. Ritter fiel bei diesen Ausführungen der Unterschied zwischen den betont unnachgiebigen Positionen des katholischen Ministers Šrámek, mit dem er wenige Tage zuvor konferiert hatte, und dem verbal entgegenkommenden Präsidenten Beneš auf. Diesen Unterschied führte er aber nicht auf substantielle politische Differenzen zurück, sondern glaubte, dass Beneš, „obgleich innerlich intransigent, sich aus taktischen Gründen verbal konziliant zeigt"[86].

Trotz aller Bedenken war Ritter überzeugt, dass ein kriegerischer Konflikt, der wegen der sudetendeutschen Frage „alle Völker Europas, wenn nicht der ganzen Welt, große und kleine, schuldige oder schuldlose" in einen allgemeinen Krieg verwickeln würde, in jedem Falle vermieden werden musste[87].

Die ausgebliebene Friedensinitiative

Dieses Grundanliegen – eine friedliche Lösung zu finden – teilten im Vatikan alle, zumal ein Krieg nicht nur unsagbares menschliches Leid zu bringen, sondern in letzter Konsequenz, so war man überzeugt, in einer allgemeinen Revolution und Bolschewisierung Europas zu enden drohte. Dennoch weigerte sich der Papst lange, dem seit dem Frühjahr 1937 intensiven Drängen insbesondere aus Frankreich nachzugeben und mit einem öffentlichen Friedensappell oder gar dem Aufruf zu einer Friedenskonferenz aufzutreten. Die erste Welle derartiger Interventionen erhob sich 1937 im Zusammenhang mit der französischen Erwartung, der Papst würde mit einer öffentlichen Intervention in den spanischen Krieg eingreifen. Die zweite Phase der französischen Pressionen auf den Papst spielte sich zwischen Dezember 1937 und März 1938 ab, zweifellos im Zusammenhang mit der Österreich-Krise, aber auch den angespannten Beziehungen zwischen Frankreich und Italien und der propagandistischen Schlacht um die Tunis-Frage. Ab Mai 1938, vor dem Hintergrund der sich zuspitzenden Tschechoslowakei-Krise, brach dann eine richtige französische Offensive aus, aus politischen, diplomatischen, publizistischen, aber auch aus katholischen Kreisen kommend, mit dem Ziel, auf den Pariser Nuntius, den Kardinalstaatssekretär, den Sekretär für außerordentliche kirchliche Angelegenheiten Tar-

---

85 Unter den vier historischen Einheiten meinte Beneš Böhmen, Mähren-Schlesien, Slowakei und Karpatenrussland. Für die Deutschen wie für die nach einer vollen politischen Autonomie strebenden Slowaken war eine solche administrative Lösung unannehmbar.

86 Ritter an Pacelli, 9.8.1938: „che Beneš, pur essendo intimamente intransigente, si mostri, per tattica, conciliante a parole […]". Hervorhebung im Original – S.RR.SS., AA.EE.SS., Cecoslovacchia, pos. 144 P.O., fasc. 182.

87 Ebd.

dini, auf den Pariser Kardinal Verdier oder über diese und andere Kanäle auf den Papst einzuwirken und ihn zu einer Friedensinitiative zu bewegen. Hinter dieser Offensive, die ihren Höhepunkt zu einem Zeitpunkt erreichte, da die Beziehungen des Heiligen Stuhls zur italienischen Regierung bereits sehr angespannt waren, dürften wohl auch Spuren jener stillen französisch-italienischen „Konkurrenz" um den Einfluss bei der Kurie zu erahnen sein, welche bereits seit Jahrzehnten spürbar war[88]. Einer ihrer Protagonisten war der französische Botschafter beim Heiligen Stuhl, vormals Gesandter in Prag und persönlicher Freund Beneš', François Charles-Roux, der – gekonnt argumentierend – den französischen Wunsch nach einer vatikanischen Friedensinitiative als eminentes Eigeninteresse des Heiligen Stuhls darzustellen vermochte:

> In Frankreich, in den Vereinigten Staaten und überall, sagt der Botschafter, erwarten all diejenigen, die im Heiligen Stuhl eine geistige und moralische Macht anerkennen, von ihm ein erhabenes Wort. Ansonsten *«vouz perdez»*, auch weil es die Linke sein werde, die Prinzipien zu proklamieren, welche der Heilige Stuhl mit dem ganzen Gewicht seiner Autorität proklamieren sollte. So wie der Heilige Stuhl nach dem Krieg bemüht war, sein Konzept des Friedens, recht unterschiedlich von jenem der Sozialisten, zu klären, so sollte er auch jetzt seine Doktrin der Gerechtigkeit, Liebe, des Rechts, die deutlich über jener der Sozialisten steht, vertreten.[89]

Der Papst blieb skeptisch. Anders als sein Nachfolger unmittelbar vor dem Ausbruch des Krieges im Sommer 1939, unternahm Pius XI. in der Septemberkrise 1938 keine diplomatisch-politische Vermittlungsaktion und hielt unter den gegebenen Umständen jede eigene Friedensinitiative für „weder nützlich noch opportun"[90]. Es schien klar, dass eine Friedensinitiative, wie sie sein Vorgänger Benedikt XV. im August 1917 unternommen hatte, von allen Seiten als demütigend zurückgewiesen worden wäre. Das Verhältnis des todkranken Papstes zum

---

88 Antonio CONSOLI, Il Pontificato di Pio XI e la società civile. Alcune riflessioni sulla sua attività "concordataria" [Das Pontifikat Pius' XI. und die Zivilgesellschaft. Einige Gedanken über die „konkordatäre" Tätigkeit], in: Gianfranco Bianchi, Antonio Consoli, Nicola Raponi, Giorgio Vecchio, Pietro Zerbi, (Hgg.), Il Pontificato di Pio XI a cinquant'anni di distanza [Das Pontifikat Pius' XI. nach fünfzig Jahren], Milano 1991, 63.

89 Aufzeichnung Tardinis, 14.3.1938 – S.RR.SS., AA.EE.SS., Stati Ecclesiastici, pos. 547 P.O., fasc. 572.

90 Aufzeichnung Pacellis über die Audienz an Charles-Roux, 14.9.1938 – S.RR.SS., AA.EE.SS., Stati Ecclesiastici, pos. 430b P.O., fasc. 364. Siehe auch Gillet an Pacelli, 12.9.1938 – ebd., Cecoslovacchia, pos. 144 P.O., fasc. 183; Charles-Roux an Pacelli, 17.9.1938 – ebd., fasc. 184; François CHARLES-ROUX, Huit ans au Vatican 1932–1940, Paris 1947, 127–129.

nationalsozialistischen Deutschland war bereits irreparabel schlecht und ließ keine wie auch immer geartete Vermittlungs- oder Anknüpfungsmöglichkeit zu. Auch seine Beziehung zu Mussolini war im Sommer 1938 bereits auf dem Gefrierpunkt angelangt und seine Einflussmöglichkeiten auf die italienische Politik minimal. Der tschechoslowakische Gesandte Radimský berichtete später von der Existenz einer vertraulichen Botschaft des Papstes an den nach München abfahrenden Mussolini, die an den Duce appelliert haben sollte, am Konferenztisch nicht nur Hitler zu sekundieren, sondern sich für eine gerechte Lösung zu engagieren[91]. Vatikanische Quellen bestätigen eine derartige Initiative, die selbst für die informiertesten Zeitgenossen unsichtbar blieb, nicht. Unbefolgt und angefeindet, so war man im Vatikan überzeugt, bliebe eine vatikanische Friedensinitiative auch in Moskau.

Mehr noch: In einer Situation, in der nationalistische Emotionen, Teilungen, Gegensätze und Hass herrschten und selbst in katholisches Ambiente eingedrungen waren, hielt Pius XI. jede politische Antwort des Papstes auf die Krise in Europa für sinnlos, da sie unerhört bleiben oder missdeutet werden würde. Wie er bereits am 16. Dezember 1935 in der Konsistorialallokution erklärt hatte, sah er seit langem keinen Sinn mehr darin, über Ereignisse zu sprechen, die über Krieg oder Frieden entscheiden könnten, da im herrschenden „Zustand der Unsicherheit in Bezug auf die Geschehnisse und die Menschen zu befürchten ist, dass Unsere Worte, was immer wir auch sagen würden, nicht richtig verstanden werden oder gar dass ihre Bedeutung offen entstellt wird"[92]. Die profunde Skepsis gegenüber der Wirksamkeit und Sinnhaftigkeit eines von der Kirche gesprochenen politischen Wortes, ja die Enttäuschung über die Desinterpretationen eines jeden öffentlichen kirchlichen Wortes, kam mit der größten Deutlichkeit in der allerletzten vom sterbenden Papst entworfenen Ansprache, die er am 11. Februar 1939 an die anlässlich des Jubiläums der Lateranverträge in den Vatikan geladenen italienischen Bischöfe hätte halten sollen:

Sie wissen, teuerste und ehrwürdigste Brüder, wie das Wort des Papstes häufig behandelt wird. Man beschäftigt sich, nicht nur in Italien, mit unseren Allokutionen, unseren Audienzen, meistens um sie im falschen Sinne zu verdrehen; und auch, um uns – nach freier Invention – wahre Dummheiten und Absurditäten in den Mund zu legen [...] Seien Sie vorsichtig, teuerste Brüder in Christus, und vergessen Sie nicht, dass es um sie herum sehr häufig Beobachter und Denunzianten gibt (sagen Sie Spione, und Sie werden die Wahrheit sagen), die, aus eigenem Antrieb oder im fremden Auftrag, Ihnen zuhören, um Sie zu denunzieren, nachdem sie, es versteht

---

91 Bericht Radimskýs, 3.10.1938 – AMZV, PZ Vatikán, 1938.
92 CHIRON, Pio XI, 340

sich, nichts und auch schon gar nichts verstanden hatten, oder, wenn nötig, gerade das Gegenteil, wobei zu ihrer Entschuldigung (erinnern wir uns ihrer wie Unser Herr sich seiner Kreuziger erinnerte) lediglich der mindernde Umstand der absoluten Unwissenheit spricht [...] Es gibt, leider, Pseudokatholiken, die glücklich zu sein scheinen, wenn sie meinen, eine Differenz, eine Diskrepanz [...] zwischen dem einen oder dem anderen Bischof, mehr noch zwischen einem Bischof und dem Papst zu sehen.[93]

Die Speerspitze dieser niemals gehaltenen Ansprache – Pius XI. starb am Vorabend des Jubiläums – war offensichtlich gegen die Situation in Deutschland und in Italien gerichtet, welche als einzige namentlich genannt wurden, aber nicht nur gegen sie, wie zahlreiche allgemeine Feststellungen und die Anspielung auf „Pseudokatholiken", die vermeintliche Diskrepanzen zwischen Bischöfen und dem Papst sehen wollen, erahnen lassen und die an peinliche französische Missverständnisse in der leidigen Causa der „main tendue" erinnerten.

Die Weigerung des Papstes, das französische Insistieren positiv aufzugreifen, hatte freilich auch konkretere Gründe. Der Papst, auf Unparteilichkeit bedacht, wollte vermeiden, mit einer öffentlichen Initiative aufzutreten, die angesichts des offensichtlichen französischen Unwillens, sich für den tschechoslowakischen Bündnispartner militärisch zu engagieren, im profranzösischen Sinne interpretierbar gewesen wäre, als ein Beitrag dazu, die Allianzverpflichtungen Frankreichs nicht wirksam werden lassen zu müssen. Und dass Frankreich nicht bereit war, der Tschechoslowakei militärisch beizustehen, davon waren der Papst wie sein Staatssekretariat trotz aller gegenteiligen französischen Zusicherungen bereits seit der Österreich-Krise überzeugt. Die Aussage einiger Kabinettsmitglieder, über welche der Pariser Nuntius berichtete, war klar: Falls ein Krieg ausbricht, wird in Frankreich einzig Herr Osuský marschieren. Tardini bemerkte diesbezüglich zum Botschafter Charles-Roux:

1. Dass ich nicht sehe, wie Frankreich die Tschechoslowakei – nun von Deutschland umzingelt – unterstützen könnte. Es bliebe nichts anderes, als dass französische Truppen Deutschland überfallen würden, ein schwieriges Unterfangen, mit welchem weiß ich nicht ob alle Franzosen einverstanden wären.

2. Die Haltung Englands scheint nicht einem Krieg zugeneigt zu sein.[94]

---

93 Handschriftlicher Textentwurf der Ansprache des Papstes an die italienischen Bischöfe, 8.2.1939 – S.RR.SS., AA.EE.SS., Stati Ecclesiastici, pos. 576 P.O., fasc. 607.

94 Aufzeichnung von Tardini über ein Gespräch mit Botschafter Charles-Roux, 14.3.1938 – S.RR. SS., AA.EE.SS., Stati Ecclesiastici, pos. 547 P.O., fasc. 572.

Auch die betont christliche verbale Verbrämung mancher französischer politischer Interventionen und die häufigen Berufungen auf päpstliche Äußerungen und Ermahnungen, die man jahrelang zuvor, als man sich noch in der gesicherten politischen Position wog, beharrlich ignoriert hatte, erschienen im Vatikan zumindest unglaubwürdig. Umso mehr, da dahinter mehrfach Politiker standen, die noch kurz zuvor offene politische und ideologische Gegner des Papsttums und der katholischen Kirche gewesen waren. So Edouard Herriot, 1924 als Ministerpräsident an der Spitze eines radikalen Linkskartells, das die diplomatischen Beziehungen mit dem Heiligen Stuhl und das Konkordatsregime in Elsass-Lothringen beseitigen und zahlreiche unfreundliche Eingriffe gegen die katholische Kirche geplant hatte, und der 1938, zur selben Zeit, als er den Papst und den Nuntius in Frankreich hofierte, zugleich die Ehrenpräsidentschaft des in London stattfindenden zweiten Weltkongresses der vereinigten Gottlosen und Freidenker übernahm. Jenes Kongresses übrigens, dessen belgischer Delegierter Braun erklärte, das Christentum sei „die Negation der Menschenrechte und der unversöhnliche Feind der Demokratie", und dessen Teilnehmer sich die sowjetische Empfehlung anhörten, die Gottlosen-Bewegung möge im Namen der Volksfronttaktik nicht nur mit verschiedenen Arbeiterorganisationen kooperieren, sondern in subtiler Form selbst mit christlichen Intellektuellen ins Gespräch kommen[95]. Ähnlich, wie 1936 im Zusammenhang mit dem kommunistischen Allianzangebot im Zeichen der „main tendue", bekam man im Vatikan auch 1938 den Eindruck, Applaus von der falschen Seite zu ernten und in unannehmbare Allianzen gedrängt zu werden. Diese Befürchtung wog umso mehr, da ein Teil der deutschen und der italienischen faschistischen Presse dem Papst ohnehin seit Monaten vorwarf, mit den „westlichen Liberalen und Freimaurern" gemeinsame Sache zu machen oder sich gar um eine Allianz zwischen Paris, Prag, Moskau und Vatikan zu bemühen.[96]

Pius XI. dürfte auch klar gewesen sein, dass die französische Diplomatie keine allgemeine, gegen totalitäre Ideologien oder die nationalistische Unduldsamkeit gerichtete und zur friedlichen Beilegung des Konfliktes auffordernde Kundgebung lesen wollte, wie sie päpstlicherseits bereits unzählige Male erlassen und allein im Sommer 1938 in mehreren Ansprachen wiederholt worden war. Vielmehr ging er davon aus, dass sie eine konkret adressierte politische Enuntiation wünschte, wohl vergleichbar mit jenem öffentlichen Schreiben, das Präsident Franklin Delano Roosevelt einige Monate später auf dem Höhepunkt der pol-

---

95 Escandescenze oratorie al congresso dei senza-Dio, in: L'Osservatore Romano, 23.9.1938, 2.
96 De Felice, Mussolini il duce, II: Lo Stato totalitario 1936-1940, 136-143; Kent, A Tale of Two Popes, 602.

nischen Krise an Hitler und Mussolini richten sollte[97]. Eine derartige Initiative musste in den Augen der päpstlichen Diplomaten kontraproduktiv erscheinen, da sie die Unparteilichkeit des Papstes kompromittiert und Hitler provoziert hätte, ohne von ihm irgendetwas zu erreichen. Um seine Unparteilichkeit zu wahren, lehnte Pius XI. auch die Anregung des apostolischen Delegaten in Washington, Amleto Cicognani, ab, er möge in einer etwaigen Friedensäußerung das Schreiben des amerikanischen Präsidenten Roosevelt an Hitler vom 27. September 1938 loben[98].

Die Zurückhaltung der vatikanischen Diplomatie durfte auch von dem französischen Wunsch bestärkt worden sein, der Papst möge zur Respektierung der Friedensverträge aufrufen. Es erschien sinnlos, Staaten, die eben diese Verträge als ungerecht empfanden und deren Revision auf ihre politischen Fahnen geschrieben hatten, zu ihrer Beachtung aufzufordern. Dies umso mehr, da der Heilige Stuhl selbst gegenüber der Pariser Friedenskonferenz von Anfang an eine gewisse Distanz wahrte, sie als „Zusammenstoß von entgegengesetzten Interessen und rivalisierenden Hegemonieversuchen" ansah, ihr Resultat als „auferlegt und nicht verhandelt" bewertete und in der Folge wiederholt zur Mäßigung aufrief[99].

Und im August, während der britischen Vermittlungsmission Lord Runcimans bzw. im September jener Chamberlains, wollte man im Vatikan wohl zuerst ohne spektakuläre öffentliche Gesten den Ausgang dieser Missionen abwarten. Welch hohe Erwartungen man an die Reise Chamberlains zu Hitler nach Obersalzberg knüpfte, spiegelt der lange, kursiv geschriebene und vom Chefredakteur Conte Dalla Torre signierte Hauptartikel auf der ersten Seite des „L'Osservatore Romano" wider. Mit emotionalen und zugleich höchst ernsten Worten pries der Artikel die „weise und großzügige Mission", die in ganz Europa und der

---

97 Roosevelt an Hitler, in: Akten zur deutschen auswärtigen Politik [zukünftig ADAP], Serie D, 6, Baden-Baden 1956, Nr. 200, und Botschafter Bergen an das Auswärtige Amt, in: ebd. Nr. 240. Bergen berichtete, dass die Kundgebung des amerikanischen Präsidenten in kurialen Kreisen kritisiert werde, weil sie sich an zwei bestimmte Regierungschefs (Hitler und Mussolini) gewendet und dies noch dazu öffentlich getan habe.

98 Cicognani an Pacelli, Telegramm, eingegangen am 28.9.1938 – S.RR.SS., AA.EE.SS., Cecoslovacchia, pos. 144 P.O., fasc. 185. Auf dem Schriftstück steht die handgeschriebene Anmerkung: „Seine Heiligkeit glaubt nicht, die vorgeschlagene Äußerung machen zu sollen."

99 Il processo al Kaiser, in: L'Osservatore Romano, 25.6.1919. Benedikt XV. hat seine kritische Haltung zur Friedensordnung in der Enzyklika „Pacem Dei munus" vom 23.5.1920 ausgesprochen, in: AAS 12, 1920, 209–218. Siehe auch die Äußerungen Kardinal Gasparris gegenüber dem österreichischen Gesandten Pastor: Gespräch vom 12.3.1920 – ÖStA/AdR, NPA, Rom-Vatikan, Karton 4. Außerdem auch John F. POLLARD, Il papa sconosciuto. Benedetto XV (1914–1922) e la ricerca della pace [Der unbekannte Papst. Benedikt XV. (1914–1922) und die Suche nach dem Frieden], Cinisello Balsamo 2001, 162–169.

Welt mit sehnlichsten Wünschen begleitet werde und das einzige Ziel habe, den Ausbruch der Gewalt zu verhindern. In einer Optik, die weder politisch noch diplomatisch, sondern primär moralisch sein wollte und am Feiertag der Schmerzhaften Mutter Gottes sich auf das Bild des Gekreuzigten berief, des absolut Gerechten also, der das höchste Opfer dargebracht hatte, um für die Ungerechtigkeit zu sühnen und die Gerechtigkeit wiederherzustellen, fragte der Artikel, ob es denn vernünftig, möglich und gerecht wäre, wegen der ohnehin in Verhandlung befindlichen Aspirationen von drei Millionen Menschen und im Namen einer absoluten Gerechtigkeit Leben und materielle Mittel von Abermillionen von anderen Menschen zu opfern, den Kontinent in eine blutige Hekatombe zu verwandeln und in den Untergang zu stürzen und die angeblich absolute Gerechtigkeit mit der absoluten Ungerechtigkeit zu bezahlen. Und der Artikel ermahnte die Politiker: „An jeder Seite muss man die Tugend haben, das Verdienst, die Kraft, auf Gewalt zu verzichten."[100]

„L'Osservatore Romano" veröffentlichte allerdings im Laufe des Septembers 1938 auch eine Artikelserie, die die Gültigkeit der bestehenden vertraglichen Bindungen der Tschechoslowakei gegenüber Frankreich (Bündnisvertrag) und Deutschland (Schiedsvertrag) nachzuweisen suchte, um dadurch indirekt die Vertragsmächte an ihre Verantwortung zu erinnern und sie zur Suche nach einer (kampflosen) Verhandlungslösung zu bewegen[101].

Es ist schwierig zu beurteilen, wie hoch der Papst und das Staatssekretariat in jenen spätsommerlich-frühherbstlichen Tagen das unmittelbar drohende Kriegsrisiko einschätzten, zumal vorhandene Berichte von zeitgenössischen Diplomaten widersprüchlich sind. Der britische Gesandte Osborne schrieb über ein am Vorabend der Münchner Konferenz stattgefundenes Gespräch mit Pius XI., Seine Heiligkeit sei bis dahin zuversichtlich gewesen, dass der Friede erhalten bliebe, doch habe sich diese Hoffnung in den letzten zwei Tagen geschwächt[102]. Der rumänische Gesandte beim Heiligen Stuhl, Aurel Ioan Vassiliu, der am 4. Oktober 1938 vom Papst in Audienz empfangen wurde, berichtete von einem tief religiös verankerten Optimismus des Papstes („Ich habe niemals an die Möglichkeit eines Krieges geglaubt, in keinem Augenblick habe ich daran geglaubt, und deshalb habe ich das Gebet empfohlen […] Das Gebet ist die Hoffnung selbst."), gleichzeitig aber auch von dessen Befürchtungen, dass das angesammelte materielle und psychologische Gewaltpotential zum kriege-

---

100 T. [Conte Dalla Torre], Chamberlain a colloquio con Hitler a Obersalzberg, in: L'Osservatore Romano, 16.9.1938, 1.

101 Berichte Messánys, 10.9.1938, 13.9.1938 und 15.9.1938 – AMZV, II/3, Karton 29.

102 Hachey (Hg.), Anglo-Vatican Relations, 395.

rischen Ausbruch führen könnte[103]. Auch die Telegramme, die Nuntius Ritter fast täglich aus Prag nach Rom sandte, wechselten in Ton und Gemüt zwischen Beruhigung und Befürchtung eines Kriegsausbruchs[104]. Dennoch hinterlassen die vatikanischen Dokumente im Allgemeinen den Eindruck, dass man – im Grunde ähnlich wie die italienische Politik[105] – zumindest bis Mitte September überzeugt war, dass weder Frankreich noch Großbritannien, Italien oder die Sowjetunion wegen der Tschechoslowakei in einen Krieg eintreten würden. Nicht Frankreich, das innerlich zerrissen und mit der eigenen tiefen politischen, sozialen und wirtschaftlichen Krise überfordert war. Nicht Großbritannien, das offensichtlich nicht willens war, den Fortbestand des Empire zu riskieren, wie es schließlich auch Gespräche mit britischen Diplomaten in den letzten Monaten klar zum Ausdruck brachten. Signifikant war der Verlauf einer Visite des britischen Chargé d'affaires, der am 12. März 1938 ins Staatssekretariat kam, um sich nach der Haltung des Heiligen Stuhls zu den Ereignissen in Österreich zu erkundigen. Tardini antwortete mit der Gegenfrage nach den Absichten Londons, um von seinem Gesprächspartner zu erfahren:

1. Lord Perth unterhält sich jetzt mit dem Grafen Ciano. Was in Österreich geschieht, muß, mehr als andere, Herrn Mussolini interessieren. Wenn er nichts tut, was soll England tun. 2. In England herrscht ein mächtiges Gefühl gegen die Gewalt.

Der scharfzüngige Tardini hielt sich mit seiner Kritik am Kleinmut Londons nicht zurück:

1. Es ist sicher, dass Mussolini nichts tun wird. Es ist daher sicher, dass England zuschauen wird. 2. Gefühle können die Deutschen nicht bremsen, die einzige Sache, die ihnen Angst machen kann, sind Kanonen[106].

---

103 Telegramm von Aurel Ion Vassiliu an den rumänischen Außenminister, 4.10.1938, in: Bruno Mazzoni (Hg.), La Romania e la Santa Sede. Documenti diplomatici [Rumänien und der Heilige Stuhl. Diplomatische Dokumente], Città del Vaticano 2000, 115.

104 Telegramme von Ritter an das Staatssekretariat von 17.9. bis 29.9. 1938 – S.RR.SS., AA.EE.SS., Cecoslovacchia, pos. 144 P.O., fasc. 185. Nuntius Orsenigo berichtete Anfang September 1938 aus Berlin, in den letzten Tagen braue sich mit Blick auf die tschechoslowakische Situation ein sehr dunkles Gewitter zusammen und „die Vorbereitungen deuten auf einen unmittelbaren Ausbruch hin". Orsenigo an Pacelli, 3.9.1938 – S.RR.SS., AA.EE.SS., Germania, pos. 825 P.O., fasc. 341.

105 Galeazzo Ciano notierte sich am 29.9.1938 in sein Tagebuch: „Frankreich wird sich schwer bewegen. Auf einen Krieg ist es im Allgemeinen nicht vorbereitet, und umso weniger auf einen Angriffskrieg. Die Engländer werden alles tun, um einen Konflikt, den sie mehr als jedes andere Land auf der Welt fürchten, abzuwenden." Galeazzo CIANO, Diario 1937–1943 [Tagebuch 1937–1943], hg. v. Renzo De Felice, Milano 1998, 170.

106 Aufzeichnung Tardinis über en Gespräch mit dem britischen Chargé d'affaires, 12.3.1938 – S.RR.SS., AA.EE.SS., Austria, pos. 910 P.O., fasc. 66. Hervorhebung im Original.

Nach Zeugnissen französischer Diplomaten war Kardinalstaatssekretär Pacelli noch Anfang September 1938 überzeugt, dass Italien trotz mancher martialischer Gesten Mussolinis in einen Krieg wegen der Sudetengebiete, auf den es nicht vorbereitet war und der der eigenen Bevölkerung unmöglich erklärt werden könnte, nicht eintreten würde[107].

Den wohl eindeutigsten Hinweis darauf, dass man im Vatikan selbst Mitte September 1938 mit dem unmittelbaren Ausbruch eines großen europäischen Krieges nicht rechnete, stellt die Tatsache dar, dass sich der Kardinalstaatssekretär um diese Zeit wie jedes Jahr auf Urlaub in die Schweiz begab, woher er dann erst Ende Oktober zurückkehrte.

München 1938

Doch spätestens nachdem Hitler in Bad Godesberg die eine Woche zuvor mit Chamberlain ausgehandelte Anerkennung des Selbstbestimmungsrechtes der Sudetendeutschen plötzlich um neue Forderungen erweitert und Ritter aus Prag gemeldet hatte, die Situation sei „extrem ernst"[108], dürfte Pius XI. die Zeit für reif gehalten haben, um mit einer öffentlichen Friedensbotschaft aufzutreten. Am 27. September schlug Tardini im Namen seines in der Schweiz weilenden Vorgesetzten dem Papst vor, die Gläubigen in aller Welt zum Gebet für den Frieden aufzurufen. Nach einer durchwachten Nacht änderte der kranke, vom Gedanken an die Katastrophe Europas geplagte Papst seine Meinung und entschied, sich mit einem Friedensappell an die Menschheit zu wenden. Den von Tardini vorgelegten Telegrammentwurf an die Nuntien ergänzte er um eigene, in der schlaflosen Nacht formulierte Passagen, die er aus dem Gedächtnis diktierte[109]. Am Abend des 29. Septembers forderte Pius XI. im Radio Vatikan mit bewegter Stimme die ganze Welt auf, für die Bewahrung des Friedens auf der Grundlage der Gerechtigkeit, des Rechts und des Respekts für die Lehre des Evangeliums zu beten. Er erinnerte die Regierungschefs an ihre Verantwortung gegenüber Millionen von Menschen, die in Angst und Schrecken vor dem Krieg erzitterten. Auf dem Höhepunkt der Rede bot der auf das Äußerste gerührte Papst Gott das eigene Leben als Sühneopfer für den Frieden an[110].

---

107   DE FELICE, Mussolini il duce, II, 510; siehe auch Documents Diplomatiques Français, 2nde série, XI, 4–5.

108   Telegramm Ritters an das Staatssekretariat, 26.10.1938 – S.RR.SS., AA.EE.SS., Cecoslovacchia, pos. 144 P.O., fasc. 186.

109   Tagebuch von Domenico Tardini, Eintragungen vom 27.9. und 28.9.1938 – S.RR.SS., AA.EE.SS., Stati Ecclesiastici, pos. 560 P.O., fasc. 592.

110   AAS 30, 1938, 309–310.

Signifikant war, dass die Rede des Papstes, unbeschadet aller politischen Interpretationen, die man ihr sofort gab, im Wesentlichen den religiösen Bereich
nicht verließ und eine spirituelle Antwort auf die Krise blieb, um Begriffe wie
Opfer und Sühne zentriert. Pius XI. vermied es auch peinlich, irgendeine beteiligte Macht namentlich zu nennen. Die Tatsache, dass er ausdrücklich daran
erinnerte, sein Opfer am Tage des „milden und heroischen Märtyrers", des heiligen Wenzel darzubringen, wurde von der tschechischen Bevölkerung, die sich
gleich auch eine Übersetzung der Botschaft auf Tschechisch anhören konnte,
durchaus als besonderes Zeichen der päpstlichen Sorge verstanden. In diesem
Sinne interpretierte auch der Prager Erzbischof Kardinal Karel Kašpar die Botschaft – sowohl in seinem Hirtenbrief vom 1. Oktober als auch im Schreiben an
Pius XI. vom 18. Oktober, in welchem er hervorhob, dass es einzig der Papst gewesen sei, „qui unicus gravissimis illis temporibus nos protegere dignatus est"[111].
Einen Tag nach der Münchner Konferenz sagte Pius XI. zu Domenico Tardini:

> Es ist wahr, dass die Tschechoslowakei nicht das Recht hatte, die ganze Welt ihret-
> wegen in den Krieg hineinzuziehen, doch es ist genauso wahr, dass sie jedes Recht
> hatte, nicht als Minderjährige behandelt zu werden[112].

Dem Gesandten Radimský verriet der Papst wiederum, er habe Chamberlain
wissen lassen, dass er es für unerhört halte, „dass eine derartige Amputation
durchgeführt wurde, ohne dass die Tschechoslowakei angehört worden wäre"[113].
Der Papst war glücklich, dass der Friede gerettet werden konnte, die Art und
Weise der Entscheidungsfindung allerdings, jenes „de nobis sine nobis", wies er
als politisch und moralisch unvertretbar zurück. Große Besorgnis verursachte
ihm auch die manifeste Stärkung Deutschlands, zumal er überzeugt war, dass
die Ambitionen Hitlers mit München kein Ende finden würden. Während der
Papst noch am 28. September dem britischen Gesandten Osborne gegenüber
die Bemühungen Chamberlains gelobt hatte[114], meinte er nun ernüchtert, der
britische Premierminister habe seinem Land keinen guten Dienst geleistet, in-

---

111 Kašpar an Pacelli, 18.10.1938 – S.RR.SS., AA.EE.SS., Cecoslovacchia, pos. 144 P.O., fasc. 189.
Kardinal Kašpar übermittelte seine Dankgefühle dem Papst auch persönlich, als er im November 1938 Rom besuchte und von Pius XI. am 16.11.1938 empfangen wurde. Bericht Radimskýs,
28.11.1938 – AMZV, II/3, Karton 34.
112 Tagebuch von Domenico Tardini, Eintragung vom 30.9.1938 – S.RR.SS., AA.EE.SS., Stati
Ecclesiastici, pos. 560 P.O., fasc. 592.
113 Bericht Radimskýs, 3.10.1938 – AMZV, PZ-Vatikán, 1938.
114 Osborne an Halifax, Annual Report 1938, in: Hachey (Hg.), Anglo-Vatican relations 395.

dem er Hitler ein goldenes Piedestal gebaut habe[115]. Den als Friedensretter ge-feierten Mussolini nannte der Papst kurzerhand „Farceur", und ein nicht unter-zeichneter, also vom Staatssekretariat inspirierter Leitartikel im „L'Osservatore Romano" hob – in unausgesprochener Polemik mit der den Duce feiernden italienischen Presse – die übernatürliche Wurzel des Friedens und den besonde-ren Wert des vom Papst angebotenen Sühneopfers hervor[116].

Der Papst schätzte zwar überaus, dass nicht zuletzt dank des Vermittlungs-werks der Politik der Welt der „schreckliche Krieg erspart" geblieben und die „gerechten Wünsche" der Sudetendeutschen friedlich erfüllt worden seien[117], erinnerte jedoch über seine Zeitung daran, dass „der Friede nicht bloß der ver-hinderte Krieg" sei, sondern auf unantastbaren Grundlagen beruhen müsse, al-len voran auf der „sicheren Basis des Rechts und der Lehre des Evangeliums", auf legalen Verhandlungen und dauerhaften Verträgen sowie auf „Emotionen und Werken, und nicht bloß auf Worten". Sollten diese Grundlagen nicht re-spektiert werden, so würde die Münchener Übereinkunft keinen Frieden, son-dern lediglich einen Waffenstillstand bedeuten, in dem die Gemüter bewaffnet bleiben und die Egoismen für neue Konflikte rüsten[118]. Der Papst bremste auch den manifest zur Schau gestellten Optimismus des Berliner Nuntius Cesare Orsenigo. Als Orsenigo den Entwurf seiner Rede nach Rom schickte, welche er anlässlich des Neujahresempfangs des diplomatischen Corps beim Reichs-kanzler als dessen Doyen vortragen sollte und in welcher er in großen Worten das Friedenswerk der vier Münchner Staatsmänner lobte, wurde er vom Papst belehrt, er möge „die Stimme leiser stellen", „sich an die Substanz halten" und „nicht poetisch werden"[119].

Unmittelbar nach München ersuchte der tschechoslowakische Gesandte Radimský um die Audienz beim Papst an. Er wurde umgehend empfangen und konnte sich aus dem Munde der obersten kirchlichen Autorität Worte an-hören, die er als sehr tröstend empfunden haben muss. Der Papst sagte, die Tschechoslowakei sei ungerecht behandelt worden, und beauftragte den Diplo-maten, seinem Volk und seiner Regierung Worte des Trostes und der Stärkung zu überbringen. Pius XI., der auch politische Fragen in betont religiösem Licht und im Kontext eines religiös gedeuteten Opferdiskurses interpretierte, schätzte die Entscheidung der tschechoslowakischen Regierung, das Ultimatum anzu-

115 MARTINI, L'ultima udienza, 532.
116 La guerra evitata, in: L'Osservatore Romano, 1.10.1938, 1.
117 MARTINI, L'ultima udienza, 537.
118 La guerra evitata, in: L'Osservatore Romano, 1.10.1938, 1.
119 Orsenigo an Pacelli, 24.11.1938 und Pacelli an Orsenigo, 30.11.1938 – S.RR.SS., AA.EE.SS., Germania, pos. 604 P.O., fasc. 115.

nehmen und nicht zu kämpfen, als besonderes Opfer für den Frieden und die Menschheit. Er habe in seinem langen Leben noch Napoleon III. den eisernen Kanzler Bismarck und den Kaiser Wilhelm gesehen, munterte er Radimský auf, und der Glanz und die Macht dieser scheinbar allmächtigen Männer seien längst vergangen[120].

---

120 Bericht Radimskýs vom 3.10.1938 – AMZV, PZ Vatikán 1938.

5. Die bilateralen Beziehungen in Politik und Kultur/Le relazioni bilaterali in politica e cultura

Lothar Höbelt

Italien und die Heimwehr 1928–1934

Die alten Eliten und der ehemalige Gegner

„Schade, daß wir mit ihm stets in so scharfer politischer Gegnerschaft sein mußten", schrieb der ehemalige österreichisch-ungarische Generalstabschef, Feldmarschall Graf Franz Conrad von Hötzendorf, bereits ein halbes Jahr nach Kriegsende über Italien[1]. Das Zitat soll eine der Voraussetzungen für unser Thema beleuchten, das „aggiornamento" der altösterreichischen Führungs-schichten, die sich erstaunlich rasch daran gewöhnten, im „Verräter" Italien ei-nen Protektor zu sehen – während bei einer breiteren Öffentlichkeit der Abbau alter Ressentiments ganz offensichtlich viel langsamer vor sich ging. Gerade diese altösterreichischen Eliten aber waren – neben der Industrie in der „zona rossa", die sich von Wien nach Süden in Richtung Steiermark erstreckte – die Kräfte, welche die Heimwehr maßgeblich unterstützten und ihre Politik be-stimmten. Die Bezeichnung „altösterreichisch" ist dabei nicht bloß in einem zeitlichen, sondern auch in einem räumlichen Sinne zu sehen: Die Heimwehren verstanden sich als bodenständige Bewegung, doch ihre Führer stammten viel-fach aus Gebieten jenseits der „kleinösterreichischen" Grenzen von 1919, vom Marburger Walter Pfrimer über den küstenländischen Marchese Gozani (Odo Neustädter-Stürmer) bis zu Guido Jakoncig, den die sozialistische „Arbeiter Zeitung" ihren Lesern einmal so vorstellte: „Vater Slowene, Mutter Italienerin, folglich deutscher Heimatschützer"[2].

Eine erste Phase der „Selbstschutzverbände" in den chaotischen Jahren un-mittelbar nach Kriegsende[3] war noch mehr von Demobilisierungskrisen und Grenzkämpfen geprägt gewesen. Mit der Stabilisierung der Grenzen, der Wäh-rung und des Bürgerblocks, der Mitte-Rechts-Koalition unter Seipel ab 1922

---

1   Conrad 7.7.1919 – Österreichisches Staatsarchiv Wien/Kriegsarchiv [zukünftig ÖStA/KA], Nachlass [zukünftig Nl] Dankl, B/3, Nr. 10. Er schloss mit dem Bedauern, dass Italien „als Reiseland für uns kaum mehr in Betracht kommen kann".

2   Arbeiter Zeitung, 29.5.1932; Walter WILTSCHEGG, Die Heimwehr. Eine unwiderstehliche Volksbewegung?, Wien 1985; zu diesem Aspekt auch: Lothar HÖBELT, Agnostic Nostalgics: Austrian Aristocrats and Politics, 1918–1938, in: Karina Urbach (Hg.), European Aristocracies and the Radical Right 1918–1939, Oxford 2008, 161–185.

3   Ludger RAPE, Die österreichischen Heimwehren und die bayerische Rechte 1920–1923, Wien 1977.

veränderte sich die Ausgangslage: Der christlichsoziale Heeresminister Vaugoin begann mit der „Umpolitisierung" des bis dahin mehrheitlich aus roten Parteigängern rekrutierten kleinen, auf maximal 30.000 Mann beschränkten Berufsheeres[4]. Die Sozialdemokraten gründeten im Gegenzug den „Republikanischen Schutzbund", eine paramilitärische Wehrformation, die in ihren besten Zeiten gut doppelt so viel Mannschaft zählte. Freilich bestand dieser Schutzbund aus „Wochenendsoldaten", die allerdings auf Kriegserfahrung zurückblicken konnten – und sogar über einige kaiserliche Generäle verfügten; der bekannteste von ihnen war Theodor Körner von Siegringen, 1917 Stabschef der Isonzo-Armee (und 1951 dann Bundespräsident!), der die Führung dann an Generalmajor Karl Schneller abgab, der im Weltkrieg im Operationsbüro die Italien-Abteilung geleitet hatte[5].

Als Gegengewicht zum Schutzbund erlangten jetzt auch die diversen Heimwehren eine primär innenpolitische Funktion. Zum Unterschied vom Schutzbund, der – bis auf den Februar 1934, als einige seiner Anführer auf eigene Faust losschlugen – der Disziplin der sozialdemokratischen Partei unterworfen war, saßen in den Leitungsgremien der Heimwehr zwar in der Regel auch Vertreter der bürgerlichen Parteien; die eigentliche Führung lag aber meist bei ehemaligen Offizieren, Adeligen oder lokalen Honoratioren, die lagerübergreifend agierten bzw. sich zunehmend von den Parteien überhaupt zu emanzipieren versuchten. Karl Renner ging später einmal soweit, die Heimwehr-Bewegung („marxistisch gesehen") als „eine Revolution gegen die bürgerliche Führung" zu bezeichnen[6].

Einen unübersehbaren Aufschwung erfuhren die Heimwehren nach den Wiener Unruhen vom 15. Juli 1927, die als „Brand des Justizpalastes" in die Geschichte eingegangen sind. Mit dem 15. Juli und seiner Vorgeschichte hatten die Heimwehren direkt nichts zu tun; sie nützten aber die Gelegenheit, sich bei der Bekämpfung des daraufhin angesetzten Eisenbahnerstreiks wirksam in Szene zu setzen. Neben der Tiroler Heimwehr, geführt vom christlichsozialen Bundesrat Richard Steidle und seinem preußischen Stabschef Waldemar Pabst, gewann in dieser Konfrontation der steirische „Heimatschutz" an Bedeutung, der eine prononciert nationale Richtung verkörperte und unter der Führung des Judenburger Anwalts Walter Pfrimer stand, einer kuriosen, weil denkbar uncha-

---

4 Karl HAAS, Austromarxismus und Wehrfrage: Zur militärpolitischen Pragmatik der österreichischen Sozialdemokratie in der Ersten Republik, Wien 1985.

5 Die Heimatschutz-Zeitung, 6.7.1929, spottete über Körner, früher habe er das Rot nur an der Hosennaht geliebt. Anlass war eine der berühmten höhnischen Bemerkungen Otto Bauers, die Heimwehr müsse harmlos sein, denn sie werde von altösterreichischen Generälen geführt (die er bei einer anderen Gelegenheit am liebsten in den ehem. deutschen Kolonien ansiedeln wollte, vgl. HAAS, Austromarxismus und Wehrfrage, 140).

6 Renner an Kautsky, 30.10.1929, zitiert bei WILTSCHEGG, Die Heimwehr, 15.

rismatischen, aber dennoch lange Zeit einflussreichen Figur[7]. Die Einigung der Bewegung gelang nur auf dem Papier. Die Rivalitäten und wechselnden Allianzen dieser diversen Führer und Unterführer sollten die Geduld ihrer Förderer noch auf eine harte Probe stellen. Pabst beschrieb das Problem mit Bezug auf seine Erfahrungen im Reich 1923 einmal so: „Es setzt jetzt der Wettlauf um den Diktator-Posten ein. Die Lage ist verzweifelt ähnlich derjenigen 1923 in Bayern, wo Kahr, Reichswehr usw. am 15/XI. handeln wollten, Hitler und Ludendorff aber früher losschlagen, weil sie Kahr zuvorkommen wollten, denn … sie fürchteten, Kahr usw. seien nicht national genug."[8]

Im Hintergrund stand freilich die überragende Figur des Bundeskanzlers Ignaz Seipel, jene „strana e interessante figura, il più autorevole politico austriaco e il più dissimile"[9], der die Heimwehren als innenpolitisches Mehrzweckinstrument einsetzen wollte: Einerseits sollten sie den Sozialdemokraten das Recht auf die Straße streitig machen: „Wenn die Straße ein Argument ist, darf man sie nicht den Sozialdemokraten als Privileg überlassen." Gegen die Bedenken der Industriellen setzte der Kanzler deshalb den großen Heimwehraufmarsch in der roten Hochburg Wiener Neustadt am 7. Oktober 1928 durch[10]. Daneben kam die Heimwehr dem Kanzler offensichtlich aber auch gelegen, um Druck auf seinen Koalitionspartner auszuüben, die nationalliberale Großdeutsche Volkspartei, sobald sie Emanzipationsbestrebungen von Seipel erkennen ließ. Denn die Heimwehr setzte sich zwar vielfach aus bäuerlichen Mannschaften zusammen, ihr Führungskader aber bestand mehrheitlich aus Honoratioren, die keineswegs aus dem katholischen Lager kamen. Gerade deshalb waren die Heimwehren geeignet, nach Seipels Konzept den Großdeutschen ihren Anhang unter dem „alten Mittelstand" in der Provinz streitig zu machen, der sich vom hauptstädtischen Beamtenklüngel zunehmend im Stich gelassen fühlte[11.]

Der „Marsch auf Wien"

Die Geschichte der italienischen Unterstützung für die Heimwehren beginnt relativ spät, nämlich so eigentlich erst mit dem Besuch des ungarischen Mi-

---

7   Vgl. Lothar Höbelt, Die Heimwehren 1927–1929: Die Steiermark und der Bund, in: „Zeitschrift des historischen Vereins für Steiermark" 104, 2013, 219–263.

8   Schreiben Pabsts vom 5.1.1928 – ÖStA/KA, Nl Diakow, B/727, Mappe 41.

9   I Documenti Diplomatici Italiani [zukünftig DDI], Serie VII, 8, Nr. 300 (7.1.1930).

10 ÖStA/KA, B/727, Nl. Diakow, Mappe 37, fol. 15–17.

11 Lothar Höbelt, Vom ersten zum dritten Lager: Großdeutsche und Landbund in der Ersten Republik, in: Stefan Karner, Lorenz Mikoletzky (Hgg.), Österreich. 90 Jahre Republik. Beitragsband der Ausstellung im Parlament, Innsbruck 2008, 81–90.

nisterpräsidenten Bethlen bei Mussolini im April 1928. Kurz darauf sprach, offenbar unabhängig davon, bei der italienischen Botschaft in Wien der ehemalige Reichsratsabgeordnete Freiherr von Pantz als Abgesandter der steirischen Heimwehr vor[12]. Freilich waren die Reaktionen der italienischen Diplomaten vor Ort zunächst noch abwartend: Als Steidle, der turnusmäßig 1928 den Vorsitz des Bundesrats übernahm, im Juni seinen Antrittsbesuch bei der italienischen Botschaft absolvierte und sich erkundigte, ob Mussolini sich für die Heimwehren interessiere, erhielt er die Antwort, davon sei nichts bekannt![13]

Interessant daran ist nicht zuletzt das „Timing" der Initiative Bethlens, das keinen spezifischen Anlass für dieses Engagement erkennen lässt, es sei denn eine gewisse Irritation wegen der Waffenlieferungen, die im Januar von österreichischen Zöllnern bei Szentgotthard aufgehalten worden waren[14]. Außerdem mochte im Hintergrund die Zuspitzung der Lage in Jugoslawien eine Rolle spielen, sowohl die zunehmenden Spannungen im bilateralen Verhältnis zwischen Rom und Belgrad[15] als auch die Polarisierung zwischen Serben und Kroaten, die kurz darauf mit der Ermordung Radic' einen Höhepunkt erreichte: 1928/29 gab nicht bloß Ante Pavelic die Parole „Los von Belgrad" aus (er verwendete die Formel im Gespräch mit dem Wiener Presseattaché Morreale übrigens auf Deutsch!), sondern auch die Führung der kroatischen Bauernpartei (Macek, Generalsekretär Krnjevic) sah alles für einen Aufstand bereit[16] – der freilich nicht zustande kam, oder wie Grandi später resümierte: „Questi Croati non sanno ancora come si fanno le rivoluzioni."[17]

---

12   DDI, VII, 6, Nr. 287, Nr. 345 (26.4.1928, 17.5.1928); Lajos Kerekes, Abenddämmerung einer Demokratie. Mussolini, Gömbös und die Heimwehr, Wien 1966, 9 ff.; Gyula Juhasz, Hungarian Foreign Policy 1919–1945, Budapest 1979, 83, 87, 91.

13   Bericht 14.6.1928 – Archivio Storico del Ministero degli Affari Esteri [zukünftig ASMAE], Rappresentanze diplomatiche, Vienna [zukünftig Ambasciata Vienna], busta [zukünftig b.] 288, filza [zukünftig f.] 15.

14   Vgl. auch Renzo de Felice, Mussolini il duce, I, Gli anni del consenso 1929–1936, Torino 1974, 359, der mit einem Zitat aus dem Jahre 1932 allerdings nicht auf den Kontext des Jahres 1928 eingeht.

15   Im März 1928 hatte Morreale eine Unterredung mit dem Kärntner Heimwehr-Führer Altrichter, der ihm offen erklärte, Kärnten könne sich nicht einseitig an Italien binden. Wenige Wochen später meldete sich der Industrielle Paul Hatheyer beim Konsul in Klagenfurt und schlug sehr wohl eine Kooperation vor. Grandi ordnete an, den Kontakt aufrechtzuerhalten, die Frage sei augenblicklich aber nicht von Interesse – ASMAE, Ambasciata Vienna, b. 288, f. 17 und f. 23.

16   DDI, VII, 7, Nr. 249 (8.2.1929); DDI, VII, 8, Nr. 27 (27.9.1929); Joze Pirjevec, Il giorno di San Vito. Jugoslavia 1918–1992. Storia di una tragedia, Torino 1993, 60 ff., 74; Massimo Bucarelli, Mussolini e la Jugoslavia (1922–1939), Bari 2006, 131 ff.; vgl. auch Stefan Troebst, Mussolini, Makedonien und die Mächte 1922–1930, Wien 1987, 247 ff., 350, 354 f.

17   Diario 16.6.1930 – ASMAE, Carte Dino Grandi, b. 16, fasc. 18.

Mussolini und Grandi, Bethlen und sein Außenminister Walko waren sich darüber einig, dass die Heimwehren gefördert werden sollten, um die Achse der österreichischen Politik nach rechts zu verschieben[18]. Die Sozialdemokratie werde von (oder: aus?) der Tschechoslowakei unterstützt; auch das Deutsche Reich, damals noch von der Großen Koalition regiert – und mit dem „Freimaurer Stresemann" als Außenminister – galt als ein Faktor, der im Zweifelsfall lieber für eine Wendung nach links plädieren würde. Das Problem war: In Rom vermochte man das Misstrauen gegen Seipel schwer zu überwinden, der noch im Februar 1928 im Nationalrat scharfe Worte wegen Südtirol gefunden hatte und im Sommer mit dem italienischen Botschafter Auriti einen Zusammenstoß hatte[19]. Auch die Heimwehr, mit ihrer Verankerung in Tirol, galt in dieser Beziehung – allen Beteuerungen zum Trotz – nicht über jeden Verdacht erhaben. Italienische Diplomaten gingen damals noch soweit, die österreichische Linke zwar für eine innenpolitische Gefahr, die Rechte jedoch als ein außenpolitisches Risiko einzustufen[20]. Militärattaché Oberst Vecchiarelli sprach sich noch im Herbst 1928 für eine Abrüstung der Wehrverbände aus und warf dabei Heimwehr und Schutzbund in einen Topf: „Le due avverse milizie irregolari sono egualmente animate da sentimenti a noi non favorevoli, anche se una di esse voglia talora far credere il contrario."[21]

Außerdem machten die ersten Heimwehr-Emissäre (Oberst Jaromir Diakow im September 1928, dann Baron Carl Arbesser) in Italien keinen guten Eindruck; später wurden Diakow – und seinem Kameraden Rodler in Innsbruck – sogar Kontake zu jugoslawischen nationalistischen Organisationen vorgeworfen[22]. Erst Stabschef Pabst selbst, Steidles „anima dannata", „in molti

---

18 DDI, VII, 6, Nr. 383 (4.6.1928).

19 DDI, VII, 6, Nr.480, Nr. 529 (28.7.1928, 2.8.1928); Klaus WEISS, Das Südtirol-Problem in der Ersten Republik, dargestellt an Österreichs Innen- und Außenpolitik im Jahre 1928, Wien 1989.

20 DDI, VII, 7, Nr. 17 (3.10.1928); auch zitiert bei Enzo COLLOTTI, Fascismo e Heimwehren: la lotta antisocialista nella crisi della prima repubblica austriaca, in: „Rivista di Storia Contemporanea" 1983, 3, 301–337; hier: 307; vgl. Richard SCHOBER, Aufstieg und Fall der Tiroler Heimwehr (1928–1936). In: „Tiroler Heimat" 61, 1997, 171–213; jetzt auch Wolfgang REBITSCH, Tirol – Land in Waffen. Soldaten und bewaffnete Verbände 1918–1938, Innsbruck 2009, 125–130.

21 4.10.1928 – ASMAE, Ambasciata Vienna, b. 288.

22 DDI, VII, 9, Nr. 301, Nr. 310 (14.10.1930, 17.10.1930); VII, 10, Nr. 127 (12.3.31); ÖStA/KA, Nl. Diakow, B/727/37, fol. 37, 41 f. Bei einer Besprechung am 8.2.1928 hatten die Steirer die Ansicht vertreten, es werde bei einem Krieg zwischen Italien und Jugoslawien zu keiner Verletzung der Neutralität Österreichs kommen; die Kärntner waren anderer Meinung – und wollten einem gegnerischen Einmarsch mit Waffengewalt entgegentreten. Der Terminus bezog sich damals ganz offensichtlich auch noch auf Italien – ÖStA/KA, Nl. Diakow, B/727/41. Die

ambiti superiore a tutti i dirigenti del movimento", brachte 1929 die Sache ins Rollen[23]. Dabei lehnte man Waffenlieferungen lange Zeit als zu riskant, weil zu auffällig ab; auf dem Umweg über Ungarn wurde aus Italien dafür Geld überwiesen, im ersten Zeitraum bis 1930 ca. zwei Millionen Schilling. (Zum Vergleich: Das österreichische Heeresbudget betrug knapp unter 100 Millionen. Ein Maschinengewehr kostete zwischen 400 und 2500 Schilling, ein Gewehr 20 bis 50 Schilling, ein Durchschnittsgehalt betrug um 300 bis 500 Schilling[24]). An Steidle – der sich angeblich sogar die Briefmarken bezahlen ließ – blieb der Verdacht hängen, ein Teil der Summe sei in seinen Taschen verschwunden bzw. habe den Weg auf Konten in der Schweiz oder in Holland gefunden[25].

Vor allem aber war man sich über Art und Weise der Durchführung der gemeinsamen Ziele nicht einig: Es war nicht sicher, ob die Heimwehrführung Steidle-Pfrimer das Beispiel des „Marsches auf Rom" tatsächlich zu würdigen wusste, der eine Regierung zur Kooperation bewegen, aber nicht gegen sie putschen sollte. Seipel antwortete in einem Interview mit dem „Daily Telegraph" auf den Einwurf des Journalisten, die Heimwehren hätten keinen Mussolini, Anfang September noch kokett mit einem „Wer weiß?"[26] Alle italienischen Beobachter waren sich einig, dass eine Machtergreifung ohne die Mitwirkung des Bundesheeres ein aussichtsloses Unterfangen sei. Die Marschformationen der Heimwehr – bundesweit auf 38.000 Mann geschätzt – waren dem im Zentralraum um Wien konzentrierten Schutzbund kaum überlegen: Die Steirer bezifferten ihre tatsächliche Stärke realistisch auf 6000 Mann, der Schutzbund hingegen wurde allein in Wien auf 21.000 geschätzt[27]. Der immer wieder erörterte Plan, im „Ernstfall" Wien zu zernieren, die Wasserleitung und die Stromzufuhr zu unterbrechen und die Stadt auf diese Weise „auszuhungern", versprach keine rasche Entscheidung. Der kollektive Beitritt des niederösterreichischen Bauernbunds zur Heimwehr im Sommer 1929 bestärkte Auriti in seinem Urteil, dass von ihr keine energischen Maßnahmen zu erwarten seien – was

reichsdeutsche Botschaft wusste zu berichten, der Botschafter des SHS-Staates zähle zu den Jagdfreunden Pfrimers, der aus Marburg stammte. 10.12.1929 – Politisches Archiv des Auswärtigen Amtes [zukünftig PA/AA], Pol 2/3.

23 Bericht Ricciardis 17.6.1930 – ASMAE, Affari Politici [zukünftig AP] 1919–1930 Austria, b. 894; DDI, VII, 7, Nr. 427 (16.5.1929), Nr. 499 (21.6.1929).

24 Angaben Jakoncigs in: DDI, VII, 12, Nr. 144 (7.7.1932); die höheren Ziffern stammen aus dem Forderungskatalog Reichels vom Juli 1930, der sich in ASMAE, AP 1919–1930 Austria, b. 894 findet.

25 DDI, VII, 9, Nr. 229; auch ebd. 9, Nr. 59 (Beilage); ebd. Nr. 249 (14.9.30); DDI VII, 10, Nr. 65, Nr. 68 (mit dem Vorwurf, Steidle habe auch aus Paris Geld genommen!). Vgl. KEREKES, Abenddämmerung 89, 202 ff.

26 10.9.1929 – ASMAE, AP 1919–1930 Austria, b. 888. Das Interview war am 6.9.1929 erschienen.

27 DDI, VII, 7, Nr. 372 (19.4.1929).

ja auch gut zu Wien passe, „che è patria dell'operetta e capitale di una repubblica proclamata, per cosi dire, con decreto imperiale".[28]

Diese Perspektiven verkehrten sich in ihr Gegenteil, als im September 1929 der Wiener Polizeipräsident Johannes Schober das Kanzleramt übernahm. Botschafter Auriti berichtete über die Reaktion des Publikums geradezu hymnisch: Es herrsche „un diffuso ottimismo tra questa borghesia la quale dalla fine della guerra ha vissuto in un accorato ironico pessimismo".[29] Schober sollte die Verfassungsreform durchsetzen, einen starken Präsidenten schaffen – und die Stellung des „Roten Wien" als Land beseitigen, die aus italienischer Sicht, mit Blick auf Rom, erst recht eine Anomalie darstellte[30]. Bis zu einem gewissen Grade kam Schober der Druck der Heimwehr dabei gelegen; die Heimwehr freilich, und mehr noch: in diesem Falle die Italiener, diesmal auch der skeptische Auriti, wollten die Gelegenheit des zu erwartenden sozialdemokratischen Widerstandes für eine Machtergreifung nützen.

Der „Druck der Straße" war der eine außerparlamentarische Faktor, der immer wieder zitiert wurde; der andere, der immer wieder seinen Einfluss auf das Verfassungsleben geltend machte, waren die Finanzmärkte: Der Oktober 1929 ging in die Geschichte ein wegen des Börsenkrachs in New York, schlimmer noch: schon Wochen vorher kam es in Wien zum Zusammenbruch der Bodenkreditanstalt (einer Großbank, deren Direktor Rudolf Sieghart, eine der Schlüsselfiguren des „Ancien Régime", den Heimwehren immer freundlich gesonnen war)[31]. Österreich sah seine Rettung in einer Anleihe[32]. Die Anleihefrage konnte als Druckmittel genützt werden: Während potentielle Geldgeber aus Westeuropa Schober zu einem Kompromiss mit den Sozialdemokraten drängten[33], konnte Italien seine Unterstützung für die Anleihe an Bedingungen knüpfen, die in eine ganz andere Richtung wiesen.

---

28 31.8.1929 – ASMAE, AP 1919–1930 Austria, b. 888.

29 DDI, VII, 8, Nr. 28 und Nr. 29 (29.9.1929).

30 Vgl. Franz J. BAUER, Rom im 19. und 20. Jahrhundert. Konstruktion eines Mythos, Regensburg 2009, 222 f.

31 Rudolf SIEGHART, Die letzten Jahrzehnte einer Großmacht, Berlin 1932, 197 ff.; vgl. auch Lothar HÖBELT, Der „Marsch auf Wien" und die Banken. In: Barbara Stelzl-Marx und Gerald Schöpfer (Hgg.), Wirtschaft, Macht, Geschichte. Brüche und Kontinuitäten im 20. Jahrhundert. Stefan Karner zum 60. Geburtstag, Graz 2012, 53–64.

32 Mit der Anleihe waren auch Investitionen verbunden, u.a. auf dem Kraftwerkssektor, wo einander italienische und reichsdeutsche Interessen überschnitten. DDI, VII, 8, Nr. 126; 11.2.1930 – PA/AA, Büro des Reichsministers 16/3, fol. 83 ff.

33 Vaugoin dachte dabei auch an einen Exodus der Sozialdemokraten aus dem Parlament, der eine Zweidrittelmehrheit ermöglichen würde. DDI, VII, 8, Nr. 89 (19.10.1929). Interessanterweise galt Rothschild als der einzige Bankier, der auch weiterhin die Heimwehr unterstützte. Ebd. Nr. 120 (29.10.1929).

Damit begann ein Tauziehen zwischen Schober, der Heimwehrführung und Italien. Pabst regte bei Auriti Mitte Oktober an, Italien solle seine Zustimmung zu einer Anleihe davon abhängig machen, dass Schober im Sinne der Heimwehren vorgehe[34]. Diese Anregung war es, die ihm ein halbes Jahr später den Vorwurf des Landesverrats und die Ausweisung einbrachten – offen blieb nur, wie Schober davon erfahren hatte, durch einen Heimwehr-Diplomaten (Alexich), der ein Doppelspiel betrieb, oder weil seine Polizei die italienischen Depeschen zu dechiffrieren verstand?[35] Doch inzwischen verschärfte der Börsenkrach die Besorgnisse: Vergeblich argumentierte Auriti, im Oktober 1922 sei die Lira noch mehr in Gefahr gewesen als heute der Schilling. Die Heimwehrführer, die stets den „Marsch auf Wien" im Munde geführt hatten, legten plötzlich eine bemerkenswerte Zurückhaltung an den Tag, Schober weiter unter Druck zu setzen. Während Grandi alle Hebel in Bewegung setzte, auch bei Bethlen, denn eine solche Gelegenheit dürfe man sich nicht entgehen lassen, begann zur Überraschung Auritis ausgerechnet Steidle zurückzurudern: Um den 18./20. November gaben die Heimwehren klein bei. Auch Seipel wurde zitiert, Österreich benötige jetzt einen Internisten, keinen Chirurgen[36]. Wie die Linke ein Jahrzehnt früher, kam jetzt auch die Rechte zur Einsicht, dass der internationale Kapitalismus ihrer revolutionären Energie gewisse Grenzen setzte.

Schober aber drehte im Gespräch mit Auriti den Spieß um: Wenn er die italienische Unterstützung nicht bekäme, müsse er mehr auf die Linke hören. Das Resultat war: Parturiunt montes, nascetur ridiculus mus. Im Dezember 1929 wurde die Verfassungsnovelle einstimmig verabschiedet, die Stellung Wiens jedoch nicht angetastet. Von Schober enttäuscht, begannen sich die Heimwehren wieder mehr an Seipel zu orientieren, der für niemanden zu erreichen war, aber mit seiner Silvesterrede 1929 den berufsständischen Gedanken in den Vordergrund rückte, den zweiten Punkt, der bei der Verfassungsreform offen geblieben war. Gegenseitige Schuldzuweisungen für das magere Ergebnis waren an der Tagesordnung: Seipel „vernaderte" die Italiener bei den Heimwehren, Schober die Heimwehren bei den Italienern. Auriti resignierte: „Qui facciano troppi calcoli e ragionamenti."[37]

---

34 DDI, VII, 8, Nr. 78 (15.10.1929), Nr. 84 (18.10.1929); Kerekes, Abenddämmerung 51 ff.; Collotti, Fascismo e Heimwehren, 312 ff.

35 30.6.1930, 31.7.1930 – ASMAE, AP 1919–1930 Austria, b. 894; Auriti an Guariglia, 25.11.1930 – ASMAE, Ambasciata Vienna, b. 295, f. 2.

36 DDI, VII, 8, Nr. 112 (26.10.1929), Nr. 127 (31.10.1929); vgl. auch Heimwehr, Bericht 21.11.1929 – PA/AA, Pol 2/3; Rainer Hubert, Schober. „Arbeitermörder" und „Hort der Republik". Biographie eines Gestrigen, Wien 1990, 284 ff.

37 DDI, VII, 8, Nr. 124 (31.10.1929), Nr. 136 (4.11.1929), Nr. 167 (19.11.1929).

Der Duce und der Fürst

Der Sieger des Tauziehens hieß eindeutig Schober. Für ihn hatten die Heimwehren ihre Schuldigkeit getan, sie konnten gehen. Überraschender noch: Schober hatte die Heimwehren auch bei Mussolini ausgestochen. Der Duce hatte
ihm schon im Frühjahr 1929 eine Photographie gewidmet; am 4. Februar 1930
empfing er Schober in Rom. Mussolini resümierte: Schober sei ein Mann des
Ancien Régime: „Non ha nulla del Dittatore", bewahrte ihm aber seine Gunst[38].
Schober ließ in Hinkunft in der Heimat gern durchblicken, Mussolini habe
ihm versprochen, der Heimwehr die Unterstützung zu entziehen, wenn sie sich
Schober nicht unterordne[39]. Tatsächlich überließ Botschafter Auriti die Kontakte wieder untergeordneten Stellen.

Auch der berühmt-berüchtigte bombastische „Korneuburger Eid" vom Mai
1930, den Steidle in Vorschlag brachte, um seine Rivalen zu übertrumpfen, löste
in Italien wenig Begeisterung aus. Die Aktion sei nicht ganz glücklich gewesen,
hieß es in den Berichten. Auf die Frage Pabsts, ob der Korneuburger Eid als
„atto di pura fede fascista" aufgefasst wurde, antwortete Auriti ausweichend:
Es sei leichter, konkrete Taten zu beurteilen als Programme[40]. Mehrere christlichsoziale Abgeordnete (darunter auch Julius Raab, Österreichs Bundeskanzler
der Fünfzigerjahre) hatten den Korneuburger Eid abgeleistet, um sich nicht aus
der Heimwehrführung drängen zu lassen; doch Heeresminister Vaugoin, der
neue Obmann der Christlichsozialen, kommentierte wegwerfend, zur Lektüre
humoristischer Texte fehle ihm die Zeit. Der Spann-Schüler Walter Heinrich,
als „Chefideologe" der Heimwehr gehandelt, war erst unlängst in Rom bei Bottai gewesen; doch seine scharfen Angriffe auf Schober, die „Girella austriaca"
oder: den „österreichischen v. Kahr", machten ihm in Italien wenig Freunde,
noch dazu, wo Außenminister Dino Grandi, der im Juni auf der Durchreise
Wien besuchte, ein prinzipieller Gegner ideologischer Allianzen in außenpolitischen Fragen war und sich über die „fantasmi e fantocci" lustig machte, die sich
um Mussolini als „Papa dell'antidemocrazia" sammelten[41].

---

38   DDI, VII, 8, Nr. 347 (4.2.1930).
39   Pabst ließ deshalb kurz vor seiner Verhaftung in Rom anfragen, 3.6.1930, in: DDI, VII, 9,
     Nr. 74; Generalsekretär Peter, 16.9.1931, in: DDI VII, 11, Nr. 11.
40   DDI, VII, 9, Nr. 59 (25.5.1930), Nr. 74 (3.6.1930); WILTSCHEGG, Die Heimwehr 255 ff.;
     DERS., Zum ‚Korneuburger Gelöbnis' der Heimwehr, in: „Geschichte und Gegenwart" 5, 1986,
     139–158.
41   ASMAE, AP 1919–1930 Austria, b. 894/II, 4.8.1930 enthält die Heinrich zugeschriebene Bro-
     schüre; zur Rolle Heinrichs auch Heimatschutz-Zeitung, 9.11.1929. Vgl. Paolo NELLO, Dino
     Grandi, Bologna 2003, 7, 92 f., 101. Das Tagebuch Grandis (ASMAE, Carte Grandi, b. 16)
     enthält für seinen Wien-Besuch nur Reflexionen über den Untergang des Habsburgerreiches,

Im Zusammenwirken von Mussolini und Schober wurde ganz offenbar auch die Übernahme der Heimwehren durch den jungen Fürsten Ernst Rüdiger Starhemberg vereinbart, denn bereits im Februar taucht sein Name in diesem Zusammenhang auf[42]. Die alte Heimwehrführung, so Auriti, sei ja doch nur der verlängerte Arm Seipels; solange dieser Zustand anhalte, könne man auf keine Gegenleistungen hoffen. Bereits im Juni wurde das Duo Steidle und Pfrimer de facto entmachtet. Starhemberg stellte als Bedingung, dass Spann und Heinrich keinen Einfluss mehr ausüben dürften und zahlte Pabst persönlich das Flugzeug, das ihn außer Landes brachte, nach Venedig, wo der Major im Hotel Britannia mit den Allüren eines Hauptquartiers im Exil residierte. Während Heinrich sich beschwerte, die Verhaftung Pabsts „unter den Augen" Grandis sei gleichbedeutend mit der „Vernichtung der faschistischen Bewegung" in Österreich, gab sich Morreale alle Mühe, den Übergang von Pabst zu Starhemberg als Vertrauensmann gleitend zu gestalten: Er solle nicht das Gefühl haben, komplett fallen gelassen („gettare al mare") zu werden[43].

Schober hatte die Heimwehren mit einem Gesetzentwurf zur inneren Abrüstung gegen sich aufgebracht. Auriti erklärte der alte Routinier, das Gesetz sei einzig und allein zur Beruhigung des Auslands im Hinblick auf die projektierte Anleihe gedacht; wenn er die Heimwehren tatsächlich entwaffnen wolle, brauche er dazu kein eigenes Gesetz[44]. Mussolini schärfte Starhemberg bei seinem Besuch Anfang Juli ein, „che le Heimwehren devono andare d'accordo con Schober".[45] Erst müsse die Anleihe unter Dach und Fach gebracht werden, dann sollten Schober und Starhemberg eine bürgerliche Einheitsliste für die Neuwahlen organisieren, mit bewaffnetem Rückhalt und einem faschistischen Sozialprogramm. Tatsächlich verkörperte Starhemberg in seiner Person gut den „lagerübergreifenden" Charakter der Heimwehr, die sich „christlich-national" gaben und als eiserne Klammer der bürgerlichen Parteien – oder zumindest ihres rechten Flügels – fungieren sollten: Seine Mutter – Fürstin Fanny, die auch die Einladung bei Mussolini eingefädelt hatte – war christlichsoziale Bundesrätin; er selbst war Mitglied reichsdeutscher Freikorps gewesen, kannte Hitler

---

keine Details über seine Kontakte in Wien.

42   14.2.1930 – ASMAE, AP 1919–1930 Austria, b. 894/I.

43   23.6.1930, Morreale 23.7.1930 – ASMAE, Ambasciata Vienna, b. 295, f. 2; Geissler Celesia 1.7.1930 und Brief Heinrichs an Costamagna, 5.9.1930 – ASMAE, AP 1919–1930 Austria, b. 894/II.

44   25.5.1930 – ASMAE, AP 1919–1930 Austria, b. 894. Grandi tat sich damals auch viel auf seine taktische Allianz mit dem britischen Außenminister Henderson zugute, der wiederum bei Schober auf die „innere Abrüstung" drängte, in: Grandis Tagebuch 6.6.1930 – ASMAE, Carte Grandi, b. 16 ; NELLO, Dino Grandi, 97.

45   Grandi an Auriti, 11.7.1930 – ASMAE, Ambasciata Vienna, b. 295.

persönlich und galt als national, auch wenn er gleich nach seiner Wahl zum Bundesführer Anfang September 1930 verlauten ließ, weder der Anschluss noch die Restauration seien augenblicklich aktuell[46].

Im September 1930 stürzten die Christlichsozialen Schober, der mit Reisen nach Paris auch bei Italien einen Teil seines Kredits verspielt hatte. Dennoch war die Begeisterung für die neue Regierung Vaugoin gedämpft: Seipel habe zwar die Führung der christlichsozialen Partei an Vaugoin übergeben, sei aber immer noch der „deus ex machina di tutti i recenti cambiamenti", auch wenn er sich – wie 1914 Wilhelm II., so eine bezeichnende Analogie, die sich Auriti nicht verkneifen konnte – zum Zeitpunkt der Krise gerade auf Nordland-Reise befinde. „Vale la pena osservarlo benignamente", riet Auriti, freilich mit dem bezeichnenden Zusatz: „Cosa fare altrimenti?"[47] 1929 hatte Italien die Heimwehren auf ein schärferes Vorgehen gedrängt; 1930 hingegen war es Italien, das sich bemühte, den Tatendrang der Heimwehr zu bremsen. Als Starhemberg nach Abwägung des Für und Wider im September in das christlichsoziale Minderheitskabinett Vaugoin eintrat, gab Mussolini ihm den Rat, den Polizeiapparat auf seine Linie zu bringen, Waffenlager des Schutzbundes auszuheben und für Zwischenfälle zu sorgen. Man solle die Sozialdemokraten provozieren – um dann zum Gegenschlag ausholen zu können.

Doch der Konflikt zwischen Seipel und Schober spaltete den projektierten, von der Heimwehr vorwärts getriebenen Bürgerblock. Im Gegenteil: Das erstmalige Antreten der Heimwehr als eigene Partei verschärfte die Spannungen innerhalb der Bürgerlichen nur. Die Sozialdemokraten aber behielten die Nerven – und waren der lachende Dritte. Die Prognosen für die vorzeitig ausgeschriebenen Nationalratswahlen vom 9. November 1930 lauteten schlecht; sogar eine Links-Koalition nach der Wahl wurde befürchtet[48]. Der befürchteten Wahl-

---

46 Telegramm Grandis vom 3.7.1930 als Antwort auf den Brief der Fürstin vom 26. Juni, die Auriti schon vorher in Ischl besucht hatte – ASMAE, Ambasciata Vienna, b. 295, f. 2. Einerseits betonte Auriti, dass Starhemberg kein Geheimnis aus seiner antisemitischen Einstellung mache (vgl. dazu auch Neues Wiener Journal 4./5.9.1930); andererseits werde in Ungarn an eine Kooperation Starhembergs mit dem jüdischen Industriellen Mandl und mit Rothschild gedacht. Rothschild – und sein US-Partner Morgan, auf die man auch in Österreich gewisse Hoffnungen setzte – verschaffte Ungarn 1930 noch einen Überbrückungskredit. DDI, VII, 9, Nr. 75 (3.6.1930); Juhasz, Hungarian Foreign Policy, 97; Kerekes, Abenddämmerung, 75 ff. Schober hatte als Bundesführer auch an General Carl Bardolff gedacht, vor 1914 Chef der Militärkanzlei Franz Ferdinands, vor 1938 Obmann des deutschen Klubs. DDI, VII, 9, Nr. 59 (25.5.1930).

47 DDI, VII, 9, Nr. 275 (27.9.1930), Nr. 289 (4.10.1930). Als glühender Anhänger Vaugoins entpuppte sich der neue Militärattaché Oberst Fabbri, in dessen Haus Vaugoin im Sommer auch Grandi getroffen hatte. 1.10.1930 – ASMAE, Ambasciata Vienna, b. 295, f. 1.

48 DDI, VII, 9, Nr. 296 (13.10.1930), Nr. 342 (31.10.1930) und Nr. 369 (11.11.1930).

niederlage wollten Teile der Heimwehr durch einen Putsch zuvorkommen[49]. Sogar die Generäle aus der Umgebung Vaugoins, die beiden Sektionschefs Albert Schiebl und Gustav Geng, drängten ihn dazu[50]. Doch diesmal traten Italien und Ungarn energisch gegen alle riskanten Experimente auf. Bethlen drohte die Heimwehren komplett fallen zu lassen; angeblich setzte er deshalb sogar alte Seilschaften aus der K.-u.-k.-Zeit in Bewegung; Auriti fuhr extra nach Rom und bestärkte Vaugoin auf der Rückreise in Innsbruck in seiner Ablehnung[51]. Die Alarmglocken schrillen ließ bloß die Aussage des militärischen Führers der steirischen Heimwehr, des pensionierten Fliegergenerals Otto Ellison von Nidlef, der hinter dem Rücken Gömbös' ein Waffendepot in Ödenburg ausheben und sich vom Marsch auf Wien allenfalls durch ein Machtwort seines Kaisers abhalten lassen wollte[52].

Starhemberg fühlte sich von allen Seiten „belogen und betrogen". Er wisse nicht, wie man Ellison unschädlich machen könne; auf der anderen Seite verweigere Vaugoin ihm die Zustimmung zur Auflösung des Schutzbundes und wollte auch die Wahlen nicht verschieben. Der Fürst klagte jetzt auch offen über Schober, der in seiner Freimaurerloge (der „Dorothea") mit führenden Sozialisten zusammensitze; auch den undurchsichtigen Seipel – dem man nachsagte, er schicke immer zwei Pferde ins Rennen, nur wisse niemand, auf welches er setze – wollte er jetzt als Außenminister durch Baron Georg Franckenstein ersetzt wissen, den österreichischen Gesandten in London[53].

Als die Wahlen tatsächlich mit einer Niederlage der Regierung Vaugoin-Starhemberg endeten[54], verschoben sich erneut die Koordinaten. Rom war gegen den voreiligen Marsch auf Wien gewesen, aber es war durchaus für ein

---

49 Ein erstes Mal äußerte Starhemberg derlei Pläne schon im September, damals allerdings noch im Zusammenwirken mit Schober und Vaugoin. Er wolle darüber auch mit Bethlen und Gömbös sprechen; während seines Aufenthalts in Ungarn erfolgte dann der Sturz Schobers. Die Heimwehr betonte, damit nichts zu tun zu haben. 19.9.1930 – ASMAE, Ambasciata Vienna, b. 295.

50 Dazu auch die Reminiszenz in: DDI, VII, 12, Nr. 74 (2.6.1932).

51 DDI, VII, 9, Nr. 308 (18.10.1930); Nr. 318 (21.10.1930). Rothschild witterte die Schuld am Putschplan bei Seipel. Ebd. Nr. 316 (20.10.1930); Bericht 29.10.1932 – PA/AA, Pol 2/3; Kerekes, Abenddämmerung, 86; diese Bremsfunktion Italiens zu wenig betont bei Collotti, Fascismo e Heimwehren, 324 ff.

52 17.10.1930 – ASMAE, AP 1919–1930 Austria, b. 894/II. Dass gerade die „pangermanistische" steirische Heimwehr ihre Formationen in der Krise einem legitimistischen General anvertraute, mag als Warnung vor der Überschätzung ideologischer Faktoren dienen.

53 DDI, VII, 9, Nr. 316 (20.10.1930), Nr. 326 (25.10.1930); Kerekes, Abenddämmerung, 65.

54 Die Heimwehr erzielte – wie von Seipel vorausgesehen – acht Sitze (6 % der Stimmen). Aber die Christlichsozialen verloren. Die NSDAP kam mit 3 % auf kein Mandat. Seipel hatte ihr ein bis zwei Sitze zugetraut und sie auch zur Rechten gerechnet. DDI, VII, 8, Nr. 430 (8.11.1930).

österreichisches Pendant der Regierung Brüning zu haben, sprich: ein Regime, das auch feindlichen Kammermehrheiten trotzte und darauf allenfalls mit einer wiederholten Auflösung des Parlaments reagierte. Für ein solches Präsidialregime benötigte man die Zustimmung des Präsidenten. Miklas aber war dafür nicht zu haben. Ende November 1930 unternahmen Starhemberg und Geng in einer nächtlichen Unterredung daraufhin einen letzten Versuch, Vaugoin zu einem Staatsstreich von oben zu bewegen – vergeblich. Der christlichsoziale Obmann redete sich auf sein Alter und seine schlechte Gesundheit aus …[55]

So endete das erste Experiment einer österreichischen Rechtsregierung, die sich zu einem autoritären Kurs doch nicht durchzuringen vermochte, mit Katzenjammer: Es war Bethlen, der sich besonders beunruhigt zeigte und auf eine eingehende Manöverkritik drängte. Man erzielte rasch Einigkeit über die Mängel und Fehler der österreichischen Verbündeten. Die politische Klasse Österreichs bewege sich auf einem Niveau, das nicht einmal mehr einem so kleinen Land gerecht werde. Allerdings sei Starhemberg immer noch „per ora il meglio che le Heimwehren possono offrire". Für ihn spreche schon einmal, ein bezeichnender Zusatz Grandis, dass er mit seinem politischen Engagement kein persönliches finanzielles Interesse verbinde[56]. Der Hinweis war nicht ohne Ironie. Die Heimwehr leckte ihre Wunden; ihre Finanzierung stockte, auch Starhemberg persönlich war am Ende seiner Möglichkeiten angelangt: Er habe 1 Mio. Schilling in die Ausrüstung seiner Leute gesteckt; jetzt musste er zur Sanierung seiner Finanzen selbst die Dienste des Hauses Rothschild in Anspruch nehmen und legte die Bundesführung für einige Monate nieder[57].

---

55 DDI, VII, 9, Nr. 428 (30.11.1930). Diese Quellen noch nicht ausgewertet bei Anton Staudinger, Die Bemühungen Carl Vaugoins um die Suprematie der Christlichsozialen Partei 1930 bis 1933, unveröffentl. Diss. Wien 1969.

56 DDI, VII, 9, Nr. 455 (13.12.1930), Nr. 478 (27.12.1930). Bethlen setzte sogar den politischen Direktor seines Außenamtes, Baron Apor, in Marsch, um die Bücher der Heimwehr zu kontrollieren und die leidigen Querelen über das liebe Geld aus der Welt zu schaffen. Ebd. Nr. 442 (6.12.1930).

57 DDI, VII, 12, Nr. 17 (16.4.1932); Kerekes, Abenddämmerung, 93. Zur Situation Starhembergs auch Bericht Geissler Celesias (Nr. 2417), 30.6.1930 – ASMAE, AP 1919–1930 Austria, b. 894/II. Er habe 800.000 S Schulden beim Bankhaus Topolansky, das in Verbindung mit den bayerischen Grafen Arco stehe. Später kolportierte die reichsdeutsche Gesandtschaft, italienische Gelder für die Heimwehr würden über dasselbe Bankhaus angewiesen. 7.4.1933 – PA/AA, Pol. 5A.

Die Flucht nach vorne

Die ursprünglichen Pläne Mussolinis und Bethlens waren darauf berechnet gewesen, die politischen Schwächen der Nachkriegsordnung im „revisionistischen" Sinne auszuloten und auszunützen; aber sie waren – gemessen an den Maßstäben der Zwischenkriegszeit – 1927/28 noch in einer Zeit der wirtschaftlichen Hochkonjunktur entstanden. In einer gewissen Weise gab die Weltwirtschaftskrise ab 1929 erst recht den Startschuss zur Auflösung der Nachkriegsordnung. Die unmittelbaren Krisensymptome freilich setzten eine Dynamik in Gang, die für Italien schwer zu beherrschen war. Denn was den Donauraum betraf, stärkte die Krise die Stellung Deutschlands als Absatzmarkt – und die Stellung Frankreichs als Geldgeber. Das Projekt der italienisch-ungarischen Zusammenarbeit, mit Österreich als Zwischenglied, geriet von beiden Seiten her in Gefahr. 1931 war Italien mit dem Zollunionsprojekt konfrontiert, das Schober neuerdings zu ungeahnter Popularität verhalf; Frankreich setzte dagegen 1932 den Tardieu-Plan, der auf eine Zollunion mit der „Kleinen Entente" hinauslief[58].

Italien war in der Sache gegen das Zollunionsprojekt, überließ bei seiner Opposition dagegen aber gern Frankreich den Vortritt. Schober wurde endgültig als ein „limone spremuto" abgeschrieben, dafür stieg nunmehr, wenige Monate vor seinem Tod, Seipel in der Achtung Mussolinis, der ihn eigens grüßen ließ[59]. Auriti spekulierte schon über die Möglichkeiten einer Restauration der Habsburger, wenn man den Anschlussgelüsten langfristig einen Riegel vorschieben wolle; mehr noch, er fragte sich, ob jetzt nicht auch Frankreich dafür zu gewinnen sei – freilich geht aus seinen Überlegungen nicht ganz klar hervor, ob es sich bei diesem vorsichtigen „lokalen" Einverständnis der beiden Rivalen um ein persönliches Engagement des Grafen Clauzel, des französischen Botschafters in Wien, handelte oder um Pariser Direktiven[60].

Das Zollunionsprojekt vom März 1931 wurde schon im Sommer von der Krise um den drohenden Zusammenbruch der Creditanstalt (CA) überrollt. Die enormen Kosten der Staatsgarantien für die Bank sorgten für Empörung in der Bevölkerung – eine Stimmung, die sich Pfrimer zuerst mit einem Volksbegehren, dann mit seinem missglückten Putsch vom September 1931 zunutze

---

58 Klaus Koch, Walter Rauscher, Arnold Suppan (Hgg.), Außenpolitische Dokumente der Republik Österreich, 7: Das österreichisch-deutsche Zollunionsprojekt, Wien 2006; JUHASZ, Hungarian Foreign Policy, 101 ff.; De Felice, Mussolini il duce, I, 387.

59 DDI, VII, 10, Nr. 440 (22.8.1931), Nr. 254 (7.5.1931), zitiert auch bei COLLOTTI, Fascismo e Heimwehren, 331.

60 Clauzels Tiraden gegen Tardieu weisen in die Richtung einer Divergenz; seine Hoffnungen auf Herriot wurden auch von Grandi geteilt, erwiesen sich aber als illusionär. 28.6.1932 – ASMAE, AP 1931–1945 Austria, b. 6; vgl. NELLO, Dino Grandi, 127 ff.

machen wollte. Das Unternehmen bestätigte alle Vorurteile über den operetten-artigen Charakter der österreichischen Politik. Eine Kolonne verirrte sich während des Nachtmarsches; Pfrimer war in den entscheidenden Stunden offenbar betrunken. Auriti und Grandi sahen im Scheitern des Pfrimer-Putsches eine Bestätigung ihrer Warnungen vom Vorjahr, plädierten aber für „indulgenza" gegenüber den Rebellen: Man solle aus dieser Komödie keine Tragödie machen – und stießen mit dieser Auffassung auch auf die Zustimmung Seipels[61].

Starhemberg übernahm nach dem Debakel Pfrimers wiederum die Führung der Heimwehren. Er liebäugelte nach dem Vorbild der „Harzburger Front" 1931 eine Zeitlang mit einem oppositionellen Bündnis mit der NSDAP. Antimarxismus allein, so räsonierte er, sei als Programm zu wenig; man müsse ein wahrhaft revolutionäres Programm aufstellen. Die Wahlerfolge der NSDAP bei den Landtagswahlen im April 1932 ließen die Rolle eines Juniorpartners für die Heimwehr jedoch unattraktiv erscheinen. Die NSDAP wollte mit der Heimwehr nicht mehr kooperieren, sondern sie inhalieren: Sie strebte Neuwahlen an, die vermutlich weder die Großdeutschen noch die Heimwehr überlebt hätten, um die Christlichsozialen in eine Koalition mit den „Marxisten" zu zwingen und von der Gegenbewegung zu profitieren[62]. Für die Heimwehren wiederum kleidete Starhemberg die „sauren Trauben" in die Formel, die NSDAP habe wegen ihrer antikirchlichen Haltung in Österreich auf die Dauer keine Chancen – und sei außerdem kein wirklicher Partner, weil Hitler sich auf das Legalitätsprinzip festgelegt habe – ein Vorwurf, der in den Quellen öfters wiederkehrt[63].

Mussolini wie ein Großteil der Heimwehrführer scheinen sich auch der Illusion hingegeben zu haben, durch energisches Auftreten die Anhänger der NSDAP auf ihre Seite ziehen zu können. Nach 1945 wurde diese Hypothese oft in das Gegenteil verkehrt, man hätte der NSDAP damit nur den Weg geebnet, sie „salonfähig" gemacht – ein Ausdruck, wie er gerade von anti-bourgeoisen Wortführern gerne verwendet wird. Beide Interpretationen dürften weit über das Ziel hinausschießen. Die Heimwehr wurde vielmehr von der Lagerstruktur der österreichischen Politik eingeholt, auf lange Sicht zwischen katholischem

---

61 DDI, VII, 11, Nr. 9, Nr. 10, Nr. 11 (16.9.1931), Nr. 40 (5.10.1931); ÖStA/KA, Nl. Diakow, B/727/37, fol. 45 ff.; Josef Hofmann, Der Pfrimer-Putsch, Wien 1965; vgl. über Pfrimers Vertrauten jetzt auch Roman Sandgruber, Karl Othmar Lamberg (1898–1942), in: Wirtschaftshistorische Studien. Festgabe für Othmar Pickl, Frankfurt/M. 2007, 183–207; Lothar Höbelt, „Herbstmanöver". Der Pfrimerputsch 1931 und seine Auswirkungen auf Oberösterreich, in: Gerhard Marckhgott (Hg.), Oberösterreich 1918–1938, 1, Linz 2014, 89–138.

62 DDI, VII, 10, Nr. 127 (12.3.1931), DDI, VII, 12, Nr. 65 (28.5.1932); Kerekes, Abenddämmerung, 101–104.

63 DDI, VII, 11, Nr. 67 (5.11.1931), VII, 12, Nr. 74 (2.6.1932), Nr. 106 (20.6.1932).

und nationalem Lager zerrieben. Sie war darüber hinaus selbst vermutlich zu „salonfähig" – bei allen populistischen Allüren zu elitär und exklusiv[64].

Auf alle Fälle führte die Dynamik der Krise Italien und die Heimwehr 1932 neuerdings zusammen, ließ sie aufeinander angewiesen sein. Denn für sie beide galt: Weder die Aussicht auf ein weiteres Wachstum der NSDAP noch auf eine schwarz-rote Koalition in Wien waren für sie akzeptabel – zum Unterschied von Deutschland, dem außenpolitisch beides gelegen kam und das auf die Gerüchte über die Bildung einer „Großen Koalition" so reagierte: „Von unserem Standpunkt aus wohl nicht ungünstig ...!"[65] Die Flucht nach vorne, in ein Regime, das weder dem nationalen noch dem internationalen Sozialismus, weder Frankreich noch Deutschland verpflichtet war, schien der einzige Ausweg. Der Bürgerblock war 1931/32 endgültig zerbrochen, seit die todgeweihte Großdeutsche Volkspartei der Regierung den Rücken kehrte, weil sie die Kürzung der Beamtengehälter nicht mittragen wollte. Außerdem benötigte Österreich eine weitere große Anleihe, um die Folgen der CA-Krise zu bewältigen[66].

Engelbert Dollfuß bildete im Mai 1932 eine Minderheitsregierung. Dollfuß übernahm dabei die Rolle, die Schober 1930 so virtuos gespielt hatte: Er bot der Heimwehr einen Sitz im Kabinett an – und drohte mit einem Arrangement mit der Linken, wenn er nicht hinreichend Unterstützung von rechts erhalte. Die Sozialdemokraten könnten – nach dem Vorbild der Genfer Sanierung 1922, die sie bekämpft, aber nicht verhindert hatten – auch die sogenannte Lausanner Anleihe passieren lassen: Angeblich waren sie zu gezielten Stimmenthaltungen im Parlament bereit, wenn Dollfuß die Heimwehrminister wieder entlasse[67]. Anfangs war sich Starhemberg noch unsicher, ob man nicht besser auf ein Kabinett Rintelen warten solle, des steirischen Landeshauptmannes, der seit langem ein Naheverhältnis zur Heimwehr pflegte[68]. Schließlich wurde Rintelen nicht einmal, wie vorgesehen, Außen-, sondern bloß Unterrichtsminister. Der Steirische Heimatschutz distanzierte sich prompt vom Regierungskurs seiner Kameraden[69].

Doch wer A sagt, muss auch B sagen: Die Heimwehr ließ sich im einträchtigen Zusammenwirken von Mussolini und Seipel im Juli 1932 auf die Unterstüt-

---

64 Dirk HÄNISCH, Die österreichischen NSDAP-Wähler. Eine empirische Analyse ihrer politischen Herkunft und ihres Sozialprofils, Wien 1998.

65 Bericht vom 31.1.1932 – PA/AA, Pol. 5/11.

66 Dieter STIEFEL, Finanzdiplomatie und Weltwirtschaftskrise, Frankfurt/M. 1989.

67 DDI, VII, 12, Nr. 205 (16.8.), Nr. 494 (1.12.1932).

68 DDI, VII, 12, Nr. 57 (24.5.1932); Franz SCHAUSBERGER, Letzte Chance für die Demokratie. Die Bildung der Regierung Dollfuß im Mai 1932, Wien 1993; Peter GÖRKE, Anton Rintelen (1876–1946). Eine polarisierende steirische Persönlichkeit, unveröff. Diss. Graz 2002, 154.

69 Nachrichtenblatt 1 des HSV-Steiermark, 27.5.1932 – Steiermärkisches Landesarchiv, Sammlung 20. Jahrhundert, Karton 208, Heft 4; Bruce PAULEY, Hahnenschwanz und Hakenkreuz. Steirischer Heimatschutz und österreichischer Nationalsozialismus 1918–1934, Wien 1972.

zung der Regierung und des Lausanner Abkommens festlegen. Görings Schwager, der ehemalige Heimwehr-Justizminister Franz Hueber, rettete Dollfuß, als er sein Mandat niederlegte: Denn sein Nachfolger stimmte mit der Regierung. Erst jetzt bewegte sich die Heimwehr, wie Auriti erleichtert feststellte, in eine prononciert „österreichische" Richtung. Man prophezeite ihr, sie werde deshalb Anhänger verlieren, aber an Homogenität und Schlagkraft gewinnen[70]. Das Trio Mussolini-Starhemberg-Dollfuß verkörperte deshalb noch lange nicht prästabilierte Harmonie. Der neue Botschafter Preziosi hielt sich bei seinen Kontakten in erster Linie an den Heimwehr-Handelsminister Guido Jakoncig, der auch mit Budapest Kontakt hielt. Doch beide kamen überein, dass Starhemberg bei all seinen Schwächen immer noch das kleinere Übel darstelle[71]. Erst schrittweise kam es auch zu einer Annäherung zwischen Starhemberg und Dollfuß; dafür sanken die Aktien Rintelens, den Auriti als „più volpe che leone" einschätzte[72].

Die List der Geschichte und der passende Vorwand

Die prekäre Situation des Minderheitskabinetts Dollfuß, das ursprünglich nur über 80 von 165 Abgeordneten verfügte[73] und bei Neuwahlen kaum noch Überlebenschancen hatte, ließ autoritäre Alternativen zwangsläufig attraktiv erscheinen. Das Kriegswirtschaftliche Ermächtigungsgesetz, das von der Regierung Dollfuß im Herbst 1932 erstmals bemüht wurde, aber auch von früheren Regierungen der Ersten Republik immer wieder angewendet worden war[74], war ein Notbehelf; daneben wurden auch radikalere Lösungen erwogen. Wenn sogar

70 DDI, VII, 12, Nr. 159 (19.7.1932); Nr. 175 (25.7.1932); Grete KLINGENSTEIN, Die Anleihe von Lausanne, Wien 1965; KEREKES, Abenddämmerung, 106, 111.

71 DDI, VII, 12, Nr. 205 (16.8.1932). Das gute Verhältnis Jakoncigs zu den Italienern erklärt auch die Nervosität Dollfuß', als im Mai 1933 Gerüchte kursierten über eine Sammlung des nationalen Lagers unter Jakoncigs Führung. Vgl. Walter Goldinger (Hg.), Protokolle des Klubvorstandes der Christlichsozialen Partei 1932–1934, Wien 1980, 228 (20.4.1933).

72 DDI, VII, 12, Nr. 69 (30.5.1932), Nr. 537 (12.12.1932). Auch Jakoncig warf Rintelen vor, er sei es, der eine Wiedervereinigung mit dem Steirischen Heimatschutz verhindere. 30.11.1932 – ASMAE, AP 1931–1945 Austria, b. 6.

73 66 Christlichsoziale, 9 Landbündler und 5 Heimatschützer ergaben 80 Mandate. Der Tod Schobers und der Rücktritt Huebers im Sommer 1932 brachten die Summe auf 82; zwei Enthaltungen bei den Gegnern (der Großdeutsche Vinzl und ein dissidenter Sozialdemokrat) ermöglichten der Regierung das Überleben. Vgl. auch Goldinger (Hg.), Klubvorstand, 213.

74 vgl. Gernot D. HASHIBA, Das Kriegswirtschaftliche Ermächtigungsgesetz von 1917. Seine Entstehung und Anwendung vor 1933, in: Aus Österreichs Rechtsleben in Geschichte und Gegenwart. Festschrift für Ernst C. Helbling zum 80. Geburtstag, herausgegeben von der Rechtswissenschaftlichen Fakultät der Universität Salzburg, Berlin 1981, 543–565.

Präsident Miklas – „timoratissimo e democratissimo" – diesen Gedanken nunmehr aufgeschlossen erschien, wurde das in Italien als hoffnungsvolles Zeichen interpretiert. Zweifellos, so formulierte es Preziosi, in Anspielung auf das „Kabinett der Barone" in Berlin, sei Miklas kein Hindenburg, aber vielleicht könne Dollfuß sich zu einem „Papen formato mignon" entwickeln[75].

Inzwischen war auch in Ungarn die Stimmung wieder gekippt: Auf das Übergangskabinett Karolyi 1931/32, das Fäden nach dem Westen spinnen sollte, folgte als Ministerpräsident im Oktober 1932 Gömbös, ein alter Bekannter Starhembergs. Gleich beim Antrittsbesuch Gömbös' in Rom am 10. November 1932 wurde eine gemeinsame Aktion ins Auge gefasst, um in Österreich den Übergang zu einem autoritären Regime herbeizuführen[76]. Wieder waren hier auffällige Parallelen zwischen dem Engagement in Österreich und der Qualität der Beziehungen zu Belgrad zu erkennen. Im Januar 1930 war es zu einer Entspannung im Verhältnis von Rom und Belgrad gekommen; die Königsdiktatur mit ihrer serbischen Kamarilla (Jeftic/Zivkovic) beschwor den „balkanischen" Charakter Jugoslawiens, der keinerlei adriatische Rivalität mit Italien begründe. Doch Ende 1932 standen die Zeichen wieder auf Sturm: Der Aufstand in der Lika im Oktober, die Verhaftung der prominenten Oppositionellen, die in Agram (5./6. November) eine Resolution unterzeichnet hatten, die auf ein „Zurück zu 1918" und eine völlige Neugestaltung Jugoslawiens abzielte, die Polemik mit Italien über die Attentate auf venezianische Denkmäler in Dalmatien, die Tagung der Kleinen Entente in Belgrad Dezember 1932, kurz nach dem Jahreswechsel noch einmal angeheizt von der Hirtenberger Waffenaffäre, konnten allesamt als Indiz für diese Zuspitzung gedeutet werden[77].

Dollfuß versteckte sich gegenüber der ungarisch-italienischen Initiative anfangs noch hinter Missverständnissen. Das Hilfsangebot Mussolinis und Gömbös' wollte er als ein rein ökonomisches verstanden wissen (nahm aber gern die

---

75   DDI, VII, 12, Nr. 277 (22.9.1932), Nr. 360 (20.10.1932). In dieser Einschätzung traf sich Preziosi
     mit Bülow in Berlin, der schrieb: Die Lage in Österreich sei „so schwierig, daß eine Regierung
     ‚ähnlich wie im Deutschen Reich' gebildet werden müsse". Allerdings versuchte Papen weiterhin,
     die Großdeutschen zu einem Wiedereintritt in die Regierung zu bewegen, was beim linken Flügel
     der Christlichsozialen auf Gegenliebe stieß, der sich gegen den Eintritt Feys wehrte, wie er nach
     mehrwöchigen Verhandlungen im Oktober erfolgte. 12.10.1932 – PA/AA, Pol. 16/10. Vgl. auch
     Goldinger (Hg.), Klubvorstand, 22 ff. (20.10.1932). Den letzten Ausschlag zur Ernennung Feys
     gab ein von den Sozialdemokraten ausgelöster Zusammenstoß mit der SA in Wien-Simmering.
76   DDI, VII, 12, Nr. 414 (10.11.1932).
77   Jakoncig betonte Ricciardi gegenüber das besondere Interesse Gömbös' an der kroatischen Frage. 2.11.1932 – ASMAE, AP 1931–1945 Austria, b. 6; vgl. auch DDI, VII, 12, Nr. 535, Nr. 569,
     Nr. 571; Rudolf Kiszling, Die militärischen Vereinbarungen der Kleinen Entente 1929–1937,
     München 1959, 33 ff.; Pirjevec, San Vito 96 ff., 108 f.; Bucarelli, Mussolini e la Jugoslavia,
     198 ff., 234 ff.

Waffenlieferungen in Anspruch, die Jakoncig noch als zu riskant abgelehnt hatte!)[78]. In Rom hingegen bestand man darauf: „occorre che Dollfuß si comprometta publicamente con noi".[79] Hier kam Mussolini und den Heimwehren zum ersten Mal der Zufall in Gestalt der Gegner zu Hilfe: Während Dollfuß noch lavierte, öffnete die Geschäftsordnungspanne vom 4. März 1933 den Weg zum autoritären Regime, das Mussolini gefordert hatte – ohne dass Italien dazu irgendwelche besonderen Schritte setzen musste[80]. Der koordinierte Druck Mussolinis und Starhembergs auf Dollfuß, der binnen weniger Monate dreimal mit Mussolini zusammentraf, das letzte Mal im August in Riccione, entfaltete seine Wirkung bei der Ausschaltung nicht des Parlaments und der Opposition, sondern des Koalitionspartners, nämlich des Landbundes, insbesondere Vizekanzler Winklers, der im September 1933 von beiden aufs Korn genommen – und von Dollfuß noch eine Zeitlang verteidigt wurde, bis Winkler selbst den Anlass für seine Ausbootung lieferte. Dollfuß, so Preziosi beinahe bewundernd, verstehe es, immer auf einen passenden Vorwand („adeguato pretesto") zu warten[81].

Dasselbe Muster wiederholte sich ein Jahr später: Der Besuch Suvichs in Wien Anfang 1934 wurde oft geradezu als Auslöser des Bürgerkriegs vom 12. Februar 1934 angesehen[82]. Diese Ansicht beruht auf einer Fehleinschätzung der Dynamik des Februar 1934: Suvich mochte die Heimwehren bei ihren Forderungen nach einer Gleichschaltung der Länder ermuntern. Auf den Aufstand des Schutzbundes, der den Heimwehren gerade in dem Moment in die Hände spielte, als sie deshalb mit den christlichsozialen Landeshauptleuten in Konflikt geriet, hatte er verständlicherweise keinen Einfluss. Die Sozialdemokratie, die 1930 noch so souverän reagiert hatte, verlor die Nerven – nicht die Führung, aber viele ihrer Aktivisten. Die Chronologie der Ereignisse spricht hier eine deutliche Sprache. Am Nachmittag des 11. Februar beauftragte Mussolini den Botschafter, Dollfuß zur Vollendung des „Programmes von Riccione" aufzufordern. Als Preziosi am nächsten Tag beim Kanzler vorsprach, um 17 Uhr, waren die Würfel bereits gefallen[83].

---

78   DDI, VII, 12, Nr. 520 (7.12.1932).

79   DDI, VII, 12, Nr. 550 (15.12.1932).

80   Vgl. Goldinger (Hg.), Klubvorstand, 133 (7.3.1933): „Vom Standpunkt der Sozi hat Renner das dümmste Stück seines Lebens gemacht." (Buresch).

81   DDI, VII, 14, Nr. 100 (17.8.1933), Nr. 111, Beilage II (19.8.1933), Nr. 165 (11.9.1933), Nr. 207 (24.9.1933); KEREKES, Abenddämmerung, 158 ff.; DE FELICE, Mussolini il duce, I, 468–484; zu Winklers Ausscheiden vgl. auch Alexander HAAS, Die vergessene Bauernpartei. Der Steirische Landbund und sein Einfluss auf die österreichische Politik 1918–1934, Graz 2000, 247–260.

82   Vgl. auch COLLOTTI, Fascismo e Heimwehren 335: „Oggi sappiamo che gli eventi del febbraio 1934 facevano parte di un progetto da tempo definito dalla diplomazia fascista."

83   DDI, VII, 14, Nr. 683, Nr. 686 (11./12.2.1934), zur Auslösung des Aufstandes vgl. Brigitte Kep-

Der Gefahr, von Mussolini fallen gelassen zu werden, war Dollfuß zu diesem Zeitpunkt kaum ausgesetzt; auch Starhemberg erklärte, er stünde 110-prozentig hinter dem Kanzler. Eine Fronde baute sich nur entlang einer anderen Schiene auf: Nicht Mussolini, sondern Gömbös – der bei den Zollverhandlungen, die schließlich in die Römischen Protokolle vom März 1934 mündeten, einen raschen Prestigeerfolg benötigte – misstraute Dollfuß und antwortete auf die Frage Preziosis, wen er denn als starken Mann in Österreich vorschlage, ohne Umschweife: Emil Fey – der Innenminister, dem er während der Februar-Kämpfe auch rasch Munition schickte. Mussolini – seit Juli 1932 auch wiederum sein eigener Außenminister – hingegen hatte sich bei Dollfuß im Vorjahr noch für Steidle verwendet; Fey, der ohne besondere weltanschauliche Bindungen immer ein gutes Verhältnis zu den Christlichsozialen gesucht hatte, war von Dollfuß selbst als Gegengewicht zu Starhemberg ins Spiel gebracht worden[84].

Epilog: Der Weg zur Achse

Mit dem wiedererstarkten Deutschland musste jede österreichische Regierung früher oder später zu einem Modus Vivendi gelangen. Mussolini hat dies erkannt; nur versucht, für sich – und für Österreich – dabei gute Bedingungen herauszuschlagen. Seine Verhandlungsposition wurde dabei durch das Abessinien-Abenteuer geschwächt. Das war freilich nicht von vornherein klar. Denn ursprünglich war der Abessinienkrieg ja in Absprache mit Frankreich und Laval geplant gewesen. Diese Phase war – im Zeichen der Stresa-Front – von einem Eingehen auf französische Pläne geprägt, das in Ungarn bereits Misstrauen und Widerspruch auslöste[85]. Erst das Scheitern des Hoare-Laval-Planes, das immer noch mehr auf die englische öffentliche Meinung als auf die französische Diplomatie zurückging, dann der Sieg der Volksfront in Frankreich führten 1936

---

plinger, Josef Weidenholzer (Hgg.), Februar 1934 in Oberösterreich. „Es wird nicht mehr verhandelt.", Weitra 2009, 166–168; zum Hintergrund: Charlie JEFFREY, Social Democracy in the Austrian Provinces 1918–1934: Beyond Red Vienna, London 1995, 192, 199, 219. Den Hintergrund des Aufstandes gerade in Oberösterreich beleuchtet auch eine Beobachtung der italienischen Gesandtschaft: In keinem anderen Bundesland habe die Sozialdemokratie seit 1929 einen so hohen Anteil an Mitgliedern verloren. 17.11.1932 – ASMAE, AP 1931–1945 Austria, b. 6.

84 DDI, VII, 14, Nr. 664 (5.2.1934), Nr. 668 (7.2.1934); KEREKES, Abenddämmerung, 178, 180; Georg J. E. MAUTNER MARKHOF, Major Emil Fey, Graz 2004, 85–88. Die Handelspolitik brachte Gömbös auch in direkten Gegensatz zum niederösterreichischen Bauernbund, dem größten Gegner des Heimwehrkurses innerhalb der Christlichsozialen Partei. Ricciardi 2.11.1932 – ASMAE, AP 1931–1945 Austria, b. 6.

85 JUHASZ, Hungarian Foreign Policy, 119.

zu einer Entfremdung, die mit dem Ausbruch des Spanischen Bürgerkriegs, der große Emotionen freisetzte, irreversible Formen anzunehmen drohte.

Die Heimwehrführung machte sich in diesem Sommer 1936 noch Illusionen über einen „Block der faschistischen Staaten", gruppiert um die „Achse" Mussolini-Starhemberg-Göring[86]. Dieses Projekt scheiterte nicht bloß an Hitler, sondern auch an Schuschnigg, der selbst den Weg zu einem Kompromiss einschlug und das Juli-Abkommen mit Hitler 1936 mit einer schrittweisen Entmachtung, im Oktober schließlich Auflösung der Heimwehren begleitete. Starhemberg, der 1934 erneut seinen „amletico dubbio"[87] unter Beweis gestellt hatte, als er keinen Versuch unternahm, nach dem Tode Dollfuß' die Macht zu ergreifen, wurde als Vizekanzler 1936 nicht wegen, sondern trotz seines Glückwunschtelegramms an Mussolini abgelöst. Er versuchte sich mit dem Telegramm einen guten Abgang zu verschaffen, allenfalls Italien zu einer Intervention zu seinen Gunsten zu veranlassen. Doch dieses Kalkül ging nicht auf, oder nicht mehr. Preziosi beurteilte das Telegramm, das Starhemberg in seiner Eigenschaft als „Capo del fascismo austriaco" abgeschickt haben wollte, ganz zutreffend als eine primär innenpolitische Reaktion auf eine vorangegangene Solidarisierung Schuschniggs mit den Gegnern der Heimwehr innerhalb der katholischen Arbeiterbewegung[88].

Mussolini hat das Fallenlassen der Heimwehr nachträglich möglicherweise als Fehler betrachtet; sein Regime blieb das große Vorbild der Heimwehr, die für sich, vor allem seit 1933, im Rahmen der Rivalitäten innerhalb des Regimes, stolz das Adjektiv „austrofaschistisch" in Anspruch nahm. Der „Faschismus", den sie bewunderten, vor allem die Aristokraten unter ihnen, war jedoch das Resultat des Kompromisses zwischen den alten Eliten und der faschistischen Bewegung, wie er in Italien existierte: das Regime, nicht die „Bewegung". Es war ein K.-u.-k.-Faschismus, der sich auf Krone und Kirche stützen sollte (wenn auch keineswegs auf die „Klerikal-Demokraten" der Christlichsozialen Partei!). „Der Faschismus, sowie ich ihn verstehe", schrieb Starhembergs Freund Graf Rudolf Hoyos, „ist die beste Art, die Enzyklika (gemeint war: Quadragesimo anno) zu verwirklichen"[89]. Ihr oberösterreichischer Gesinnungsgenosse Graf Peter Revertera ergänzte, dem Nationalsozialismus fehle eben das, „was Mussolini sich wohlweislich warm zu halten verstanden hat: die Krone".[90]

Schon 1928, aus Anlass der allerersten Kontakte, schrieb Auriti: „Quanto al

---

86   Tagebuch Graf Rudolf Hoyos, 19.3.1936 – Schlossarchiv Horn, F. 348, Karton 110b.

87   DDI, VII, 9, Nr. 326 (25.10.1930).

88   DDI, VIII, 4, Nr. 28 (13.5.1936); auch ebd. Nr. 68.

89   Tagebuch Graf Rudolf Hoyos, 17.9.1936 – Schlossarchiv Horn, F. 348, Karton 110b; Kerschagl, ein Rivale Heinrichs, gab dazu eine Schrift heraus: „Das Programm des Faschismus und Quadragesimo Anno", in: „Die Wirtschaftspolitik" 2, Heft 5.

90   Brief Peter Reverteras an seine Eltern, 30.12.1937 – Schlossarchiv Helfenberg, Karton 112.

Fascismo è ben noto come in questo paese nessuno ne abbia compreso l'essenza; per avversari e sedicenti ammiratori esso è niente più che un regime 'reazionario'; la integralità sfugge loro completamente."[91] Man sehe hier nur das eine Element, nämlich den starken Staat, der sich gegen die Sozialdemokratie durchsetzen könne, als Endziel, nicht als Mittel zur Umgestaltung der Gesellschaft. Die Einheitspartei „Vaterländische Front" war keine Bewegung, sondern eine Hülle ohne Inhalt. Hinter dieser Fassade herrschte ebenso der „Proporz" zwischen „Schwarzen" und Heimwehr, wie zuvor in den bekämpften parlamentarischen Koalitionen. Starhemberg gestand selbstkritisch: „Ehrlich gesagt ist der Heimatschutz heute etwas Überlebtes: ... Eigentlich die einzig übriggebliebene politische Partei."[92] Diese Orientierung auf das Regime, nicht die Bewegung traf umgekehrt, auf einer anderen Ebene, freilich auch auf Mussolini selbst zu, der in Österreich im Zweifelsfall immer dem Regime den Zuschlag vor der Bewegung gab: Schober vor Steidle, Schuschnigg vor Starhemberg; selbst solange Dollfuß noch als „unsicherer Kantonist" galt, hielten sich die italienischen Diplomaten lieber an den Minister Jakoncig als an die Condottieri der Bewegung.

Außenpolitik war und ist in erster Linie keine Frage der Weltanschauung. Die Affinitäten zwischen dem Italien Mussolinis und der Heimwehr waren gegeben, doch mit der Einschränkung: „simpatia per gli scopi e ... riserva quanto ai mezzi".[93] Die komplette taktische Übereinstimmung war ein seltenes Phänomen: 1928 kam die Verbindung nur indirekt zustande; 1929 war Italien, 1930 seine österreichischen Verbündeten der treibende Part bei dem Versuch, eine Exportversion des „Marcia su Roma" zu entwickeln; 1931 herrschte beredtes Schweigen; 1932 fand sich eine Allianz der Verlierer zusammen oder zumindest der potentiellen Verlierer, die ihre Felle davonschwimmen sahen; 1933/34 wurde ihnen durch die Fehler ihrer Gegner der Weg zu einem Erfolg geebnet, der nicht von langer Dauer war, wohl auch nicht sein konnte.

Ungarn – der Teil der alten Monarchie, der mehr von ihren Strukturen konserviert hatte und darüber hinaus über konkrete revisionistische Ziele verfügte – spielte beim Einfädeln dieser Kontakte 1928, wie bei deren Intensivierung 1932, eine nicht zu unterschätzende Rolle, nicht zuletzt wegen seiner Verbindungen in dem Offiziers- und Adelsmilieu, das die Heimwehr prägte. Mit umgekehrten Vorzeichen ist dagegen auch der Part zu betonen, der Jugoslawien als Katalysator für italienisch-ungarische Absprachen zufiel, die zu ihrer Effektuierung auf Partner in Österreich angewiesen waren.

---

91 DDI, VII, 6, Nr. 287 (26.4.1928).
92 Tagebuch Graf Rudolf Hoyos, 1.10.1936 – Schlossarchiv Horn, F. 348, Karton 110b.
93 DDI, VII, 9, Nr. 296 (13.10.1930).

Helmut Wohnout

Italien und der politische Systemwechsel in Österreich 1933/34

Kontinuitäten in der italienischen Österreichpolitik seit den 1920er-Jahren

An die Spitze des Beitrags sei ein Telegramm des österreichischen Gesandten in Rom an den Ballhausplatz, unmittelbar nach einem Gespräch mit Benito Mussolini, gestellt:

> Herr Mussolini hat mich eben mit außerordentlicher Herzlichkeit empfangen. Er nahm die Message mit allen Zeichen der Befriedigung entgegen. Als ich dann seine Frage, ob ‚man Herrn Bundeskanzler das gesandt habe, was im faschistischen Parteiblatte über ihn publiziert worden sei‘ bejahend beantwortet hatte, bemerkte er, dass er das selbst geschrieben habe. Er habe ‚sehr viel Sympathie‘ für Herrn Bundeskanzler und werde ihn mit ‚Vergnügen treffen‘, wenn die Verfassungsreform durchgeführt sein werde. Er finde den Entwurf der neuen Verfassung ‚ausgezeichnet‘ ... Er sei überzeugt, dass Herr Bundeskanzler dann die weiteren Konsequenzen aus der neuen Lage zu ziehen wissen würde, nämlich zuerst den Schutzbund aufzulösen und dann die Heimwehren in eine konstitutionelle Partei umzuwandeln, um die ganze Gewalt in der Hand der Regierung zu vereinigen. Er selber habe auch nach und nach alle verschiedenen ‚Hemden‘ verschwinden lassen müssen. Er habe den Wunsch die Regierung Herrn Bundeskanzlers in jeder Beziehung zu stärken, denn er wolle nicht von lauter ‚extrem-demokratischen Ländern‘ umgeben sein.

Kennt man das Datum des Dokuments nicht, wäre es nahe liegend zu vermuten, dass es sich bei dem österreichischen Bundeskanzler, dem Mussolini ein so offensichtliches Maß an Wertschätzung entgegenbrachte, um Engelbert Dollfuß handelt. Dem ist jedoch nicht so. Vielmehr war Johannes Schober gemeint und das Telegramm ist mit 7. Oktober 1929, 24:00 Uhr datiert[1]. Es führt recht anschaulich vor Augen, dass die Versuche Mussolinis in Richtung auf die Um-

---

1   Österreichisches Staatsarchiv Wien/Archiv der Republik, Neues Politisches Archiv [zukünftig ÖStA/AdR, NPA], Liasse Italien I/III, 1928–1929, Zl. 24.204-13/1929.

gestaltung der inneren Verhältnisse in Österreich schon lange vor Antritt der Regierung Dollfuß ihre Anfänge genommen und sich bei weitem nicht nur auf die je nach politischen Umständen mit wechselnder Intensität erfolgende Unterstützung der Heimwehr beschränkt hatten.

Bereits seit den frühen 1920er-Jahren war der Erhalt der österreichischen Unabhängigkeit erklärtes Ziel der italienischen Politik. Nicht nur im Hinblick auf die Wahrung der Territorialgewinne in der Folge des Weltkriegs, sondern auch um ein Aufkommen deutscher Hegemonie in Mitteleuropa zu verhindern[2]. Darüber hinaus sollte vermieden werden, dass im Süden Österreichs Jugoslawien durch allfällige Gebietsgewinne in Kärnten als Folge eines Endes der österreichischen Eigenstaatlichkeit eine zusätzliche Aufmarschbasis gegen Italien erhielt. Wie überhaupt das neue jugoslawische Königreich, das die Verwirklichung der italienischen Ansprüche im Hinblick auf die östliche Adriaküste weitgehend unmöglich gemacht hatte, zum Hauptgegner Italiens avancierte. Die italienische Außenpolitik sah in Österreich einen „wichtigen Puffer, Mittler und Brückenkopf nach Zentraleuropa, als Staat, der zwar mit spürbarer Herablassung als Juniorpartner behandelt wurde, aber zugleich von erheblicher Bedeutung war: Österreich stand aus römischer Sicht einer geschlossenen Einflusssphäre von Prag bis Belgrad als willkommenes Hindernis im Weg und diente zugleich als Bollwerk gegen deutsche Revisionsbestrebungen. Zudem dämmte es den deutschen Einfluss nach Süden hin und sicherte die Brennergrenze.“[3]

Ungeachtet dieser Konstante waren die bilateralen Beziehungen zu Österreich in den 1920er-Jahren starken Schwankungen unterworfen. Noch 1923 hatte Mussolini Bundeskanzler Ignaz Seipel als jenen Mann gerühmt, „der Österreich gerettet habe“.[4] Doch führte die Südtirol-Frage zu wiederholten

---

2   Angelo ARA, Die italienische Österreichpolitik 1936–1938, in: Gerald Stourzh, Birgitta Zaar (Hgg.), Österreich, Deutschland und die Mächte. Internationale und österreichische Aspekte des „Anschlusses" vom März 1938, Wien 1990, 111–129, hier 112 f.

3   Hans HEISS, Rücken an Rücken. Zum Stand der österreichischen zeitgeschichtlichen Italienforschung und der italienischen Österreichforschung, in: Michael Gehler, Maddalena Guiotto (Hgg.), Italien, Österreich und die Bundesrepublik Deutschland in Europa. Ein Dreiecksverhältnis in seinen wechselseitigen Beziehungen und Wahrnehmungen von 1945/49 bis zur Gegenwart, Wien-Köln-Weimar 2012, 101–128, hier 109. Zum italienisch-jugoslawischen Spannungsverhältnis vgl. auch den Beitrag von Luciano Monzali in diesem Band.

4   Ludwig JEDLICKA, Die Außenpolitik der Ersten Republik, in: Ludwig Jedlicka, Rudolf Neck (Hgg.), Vom Justizpalast zum Heldenplatz. Studien und Dokumentationen 1927 bis 1938, Wien 1975, 103–113, hier 105. An weiteren zusammenfassenden Darstellungen der italienisch-österreichischen Beziehungen während der Zwischenkriegszeit vgl. Ludwig JEDLICKA, Österreich und Italien 1922-1938, in: Adam Wandruszka, Ludwig Jedlicka (Hgg.), Innsbruck-Venedig. Österreichisch-Italienische Historikertreffen 1971 und 1972, Wien 1975, 197-219; Ennio DI NOLFO, Die österreichisch-italienischen Beziehungen von der faschistischen Machtergreifung

schweren Spannungen, etwa als Mussolini 1926 im Zusammenhang mit der eingeforderten besseren Behandlung der deutschsprachigen Volksgruppe in Südtirol drohend davon sprach, „nötigenfalls die Trikolore jenseits des Brenners vortragen [zu] lassen". Bundeskanzler Rudolf Ramek replizierte darauf, dass die italienische Politik „nicht nur eine Belastung, sondern geradezu eine Gefahr für Österreich darstelle"[5]. Seinen absoluten Tiefpunkt erreichte das österreichisch-italienische Verhältnis im Februar 1928. Ausschlaggebend dafür war eine Rede Seipels, der wieder das Amt des Bundeskanzlers übernommen hatte, vor dem österreichischen Nationalrat am 23. Februar 1928. An sich hatte sich Seipel in der österreichischen Südtirol-Politik gegenüber Italien eine maßvolle Zurückhaltung auferlegt gehabt, ein Umstand, der ihm innenpolitisch wiederholt zum Vorwurf gemacht wurde. Auch diesmal hielt er sich in der Wahl der Worte zurück. Doch reichte schon sein vor dem Parlament sehr allgemein formulierter Anspruch, wonach „eine internationale Moral über einem internationalen Recht" stünde. Daher kämen Österreich Mitspracherechte im Hinblick auf die italienische Politik gegenüber Südtirol zu. Eine schwere zwischenstaatliche Verstimmung war die Folge. Sie führte zur zeitweiligen Abberufung des italienischen Gesandten in Wien und hatte eine scharfe Replik Mussolinis zur Folge[6]. Es bedurfte einiger Anstrengungen, um im bilateralen Verhältnis zwischen den beiden Ländern wieder eine tragfähige Ebene herzustellen.

Erst Bundeskanzler Johannes Schober sollte es gelingen, durch vertrauensbildende Maßnahmen eine verbindliche Gesprächsbasis zu Mussolini aufzubauen. Dabei kam ihm die zweite Konstante in der Politik des „Duce" entgegen, nämlich dessen bedingungslose Ablehnung der österreichischen Sozialdemokratie. Mussolinis Aversion hatte sich insbesondere nach dem Brand des Justizpalastes am 15. Juli 1927 auf das sozialdemokratisch dominierte „Rote Wien" fokussiert, für ihn wörtlich „das Nest einer möglichen bolschewistischen Verschwörung".

bis zum Anschluß (1922–1938), in: Wandruzska, Jedlicka (Hgg.), Innsbruck-Venedig, 221–271; Walter RAUSCHER, Österreich und Italien 1918–1955, in: Klaus Koch, Walter Rauscher, Arnold Suppan, Elisabeth Vyslonzil (Hgg.), Von Saint Germain zum Belvedere. Österreich und Europa 1919–1955, Wien-München 2007, 186–209.

5   Walter RAUSCHER, Der Aufstieg des Faschismus in Italien aus der Sicht der österreichischen Diplomatie, in: Marija Wakounig, Wolfgang Mueller, Michael Portmann (Hgg.), Nation, Nationalitäten und Nationalismus im östlichen Europa. Festschrift für Arnold Suppan zum 65. Geburtstag, Wien-Berlin 2010, 353–368, hier 368.

6   Klaus WEISS, Das Südtirol-Problem in der Ersten Republik. Dargestellt an Österreichs Innen- und Außenpolitik im Jahre 1928, Wien-München 1989, 125; Klemens von KLEMPERER, Ignaz Seipel. Staatsmann einer Krisenzeit, Graz-Wien-Köln 1976, 266–270. Vgl. dazu auch: ÖStA/ AdR, NPA, Liasse Italien 2/Geheim, Zl. 22.102-13/1928, 22.105-13/1928, 22.220-13/1928, 22.278-13/1928, 22.480-13/1928, 22.481-13/1928. Zu Südtirol vgl. auch den Beitrag von Frederico Scarano in diesem Band.

Binnen eines Jahres setzte die massive finanzielle Unterstützung der Heimwehr ein, genauso wie Mussolini danach trachtete, in Österreich eine Rechtsregierung mit größtmöglicher ideologischer Nähe zum Faschismus zu etablieren[7]. Österreich sollte „im Inneren gründlich renoviert und nach faschistischem Vorbild umgebaut werden. Nur so konnte sich Mussolini sicher sein, dass Österreich sich gegen deutschen Druck behauptete und sich zugleich seinem eigenen Einfluss öffnete, den er zur wirtschaftlichen und politischen Expansion und zur Bildung eines faschistischen Machtblocks im Donauraum nutzen wollte."[8]

Schober ließ von Anfang seiner Bundeskanzlerschaft an keinen Zweifel darüber, eine italienisch-ungarisch orientierte Politik zu betreiben. Seine ursprünglichen Verfassungspläne im Herbst 1929 sicherten ihm nicht nur die Gefolgschaft der Heimwehr, sondern stießen auch – wie anhand des Zitats am Beginn des Beitrags deutlich wurde – bei Mussolini auf Wohlgefallen. Allerdings blieben die Ergebnisse der Verfassungsreform weit hinter den hochgeschraubten antidemokratischen Erwartungen der Heimwehren zurück. Dessen ungeachtet gelang es Schober bei seinen Begegnungen mit Mussolini im Zuge der Zweiten Haager Konferenz und vor allem bei seinem Besuch in Rom im Februar 1930, im Zuge dessen die Freundschafts- und Schiedsgerichtsverträge mit Rom unterzeichnet wurden, sich weiterhin dessen Unterstützung zu versichern. Und dies, obwohl sich die anfänglichen Erwartungen, die Mussolini in Schober gesetzt hatte, mit dem mit der Sozialdemokratie erzielten Kompromiss bei der Verfassungsreform nicht erfüllt hatten. Durch die sogenannte Abrüstungsfrage zwischenzeitlich der Heimwehr weitgehend entfremdet, scheute sich der österreichische Bundeskanzler nicht, diese bei Mussolini – offenbar mit zeitweiligem Erfolg – zu diskreditieren. So erklärte Mussolini im Mai 1930 gegenüber der „Grande Dame" der Christlichsozialen Partei, der Fürstin Franziska Starhemberg, dass ihm die Haltung der Heimwehren unverständlich sei und er hoffe, dass sie sich wieder hinter Schober stellen würden[9].

Hier wird ein weiteres Element der Österreichpolitik Mussolinis deutlich: Als Mittel zum Zweck der Radikalisierung der österreichischen Politik im antidemokratischen und antimarxistischen Sinn waren ihm die Heimwehren recht. Die Kapazität, den Umschwung in Österreich im Alleingang herbeizuführen, traute er ihnen aber nur anfangs zu, wobei er eng mit der Regierung Bethlen in Budapest kooperierte. Doch erkannte er bald, dass sich die Heimwehr

---

7   Schon zwischen 1928 und 1930 erhielt die österreichische Heimwehrbewegung seitens des faschistischen Italiens mehr als sechs Millionen Lire. Jens Petersen, Gesellschaftssystem, Ideologie und Interesse in der Außenpolitik des faschistischen Italien, in: „Quellen und Forschungen aus italienischen Archiven und Bibliotheken", 54, 1974, 428–470, hier 442.

8   Hans Woller, Mussolini. Der erste Faschist. Eine Biographie, München 2016, 130.

9   ÖStA/AdR, NPA, Liasse Italien I/III, 1930–1032, Zl. 27.646-113/1930. Zur Person Franziska Starhembergs: Heidrun Deutsch, Fürstin Franziska Starhemberg, Diss. Wien, 1967.

als zu schwach für einen gewaltsamen Umsturz erwies[10]. Ab diesem Zeitpunkt setzte er lieber auf eine ihm geeignet erscheinende Führungspersönlichkeit an den staatlichen Schaltstellen der Macht, die die Dinge im evolutionären Sinn vorantrieb. So erforderlich, konnten dabei die Heimwehren zur Erhöhung des Tempos jederzeit aktiviert werden.

Die Grundlinien der Politik Mussolinis gegenüber Österreich zu Beginn der 1930er-Jahre trugen den „unvermeidlich proteushaften Charakter" seiner Außenpolitik, „die sowohl herkömmlich nationalstaatliche wie neuartig systemimmanente Züge trug"[11]. Sie lassen sich in etwa wie folgt zusammenfassen:
- Erhaltung der österreichischen Selbständigkeit im Sinne des Schutzes der italienischen nationalen Interessen.
- Absoluter Antimarxismus und unversöhnliche Gegnerschaft zur Sozialdemokratie; insbesondere Auflösung des Schutzbundes und Zerschlagung der sozialdemokratischen Machtpositionen im Roten Wien. Immer mehr setzte sich dabei in der italienischen Politik gegenüber Österreich die Meinung fest, es wäre von zentraler Bedeutung, die Verwaltungsautonomie der Stadt Wien aufzuheben. Man müsse seinen Status als selbständiges Bundesland liquidieren, um den Sozialisten in der Bundeshauptstadt ihre Basis zu entziehen[12]. Inwieweit bei der besonderen Feindschaft gegenüber der österreichischen Sozialdemokratie der Umstand eine Rolle spielte, dass Mussolini einige ihrer führenden Repräsentanten aus seiner eigenen, sozialistischen Vergangenheit vor dem Ersten Weltkrieg persönlich kannte und sie später mit dem hasserfüllten Eifer eines Renegaten zu bekämpfen trachtete, wie Ludwig Jedlicka mutmaßt[13], soll im Kontext dieses Beitrags offen bleiben. Jedenfalls galt für Mussolini Wien als ein europaweiter Umschlagplatz linken Gedankenguts.
- Bildung einer dauerhaften Rechtsregierung unter maßgeblicher Berücksichtigung der Heimwehr.
- Etablierung eines Regierungssystems mit stark autoritärem Einschlag.
- Auf dieser Basis Vorantreiben der italienischen Hegemonialpläne im Donauraum in Kombination mit Ungarn und Österreich entsprechend dem durchgehend angewandten Revisionsprinzip der italienischen Außenpolitik.

---

10   John R. RATH, Mussolini, Bethlen, and the Heimwehr in 1928–1930, in: Solomon Wank, Heidrun Maschl, Brigitte Mazohl-Wallnig, Reinhold Wagnleitner (Hgg.), The Mirror of History: Essays in Honor of Fritz Fellner, Santa Barbara-Oxford 1988, 431–450, hier 435–440.

11   PETERSEN, Gesellschaftssystem, 436.

12   Enzo COLLOTTI, Die Faschisierung des italienischen Staates und die fortschreitende Beeinflussung österreichischer Rechtsgruppen, in: Erich Fröschl, Helge Zoitl (Hgg.), Der 4. März 1933. Vom Verfassungsbruch zur Diktatur, Wien 1984, 149–164, hier 155. RATH, Mussolini, Bethlen and the Heimwehr, 437–439.

13   JEDLICKA, Österreich und Italien, 198.

Der Rücktritt Schobers im Herbst 1930, die nicht realisierten Putschpläne der Heimwehr während der kurzen Regierung Vaugoin und die deutsch-österreichischen Zollunionspläne unter Bundeskanzler Otto Ender führten zu einer zeitweiligen neuerlichen Trübung der zwischenstaatlichen Beziehungen und damit zu einer Unterbrechung der italienischen Pläne in Bezug auf Österreich. Auch die große persönliche Wertschätzung Mussolinis für Schober wich im Laufe der Zeit einer kritischeren Beurteilung[14]. Zugleich richtete Mussolini wieder ein vermehrtes Augenmerk auf die Heimwehr. Auf Vermittlung von dessen Mutter bei ihrem Besuch bei Mussolini 1930 war es im Juli desselben Jahres zu einer ersten Begegnung mit dem jungen und innerhalb der Heimwehr aufstrebenden Ernst Rüdiger Starhemberg gekommen[15]. Es gelang ihm, sich Mussolinis Unterstützung zu versichern. Der „Duce" wurde zum Hauptfinancier der politischen Aktivitäten Starhembergs, die ihm den Weg an die Spitze der Heimwehr ebneten[16]. Als Gegenleistung wurde Starhemberg, der noch in

---

14   COLLOTTI, Die Faschisierung, 158. Die Enttäuschung Mussolinis über das Agieren Schobers spiegelt sich auch in den Aufzeichnungen Richard Schüllers wider. Jürgen NAUTZ (Hg.), Unterhändler des Vertrauens. Aus den nachgelassenen Schriften von Sektionschef Dr. Richard Schüller, Wien-München 1990, 158.

15   Ausführlich berichtet Ernst Rüdiger Starhemberg in den unterschiedlichen Sprachversionen seiner Memoiren über diese Begegnung, genauso wie über seine späteren Gespräche mit Mussolini. Den Erinnerungen Starhembergs ist allerdings aus folgendem Grund nur ein eingeschränkter Quellenwert beizumessen: Erstmals erschienen seine Lebenserinnerungen 1942 in englischer Sprache (Between Hitler and Mussolini. Memoirs of Ernst Rudiger Starhemberg, New York NY-London 1942). Diese Fassung entstand während seines Einsatzes auf Seiten der Alliierten bei der „Freien Französischen Luftwaffe". Die Arbeit wurde durch seine Abkommandierung nach Afrika allerdings jäh unterbrochen und das Buch durch seinen Verleger ohne abschließende Zustimmung Starhembergs zum Text auf den englischsprachigen Markt gebracht. Schon im Winter 1938/39 hatte er ein Manuskript seiner Privatsekretärin diktiert gehabt, das sich allerdings in einigen wesentlichen Einschätzungen vom Text des 1942 erschienenen Buches unterschied (Es befindet sich heute im Archiv des Instituts für Zeitgeschichte der Universität Wien.). Die deutsche Fassung seiner Memoiren erschien 15 Jahre nach seinem Tod, 1971, und stellt eine nachträglich überarbeitete Kombination beider von Starhemberg diktierter Manuskripte dar. Ernst Rüdiger STARHEMBERG, Memoiren, Wien-München 1971, hier 76–80. Zur Biographie Starhembergs siehe: Barbara BERGER, Ernst Rüdiger Fürst Starhemberg. Versuch einer Biographie, Diss. Wien, 1967. Eine später erschienene Biographie Starhembergs von Gudula WALTERSKIRCHEN, Starhemberg oder Die Spuren der „30er Jahre", Wien 2002, enthält gerade im Hinblick auf die Beziehungen Starhembergs zu Italien keine neuen Erkenntnisse.

16   „Es gab kaum eine faschistische Partei, die nicht voll Sehnsucht nach Rom blickte, und es gab kaum einen Parteiführer, der nicht auf einen Besuch bei Mussolini brannte. Eine Audienz beim ‚Duce' kam einer Akkreditierung in der faschistischen Welt gleich. Wer den Segen Mussolinis empfangen hatte, konnte in der Heimat energischer auftreten und musste Rivalen aus dem eigenen Lager nicht mehr fürchten. Noch wichtiger war aber das Gefühl, in Rom ein Rezept für

den 1920er-Jahren deutschnational orientiert war und direkte Verbindungen zu den Nationalsozialisten besaß, mehr und mehr zum Verfechter der oben skizzierten politischen Vorstellungen Mussolinis innerhalb der politisch heterogenen Heimwehrführung[17]. Konkret bedeutete dies, dass die Unterstützung Mussolinis Starhemberg davon abhielt, zu einer konkreten Vereinbarung mit den Nationalsozialisten zu kommen, er vielmehr sukzessive in eine immer schärfere Gegnerschaft zu ihnen geriet. Daneben wurde er Mussolinis verlängerter innenpolitischer Hebel im Hinblick auf dessen Pläne zur Umgestaltung Österreichs in einem autoritären Sinn inklusive der Ausschaltung der Sozialdemokratie aus dem politischen Geschehen des Landes.

Die italienische Österreichpolitik ab Beginn der Kanzlerschaft Dollfuß'

Noch bei Antritt der Regierung Dollfuß im Frühjahr 1932 war das Wiederaufleben der italienisch-österreichischen Sonderbeziehungen keine ausgemachte Sache. Dollfuß blieb in den ersten Monaten seiner Amtszeit zu Italien auf Distanz. Bis zu den parlamentarischen Beratungen über die Völkerbundanleihe von Lausanne im August 1932 stand die Bildung einer großen Koalition zwischen Christlichsozialen und Sozialdemokraten im Raum. Schon im Zuge der Regierungsbildung hatte Dollfuß auch Gespräche mit den Sozialdemokraten geführt. Er stand innerhalb der Christlichsozialen Partei für den Flügel der niederösterreichischen Agrarier, der weit eher als die Gruppe um den späten Seipel einem Kompromiss mit den Sozialdemokraten zugeneigt schien. Dieser Ruf, der Dollfuß vorauseilte, bewog Ernst Rüdiger Starhemberg Anfang Juni 1932, also schon nach Bildung der Regierung, zu Mussolini nach Rom zu fahren, um ihm einen Putschplan mit Rintelen als Kanzler für den Fall zu präsentieren, dass Dollfuß doch noch eine Koalition mit den Sozialdemokraten eingehen sollte[18].

Erfolge aus dem Nichts finden zu können." Diese generelle Einschätzung Hans Wollers traf für Starhemberg, seine Stellung innerhalb der Heimwehrbewegung und deren Verhältnis zum italienischen Faschismus ziemlich präzise zu. WOLLER, Mussolini, 128.

17 Eugenio Morreale, Mussolini gegen Hitler auf dem österreichischen Ring. Eigene Erinnerungen und italienische Geheimdokumente über Mussolinis Versuch, den Anschluss zu verhindern (unveröffentlichtes Manuskript), 20–23 – Archiv des Instituts für Zeitgeschichte, Wien [zukünftig AdIZG], Do 4, Mm–15.

18 Hans W. SCHMÖLZER, Die Beziehungen zwischen Österreich und Italien in den Jahren 1930–1938, Diss. Innsbruck 1996, 51. Franz SCHAUSBERGER, Letzte Chance für die Demokratie. Die Bildung der Regierung Dollfuß I im Mai 1932. Bruch der österreichischen Proporzdemokratie, Wien-Köln-Weimar 1993, 109–111, hier 126f. Lajos KEREKES, Abenddämmerung

Erst das für die Regierung so mühevolle Ringen um die parlamentarische Beschlussfassung der Anleihe von Lausanne führte die endgültige Zäsur herbei: Während die Sozialdemokraten in der Hoffnung, das Kabinett zu stürzen – im Unterschied zu früheren Abstimmungen über Völkerbundanleihen – gegen den Lausanner Vertrag votierten, blieben die allermeisten Heimwehrabgeordneten gegen alle Erwartungen loyal und retteten damit Dollfuß. Als Konsequenz daraus begann der Bundeskanzler, geistig nicht nur seinen Bruch mit der Sozialdemokratie zu vollziehen, sondern sich vom demokratischen Parlamentarismus überhaupt abzuwenden. Eine Folge davon war, dass die Regierung Dollfuß im Oktober 1932 erstmals in ihrer Amtszeit eine Verordnung auf Grund des Kriegswirtschaftlichen Ermächtigungsgesetzes in Geltung setzte[19]. Fast zeitgleich und Hand in Hand mit dieser Entwicklung sollten die seit Schober abgekühlten Beziehungen zu Italien wieder aufleben. Am 11. Oktober 1932 ließ Mussolini Dollfuß durch den österreichischen Gesandten in Rom, Lothar Egger-Möllwald, seiner besonderen persönlichen Wertschätzung versichern und stellte seine weitere Unterstützung für die Regierung in Aussicht[20]. Nur fünf Tage später trat der prominente Heimwehrführer Emil Fey in die Regierung ein. Seine Ernennung zum Staatssekretär für Sicherheitswesen war eine unmittelbare Reaktion auf den immer mehr eskalierenden NS-Terror in Österreich. Sie erfolgte von Seiten Dollfuß' gegen beträchtlichen Widerstand innerhalb seiner eigenen Partei im Einvernehmen mit Feys späterem heimwehrinternen Gegenspieler Starhemberg[21]. Dabei handelte es sich um eine vertrauensbildende

---

einer Demokratie. Mussolini, Gömbös und die Heimwehr, Wien-Frankfurt-Zürich 1966, 106 f. Zum Verhältnis Dollfuß' zur Sozialdemokratie siehe auch: Gerhard JAGSCHITZ, Bundeskanzler Engelbert Dollfuß, in: Jedlicka, Neck (Hgg.), Vom Justizpalast zum Heldenplatz, 233–239, hier 238. Gerhard JAGSCHITZ, Engelbert Dollfuß, in: Friedrich Weissensteiner, Erika Weinzierl (Hgg.), Die österreichischen Bundeskanzler. Leben und Werk, Wien 1983, 190–216, hier 211–213.

19 Gernot D. HASIBA, Das Kriegswirtschaftliche Ermächtigungsgesetz von 1917. Seine Entstehung und Anwendung vor 1933, in: Aus Österreichs Rechtsleben in Geschichte und Gegenwart. Festschrift für Ernst C. Helbling zum 80. Geburtstag, herausgegeben von der Rechtswissenschaftlichen Fakultät der Universität Salzburg, Berlin 1881, 543–565; Peter HUEMER, Sektionschef Robert Hecht und die Zerstörung der Demokratie in Österreich, Wien 1975, 138–156; zuletzt, basierend auf den Arbeiten von Huemer und Hasiba: Hannes LEIDINGER, Verena MORITZ, Das Kriegswirtschaftliche Ermächtigungsgesetz (KWEG) vor dem Hintergrund der österreichischen Verfassungsentwicklung, in: Florian Wenninger, Lucile Dreidemy (Hgg.), Das Dollfuß/Schuschnigg Regime 1933–1938. Vermessung eines Forschungsfeldes, Wien-Köln-Weimar 2013, 449–467.

20 Gesandter Egger an Generalsekretär Peter, 12.10.1932 – ÖStA, AdR, NPA, Liasse Italien I/III Geheim, Telegramm 82.

21 Schon in seinen 1942 publizierten Memoiren bekannte sich Starhemberg dazu, Fey nicht nur

Maßnahme des Bundeskanzlers nicht nur gegenüber der Heimwehr, sondern auch gegenüber Mussolini, galt doch Fey als militanter Gegner der Sozialdemokratie. Dollfuß blieb allerdings in dieser Phase gegenüber Italien noch vorsichtig. Sichtlich bemüht, sich außenpolitisch mehrere Optionen offen zu halten, vermied er zu diesem Zeitpunkt noch den persönlichen Kontakt[22] und ließ seine Kommunikationsstränge neben dem italienischen Gesandten vor allem über den, seit Ende September 1932 im Amt befindlichen, politisch weit rechts stehenden ungarischen Ministerpräsidenten Gyula Gömbös laufen: Am 6. und 7. November 1932 kam es zu einem ersten persönlichen Zusammentreffen der beiden Regierungschefs im Rahmen einer informellen Jagdeinladung im westungarischen Ort Királyszállás[23]. Über seinen Mittelsmann Gömbös, der unmittelbar im Anschluss an das Treffen nach Rom weiterfuhr, gab Dollfuß Mussolini seine Entschlossenheit zu verstehen, die Position seiner Regierung mit Hilfe der Heimwehr um jeden Preis zu verteidigen und dem Anschluss unter allen Umständen Widerstand zu leisten[24]. Dabei war Dollfuß an sich an einem freundschaftlichen Verhältnis zum Deutschen Reich gelegen. Der ungarische Ministerpräsident konnte Mussolini berichten, dass Dollfuß guten Willens sei, sich aus dem Sumpf des Parlamentarismus zu befreien, wie er es formulierte. Gömbös und Mussolini verständigten sich auf eine Unterstützung der Allianz zwischen Dollfuß und der Heimwehr, worüber der ungarische Ministerpräsident Dollfuß vorab durch den ungarischen Gesandten in Wien und einige Tage später persönlich, aus Anlass von dessen Besuch in Budapest, am 20. November 1932 informierte[25].

---

vorgeschlagen, sondern auf seine Ernennung gegenüber Dollfuß nachdrücklich gedrängt zu haben ("… I actually pressed Dollfuß to appoint Fey to the post."), nicht ohne hinzuzufügen, damit den schwersten Fehler in seiner gesamten politischen Karriere begangen zu haben. STARHEM-BERG, Between Hitler und Mussolini, 88 f. Zum Widerstand innerhalb der Christlichsozialen Partei gegen Fey: Walter Goldinger (Hg.), Protokolle des Klubvorstandes der Christlichsozialen Partei 1932-1934, Wien 1980, 19-27.

22 Renzo De Felice schreibt in seiner Mussolini-Biographie, dass Dollfuß vor dem 30. Jänner 1933 alle Bemühungen Roms um ein Treffen mit Mussolini aus Rücksichtnahme auf die Beziehungen zu Paris abgewehrt hätte. Renzo DE FELICE, Mussolini il duce, I. Gli anni del consenso 1929–1936, Torino 1974, 468–469.

23 Klaus Koch, Walter Rauscher, Arnold Suppan (Hgg.), Außenpolitische Dokumente der Republik Österreich 1918-1938 [zukünftig ADÖ], 8, Wien 2009, Nr. 1246, Nr. 1247. In der älteren Literatur, u.a. bei KEREKES, Abenddämmerung, oder bei JEDLICKA, Die Außenpolitik, wird als Ort des Treffens vom 7.11.1932 unzutreffender Weise Wien angegeben.

24 Eugenio Morreale, Mussolini gegen Hitler auf dem österreichischen Ring – AdIZG, Do 4/ Mm–15, III/5.

25 „Italien und Ungarn begrüßen mit Freude die auf ein Zusammenarbeiten der christlichsozialen Partei und der Heimwehren gerichtete Entwicklung der Politik des Herrn Bundeskanzlers und

Der italienische Unterstaatssekretär Fulvio Suvich resümierte die italienisch-ungarischen Überlegungen im November 1932 folgendermaßen:

> Riassumendo i punti trattati, si è messo l'accento su una intensificazione dei rapporti fra Italia e Ungheria con un effettivo appoggio italiano, sulla comune visione della necessità di un rafforzamento di un regime autoritario in Austria sul binomino Dollfuß-Heimwehren, su una politica di più stretti rapporti nel campo economico fra Italia, Ungheria e Austria.[26]

Noch im Laufe des Jahres 1932 kam es zu Konsultationen, die die Annäherung der drei Staaten auf der handelspolitischen Ebene vorantrieben. Als dann im Zuge der internationalen Turbulenzen rund um das Auffliegen der Hirtenberger Waffenaffäre Italien Österreich demonstrativ den Rücken stärkte und damit Dollfuß außen- wie innenpolitisch eine Demütigung ersparte, sorgte dies atmosphärisch für eine weitere Verbesserung im Klima zwischen Rom und Wien. Die inhaltliche und zeitliche Nähe zu den parlamentarischen Ereignissen vom 5. März 1933, die der Regierung den Anlass boten, „ohne parlamentarische Kontrolle zu regieren und im Wege des Staatsstreichs auf Raten den Faschisierungsvorstellungen Mussolinis näherzukommen […] erscheint stringent, sollte aber nicht überbewertet werden".[27]

Beginn der engen österreichisch-italienischen Kooperation nach der nationalsozialistischen Machtergreifung in Deutschland

Mit der Machtergreifung der Nationalsozialisten Ende Jänner 1933 begann sich der Handlungsspielraum von Bundeskanzler Dollfuß gegenüber Mussolini schrittweise einzuengen. Hitler lehnte es bekanntlich von Anfang an katego-

---

werden diese Entwicklung gerne fördern, einerseits im Wege des italienischen Gesandten in Wien, anderseits mit Einbeziehung des ungarischen Ministerpräsidenten." ADÖ, 8, Nr. 1250; KEREKES, Abenddämmerung, 117-120.

26 Fulvio SUVICH, Memorie 1932-1936, hrsg. von Gianfranco Bianchi, Mailand 1984, 101.

27 Dieter Anton BINDER, Der Skandal zur „rechten" Zeit. Die Hirtenberger Waffenaffäre an der Nahtstelle zwischen Innen- und Außenpolitik, in: Michael Gehler, Hubert Sickinger (Hgg.), Politische Affären und Skandale in Österreich. Von Mayerling bis Waldheim, Innsbruck-Wien-Bozen ³2007, 278-292, hier 291. Anders (wenn auch aus Sicht des Verfassers nicht überzeugend) die Beurteilung von Siegfried Beer, für den bereits Hirtenberg „als sichtbare Konsequenz den pro-italienischen und damit pro-faschistischen Kurs der Regierung Dollfuß nach innen und nach außen" einleitete. Siegfried BEER, Der „unmoralische" Anschluß. Britische Österreichpolitik zwischen Containment und Appeasement 1931-1934, Wien-Köln-Graz 1984, 175.

risch ab, mit Dollfuß Verhandlungen auf gleicher Augenhöhe zu führen und begann seine „maßlose Politik"[28] Österreich gegenüber zu formulieren: Rücktritt des Bundeskanzlers und Einrichtung eines Übergangskabinetts, Neuwahlen sowie die Beteiligung der Nationalsozialisten an der Regierung[29]. Anfang März 1933 folgte dann das unrühmliche Ende des demokratischen Parlamentarismus in Österreich; fast zeitgleich zu den Wahlen im Deutschen Reich vom 5. März, die den Abschluss der Phase der NS-Machtergreifung in Deutschland bedeuteten und in Wien von Großkundgebungen der österreichischen Nationalsozialisten sowie der neuerlichen ultimativen Forderung nach Rücktritt der Regierung und sofortigen Neuwahlen in Österreich begleitet wurden[30]. Es ist evident, dass diese letzte Etappe der nationalsozialistischen Machtergreifung in Deutschland einen mitentscheidenden Faktor für das Einschlagen des autoritären Kurses in Österreich bildete. Dies entsprach auch der Einschätzung des italienischen Gesandten in Wien, Gabriele Preziosi, der gegenüber Mussolini den Schritt Dollfuß', vorderhand ohne Parlament weiterzuregieren, als direkte Konsequenz der deutschen Wahlen und der darauffolgenden Massendemonstrationen in Österreich wertete[31].

Mussolini sah nun den Zeitpunkt für die Realisierung seiner spätestens seit 1927 gehegten Pläne in Bezug auf die österreichische Politik als gekommen an. Dass seine Politik des Kampfes gegen die österreichische Sozialdemokratie zwischenzeitlich einen völlig anderen Stellenwert bekommen hatte und nicht mehr Ziel war, sondern vielmehr Mittel, um der drohenden Gefahr des Nationalsozialismus und damit verbunden der Ausdehnung des Deutschen Reiches bis an die Brennergrenze zu begegnen, spielte für ihn keine Rolle[32]. Vielmehr schien ihm für seine politischen Absichten im Hinblick auf Österreich unter den gegebenen Umständen die Achse Dollfuß-Heimwehr eine substantielle Basis zu bieten und er wies seinen Gesandten Preziosi an, sowohl bei Dollfuß als auch bei Starhemberg in Richtung einer Festigung ihrer Kooperation zu wirken[33].

28 Dieter Anton BINDER, Die Römer Entrevue, in: „Österreich in Geschichte und Literatur" [zukünftig ÖGL], 24, 1980, 5, 281–299, hier 282.

29 DERS., Dollfuß und Hitler. Über die Außenpolitik des autoritären Ständestaates in den Jahren 1933/34, Graz 1976, 114 f.; DERS., Der grundlegende Wandel in der österreichischen Außenpolitik 1933, in: „Geschichte und Gegenwart. Vierteljahresschrift für Zeitgeschichte, Gesellschaftsanalyse und politische Bildung", [zukünftig GuG] 2, 1983, 3, 226–242, hier 231.

30 Gerald STOURZH, Die Außenpolitik der österreichischen Bundesregierung gegenüber der nationalsozialistischen Bedrohung, in: Stourzh, Zaar (Hgg.), Österreich, 319–346, hier 321.

31 I Documenti Diplomatici Italiani [zukünftig DDI], Serie VII., 13, Nr. 189.

32 Jens PETERSEN, Hitler – Mussolini. Die Entstehung der Achse Berlin-Rom 1933–1936, Tübingen 1973, 132 f.

33 DDI, VII, 13, Nr. 364.

Um die politisch unberechenbare Heimwehr auf seinem politischen Kurs zu halten, setzte Mussolini eine Art Paralleldiplomatie auf Parteiebene in Gang. Als sein persönlicher Vertrauensmann in Österreich fungierte Eugenio Morreale. Dieser war seit 1927 in Wien, arbeitete journalistisch als Korrespondent des „Popolo d`Italia" sowie des „Messaggero", war zugleich Presseattaché an der italienischen Gesandtschaft und amtierte als direkter Verbindungsmann Mussolinis zur Heimwehr, insbesondere zu Starhemberg, aber auch zu Fey. Morreale empfing seine politischen Aufträge aus Rom, wo er auch um finanzielle Mittel zur Erreichung seiner politischen Ziele ansuchen konnte und hatte direkt „Bericht" zu erstatten. Seinen unmittelbaren Vorgesetzten, den Gesandten Preziosi, der den regelmäßigen Kontakt zum Bundeskanzler aufrecht hielt, hatte er zwar über seine Aktivitäten am laufenden zu halten, ansonsten agierte er aber unabhängig[34].

Innerhalb der italienischen Gesandtschaft in Wien war Morreale der vehementeste Verteidiger der italienischen Unterstützung für die Unabhängigkeit Österreichs gegenüber dem Nationalsozialismus. Er bezog in einer für einen Diplomaten einer auswärtigen Gesandtschaft eher unüblichen Form auch in der innerösterreichischen publizistischen Auseinandersetzung Stellung; am deutlichsten, als er im November 1933 in der ersten Nummer der vom deutschen Emigranten Dietrich von Hildebrand mit ausdrücklicher Unterstützung von Bundeskanzler Dollfuß gegründeten Wochenzeitung „Der christliche Ständestaat" einen programmatischen Artikel zur österreichischen Selbständigkeit gegenüber Hitler-Deutschland veröffentlichte. Dementsprechend war er auch für die deutsche Diplomatie ein explizites Feindbild. Aus ihrer Perspektive stellte er eine Belastung für die deutsch-italienischen Beziehungen dar. Er wurde daher nach Abschluss des Juli-Abkommens 1936 von Mussolini aus Wien abgezogen und als Konsul nach Baltimore versetzt[35].

Anfang April 1933 erhielt Morreale aus Rom den Auftrag, die Heimwehr im italienischen Sinn auf Linie zu bringen, nachdem sich Dollfuß bei Preziosi

---

34 DDI, VII, 13, Nr. 369. Die Rolle Eugenio Morreales als Verbindungsmann Mussolinis wird auch von Starhemberg in den unterschiedlichen Fassungen seiner Erinnerungen sowie durch Morreales eigene Aufzeichnungen über seine Tätigkeit in Wien bekräftigt. Eine vergleichbare Funktion wie sie Morreale in Österreich gegenüber der Heimwehr hatte, übte in Berlin bis zum Sommer 1933 Giuseppe Renzetti aus, der neben der diplomatischen Vertretung Italiens als persönlicher Vertrauter und Informant Mussolinis zu den deutschen NS-Größen fungierte. Gianluca FALANGA, Mussolinis Vorposten in Hitlers Reich. Italiens Politik in Berlin 1933–1945, Berlin 2008, 29–36.

35 Eugenio Morreale, Mussolini gegen Hitler auf dem österreichischen Ring – AdIZG, Do 4/ Mm–15, III/25–26; Rudolf EBNETH, Die österreichische Wochenschrift „Der christliche Ständestaat". Deutsche Emigration in Österreich 1933-1938, Mainz 1976, 15 f., 247 f.

über ihre mangelnde Loyalität der Regierung gegenüber beklagt hatte[36]. Italienischerseits vertrat man den Standpunkt, dass die Kampagne für die Unabhängigkeit des Landes von der Regierung getragen werden müsste. Die Heimwehr wäre zu schwach, um sich offen der nationalsozialistischen Bewegung entgegenzustellen, befänden sich doch zu viele Anschlussbefürworter in ihren Reihen, so der nüchterne Befund aus dem römischen Außenministerium[37]. Zumindest bei Starhemberg, dem engsten Gefolgsmann Mussolinis, zeigte die italienische Einflussnahme Wirkung. Sein vorher oft abgelegtes Bekenntnis zum Zusammenschluss aller Deutschen fiel in seinen Reden ab 1933 weg[38].

Zusammengefasst hieß dies, dass Mussolini als Gegenleistung für seine Unterstützung von der Heimwehr verlangte, sich uneingeschränkt hinter den Kanzler zu stellen und die Stärkung des österreichischen Staatsgedankens zur politischen Richtschnur zu machen, er aber umgekehrt von Dollfuß einforderte, ihr (und damit auch ihm) politisch entgegenzukommen. Mit den von Dollfuß bis Anfang April 1933 getroffenen Maßnahmen, zu ihnen zählte bereits die am 31. März erfolgte Auflösung des Republikanischen Schutzbundes, zeigte sich Mussolini zufrieden. Es wäre richtig, nicht mehr über Wahlen zu sprechen, nur – und hier ist Mussolini wieder bei seinem ewigen Thema Österreich betreffend – müsste Dollfuß den Zeitpunkt beschleunigen, um Land und Stadt Wien vom Austromarxismus zu befreien. Im Übrigen äußerte er von sich aus seine Bereitschaft, mit Dollfuß persönlich zusammenzutreffen, sobald die gegenwärtige Krise überwunden wäre[39]. Doch angesichts der sich innen- wie außenpolitisch immer dramatischer zuspitzenden Lage sah sich Dollfuß schon früher vor die Notwendigkeit gestellt, das Gespräch mit Mussolini zu suchen. Am 9. April telegrafierte er nach Rom, sich ehestens mit dem italienischen Regierungschef aussprechen zu wollen. Im Bewusstsein, dass sein Besuch von der österreichischen Öffentlichkeit heikel aufgenommen würde, bildete die Teilnahme an den vatikanischen Osterzeremonien im Heiligen Jahr einen willkommenen äußeren Anlass. Den bilateralen Teil mit Italien wollte der Kanzler „mit möglichst wenig Aufsehen" durchführen[40]. Der eigentliche Auslöser für die kurzfristig anberaumte Reise war allerdings ein in Wien aufgetauchtes Gerücht, wonach einzelne Teile der Heimwehr gemeinsam mit den Nationalsozialisten und mit

---

36   DDI, VII, 13, Nr. 319.

37   DDI, VII, 13, Nr. 369.

38   Walter Wiltschegg, Die Heimwehr. Eine unwiderstehliche Volksbewegung?, Wien 1985, 210.

39   DDI, VII, 13, Nr. 365. Seine Unterstützung der Regierung Dollfuß gegenüber kommunizierte Mussolini nicht nur über die zwischenstaatlichen Kanäle, sondern abermals auch über die ungarische Regierung. ADÖ, 9, Wien 2014, Nr. 1283, Nr. 1284.

40   Ebd., Nr. 1286.

italienischer Unterstützung einen Putsch planten. Umso mehr als sich zur selben Zeit Hermann Göring und Franz von Papen in Rom aufhielten, sah der österreichische Kanzler Gefahr im Verzug und wollte sich persönlich Klarheit über die Einstellung Mussolinis Österreich gegenüber verschaffen[41].

Am 12. April 1933 kam es zu dem von Dollfuß angestrebten Treffen mit Mussolini und Unterstaatssekretär Fulvio Suvich (das Amt des Außenministers bekleidete zwischen 1932 und 1936 Mussolini selbst) im Palazzo Venezia[42]. Dieser diente dem „Duce" seit 1929 als persönlicher Amtssitz und als „repräsentativer Sitz seiner Diktaturherrschaft"[43]. Davor hatte der Palazzo Venezia bis 1916 die Botschaft der österreichisch-ungarischen Monarchie beim Heiligen Stuhl beherbergt[44]. Der Besuch bei Mussolini verlief für den Bundeskanzler erfreulich. Nicht nur, dass sich alle Befürchtungen und Gerüchte im Hinblick auf einen möglichen Schwenk Italiens in der Frage des Verhältnisses zu Deutschland als unbegründet herausstellten, wurde er von Mussolini mit ausgesuchter Freundlichkeit empfangen. Darüber hinaus verstand es Engelbert Dollfuß, auch die persönliche Sympathie des italienischen Regierungschefs zu gewinnen.

Il Dollfuß – malgrado la sua minuscola statura – è un uomo d'ingegno dotato anche di volontà e nell'insieme produce una buona impressione,

resümierte Mussolini seinen Eindruck nach dem Zusammentreffen[45]. Er glaubte in Dollfuß jenen Mann zu erkennen, bei dem er dort anknüpfen konnte, wo er in

---

41 Zu seinen Motiven, sich um den Termin bei Mussolini zu bemühen, äußerte sich Dollfuß einen Tag vor seiner Abreise, am 10.4.1933, im Ministerrat und nach seiner Rückkehr, am 20.4.1933, im Klubvorstand der Christlichsozialen Partei sowie einen Tag später gegenüber dem französischen Gesandten in Wien, Gabriel Puaux. Ministerratsprotokoll [zukünftig MRP] Nr. 866/4 vom 10.4.1933, Protokolle des Ministerrates der Ersten Republik [zukünftig PdMRdER], Abteilung [zukünftig Abt.] VIII, 3, Wien 1983; GOLDINGER, Protokolle, 227 f.; Documents Diplomatiques Français 1932–1939, [zukünftig DDF], Serie 1, III, Paris 1967, Nr. 158; BEER, Der „unmoralische" Anschluß, 194 f. Zu den Hintergünden der damals aufgetauchten Heimwehr-Putschgerüchte vgl. den Beitrag von Lothar Höbelt in diesem Band.

42 Dem knapp einstündigen Treffen am 12.4.1933 folgte ein viertelstündiger Gegenbesuch Mussolinis sowie ein von ihm gegebenes Essen, sodass die beiden Regierungschefs während des Besuchs von Dollfuß am 12. und 13. April einander dreimal begegneten. ADÖ, 9, Nr. 1289.

43 Wolfgang SCHIEDER, Mythos Mussolini. Deutsche in Audienz beim Duce, München 2013, 31.

44 Rudolf AGSTNER, Palazzo di Venezia und Palazzo Chigi als Botschaften beim Heiligen Stuhl und am Königlich Italienischen Hofe 1871–1915. Samt Anhang über die österreichischen Gesandtschaften und Botschaften in Rom 1921–1997, in: „Römische Historische Mitteilungen", 40, Wien 1998, 489–571.

45 DDI, VII, 13, Nr. 411.

seinen Bestrebungen mit Schober stecken geblieben war. Die Darlegungen des österreichischen Bundeskanzlers, wonach Österreich auf Grund seiner eigenen historischen Identität und seiner spezifischen Aufgaben im Donauraum unabhängig bleiben, jedoch seinen besonderen Beziehungen mit Deutschland auf Grund der vorhandenen Gemeinsamkeiten ein spezielles Augenmerk schenken müsste, fanden bei ihm vorbehaltlose Zustimmung. Mussolini bekundete seine Unterstützung für die Heimwehr, namentlich für Starhemberg und fand sogar anerkennende Worte für die Haltung der Christlichsozialen Partei. Dollfuß' Ausführungen im Hinblick auf die Reform der Verfassung riefen bei ihm großes Interesse hervor und er riet ihm zu einem energischen und konsequenten Vorgehen. Der „Duce" versicherte, dass eine autoritäre Regierung in Österreich, solange sie die Unabhängigkeit des Landes zum Ziel habe, auf seine Hilfe würde zählen könnte. „Bleiben Sie stark, das österreichische Volk kann auf die Freundschaft und Hilfe Italiens immer rechnen", versicherte er dem österreichischen Regierungschef zum Abschied[46]. Dollfuß konnte Rom erleichtert verlassen. Demgegenüber war das Klima bei den Verhandlungen zwischen der deutschen Delegation und der italienischen Führung durch die gleichzeitige Anwesenheit des österreichischen Kanzlers mit einem Schlag belastet. Mussolini sprach sich Göring gegenüber erneut vehement gegen Neuwahlen in Österreich und eine Einbeziehung der Nationalsozialisten in die Regierung aus. Nach seiner ergebnislosen Rückkehr nach Berlin resümierte Göring verärgert: „Die unerwartete Ankunft dieses verfluchten Dollfuß in Rom hat die Dinge noch verkompliziert."[47]

Dem Treffen zu Ostern folgte ein weiterer Besuch des Kanzlers zu Pfingsten in Rom. Den äußeren Rahmen bildete diesmal die Unterzeichnung des Konkordats mit dem Heiligen Stuhl. Das neuerliche persönliche Zusammentreffen zwischen Mussolini und Dollfuß brachte eine Bestätigung des bei der ersten Begegnung erzielten Einvernehmens[48]. Der „Duce" ermutigte den österreichischen Kanzler, sowohl gegen die Nationalsozialisten als auch gegen die Sozialdemokraten vorzugehen und bot ihm im Gegenzug Garantien gegen einen durch die Nationalsozialisten beabsichtigten Anschluss an[49]. Darüber hinaus wurde ein Schritt Italiens in Berlin besprochen, von dem sich Dollfuß – wie sich zeigen sollte, vergeblich – eine Entspannung im Hinblick auf die nationalsozi-

---

46 ADÖ, 9, Nr. 1289.
47 De Felice, Musssolini, 472; vgl auch: Falanga, Mussolinis Vorposten, 33 sowie zur ambivalenten Beziehung zwischen Mussolini und Göring insgesamt: Schieder, Mythos Mussolini, 165–167.
48 ADÖ, 9, Nr. 1316; DDI, VII, 13, Nr. 774.
49 De Felice, Musssolini, 474.

alistische Agitation in Österreich erhoffte[50]. Denn seit März schlugen alle Versuche von italienischer und auch ungarischer Seite, von Hitler eine Mäßigung seines Konfrontationskurses gegenüber Dollfuß zu erreichen, fehl; möglicherweise auch deshalb, weil der „Griff Hitlers nach Österreich" von diesem nicht als Teil seiner Außenpolitik, sondern „als letztes Stadium der innenpolitischen Machtergreifung" gesehen wurde[51].

Von Rom nach Wien zurückgekehrt, konnte der österreichische Bundeskanzler gegenüber seinen Parteifreunden berichten, nunmehr „restlos auf die Freundschaft Italiens" rechnen zu können[52]. Die Aussage des Bundeskanzlers ist mit einer gewissen Vorsicht zu beurteilen. Es entsprach der Strategie Mussolinis, ausländischen Gesprächspartnern bei ihren Besuchen das Gefühl zu vermitteln, mit ihm scheinbar auf derselben Augenhöhe zu sprechen. Ganz bewusst unterschied sich sein Verhalten diametral von seinen martialischen und oftmals aggressiven öffentlichen Auftritten und Reden. Mussolini suchte seine Gäste mit persönlichem Charme und mit einer scheinbar ungezwungen Liebenswürdigkeit für sich einnehmen und hatte damit in vielen Fällen auch Erfolg[53].

Immerhin hatte Dollfuß mit der bereits erwähnten Auflösung des Republikanischen Schutzbundes, dem Verbot der Kommunistischen Partei und seinen wiederholten Ankündigungen, den demokratischen Parlamentarismus in seiner bisherigen Form nicht mehr wiedererstehen lassen zu wollen, mehreren langjährigen Forderungen Mussolinis an die österreichische Politik entsprochen. Dennoch und ungeachtet seiner offensichtlich gewordenen persönlichen Sympathien für Dollfuß wurde Mussolini im Laufe des Frühsommers klar, dass der österreichische Bundeskanzler durch seine hinhaltende Politik nach wie vor bestrebt war, sich nicht ausschließlich der italienischen Option auszuliefern: Dies betraf seine wiederholten Versuche, allen Schwierigkeiten zum Trotz mit dem nationalsozialistischen Deutschland ins Gespräch zu kommen, genauso wie sein mit Rücksicht auf die Westmächte und die Kleine Entente erfolgendes abwartendes Verhalten gegenüber der Sozialdemokratie. Italienischerseits hätte man schon zu diesem Zeitpunkt gerne ein gewaltsames Vorgehen gegen die Sozi-

---

50   DDI, VII, 13, Nr. 832, Nr. 849. Im Ministerrat stellte dies Dollfuß allerdings mit dem Hinweis in Abrede, eine Verständigung zwischen Österreich und Deutschland müsse ohne Intervention Dritter erfolgen. Möglicherweise handelt es sich bei dieser Bemerkung um eine Schutzbehauptung gegenüber den vom Landbund gestellten Regierungsmitgliedern, die Italien gegenüber große Vorbehalte hegten. MRP Nr. 880/13 vom 9.6.1933, PdMRdER, Abt. VIII, 3, Wien 1983.
51   Petersen, Hitler – Mussolini, 135.
52   So Dollfuß in der Sitzung des Klubvorstandes der Christlichsozialen Partei vom 22.6.1933. Goldinger, Protokolle, 252.
53   Vgl. dazu: Schieder, Mythos Mussolini, 15, 42–44, 53.

alisten gesehen[54]. Gegenüber dem französischen Gesandten in Wien, Gabriel Puaux, brachte Dollfuß Mitte Mai sein Dilemma auf den Punkt:

> Faites bien comprendre à Paris qu`il m`est difficile de gouverner si, dans cette petite Autriche divisée, chaque parti se place sous la protection d`un état étranger et le fait intervenir sans cesse dans notre vie publique: l`Allemagne pour les nazis, l`Italie pour les *Heimwehren,* et la Tchécoslovaquie et la France pour les socialistes.[55]

Nicht minder pointiert fiel die trockene Replik des französischen Diplomaten gegenüber dem Bundeskanzler aus:

> J'espère ... que vous tenez le même langage à mon collège italien.[56]

Zusätzlich erschwert wurde die Situation für Dollfuß dadurch, dass sich spätestens im Laufe des Frühjahrs 1933 Differenzen zwischen Italien und Ungarn im Hinblick auf Österreich zu zeigen begannen. Gömbös schwebte vor, Deutschland in diese Kombination mit einzubeziehen, wenn es sein musste, auf Kosten Österreichs. Diese Entwicklung, die der österreichischen Diplomatie nicht verborgen blieb, sorgte auch in weiterer Folge wiederholt für Irritationen bei Dollfuß, beispielsweise anlässlich des überraschenden Besuchs von Gömbös bei Hitler in Berlin im Juni 1933[57].

Unterstaatssekretär Fulvio Suvich räumte rückblickend ein, dass es Dollfuß geschickt verstanden hätte, gegenüber Mussolini seine Interessen geltend zu machen, seinem Drängen Widerstand zu leisten und selbst bei übereinstimmenden Ansichten durchaus selbständig zu agieren. Doch, so fügte er hinzu, war Mussolini insistierend, wenn es darum ging, Druck zu machen, dass diejenige Vorgangsweise, auf die man sich verständigt hatte, auch umgesetzt würde[58].

---

54 BEER, Der „unmoralische" Anschluß, 200 (Fußnote 200).
55 DDF, 1, III, Nr. 298.
56 Ebd.
57 Österreichischerseits war man über den Besuch in keiner Weise vorinformiert worden. Außerdem empfand man es als aufreizend, dass Gömbös während seines Aufenthalts auch mit Theo Habicht zusammenkam. Dollfuß spekulierte gegenüber dem italienischen Gesandten genauso wie gegenüber dem Vertreter des Finanzkomitees des Völkerbundes in Wien Rost van Tonningen offen, man hätte in Berlin über eine Aufteilung Österreichs im Falle einer nationalsozialistischen Machtübernahme gesprochen, wobei das Burgenland Ungarn zufallen würde. Als Reaktion lud er umgehend Gömbös zu einem Österreichbesuch ein, der von 9.–10.7.1933 in Wien stattfand. ADÖ, 9, Nr. 1328, Nr. 1329, DDI, VII, 13, Nr. 876, Nr. 891. Documents on British Foreign Policy 1919-1939 [zukünftig DBFP], Second Series, V, London 1956, Nr. 233.
58 SUVICH, Memorie, 91. In einer Vorsprache forderte der italienische Gesandte Preziosi Dollfuß am 27.6.1933 „in temperamentvoller Weise" auf „energischer gegen die Sozialdemokraten vor-

Dementsprechend war sich Dollfuß – in durchaus realistischer Einschätzung seines italienischen Gegenübers – alles andere als sicher, ob der „Duce" im Falle einer Verständigung mit der Sozialdemokratie noch länger bereit sein würde, seine schützende Hand über die österreichische Regierung zu halten[59]. In seinem Ende Juni 1933 verfassten Abschlussbericht teilte, ja verstärkte der scheidende britische Gesandte Eric Phipps, der von Wien nach Berlin wechselte, die Befürchtungen des österreichischen Bundeskanzlers:

> (Dollfuß) must resist the siren-like Socialist appeals for a ´black-red´ coalition or collaboration, even though those appeals may reach him through echoes of the honest Federal President and the holy and guileless Cardinal Archbishop. Any serious flirtation with the hated Marxists would cause Dr. Dollfuß´ speedy downfall, for not only would it split his party, but it would cost him the loss of Italian support.[60]

Eugenio Morreale sprach dies explizit aus: Italienischerseits müsse eine Einbeziehung der Sozialisten zur Lösung des österreichischen Problems auch deshalb vermieden werden, da dies eine Stärkung des tschechoslowakischen und damit des französischen Einflusses mit sich bringen würde[61].

Anfang Juli begann Mussolini seinen Druck auf Dollfuß schrittweise zu erhöhen. In einem Brief vom 1. Juli forderte er Dollfuß auf,

> … di svolgere un programma di effettive sostanziali riforme interne in senso decisamente fascista.[62]

Die Regierung sollte, so setzte er fort, bei ihrem Verfassungsvorhaben auf die Sozialdemokratie keine Rücksicht nehmen, da diese angesichts der nationalsozialistischen Bedrohung nolens volens ohnedies genötigt sein werde, dem zuzustimmen, was die Regierung vorlege. Mussolini setzte fort:

---

zugehen, da eine scharfe antisozialdemokratische Haltung" seiner Regierung „erst den Charakter einer wahren Rechtsregierung" verleihen würde. ADÖ, 9, Nr. 1329.

59 DBFP, 2, V, Nr. 233.
60 Beer, Der „unmoralische" Anschluß, 209.
61 DDI, VII, 13, Nr. 508.
62 DDI, VII, 13, Nr. 923. ÖStA/AdR, NPA, Liasse Italien I/III Geheim, 1933–1934, o. Z., fol. 572-583. Teile des Schriftverkehrs zwischen Österreich und Italien im Zeitraum zwischen Mitte 1933 und Anfang 1934 aus den Beständen des Österreichischen Staatsarchivs wurden in Österreich wiederholt veröffentlicht, zuletzt in: Wolfgang Maderthaner, Michaela Maier (Hgg.), „Der Führer bin ich selbst". Engelbert Dollfuß – Benito Mussolini Briefwechsel. Überarbeitete und ergänzte Neuauflage der Broschüre „Der geheime Briefwechsel Dollfuß-Mussolini" (Wien 1949), Wien 2004, hier 23-27.

Non mi sfuggono le ragioni di opportunità che hanno indotto V.E. a non assumere fino a oggi di fronte al partito social-democratico quell'atteggiamento risoluto che è nel suo programma di risanamento dell'Austria. ... Sono persuaso che quando V.E., facendo appello a tutte le sane forze nazionali dell'Austria, colpisse il partito social-democratico nella sua roccaforte, Vienna, ed estendesse la sua azione epuratrice a tutti i centri che rappresentano tendenze disgregatrici in opposizione al principio di autorità dello Stato, anche molti di quanti oggi militano nelle file dei nazi saranno attirati nell'orbita del fronte nazionale.[63]

In seiner Antwort vom 22. Juli strich Dollfuß sein Bemühen hervor,

... den Boden für die Aufrichtung des nach meiner Überzeugung nach meinem Lande am besten zusagenden straffen Autoritätsregimes vorzubereiten.[64]

Darüber hinaus blieb er aber vage und unbestimmt. Er erwähnte seine Bemühungen bei der Errichtung der Vaterländlichen Front als überparteilichen Zusammenschluss basierend auf dem Führerprinzip und die Ernennung des früheren Bundeskanzlers Otto Ender zum Verfassungsminister. Ob gerade letztere Personalentscheidung bei Mussolini auf besondere Sympathie gestoßen ist, darf angesichts der nicht gerade italienfreundlichen Linie Enders als Bundeskanzler zwei Jahre zuvor dahingestellt bleiben. Er galt wie der frühere Bundeskanzler und nunmehrige Finanzminister Karl Buresch sowie der Parteiobmann der Christlichsozialen und langjährige Heeresminister Carl Vaugoin den Italienern als Vertreter des alten verbrauchten Parteiensystems. Alle drei waren nach italienischer Lesart nicht geeignet, den nach außen erforderlichen Erneuerungswillen zu verkörpern[65]. Der italienische Gesandte Preziosi charakterisierte ihn als

un cristiano-sociale invasato da idee ultra democratiche, ma passato ultimamente a concezioni fasciste.[66]

Immer wieder versuchte zeitgleich die deutsche Führung, Italien mit Schalmeieintönen von seiner proösterreichischen Haltung abzubringen. So betonte Hermann Göring in einem Gespräch mit dem italienischen Botschafter in Berlin am 17. Juli 1933, weder er noch Hitler wollten einen Anschluss ohne die Zu-

---

63 Ebd.
64 ÖStA/AdR, NPA, Liasse Italien I/III Geheim, 1933–1934, o. Z., fol. 572–583; DDI, VII, 14, Nr. 9, dort datiert mit 20.7.1933; Maderthaner, Maier (Hgg.), Der Führer, 30–36.
65 Schmölzer, Die Beziehungen zwischen Österreich und Italien, 122–124.
66 DDI, VII, 13, Nr. 966.

stimmung Italiens, doch wünsche man sich italienischerseits Neutralität in der Österreichfrage und keine Unterstützung für Dollfuß. Göring sprach offen aus, dass der österreichische Bundeskanzler spätestens im Frühjahr 1934 einer nationalsozialistischen Revolution würde weichen müssen und fügte möglicherweise in Anspielung auf die Südtirol-Frage kryptisch hinzu, es werde nach dem Sturz von Dollfuß das eintreten, was die Italiener wollten und die Deutschen noch nicht öffentlich aussprechen könnten[67]. Doch hielt die italienische Diplomatie an ihrem Kurs fest. Suvich ließ gegenüber den Westmächten keinen Zweifel, dass Italien gewaltsame Aktionen Hitler-Deutschlands gegenüber Österreich mit militärischen Mitteln beantworten würde[68]. Und Berlin ließ Mussolini durch seinen Botschafter Vittorio Cerruti unmissverständlich wissen, dass die terroristischen Tätigkeiten der österreichischen Nationalsozialisten in krassem Widerspruch zu allen Versicherungen stünden, wonach Deutschland den Anschluss nicht anstrebe[69].

Als Mussolini Ende Juli 1933 in Rom mit Gömbös zu Gesprächen zusammentraf, monierte er im Hinblick auf Österreich, dass Dollfuß schon seit Monaten die Einführung der neuen Verfassung verspreche, ohne dass etwas geschehen sei. Außerdem hätte er auch gegenüber der österreichischen Linken nicht den richtigen Ton angeschlagen, weshalb von der Bezwingung der österreichischen Marxisten nunmehr noch weniger die Rede sein könne als vor einem Jahr. Man verständigte sich darauf, von Dollfuß ein energischeres Auftreten gegenüber der linken Opposition zu verlangen. Dazu kam, dass die diplomatischen Schritte des österreichischen Kanzlers, Ende Juli neben Italien auch an Großbritannien und Frankreich mit dem Ersuchen heranzutreten, die österreichische Souveränität gegenüber dem Deutschen Reich zu gewährleisten, in Italien als Versuch, sich nicht zu sehr an den südlichen Nachbarn zu binden, negativ registriert wurden[70]. Gelegenheit, um mit dem österreichischen Kanzler Klartext zu sprechen, sollte sich bald bieten. Denn als sich Mitte August in Wien wieder einmal Gerüchte über einen bevorstehenden Nazi-Putsch verdichteten, sah sich Dollfuß neuerlich vor die Notwendigkeit gestellt, Rückendeckung bei Mussolini zu holen. Schon seit Ende Juli liefen auf diplomatischer Ebene Gespräche über ein neuerliches Zusammentreffen, nun fand sich Mussolini binnen nur weniger Tage zu einem solchen in Riccione an der italienischen Adriaküste bereit, wo er sich über das Wochenende zur Erholung aufhielt[71].

---

67   DDI, VII, 14, Nr. 2.
68   BEER, Der „unmoralische" Anschluß, 213 f.
69   FALANGA, Mussolinis Vorposten, 37.
70   DE FELICE, Mussolini, 480.
71   ADÖ, 9, Nr. 1341; Nr. 1369. Zu den Umständen des Zustandekommens des Treffens in Riccio-

Die Gespräche am 19. und 20. August fanden zwar nach außen hin wiederum in einer betont freundschaftlichen Atmosphäre statt, doch bei den politischen Beratungen redeten Mussolini und sein Unterstaatssekretär Fulvio Suvich diesmal mit dem österreichischen Kanzler in einem weitaus ultimativeren Ton als bei den ersten beiden Treffen in Rom. Schon optisch wurde deutlich, wer das Sagen hatte: Am Lido von Riccione posierte der „Duce" für die Fotografen – ganz im Stil der virilen Selbstinszenierung seiner Person durch die faschistische Propaganda – kraftstrotzend in der Badehose und mit nacktem Oberkörper. Daneben, etwas verlegen, der schmächtige Kanzler in seinem Sommeranzug mit Krawatte und Hut.

„Nous avons donné une petite injection a Monsieur Dollfuß."[72] So formulierte es Suvich nachträglich gegenüber seinen ungarischen Verbündeten. Zwar versicherten Mussolini und sein Unterstaatssekretär dem österreichischen Bundeskanzler weiterhin ihre Unterstützung in der Erhaltung der österreichischen Unabhängigkeit gegenüber Hitler-Deutschland, doch verknüpften sie diese ziemlich unverblümt mit einem detaillierten Forderungskatalog.[73] Die Verfassungsreform sollte noch im September fertiggestellt werden. Außerdem drängte Mussolini auf eine Regierungsumbildung, bei der die prononcierten Vertreter des demokratischen Parteiensystems – gemeint waren in erster Linie die dem italienischen Kurs ablehnend gegenüberstehenden Landbundminister – Repräsentanten der Heimwehr weichen sollten, sowie auf die Einsetzung eines Regierungskommissärs für die Gemeinde Wien anstelle der sozialdemokratischen Stadtregierung. Mussolini wollte von Dollfuß, dass die Regierung in ihrem Erscheinungsbild einen betont diktatorischen Charakter annehmen solle und dass der Kanzler eine Vereinigung aller patriotischen Kräfte unter dem Dach der Vaterländischen Front ankündige. Als Startschuss für all diese Maßnahmen sollte eine große, programmatische Rede Dollfuß' dienen, die für die Feiern zum 250. Jahrestag der Entsatzschlacht von Wien, die die zweite Türkenbelagerung im Jahr 1683 beendet hatte, in Aussicht genommen wurde. Diese Grundsatzrede, die der Kanzler am 11. September 1933 im Rahmen einer Veranstaltung der Vaterländischen Front am Rande des Katholikentages vor mehreren zehntausend Zuhörern hielt, gab einen Ausblick auf den von Dollfuß angestrebten staatlichen und gesellschaftlichen Umbau. Zunächst wiederholte der Kanzler nochmals seine bereits im Frühjahr manifest gewordene Ablehnung des demo-

---

ne vgl. zusammenfassend: Peter ENDERLE, Die ökonomischen und politischen Grundlagen der Römischen Protokolle aus dem Jahre 1934, Diss. Wien, 1979, 94–97.

72 KEREKES, Abenddämmerung, 158.

73 ÖStA/AdR, NPA, Liasse Italien I/III Geheim, 1933–1934, Zl. 24.456-13/1933; ADÖ, 9, Nr. 1369; vgl. dazu auch: Maderthaner, Maier (Hgg.), Der Führer, 39–44.

kratischen Parlamentarismus. Er verkündete, dass nun „die Zeit marxistischer Volksführung und Volksverführung" genauso vorüber sei wie jene „der Parteienherrschaft" und setzte fort:

> [...] wir wollen den sozialen, christlichen, deutschen Staat Österreich auf ständischer Grundlage, unter starker autoritärer Führung! [...] Ständischer Neuaufbau ist die Aufgabe, die uns in diesen Herbstmonaten gestellt ist. Der Berufsstand ist die Ablehnung klassenmäßiger Zusammenfassung des Volkes. [...] Die äußeren Organisationsformen der berufsständischen Vertretung umzugestalten, ist die Aufgabe dieser Regierung.[74]

Obwohl Dollfuß bei seinen Ankündigungen wieder relativ allgemein geblieben war, zeigte sich Mussolini mit ihrem Inhalt zufrieden. In einer Unterredung mit dem Leiter der handelspolitischen Sektion im Außenministerium, Richard Schüller, den Mussolini seit Jahren kannte und als besonderen Verbindungsmann in allen österreichischen Angelegenheiten schätzte[75], verlieh er seiner Befriedigung über die Trabrennplatzrede Ausdruck. Schüller, der gegenüber Mussolini auf Grund der langjährigen wechselseitigen Bekanntschaft unbefangen auftreten konnte, meinte daraufhin scherzhaft zu Mussolini, dass Bundeskanzler Dollfuß rasch marschiere, es aber nicht liebe, wenn ihn dabei Freunde von rückwärts stoßen – das störe den Marsch.[76] Mussolini verstand die Anspielung und meinte, die von Dollfuß verkündeten Grundsätze seien gesund und entsprächen der Zeit. Zugleich konzedierte er, dass die Verfassung in jedem Staat anders sein müsse, je nach seiner Geschichte und seinen Verhältnissen. In der italienischen Presse fanden die vom Bundeskanzler am 11. September

---

74 Die sogenannte Trabrennplatzrede des Bundeskanzlers ist publiziert bei: Edmund Weber (Hg.), Dollfuß an Österreich. Eines Mannes Wort und Ziel (Berichte zur Kultur- und Zeitgeschichte, 10. Sonderschrift), Wien-Leipzig 1935, 19–45, hier 31–33.

75 Zur Person Richard Schüllers und zu seiner besonderen Vertrauensstellung zu Mussolini vgl. Friedrich Weissensteiner, Sektionschef Dr. Richard Schüller und die Wirtschaftspolitik der Ersten Österreichischen Republik, in ÖGL, Jg. 24, 1980, 4, 217–237, hier 227–231; Nautz (Hg.), Unterhändler, 146–157; Gertrude Enderle-Burcel, Michaela Follner (Hgg.), Diener vieler Herren. Biographisches Handbuch der Sektionschefs der Ersten Republik und des Jahres 1945, Wien 1997, 423–424.

76 ÖStA/AdR, NPA, Liasse Italien I/III Geheim, 1933–1934, Zl. 25.131-13/1933. Eine fast wortidente Formulierung eines rasch voranschreitenden Mannes, der intuitiv nach rückwärts Widerstand leiste, wenn er merke, dass man versuche, ihn von hinten anzuschieben, verwendete auch Dollfuß, als der italienische Gesandte Preziosi am 14.9.1933 wieder einmal die Eliminierung des Landbundes aus der Regierung und eine schärfere Gangart den Sozialdemokraten gegenüber monierte. Hinsichtlich seiner „Handlungsweise in innenpolitischer Beziehung" könne er sich nicht drängen lassen, so Dollfuß. ADÖ, 9, Nr. 1375.

gemachten Ankündigungen ein großes und uneingeschränkt positives Echo. Doch nicht nur das, wurde die Dollfuß-Rede über ihren Inhalt hinausgehend als Auftakt zu einer faschistischen Umwandlung des Landes nach italienischem Vorbild gefeiert. Von Seiten der westlichen Demokratien wurde diese mediale Vereinnahmung italienischerseits mit Sorge registriert[77].

Noch einige Tage vor der Trabrennplatzrede Dollfuß' hatte sich Mussolini in Rom mit Ernst Rüdiger Starhemberg getroffen. Dabei wurde eine Richtschnur für das Agieren der Heimwehr festgelegt, die in großen Zügen tatsächlich bis in das Frühjahr 1934 Geltung behalten sollte. Starhemberg verpflichtete sich gegenüber Mussolini, mit der Heimwehr nicht nur in die Vaterländische Front einzutreten, sondern dort genau so wie in der Regierung den Führungsanspruch von Dollfuß zu akzeptieren. Voraussetzung dafür war aber die Entfernung der Landbundminister Franz Winkler und Vinzenz Schumy aus dem Kabinett. Zwischenzeitlich sollte die Heimwehr zwar die Regierung unterstützen, aber ihren eigenen Kurs als Gegengewicht zu den noch verbliebenen liberalen und demokratischen Kräften innerhalb des Regierungslagers aufrechterhalten:

> Le Heimwehren esercitano una continua pressione sul Governo Dollfuß perché si indirizzi sempre più verso una politica dittatoriale e di carattere fascista.[78]

Was die Person Starhembergs selbst betraf, so wurde vereinbart, dass dieser in die Regierung in der Nachfolge Winklers als Vizekanzler eintreten solle, allerdings erst zum Zeitpunkt der Inkraftsetzung der neuen Verfassung. Bis dahin sollten andere Vertreter der Heimwehr die frei werdenden Regierungsämter einnehmen.

Dementsprechend wandte sich Mussolini am 9. September, unmittelbar nach seinen mit Starhemberg getroffenen Festlegungen, nochmals brieflich an Dollfuß. Er wiederholte, dass es gelingen würde, zahlreiche Nationalsozialisten von der Regierung zu überzeugen, würde nur der „Weg der Faschisierung des Staates" entschieden genug eingeschlagen werden. Dabei bezog er sich auf die in Riccione besprochene Regierungsumbildung und verlangte neuerlich explizit die Abberufung der beiden Landbundminister Winkler und Schumy[79]. Dies-

---

77 DDF, 1, IV, Nr. 216.

78 DDI, VII, 14, Nr. 154.

79 DDI, VII, 14, Nr. 162. Maderthaner, Maier (Hgg.), Der Führer, 46 f. Schon in der zusammenfassenden Gesprächsnotiz über die Verhandlungen in Riccione, verfasst von dem Dollfuß begleitenden Gesandten Theodor Hornbostel, heißt es: „Hinsichtlich der Innen-Politik versuchten die italienischen Herren [gemeint sind Mussolini und Suvich, Anm. des Verfassers] … eine Pression auf den Herrn Bundeskanzler im Sinne einer stärkeren Beteiligung der Heimwehren auszuüben. Der Herr Bundeskanzler ist diesen Versuchen jedoch mit Erfolg ausgewichen." ÖStA/AdR,

mal entsprach Dollfuß den personellen Wünschen seines italienischen Mentors, nachdem seitens der Heimwehrspitze mit einer aggressiven Kampagne gegen die Vertreter des Landbundes in der Regierung ein kurzer und heftiger öffentlicher Machtkampf zwischen den beiden rivalisierenden Flügeln des Regierungslagers eingesetzt hatte[80]. Einen seiner Höhepunkte erreichte er während der Sitzung des Ministerrats am 6. September 1933. Vizekanzler Winkler attackierte den abwesenden Starhemberg frontal wegen dessen jüngster Gespräche mit Mussolini, erklärte, man dürfte aus Österreich nicht eine Filiale Roms machen und vor die Wahl zwischen Faschismus und Nationalsozialismus gestellt, „müsste er beide Systeme als für einen deutschen Österreicher unannehmbar ablehnen".[81] Bei der kurz darauf erfolgenden Regierungsumbildung am 21. September 1933 waren die Würfel zugunsten der Heimwehr längst gefallen. Dollfuß entfernte allerdings nicht nur Winkler und Schumy, sondern zur allgemeinen Überraschung auch den langjährigen Verteidigungsminister und Obmann der Christlichsozialen Partei, Carl Vaugoin, aus der Regierung. Das Amt des Vizekanzlers ging vom Landbund auf die Heimwehr in der Person von Emil Fey über. Ins Sozialministerium zog Richard Schmitz als Ressortchef ein. Damit war auch personell ein deutlicher Schwenk in Richtung einer autoritären Regierung vollzogen. Unterstaatssekretär Suvich begründete gegenüber dem britischen Botschafter in Rom die Regierungsumbildung damit,

> that Herr Dollfuß had been compelled to change the form of government in order to take the wind out of Nazi sails. Nazi movement attracted the youth of Austria against old political parties but Herr Dollfuß would now offer counter attraction of his own movement.[82]

Doch in der Mussolini am meisten im Hinblick auf die inneren Verhältnisse Österreichs interessierenden Frage, nämlich jene der endgültigen Ausschaltung der Sozialdemokratie, blieb Dollfuß weiterhin zögerlich[83]. Genau dies prägte

---

NPA, Liasse Italien I/III Geheim, 1933–1934, Zl. 24.456–13/1933. Der Diplomat Theodor Hornbostel, der im Gegensatz zu Dollfuß fließend Italienisch sprach, begleitete den Kanzler seit 1932 auf den meisten seiner Auslandsreisen, v.a. auf jenen nach Italien. Im April 1933 wurde er von Dollfuß zum Leiter der Politischen Abteilung im Außenamt ernannt. Christian DÖRNER, Barbara DÖRNER-FAZENY, Theodor von Hornbostel, Wien-Köln-Weimar 2006, 53, 62.

80   Franz WINKLER, Die Diktatur in Österreich, Zürich-Leipzig 1935, 71.
81   MRP Nr. 897/15 vom 6.9.1933, PdMRdER, Abt. VIII, 4, Wien 1984.
82   DBFP, 2, V, Nr. 405.
83   Der britische Gesandte Walford Selby schätzte die Haltung des Bundeskanzlers gegenüber den Sozialisten Mitte Oktober 1933 folgendermaßen ein: „(Dollfuß) let me to understand that, while he was himself strongly anti-Marxist, he did not intend to push measures against the Socialists

auch immer mehr das Dollfuß-Bild der mit Österreich befassten italienischen Diplomaten. So beschrieb der italienische Gesandte in Budapest, Ascanio Colonna, Anfang Dezember 1933 gegenüber Mussolini das Agieren Dollfuß' als zaudernd und unentschlossen und vermutete, der österreichische Bundeskanzler würde nach anderen Wegen als den zuletzt mit dem „Duce" vereinbarten suchen, womit er offenbar auf die vorsichtigen Sondierungen von Seiten Dollfuß' in Richtung der Möglichkeit einer direkten österreichisch-deutschen Verständigung anspielte. Dollfuß, so setzte Colonna fort, wüsste seinem Programm keine neuen sozialen und politischen Inhalte zu verleihen und entfremde seiner Bewegung die Jugend, weshalb sich die Nationalsozialisten im Aufwind befänden[84]. Innerhalb der italienischen Führung war die Unzufriedenheit Mussolinis über den in seinen Augen schleppenden Fortgang der Dinge in Österreich bekannt. Intern äußerte sich Mussolini Anfang 1934 über Dollfuß, dieser hätte die Mentalität eines k.-u.-k.-Beamten, nötig sei jedoch eine Bluttransfusion der faschistischen Art[85].

Spätestens seit Ende November/Anfang Dezember 1933 stand die Erwiderung der Besuche von Dollfuß in Italien durch Unterstaatssekretär Suvich im Raum. Als dieser einen Besuch in Berlin für Mitte Dezember vorbereitete, sorgte dies am Ballhausplatz für Irritationen. Von österreichischer Seite drängte man daraufhin auf einen Besuch auch in Wien, nicht zuletzt als Erwiderung auf die Aufenthalte Dollfuß' in Italien[86]. Darüber hinaus sollte ein bilaterales Treffen in Wien angesichts der mit der Berlin-Reise Suvichs verbundenen Optik der nationalsozialistischen Propaganda den Wind aus den Segeln nehmen. Mussolini zeigte Verständnis für die diesbezüglichen österreichischen Bedenken. Auf seinen ausdrücklichen Wunsch sollte der Wien-Besuch seines Unterstaatssekretärs nicht auf dem Rückweg von Berlin erfolgen, sondern, um das Gewicht der Visite zu unterstreichen, als eigene von Rom aus angetretene Reise[87]. Als Termin dafür wurde die Zeit von 18. bis 20. Jänner 1934 in Aussicht genommen.

Der Besuch des Unterstaatsekretärs fand in einem geopolitischen Umfeld statt, das sich aus italienischer Sicht verschärft hatte. Schon im September 1933

---

to any extremes. Were they, however, to attempt to agitate against him through their foreign connections, or to make difficulties for him in Austria, he would take all necessary steps to meet the agitation, in the same way as he was doing against the Nazis. He intended to maintain order at all costs and this must be clearly understood in Austria and outside." Beer, Der „unmoralische" Anschluß, 258.

84 DDI, VII, 14, Nr. 435.

85 Petersen, Hitler – Mussolini, 285.

86 ADÖ, 9, Nr. 1392.

87 ÖStA/AdR, NPA, Liasse Italien I/III Geheim, 1933-1934, Zl. 99.095-13/1933 Zl. 99.179-13/1933, Zl. 99.269-13/1933, Zl. 99.391-13/1933; ADÖ, 9, Nr. 1394.

war ein Bericht des italienischen Militärattachés in Berlin über die deutsche Wiederaufrüstung für Mussolini ausschlaggebend dafür gewesen, den italienischen Generalstab anzuweisen, Pläne einer militärischen Intervention für den Krisenfall eines nationalsozialistischen Umsturzes in Österreich auszuarbeiten[88]. In einer Sitzung des Gran Consiglio del Fascismo warnte Mussolini: Sollte Dollfuß fallen, stünde Deutschland der Weg nach Südosten offen und Italien könnte vom Balkan verdrängt werden[89]. Dass die Gespräche von Suvich im Dezember 1933 in Berlin im Hinblick auf Österreich keinerlei konkrete Ergebnisse gebracht hatten, schien die Befürchtungen Mussolinis zu bestätigen. Denn beim Treffen Suvichs mit Hitler am 13. Dezember 1933 waren die bestehenden grundlegenden Differenzen abermals deutlich zutage getreten[90].

Die Visite in Wien im Jänner 1934 fiel mitten in die neue Terrorwelle der Nazis, die in ihrer Intensität alles bisher Dagewesene übertraf[91]. Bei seiner Zugfahrt von Tarvis nach Wien gewann Suvich den Eindruck, sich in einem Land aufzuhalten, das sich augenscheinlich im Ausnahmezustand befand und sich Dollfuß auf eine Basis stütze, die ihm unter den Füßen wegbreche. Vor diesem Hintergrund setzte er dem Bundeskanzler neuerlich den Unmut Italiens über den aus Sicht des Nachbarn schleppenden Fortgang der inneren Umgestaltung Österreichs auseinander[92]. Weder sei es bisher zur Auflösung der politischen Parteien noch zur Fertigstellung der Verfassungsreform gekommen, geschweige denn, dass in Wien die sozialdemokratische Stadtregierung durch einen kommissarischen Leiter ersetzt worden sei. Einmal mehr schien sich die italienische und maßgeblich aus Heimwehrkreisen gespeiste Einschätzung, wonach Dollfuß zögerlich sei und sich vom Einfluss der alten, demokratisch orientierten christlichsozialen Eliten nicht emanzipiert hätte, zu bestätigen. Der italienische Unterstaatssekretär machte Dollfuß gegenüber deutlich, dass das italienische Vertrauen ihm gegenüber im Vergleich zur ersten Jahreshälfte 1933, als man in ihm

---

88 Robert MALLETT, The Anschluss Question in Italian Defence Policy, 1933–37, in: „Intelligence and National Security", 19, 2004, 4, 680–694, hier 683–685.

89 Kurt BAUER, Hitlers zweiter Putsch. Dollfuß, die Nazis und der 25. Juli 1934, St. Pölten-Salzburg-Wien 2014, 169.

90 Beim Aufenthalt Suvichs in Berlin prallten die zu diesem Zeitpunkt unversöhnlichen Standpunkte beider Seiten, die in der Berurteilung der Person des österreichischen Kanzlers fokussierten, aufeinander. Suvich machte unmissverständlich klar, dass Italien Dollfuß nicht fallen lassen würde, während Hitler dessen Entmachtung und die Beteiligung der Nationalsozialisten an einer neu zu bildenden Regierung zur Vorbedingung eines Dialogs über die Österreichfrage machte. PETERSEN, Hitler – Mussolini, 289.

91 Helmut WOHNOUT, Dreieck der Gewalt. Etappen des nationalsozialistischen Terrors in Österreich 1932–1934, in: Günther Schefbeck (Hg.), Österreich 1934. Vorgeschichte – Ereignisse – Wirkungen, Wien-München 2004, 78–90, hier 87 f.

92 SUVICH, Memorie, 264–271, hier 269.

den Mann sah, der energisch die Neugestaltung der politischen Verhältnisse angehen würde, einer kritischeren Sichtweise gewichen sei[93].

Der Kanzler versuchte noch einmal auf die italienischen Vorhaltungen ausweichend zu reagieren. Möglicherweise mit Absicht hatte er unmittelbar nach der Ankunft des italienischen Unterstaatssekretärs am 18. Jänner 1934 im Zuge einer Sitzung des christlichsozialen Parlamentsklubs eine ostentativ versöhnliche, wenn auch in der Sache unverbindliche Botschaft an die Arbeiterschaft gerichtet[94]. Bemerkenswert war jedenfalls seine diesbezügliche Argumentation gegenüber Suvich. Man müsse vermeiden, so Dollfuß, dass bei einer gleichzeitigen Auflösung der sozialdemokratischen Gemeindeadministration in Wien und der Sozialdemokratischen Partei ihre Parteigänger zu den Nazis überlaufen würden. Damit unterschied sich Dollfuß diametral von der italienischen Einschätzung, wonach ein entschlossener Schlag gegen die sozialdemokratische Führung die Attraktivität der Regierung gerade gegenüber der großen Zahl der Indifferenten steigern würde. Dollfuß sollte Recht behalten.

Der Besuch des italienischen Unterstaatssekretärs verlief vordergründig in einer freundschaftlichen Atmosphäre, umso mehr als Suvich jener Richtung der italienischen Außenpolitik zuzuzählen war, die – insbesondere seit der nationalsozialistischen Machtübernahme in Deutschland – strikt für die Aufrechterhaltung der österreichischen Unabhängigkeit eintrat und darüber hinaus Dollfuß persönlich gewogen war. In seinen Erinnerungen betont Suvich, bei den persönlichen Begegnungen mit Dollfuß im Ton stets verbindlich und zuvorkommend agiert zu haben[95]. Doch sparte der italienische Unterstaatssekretär nicht mit mehr oder minder unverhohlenen Drohungen, sollten die von Italien gewünschten innenpolitischen Maßnahmen nicht binnen kurzer Zeit gesetzt werden. Vor allem seine Gespräche mit Fey und Starhemberg sollten Dollfuß warnend signalisieren, dass Italien auch andere innerösterreichische Optionen offenstanden. Beide Heimwehrführer bestärkten den Unterstaatssekretär in seiner Kritik am zu unentschlossenen Vorgehen des Kanzlers gegenüber der Sozialdemokratie und verfestigten damit die italienischen Vorurteile gegenüber Dollfuß.

Zum Abschluss seines Aufenthalts in Wien traf Suvich mit den Gesandten Großbritanniens und Frankreichs zusammen, um mit ihnen im Lichte seiner Beratungen mit der österreichischen Regierungsspitze die politische Lage im Land zu erörtern. In den getrennt stattfindenden Begegnungen ließ er gegenüber

---

93   Ebd. 270.
94   „Reichspost. Unabhängiges Tagblatt für das christliche Volk", 18.1.1934, 2. Everhard HOLTMANN, Zwischen Unterdrückung und Befreiung. Sozialistische Arbeiterbewegung und autoritäres Regime in Österreich 1933–1938, Wien 1978, 88.
95   SUVICH, Memorie, 269.

beiden keinen Zweifel mehr darüber aufkommen, dass Italien, das die Hauptlast in der Aufrechterhaltung der österreichischen Unabhängigkeit gegenüber Hitler trage, entschlossen sei, innenpolitisch den Kurs vorzugeben. Dem französischen Gesandten war danach klar, dass Suvich den italienischen Druck auf Dollfuß im Zusammenspiel mit der Heimwehr trotz des hinhaltenden Widerstands des Kanzlers nochmals erhöht hatte[96]. Sein britischer Kollege telegrafierte nach der Zusammenkunft an das Foreign Office:

> Suvich regarded the present political system as out of date. It must be `renovated` and a new basis found.[97]

Zurückgekehrt nach Rom fasste Suvich, nachdem er Mussolini Bericht erstattet und mit dem „Duce" das weitere Vorgehen abgestimmt hatte, nochmals die italienischen Forderungen gegenüber Dollfuß brieflich in einer ultimativen Form zusammen:

> [...] lotta contro il marxismo – riforma della costituzione in senso antiparlamentare e corporativo – abolizione dei partiti e rafforzamento del Fronte patriottico; che il momento per procedere a questa opera più decisa pareva non possa essere ulteriormente dilazionato. [...] occorre però che [...] Ella, signor Cancelliere, compia qualcuno degli atti che da Lei si aspettano conformemente agli accordi di Riccione.[98]

Der 12. Februar 1934 als Wendepunkt

Als sich der italienische Gesandte in Österreich, Gabriele Preziosi, am 3. Februar 1934 bei Dollfuß nach dem Fortgang der Verfassungsreform erkundigte, gab sich der Bundeskanzler zugeknöpft. Um den italienischen Druck abzufedern, versicherte er aber ganz im Sinne dessen, was man dort hören wollte, dass

---

96 DDF, 1, V, Nr. 246.
97 DBFP, 2, VI, Nr. 194. Im Auftrag des Foreign Office bemühte sich der britische Botschafter in Rom, Eric Drummond, nach der Rückkehr Suvichs um eine Interpretation dieser Bemerkung. Er fasste seine Eindrücke in vier Punkten zusammen: Unabhängigkeit als deutscher Staat in Mitteleuropa, Formung einer von der Jugend getragenen Bewegung zur Bekämpfung der NS-Propaganda, Einführung der neuen Verfassung und Beseitigung der sozialistischen Herrschaft in Wien, wobei der letzte Punkt nach Einschätzung des britischen Botschafters Suvich am vordringlichsten schien. BEER, Der „unmoralische" Anschluß, 280 f.
98 DDI, VII, 14, Nr. 618; ÖStA/AdR, NPA, Liasse Italien I/III Geheim, 1933–1934, Zl. 50.769-13/1934; Maderthaner, Maier (Hgg.), Der Führer, 58–61; SUVICH, Memorie, 272 f. (hier wird eine gekürzte Wiedergabe des Schreibens abgedruckt).

das Wort Parlament in der neuen Verfassung nicht mehr vorkommen würde und das „sistema corporativo" größtmögliche Anwendung erfahren würde[99]. Dies entsprach insofern den Tatsachen, als zwei Tage zuvor Verfassungsminister Otto Ender im Ministerrat einen Verfassungsentwurf präsentiert hatte, der nach nunmehr fast einjähriger Diskussion endgültig das Pendel von der demokratischen in die autoritäre Richtung hatte ausschlagen lassen[100]. Doch war man zu diesem Zeitpunkt um größte Geheimhaltung bemüht. Dollfuß fügte daher in seinem Gespräch mit dem Diplomaten lediglich hinzu, dass Wien in der neuen Verfassung aufhören würde, ein eigenes Bundesland zu sein und der Finanzausgleich dementsprechend zugunsten der anderen Bundesländer neu geregelt würde. Geschickt und im Bewusstsein des massiven Drucks, der mittlerweile italienischerseits auf ihm lastete, sprach er genau jenen Punkt an, den Mussolini bei all seinen Einflussnahmen auf die österreichische Innenpolitik seit den späten 1920er-Jahren stets am pedantischsten verfolgt hatte.

Geradezu erfreut fiel die italienische Reaktion auf Ausbruch und Verlauf der bewaffneten Kampfhandlungen zwischen der Staatsmacht bzw. der Heimwehr und der Sozialdemokratie am 12. Februar aus. Am 14. Februar sprach Unterstaatssekretär Suvich von einer „glänzenden Kraftprobe"[101], die die Bundesregierung abgegeben habe und einen Tag später meinte er gegenüber dem amerikanischen Botschafter in Rom, Breckinridge Long, dass eine „heilsame Entwicklung"[102] in Österreich stattfände. Er gab sich der Illusion hin, dass sich die Nazis vom Durchgreifen der Regierung gegenüber der Sozialdemokratie beeindrucken lassen würden und auch Mussolini glaubte, Dollfuß' energisches Auftreten hätte den Nationalsozialisten das Argument, der Kanzler wage nichts gegen die Linke zu unternehmen, aus der Hand geschlagen. Bereits einen Schritt weiter, zumindest im privaten Gespräch, ging Mussolinis Verbindungsmann in Wien, Eugenio Morreale. Bei einem Mittagessen mit dem Vertreter des Völkerbundes in Wien, Rost van Tonningen, sprach er am 16. Februar davon, dass nun, da die Sozialdemokratie aufgelöst sei, auch die anderen Parteien, inklusive der Christlichsozialen, verschwinden müssten[103].

---

99   DDI, VII, 14, Nr. 657.

100   Helmut WOHNOUT, Regierungsdiktatur oder Ständeparlament? Gesetzgebung im autoritären Österreich, Wien-Köln-Graz 1993, 133–138.

101   Telegramm Nr. 17 vom 14.2.1934 – ÖStA/AdR, NPA, Ges. Rom Quirinal, Telegramme nach Wien 1927–1938.

102   „According to Suvich Italy considers it a very salutary movement [...]" – National Archives, Washington D.C., Record Group 59: General Records of the Department of State, 1930–1939, Zl. 863.00/864.

103   Peter BERGER, Im Schatten der Diktatur. Die Finanzdiplomatie des Vertreters des Völkerbundes in Österreich, Meinoud Marinus Rost van Tonningen 1931-1936, Wien-Köln-Weimar 2000, 534.

Nach dem Ende der Kämpfe richtete Mussolini durch seinen Botschafter in Berlin Außenminister Neurath expressis verbis aus, dass Rom in Österreich keine nationalsozialistische Regierung dulde, würde dies doch einen De-facto-Anschluss bedeuten. Schon die Existenz eines Reichsbeauftragten für Österreich stelle einen Anschlag auf die österreichische Unabhängigkeit dar[104]. Einen Tag später, am 17. Februar 1934, demselben Tag, an dem Italien, Frankreich und Großbritannien die österreichische Unabhängigkeit bekräftigt hatten, ließ der „Duce" Dollfuß wissen: Er möge sich nicht durch die Proteste sinistrer europäischer Kreise, gemeint waren damit offensichtlich die westlichen Demokratien, beeindrucken lassen. Zugleich drängte er aber nochmals darauf, rasch den neuen Staat auf ständischer Basis zu realisieren und fügte hinzu, dass diese innere Erneuerung fundamental wichtig sei, auch was die äußere Situation der Unabhängigkeit Österreichs betreffe[105]. Letzteres konnte durchaus als Junktim verstanden werden, wonach die weitere Unterstützung der österreichischen Unabhängigkeit an die wunschgemäße Umsetzung der italienischerseits gesetzten Rahmenbedingungen im Hinblick auf die neue Verfassung zu sehen war.

Dollfuß antwortete postwendend und versicherte dem „Duce", die Arbeit an der neuen Verfassung so weit wie möglich zu beschleunigen. Er verwies auf das von ihm eingesetzte Ministerkomitee und betonte, offensichtlich in der Hoffnung, damit Mussolini zu beruhigen, dass auch der zum Sozialminister aufgestiegene Heimwehrideologe und bisherige Staatssekretär Odo Neustädter-Stürmer diesem Gremium angehöre. Der neue Sozialminister wurde von ihm als jener Mann präsentiert, der das Wiedererstehen der Sozialdemokratie verhindern und über den ständischen Aufbau wachen würde[106].

In einer Unterredung in Rom am 14. März 1934, drei Tage vor Unterzeichnung der Römischen Protokolle, informierte Dollfuß Mussolini erstmals persönlich über die zu diesem Zeitpunkt schon großteils feststehenden Details der neuen autoritären Verfassung, insbesondere die neuen Mechanismen der ständisch-autoritären Gesetzgebungskörperschaften. Es war dies das erste direkte Gespräch nach der Niederschlagung des Februar-Aufstandes. Wie immer, wenn er mit Dollfuß zusammentraf, signalisierte ihm Mussolini seine persönliche Sympathie. Er gratulierte ihm zur Liquidierung der Sozialdemokratie in Österreich, ehe die beiden auf das Verhältnis zu Deutschland zu sprechen kamen[107].

---

104 Falanga, Mussolinis Vorposten, 42.
105 DDI, VII, 14, Nr. 711.
106 DDI, VII, 14, Nr. 718.
107 DDI, VII, 14, Nr. 804.

Die kurze Phase der innerstaatlichen Hegemonie der Heimwehr

The Heimwehr, with its Italian orientation, is triumphant, and Austria seems, to Italian eyes, to have taken a step towards Fascism.[108]

So analysierte der britische Gesandte Walford Selby wenige Tage nach dem Ende der Februarkämpfe die innenpolitische Situation in Österreich. Er hatte damit die Machtverhältnisse treffend beschrieben. Mit Hilfe der politischen Rückendeckung Mussolinis gelang es in den folgenden Wochen der Heimwehr, sich bei der abschließenden Phase der Erarbeitung der neuen, mit 1. Mai 1934 in Kraft tretenden ständisch-autoritären Verfassung in vielen Bereichen durchzusetzen. Nicht ganz unzutreffend konnte Sozialminister Neustädter-Stürmer Ende April bei einer Heimwehrveranstaltung zufrieden feststellen: „Unsere Idee ist heute die Idee des Staates geworden."[109]

Doch worin bestand die politische „Idee" der Heimwehr und wo spiegelte sich konkret der italienische Einfluss in ihrer ideologischen Ausrichtung wider? Politische Programmatik war ein Politikfeld, das bei den führenden Persönlichkeiten der Heimwehr an sich keine große Rolle spielte. Die militante Bekämpfung der Sozialdemokratie und über weite Strecken die Ablehnung der repräsentativen Demokratie bildeten lange Zeit die Klammer, die die heterogene Heimwehrführung zusammenhielt, handelte es sich dabei doch fast durchwegs um ehemalige Frontsoldaten, die militante „Kondottierenaturen", aber kaum Ideologen oder politische Programmatiker waren. Es klingt plausibel, wenn sich Otto Habsburg erinnert, dass ihm Ernst Rüdiger Starhemberg bei einem Zusammentreffen 1933 auf seine Frage, was er, Starhemberg eigentlich unter Faschismus verstehe, zur Antwort gegeben habe, dies auch nicht zu wissen[110].

Erst Ende der Zwanzigerjahre begann man sich heimwehrintern überhaupt mit der Ausarbeitung programmatischer Grundsätze zu beschäftigen. Dabei spielten zwei Strömungen eine Rolle. Auf der einen Seite die universalistische Schule, die auf Othmar Spann und sein Lehrgebäude zurückging, auf der anderen Seite die Beispielswirkung des faschistischen Italien. Dabei ist jedoch einschränkend festzuhalten, dass der italienische Faschismus selbst kein in sich geschlossenes weltanschauliches System von Ideen und Zielsetzungen darstellte und darüber hinaus in seiner politischen Ausrichtung im Laufe der Jahre beträchtlichen

---

108 DBFP, 2, VI, Nr. 300.

109 „Der Heimatschützer. Offizielles Organ des Österreichischen Heimatschutzes", 28.4.1934, 7.

110 Werner Britz, Die Rolle des Fürsten Ernst Rüdiger Starhemberg bei der Verteidigung der österreichischen Unabhängigkeit gegen das Dritte Reich 1933–1936, Diss. München, 1992, 66.

Schwankungen unterworfen war[111]. Es war vor allem der Spann-Schüler und spätere Professor an der Hochschule für Welthandel, Walter Heinrich, der ab 1928 mit führenden Heimwehrpolitikern in Verbindung stand und ihnen sowohl das universalistische Lehrgebäude als auch das italienische Herrschaftssystem des Faschismus näherbrachte. Er fungierte zwischen 1929 und 1930 als Generalsekretär bei der Bundesführung der Heimwehr und gilt als der Verfasser des so genannten Korneuburger Eids vom Frühjahr 1930, der zum Synonym für die Ablehnung von Demokratie und Parlamentarismus durch die Heimwehr wurde. Einige Monate zuvor, im Herbst 1929 hatte die Bundesführung der Heimwehr auf Heinrichs Initiative den Ständestaat formell zur politischen Forderung erhoben[112]. Bereits 1929 veröffentlichte Heinrich ein Buch mit dem Titel „Die Staats- und Wirtschaftsverfassung des Faschismus", das drei Jahre später in einer neu bearbeiteten Auflage unter dem Titel „Der Faschismus. Staat und Wirtschaft im neuen Italien" erschien[113]. Bei aller Bewunderung für die Diktatur Mussolinis wies er darin aber immerhin darauf hin, dass das auf nationalen Syndikaten basierende System, wie es in Italien errichtet worden war, nicht dem Prinzip des Korporationismus als System der Selbstverwaltung entsprach. Innerhalb der Heimwehr war er wohl der Einzige, der sich – auch durch Forschungsaufenthalte in Italien – intensiver mit dem italienischen Verfassungssystem, dem Korporationismus und dem faschistischen Lehrgebäude auseinandergesetzt hatte. Er stand in Verbindung mit dem bekannten italienischen Juristen und Politologen Carlo Costamagna. Über ihn stieß er zum Kreis um Giuseppe Bottai, einem der führenden Ideologen Mussolinis und ersten Korporationenminister von 1929 bis 1932. In Italien publizierte Heinrich in der von Costamagna herausgegebenen Zeitschrift „Lo Stato", zu deren Autoren unter anderen auch Julius Eberle, Carl Schmitt und Othmar Spann zählten[114]. Mit der Übernahme der Bundesführung durch Starhemberg im September 1930 schied Heinrich als Generalsekretär aus. Seine Kontakte zur Heimwehrspitze wurden in der Folge lockerer. Immerhin hatte er aber eine gewisse programmatische Ausrichtung der Heimwehr bewirkt und seine Publikationen blieben in Heimwehrkreisen weiterhin einflussreich[115].

---

111 Stanley PAYNE, Geschichte des Faschismus. Aufstieg und Fall einer europäischen Bewegung, Berlin-Wien ²2006, 164, 268.

112 Walter WILTSCHEGG, Zum „Korneuburger Gelöbnis der Heimwehr. Die wunderlichen Wege eines politischen Dokuments", in GuG, 5, 1986, 2, 139–158, hier 142; WILTSCHEGG, Die Heimwehr, 312.

113 Walter HEINRICH, Der Faschismus. Staat und Wirtschaft im neuen Italien, München ²1932.

114 Othmar SPANN, Walter HEINRICH, Lo Stato organico. Il contributo della scuola di Vienna a "Lo Stato" di Costamagna, hg. v. Giovanni Franchi, Rom 1997. Für den Hinweis auf die Verbindung Heinrichs zu Costamagna dankt der Verfasser Pasquale Cuomo und Maddalena Guiotto.

115 WILTSCHEGG, Die Heimwehr, 254.

In weiterer Folge war es dann der bereits genannte spätere Sozialminister Odo Neustädter-Stürmer, der zur wichtigsten Figur der Heimwehr auf programmatischem Gebiet werden sollte. Er hatte sich innerhalb der Heimwehrführung neben Walter Heinrich am weitestgehenden mit den Unterschieden zwischen dem syndikalistisch beeinflussten System in Italien und den berufsständischen Vorstellungen, die ihre Wurzeln in der katholischen Soziallehre hatten, beschäftigt. Gedankliche Überschneidungen zwischen dem auf dem Universalismus Spann'scher Provenienz beruhenden Gedankengut Neustädter-Stürmers und der faschistischen Doktrin, die sich zu Beginn der 1920er-Jahre ausgehend vom revolutionären Syndikalismus im Fahrwasser Georges Sorels mit seinem korporativen, klassenübergreifenden Ansatz mehr und mehr in eine autoritäre und etatistische Richtung entwickelte, sind unschwer zu finden[116]. Sie liegen unter anderem in der starken Stellung eines zentralistisch ausgerichteten Staates, der organischen Sichtweise der Nation, dem unbedingten Vorrang des Gemeinwesens gegenüber dem Einzelnen sowie der konsequenten Ablehnung der liberalen Demokratie und ihrer Institutionen[117].

Schon 1930 brachte Neustädter-Stürmer das Büchlein „Der Ständestaat Österreich" heraus, bei dem der Einfluss der universalistischen Schule Spanns nicht zu verkennen ist[118]. Neustädter-Stürmer ging von einer organischen Dreiteilung des Staates in die Gebiete Staatshoheit, Wirtschaft und geistiges Leben aus und baute darauf sein „Dreisäulenmodell" eines ständischen Staatsaufbaus auf[119]. Eine Autonomie bzw. Selbstverwaltung berufsständisch- korporativer Körperschaften lehnte er ab. Bei ihm waren diese Teil eines autoritären Staatsentwurfs und daher einer weitestgehenden staatlichen Kontrolle zu unterwerfen. Im Zuge der österreichischen Verfassungsdiskussion setzte sich Neustädter-Stürmer in den ersten Monaten des Jahres 1934 am vehementesten und über weite Strecken erfolgreich für einen autoritär-etatistischen Ansatz und eine ständische Organisation ein, die dem italienisch-syndikalistischen Modell folgte. Kaum war die neue Verfassung in Geltung, sabotierte er den darin vorgesehenen Aufbau der Berufsstände durch den Zusammenschluss der Arbeitgeber- und Arbeitnehmerseite beginnend bei der untersten Ebene, hatte es sich hier doch um einen Punkt gehandelt, bei dem Dollfuß nicht bereit gewesen war, von den Grundsätzen der katholischen Soziallehre abzurücken. Dagegen for-

---

116 Zum Verhältnis Mussolinis zu den revolutionären Syndikalisten vgl.: WOLLER, Mussolini, 46 f.

117 Zeev STERNHELL, Mario SZNAJDER, Maia ASHERI, Die Entstehung der faschistischen Ideologie. Von Sorel zu Mussolini, Hamburg 1999, 285–291; Juan J. LINZ, Totalitäre und autoritäre Regime, Potsdam ³2009, 184–194.

118 Odo NEUSTÄDTER-STÜRMER, Der Ständestaat Österreich. Dem jungen Österreich gewidmet, Graz 1930.

119 WOHNOUT, Regierungsdiktatur, 26–30.

derte der Sozialminister, die Konstituierung der Stände „von oben" zu beginnen, wobei er verlangte, ihre Spitze – ganz nach italienischem Vorbild – jeweils vom zuständigen Ressortminister ernennen zu lassen[120]. Sein diesbezügliches „rein faschistisches Denken" ging selbst Kurt Schuschnigg zu weit[121]. Als Bundeskanzler sollte er Neustädter-Stürmer im Herbst 1935 von seiner Funktion als Sozialminister abberufen.

Zumindest atmosphärisch hatte die von Mussolini Mitte November 1933 in einer groß angelegten Rede angekündigte Einführung der Korporationen, die zu einer Ablöse der Deputiertenkammer durch einen „Nationalrat der Korporationen" führen sollte, die Stimmung im österreichischen Regierungslager zusätzlich beeinflusst[122]. Denn der beträchtliche propagandistische Aufwand, der um dieses Ereignis in Italien getrieben wurde, wurde auch in Österreich registriert und blieb nicht ohne Wirkung. Das Parteiorgan der Christlichsozialen, die „Reichspost", räumte im Jänner 1934 ein, dass die Wende in der konzeptiven Planung des Ständestaates im November 1933 durch das italienische Bespiel herbeigeführt worden sei[123]. Sicher ist, dass den italienischen Ankündigungen für maßgebliche Regierungskreise auch über die Heimwehr hinaus Vorbildwirkung zukam[124]. So rühmte beispielsweise die Zeitschrift „Der Christliche Ständestaat" im Februar 1934 das „grandiose Aufbauwerk Mussolinis in Italien" im Sinne der Abkehr von Demokratie, Parlamentarismus und Parteien[125]. Diese mehr oder minder positive Erwartungshaltung in einem beträchtlichen Teil des politischen Katholizismus war kein genuin österreichisches Phänomen. Auch in der Schlussphase der Weimarer Republik begann sich das positive Meinungsklima gegenüber dem italienischen Faschismus im Allgemeinen und dem Korporationismus im Besonderen über die politische Rechte hinaus auf

---

120 MRP Nr. 948/1 vom 19.6.1934, PdMRdER, Abt. VIII, 7, Wien 1986.

121 Kurt Schuschnigg, Im Kampf gegen Hitler. Die Überwindung der Anschlußidee, Wien-München ²1988, 169.

122 Beate Scholz, Italienischer Faschismus als „Export"-Artikel. Ideologische und organisatorische Ansätze zur Verbreitung des Faschismus im Ausland, Diss. Trier, 2001, 111. Zur Rezeption der Rede Mussolinis in Österreich vgl. „Reichspost. Unabhängiges Tagblatt für das christliche Volk", 16.11.1933, 1; „Neue Freie Presse", 15.11.1933, 1; „Wiener Zeitung", 16.11.1933, 3.

123 „Reichspost. Unabhängiges Tagblatt für das christliche Volk", 23.1.1934, 5.

124 Vgl. dazu beispielsweise die im „Volkswohl", der angesehenen Monatszeitung des Katholischen Volksbundes, Ende 1933/Anfang 1934 erschienenen Beiträge: Oskar Zaglits, Der Faschismus und die berufsständische Ordnung, in: „Volkswohl. Katholische Monatsschrift für Volksbildung, Kultur und Gesellschaftsreform", 25, 1933, 2, 41–44; Peter. Berger, Der korporative Aufbau in Italien, in: ebd., 25, 1934, 5, 136–141.

125 Die Formulierung stammte aus der Feder des deutschen Exilanten Klaus Dohrn, der als leitender Redakteur der Wochenzeitung fungierte. Elke Seefried, Reich und Stände. Ideen und Wirken des deutschen politischen Exils in Österreich 1933–1938, Düsseldorf 2006, 234.

die bürgerliche Mitte und den politischen Katholizismus auszudehnen, wobei bei letzterer Gruppe schon der Abschluss der Lateran-Verträge 1929 zu einer atmosphärischen Annäherung beigetragen hatte[126].

Erste Anzeichen einer Umorientierung der italienischen Österreichpolitik während des Frühjahrs 1934

Auch wenn die Erhaltung der österreichischen Unabhängigkeit am 17. Februar 1934, basierend auf einem französischen Kompromissvorschlag, von den drei europäischen Mächten Großbritannien, Frankreich und Italien gleichzeitig, jedoch unilateral und unabhängig vom Völkerbund, postuliert worden war[127], war Dollfuß mit dem 12. Februar endgültig jener Rest an außenpolitischer Handlungsfreiheit abhanden gekommen, der ihm bis dahin noch geblieben war. Er war enger denn je an Italien gekettet. Im Mittelpunkt der bilateralen Gespräche standen nunmehr neben dem Schutz der Unabhängigkeit gegenüber Nazi-Deutschland vor allem die Realisierung jener italienischen Hegemonialbestrebungen im Donauraum, die am 17. März zur Unterzeichnung der Römischen Protokolle führten.

Innenpolitisch wirkte man italienischerseits auf den funktionalen Fort-

---

126 Wolfgang SCHIEDER, Das italienische Experiment. Der Faschismus als Vorbild in der Krise der Weimarer Republik, in DERS., Faschistische Diktaturen. Studien zu Italien und Deutschland, Göttingen 2008, 149–184, hier 155–172; WOLLER, Mussolini, 117.

127 Im Hinblick auf die häufig verwendete Bezeichnung als „Garantieerklärungen" ist relativierend festzuhalten, dass sich Frankreich, Italien und Großbritannien weder am 17.2.1934 noch am 27.9.1934, als sie nach dem NS-Putsch im Juli ihre Erklärung in gemeinsamer Form wiederholten, auf die Ankündigung von Maßnahmen für den Fall der Bedrohung der österreichischen Unabhängigkeit verständigen konnten. Erst im französisch-italienischen Abkommen vom 7.1.1935 („Mussolini-Laval-Abkommen"), dem Großbritannien am 3.2.1935 beitrat, konnte man sich auf Konsultationsverpflichtungen für diesen Fall einigen. Zu mehr reichte es auch bei der von allen drei Mächten abgegebenen Erklärung von Stresa am 14.4.1935 nicht. Damit fielen die Mächte hinter die Garantieerklärung zurück, die sie im Ersten Genfer Protokoll im Oktober 1922 gemeinsam mit der Tschechoslowakei gegeben und im Kontext mit der Lausanner Völkerbundanleihe wiederholt hatten – nämlich sich bei einer Bedrohung der österreichischen Unabhängigkeit an den Völkerbund zu wenden. Thomas ANGERER, Die französische Österreichpolitik vor dem „Anschluss" 1938, in „Vierteljahrshefte für Zeitgeschichte", [zukünftig VfZ], 40, 1992, 1, 29–59, hier 30; DERS., Kontinuitäten und Kontraste der französischen Österreichpolitik 1919–1955, in: Koch, Rauscher, Suppan, Vyslonzil (Hgg.), Von Saint Germain zum Belvedere, 129–157, hier 142; Thomas ANGERER, Die französischen Garantieforderungen und die Ursprünge des Anschluß-Verbots im österreichischen Staatsvertrag 1946–1947, in: Thomas Angerer, Birgitta Bader-Zaar, Margarete Grandner (Hgg.), Geschichte und Recht. Festschrift für Gerald Stourzh zum 70. Geburtstag, Wien-Köln-Weimar 1999, 413–429, hier 418 f.

bestand der Achse Dollfuß-Heimwehren ein, wobei Mussolini dem Konzept Starhembergs, die Heimwehr bei ihrem gleichzeitigen Fortbestand in die Vaterländische Front zu integrieren, jenem von Fey, der die Heimwehr möglichst unabhängig vom Einfluss des Bundeskanzlers halten wollte, den Vorzug gab[128]. Dies entsprach der bisherigen Linie des „Duce" gegenüber der Heimwehr.

Direkte italienische Pressionen auf Dollfuß, die in der zweiten Jahreshälfte 1933 zugenommen und unmittelbar vor den Februarereignissen ihren Höhepunkt erreicht hatten, waren nun nur mehr in seltenen Fällen erforderlich. Für die Umsetzung im Hinblick auf die von Mussolini gewünschte Richtung der inneren Verhältnisse Österreichs, insbesondere der neuen Verfassung, sorgten ohnedies die sich am Höhepunkt ihres Einflusses befindlichen Heimwehrminister in der Regierung. In einer Frage, die weniger von inhaltlicher denn von symbolischer Bedeutung war, erfolgte allerdings eine direkte italienische Einflussnahme. Sie betraf die Präambel der neuen Verfassung. Mitte April wandte sich Unterstaatssekretär Suvich diesbezüglich an seinen Gesandten in Wien. Dabei äußerte er immerhin Verständnis dafür, dass es nicht möglich sein würde, sich in der neuen Verfassung explizit auf den Faschismus oder faschistische Grundsätze zu berufen. Wenn dem so sei, führte er allerdings weiter aus, sollte es aber auch keine ausdrückliche Berufung auf die päpstliche Enzyklika, gemeint war ganz offensichtlich „Quadragesimo anno", im Verfassungstext geben; gegen eine allgemein gehaltene Berufung auf die christlichen Prinzipien der ständischen Ordnung in der Präambel hingegen wäre nichts einzuwenden[129]. Einige Tage später konnte Preziosi seinem Unterstaatssekretär mitteilen, sich gegenüber Dollfuß seiner delikaten Aufgabe erfolgreich entledigt zu haben. Minister Neustädter-Stürmer hätte ihm danach vertraulich Einblick in die Präambel der neuen Verfassung gewährt: Diese enthielt zwar die Berufung auf den Allmächtigen und den ständischen Gedanken, eine Erwähnung der päpstlichen Enzyklika war aber wunschgemäß vermieden worden[130].

Fasst man die Entwicklung der Monate nach dem 12. Februar 1934 zusammen, so erhärtet sich die These, dass es Mussolini bei seiner Einflussnahme auf die Konstituierung des autoritären Ständestaates in Österreich in allererster Linie um die Ausschaltung der Sozialdemokratie und damit einhergehend die Beseitigung der Demokratie in Österreich ging. Dies ist auch insofern schlüssig,

---

128 DDI, VII, 15, Nr. 110.
129 DDI, VII, 15, Nr. 104.
130 DDI, VII, 15, Nr. 153. Der immer wieder zitierte Wortlaut der Präambel lautet: „Im Namen Gottes, des Allmächtigen, von dem alles Recht ausgeht, erhält das österreichische Volk für seinen christlichen, deutschen Bundesstaat auf ständischer Grundlage diese Verfassung", in: Verfassung 1934, Proömium.

als jede Beteiligung der Sozialdemokratie an einer Regierung wegen ihrer traditionell guten Beziehungen zu Frankreich und zur Kleinen Entente eine unerwünschte Beeinträchtigung der Donauraumpolitik Mussolinis dargestellt hätte. Unter diesem Gesichtspunkt bildete die italienische Einflussnahme auf die österreichische Innenpolitik die Sicherstellung der eigenen außenpolitischen Interessen. Sobald diese politischen Ziele Mussolinis erreicht waren, und dies war nach der Niederwerfung der Sozialdemokratie im Februar, der Unterzeichnung der Römischen Protokolle im März und der neuen österreichischen Verfassung vom 1. Mai 1934 der Fall, nahm sein Interesse für viele Details betreffend die inneren Vorgänge in Österreich deutlich ab.

Auch was personelle Einflussnahmen anlangte, hielt sich Mussolini nun im Gegensatz zum Herbst 1933 zurück. Dies galt auch für Starhemberg, mit dem den „Duce" der längste Kontakt zu allen führenden österreichischen Politikern, immerhin seit 1930, verband. Zwar gratulierte er ihm noch in warmherzigen Worten zu seiner Ernennung zum Vizekanzler Anfang Mai 1934[131]. Nach der Ermordung Dollfuß' machte er jedoch keinerlei Anstalten mehr, ihn als Kanzler zu favorisieren. Schenkt man den Ausführungen von Fulvio Suvich Glauben, so signalisierte Mussolini sogar, die Ernennung Schuschniggs zu befürworten[132]. Jedenfalls war Mussolini bereits unmittelbar nach der Ermordung Bundeskanzlers Dollfuß' durch seine Gesandtschaft in Wien informiert, dass sich die Nachfolgefrage auf Schuschnigg hin entwickle, ohne dass der „Duce" erkennbare Initiativen für seinen Protégé Starhemberg setzte[133].

Zu den bereits beschriebenen Ursachen für die einsetzende italienische Zurückhaltung kam noch eine ganz wesentliche generelle Entwicklung hinzu: die im Laufe des Jahres 1934 einsetzende Verschiebung des außenpolitischen Fokus Mussolinis weg vom Donauraum hin zu den italienischen Mittelmeerinteressen und zu jenen kolonialen Bestrebungen der italienischen Politik in Afrika, die im Herbst 1935 zur bewaffneten Aggression Italiens in Abessinien führen sollten. Im Hinblick auf das innerösterreichische Kräfteparallelogramm innerhalb des Regierungslagers hatte dies zur Folge, dass die Heimwehr den Zenit ihrer nur wenige Monate andauernden Dominanz in der österreichischen Politik in der zweiten Jahreshälfte 1934 schon wieder überschritten hatte, hing ihre Machtposition doch so gut wie ausschließlich von der italienischen Rückendeckung

---

131 DDI, VII, 15, Nr. 181.

132 „A successore nel Cancellierato è stato chiamato Kurt Schuschnigg. L'influenza di Mussolini non è stata estranea a questa nomina. L'altro candidato era il principe Starhemberg, più vicino per temperamento e carattere a Mussolini, ma che quest'ultimo giudicava meno maturo per un posto di tanta responsabilità." SUVICH, Memorie, 104.

133 DDI, VII, 15, Nr. 567, Nr. 572, Nr. 600.

ab. Dieser Befund steht nicht notwendigerweise im Widerspruch zum Umstand, dass Mussolini auf die Nachricht vom nationalsozialistischen Putschversuch aufgebracht reagiert und Truppen, die sich in der italienisch-jugoslawisch-österreichischen Grenzregion zu Übungszwecken aufhielten, direkt an die Grenze beordert hatte[134]. Denn seine Empörung hatte einen anderen Hintergrund: Mussolini fühlte sich von Hitler düpiert. Das erste persönliche Zusammentreffen der beiden lag erst wenige Wochen zurück. Mussolini war nach der Begegnung am 14. und 15. Juni 1933 davon ausgegangen, dass Hitler die Schutzfunktion Italiens für Österreich akzeptiert hätte[135]. Dies – und nicht so sehr die Tatsache, dass Dollfuß dem Putschversuch zum Opfer gefallen war – war der eigentliche Antrieb für das Agieren Mussolinis. Denn „ganz so empfindlich wie er tat, war er in solchen Dingen nicht"[136], auch wenn in der italienischen Propaganda der tote Dollfuß zum engen politischen Freund Mussolinis stilisiert wurde.

Bilanz der italienischen Österreich-Politik am Ende der Regierung Dollfuß

Mussolinis Außenpolitik stand insgesamt „im Zeichen lauernder Doppelbödigkeit"[137]. Zwar erklärte er bis 1930 mehrfach: „Il Fascismo non è articolo d´esportazione." Dies hinderte ihn aber nicht daran, in verschiedensten Staaten Europas während der 1920er-Jahre auf die im Entstehen begriffenen faschistischen bzw. mit dem Faschismus sympathisierenden Gruppierungen Einfluss zu nehmen, um sich auf diese Weise in die inneren Angelegenheiten der betreffenden Länder einzumischen[138]. Zwischen 1930 und der Machtergreifung des Na-

---

134 MALLETT, The Anschluss Question, 687.

135 Hitler wiederum glaubte nach dem Treffen zu wissen, dass Mussolini seinen alten Forderungen, einer Absetzung Bundeskanzlers Dollfuß, der Ausschreibung von Neuwahlen und einer nationalsozialistischen Regierungsbeteiligung zugestimmt hätte. Man hatte also völlig aneinander vorbeigeredet bzw. sich gründlich missverstanden. Ob dafür, wie Kurt Bauer mutmaßt, v.a. sprachliche Verständigungsprobleme der beiden, die ihre Vier-Augen-Gespräche ohne Dolmetscher geführt hatten, maßgeblich waren, soll an dieser Stelle dahingestellt bleiben. Kurt BAUER, Hitler und der Juliputsch 1934 in Österreich. Eine Fallstudie zur nationalsozialistischen Außenpolitik in der Frühphase des Regimes, in: VfZ, 59, 2011, 2, 193–227; BAUER, Hitlers zweiter Putsch, 168–183.

136 WOLLER, Mussolini, 136. Schon Eugenio Morreale hatte festgehalten, dass der Kanzler – genauso wie Starhemberg – zwar Mussolinis persönliche Sympathie besessen hatte, zugleich aber eingeschränkt, dass diesem Umstand keine allzu weitgehende Bedeutung beizumessen war. Morreale, Mussolini gegen Hitler auf dem österreichischen Ring. – AdIZG, Do 4/Mm–15, II/20.

137 WOLLER, Mussolini, 126.

138 Ende 1926 erklärte er gegenüber einer englischen Zeitung, dass der Faschismus in seiner allgemei-

tionalsozialismus in Deutschland sprach er oft und gerne von der „universalità" des italienischen Faschismus, doch blieb diese ein weitgehend unbestimmter Begriff aus dem Fundus seiner politischen Rhetorik, wie seine diesbezüglichen Äußerungen überhaupt von einer gewissen Widersprüchlichkeit gekennzeichnet waren[139]. Außer Zweifel bleibt, dass Mussolini davon überzeugt war und auch immer wieder davon sprach, dass die universale Mission des Faschismus darin bestehe, „[…] das Experiment des Liberalismus zu beenden, den Bolschewismus zu vernichten und die Welt vor dem Untergang zu bewahren".[140] Die Ausdehnung der faschistischen Machtsphäre jenseits der italienischen Grenzen durch politische und materielle Unterstützung von rechtsgerichteten Bewegungen in anderen europäischen Ländern zählte somit zu den Charakteristika von Mussolinis Außenpolitik, zumindest so lange seine Bestrebungen, eine Expansion durch einen imperialistischen Krieg in Ostafrika zu erreichen, noch nicht schlagend wurden[141].

Im Oktober 1932 verkündete Mussolini wieder einmal großspurig, dass Europa binnen eines Jahrzehnts „faschistisch oder faschisiert" sein würde, wobei für ihn klar war, dass Italien dieses künftige faschistische Europa dominieren würde[142]. In seiner im selben Jahr erschienen „Dottrina del Fascismo" beanspruchte er aber nicht die programmatische Dominanz des Faschismus gegenüber ähnlich gesinnten und an diesem orientierten Bewegungen und erteilte damit dem Großteil der von einem weltweiten faschistischen Universalismus schwärmenden Ideologen seiner Bewegung eine Absage. Der Faschismus, so hieß es dort aus seiner Feder lediglich recht allgemein, halte Lösungen für allgemeine Probleme bereit, die durch die Herrschaft der politischen Parteien verursacht worden wären[143]. Daher war ihm auch die Etablierung einer autoritär ausgerichteten Rechtsregierung in Österreich, die sich auf ständestaatliche Grundsätze berief, ausreichend. Ganz

---

neren Bedeutung an die Bedürfnisse anderer Länder angepasst werden könne. Die Methode werde in verschiedenen Ländern verschieden sein, der Geist jedoch der gleiche. Petersen, Gesellschaftssystem, 443; Scholz, Italienischer Faschismus, 208, Schieder, Mythos Mussolini, 197.

139 „Tatsächlich schwankte Mussolini immer zwischen dem Gedanken, der Faschismus habe einen neuen Stil, neue Überzeugungen, Werte und politische Formen hervorgebracht, welche die Basis italienischer Hegemonie in einem umfassenderen europäischen Faschismus konstituieren könnten, und der Einsicht, dass derartige Ambitionen unklug wären, schwer zu verwirklichen sein würden und immer mit Konflikten und Widersprüchen seitens potentieller Faschisten in anderen Ländern zu kämpfen haben würden, die ihre eigenen nationalen Interessen in den Vordergrund stellen und ausgeprägte nationale Besonderheiten aufweisen würden." Payne, Geschichte des Faschismus, 562.

140 Woller, Mussolini, 126.

141 Petersen, Gesellschaftssystem, 432 f.

142 Wolfgang Schieder, Benito Mussolini, München 2014, 65.

143 Scholz, Italienischer Faschismus, 20.

im Sinne seines Gesprächs mit Richard Schüller im Herbst 1933 war er an einer Eins-zu-eins-Kopie des Modells des italienischen Faschismus bei seinem nördlichen Nachbarn nicht sonderlich interessiert.

Dollfuß wiederum blieb in seiner italienischen Politik ein Getriebener. Solange es ging, versuchte er der völligen italienischen Umarmung zu entgehen, umso mehr als der Weg in die Diktatur für ihn nicht von Anfang seiner Kanzlerschaft an vorgezeichnet war. Doch verengte sich sein Spielraum ab dem Zeitpunkt der nationalsozialistischen Machtergreifung in Deutschland immer mehr, auch wenn er bis zuletzt versuchte, sich mehrere politische Optionen offen zu halten. Deshalb kann sich der Verfasser auch nicht einer Sichtweise anschließen, wonach nicht die Bedrohung durch das nationalsozialistische Deutschland die bedingungslose Anlehnung Österreichs an Italien erzwungen, sondern erst die Errichtung der Diktatur durch Dollfuß zur verstärkten Anlehnung an das faschistische Italien geführt hätte[144]. Denn es werden hier Ursache und Reaktion verwechselt. Der von Dollfuß anfangs ohnedies nur zögerlich und schrittweise eingeschlagene Schwenk in Richtung Italien und die damit einhergehende Abwendung von der demokratischen Verfassung stand in einem unmittelbaren Zusammenhang mit dem von Deutschland ausgeübten außenpolitischen Druck ab dem Zeitpunkt der Machtergreifung Hitlers und dem damit einhergehenden Terror der österreichischen Nationalsozialisten. Schon wegen der historischen Belastung durch den Verlust Südtirols und die Italianisierungspolitik der Faschisten wäre die an sich höchst unpopuläre Verbindung mit dem „Erbfeind" Italien nicht zustande gekommen, hätte sie 1933/34 aus der Sicht des österreichischen Bundeskanzlers nicht die einzig außenpolitisch wirksame Option dargestellt, um eine frühzeitige nationalsozialistische Machtübernahme in Österreich zu verhindern. So schrieb der britische Diplomat und spätere bekannte Historiker Edward Hallet Carr in einem internen Memorandum des Foreign Office pointiert, dass sich niemand in Österreich eine stärkere Anlehnung an Italien wünschte, die italienische Lösung würde in Österreich „nur von den Maschinengewehren der Heimwehr" getragen[145]. Selbst der italienische Militärgeheimdienst (Servizio Informazioni Militari) sprach in einer Lagebeurteilung Anfang 1934 von einer weitverbreiteten Feindseligkeit der Bevölkerung Italien gegenüber[146]. Mentale Vorbehalte

---

144 So erstmals formuliert von Karl Haas und von Karl Stuhlpfarrer identisch übernommen. Karl HAAS, Die römische Allianz 1934, in: Fröschl, Zoitl (Hgg.), Der 4. März, 69–91, hier 83; Karl STUHLPFARRER, Austrofaschistische Außenpolitik – ihre Rahmenbedingungen und ihre Auswirkungen, in: Emmerich Tálos, Wolfgang Neugebauer (Hgg.), Austrofaschismus. Politik – Ökonomie – Kultur 1933–1938, Wien ⁵2005, 322–336, 324.

145 Francis L. CARSTEN, Großbritannien und Österreich 1918–1937, in Stourzh, Zaar (Hgg.), Österreich, 29–44, hier 42.

146 MALLETT, The Anschluss Question, 685.

gegenüber dem südlichen Nachbarn musste auch Dollfuß selbst hintanstellen. Als Kaiserschützenoffizier war er während des Weltkriegs an der italienischen Front gestanden[147]. Nichts veranschaulicht seine diesbezüglichen emotionalen Reserven besser, als eine Bemerkung gegenüber dem französischen Gesandten nach dem Wien-Besuch des aus Triest stammenden Unterstaatssekretärs Fulvio Suvich:

> Quelle que soit mon estime pour la personalité de M. Suvich, croyez-vous qu'il nous a été agréable de recevoir à Vienne un ancien déserteur de l'armée aus-tro-hongroise?[148]

Gerade weil Dollfuß, solange es irgendwie möglich schien, sich nicht politisch völlig an Italien ausliefern wollte, begann er mehrmals im Laufe des Jahres 1933 – wenn auch letztlich vergeblich – unter der Hand Möglichkeiten einer direk-ten deutsch-österreichischen Verständigung zu sondieren. Gegen Ende des Jahres 1933 versuchte er den ihm in Riccione auferlegten Kurs abzuschwächen, indem er sich vermehrt um die Rückendeckung der Westmächte bemühte[149]. Es ist an-zunehmen, dass er von den ihm gegenüber skeptischen Stimmen innerhalb der italienischen Führung Kenntnis hatte. Vielleicht waren ihm auch die zu diesem Zeitpunkt gefallenen abschätzigen Äußerungen Mussolinis über seine Person zu Ohren gekommen. Dollfuß wollte sich jedenfalls nach wie vor nicht ausschließ-lich auf Mussolini verlassen müssen. Damit war es im Frühjahr 1934 vorbei. Dem Kanzler, der immer versucht hatte, mehrere Stiche im Blatt zu haben, war nur mehr die italienische Karte verblieben. Im kleinen Kreis klagte er, auf wirksame Unter-stützung nur mehr aus Rom zählen zu können. Daher bliebe ihm im Moment gar nichts anders übrig als das zu tun, was man ihm aus Italien kommuniziere.

Dollfuß musste die fatalen Folgen der Fehleinschätzung Mussolinis tragen, wonach die einzig erfolgversprechende Methode, die Dynamik des National-sozialismus in Österreich zu bremsen, der Versuch wäre, dem Konkurrenten die Waffe des Antimarxismus zu entwinden. Möglicherweise hoffte der italienische Diktator mit dieser Haltung den Inkonsequenzen seiner eigenen Politik zu ent-gehen, die zwar den deutschen Revisionismus förderte, aber zugleich die Ein-beziehung Österreichs in den deutschen Machtbereich zu verhindern suchte[150]. Jedenfalls erzielte die von Mussolini herbeigeführte Politik in keiner Weise ihre

---

147 Zu Dollfuß' Kriegsjahren vgl. zusammenfassend: Gudula Walterskirchen, Engelbert Doll-fuß. Arbeitermörder oder Heldenkanzler, Wien 2004, 62–65 sowie im Detail: Gerhard Jag-schitz, Die Jugend des Bundeskanzlers Dr. Engelbert Dollfuß. Ein Beitrag zur geistig-politi-schen Situation der sogenannten „Kriegsgeneration" des 1. Weltkriegs, Diss. Wien 1967, 88–129.

148 DDF, 1, V, Nr. 297.

149 Beer, Der „unmoralische" Anschluß, 265.

150 Petersen, Hitler – Mussolini, 189.

beabsichtige Wirkung, im Gegenteil: Mit demagogischer Raffinesse verstand es die nationalsozialistische Propaganda, nach dem 12. Februar sich selbst zu Verteidigern der österreichischen Arbeiterbewegung zu stilisieren und die Regierung abermals in die Defensive zu drängen[151]. Es ist nicht bekannt, dass nach der Niederwerfung der sozialdemokratischen Arbeiterschaft Nationalsozialisten in nennenswerter Zahl ins Regierungslager gewechselt wären. Dagegen liefen, wie von Dollfuß in seinem Gespräch mit Suvich vom Jänner 1934 befürchtet, etliche Sozialdemokraten zu den Nationalsozialisten über. In der gegebenen Situation erblickten sie in ihnen den konsequentesten Gegner des ihnen verhassten katholisch-autoritären Dollfuß-Regimes. Dies galt vor allem für Sozialdemokraten aus nichturbanen Milieus, bei denen ein Hauptmotiv ihrer politischen Orientierung in der Ablehnung des politisch konnotierten klerikalen Katholizismus lag[152].

An innerösterreichischen warnenden Stimmen hatte es nicht gefehlt, auch wenn sie nicht aus dem unmittelbaren Gravitationszentrum der staatlichen Macht kamen[153]. Die wohl spektakulärste Aktion setzte Ernst Karl Winter. Der Linkskatholik Winter war mit Dollfuß befreundet, was ihn aber nicht hinderte, scharfe Kritik an der vom österreichischen Kanzler eingeschlagenen Politik zu üben. Nach dem Februar 1934 wurde er von Dollfuß zum Wiener Vizebürgermeister mit der besonderen Aufgabe, eine Versöhnung zwischen Regierung und Arbeiterschaft herbeizuführen, ernannt. Es war eine Mission, die von vornherein zum Scheitern verurteilt war. Nur wenige Monate davor, im Dezember 1933, hatte Ernst Karl Winter einen mit Mai datierten Brief an Mussolini veröffentlicht. Er appellierte an die europäische Verantwortung des „großen Staatsmannes" und forderte ihn auf, nicht „der enge Dogmatiker seiner innenpolitischen Zielsetzungen" zu sein. Pointiert hatte er dem „Duce" die Widersprüchlichkeit seiner Österreichpolitik vor Augen geführt:

> Sie müssen sich wohl entscheiden, was Sie lieber von Österreich wollen: den *Nicht-Anschluß* oder den *Faschismus*. Beides zugleich kann man nicht wollen. Denn der Nicht-Anschluss setzt die Existenz des Föderalismus, der Demokratie und sogar des Sozialismus voraus. Denn gerade die ‚Linke' ist heute der Damm gegen den

---

151 Arnold Suppan, Jugoslawien und Österreich 1918–1938. Bilaterale Außenpolitik im europäischen Umfeld, Wien-München 1996, 204.

152 Helmut Konrad, Der 12. Februar in Österreich, in: Schefbeck (Hg.), Österreich 1934, 91–98, hier 96.

153 Es sei im Zusammenhang mit dem nicht von allen Teilen seiner Partei vorbehaltlos mitgetragenen Kurs des Bundeskanzlers etwa an den Rücktritt des christlichsozialen Sozialministers Josef Resch, die Vorbehalte der christlichen Arbeiterbewegung rund um Leopold Kunschak und die Kritik aus einigen christlichsozialen Landesgruppen, insbesondere jenen Oberösterreichs und Vorarlbergs, erinnert. Wohnout, Regierungsdiktatur, 76, 114–117.

Anschluß ... Sie werden also, Exzellenz, sich entscheiden müssen: Das Hakenkreuz am Brenner oder aber die Demokratie in Österreich. Demokratie aber heißt
rechtsstaatliche Bewegungsfreiheit auch der Linken, heißt insbesondere Glied-
staatlichkeit Wiens.[154]

Winter publizierte sein Schreiben in dem von ihm herausgegebenen Periodikum
„Wiener Politische Blätter". Die Ausgabe wurde sofort konfisziert[155]. Ob sein
Brief Mussolini je erreicht hat, ist nicht bekannt und letztlich auch irrelevant.
Denn es war wohl von vornherein klar, dass er zu keiner Richtungsänderung in
dessen Politik führen würde. Das Schreiben ist vielmehr ein Dokument, dass es
auch im österreichischen Regierungslager, oder zumindest an seinen Rändern,
Stimmen gab, die klarsichtig die Risiken der italienischen Politik in Bezug auf
Österreich erkannt hatten.

Der italienische Kurs wurde von Dollfuß innenpolitisch teuer erkauft. Von
Repräsentanten der westlichen Demokratien auf die demokratiewidrigen Elemente des Regierungssystems angesprochen, räumte Dollfuß wiederholt ein, zu
vielem als Gegenleistung für die italienische Unterstützung genötigt worden
zu sein[156]. Dem entspricht in etwa R. John Raths Einschätzung, dass die Bestrebungen Mussolinis, einen politischen Systemwechsel in Österreich herbeizuführen, 1933/34 im Gegensatz zu den späten 1920er-Jahren deshalb Erfolg
hatten, „[...] possibly because Seipel, Schober and Vaugoin were not quite as
decidedly antidemocratic as Dollfuss had become in 1933 and 1934. More im-
portant, from 1928 to 1930 Austria still had many foreign friends besides Italy,
and no enemy was at hand to resort to violent means to destroy Austria's inde-
pendence. In 1933–1934 Austria was engaged in a life-and-death struggle with
Nazi-Germany, and fascist Italy was the *sole* protector to whom the Austrian
government could turn for military assistance. All the ammunition was now in
Mussolinis hands."[157]

---

154   Zitiert nach: Petersen, Gesellschaftssystem, 451.
155   Stourzh, Die Außenpolitik der österreichischen Bundesregierung, 324 f.
156   So beispielsweise in einem Gespräch mit dem französischen Außenminister Luis Barthou am
      19.6.1934. Der französische Außenminister versicherte übrigens bei dieser Gelegenheit Doll-
      fuß ausdrücklich, nichts gegen die italienische Orientierung der österreichischen Außenpoli-
      tik einzuwenden zu haben. Angerer, Die französische Österreichpolitik, 32; DBFP, 2, VI,
      Nr. 467; Gottfried-Karl Kindermann, Österreich gegen Hitler. Europas erste Abwehrfront
      1933–1938, München 2003, 190.
157   Rath, Mussolini, Bethlen and the Heimwehr, 444.

Elemente des italienischen Faschismus in der Verfassungsrealität des autoritären Österreich

Abschließend soll an Hand von fünf zentralen Punkten der Frage nachgegangen werden, in welchen Bereichen das faschistische Gedankengebäude, soweit es das italienische Herrschaftssystem geprägt hat, in die auf der Maiverfassung 1934 beruhende österreichische Verfassungsrealität Eingang gefunden hat.

- Die programmatische Führerstellung des Bundeskanzlers:

Die Verfassung des Jahres 1934 sprach nicht mehr vom Vorsitz, sondern von der Führung des Bundeskanzlers innerhalb der Bundesregierung. Innerhalb der Regierung herrschte nicht mehr das Kollegialitätsprinzip, vielmehr stand dem Bundeskanzler eine umfassende Richtlinienkompetenz zur Verfügung[158]. Dazu kamen weitgehende Ernennungs- und Durchgriffsrechte, die weit in die Angelegenheiten der Länder wie in jene der Gesetzgebung hineinreichten sowie die Zentralisierung des Sicherheitswesens, das im Wege der Generaldirektion für öffentliche Sicherheit direkt dem Bundeskanzleramt unterstellt wurde. Durch die bis 1938 in Kraft befindlichen Übergangsbestimmungen (insbesondere durch das Ermächtigungsgesetz vom 30. April 1934 und das Verfassungsüberleitungsgesetz vom 16. Juni 1934)[159] sicherte sich der Bundeskanzler noch weit über die Verfassung 1934 hinaus eine ungeheure Machtfülle. Praktisch alle Ernennungsrechte in den Bundesländern, dazu noch jene zu den gesetzgebenden Körperschaften, gingen auf ihn über.

De facto handelte es sich also um eine Kanzlerdiktatur, basierend auf einer durchgängigen Dominanz der Exekutive[160], wie sie auch für das italienische Herrschaftssystem des Faschismus charakteristisch war. War ursprünglich die Funktion des italienischen Ministerpräsidenten jene eines Primus inter Pares innerhalb eines kollegialen Kabinettssystems mit einer Verantwortlichkeit dem Parlament gegenüber gewesen, so hatte Mussolini 1925 ein Gesetz beschließen

---

158 Schon Manfried Welan und Heinrich Neisser haben darauf hingewiesen, dass der Richtlinienkompetenz des Bundeskanzlers, eingebettet in eine an einem autoritären Leitbild ausgerichtete Verfassung, eine wesentlich umfassendere Bedeutung zukommt, als dies unter demokratischen Rahmenbedingungen der Fall ist. Manfried WELAN, Heinrich NEISSER, Der Bundeskanzler im österreichischen Verfassungsgefüge, Wien 1971, 48 f.

159 Bundesgesetzblatt [zukünftig BGBl.] 255/I 1934; BGBl. 75/II 1934.

160 Vgl. dazu Helmut WOHNOUT, Anatomie einer Kanzlerdiktatur, in: Hedwig Kopetz, Joseph Marko, Klaus Poier (Hgg.), Soziokultureller Wandel im Verfassungsstaat. Phänomene politischer Transformation. Festschrift für Wolfgang Mantl zum 65. Geburtstag, Wien-Köln-Graz 2004, 961–974, hier 966–970.

lassen, das ihm eine absolute Vorrangstellung einräumte. Er allein repräsentierte ab diesem Zeitpunkt gegenüber dem König das Kabinett. Eine Verantwortlichkeit der gesamten Regierung dem Parlament gegenüber war nicht mehr vorgesehen. Äußerlich fand dies seinen Ausdruck darin, dass es terminologisch zu einer Umbenennung des „Ministerpäsidenten" (presidente del Consiglio dei ministri) in „Regierungschef" (capo del governo) kam[161].

Daneben blieb, wie im Falle König Viktor Emanuels III., auch der österreichische Bundespräsident Wilhelm Miklas das verfassungsmäßige, wenngleich politisch zur Seite geschobene Staatsoberhaupt. Es kam also in beiden Ländern zu keiner autokratischen Alleinherrschaft, ohne dass deshalb der Diktaturcharakter des jeweiligen politischen Systems wesentlich eingeschränkt worden wäre.

Mussolinis Herrschaft stützte sich zum Zweiten auf seine Funktion als „Duce del fascismo". Er stand dem Gran Consiglio del fascismo vor, der an der Jahreswende von 1922/1923 von Mussolini ins Leben gerufen worden war. Dieser fungierte unter seiner Führung als oberstes Parteiorgan und wurde zur zweiten Schaltstelle von Mussolinis persönlicher Diktaturherrschaft[162]. Per Gesetz wurde er 1928 in ein Staatsorgan umgewandelt und erhielt das alleinige Recht, bei Parlamentswahlen eine Einheitsliste aufzustellen. Der König wiederum konnte nur auf Vorschlag des Gran Consiglio del fascismo einen Regierungschef ernennen[163].

Auch in Österreich war Dollfuß Bundeskanzler und Bundesführer der Vaterländischen Front in einer Person. Lediglich in der ersten Phase nach der Ermordung von Dollfuß musste Schuschnigg die Führung der Vaterländischen Front bis zum 14. Mai 1936 Vizekanzler Starhemberg überlassen. Danach waren wiederum beide Funktionen in seiner Person vereint. Sieht man von diesem Intermezzo ab, drängen sich auf Grund der Machtfülle, die dem österreichischen Bundeskanzler zukam, Parallelen zur Doppelherrschaft, die Musssolini als Regierungschef und „Duce" innehatte, auf. Anzumerken bleibt freilich, dass, wie i.a. Stanley Payne in seiner vergleichenden Studie deutlich gemacht hat, im Europa der 1930er-Jahre Tendenzen zu einer stärkeren autoritären Führung, ja selbst zu einem Kult rund um die Führerpersönlichkeit, keineswegs ausschließlich auf faschistische Bewegungen beschränkt blieben[164]. Einen von seiner Intensität mit Italien vergleichbaren Führerkult gab es allerdings in Österreich nicht, auch wenn es an Ansätzen dazu nicht fehlte[165].

---

161 SCHIEDER, Mussolini, 54 f.
162 SCHIEDER, Mussolini, 44.
163 SCHIEDER, Mussolini, 54.
164 PAYNE, Geschichte des Faschismus, 26.
165 Emmerich TÁLOS, Das austrofaschistische Herrschaftssystem. Österreich 1933–1938, Wien-Berlin 2013, 576.

- Die Etablierung der Vaterländischen Front als gesetzlich verankerter Staatspartei

Zutreffend weist Emmerich Tálos darauf hin, dass dem „Partito Nazionale Fascista" die Rolle einer treibenden Kraft bei der Konstituierung der faschistischen Diktatur in Italien zukam. Demgegenüber war die Vaterländische Front eher ein Produkt des neuen Herrschaftssystems in Österreich[166]. Sie war bei weitem nicht so tief in das Verfassungsgefüge eingewoben wie in Italien der „Partito Nazionale Fascista", wenngleich sie gerade in ihrer Außendarstellung bisweilen imitationsfaschistische Züge annahm[167]. Doch blieb die Vaterländische Front „eine Koalition rivalisierender Eliten ohne Massenanhang",[168] auch wenn ihr zahlenmäßiges Wachstum explosionsartige Züge annahm[169]. Rasch verkam sie – zugespitzt formuliert – zu einem „Interventions-, Protektions- und Vernadererverein"[170]. Dagegen verstand sich der „Partito Nazionale Fascista" zumindest vom Anspruch her als Elitepartei. Die Vaterländische Front war bloß „eine bürokratische Organisationshülse der Regierung ohne Eigendynamik und Eigengewicht".[171] Beispielhaft lässt sich dies am „Führerrat" der Vaterländischen

---

166 TÁLOS, Herrschaftssystem, 579.

167 Stanley Payne hält in diesem Zusammenhang – wohl auch auf Österreich zutreffend – fest: „In dem faschistischen Taumel, der in den dreißiger Jahren große Teile des europäischen Nationalismus ergriff, übernahmen jedoch selbst einige Teile der konservativen autoritären Rechten manche äußere Form des Faschismus, auch wenn sie die Reproduktion sämtlicher Charakteristika des generischen Faschismus weder anstrebten noch hätten leisten können", PAYNE, Geschichte des Faschismus, 30.

168 Karl Dietrich BRACHER, Autoritarismus und Totalitarismus. Die deutsche Diktatur und Österreich im Spannungsfeld der europäischen Nationalismen, in: DERS., Wendezeiten der Geschichte. Historisch-politische Essays 1987–1992, Stuttgart 1992, 145–172, hier 153.

169 Gerhard BOTZ, The Coming of the Dollfuss-Schuschnigg Regime and the Stages of its Development, in: António Costa Pinto, Aristotle Kallis (Hgg.), Rethinking Fascism and Dictatorship in Europe, Basingstock-New York 2014, 121–153, hier 138.

170 Ernst HANISCH, „Christlicher Ständestaat" und autoritäre/faschistische Systeme, in: Werner Drobesch, Reinhard Stauber, Peter G. Tropper (Hgg.), Mensch, Staat und Kirchen zwischen Alpen und Adria 1848–1938. Einblicke in Religion, Politik, Kultur und Wirtschaft einer Übergangszeit, Klagenfurt-Laibach-Wien 2007, 177–181, hier 180; Zu Struktur und Rolle der Vaterländischen Front vgl. auch Irmgard BÄRNTHALER, Die Vaterländische Front. Geschichte und Organisation, Wien-Frankfurt-Zürich 1971; Gerhard JAGSCHITZ, Theorie und Praxis des österreichischen Ständestaates 1934–1938, in „Zeitgeschichte. Beiträge zur Lehrerfortbildung" 22, 1982, 116–137; Robert KRIECHBAUMER, Ein Vaterländisches Bilderbuch. Propaganda, Selbstinszenierung und Ästhetik der Vaterländischen Front 1933–1938, Wien-Köln-Weimar 2002; DERS. (Hg.), Österreich! und Front Heil! Aus den Akten des Generalsekretariats der Vaterländischen Front. Innenansichten eines Regimes, Wien-Köln-Weimar 2005.

171 Walter GOLDINGER, Dieter A. BINDER, Geschichte der Republik Österreich 1918–1938, Wien-München 1992, 292.

Front veranschaulichen. Er war ganz augenscheinlich dem „Gran Consiglio del Fascismo" nachgebildet. Doch existierte er bis 1936 überhaupt nur auf dem Papier. Mit dem Zweiten Bundesgesetz über die Vaterländische Front[172] erfolgte zwar im Juli 1936 die Berufung der Mitglieder, die – allerdings als rein konsultatives Gremium – von Bundeskanzler Schuschnigg nur sporadisch zu Sitzungen einberufen wurden[173]. Eine dem „Gran Consiglio del Fascismo" nachempfundene Bestimmung, der bei Fragen verfassungswichtigen (konstitutionellen) Charakters verpflichtend anzuhören war, gab es beim österreichischen Führerrat der Vaterländischen Front nicht. Auch kamen ihm, im Gegensatz zu seinem italienischen Pendant, keine Mitwirkungsrechte bei der Kreation der Mitglieder der gesetzgebenden Kammern (sowie der Nachfolge des „Duce" im Falle von dessen Vakanz) zu.

Zusammengefasst kann die Verfasstheit der Vaterländischen Front als anschaulicher Beleg dafür dienen, dass die österreichische Kanzlerdiktatur nie jenen charismatischen Charakter annahm, wie dies für das Italien Mussolinis geraume Zeit zutraf[174]. Ungeachtet mancher struktureller Ähnlichkeiten existierte in Österreich keine organisierte politische Kraft, die der faschistischen Partei im Italien Mussolinis vergleichbar gewesen wäre. Dass die – wie in Österreich – von oben geschaffene oder – wie in anderen Ländern – aus einer Fusion antidemokratischer Kräfte hervorgegangene Einheitspartei keine machtvolle Stellung im Kräfteparallelogramm des Staates erringen konnte, galt übrigens auch für die meisten anderen in den 1930er-Jahren entstandenen autoritären Regime in Europa[175].

- Rückbau der Mitwirkungsrechte der gesetzgebenden Körperschaften an der staatlichen Willensbildung

Das Bundesvolk als Wahlkörper wurde mit der österreichischen Verfassung 1934 durch Kulturgemeinschaften und Berufsstände ersetzt. Zu den von ihnen entsandten Vertretern in die legislativen Körperschaften kam noch eine Anzahl von Virilisten. Sie verfügten allerdings im Vergleich mit dem demokratischen Parlamentarismus nur mehr über ein eingeschränktes Mitwirkungsrecht an der staatlichen Willensbildung. Den vier vorberatenden Organen und dem beschließenden Organ des Bundestags fehlte es an typischen Kompetenzen eines klassischen Parlaments wie der Bestimmung des Gesetzesinhalts und der Gesetzesinitiative, dazu kam ein umfassendes Notverordnungsrecht der exeku-

---

172 BGBl. 365/1936.
173 Vgl. dazu WOHNOUT, Regierungsdikatur 279–282.
174 SCHIEDER, Mussolini, 23 f.
175 LINZ, Totalitäre und autoritäre Regime, 194.

tiven Gewalt[176]. Außerdem verfügte die Verfassung über ein für autoritäre Herrschaften typisches plebiszitäres Element, das es ermöglichte, die Gesetzgebung auszumanövrieren. Vollends an den Rand gedrängt wurden die neuen ständisch-autoritären Gesetzgebungsorgane durch das Ermächtigungsgesetz vom Frühjahr 1934, das es der Regierung ermöglichte, Gesetze überhaupt und ohne Befassung der legislativen Organe direkt zu beschließen, wovon in weit mehr als der Hälfte der Vorlagen auch Gebrauch gemacht wurde. Auch hier sind die Parallelen zu Italien ins Auge stechend, insbesondere im Zusammenhang mit dem Gesetz „sulla facoltà del potere esecutivo di emanare norme giuridiche" (über die Befähigung der vollziehenden Gewalt, Normen mit Gesetzeskraft zu erlassen), auch wenn die italienische Deputiertenkammer und der Senat sich anders zusammensetzten und sich die Abläufe mit jenen der österreichischen Körperschaften nicht vergleichen lassen. Für beide Länder gilt allerdings, dass man nur mehr mit Vorbehalt von gesetzgebenden Organen sprechen kann, waren doch weite Teile der Gesetzgebung auf die Exekutive übergegangen. Vielmehr kam in beiden Fällen den Kammern nur mehr eine um wesentliche parlamentarische Rechte reduzierte Mitwirkungsfunktion an der Gesetzgebung zu.

- Schwächung des Föderalismus

Der Föderalismus wurde in der Semantik der österreichischen Verfassung 1934 durch die Bezeichnung des Landes als „Bundesstaat Österreich" hervorgehoben. In der Praxis sah es aber anders aus[177]. So waren Gesetzesbeschlüsse der Landtage dem Bundeskanzler sowie den zuständigen Bundesministern mitzuteilen, die vor der Kundmachung ihre ausdrückliche Zustimmung erteilen mussten. Damit lag im Gegensatz zur Verfassung des Jahres 1920/29 ein konkludentes Zustimmungsrecht, also ein materielles Eingriffsrecht des Bundeskanzlers und seiner Minister, vor. Vor allem erhielten Bundesorgane massive Mitspracherechte bei der Ernennung beziehungsweise Abberufung des Landeshauptmannes. Mittels der bereits zitierten Übergangsbestimmungen sicherte sich der Bundeskanzler ein fast völliges Durchgriffsrecht. Dieses gipfelte in der Möglichkeit, einzelne Landeshauptleute nach freiem Ermessen durch einen beliebigen Nachfolger zu ersetzen, eine Möglichkeit, von der Schuschnigg auch Gebrauch machte. Zusammengefasst lässt sich sagen, dass der Föderalismus in Österreich wesentliche Einschränkungen erfuhr. Dies entsprach einer Entwicklung, die schon zuvor im faschistischen Italien Platz gegriffen hatte – ein starker Zug zum Zentralismus unter Zurückdrängung föderaler Strukturen.

---

176 WOHNOUT, Regierungsdiktatur, 160–178; vgl. zuletzt auch: TÁLOS, Herrschaftssystem, 559.
177 WOHNOUT, Anatomie, 970.

- Der ständische Umbau der Gesellschaft

Differenziert ist die Frage nach dem italienischen Einfluss im Zusammenhang mit dem ständischen Umbau der Gesellschaft in Österreich zu beantworten. Das der österreichischen Verfassung 1934 zugrunde gelegte Konzept des ständischen Aufbaus der Gesellschaft entsprach in seinen Grundzügen weit mehr den Grundsätzen der katholischen Soziallehre als jenen des italienischen Korporationismus faschistischer Prägung: Die berufsständische Verschmelzung zwischen Arbeitgebern und Arbeitnehmern sollte auf der untersten Ebene und in einer gewissen Autonomie gegenüber den staatlichen Einrichtungen erfolgen.

Soweit die Verfassungstheorie. Hier ist aber im Hinblick auf das politische System in Österreich zwischen 1934 und 1938 eine gewichtige Einschränkung zu machen. Denn der ständische Umbau der Gesellschaft blieb in seinen Anfängen stecken. Sieht man von einigen zögerlichen Ansätzen ab, blieb die Harmonisierung der gegenseitigen Interessen durch die Vereinigung von Arbeitgebern und Arbeitnehmern im jeweiligen Berufsstand eine Fiktion[178]. Genauso wenig fand die Entlastung der staatlichen Verwaltung durch die Autonomie der Berufsstände im Bereich der wirtschaftlichen Selbstverwaltung statt. Wiederum trat an ihre Stelle die zentralistische Macht des Verwaltungsapparates, dessen Fäden beim Bundeskanzler zusammenliefen.

Das heißt, dass in der österreichischen Verfassungsrealität der Jahre 1934–1938 in diesem Punkt eher eine Ähnlichkeit zum Herrschaftssystem des italienischen Faschismus bestand, auch wenn der autoritäre Ständestaat den Anspruch der berufsständischen Neugestaltung basierend auf den Ordnungsprinzipen der katholischen Soziallehre in seiner programmatischen Außendarstellung aufrecht erhielt[179].

Denn auch in Italien kam es im besten Fall „ansatzweise" zum proklamierten „Stato corporativo", ein voll ausgeprägtes korporatives System wurde nie entwi-

---

178 Helmut WOHNOUT, Programmatischer Anspruch vs. politische Realität. Anmerkungen zu Theorie und Praxis der Katholischen Soziallehre in Österreich, in: Matthias Tschirf, Helmut Wohnout, Karl Klein (Hgg.), Was bleibt an sozialer Gerechtigkeit? Gesellschaft und Katholische Soziallehre im neuen Jahrtausend, Wien 2000, 21–37, hier 28.

179 Der vielleicht plakativste zeitgenössische Versuch in Österreich, die Grundsätze der katholischen Soziallehre und den italienischen Korporationismus als miteinander harmonisierende Gesellschaftslehren darzustellen, findet sich bei dem der Heimwehr zugehörigen Professor an der Hochschule für Welthandel in Wien, Richard Kerschagl. Er zählte allerdings nicht zum Kreis um Walter Heinrich, sondern war dessen intellektueller Gegenspieler an der Hochschule für Welthandel. Richard KERSCHAGL, Die Quadragesimo anno und der neue Staat, Wien-Leipzig 1935.

ckelt[180]. 1926 wurde von Mussolini ein zunächst von ihm selbst geführtes Korporationenministerium geschaffen. Ab demselben Jahr bestand zwar im Bereich der Wirtschaft eine syndikale Struktur, bei der für die verschiedenen Zweige der wirtschaftlichen Produktion zwölf Syndikate eingerichtet worden waren, in denen Arbeitgeber und Arbeitnehmer – allerdings in getrennten Abteilungen – eines jeden Syndikats zweigleisig organisiert worden waren. Dabei kam es zum Verlust des Streikrechts und die faschistischen Gewerkschaften wurden als einzige Vertreter der Arbeiterschaft legitimiert. Die 1927 erlassene „Carta del lavoro" blieb dagegen eine unverbindliche Absichtserklärung, auch wenn sie mit großem propagandistischen Aufwand verkündet und vor allem im Ausland als das besondere Markenzeichen der faschistischen Diktatur angesehen wurde[181]. 1934 wurden die Syndikate durch 22 Korporationen ersetzt[182]. Doch handelte es sich bei den Korporationen lediglich um nach Wirtschaftszweigen gegliederte Zwangsorganisationen. Im Gegensatz zu den berufsständischen Konzepten der katholischen Soziallehre sollte es bei ihnen erst auf der obersten Ebene zu einer gemeinsamen Instanz, der allerdings nur sehr eingeschränkte Selbstverwaltungsrechte zustanden, kommen. Die Korporationen hatten vergleichsweise geringe wirtschaftliche Machtbefugnisse, ihre Hauptaufgabe bestand in der Regelung der Arbeitsbedingungen[183]. Das Korporationengesetz vom 5. Februar 1934 blieb ein Torso und glich selbst in den Augen Giuseppe Bottais, des früheren Korporationenministers, einer „sepoltura del corporativismo in ogni caso"[184]. Erst 1939 kam es dann zur „Camera dei Fasci e delle Corporazioni", ohne dass sich substantiell etwas änderte. Letztlich ist daher einer Bewertung des italienischen Systems dahingehend beizupflichten, dass vom korporativen Aufbau nicht viel anderes übrig blieb als ein staatliches System der politischen und wirtschaftlichen Erfassung und Lenkung der Bürger auf Basis des jeweils ausgeübten Berufs[185]. Es handelte sich in Italien letztlich um einen „corporativismo senza corporazioni"[186]. Ähnliches könnte man auch von Österreich sagen, das über weite Strecken ein Staat ohne Berufsstände blieb[187].

---

180 SCHIEDER, Faschismus, in: DERS., Diktaturen, 317–340, hier 336.

181 SCHIEDER, Mussolini, 55.

182 SCHOLZ, Italienischer Faschismus, 80–85; PAYNE, Geschichte des Faschismus, 154.

183 PAYNE, Geschichte des Faschismus, 267.

184 SCHOLZ, Faschismus, 85.

185 Hans-Jürgen KRÜGER, Faschismus oder Ständestaat. Österreich 1934–1938, Diss. Kiel, 1970, 103.

186 Gianpasquale SANTOMASSIMO, La terza via fascista. Il mito del corporativismo, Rom 2006, 101.

187 Zu berufsständischen Zusammenschlüssen zwischen der Arbeitgeber- und der Arbeitnehmerseite kam es lediglich in der Landwirtschaft und bei den Beamten, bei denen allerdings die Arbeitgeberseite – verkörpert durch den Staat – wegfiel. Ansonsten stand den im Österreichi-

* * *

In seiner Außendarstellung agierte das autoritäre Österreich verhaltener als der große Nachbar im Süden. In Italien wäre beispielsweise ein Grundrechtskatalog, wie er anknüpfend an die liberalen Vorgängerverfassungen auch in der Verfassung 1934 enthalten war, undenkbar gewesen. Aber auch insgesamt wies das stark auf Kontinuitäten und alte Eliten sich stützende Österreich 1933/34–1938 deutliche Unterschiede zum Italien Mussolinis auf, oder um es in den Worten von Gerhard Botz zu formulieren, „it is quite clear that the Dollfuß-Schuschnigg regime, taken as a whole, was far from a fascist regime of the kind we associate with Hitler or Mussolini. By contrast to the Ständestaat, these regimes relied on a youthful following and on a ruling caste of ‚new elites'".[188]

Wesentliche Elemente der faschistischen Politik Mussolinis zählten nicht zu den Charakteristika des autoritären Regimes unter Dollfuß und Schuschnigg. In Österreich war man von einer völligen Identität von Volk, Partei und Staatsführung weit entfernt, es gab keinen Mythos einer politischen Religion, es fehlte der imperiale Anspruch einer aggressiven Außenpolitik genauso wie das Vorhandensein einer ethnizistischen Doktrin im Sinne einer inhärenten nationalen Überlegenheit und die Verherrlichung von Gewalt als Ziel und Mittel der Politik. Die österreichische Kanzlerdiktatur blieb gemessen an Italien auch skrupulöser in der Wahl ihrer Mittel, was die Absicherung ihrer Herrschaft betraf[189]. Im Gegensatz zum Italien Mussolinis gab es auch keinen exklusiven und totalen Anspruch auf die Erziehung und politische Indoktrination der Jugend. Das auf Freiwilligkeit basierende „Österreichische Jungvolk" genauso wie das „Mutterschutzwerk" blieben vordergründige und oberflächliche Kopien ihrer italienischen oder auch deutschen Vorbilder[190]. Eine allzu große Breitenwirkung entfalteten sie nicht. Und was schlussendlich im autoritären Österreich im Gegensatz zur Politik Mussolinis stand: Mussolini war beherrscht vom Gedanken, mittels des Faschismus einen „uomo nuovo" zu schaffen. Die Italiener sollten zu einer homogenen und aggressiven Volksgemeinschaft geformt werden, die bereit war, Mussolinis expansionistischen Traum vom „Lebensraum im Süden" gewaltsam zu verwirklichen. Dagegen blieb der „neue österreichische Mensch",

---

schen Gewerkschaftsbund erfassten Arbeitnehmern für jede berufsständische Hauptgruppe je ein Bund auf Arbeitgeberseite gegenüber.

188 Botz, The Coming, 141.

189 Vgl. dazu die jüngst erschienene Studie zum österreichischen Anhaltelager Wöllersdorf und die darin zutage tretenden Unterschiede zu den berüchtigten „Gefängnisinseln" Mussolinis. Pia Schölnberger, Das Anhaltelager Wöllersdorf 1933–1938. Strukturen – Brüche – Erinnerungen, Wien 2015.

190 Botz, The Coming, 138.

der etwas großspurig als Erziehungsziel postuliert wurde, mehr eine „Einübung in österreichischem Patriotismus"[191]. Einen mit dem Italien Mussolinis vergleichbaren Anspruch, im Sinne der faschistischen Ideologie einen revolutionären, „neuen Menschen" zu kreieren, gab es im autoritären Österreich nicht[192].

191 Tamara Ehs, Der „neue österreichische Mensch", in: VfZ, 62, 2014, 3, 377–396, hier 396.

192 Die Feststellung von Emmerich Tálos, man hätte in Österreich die Schaffung des „neuen österreichischen Menschen" nach „analogen Vorstellungen im italienischen Faschismus" angestrebt, ist dem Verfasser bekannt. Er schließt sich ihr auf Grund seiner langjährigen, einschlägigen Forschungen zum Österreich der Jahre 1933/34–1938 allerdings explizit nicht an, umso mehr als die von Tálos zur Untermauerung seiner weitreichenden Behauptung angeführten Beispiele ihm als unzureichend für eine solche Schlussfolgerung erscheinen. Tálos, Herrschaftssystem, 573.

Renate Lunzer

„Honigmachen für andere …"

Zur Vermittlung der österreichischen Literatur im Italien der
Zwischenkriegszeit

Es gibt bis heute keine umfassende Darstellung der Mediation und Rezeption
österreichischer Geisteskultur im Italien der Zwischenkriegszeit, ja nicht einmal
ihrer einzelnen Spielarten. Zumindest für den Bereich der Literatur im engeren
und weiteren Sinn ist dies mit Bedauern festzustellen. Um diesem Mangel par-
tiell abzuhelfen, begann die Verfasserin vor geraumer Zeit, den Transfer österreichischer Kultur durch die Intellektuellen der Venezia Giulia zu untersuchen,
führte dieses nüchterne Konzept aber dann anders als geplant zu Ende. Die
wichtigsten Kulturvermittler nach 1918 gehörten nämlich jener großen Generation von Irredentisten und demokratischen Interventionisten an, die zur
Auflösung der multinationalen habsburgischen Monarchie beigetragen hatten,
wenngleich sie ihr einen Teil ihrer intellektuellen und kulturellen Formation
verdankten. Sie hatten ihr Leben riskiert für das Ideal eines freiheitlichen Italien
und, nur vier Jahre nach dem Großen Krieg, der den „Schädelgrundbruch Europas" bedeutete, ein autoritäres Regime und einen falschen „Erlöser" zum Lohn
bekommen. Sobald ich mir der Tragik dieser Generation bewusst geworden war,
stand meine Untersuchung des Kulturtransfers im Zeichen der Dialektik der
„irredenti redenti", der „unerlösten Erlösten". Mehrfach – so von Angelo Ara
und Claudio Magris in ihrem Klassiker über die Grenzidentität von Triest[1] oder
von Giorgio Cusatelli[2] – wurde festgestellt, dass die durch den Irredentismus
vorgegebene „manichäistische Alternative" Italien oder Österreich die Prozesse
der Kulturvermittlung vor 1918 empfindlich behinderte. Aber schon ein unmittelbar Beteiligter, Scipio Slataper, der Erfinder der literarischen Landschaft von
Triest, hatte 1910 in „La Voce" das gleiche vermutet: „Mir scheint, dass eben die
Tatsache unserer Zugehörigkeit zu Österreich ein psychologisches Hindernis

---

1   Eine Zusammenfassung der Gedanken von Angelo Ara und Claudio Magris findet sich in:
     Trieste. Un'identità di frontiera, Turin 1982 und 1987. Siehe auch dies., Trieste e la Venezia
     Giulia, in: Letteratura italiana. Storia e geografia, I, 3, L'età contemporanea, diretta da A. Asor
     Rosa, Turin 1989, 797–839.
2   Giorgio Cusatelli, Il viaggio dei triestini della „Voce", in: Roberto Pertici (Hg.), Intellettuali
     di frontiera. Triestini a Firenze (1900–1950), Atti di convegno, 1, Florenz 1985, 293–298. Vgl.
     294: „[…] l'indifferenza di Slataper ai nuovi scrittori austriaci prende chiaramente il valore di un
     rifiuto, di uno scatto d'evasione, o anche d'una deliberazione ideologica."

dabei darstellt, uns mit seinen Tugenden zu stärken."[3] Slataper fiel 1915 als italienischer Kriegsfreiwilliger, andere aus der Schar der „volontari giuliani" aber wurden nach dem Wegfall der irredentistischen Barriere Träger von Rückbesinnungs- und Interaktionsprozessen, die sie – selbstverständlich auf der Basis ihres spezifischen „outillage mental"[4] – zu wesentlichen „Übersetzungsleistungen" im weitesten Sinn prädestinierten. Ähnliches dürfte für Trentiner Intellektuelle gelten, wobei ich mich allerdings nicht auf persönliche Forschungsergebnisse beziehen kann.

Wenn ich im Folgenden vier der bedeutendsten Mittler vorstelle, so sollte sich daraus ein Einblick in das Funktionieren des interkulturellen Austauschs ergeben. Drei von ihnen – Ervino Pocar, Enrico Rocca und Alberto Spaini – sind verbunden durch ihre mehr oder weniger weitgehende Akkulturation in den Bildungsinstitutionen der Monarchie, sie gehören zu jenen „giuliani", deren Wirken – innerhalb oder außerhalb der Universitäten – es zu verdanken ist, wenn sich das bis weit hinein ins 19. Jahrhundert vor allem Frankreich zugewandte Interesse der italienischen Kultur auch der deutschsprachigen Welt öffnete. Aldo Oberdorfer, Italo Tavolato, Guido Devescovi, Ladislao Mittner, Enrico Burich, Carlo Grünanger und – letzter nur in der Reihe der Zeit – Claudio Magris sind nur einige andere Namen, die in diesem Zusammenhang zu nennen wären. Rocca, Spaini, aber selbst Pocar, ein Großmeister der literarischen Übersetzungskunst, sind viel mehr als Übersetzer im eigentlichen Sinn: Es sind „intellettuali poliedrici", die sich auf verschiedenen medialen Feldern als Brückenbauer bewähren. Während die genannten Drei auf Grund ihrer Herkunft, sozusagen φύσει – ich borge mir die Unterscheidung aus Platons „Kratylos" – zu ihrer Rolle berufen sind, ist es die vierte, die formidable Lavinia Mazzucchetti, θέσει, ganz aus freier Wahl: „una milanesissima italiana intedescata"[5] definiert sie sich selbst.

„Tugend bringt Ehre, auf den Bänken des alten Gymnasiums" – gemeint ist das K.-u.-k.-Staatsgymnasium Görz mit seinen rigorosen Übersetzungsexerzitien – „[...] hat auch er es gelernt"[6], heißt es in Magris' Roman „Un altro mare"

---

3   „Mi pare che proprio il fatto d'essere uniti all'Austria sia l'impedimento psicologico per fortificarci delle sue virtù", in: Sondernummer von „La Voce" über den Irredentismus, 15.12.1910.

4   Unter dem „outillage mental" verstehen wir nach Lucien Febvre die im Wesentlichen zeichenkonstituierte geistige Infrastruktur, also Sprache, Ideenmaterialien, Symbole, Mythen und andere Sinnräume, in denen Mentalitäten sich entwickeln und tradiert werden.

5   Lavinia MAZZUCCHETTI, Primo ingresso dell'espressionismo letterario in Italia, in: DIES., Cronache e saggi, hg. v. Eva und Luigi Rognoni, Mailand 1966, 308.

6   Claudio MAGRIS, Un altro mare, Milano 1991, 54: „La virtù porta onore, sui banchi del vecchio liceo, con tante interrogazioni di greco, l'ha imparato anche lui, riportando pure ottimi voti. Fra i compagni di quella scuola Ervino ha capito che amare vuol dire ascoltare, e leggere vale più di

von Ervino Pocar, einer zentralen Gestalt im Rezeptionsprozess der deutschsprachigen Literatur in Italien, Übersetzer, „dem mehrere Generationen die grundlegende Erfahrung einiger Texte verdanken, die für die Intelligenz und das Leben eines Menschen, für seine Art des Weltverständnisses [...] entscheidend waren".[7] Er übertrug mehr als dreihundert der bedeutendsten Schriftsteller, von Walther von der Vogelweide bis Peter Handke, ins Italienische, dazu noch zahlreiche philosophische und historische Werke[8]; und dies über viele Jahre seines Lebens nicht im Hauptberuf (Pocar war Cheflektor beim Mailänder Mondadori Verlag), sondern in der „Freizeit". Die linguistischen Voraussetzungen einer solch exorbitanten Leistung, nämlich die Polyglossie im Sprachenbabel Görz, sind leichter zu erklären als die moralischen, doch kommt man angesichts der Karriere dieses laizistischen Asketen, der in seinem langen Leben wohl Ehren, aber nie materiellen Wohlstand erwarb, zu dem Schluss, dass er weniger *vom* als *beim* Übersetzen lebte.

Pocar, Student der Universität Wien, wurde 1915 nach der Desertion eines seiner Brüder in Graz konfiniert. Während er dort hungerte, fror und unter Polizeiüberwachung stand, übersetzte er Hofmannsthals „Tod des Tizian", an dem ihm der ganze Wohllaut der deutschen Sprache aufgegangen war, und schickte diesen „imparaticcio" an den Dichter. Es waren nicht zuletzt die ermutigenden Worte dieses „großen Herrn"[9], die Pocar bei der Übersetzertätigkeit bleiben ließen. Nach dem Krieg engagierte er sich in Görz als Lehrer und Journalist mit spitzer Feder. Die kolonialistische Mentalität, die der italienische Zentralstaat in den „Neuen Provinzen" auslebte, und das Aufkommen des Faschismus mit seinen absurden und gewalttätigen Italianisierungsversuchen einer multiethnischen Sozietät und nicht zuletzt der tragische Tod seines Freundes, des Verlegers Nino Paternolli, bedingten seine Flucht aus der Heimatstadt. Mailand schien Pocar wegen seiner europäischen Dimension als die für den interkulturellen Dialog geeignetste Stadt, dennoch übte er zunächst „verschiedene seltsame Tätigkeiten"[10] aus, bevor er 1934 Cheflektor für Deutsch und

---

scrivere; se proprio si vuole prendere la penna, meglio tradurre, come a scuola con Nussbaumer, lasciar stare l'esibizione personale e porsi al servizio di parole grandi."

7   Claudio MAGRIS, Pocar, la voce che ha fatto risuonare mille altre voci, in: Corriere della Sera, 21.8.1981.

8   Eine umfassende Bibliographie der Übersetzungen (auch der unveröffentlichten) Ervino Pocars findet sich bei Nicoletta DACREMA, Ervino Pocar: Ritratto di un germanista, Gorizia 1989, 73–84.

9   Vgl. Ervino POCAR, Introduzione a Hofmannsthal, Piccoli drammi, Übersetzung und Einleitung von Pocar, Mailand 1971, 25–26.

10   Ervino POCAR, Aus den Erfahrungen eines Übersetzers, unveröff. Typoskript, Privatarchiv Eredi Pocar, Mailand, 4.

Programmverantwortlicher beim Verlag Mondadori wurde, dem er bis 1961 angehörte[11].

Hier ist ein Wort über jenen Quantensprung in der Rezeption fremdsprachiger Literatur in Italien nachzutragen, der einen Pavese veranlasste, die Zeit zwischen 1930 und 1940 als „das Jahrzehnt [...] der Übersetzungen"[12] zu bezeichnen. Paradoxerweise belebten in diesem Zeitraum interessante editorische Initiativen – angeregt von Schriftstellern und Übersetzern oder dem Unternehmungsgeist und der Weitsicht von Verlegern selbst – das literarische Panorama. Hierbei handelte es sich nicht nur um eine breitere Öffnung für die modernen literarischen Strömungen, sondern um erhöhte Professionalität, die sich etwa bei Übersetzungen korrekt auf die Originale, und zwar in Gesamtausgabe, stützte und nicht auf amputierte zweitklassige französische Übersetzungen der Originale, wie dies vorher häufig geschehen war. Zu den bekanntesten Initiativen dieser Art gehörten bei Mondadori die Reihen „Biblioteca romantica", herausgegeben von Giuseppe Antonio Borgese, und „Medusa", geleitet von Lavinia Mazzucchetti. Während einerseits der faschistische Staat zunehmend die Kontrollstrukturen der Buchproduktion beherrschte, nahm andererseits das Publikumsinteresse an fremdsprachigen Romanen beträchtlich zu. So verdoppelte sich die Anzahl der lieferbaren Übersetzungen zwischen 1924 und 1935 von 500 auf 1000[13].

In der enormen Fülle der Übersetzungen des eigenwilligen Görzers Ervino Pocar eine feste Problematik zu entdecken, ist problematisch, am nachhaltigsten scheint er allerdings an die österreichische Literatur gebunden. Während in der Zwischenkriegszeit vor allem seine Versionen von Zweig, Hofmannsthal und Lernet-Holenia die Öffentlichkeit erreichten, fand seine lebenslange Beschäftigung mit Grillparzer und Kafka erst nach dem Zweiten Weltkrieg Eingang in die Verlagsprogramme. Vieles unternahm er „di suo gusto", ohne sich um die Verkäuflichkeit des Werks zu kümmern, dessen Publikation er nicht selten kalkulierenden oder ignoranten Verlegern[14] abringen musste. So landeten

---

11 Mit einer Unterbrechung: In den 1940er-Jahren waren die Pressionen des faschistischen Kulturpropagandaapparats auf das Unternehmen für Pocar inakzeptabel geworden und er gab seine Funktionen ab.

12 Cesare Pavese, L'influsso degli eventi, in: ders., La letteratura americana e altri saggi, Torino 1951, 247.

13 Vgl. Albertina Vittoria, „Mettersi al corrente con i tempi". Letteratura straniera ed editoria minore, in: Ada Gigli Marchetti e Luisa Finocchi (Hgg.), Stampa e piccola editoria tra le due guerre, Milano 1997, 199.

14 „Come? Grillparzer? (evidentemente mai sentito). No, grazie, è roba che non si vende." So schildert Pocar die Verhandlungen mit einem Verleger in einem Brief an Guido Devescovi, Mailand, 6.10.1972 – Privatarchiv Eredi Pocar, Mailand.

einige Übersetzungen von Grillparzer-Dramen im Jahrbuch der Österreichischen Grillparzergesellschaft, und nicht, wie vorgesehen, beim italienischen Leser. Auch seine Version von Trakls Gedichten[15] konnte erst nach längerem „Antichambrieren" in Druck gehen. Beginnend in den 1950er-Jahren übersetzte Pocar nahezu das gesamte Werk Frank Kafkas (ich bin mir sehr wohl bewusst, dass die Zuordnung Kafkas zur österreichischen Literatur diskutabel ist); in den 1970er-Jahren brachte er nach intensiver Quellenarbeit eine philologisch untadelige Ausgabe des Gesamtwerks von Kafka heraus, die, so der Kurator selbst, im Ausland mehr Echo fand als in Italien. Für ihn, den selbstbewussten Übersetzer aus Leidenschaft, der sich auch häufig translationstheoretisch äußerte, muss die Dialektik seiner Existenz – „austriaco senza Austria e italiano senza Italia"[16] – bisweilen schwer erträglich gewesen sein. Er selbst bezeichnete seine Vermittlertätigkeit zwischen den Kulturen als eine Via crucis, „durchsetzt von beachtlichen äußeren Erfolgen, aber auch tiefen, quälenden, wenngleich vielfarbigen Betrübnissen"[17]. Die letzten Jahre des gesundheitlich geschwächten Patriarchen standen im Zeichen einer translatorischen Herkulesarbeit, der „Antologia austriaca"[18], die die Höhepunkte der österreichischen Lyrik von den Minnesängern bis zu Ernst Jandl dokumentiert. Die zweisprachige, über tausend Seiten starke, mit minutiösen biobibliographischen Anmerkungen versehene Chrestomathie konnte erst elf Jahre nach dem Tod Pocars erscheinen, und ausnahmsweise log ein Klappentext einmal nicht, wenn er den in ihr zurückgelegten Weg „senza confronti e senza precedenti" nannte.

Unheilvoller und dramatischer war die Laufbahn eines anderen Pioniers der Austrogermanistik, des ebenfalls aus Görz stammenden Enrico Rocca. Als Kulturjournalist der Spitzenklasse, als einer der frühesten europäischen Spezialisten der Radiophonie, als hellsichtiger Übersetzer und Wegbereiter von Stefan Zweig und Josef Roth in Italien, als Literaturhistoriker und Schriftsteller bewies er eine erstaunliche Vielseitigkeit. Seine Parabel als politischer Mensch war in mehrfacher Hinsicht schmerzvoll paradigmatisch: für den Irredentismus und das Kriegsvolontariat mazziniansch inspirierter „giuliani"; für die begeisterte Anhängerschaft an den Futurismus und an einen idealen Faschismus der ersten Stunde, die bald einer brennenden Enttäuschung wich; für den aufreibenden Versuch eines Kompromisses mit der Realität zwischen 1922 und 1938, die nach und nach alle Werte seiner libertären Weltanschauung annullierte, und schließ-

---

15   Georg TRAKL, Cento poesie, Übersetzung, Einleitung und Fussnoten von Ervino Pocar, Mailand 1974.
16   DACREMA, Ervino Pocar, 70.
17   Ervino POCAR, Quasi una fiaba, in: „Studi Goriziani", LV-LVI, Jänner–Dezember 1982, 13.
18   Nicoletta Dacrema (Hg.), Poeti austriaci tradotti da Ervino Pocar, Milano 1992.

lich für das Schicksal eines Juden in der Ära der Rassengesetze. Die wichtigsten
Stationen des jungen Rocca waren Ausschluss aus der K.-u.-k.-Realschule von
Görz, Literaturstudium in Venedig, persönliche Bekanntschaft mit Marinetti,
interventionistische Publizistik und Agitation, aufopferungsvolle Kriegsteil-
nahme, Freundschaft mit dem späteren „giellista" Ernesto Rossi, zweifache Ver-
wundung. Unüberhörbar hinter der scharlachroten dannunzianischen Rhetorik
seiner frühen Schriften ist die echte Leidenschaft der platonischen Liebhaber
Italiens hinter dem Isonzo, denen die „madre patria" nicht nur ein politisches
Ziel, sondern ein Summum Bonum war. Im Rom der ersten Nachkriegszeit leitete der Görzer zusammen mit Giuseppe Bottai und anderen „Roma Futurista"
die Zeitung des Partito Politico Futurista, arbeitete an Mussolinis „Popolo d'Italia" mit und gehörte zu den Begründern der ersten „Fasci di combattimento".
Als um 1920 angesichts der reaktionären Involution und der zunehmenden
squadristischen Ausschreitungen bei Rocca ein nachhaltiger „disincanto" einsetzte, war das erste Glied der von ihm selbst so genannten „catena del male"
bereits zugeschnappt, obwohl er sich vom politischen Journalismus ab- und der
Beschäftigung mit Literatur, Theater, Film und Radio zuwandte. Ab der zweiten Hälfte der 1920er-Jahre war er leitender Kulturredakteur der Tageszeitung
„Il Lavoro d'Italia", dann „Il Lavoro Fascista". Entsprechend den Gesetzen der
biographischen Logik war der bilinguale Görzer bald eine Autorität auf dem
Feld der modernen deutschsprachigen Literatur geworden, insbesondere gab es
damals in Italien wohl keinen besseren Kenner und effizienteren Vermittler der
zeitgenössischen österreichischen Literatur als ihn. Ab 1929 verband ihn eine
herzliche Freundschaft mit Stefan Zweig, für den er in Italien Pionierarbeit
leistete. Davon legt auch ein bemerkenswerter Briefwechsel Zeugnis ab[19]. Der
österreichische Schriftsteller gehörte in den 1930er-Jahren zwar zu den meist-
gelesenen Autoren der Welt, doch war in Italien die Aufmerksamkeit für die
Literaturen nördlich der Alpen auf eine kleine Elite beschränkt. Roccas Übersetzung des Novellenzyklus' „Amok", 1930, bedeutete den Einstand Zweigs im
„bel Paese", es folgten weitere Werke in kurzen Abständen, doch engagierte
sich der Görzer Germanist auch journalistisch und essayistisch nachhaltig, um
Zweigs Namen bekannt zu machen. Auch die Rezeption Joseph Roths in Italien
wurde von Rocca initiiert: Auf Anraten seines Freundes Zweig sandte Roth, der
gerade seinen Roman „Hiob" fertiggestellt hatte, ein fulminantes selbstironi-

---

19 Renate LUNZER, Was für ein Zeitalter haben wir uns ausgesucht! Zu einunddreißig unver-
öffentlichten Briefen von Stefan Zweig an Enrico Rocca aus den Jahren 1930 bis 1938, in:
„Sprachkunst", 36, 1995/2, 295–313.
Vgl. auch DIES., „Che tempi ci siamo scelti!" Lettere inedite di Stefan Zweig a Enrico Rocca, in:
„Cultura Tedesca", 6.12.1996, 169–183.

sches Empfehlungsschreiben an Rocca, der daraufhin im November 1930 Roth in der viel gelesenen Zeitschrift „Italia letteraria" ausführlich vorstellte. Allerdings sollten bis zum endgültigen Siegeszug Roths, eingeleitet mit der Übersetzung der „Kapuzinergruft" und Magris' Essay „Lontano da dove", noch vierzig Jahre vergehen. Des öfteren hatte merkwürdigerweise die hochverdiente Germanistin und Mondadori-Konsulentin Lavinia Mazzucchetti quergeschossen, die allerdings auch zu neunmalklugen Fehlurteilen neigte; so schrieb sie in den 1940er-Jahren über die „Kapuzinergruft": „Diese slowenischen Typen, die Österreich so ergeben sind, und das Leben beim Militär, das ist alles hoffnungslos veraltet und passé."[20]

Begleitet von sachkundigen Ratschlägen Zweigs schritt auch Roccas ambitiöses Projekt einer deutschen Literaturgeschichte voran, in der sich der Autor als Rara Avis unter den damaligen Germanisten erwies. Er thematisiert darin nämlich die Existenz einer spezifisch österreichischen Literatur und isoliert einige ihrer Parameter, wenn er dabei auch nicht frei bleibt von Stereotypen, die an den Kreis um Hofmannsthal und Leopold von Andrian anklingen. Angeekelt von den Ereignissen in Deutschland brach Rocca die Arbeit an dem Werk mit Hitlers Machtantritt ab. Das weitgediehene Fragment, posthum unter dem Titel „Storia della letteratura tedesca dal 1870 al 1933"[21] erschienen, konnte durch seine Subtilität noch einen Magris begeistern, der mehrmals versicherte, die drei darin enthaltenen Meisteressays über Roth gehörten zu den wichtigsten Impulsen für die Entstehung seines „Habsburgischen Mythos"[22]. Rocca theoretisierte vor und nach Hitlers Machtergreifung die Eigenständigkeit der österreichischen Literatur. Von größtem Interesse ist der 1934 in einer faschistischen Tageszeitung veröffentlichte Artikel „Spirito austriaco e spirito tedesco"[23]. Esiste un senso dell'austriaco? Diese Frage wird in einer durchgehend

---

20 Vgl. DIES., „Sono Roth: odio i partiti e gli scrittori", in: Corriere della Sera, 17.3.1995.
   Pietro ALBONETTI, Non c'è tutto nei romanzi. Leggere romanzi stranieri in una casa editrice negli anni Trenta, Fondazione A. e A. Mondadori, Milano 1994, überliefert uns die Ansicht der Mazzucchetti über Roths „Die Büste des Kaisers" [Il busto dell'imperatore]: „[...] non serve per l'Italia, malgrado abbia valore artistico [...] lo schizzo biografico [...] di un rappresentante della vecchia Austria supernazionale." Darauf folgt eine verlegerische Breitseite auch gegen Franz Grillparzer.

21 Enrico ROCCA, Storia della letteratura tedesca dal 1870 al 1933, hg. v. Bonaventura Tecchi, Firenze 1950.

22 Claudio Magris ricorda esplicitamente Rocca tra uno degli ispiratori del libro: „Ricordo questa lettura di Musil, e poi di Zweig e poi, ricordo, Enrico Rocca, goriziano, e allora ho cominciato ad accorgermi [...] di quest'altra categoria [..]". Vgl. Luigi Reitani (Hg.), Anni di 'Mito absburgico', Catalogo della Mostra della Biblioteca Civica "Vincenzo Joppi" di Udine e del Musil-Institut dell'Università di Klagenfurt, Udine, 28 maggio–27 giugno 2003, 15.

23 Spirito austriaco e spirito tedesco, in: Il Lavoro Fascista, 2 novembre 1934.

antithetischen Auseinandersetzung mit den beiden benachbarten und doch so verschiedenen Kulturwelten bejaht, wobei es für Rocca in erster Linie das multiethnische Erbe der habsburgischen Monarchie, „die unglaubliche Mischung der Rassen", ist, welche Phänotyp, Psychologie und künstlerische Kreativität der Österreicher prägt und als Antidot gegen das Vorrücken der Walhalla-Armee dienen müsste. Dass Gewissensfreiheit damals in Italien noch möglich war, bestätigt uns Roccas Kollegin Lavinia Mazzucchetti:

> Man kann [in Roccas literaturkritischen Aufsätzen] einen weiteren Beweis für die eigenartige Meinungsfreiheit finden, die in den ersten Jahren des Nazismus, dank dem kurzlebigen Bündnis mit einem noch nicht unterjochten Österreich in Italien herrschte.[24]

Dem idealistischen Gestus einer Selbstaussage entnehmen wir, dass der Autor gerade in jenen Jahren seine Tätigkeit als Kritiker und Übersetzer (Heine, Meyrink, Wassermann u.v.a.) als zentrale Aufgabe betrachtete:

> [...] avevo soltanto [...] un compito: iniziare chi mi leggeva [...] alle verità in altri da me intravedute; esser interprete tra i linguaggi che dividono, della creazione artistica che unisce. [...] *melificare per altri.*[25]

Die Rassengesetze, die das faschistische Italien 1938 einführte, trafen Rocca mit voller Wucht. Der literarische Tod drohte. Vage Pläne, mit Zweigs Hilfe auszuwandern, scheiterten; es blieb die innere Emigration. Ihr verdanken wir ein literarisches Dokument von höchstem Wert, den „Diario degli anni bui"[26], zwischen 1940 und 1943 geschrieben. Abgesehen von seiner historischen Relevanz als Chronik des absteigenden Faschismus, stellt es den atemberaubenden Versuch eines Idealisten dar, sich eine von jeglicher Kontingenz freie innere Welt zu konstruieren. Die innere Verwandtschaft zum Konzept der „persuasione" des Philosophen Michelstaedter, der im übrigen Roccas Cousin war, ist nicht zu übersehen. Ebensowenig die Todesnähe einer solchen Ataraxie jenseits von Hoffnung und Verzweiflung.

---

24 Lavinia MAZZUCCHETTI, Die andere Achse, Hamburg 1964, 23–24. „[Nei saggi di Rocca] si può trovare un'ulteriore prova della particolare libertà d'opinione che regnava in Italia nei primi anni del nazismo, grazie all'effimero accordo con un'Austria non ancora soggiogata."

25 La distanza dai fatti, con una presentazione di Alberto Spaini, Milano 1964, 153. (Kursiv von mir, R.L.).

26 Sergio Raffaelli (Hg.), Diario degli anni bui, mit einer Einleitung von Mario Isnenghi, Udine 2005, das ist die überarbeitete und mit unveröffentlichten Eintragungen ergänzte Neuausgabe von Roccas „La distanza dai fatti".

Tatsächlich beging Rocca 1944 Selbstmord. Alberto Spaini, von dem gleich die Rede sein wird, schrieb über das Leben seines Freundes Rocca, es sei die Geschichte der Widerlegung einer mazzinianisch inspirierten Idealvorstellung von Italien:

> Volle andarsene perché non aveva più la forza di attendere che questa splendida innamorata risorgesse. Morì come il Werther di questa remota Carlotta.[27]

Alberto Spaini, aus Triest gebürtig, vor dem Ersten Weltkrieg in Florenz, Berlin und Rom ausgebildet, war ein professioneller Germanist, der aber wie Rocca als Literaturkritiker, Schriftsteller, Übersetzer und langjähriger prominenter Berufsjournalist eine enorme Vielseitigkeit bewies. Sein Lehrer Giuseppe A. Borgese nannte ihn einen Zugvogel, der immer im schönsten Moment seine Beschäftigung wechselt. Als junger Mann gehörte er zu den Mitarbeitern der Zeitschrift „La Voce", für die er, dank seines Überblicks über die gesamte deutschsprachige Literatur, die interessantesten Neuerscheinungen signalisierte, von der „odiosamata Austria" hatte er damals besonders Werfel[28], Hofmannsthal und Rilke im Auge. Die Bekanntschaft mit Felice Bauer in Berlin mag ihn auf Kafka hingelenkt haben, jedenfalls war die mutig in schwierigen Zeitläuften, 1933, vorgelegte Erstübersetzung von Kafkas „Prozess"[29] ein unschätzbares Verdienst des Triestiners um die italienische Kultur. 1935 war auch die Übertragung von „Amerika"[30] abgeschlossen, konnte aber wegen der Blockierung durch die Zensur erst 1945 gedruckt werden. Spaini hatte geplant – die Parallele zu Ervino Pocar drängt sich auf – das gesamte Romanschaffen Kafkas zu übersetzen und dazu eine eigenwillige Theorie seiner Chronologie entwickelt. Interessante rezeptionsästhetische Einblicke in die italienische Szene der Zwischenkriegszeit eröffnet Spaini mit seinen Seitenhieben auf einen politisch induzierten „Kafkismus ohne Kafka"[31], der sich während des „ventennio" herausgebildet hatte.

---

27 Alberto SPAINI, Il dramma di Enrico Rocca, in: Il Messaggero, 11 marzo 1960.
28 DERS., Franz Werfel, in: „Il Conciliatore", 1914, 262–266.
29 Franz KAFKA, Il processo, Übersetzung und Einleitung von Alberto Spaini, Torino 1933.
30 Franz KAFKA, America, Übersetzung und Einleitung von Alberto Spaini, Torino 1945 (1968, 1969, 1972).
31 Vgl. SPAINI, Prefazione a Franz Kafka, America, VII: „Da dieci anni siamo invasi da kafkiani e da un kafkismo, che la critica non ha finora identificato, forse perché il nome non avrebbe detto nulla a nessuno […]. Ma per quella parte del pubblico che attraverso tanti giovani connazionali è stata introdotta al kafkismo in beata ignoranza dell'opera di Kafka, quest'opera […] sarà una grande rivelazione, anche se troveranno in essa l'eco […] di cose già conosciute. […] strana fortuna che Kafka ha avuto da noi, e cioè di essere maestro anonimo di tanti nominatissimi scolari […]". (Seit zehn Jahren werden wir von Kafkanachahmern und von einem Kafkismus

Ein anderer Interessensschwerpunkt Spainis war stets das Wien der Jahrhundertwende, bevorzugt im Spiegel von Hofmannsthal und Schnitzler gesehen, jene „überkultivierte" Welt, „die sich vor allem [...] der gefährlichen Kunst der Introspektion hingab"[32]. Den ennuyierten Wiener Anti-Helden vom Schlage eines Anatol ist Spaini nicht nur in seiner heute noch aufschlussreichen Monographie „Il teatro tedesco"[33] (1933) ein verständiger Interpret gewesen, sondern auch in zahlreichen Feuilletons und Zeitungsartikeln. Vor allem war der Triestiner von der Originalität Schnitzlers angezogen, den er neben Wedekind für den größten Dramatiker der Vorkriegszeit hielt, für einen völlig authentischen und modernen Dichter, mit dem die Psychologie erst wirklich das deutsche Theater erobert habe. Der Wiener *décadence* ist auch in dem vielleicht schönsten Buch Spainis Raum gewidmet, in „Autoritratto triestino"[34] (1963), zugleich ein Selbstporträt des Autors und ein weiteres Zeugnis für den „incanto/disincanto" der einstigen Liebhaber Italiens von jenseits des Isonzo.

Die angedeutete Dynamisierung der Verlagslandschaft der Zwischenkriegszeit förderte auch die Karrierechancen von Frauen als Konsulentinnen und Übersetzerinnen[35]. Die überaus energische Lavinia Mazzucchetti hätte aber auch ohne dies ihre Hingezogenheit zur Kultur des deutschsprachigen Raums mit zielbewusster Geradlinigkeit ausgelebt. Überdies bezog sie aus den ihr mitgegebenen risorgimentalen und sozialistischen Werten die Kraft für eine kohärente politische Militanz. Die Übersetzungsarbeit war für sie eine ange-

---

überschwemmt, den die Kritik bis jetzt noch nicht identifiziert hat, vielleicht weil dieser Name niemandem etwas gesagt hätte [...].Aber für jenen Teil des Publikums, der in seliger Unkenntnis des Werks von Kafka durch eine Unzahl junger Landsleute mit dem Kafkismus vertraut gemacht wurde, wird dieses Werk [...] eine wahre Offenbarung sein, auch wenn sie darin das Echo [...] von schon bekannten Dingen erkennen werden. [...] merkwürdiges Schicksal, das Kafka bei uns widerfahren ist: anonymer Lehrer von zahlreichen gut bekannten Schülern zu sein).

32 Alberto SPAINI, La morte del soave Anatolio, in: Il Messaggero, 24.10.1931.

33 DERS., Il teatro tedesco, Milano 1933 (1937, 1942) (Das Werk stellt die Geschichte des modernen deutschen Theaters anhand von Hauptmann, Hofmannsthal, Schnitzler und v.a. im Hinblick auf den Expressionismus dar).

34 DERS., Autoritratto triestino, Milano 1963.

35 Eine soziologische Untersuchung der Herkunft und der Lage der Übersetzerinnen in den ersten Jahrzehnten des 20. Jh. wäre ein Desiderat. Manche von ihnen kamen aus kosmopolitischen (protestantischen oder jüdischen) Familien, wie beispielsweise Lucia Morpurgo Rodocanachi. Von ihr stammt der Großteil der Übersetzungen der Antologia americana (Bompiani 1942), ohne dass der Herausgeber Elio Vittorini dies erwähnt. Die nach der Initialzündung durch Enrico Rocca entstandenen Zweig-Übersetzungen (Sovvertimento dei sensi, Corbaccio 1931, Lettera da una sconosciuta, Sperling & Kupfer 1932) wurden von einer Palermitanerin mit deutschem Vater, Berta Burgio Ahrens, gemacht; die Tolstoj-Übersetzerin Ada Gobetti teilte mit Ehemann Piero das Interesse für die russische Kultur – diese und andere Frauen bereiteten den Boden für die Anerkennung der Leistungen späterer Kolleginnen wie Fernanda Pivano.

messene Form, ihre politischen Ideen zu verwirklichen. Die Tochter (*1889) eines überzeugten Mazzinianers und Journalisten von „Il Secolo" lernte schon als Halbwüchsige Persönlichkeiten wie Filippo Turati, Claudio Treves und Ada Negri kennen. Nach einer italianistischen Laurea („Schiller in Italia") bei Michele Scherillo führten sie germanistische Studien und Publikationen 1912 nach München und 1917 nach Zürich, wo sie mit den pazifistischen Gruppen um Stefan Zweig und Romain Rolland in Kontakt kam. Ihre begonnene Universitätslaufbahn (Lehrstuhlvertretung in Mailand für G. A. Borgese) fand 1929 ein Ende, als man sie, die kein Mitglied des Partito Nazionale Fascista (PNF) war, vom Dienst ausschloss und mit Publikationsverbot belegte. In einer für sie typischen Fehdehandschuh-Aktion bewarb sie sich trotzdem um die Mailänder „cattedra" für Germanistik, gelangte in den Dreiervorschlag, wurde aber nicht zur Prüfung zugelassen.

Der von dem Schweizer Harry Betz geleitete Sperling & Kupfer-Verlag zeichnete sich durch einen originellen Katalog und Mut im Hinblick auf die Kulturpolitik des Regimes aus. Hier konnte sich die Mazzucchetti als Herausgeberin der Reihe „Narratori nordici" bewähren, die sie 1929 mit einer eigenen Übersetzung von Thomas Manns „Unordnung und frühes Leid" inaugurierte. Mit Mann verband die Mazzucchetti eine enge Freundschaft, die paradoxerweise durch einen kecken, zu seinen Ungunsten ausgehenden Vergleich in einem Artikel über die Mann-Brüder angeregt worden war. Einer der Mitarbeiter bei Sperling & Kupfer war auch der austromarxistisch geprägte Triestiner Polyhistor Aldo Oberdorfer. Das Verlagsprogramm des Hauses, das Namen wie Stefan Zweig, Leonhard Frank, Jakob Wassermann, Franz Werfel, Hermann Hesse, Ricarda Huch umfasste, liest sich wie ein vorweggenommenes Solidaritätsmanifest mit jenen Schriftstellern, deren Werke auf den Scheiterhaufen der Nationalsozialisten landeten. Grundsätzlich ist festzustellen, dass der Anteil der Juden unter den in der Zwischenkriegszeit übersetzten deutschsprachigen Autoren sehr hoch war.

Schon 1926 war Mazzucchetti zu der vom dem Liberalen Luigi Rusca koordinierten Gruppe von Spezialisten gestoßen, denen der Mondadori-Verlag die Übertragung der vom Publikum nachhaltig verlangten ausländischen Narrativik anvertraute, darunter die schon erwähnten Borgese und Oberdorfer. Mazzucchettis Interesse für Geschichte (geweckt an der Universität Mailand von Gaetano Volpe), für die Psychoanalyse und die sogenannten „biographies romancées" führten sie auf Stefan Zweig hin, für dessen Rezeption (erste Übersetzung: Joseph Fouché, 1930) sie sich in der 1930er-Jahren neben Enrico Rocca einsetzte.

1932 wurde sie unter einem lächerlichen Vorwand („Unzuverlässigkeit") von der Mitarbeit bei der Enciclopedia italiana entfernt (ihre Sigle L.M. erscheint daher nur in den ersten zwanzig Bänden). Damit verlor die Enzyklopädie eine der qualifiziertesten unter den etwa zweihundert weiblichen Mitarbeitern, von denen nur fünfundzwanzig dem akademischen Stand angehörten.

Solange die merkwürdige Konstellation andauerte, die das faschistische Italien von Hitler-Deutschland fernhielt, war es durchaus möglich, jüdische Autoren aus Österreich (Zweig, Vicky Baum u.a.), sofern sie nicht zu linkslastig waren, zu lancieren. Da die Mazzucchetti aber nach Einführung der Rassengesetze in Italien im Herbst 1938 ihren Überzeugungen treu blieb, hatte sie kaum noch Publikationsmöglichkeiten und konnte viele Texte nur noch „einschmuggeln" und heimlich verbreiten. Obwohl sie nach dem Krieg ihre antifaschistischen Aktivitäten nicht an die große Glocke hängte, wissen wir von ihren häufigen Auslandsreisen (Schweiz, Paris) und Treffen mit den „fuorusciti" (den exilierten Gegnern des Mussolini-Regimes) und von ihren Kurierdiensten (Botschaften Mann – Croce). Ihre letzte Begegnung mit Zweig fand während dessen Londoner Exil statt. Mit der Übersetzung der „Welt von Gestern", im Jahr 1946, setzte sie einen Akt der Pietät für den tragisch verstorbenen Freund.

Nach dem Krieg lehnte sie einen Wiedereintritt in die akademische Karriere aus Altersgründen ab und diente der italienischen Kulturwelt vor allem als Übersetzerin, Herausgeberin wichtiger Editionsprojekte („Opera omnia" von Thomas Mann) und intellektuelle Zeitzeugin. Aus dem deutsch verfassten, bei Claassen erschienenen Memoirenbüchlein „Die andere Achse"[36] lässt sich ein guter Einblick in die Situation und die Aktivitäten der „altra Italia" im faschistischen „ventennio" gewinnen. Für dieses „andere Italien" ist die idealistische und mutige Intellektuelle selbst ein besonders beeindruckendes Beispiel.

---

36 Lavinia MAZZUCCHETTI, Die andere Achse. Italienische Resistenza und geistiges Deutschland, Hamburg 1964.

6. Die Beziehungen im Wirtschafts- und Finanzbereich/ Le relazioni nel settore economico e finanziario

Pasquale Cuomo

I rapporti economici e finanziari tra Austria e Italia (1919–1934)*

La Prima guerra mondiale ha rappresentato un punto di svolta e la definitiva chiusura dell'esperienza politica ed economica ottocentesca. I trattati di pace infatti operarono una vasta riorganizzazione territoriale nell'Europa centrale e orientale, che comprese la dissoluzione dell'impero austro-ungarico e il parziale smembramento dell'ex impero turco.

Il cambiamento del panorama internazionale e lo status formale dell'Italia come "potenza vincitrice" incoraggiarono i gruppi dirigenti italiani a sviluppare l'azione di penetrazione politica ed economica nei paesi dell'Europa centro-orientale, nel tentativo di sostituire la propria influenza a quella austriaca e anche a quella tedesca. In particolare, l'élite finanziaria-industriale nazionale considerava questa proiezione verso l'Europa danubiana rispondente a condizioni vitali dello sviluppo economico italiano. Infatti i paesi dell'est avrebbero potuto fornire le materie prime necessarie alle imprese italiane ed essere il mercato di sbocco dei settori strategici per lo sviluppo del sistema industriale nazionale, come la meccanica e la cantieristica. Una politica di esportazioni verso i territori ex asburgici imponeva tuttavia una stabilizzazione delle loro monete che, soggette a processi di pesante svalutazione, non potevano essere convertite nelle valute accettate internazionalmente per le transazioni finanziarie: dollaro e sterlina. Ossia un saldo commerciale attivo verso gli "Stati successori" sarebbe stato più conveniente per la bilancia dei pagamenti italiana se le loro monete fossero state convertibili. Tuttavia per gli esportatori i pagamenti in moneta molto deprezzata potevano risultare vantaggiosi se fossero serviti per acquistare localmente attivi suscettibili di apprezzamenti futuri: immobili, partecipazioni in industrie, giacimenti minerari e foreste. Infine, gli istituti di credito, le compagnie di assicurazione e di navigazione nazionali avrebbero potuto conquistare una posizione privilegiata nella fornitura dei loro servizi, un genere di attività in forte crescita in quel periodo di euforia finanziaria.

* Ringrazio Gian Carlo Falco, Maddalena Guiotto e Arnold Suppan per i consigli e le indicazioni che mi hanno dato durante la stesura del testo. Questo saggio affronta in maniera sintetica alcuni aspetti economici-finanziari delle relazioni internazionali tra Austria e Italia trattati in maniera più ampia in Pasquale Cuomo, Il miraggio danubiano. Austria e Italia, politica ed economia: 1918–1936 (Studi e ricerche storiche), Milano 2012.

Attorno a questo tipo di eventualità si articolarono scelte di politica estera che non furono sempre lineari, anche se furono quasi sempre costanti l'ostilità verso la Jugoslavia e il tentativo di far subentrare l'influenza italiana a quella francese nell'Europa centro-orientale. Nondimeno, questo tentativo di espansione verso est sarebbe stato impossibile senza l'appoggio e i contatti economici dei gruppi sociali dominanti di Trieste. Questi ultimi avevano il controllo dei settori economici locali che godevano di una posizione di tutto rispetto anche su scala nazionale e internazionale. Sebbene la borghesia giuliana fosse disposta a rinunciare ad alcune sue particolarità culturali, lo strumento più efficace di coesione con l'establishment italiano fu la condivisione dei progetti di espansione economica. L'integrazione tra la borghesia italiana e le élites triestine avvenne perciò attraverso l'esaltazione della retorica nazionalista e soprattutto con le scelte di politica economica italiana che riconobbero e confermarono il ruolo di Trieste così come era stato sancito dalla monarchia asburgica nel primo quindicennio del XX secolo. Trieste divenne quindi il perno della politica negoziale con gli Stati vicini, in particolare con l'Austria, ricevendo in cambio il sostegno statale ai gruppi economici locali, alcuni dei quali occupavano posizioni dominanti nel mercato italiano.

La strategia di difesa delle élites giuliane

La fine della guerra e il crollo dell'impero austriaco rappresentarono un grosso pericolo per gli imprenditori della Venezia Giulia. L'industria e le banche italiane, che miravano a sostituirsi al capitale austriaco nell'area centro-europea, intendevano utilizzare la struttura industriale e finanziaria dei nuovi territori per inserirsi nei mercati dell'est Europa. Tuttavia, attenuati i rapporti con il vecchio sistema centro-europeo, gli imprenditori giuliani avevano bisogno di stabilire dei rapporti con i nuovi gruppi di interesse italiani. A maggior ragione in questo periodo, quando i tradizionali supporti finanziari erano in difficoltà gravissime a causa del deprezzamento della moneta e dell'inflazione.

Il governo italiano aveva preferito non procedere alla confisca dell'apparato produttivo giuliano per un duplice motivo: non alienarsi le simpatie politiche in quei territori e non imporre una lunga stasi alla ricostruzione, che voleva avviare celermente[1]. La via scelta era la libera messa in vendita della proprietà azionaria. Si scatenò una corsa all'accaparramento del capitale azionario detenuto

---

1 La fine della guerra significava il ritorno a casa di centinaia di migliaia di soldati e quindi uno degli obiettivi prioritari del governo era quello creare occupazione in un momento così difficile per la riconversione industriale.

dalle banche austriache e tedesche. I principali concorrenti furono la Comit e il gruppo Bis-Ansaldo, ma parteciparono anche il Credit e il Banco di Roma. Le autorità di governo erano particolarmente favorevoli ai progetti di assorbimento di aziende bancarie allo scopo di annullarne la concorrenza. In particolare Bonaldo Stringher, direttore generale della Banca d'Italia e allora ministro del Tesoro, ebbe un ruolo di assoluto rilievo nella "italianizzazione bancaria"[2].

La vecchia élite triestina, espressione dell'integrazione con il Gotha dell'economica austriaca, aveva già previsto questa politica di conquista da parte dei gruppi finanziari italiani e si mosse in anticipo riunendosi a Vienna nell'agosto del 1918 (con la guerra ancora in corso), per stipulare un patto di sindacato, attraverso il quale mantenere il controllo della Banca commerciale triestina (Bct). Erano presenti: l'industriale tessile Arminio Brunner, che a nome degli interessi della sua famiglia era pure il possessore della maggioranza assoluta, Giovanni Scaramangà, presidente della banca, Demetrio Economo, Luciano Bertumè, Arnoldo Frigessi, amministratore delegato della Ras, Giovanni Glanzmann[3].

La cessione dei pacchetti azionari prima della fine della guerra era ricercata dalle banche viennesi che, stremate dalla sottoscrizione di titoli di debito pubblico austriaco, avevano urgente necessità di smobilizzare le loro partecipazioni. Per di più, la vendita agli ex soci triestini permetteva di mantenere dei contatti in affari anche in previsione della disgregazione dell'impero con la fine del conflitto.

---

2   Anna MILLO, L'élite del potere a Trieste. Una biografia collettiva 1891–1938, Milano 1989, 236; Giulio SAPELLI, Trieste italiana. Mito e destino economico, Milano 1990, 32. Stringher successe a Francesco Saverio Nitti al ministero del Tesoro e ricoprì l'incarico dal 18 gennaio al 23 giugno 1919. In questi cinque mesi la direzione dell'istituto di emissione fu affidata al vicedirettore generale Tito Canovai. Cfr. Gianni Toniolo (ed.), La Banca d'Italia e l'economia di guerra. 1914–1919, Roma-Bari 1989, 329.

3   La Bct era stata la roccaforte dell'azionariato locale d'inizio secolo, su cui aumentò l'influenza delle famiglie Brunner ed Economo, fiancheggiate dalla Union Bank. All'assemblea generale del 19 novembre 1904 su 1924 azioni, la filiale della Union Bank ne rappresentava 21, i Brunner 234 e gli Economo 95. Un mese più tardi, sull'onda della crisi e del ruolo crescente assunto dalle banche viennesi a Trieste, il Wiener Bankverein stipulava con la Commerciale triestina un accordo. Per ogni affare concluso i due istituti dovevano concedersi delle partecipazioni reciproche. Il Wiener però, con il 30 % dei capitali entrava nel gruppo di comando con a capo Oscar Pollack e assumeva un'influenza schiacciante, assicurandosi il 45 % dei profitti. Attraverso questo accordo l'Union Bank, il Wiener Bankverein e la famiglia Brunner controllavano la Bct. Dopo l'accordo dell'agosto 1918, le quote delle azioni nominali della Bct erano così divise: Arminio Brunner K.2.855.200, rappresentando anche gli interessi dei fratelli Brunner (K.142.400), di Massimiliano Brunner (K.357.600) e dell'Ungarische Textilindustrie (K.1.505.200) controllata dalla famiglia. A questi si affiancavano le quote di Giovanni Economo e figlio (K.300.000), di Giovanni Scaramangà (K.460.000), di Luciano Bertumè (K.30.000), di Arnoldo Frigessi (K.30.000) e di Giovanni Glanzmann (K.390.000). Il Wiener Bankverein non appariva nel sindacato né direttamente, né tramite suoi rappresentanti. Cfr. MILLO, L'élite del potere , 232–33.

L'istituto di credito triestino, centro intorno al quale confluivano gli interessi industriali e finanziari giuliani, diveniva così il cuore di una strategia difensiva e di contenimento dell'influenza dei gruppi di interesse italiani, che di lì a poco avrebbe tentato di affermarsi nel territorio. Questo gruppo aveva la consapevolezza di possedere ancora una notevole forza contrattuale, che gli derivava dal controllo di grandi interessi economici e dal possesso di vaste ricchezze patrimoniali. L'élite triestina era disponibile a collaborare con le istituzioni pubbliche italiane e d'altra parte il contributo di queste ultime era insostituibile nella ricostruzione economica della Venezia Giulia. Il passaggio di un territorio da uno Stato a un altro è spesso caratterizzato da un compromesso tra le nuove autorità e il vecchio ceto dominante. Nel nostro caso, la difficile situazione economica e sociale del dopoguerra e l'attenta strategia dei vecchi gruppi economici triestini non permisero l'epurazione desiderata dai più accesi nazionalisti. Inoltre il vecchio establishment giuliano si mosse con estrema spregiudicatezza, abbracciando i temi cari prima ai nazionalisti ed in seguito al movimento fascista[4].

Il gruppo triestino che partecipava al sindacato di controllo della Commerciale triestina nel marzo del 1919 scioglieva il contratto che dal 1904 legava la banca giuliana al Wiener Bankverein e predisponeva una serie di aumenti di capitale per adeguarlo all'inflazione; ma doveva realizzare l'operazione evitando che attraverso di essa si realizzasse la sua esautorazione. L'ultimo di questi aumenti, nell'aprile 1919, vedeva cooptata la famiglia Cosulich; in questo modo il gruppo triestino rinforzava la sua posizione e poteva continuare a sostituirsi alle banche austriache nei territori giuliani[5].

La Bct raggiunse anche un accordo con la Österreichische Credit-Anstalt für Handel und Gewerbe per realizzare l'assorbimento delle filiali di Trieste, Gorizia e Pola dell'istituto viennese. L'intesa con la principale banca austriaca

---

4   La frontiera orientale sarebbe diventata il laboratorio del cosiddetto "fascismo di confine", ossia l'esaltazione dell'aggressività nazionalista verso la penisola balcanica e l'applicazione di una violenta discriminazione e italianizzazione nei confronti della popolazione slovena e croata residente nella Venezia Giulia. Su questi temi, cfr. Anna Maria VINCI, Sentinelle della patria. Il fascismo al confine orientale 1918–1941, Roma-Bari 2011.

5   Il gruppo Cosulich, già da tempo presente nell'istituto, era stato escluso dal patto di sindacato di Vienna per le relazioni che esso aveva con il Wiener Bankverein (Oscar Cosulich era membro del consiglio di amministrazione). Cfr. MILLO, L'élite del potere, 237. I Cosulich erano proprietari dell'omonima compagnia di navigazione e del Cantiere navale triestino di Monfalcone. Quest'ultimo venne ricostruito nell'immediato dopoguerra e divenne il più grande del Mediterraneo e il più efficiente tra gli stabilimenti navali italiani. Tuttavia, anche il Cantiere navale triestino soffrì dei problemi strutturali della navalmeccanica nazionale nel periodo tra le due guerre mondiali. Sui cantieri dell'alto Adriatico e in generale sulla cantieristica italiana nel periodo considerato, cfr. Giulio MELLINATO, Crescita senza sviluppo. L'economia marittima della Venezia Giulia tra Impero asburgico e autarchia (1914–1936), San Canzian d'Isonzo 2001.

aveva suscitato l'allarme delle autorità militari che, per conto di Stringher, seguivano il cambio di proprietà delle aziende giuliane. A far superare queste difficoltà intervennero degli uomini nuovi nel panorama triestino, Enrico Paolo Salem e Guido Segre, quest'ultimo a capo dell'Ufficio economico finanziario del governatorato. Proprio il tenente colonello Segre era l'uomo di riferimento di Stringher a Trieste, ed era anche un buon conoscitore degli ambienti politici romani[6]. Con questo successo la vecchia élite raggiungeva un duplice risultato: riusciva a compiere "l'italianizzazione" del capitale tedesco sotto le proprie insegne, legittimando il suo carattere nazionale nella "Trieste redenta" e inoltre rafforzava il proprio giro d'affari, prendendo sotto il suo controllo le partecipazioni della Creditanstalt nell'industria giuliana. Per raggiungere questo scopo era giunta ad un compromesso con nuovi elementi finanziari legati al nazionalismo. Nel dicembre del 1919, infatti, l'assemblea degli azionisti della Bct eleggeva nel consiglio di amministrazione cinque nuovi membri: Pier Lorenzo Parisi, Giuseppe Marchesano, Guido Segre, Riccardo Tischler e Fortunato Vivante[7]. Sia il governatore militare, Carlo Petitti di Roreto, che il commissario civile, Antonio Mosconi, cercarono di favorire e di non ostacolare i processi in corso, svolgendo un'importante opera di moderazione[8]. Decisiva fu la funzione di Carlo Hermet, nominato nel novembre del 1918 commissario della Banca commerciale triestina, nel garantire il cambiamento del gruppo di comando della Bct. Il 12 maggio del 1920, nella lettera di dimissioni consegnata a Mo-

---

6   Guido Segre si era laureato in matematica a Torino; in seguito aveva studiato presso la Scuola superiore di commercio di Francoforte sul Meno. In quella città era stato impiegato presso l'Allgemeine Elsässische Bank-Gesellschaft, era poi ritornato a Torino come direttore di sede del Credito Italiano e per un breve periodo direttore amministrativo della Fiat. Tenente colonnello durante la guerra, fu a capo dell'ufficio affari economici del governatorato di Trieste e della missione per il recupero dei valori della Venezia Giulia. In seguito fu nominato presidente dello Stabilimento tecnico triestino. Per notizie biografiche su Segre, basate su ricordi familiari, si veda anche Etta CARIGNANI MELZI, Un imprenditore tra due guerre. La vicenda umana di Guido Segre nel racconto di sua figlia, Trieste 2005.

7   L'on. Marchesano intratteneva buoni rapporti con il nazionalismo italiano e il suo inserimento nella banca triestina era il riconoscimento della sua azione a Roma. Gli altri due nuovi membri del consiglio di amministrazione della Bct erano esponenti del mondo finanziario austriaco, provenienti da istituti che la Commerciale triestina aveva assorbito: Fortunato Vivante, presidente della Unionbank e Riccardo Tischler, direttore della sede di Trieste della Creditanstalt. Fu addirittura il governatore generale Carlo Petitti di Roreto a spiegare in un telegramma al comando supremo, che l'inclusione di questi personaggi era una concessione indispensabile per mantenere rapporti e continuità di lavoro con l'entroterra: MILLO, L'élite del potere, 239. D'altra parte, era logico che i gruppi nazionalisti trovassero ascolto e disponibilità per le loro ambizioni presso il vecchio gruppo di potere giuliano, il quale poteva così far dimenticare il suo passato filoaustriaco.

8   Cfr. SAPELLI, Trieste italiana, 48–49. Sicuramente in ambito locale Guido Segre, grazie ai suoi rapporti privilegiati con Stringher, esercitava una notevole influenza sulle autorità militari e civili.

sconi, Hermet assicurava che la sua opera era superflua essendo l'istituto ormai prettamente triestino[9].

La difesa delle posizioni dominanti del gruppo dirigente giuliano nelle attività finanziarie e industriali della regione dipendeva anche dal tasso di cambio che le autorità monetarie italiane avrebbero imposto tra la svalutata corona austriaca e la lira. Da esso non dipendeva soltanto l'assetto proprietario delle maggiori società triestine e quello patrimoniale della élite locale, ma anche la salvaguardia del risparmio privato dei cittadini delle nuove provincie. Il comando supremo con un'ordinanza pubblicata il 30 novembre 1918 aveva stabilito un ragguaglio di 40 centesimi di lira per corona; quest'ultima continuava ad essere valuta a corso legale nelle nuove provincie affiancata dalla lira. Anche gli imprenditori rimasero colpiti dal tasso di cambio adottato. A causa della svalutazione dei loro capitali mobiliari si trovarono infatti con le loro risorse fortemente decurtate e con possibilità ridotte di ricorrere al credito per la stessa diminuzione dei loro patrimoni. D'altra parte, di fronte ad una prospettiva di un forte aumento dei costi della manodopera, se si fosse introdotto il cambio alla pari, gli industriali e commercianti giuliani non sarebbero stati in grado di investire nelle loro attività economica. La discussione sul tasso di cambio valutario da applicare si prolungò oltre il 1919 e perciò le tensioni sulle retribuzioni, causate dalla richiesta di un saggio di conversione più alto, contribuirono a nutrire la propensione del ceto industriale per una reazione violenta nei confronti dei lavoratori. Questa tendenza degli industriali avrebbe successivamente alimentato la loro inclinazione filofascista. Un elemento di scontro tra industriali e operai avrebbe riguardato il controllo dei tempi e dei metodi di produzione.

Le autorità italiane favorirono il ritorno a Trieste dei valori che, con l'entrata in guerra dell'Italia, erano stati trasferiti a Vienna dalle banche della Venezia Giulia ed erano stimati oltre un miliardo di corone. Nei primi giorni del febbraio 1919 arrivò infatti nel capoluogo giuliano il cosiddetto "treno dei miliardi", con il quale l'economia cittadina rientrò in possesso del suo patrimonio di titoli e valori. Questa operazione si dimostrò una vera e propria iniezione di liquidità nel sistema creditizio triestino e segnò il risveglio della vita finanziaria della regione[10]. Il capo della missione militare italiana a Vienna, generale Roberto Segre, si attribuì il merito del reperimento dei beni triestini nella capitale austriaca e dell'organizzazione del "treno dei miliardi". Egli evocò infatti questo episodio

---

9   Ibid., 50.
10 Ernesto Krausz, Attività bancaria, in: Camera di Commercio e Industria di Trieste. L'economia triestina nel quinquennio 1919–1923, Trieste 1924, 260. Krausz era uno dei direttori centrali della Banca commerciale triestina e con l'avvento del fascismo italianizzerà il suo cognome in Castelli.

in un libro di memorie scritto per difendersi dai sospetti di aver commesso malversazioni durante il suo periodo di comando a Vienna[11].

La piazza triestina conobbe un aumento della circolazione cartacea nel periodo bellico che continuò nel dopoguerra. L'abbondanza di mezzi liquidi era dovuta infatti all'instabilità politica e finanziaria internazionale del dopoguerra e perciò alla mancanza di fiducia tra gli operatori[12]. D'altra parte, la prospettiva di ampi guadagni rifornendo di viveri e materie prime i paesi dell'Europa centrale aveva attirato nel porto giuliano una vasta folla di commercianti, italiani e stranieri, che desideravano approfittare della ripresa del traffico commerciale. Il risultato che ne derivò fu un crescente aumento dei depositi fino alla fine del 1921, in virtù sia dei guadagni accumulati nella favorevole congiuntura postbellica sia della mancanza di investimenti in titoli privati a reddito fisso, capaci nell'anteguerra di assorbire gran parte del risparmio. Le banche triestine e gli istituti di credito delle vecchie provincie che operavano nella regione, attraverso questo aumento dei depositi, consolidarono la loro posizione sulla piazza giuliana[13]. Gli istituti di credito si impegnarono per la ricostruzione dell'industria cantieristica e per il rilancio del trasporto marittimo, presupposto principale per la ripresa del movimento portuale e perciò dei redditizi traffici con l'Europa centro-orientale[14].

Il governo italiano procedette con lentezza al ritiro della valuta austriaca e al suo cambio in lire. Il ministro del Tesoro, Bonaldo Stringher, sapeva che l'operazione avrebbe dovuto essere preceduta dalla stampigliatura dei biglietti, ma che questa disposizione era ormai sconsigliabile a causa dell'introduzione illegale di corone dall'estero, attratte dalla prospettiva di essere cambiate ad un tasso

---

11 Roberto SEGRE, La missione militare italiana per l'armistizio (dicembre 1918–gennaio 1920), Bologna 1928, 56. La missione militare italiana a Vienna era composta nel dicembre 1918 da 30 ufficiali e 100 uomini di truppa, dei quali 50 erano carabinieri: I Documenti Diplomatici Italiani [d'ora innanzi DDI], Roma 1952–, serie VI, 1, documento [d'ora innanzi d.], 647.

12 Scomparvero gli affari a credito e lo sviluppo di tutto il commercio si svolgeva in contanti o almeno con garanzie. Cfr. KRAUSZ, Attività bancaria, 263.

13 La Banca commerciale italiana nel 1920 acquistò un intero isolato sulla Piazza del Ponte Rosso, dove aveva gli uffici, investendo 4 milioni di lire. Cfr. KRAUSZ, Attività bancaria, 260; Giovanni PANJEK, Conseguenze economiche e sociali della guerra nell'area giuliana, in: Camera dei Deputati, Commissione parlamentare d'inchiesta sulle terre liberate e redente (luglio 1920–giugno 1922), I, Saggi e strumenti di analisi, Roma 1991, 432, n. 203. Sulle differenze e similitudini con la gestione dell'attivo e gli impieghi delle banche del Trentino Alto-Adige cfr. Andrea LEONARDI, Una stagione nera per il credito cooperativo. Casse rurali e Raiffeisenkassen tra 1919 e 1945, Bologna 2005, 55–73; sull'ammontare del prestito di guerra austriaco, oramai inesigibile, sottoscritto dagli istituti di credito locali cfr. Andrea LEONARDI, Risparmio e credito in una regione di frontiera, Roma-Bari 2001, 280–361.

14 KRAUSZ, Attività bancaria, 264.

più alto rispetto a quello corrente sui mercati internazionali. Inoltre, nell'ipotesi che alla conferenza della pace si fosse deciso di dividere il carico passivo della circolazione monetaria austro-ungarica proporzionalmente alla massa di numerario accertata nei territori annessi, la circolazione gonfiata presente nelle nuove provincie avrebbe provocato un enorme danno all'erario. In altre parole, la stampigliatura avrebbe sancito un dato di fatto che era meglio non documentare nella fase ancora fluida delle negoziazioni finanziarie a Parigi.

La conversione ufficiale della valuta austriaca continuò a creare una serie di danni che alimentò per più di un decennio rivendicazioni e lamentele tra i vari gruppi sociali. Si trattava infatti di una materia troppo delicata, che interessava una serie di posizioni molto variegate, per poter essere risolta con un'ordinanza e, per questo motivo, fu scelta una soluzione equitativa, da valutare caso per caso. Con il R. D. L. 27 novembre 1919, n. 2.227 si regolò definitivamente il cambio sulla base di 60 centesimi di lira per corona, con un aumento del 50 % rispetto al tasso precedente[15].

La ripresa economica di Trieste dipendeva però dalla ricostruzione del suo entroterra, ossia il capoluogo giuliano doveva diventare il porto di riferimento per il traffico commerciale degli Stati successori. Il ripristino del traffico ferroviario aveva come principale ostacolo la riorganizzazione della Südbahn, il cui tracciato di 2234 km si trovava in minima parte in territorio italiano e per il resto era diviso tra Jugoslavia, Austria e Ungheria. Vennero avviate il più pre-

---

15 La cifra complessiva delle corone cambiate non è facile da calcolare, a causa dell'enorme mole di lavoro concentrata in dieci giorni. L'importo più attendibile relativo alla Venezia Giulia e riferito all'intero periodo da dicembre 1918 fino al 17 ottobre 1919 sembra essere quello di circa 1050 milioni di corone. Poiché questo ammontare monetario è stato cambiato promiscuamente al 40 e 60 % non è possibile risalire all'esborso totale da parte dello Stato per la conversione. Tuttavia, le anticipazioni del Ministero della guerra al governatore e al commissario generale civile della Venezia Giulia per il cambio della corona furono: Lit.487.203.387 per l'esercizio 1918–19, Lit.2.506.432 per l'esercizio 1919–20 e quindi in totale Lit.489.709.829. Cfr. Francesco SALATA, Per le Nuove Provincie e per l'Italia. Discorsi e scritti con note e documenti, Roma 1922, 449 (prospetto H). Panjek stima che questo importo rapportato alla somma delle corone convertite produca un tasso di cambio medio del 46,6 %; ne deriverebbe che soltanto un terzo dell'ammontare di valuta austriaca complessivamente cambiato nella Venezia Giulia abbia goduto dell'integrazione differenziale del 20 %. Il ritiro delle corone non rappresentò una pura perdita per l'erario statale. Infatti, solo una parte della moneta austro-ungarica andò al macero, mentre un'altra parte fu utilizzata per scopi commerciali e finanziari, in palese contrasto con le direttive dell'art. 206 del Trattato di pace che prevedeva la stampigliatura delle banconote. L'uso di corone sui mercati internazionali, oltre all'acquisto di contropartite dirette, favoriva il deprezzamento del corso internazionale di questa moneta a vantaggio della bilancia dei pagamenti italiana. Inoltre contribuiva a ridimensionare le aspettative delle popolazioni dei territori annessi e a far accettare loro il saggio di cambio con la lira più basso. Cfr. PANJEK, Conseguenze economiche e sociali della guerra nell'area giuliana, 399–400.

sto possibile trattative a livello tecnico con tutte le amministrazioni interessate, nel tentativo di ripristinare le "tariffe adriatiche", cioè gli sconti di favore sui trasporti ferroviari da cui aveva tratto vantaggio il porto di Trieste prima della guerra. Tuttavia, l'assenza di una gestione unitaria dell'intera la linea, la disparità di interessi, i criteri di tassazione espressi in valute differenti su ogni tronco, impedirono a lungo di trovare una soluzione. Soltanto il 1° febbraio 1921 entrò in vigore una tariffa provvisoria per i trasporti tra Trieste e l'Austria e, un mese dopo, la tariffa Trieste – Cecoslovacchia[16]. Gli effetti però furono molto limitati perché nel frattempo anche le ferrovie tedesche avevano concesso forti riduzioni sui trasporti verso Amburgo e Brema, facilitati inoltre dalla svalutazione del marco e delle valute dei paesi danubiani rispetto alla lira. Nel 1921 perciò l'area di attrazione di Trieste sulla base del costo dei trasporti arrivava solo fino a Vienna, mentre la Cecoslovacchia aveva più convenienza ad istradare i traffici verso i porti della Germania settentrionale[17]. Inoltre il materiale rotabile tedesco era tecnologicamente più moderno e l'armamento uniforme e capace di una maggior portata per binario, mentre gli altri sistemi ferroviari erano disastrati sia per le distruzioni della guerra che per la diversità di tipo di scartamento; per questo motivo ci fu una notevole ripresa della navigazione commerciale sul Danubio. Infine, la repubblica di Weimar ereditava un'organizzazione commerciale molto aggressiva e diffusa capillarmente all'estero[18]. L'assetto definitivo della Südbahn fu stabilito dalla convenzione di Roma del 29 marzo 1923. La società viennese venne ribattezzata Compagnia ferroviaria Danubio-Sava-Adriatico e il governo italiano rivestì un ruolo preponderante nel consiglio d'amministrazione[19].

---

16   Gertrude ENDERLE-BURCEL, Österreich und Tschechoslowakei. Hinterland zwischen Triest und Hamburg, in: "Prager Wirtschafts- und Sozialhistorische Mitteilungen", 1994, 13.

17   Promemoria del 14 gennaio 1921 di Angelo Moscheni, delegato del Commissariato generale civile di Trieste alla Conferenza ferroviaria di Vienna svoltasi il 28 e 29 ottobre 1920 – Archivio centrale dello Stato (d'ora innanzi ACS), Presidenza del Consiglio dei ministri (d'ora innanzi PCM), Ufficio centrale per le nuove Province (d'ora innanzi UCNP), b.180, f.37 (cat. 21/B). In questa sede fu raggiunto un accordo definitivo sulla tariffa adriatica tra Austria, Cecoslovacchia e Italia. Sugli effetti di questo accordo cfr. ENDERLE-BURCEL, Österreich und Tschechoslowakei, 16–18.

18   ACS, PCM, UCNP, b.180, f.1 (cat. 21).

19   Tra i protagonisti di questa difficile e lunga trattativa figurava il triestino Igino Brocchi, allora consigliere di Stato, che avrebbe ricoperto successivamente l'incarico di capo gabinetto del ministro delle Finanze, Giuseppe Volpi. Cfr. Gian Carlo FALCO, Prefazione, in: Pierpaolo Dorsi (ed.), Archivio di Stato di Trieste. Inventario dell'Archivio di Igino Brocchi, 1914–1931, Città di Castello 2000, IX–XIV. Sul traffico ferroviario triestino negli anni Venti, si permetta un rimando a Pasquale CUOMO, Trieste, l'Italia e i tentativi di espansione commerciale nell'ex duplice monarchia (1918–1935), in: "Qualestoria", 2010, 1, 50–52.

L'affaire Alpine e i tentativi di espansione economica italiana

Alla fine della guerra, uno dei problemi fondamentali incontrati dalle banche straniere che volevano inserirsi nel tessuto economico dell'Europa centro-orientale era quello di instaurare rapporti di collaborazione con le élites locali allo scopo di evitarne l'ostilità e anche di ridurre l'impegno finanziario richiesto per l'apertura di dipendenze finanziario-industriali in quei territori[20]. La Creditanstalt, ad esempio, continuava ad avere una presenza occulta in Cecoslovacchia avendo raggruppato i suoi interessi locali intorno alla Böhmische Escompte-Bank und Kredit-Anstalt, in cui era cointeressata anche la Niederösterreichische Escompte-Gesellschaft[21].

I due maggiori istituti di credito italiani, la Banca commerciale italiana e il Credito italiano, progettarono anche loro una politica di espansione dei loro affari negli Stati successori all'impero austro-ungarico. La Banca commerciale italiana riuscì a mettere in piedi in modo stabile una rete di banche in Europa centro-orientale e in Austria; nel 1919 fondò la Società italiana di credito, con la sede a Milano e con una filiale a Vienna. Il Credito italiano invece non riuscì a stabilire una solida ed ampia rete di partecipazioni nell'area danubiano-balcanica e per questo motivo la sua attività fu più limitata. Nel paese alpino il Credit divenne il maggiore azionista della Banca di credito italo-viennese, con sede nella capitale austriaca. L'istituto di credito viennese venne costituito il 12 luglio 1920 con un capitale in corone equivalente a 3 milioni di lire, di cui 2/3 apportati dall'istituto di Piazza Cordusio a Milano. Entrambi questi istituti di credito avrebbero favorito la penetrazione economica italiana in Austria.

La Banca commerciale italiana utilizzò come fiduciario per la sua attività lo scaltro finanziere triestino Camillo Castiglioni, presidente della Allgemeine Depositenbank di Vienna. La Depositenbank, al contrario degli altri istituti di credito austriaci, non era stata interessata dalla dispersione delle sue filiali nei nuovi Stati e non aveva acceso debiti prima della guerra in divise estere che successivamente sarebbero diventati troppo onerosi a causa della svalutazione delle

---

20 Roberto Di Quirico, Le banche italiane all'estero, 1900–1950. Espansione bancaria all'estero e integrazione finanziaria internazionale nell'Italia degli anni tra le due guerre, Fucecchio 2000, 78.

21 La principale azionista della Böhmische Escompte-Bank und Kredit-Anstalt era la Zivnostenská banka con il 55 % delle azioni; seguivano la Creditanstalt e la Niederösterreichische Escompte-Gesellschaft con il 22,5 % ciascuna. Cfr. Eduard März, Austrian Banking and Financial Policy. Creditanstalt at a Turning Point, 1913–1923, New York 1984, 350; Philip L. Cottrell, Aspects of Western Equity Investment in the Banking Systems of East Central Europe, in: Alice Teichova, Philip L. Cottrell (eds.), International Business & Central Europe, 1918–1939, New York 1983, 336–337, 339; Carlo Corti, Le vicende bancarie in Austria, Wien 1927, 5.

valute locali. Inoltre, i suoi impieghi in prestiti di guerra o anticipi allo Stato asburgico, che rendevano la solvibilità delle banche dipendente da quella dello Stato, erano stati minimi[22].

Castiglioni era diventato presidente della banca, grazie all'appoggio della Dresdner Bank, e aveva iniziato una politica molto aggressiva che mirava anche all'acquisizione di partecipazioni strategiche in società appartenenti alla sfera di influenza della Creditanstalt[23]. Egli riuscì quindi a creare un cartello di aziende sotto l'influenza del suo istituto anche grazie alla collaborazione con altre banche, tra le quali spiccava la Anglo-Austrian Bank, e inoltre aveva costituito nel settembre 1918 la Export und Industrie Bank, insieme alla Depositenbank[24]. Al successo imprenditoriale del finanziere triestino avevano contribuito il sostegno finanziario della Comit e quello politico del ministero degli Affari Esteri italiano con il quale egli era in stretto contatto[25]. In virtù di questi appoggi e protezioni Castiglioni fu uno dei principali attori dell'affaire Alpine.

La Alpine Montangesellschaft, con sede a Donawitz in Stiria, era la più grande impresa metallurgica dell'ex-impero asburgico e nel 1919 divenne l'oggetto della più clamorosa operazione economica italiana all'estero. L'impresa era stata fondata nel 1881 ed era sorta dall'unione delle più importanti fonderie della regione alpina; essa aveva sviluppato fin dagli anni Novanta nuovi tipi di lavorazione del ferro tecnologicamente avanzati ed era proprietaria di uno dei più vasti giacimenti europei di minerali di ferro[26]. L'Alpine e la morava Witkowitz erano state le principali aziende siderurgiche della duplice monarchia. Entrambe le società metallurgiche avevano proceduto a un'integrazione verticale della produzione, ossia controllavano sia le miniere di minerali che gli stabilimenti per la fabbricazione di semilavorati e prodotti finiti, e inoltre avevano goduto del

---

22 Di Quirico, Le banche italiane all'estero, 79.
23 März, Austrian Banking and Financial Policy, 358–359.
24 Di Quirico, Le banche italiane all'estero, 79.
25 Castiglioni, che aveva ottenuto la cittadinanza italiana ma continuava a risiedere a Vienna, era stato ripetutamente l'emissario degli ambienti diplomatici italiani nelle trattative segrete con il Presidente del consiglio cecoslovacco Tusar e con il Presidente della repubblica ceca Masaryk circa la possibilità di sganciare il governo di Praga dalla causa jugoslava nella questione di Fiume. Questi negoziati riservati concorsero alla risoluzione temporanea delle questioni tra Italia e Jugoslavia, stipulata con il trattato di Rapallo (12 novembre 1920), contribuendo a rafforzare, agli occhi dei moderati italiani, la figura di Giolitti a scapito di Nitti. Cfr. Valerio Castronovo, Castiglioni Camillo, in: Dizionario biografico degli italiani, 22, 134. Su Castiglioni si veda anche Dieter Stiefel, Camillo Castiglioni oder Die Metaphysik der Haifische, Wien-Köln-Weimar 2012.
26 P. G. Fischer, The Österreichisch-Alpine Montangesellschaft, in: Teichova, Cottrell (eds.), International Business & Central Europe, 253. Gli altri stabilimenti dell'Alpine sorgevano a Eisenerz e in altre località della Stiria.

protezionismo doganale e della spinta cartellizzazione che aveva caratterizzato il settore. Tra le due compagnie vi erano rapporti stretti fin dall'inizio degli anni Ottanta del XIX secolo, infatti le fonderie dell'Alpine, che erano vicine alle miniere del minerale di ferro, dovevano trasportare il carbon coke dalla regione di Ostrava-Moravská[27].

Il controllo del complesso siderurgico stiriano era fortemente voluto dal governo italiano, perché si ipotecava così una base economica in Austria che sarebbe servita da collegamento fra l'area danubiana e il porto di Trieste. Fu infatti Roberto Segre, il capo della missione militare di armistizio a Vienna, che riuscì in un primo tempo ad evitare la nazionalizzazione della società e poi a far acquisire le azioni dalla Fiat. La vicenda, conosciuta in Austria come affaire Kola, iniziò nel maggio del 1919, quando il governo federale, composto da una coalizione tra cristiano-sociali e socialdemocratici, annunciò la decisione di rilevare un certo numero di industrie chiave per l'economia austriaca: centrali elettriche, stabilimenti siderurgici, ecc. La spinta alla socializzazione di queste imprese veniva da Otto Bauer e dalla sinistra del partito socialdemocratico, anche nel tentativo di neutralizzare la strategia rivoluzionaria dei comunisti, che nel paese alpino non ebbero mai molto seguito. La Alpine Montangesellschaft era tra le imprese da socializzare; inoltre la sua direzione aveva notoriamente dei comportamenti antisindacali e gli operai avevano chiesto esplicitamente allo Stato di rilevarla[28].

---

27   La Witkowitz Werke (dal 1918 Vítkovické horni a hutni těžířstvo) di Vítkovice, vicino Ostrava-Moravská, era la più antica azienda metallurgica cecoslovacca. Nel 1831 fu costruito proprio a Vítkovice il primo forno a coke, che implicava un metodo moderno di pudellaggio e verso la metà degli anni Quaranta del XIX secolo fu installato il primo maglio a vapore. Infatti, nel 1838 Salomon Rothschild aveva usato i suoi contatti personali con Metternich per ottenere la concessione per la costruzione dei 600 chilometri della Kaiser-Ferdinand-Nordbahn e in connessione con questo appalto aveva acquistato la Witkowitz e le miniere di antracite dell'area. Così la Creditanstalt sostenuta dalla potenza economica dei Rothschild finanziò e sostenne il gruppo estrattivo, metallurgico e meccanico moravo. Nel dopoguerra, il complesso siderurgico, specializzato nella costruzione di materiali per la navalmeccanica, rimase in mano ai Rothschild di Londra e di Vienna fino al 1938. Ma prima dell'occupazione da parte tedesca della repubblica cecoslovacca l'intera proprietà e la gestione aziendale furono trasferite a Londra alla Alliance Company, principale braccio operativo della famiglia di banchieri. Si cercò così di impedire la requisizione dell'impresa e il suo inserimento nella Reichswerke, la holding statale tedesca che raggruppava le imprese che producevano materiale bellico. L'acciaieria fu occupata dai tedeschi e nacque un difficile contenzioso a cui si cercò di porre rimedio con un accordo a Parigi nel luglio del 1939, ma la transazione fu interrotta dalla guerra. Cfr. Richard L. RUDOLPH, Banking and Industrialization in Austria-Hungary. The role of banks in the industrialization of the Czech-Crownlands, 1873-1914, London 1976, 15, 93; Iván T. BEREND, György RÁNKI, Lo sviluppo economico nell'Europa centro-orientale nel XIX e XX secolo, Bologna 1978, 140, 196; Richard J. OVERY, Göring's "Multi-national Empire" in: Teichova, Cottrell (eds.), International Business & Central Europe, 277.

28   Richard SWEDBERG, Joseph A. Schumpeter. Vita e opere, Torino 1998, 74.

Per buona sorte del governo le azioni dell'Alpine avevano una quotazione molto bassa in Borsa in quel momento, perciò l'operazione non avrebbe pesato eccessivamente sulle finanze dello Stato. A giugno però la quotazione delle azioni della società stiriana triplicò, innescando un boom di scambi nella depressa Borsa viennese, e non ci volle molto a scoprire che la Fiat aveva acquisito una partecipazione di controllo, impedendo così la socializzazione dell'azienda[29]. La "congiura" ebbe come attori il ministro delle Finanze, l'economista Joseph Schumpeter, che si servì dei buoni uffici della finanziaria viennese Kola & Co, diretta da Richard Kola. Quest'ultimo infatti tra la primavera e l'inizio dell'estate del 1919 vendette le 200.000 azioni dell'Alpine al Credit, probabilmente tramite Roberto Segre, che approfittò anche della svalutazione della corona. La quota, pari al 44 % del capitale sociale, venne rivenduta nell'estate 1919 al gruppo torinese con l'intermediazione del Credito italiano[30]. Kola trasferì a sua volta la valuta italiana ricevuta al Tesoro austriaco che acquistò viveri e materie prime. Il prezzo delle azioni continuò a salire anche quando in ottobre il governo federale, in virtù di una legge approvata nel luglio, acquisì una partecipazione nell'Alpine in occasione del suo aumento di capitale. Poche settimane più tardi l'esecutivo vendette le sue azioni dell'Alpine ad un gruppo svizzero guidato dall'austriaco Felix Somary[31].

Lo scandalo politico però travolse Schumpeter che fu violentemente attaccato da Bauer. L'economista austriaco si difese affermando che se era al corrente dei piani, non aveva però alcun tipo di autorità per bloccarli e, quand'anche ne avesse avuto la facoltà, sarebbe stato contrario agli interessi dell'Austria esercitarla[32]. I socialdemocratici però non interpretarono l'episodio come un atto patriottico e il 17 ottobre 1919 ne chiesero la destituzione senza troppe cerimonie. Schumpeter non fu difeso neanche dai cristiano-sociali, probabilmente perché aveva proposto l'imposta sul capitale come chiave della sua manovra fiscale, e perché anche loro non volevano prendere le parti di un personaggio molto discusso nella società austriaca. Aveva molto colpito l'opinione pubblica, di una città affamata ed immiserita dall'inflazione come Vienna, lo stile di vita lussuoso del ministro che addirittura aveva preso in affitto un castello per dimora[33].

La Fiat era entrata così in possesso, con una spesa minima, di un importante complesso siderurgico in grado di fornirle l'acciaio necessario alle proprie

---

29   Anche la Comit e Castiglioni entrarono in possesso di un pacchetto di azioni.

30   Luca Segato, L'espansione multinazionale della finanza italiana nell'Europa centro-orientale. La Banca commerciale italiana e Camillo Castiglioni (1919-1924), in: "Società e storia", 89, 2000, 530; März, Austrian Banking and Financial Policy, 334.

31   Segato, L'espansione multinazionale della finanza italiana nell'Europa centro-orientale, 530.

32   Si veda una delle due lettere mandate nel secondo dopoguerra da Schumpeter a Gulick, cfr. Charles A. Gulick, Austria from Habsburg to Hitler, I, Berkeley-Los Angeles 1948, 141, n.19.

33   Cfr. Swedberg, Joseph A. Schumpeter, 75.

produzioni automobilistiche, senza dover subire le forti variazioni dei mercati internazionali o i prezzi elevati imposti dagli oligopolisti italiani. Grazie ad un aumento di capitale promosso da Castiglioni la società torinese rafforzava inoltre la propria presenza in Austria tornando in possesso della Österreichische Fiat Werke AG (Fiatwerke), da cui era stata estromessa durante la guerra[34]. Nel marzo 1921, però, Agnelli vendette la sua quota ad una finanziaria controllata dal magnate dell'acciaio tedesco Hugo Stinnes, provocando grande scandalo in Italia perché la cessione della Alpine era avvenuta all'insaputa del governo e probabilmente aggirando le norme vigenti in materia di esportazioni di capitali e di transazioni finanziarie[35].

La scelta di Agnelli di vendere la sua partecipazione al gruppo siderurgico tedesco era dovuta all'inefficienza a cui era costretta l'impresa austriaca, causata dall'indisponibilità di coke e dai problemi di trasporto del minerale[36]. Inoltre, dopo l'armistizio i prezzi internazionali del ferro e del carbone erano diminuiti rendendo meno appetibile il controllo della Alpine[37]. D'altra parte il gruppo torinese era incapace di provvedere al rifornimento di coke necessario alla produzione dell'acciaieria austriaca, mentre i tedeschi erano nella posizione di offrire queste materie prime vitali, come infatti avvenne subito dopo l'acquisizione da parte del gruppo Stinnes[38]. La Comit invece si disimpegnò dall'affare Alpine, almeno ufficialmente, nel giugno del 1923 cedendo le azioni a Castiglioni che divenne così un elemento determinante per Stinnes allo scopo di mantenere il controllo dell'azienda. In realtà le azioni detenute da Castiglioni, da Stinnes e dalla Comit confluirono in una società con sede in Svizzera che si chiamava Promontana. Essa era una vera e propria holding che controllava la Alpine e doveva provvedere al suo rifornimento di coke acquistandolo da Stinnes al prezzo praticato in Germania e speculando su questa operazione grazie alla svalutazione del marco[39]. Nel 1924, con la morte di Stinnes e le difficoltà finanziarie di Castiglioni, l'Alpine Montangesellschaft passò sotto il controllo della Vereinigte Stahlwerke e il finanziere triestino fu sollevato dalla carica di vicepresidente.

---

34   Il finanziere triestino aveva rilevanti partecipazioni nel settore della produzione dei veicoli: Bmw, Puch e Fiatwerke. Cfr. Segato, L'espansione multinazionale della finanza italiana nell'Europa centro-orientale, 520, 530.

35   Cfr. Castronovo, Castiglioni Camillo, 134–135; Di Quirico, Le banche italiane all'estero, 80.

36   Fischer, Österreichisch-Alpine, 255. Sulla decisione della Fiat pesò sicuramente il continuo contrasto con il partito socialdemocratico austriaco, che non vedeva di buon occhio la cessione dell'impresa siderurgica ad un gruppo straniero.

37   Di Quirico, Le banche italiane all'estero, 80.

38   März, Commentary, to P. G. Fischer, Österreichisch-Alpine, in: Teichova, Cottrell (eds.), International Business & Central Europe, 268.

39   Di Quirico, Le banche italiane all'estero, 80.

L'impresa siderurgica stiriana nel 1924 si accordò con un consorzio di istituti di credito statunitensi, guidati dalla banca Morgan, per l'emissione di un prestito obbligazionario di 3 milioni di dollari per venti anni, ad un tasso del 6,5 %[40].

Le imprese siderurgiche dell'ex monarchia avevano una lunga tradizione di rapporti commerciali con gli impianti navalmeccanici dell'area triestina. L'Alpine e la Vítkovice erano state, durante l'impero, le fornitrici di lamiere d'acciaio e semilavorati dei cantieri navali giuliani e, anche nel primo dopoguerra, questi stabilimenti continuarono a rifornirsi dei prodotti metallurgici per la costruzione delle navi presso i produttori cechi e austriaci[41]. Erano stati i vecchi legami dei cantieri giuliani con la Creditanstalt ad averli messi in contatto con il complesso metallurgico integrato di Vítkovice e anche dopo la guerra la relativa indipendenza dai gruppi siderurgici italiani permise agli ex stabilimenti asburgici di rivolgere la domanda di materiali all'estero[42]. Il ricorso all'estero per i materiali, ma soprattutto per la fornitura di grossi pezzi di acciaio fuso e fucinato per scafi e motori, era dovuto anche ai ritardi nelle consegne da parte delle industrie italiane rispetto a quelle straniere.

L'altra rilevante operazione realizzata dalla Banca commerciale italiana e da Castiglioni fu la fondazione della Foresta, Società anonima per l'industria e il commercio del legname. Lo scopo della compagnia era l'acquisizione del controllo del commercio di tutto il legname tenero del Mediterraneo. La Foresta operava in Romania, Austria, Cecoslovacchia, Jugoslavia e aveva un'affiliata in Polonia, con il disegno di operare una sorta di ciclo integrale del legno tramite il quale trasformare il legname grezzo in semilavorati e in prodotti finiti (mobili)[43]. Ma la Foresta gestita dall'istituto di Piazza della Scala avrebbe anche po-

---

40 Österreichisches Staatsarchiv Wien (d'ora innanzi ÖStA), Archiv der Republik (d'ora innanzi AdR), Alpine Montangesellschaft, Zentrale Dollarleihe 1924–1954, Karton (d'ora innnzi K.) 23. Il prestito venne emesso il 1° agosto 1924 e sarebbe stato estinto il 1° agosto 1944; i tagli delle obbligazioni erano da 500 e 1.000 dollari.

41 Archivio storico della Banca d'Italia (d'ora innanzi Asbi), Carte Beneduce, Serie Pratiche, b.125, f.1, bob.44, ftg.1196. La Vítkovice Mining and Foundry Works rimase la loro principale rifornitrice di materiali siderurgici.

42 D'altra parte, l'esperienza dei piccoli paesi produttori di navi, privi di un settore siderurgico interno, dimostrava quanto fosse vantaggioso indirizzare la propria domanda sul mercato internazionale. Cfr. Ingvar Svennilson, Growth and stagnation in Western Economies, Geneva 1954, 156.

43 Di Quirico, Le banche italiane all'estero, 82; Berend, Ránki, Lo sviluppo economico nell'Europa centro-orientale, 277–278. Pio e Mario Perrone, proprietari dell'Ansaldo di Genova e tradizionali concorrenti delle imprese legate alla Comit, accusarono la Commerciale di aver influenzato il governo nella decisione di vietare l'esportazione del legname italiano all'estero, per poter favorire l'azione della sua società Foresta nella produzione delle traversine di legno necessarie per la ricostruzione delle linee ferroviarie dell'Europa centro-orientale – Asbi, Carte Beneduce, Serie Pratiche, n.79/6, bob.27, ftgg.690–91.

tuto rifornire i cantieri a lei collegati del legname necessario per gli arredi navali e per le impalcature da costruzione. Va ricordato che l'amministratore delegato della Comit, Giuseppe Toeplitz, aveva fatto entrare Castiglioni nel consiglio di amministrazione del Lloyd triestino, controllato dalla banca milanese. Il medico capo della compagnia di navigazione era Arturo Castiglioni, fratello maggiore di Camillo, che ricoprì questo incarico fino al 1938, quando fu costretto a lasciare l'Italia a causa delle leggi razziali[44]. Il Cantiere navale triestino, ad esempio, nel gennaio 1920 aveva grossi quantitativi di legname, più di 4000 m³, giacenti nelle stazioni ferroviarie austriache e si lamentava con la Legazione italiana a Vienna dell'impossibilità di costruire le navi senza queste partite di legname[45].

La domanda di legname aveva conosciuto un boom nel primo dopoguerra; questo era dovuto al settore edilizio che ne aveva bisogno per le impalcature, ma anche per i serramenti e i pavimenti. Ma anche la distribuzione della corrente elettrica nel paese e lo sviluppo della telefonia necessitavano di legname per la costruzione di pali per i tralicci. Tuttavia, l'Italia aveva una produzione forestale che non bastava a coprire il fabbisogno interno, prendendo in considerazione gli abeti, i larici e i pini. Alla domanda interna si doveva provvedere con l'importazione del legname dall'estero, prima della guerra principalmente dall'Austria-Ungheria e dopo il conflitto dagli Stati successori.

Tab. 1 – Principali paesi esportatori di legname in Italia (tonn.)[46]

	1919	1920	1922	1923
Regno S.H.S.	3.414	35.435	336.055	450.334
Austria	78.267	256.860	282.082	376.958
Germania	1.520	9.485	18.485	19.908
Germania (conto riparazioni)	..	..	75.953	79.916
Stati Uniti	23.584	42.370	60.181	60.483
Romania	..	..	..	36.228
Svizzera	124.376	37.861	6.887	8.028
Cecoslovacchia	19.601	73.079	16.019	1.966
Polonia	777	1.719	..	..
Altri stati	16.463	37.208	51.039	42.482

Fonte: Valerio POLACCO, Legnami, in: Camera di Commercio e Industria di Trieste, L'economia triestina nel quinquennio 1919–1923, Trieste 1924, 74.

---

44 Cfr. SEGATO, L'espansione multinazionale della finanza italiana nell'Europa centro-orientale, 324, n.33.
45 Ausfuhr aus Österreich nach Italien – ÖStA, AdR, Neues Politisches Archiv (d'ora innanzi NPA), Abt.14 (Handelspolitik), K. 82.
46 Mancano i dati disaggregati per il 1921.

Nei cinque anni successivi alla fine della guerra, la quota di legname importato dall'Italia rimase inferiore rispetto a quella del 1913, mentre il valore d'importazione era quasi triplicato. Evidentemente il commercio di legname era ostacolato dalla carenza di linee ferroviarie ancora da ricostruire e dalla situazione politica ed economica all'interno di ciascun paese. La quota di legname proveniente dalla Polonia, ad esempio, era assolutamente residuale, mentre il flusso dalla Romania iniziò soltanto nel 1923. La Jugoslavia invece nel 1922 e nel 1923 era al primo posto tra gli esportatori; la sua quota oscillava tra il 39,5 e il 42 % del totale. Il valore del legname arrivato dalla Jugoslavia nel 1923 ammontava a 163.834.202 lire, pari al 33,49 % del valore totale delle esportazioni jugoslave in Italia. L'Austria, d'altra parte, era passata nel 1922 e nel 1923 al secondo posto, con una percentuale che oscillava tra il 33 e il 35 % del totale del legname importato. Nel 1923, il valore del legname importato dalla Repubblica federale era di 111.029.382 lire, ossia pari a circa un terzo del totale delle esportazioni austriache in Italia (325 milioni di lire)[47]. Era evidente quanto l'esportazione di legname fosse importante per la ripresa economica dell'Austria, o almeno per il pagamento dei viveri e dei combustibili necessari per il suo fabbisogno. Inoltre, l'aumento del prezzo di questa particolare materia prima mostrava l'entità della fiammata inflattiva che stava colpendo l'Europa nel dopoguerra, ma concedeva anche molte opportunità agli importatori occidentali in possesso di valuta apprezzata rispetto a quelle degli Stati successori. Era questo il caso del gruppo Feltrinelli di Milano.

Carlo Feltrinelli, che diverrà nel 1922 vicepresidente dell'Edison e nel 1928 presidente del Credito italiano, era alla guida dell'azienda di famiglia che aveva tradizionalmente una serie di interessi nell'industria del legname; infatti deteneva partecipazioni in società addette allo sfruttamento di foreste nell'Europa orientale[48]. Carlo Feltrinelli, nel primo dopoguerra, aveva allargato il giro d'affari

---

47 POLACCO, Legnami, 74.

48 La Ditta Feltrinelli venne fondata dallo zio di Carlo, Giacomo, che iniziò la commercializzazione del legname nella seconda metà dell'Ottocento. Il legno era una materia prima fondamentale per la crescita edilizia di Milano, la costruzione degli stabilimenti industriali e lo sviluppo della rete ferroviaria nazionale. Esso veniva infatti utilizzato per i ponteggi, ma anche per le traversine ferroviarie in rovere. L'azienda si specializzò nella commercializzazione del legno d'abete e avviò un mercato d'importazione dall'estero di questo tipo di legname resinoso, data la limitata estensione delle foreste italiane (peraltro poco sfruttate). Gli anni Ottanta conobbero l'estensione degli affari della famiglia Feltrinelli nell'impero asburgico e nei Balcani. Il loro ciclo di produzione iniziava dal controllo delle fonti di approvvigionamento, alla partecipazione alla lavorazione del legno e alla commercializzazione. Risalgono alla fine del secolo alcuni investimenti strategici della Ditta Feltrinelli, come l'acquisto di interi boschi in Carinzia o la partecipazione alla costruzione di impianti ferroviari a Vienna e Salonicco. Nel 1889 Giacomo Feltrinelli fondò la Banca Feltrinelli e nel 1896 fu uno dei finanziatori della Edison di Giuseppe Colombo. Nacque così

internazionale del suo gruppo. La Ditta Feltrinelli importava infatti legname dall'Europa (abete, faggio e rovere), dal nord America (pitch-pine, douglas, iroko), dall'Asia (teak) e dall'Africa (mogano pregiato)[49]. Il fratello di Carlo, Giuseppe, aveva iniziato a vivere ai primi del secolo fra Villach e Vienna e si era occupato della commercializzazione delle forniture di legname per l'Italia. L'Austria era infatti il principale mercato di approvvigionamento di legname per il commercio internazionale della Ditta Feltrinelli. Forte di questa posizione, la famiglia nell'immediato dopoguerra aveva preso il controllo della maggiore società austriaca di sfruttamenti boschivi, con foreste in Carinzia, Stiria e Tirolo.[50]

Nell'aprile 1920 la Società forestale Feltrinelli, con sede a Fiume e che possedeva nella Transilvania una grande azienda boschiva, stava tentando la fusione di questa impresa con altre due società rumene che possedevano i boschi confinanti, nel tentativo di formare così una società nella quale la famiglia Feltrinelli avrebbe avuto la maggioranza. La compagnia sorta da questa fusione avrebbe potuto disporre di 5 milioni di m^3 di abete e 3 milioni di m^3 di faggio, con un capitale corrispondente a circa 45.000.000 di lire[51].

La leadership del gruppo Feltrinelli nell'oligopolio del commercio di legname per l'Italia si affermava mentre il porto di Trieste perdeva progressivamente la sua importanza in questo settore[52]. Se prima della guerra, nel 1913, il mercato italiano aveva assorbito il 72,6 % dell'esportazione globale di legname da Trieste, nel dopoguerra il porto di triestino aveva visto diminuire anno dopo anno quote di traffico del legname. Le cause erano varie: la rottura dell'unità economica

---

questa fruttuosa collaborazione che durerà per molti decenni. A queste iniziative si aggiunse la fondazione del Cotonificio Feltrinelli e l'acquisto di alcune partecipazioni nel settore dei trasporti sul lago di Garda. Naturalmente, data la complementarietà del settore, Feltrinelli investì anche nell'edilizia; in questo settore controllava: la Compagnia per imprese e costruzioni, la Società edilizia per il centro di Milano e la Società italiana per il commercio degli immobili. Giacomo Feltrinelli morì nel 1913 lasciando un patrimonio valutabile in 60 milioni di lire. Soltanto a titolo di esempio, si consideri che egli possedeva a Roma tutti gli immobili di piazza Esedra (ora piazza della Repubblica). Cfr. Carlo FELTRINELLI, Senior service, Milano 1999, 11–13.

49 FELTRINELLI, Senior service, 15–17.

50 Giuseppe Feltrinelli morì a Roma nel giugno 1918. Cfr. Luciano SEGRETO, I Feltrinelli. Storia di una dinastia imprenditoriale (1854–1942), Milano 2011, 241–243. I beni mobiliari e immobiliari dei Feltrinelli in Austria furono dissequestrati dalle autorità austriache soltanto il 9 luglio 1921. Si veda la lettera di Carlo Feltrinelli del 21 ottobre 1921 alla delegazione italiana presso la Commissione per le riparazioni – ÖStA, AdR, NPA, Abt.14, K. 82.

51 Antonio CONFALONIERI, Banche miste e grande industria in Italia. 1914–1933, I, Introduzione. L'esperienza della Banca commerciale italiana e del Credito italiano, Milano 1994, 722, n.1.

52 Nel 1932 Carlo Feltrinelli divenne importatore esclusivo per l'Italia del legname russo, mentre dagli USA ottenne una delle prime licenze dalla Masonite Corporation per produrre pannelli in fibra.

dell'entroterra danubiano; le linee di trasporto ferroviario che privilegiavano l'arrivo del legno proveniente dall'Europa centro-orientale attraverso Villach e poi Udine; la chiusura del mercato russo del legname che avrebbe potuto avvantaggiare il capoluogo giuliano. In conclusione la concorrenza di un gruppo internazionale integrato come quello Feltrinelli, che dirigeva un consorzio di aziende italiane che commerciavano in legname austriaco[53], si avvantaggiava della riduzione del commercio di legname attraverso il porto triestino che soffriva di alcuni problemi strutturali indipendentemente dall'azione della società milanese. Per di più, per la sua conoscenza del mondo degli affari dell'Europa centro-orientale, per il suo rapporto privilegiato con il Credit e l'ambiente finanziario milanese, Carlo Feltrinelli rappresentava una scelta alternativa rispetto alle élites giuliane, scelta che venne effettivamente adottata dalla borghesia industriale italiana per sviluppare il suo progetto di espansione economica nell'Europa danubiano-balcaniaca, come dimostra il ruolo che Feltrinelli svolse infatti nella vicenda della Steweag dietro pressione del governo italiano.

La Steweag

La Steirische Wasserkraft und Elektrizitäts A. G., con sede a Graz, era stata fondata allo scopo di sfruttare le forze idrauliche della Stiria. La crisi finanziaria austriaca del 1922 sembrò comprometterne lo sviluppo e per questo motivo nel 1923 la Società finanziaria di elettricità di Milano si interessò alla Steweag fornendole i capitali necessari e l'assistenza tecnica. L'idea di fondo che spinse le autorità italiane a caldeggiare l'intervento finanziario italiano nella Steweag era quello di poter acquisire un forte controllo economico sulla regione attraverso la gestione di una fonte di energia determinante per lo sviluppo industriale. Inoltre la Stiria era tradizionalmente una regione con un elettorato conservatore e antisocialista, perciò anche dal punto di vista politico l'operazione poteva essere utile per allacciare rapporti con le autorità locali.

Nel corso del 1922 il Capitano provinciale della Stiria, Anton Rintelen, che era anche presidente della Steweag, aveva avvicinato il console italiano a Graz per riferirgli del suo interesse per un eventuale coinvolgimento della finanza italiana nell'opera di sfruttamento delle risorse idriche della Stiria. Nel giugno del 1923 la coppia Castiglioni-Stinnes si interessò all'affare pensando di modernizzare la Alpine con il passaggio al forno elettrico in virtù dell'energia idroe-

---

53   La sede del sindacato era in via Andegari, 4 a Milano, ossia il quartier generale del gruppo
     Feltrinelli che partecipava al cartello con due società: la fratelli Feltrinelli di Milano e la Brüder
     Feltrinelli, Holzindustrie di Bolzano. Si veda in ÖStA, AdR, NPA, Abt.14, K. 82.

lettrica che si poteva produrre in Stiria. Per di più Castiglioni e Stinnes avevano aumentato la loro presenza nel settore siderurgico austriaco con la creazione della Schoellerstahlwerke, altra società che poteva essere interessata all'uso di forni elettrici[54].

Mussolini, informato dalla Legazione italiana di Vienna, intervenne con decisione sia su Feltrinelli, che inviò due tecnici in Stiria, sia su Castiglioni, che accettò di appoggiare gli interessi italiani[55]. Nel luglio 1923 si formò infine la Società industriale italiana transalpina che, su iniziativa di Feltrinelli, riunì Edison, Società adriatica di elettricità, Società nazionale per le imprese elettriche, Banca unione (del gruppo Feltrinelli), Credit, Comit, Banca nazionale di credito, oltre a Società di credito commerciale e Banca di credito italo viennese che erano le affiliate viennesi di Comit e Credit. Erano perciò presenti nel gruppo di comando sia la Sade di Giuseppe Volpi, che aveva interessi elettrici in Venezia Giulia e nell'Istria, sia l'Edison che intervenne anche per tutelare i suoi interessi contro quella che poteva divenire un'accanita concorrente. Proprio per i suoi rapporti con Feltrinelli e il Credit, l'Edison riuscì ad attuare una spartizione per la fornitura di energia elettrica nell'Italia settentrionale. Per di più l'azienda milanese

---

54 Archivio storico diplomatico del Ministero degli Affari Esteri, Roma (d'ora innanzi ASMAE), Affari commerciali (d'ora innanzi AC), 1919-1923, Austria, posizione (d'ora innanzi pos.) 33c. Oltre alla elettrificazione delle imprese controllate dal gruppo Castiglioni-Stinnes, per la Steweag si prospettava la possibilità di vendere energia elettrica alle varie imprese austriache in generale, oltre che di provvedere alla elettrificazione delle ferrovie e della città di Vienna.

55 Il 27 giugno 1923 Mussolini scrisse a Luca Orsini Barone, a capo della Legazione di Vienna, il seguente telegramma: "In seguito a mie più vive premure la Ditta Feltrinelli ha inviato in Stiria due tecnici i quali hanno studiato e riferito circa lo sfruttamento delle forze idrauliche dal punto di vista tecnico. Feltrinelli ha l'adesione e l'appoggio di altri importanti gruppi fra i quali il Credito italiano. Per contro dalle notizie che la S.V. mi ha diligentemente comunicato risulta che il Sig. Stinnes si interessa vivamente alla questione dello sfruttamento di queste forze e che alle di lui trattative prende parte il Sig. Castiglioni. Sembra quindi essere giunto il momento di avere con lui una esauriente conversazione. Egli ha nel passato ripetutamente offerto la sua collaborazione a quella qualsiasi iniziativa che il R. Governo ritenesse politicamente utile. È quindi opportuno che la S.V. trovi modo di significargli che la questione delle forze idrauliche per l'Austria riveste una importanza politica per il governo italiano, il quale vedrebbe con piacere che il Sig. Castiglioni con la sua potenza finanziaria e conoscenza dell'Austria contribuisse ad assicurare all'Italia un largo e sicuro sfruttamento di esse. La S.V. vorrà mettere in rilievo la difficile situazione in cui potrebbe venirsi a trovare il Signor Castiglioni se un affare patrocinato dal Governo italiano e desiderato da gruppi italiani fosse contrastato da un gruppo estero al quale partecipasse Castiglioni, mentre il gruppo italiano è disposto a procedere d'accordo con lui ed egli ciò facendo stringerebbe rapporti con istituti di provata italianità. È superfluo aggiungere che il R. Governo non mancherebbe di tenere nel dovuto conto l'atto del Signor Castiglioni". Si veda telegramma di Mussolini alla Legazione d'Italia a Vienna, 27 giugno 1923 – ASMAE, AC 1919-1923, Austria, pos.33c.

riuscì ad esercitare un controllo diretto sulla società stiriana grazie all'ingegnere Mario Giuseppe Soldini, mandato nel 1924 dall'Edison in Stiria a seguire lo sviluppo della Steweag, ricoprendo anche la carica di amministratore delegato[56].

Era stato Castiglioni a comprare le azioni per il gruppo italiano per un ammontare totale di 20.681.326.490 corone a cui si sommarono spese, interessi e provvigioni per 1.212.597.898 corone, a cui si doveva aggiungere l'imposta di circolazione del denaro pari a 21.893.924 corone arrivando così ad un importo totale per l'operazione di 21.915.818.312 corone. Il 19 ottobre 1923 il capitale sociale venne aumentato a 51 miliardi di corone[57].

Il Gruppo italiano partecipava con il 62,5 % al sindacato di garanzia che era composto da Camillo Castiglioni che deteneva i 2/6 della parte italiana; dalla Comit, dal Credit, dall'Edison e da Feltrinelli con 1/6 ciascuno. Il Consorzio bancario secondo il protocollo del 23 novembre 1923 era composto dal Gruppo italiano, rappresentato dalla Casa Castiglioni, e dal Gruppo bancario austriaco (tutte le grandi banche viennesi e alcune minori) rappresentato da Banca Angloaustriaca, Wiener Bankverein e Boden Creditanstalt[58]. La gestione del sindacato e le operazioni bancarie inerenti spettavano alla Banca Angloaustriaca; il controllo della gestione con effetto legale per tutti i membri del sindacato era gestito dalla Ditta Castiglioni e i conti approvati da quest'ultima erano impegnativi per tutti i membri[59]. I due gruppi costituivano un Sindacato di blocco e vi apportavano sia le azioni possedute, sia quelle che avrebbero posseduto per effetto di garanzia e di ulteriore aumento di capitale. Il gruppo italiano sarebbe infatti salito al 67 % e quello viennese al 33 %[60].

---

56 Antonio VITIELLO, La grande famiglia degli elettrici, in: Storia dell'industria elettrica in Italia, III, t.1, Giuseppe Galasso (ed.), Espansione e oligopolio. 1926-1945, Roma-Bari 1993, 467.

57 Archivio storico di Banca Intesa, patrimonio Comit (d'ora innanzi ASI–BCI), Ufficio finanziario della Banca commerciale italiana, Note complementari alla contabilità e repertorio affari diversi (UF, r), 9, fogli 2434-2438, relativi alla Steweag. Le cifre non devono impressionare data l'alta inflazione austriaca.

58 Ibid. Ogni gruppo poteva trasferire azioni da un membro all'altro della propria parte e cederle sotto partecipazioni a terzi. Questo però con l'intesa che tale cessione fosse rimasta di carattere interno fra il singolo contraente e la singola partita, in modo che i contraenti originari fossero stati sempre i soli ad acquistare diritti e ad assumere obbligazioni. La cessione di quote da un gruppo all'altro aveva bisogno del consenso di tutto il gruppo cedente.

59 Dalla provvigione di garanzia era prelevato l'1 % da ripartirsi in parti uguali fra Castiglioni, la Banca Angloaustriaca e le altre banche viennesi.

60 Il Wiener Bankverein custodiva i titoli e le azioni del sindacato con annotazione della priorità dei rispettivi membri e le azioni non potevano essere né vendute né pignorate da parte dei membri del sindacato per tutta la loro durata. Inoltre le deliberazioni del sindacato potevano venir prese soltanto con una maggioranza del 75 % delle azioni sindacali, mentre la direzione del sindacato di blocco era affidata ad un Comitato: ogni gruppo nominava 5 membri. I due gruppi

Dal punto di vista politico, invece, la faccenda divenne più complessa perché Rintelen fu accusato dalla sua parte politica, la destra del partito cristiano-sociale, di affarismo in combutta con gli italiani. In particolare il cancelliere Ignaz Seipel non approvava questo protagonismo del Capitano provinciale, perché aveva paura che questi gettasse un'ombra sulla sua leadership nel partito[61].

Infine nel marzo 1924 si formò la Società finanziaria di elettricità (Sfe), con sede a Milano, che aveva lo scopo di gestire gli interessi del gruppo italiano nella Steweag. Ovviamente un progetto del genere avrebbe richiesto un impegno di capitali notevoli che inizialmente si pensò di cercare negli USA attraverso l'emissione di obbligazioni. Queste finirono poi per essere collocate in Italia per un ammontare di circa 3,5 milioni di dollari[62]. Il gruppo italiano acquistò effettivo controllo tecnico e amministrativo dell'azienda e dal 1923 al 1938, periodo in cui diresse la Steweag, realizzò importanti impianti idroelettrici con potenza installata di circa 70 mila kW e producibilità annua di quasi 300 milioni kW e una vasta rete di distribuzione ad alta tensione che trasportava energia a Graz, alle principali industrie della Stiria e a Vienna[63]. L'azienda era inoltre interessata al processo di elettrificazione delle linee ferroviarie austriache, stabilito dalle condizioni di concessione del prestito internazionale del 1923[64].

In realtà nell'estate 1932 ci fu un tentativo di smobilizzo da parte della Società finanziaria di elettricità, ideato da Feltrinelli e dai dirigenti dell'Edison. Infatti in un promemoria del 19 agosto la dirigenza della Sfe aveva scritto al ministero delle Finanze per chiedere l'autorizzazione alla vendita del loro pacchetto di controllo della Steweag ad un gruppo svizzero-tedesco, la Preussische Elektrizität[65]. L'operazione, che doveva portare nelle casse della società 12 milioni e mezzo di franchi svizzeri (più altri 2,5 milioni di dollari l'anno dopo), aveva incontrato il parere favorevole del Governatore della Banca d'Italia, Vincenzo Azzolini. D'altra parte, in un momento di crisi finanziaria e monetaria

---

partecipavano agli utili e agli oneri del sindacato di blocco nella proporzione del nominale delle loro azioni. Il sindacato di blocco avrebbe dovuto scadere il 31 dicembre 1928; sei mesi prima della scadenza però, con il consenso del 75 % delle azioni del patto di sindacato, poteva essere decisa la proroga del sindacato per altri 5 anni e cioè fino al 31 dicembre 1933. Cfr: ASI–BCI, Ufficio finanziario della Banca commerciale italiana, Note complementari alla contabilità e repertorio affari diversi (UF, r), 9, fogli 2434-2438, relativi alla Steweag.

61 Telegramma dalla Legazione d'Italia a Vienna al ministro degli Affari esteri, Mussolini, 17 novembre 1923 – ASMAE, AC 1919-1923, Austria, pos. 33c.

62 ACS, Iri, serie rossa, b. 128, f. 1. Devo la segnalazione di questi documenti a Gian Carlo Falco.

63 ACS, Iri, serie rossa, b. 128, f. 1 bis.

64 ACS, Ministero del Tesoro, Ufficio stralcio per le questioni finanziarie derivanti dall'applicazione dei trattati di pace, Austria, b. 41. Si tratta di un fondo non ancora inventariato e ringrazio Erminia Ciccozzi per avermi permesso di consultare questi documenti.

65 ASBI, Banca d'Italia, Rapporti con l'estero, Serie pratiche, n. 96, f. 3.

se la valuta estera ricavata dalla vendita della Steweag da parte della Sfe fosse stata ceduta alla Banca d'Italia, le riserve valutarie sarebbero aumentate[66]. Mussolini diede verbalmente il consenso all'operazione mentre il capo di gabinetto del ministero degli Esteri era assolutamente contrario perché sarebbe diminuita la presenza italiana in Austria a vantaggio degli interessi tedeschi[67]. Il 1° settembre il consigliere delegato dell'Edison, Giacinto Motta, assicurava Azzolini che la Società finanziaria avrebbe ceduto i franchi svizzeri e i dollari alla Banca d'Italia in cambio del controvalore in lire. Tuttavia egli accennava al bisogno di crediti per il febbraio 1933 quando avrebbe dovuto estinguere un mutuo di circa 20 milioni di franchi svizzeri acceso presso il Crédit Suisse di Zurigo[68]. Quest'ultima richiesta non era ben accetta da Azzolini e il piano di smobilizzo iniziò a scricchiolare, anche perché dal consolato di Graz arrivò la notizia che le trattative con il gruppo tedesco erano ancora in alto mare. Fu proprio Rintelen, ancora Capitano provinciale della Stiria, ad avvertire le autorità italiane che Feltrinelli insieme a Castiglioni stava conducendo delle trattative a Berlino riguardo l'apertura dei mercati tedeschi alla produzione della Steweag[69]. Il cambio di rotta dopo questa notizia era evidente: la Banca d'Italia non accettava di anticipare alla Edison i franchi svizzeri per pagare il mutuo senza avere ricevuto quelli provenienti dallo smobilizzo della Steweag. Per di più l'istituto di emissione non avrebbe potuto registrare la valuta svizzera nelle riserve perché pochi

---

66　Lettera di Azzolini a Mussolini, 29 agosto 1932 – ASBI, Banca d'Italia, Rapporti con l'estero, Serie pratiche, n. 96, f. 3.

67　Lettera al capo gabinetto del ministero delle Finanze, 29 agosto 1932 – ASBI, Banca d'Italia, Rapporti con l'estero, Serie pratiche, n. 96, f. 3.

68　Lettera di Giacinto Motta ad Azzolini, 1° settembre 1932 – ASBI, Banca d'Italia, Rapporti con l'estero, Serie pratiche, n. 96, f. 3.

69　Telespresso dell'8 settembre 1932 – ASBI, Banca d'Italia, Rapporti con l'estero, Serie pratiche, n. 96, f. 3. L'atteggiamento di Rintelen era ambiguo, perché se da una parte sembrava contrastare la cessione della Steweag alla Preussische Elektrizität, dall'altra egli aveva recentemente manifestato delle simpatie per gli ambienti politico-finanziari tedeschi e inoltre con Castiglioni aveva un rapporto consolidato da un decennio. In una lettera del 12 dicembre 1932 a Musssolini, Giacinto Auriti, ministro plenipotenziario a Vienna, accusava Rintelen di aver usato Castiglioni per il passaggio in mani tedesche della maggioranza azionaria della Stewaeg. La "recente germanofilia" dell'uomo politico stiriano era dovuta a questioni di politica interna. Rintelen infatti aveva sempre ambito al cancellierato, ma era sempre stato ostacolato nel suo partito dalla presenza di Seipel. Dopo la morte di quest'ultimo, avvenuta il 2 agosto 1932, il Capitano provinciale della Stiria poteva finalmente tentare di diventare capo del governo, scalzando il più giovane Engelbert Dollfuß. Auriti riferiva che questo era anche il timore del primo ministro ungherese Gyula Gömbös. Nella lettera veniva poi sottolineata in maniera critica la tradizionale attitudine di Rintelen per l'affarismo, come avrebbe dimostrato il fatto che dopo essere diventato ministro dell'Istruzione del governo Dollfuß, egli non avrebbe rinunciato alla carica locale in Stiria, centro dei suoi interessi finanziari. Cfr. DDI, VII, 12, d.537.

mesi dopo avrebbero dovuto cederle nuovamente e la riduzione conseguente della riserva poteva essere interpretata come un segno di debolezza per la lira. Ci sarebbero potute essere perciò delle perdite di cambio, data la possibile fluttuazione del rapporto tra le monete. La vicenda venne chiarita a fine novembre quando il console italiano a Graz informò il ministro delle Finanze, Guido Jung, che le trattative per la vendita dei pacchetti azionari alla Preussische Elektrizität erano fallite. Addirittura l'amministratore delegato della Steweag, l'ingegner Soldini, aveva dichiarato di non avere mai avuto fiducia nel negoziato di vendita a cui aveva preso parte Castiglioni come fiduciario della società tedesca, il quale avrebbe avuto un atteggiamento troppo zelante nel cercare di convincere Feltrinelli e l'Edison a concludere l'affare[70].

Dopo la costituzione dell'Iri, che rilevò le partecipazioni del Credito italiano e di altri soci, la composizione azionaria del gruppo italiano nella Steweag divenne la seguente:

Tab. 2 – Partecipazione azionaria del "gruppo italiano" al sindacato di controllo della Steweag nel 1934[71]

	Azioni	Lit. nominali
Istituto ricostruzione industriale	56.377	14.094.250
Edison	36.901	9.225.250
Feltrinelli	6.722	1.680.500
Totale	100.000	25.000.000

Fonte: ACS, Iri, serie rossa, b. 128, f. 1.

Il prestito della Società delle Nazioni e il risanamento dell'Austria

La linea diplomatica antislava, cara ai nazionalisti italiani e poi ripresa dal fascismo, aveva caratterizzato i primi anni del dopoguerra a eccezione del periodo di governo di Giolitti[72]. Sia Carlo Sforza che Carlo Schanzer, rispettivamente ministri degli Esteri e delle Finanze di Giolitti, dedicarono particolare attenzione ai rapporti con la Cecoslovacchia. Soprattutto Sforza mirò con la sua azione politica a una progressiva eliminazione dei contrasti con la Jugoslavia e alla col-

---

70 Lettera riservata di Jung ad Azzolini, 28 novembre 1932 – ASBI, Banca d'Italia, Rapporti con l'estero, Serie pratiche, n.96, f.3.
71 Le proporzioni di finanziamento tra i due gruppi sarebbero scese al 30 % per il gruppo austriaco e sarebbero salite al 70 % per quello italiano. Cfr. ACS, Iri, serie rossa, b. 128, f. 1.
72 Giampietro CAROCCI, La politica estera dell'Italia fascista (1925-1928), Bari 1969.

laborazione con la Piccola Intesa. Questo cambiamento di atteggiamento portò all'accordo Sforza-Beneš dell'8 febbraio 1921, che stabilì una perfetta identità di vedute tra i due paesi nel campo della politica estera e che avrebbe generato a marzo il trattato di commercio e di navigazione del quale avrebbe beneficiato soprattutto il porto di Trieste[73]. Anche l'incontro Beneš-Schanzer a Venezia dell'ottobre del 1922 era stato ricco di conseguenze positive: furono approfonditi gli accordi italo-cecoslovacchi di Ginevra sul risanamento finanziario dell'Austria e si decise di sviluppare ulteriormente la collaborazione nel campo economico. Questa intesa più stretta fece sì che all'inizio del 1924 l'importazione cecoslovacca per ferrovia da Trieste fosse al secondo posto e l'esportazione al primo posto[74].

L'Italia, in base alle disposizioni dei trattati di pace, aveva avuto il diritto a ricevere riparazioni da parte degli Stati sconfitti e avrebbe dovuto ottenere il 25 % delle riparazioni imposte all'Austria e agli Stati successori e il 10 % di quelle tedesche. Tuttavia, le cessioni e i pagamenti a cui lo Stato austriaco fu costretto dopo l'armistizio furono la sola forma di riparazione pagata dall'Austria. Era infatti diventata sempre più urgente la stabilizzazione del sistema monetario austriaco precipitato nell'inflazione. Il paese oscillava tra il pericolo di perdita della sua sovranità e la minaccia dello scoppio di una rivoluzione socialista in particolare a Vienna.

Il 31 maggio 1922 divenne Cancelliere per la prima volta monsignor Ignaz Seipel, il politico cristiano-sociale che avrebbe segnato la vita politica austriaca per un intero decennio, ricoprendo la carica di primo ministro varie volte[75]. Seipel, a capo di un governo di coalizione tra cristiano-sociali e tedesco-nazionali, impostò la sua politica estera sul riavvicinamento all'Italia, poiché aveva bisogno urgente di imporre una serie di riforme interne per ricevere un prestito internazionale da parte della Società delle Nazioni, al fine di avviare il risanamento finanziario del paese. L'Austria aveva quindi bisogno di riallacciare i rapporti diplomatici con l'Italia, sia per la preminenza italiana negli affari austriaci, sia perché il Tesoro italiano doveva essere uno dei prestatori internazionali. Per smuovere le acque il governo austriaco propose nel luglio 1922 un'unione doganale tra i due paesi, ma il governo italiano esitò a seguire Seipel su questa strada,

---

73   Francesco LEONCINI, Italia e Ceco-slovachia, 1919–1939, in: "Rivista di studi politici internazionali", XLV, 1978, 3, 360.

74   Ibid., 361.

75   Seipel, professore all'Università di Vienna, fu per tutta la sua vita un feroce avversario di Bauer e dei socialisti. Per un confronto tra i due, si veda Norbert LESER, Ignaz Seipel und Otto Bauer. Versuch einer kritischen Konfrontation, in: "Geschichte und Gegenwart", 1982, 1, 251–285. Tuttavia l'autore eccede, a mio avviso, nel basare la storia della prima repubblica esclusivamente sul rapporto conflittuale tra i due uomini politici.

sia perché il debole governo guidato da Luigi Facta navigava a vista e non aveva l'autorevolezza politica per avviare un accordo del genere, sia perché non avrebbe potuto resistere alle pressioni delle grandi potenze, come la Gran Bretagna, che non riconoscevano il primato italiano negli affari austriaci. Quando Richard Schüller, Sektionschef al ministero degli Affari Esteri austriaco dal 1918 al 1938 e grande protagonista della politica commerciale austriaca, propose al segretario generale di Palazzo Chigi, Salvatore Contarini, il progetto di unione doganale, questi rispose che la Zollunion sarebbe stata una macchina da guerra ed era meglio perciò procedere gradualmente con un trattato di commercio e sviluppare relazioni economiche più strette solo in seguito[76].

Tuttavia, ancora una volta nei rapporti tra Austria e Italia l'iniziativa diplomatica era stata presa dal paese sconfitto; quasi certamente l'azione di Seipel era volta a far uscire dall'isolamento la repubblica federale e ad avviare le trattative per il prestito internazionale a favore della ricostruzione finanziaria del suo paese. La circolazione monetaria era esplosa in Austria, passando da 174 miliardi di corone alla fine del 1921 a quasi 3000 miliardi durante il 1922, e venivano pagate circa 70.000 corone per un dollaro[77].

Il 4 ottobre 1922 fu firmato a Ginevra un protocollo tra il governo austriaco e la Società delle Nazioni sulla ricostruzione austriaca, che faceva divieto all'Austria, non solo di spogliarsi della sua sovranità, ma anche di stipulare accordi che ne compromettessero l'indipendenza economica. Il programma per la riorganizzazione economica e il risanamento del paese alpino era imperniato su un prestito internazionale, concesso nel 1923, a cui partecipò anche l'Italia. Il piano prevedeva la riforma amministrativa e il risanamento del bilancio pubblico austriaco integrato dal prestito, che avrebbe contribuito a rafforzare le riserve del nuovo istituto di emissione, la Banca nazionale austriaca, e a facilitare la stabilizzazione della corona[78].

Il Comitato finanziario della Società delle Nazioni riuscì ad imporre la condizione che il piano di risanamento e le modalità di utilizzazione del prestito fossero sottoposti a varie forme di controllo da parte della Lega, forme di controllo che se approvate avrebbero fortemente limitato l'indipendenza economica dell'Austria per tutto il periodo di tempo necessario alla stabilizzazione. Infatti si sollecitò la nomina di un commissario generale che agisse da supervisore dell'in-

---

76   Jürgen Nautz, (ed.), Unterhändler des Vertrauens. Aus den nachgelassenen Schriften von Sektionschef Dr. Richard Schüller, Wien 1990, 265.

77   Jan WALRÉ DE BORDES, The Austrian Crown. Its Depreciation and Stabilization, London 1924, 47–50.

78   Pier Francesco ASSO, L'Italia e i prestiti internazionali, in: Ricerche per la storia della Banca d'Italia, serie Contributi, III, Roma-Bari 1993, 97.

tero piano. Inoltre il piano della Società delle Nazioni prevedeva che gli organi direttivi del nuovo istituto di emissione fossero affiancati da un commissario esterno nominato dai paesi creditori[79]. Infine si doveva provvedere alla nomina di un Comitato di controllo il cui compito era circoscritto alla determinazione delle condizioni del prestito da approvarsi a maggioranza di due terzi e al controllo del corretto pagamento degli interessi e delle quote di ammortamento. Su questi aspetti si concentrò l'azione della diplomazia finanziaria italiana e vide impegnate le autorità monetarie italiane durante i due anni che trascorsero dalla preparazione del primo progetto all'emissione del prestito nel giugno 1923.

Le autorità italiane non si rassegnarono a rinunciare ai diritti sanciti dal trattato di Saint-Germain sulle entrate fiscali del governo austriaco per costituire le garanzie primarie sul prestito. Infatti, il governo italiano sottoscrisse i protocolli di Ginevra dietro pressione delle potenze alleate e la presidenza del Comitato di controllo sull'Austria fu affidata ad un italiano. Offerta all'inizio ad Alberto Pirelli, dopo la sua rinuncia, fu incaricato l'economista Maffeo Pantaleoni[80]. L'organizzazione del prestito coincise quasi con la presa del potere da parte di Benito Mussolini che era alla ricerca del riconoscimento internazionale per il suo governo e per questo si era reso disponibile a continuare l'operazione. Questa mossa era stata imposta anche dalla strategia del Regno Unito, della Francia e della Cecoslovacchia che avevano dichiarato al nuovo esecutivo italiano la loro volontà di portare in porto l'iniziativa senza la partecipazione dell'Italia. Tuttavia pur concedendo una generica disponibilità all'emissione del prestito sul mercato nazionale, i responsabili della politica economica italiana mantennero una posizione molto critica nei confronti del piano di risanamento dell'Austria. I punti di maggior attrito erano la partecipazione italiana alla garanzia collegiale e la politica di condizionamento che il Comitato finanziario intendeva imporre alla politica economica austriaca. Nella sostanza, le autorità italiane divergevano dagli altri creditori sull'opportunità degli obiettivi del piano di risanamento, ossia sul fatto se all'Italia convenisse un rafforzamento o un indebolimento dell'economia austriaca[81]. Alla fine il governo fascista avrebbe aderito al prestito allo scopo di rilanciare l'economia austriaca e favorirne quindi i rapporti commerciali e industriali con l'Italia.

Tuttavia l'amministrazione italiana rimase critica nei confronti del progetto proposto dagli altri paesi vincitori. Infatti, il 6 dicembre 1922 il direttore generale della Banca d'Italia, Bonaldo Stringher, continuò a dichiararsi apertamente a favore di una soluzione bilaterale del problema austriaco, considerando l'inter-

---

79 Ibid.
80 Ibid., 99.
81 Ibid., 100.

vento della Società delle Nazioni come un'espropriazione dei diritti di ingerenza negli affari austriaci che l'Italia aveva guadagnato con il trattato di pace. Pochi giorni dopo, Pantaleoni si oppose alla nomina del candidato britannico, il belga Albert E. Janssen, alla presidenza della Banca nazionale austriaca. L'azione di Pantaleoni e le minacce di Mussolini dettero comunque un risultato, ossia la nomina dell'austriaco Richard Reisch, già direttore del Boden Credianstalt ed ex ministro delle Finanze, a presidente del nuovo istituto di emissione austriaco[82]. Inoltre alla fine di dicembre Giorgio Mylius, industriale cotoniero e vice presidente della Banca d'Italia, fu nominato rappresentante italiano nel consiglio del nuovo istituto di emissione austriaco. Mylius, vicino ad ambienti nazionalisti, era stato cooptato nel 1922 nel consiglio di amministrazione della Banca commerciale triestina. La scelta di Mylius metteva fuori gioco il triestino Arminio Brunner che ambiva a questo incarico. Nel luglio 1922 quest'ultimo aveva inviato al ministro del Tesoro Camillo Peano (e in seguito anche al suo successore Giuseppe Paratore)[83] un "Memoriale sulla necessità di assicurare all'Italia una posizione importante nella vita bancaria di Vienna", scritto da Camillo Castiglioni[84]. Arminio Brunner intendeva porsi come mediatore tra gli ambienti economici e politici italiani e quelli viennesi, nella convinzione che la capitale austriaca avesse mantenuto, malgrado l'esito della guerra, la sua centralità per le mediazioni commerciali e bancarie tra gli Stati successori[85].

La controversia tra il governo italiano e gli altri Stati prestatori continuò oltre. Ben presto apparve necessario che la Società delle Nazioni organizzasse un prestito ponte nell'attesa che il miglioramento delle condizioni politiche ed economiche e la conclusione positiva delle trattative per la partecipazione della finanza americana consentissero l'emissione del prestito obbligazionario. Mussolini aveva proposto a Seipel il 22 dicembre 1922 un bridging loan di 20 milioni di lire a copertura del fabbisogno necessario per il periodo di tempo che restava fino all'emissione del prestito internazionale[86]. Tuttavia, nel febbraio 1923 Pantaleoni cercò di dissuadere Mussolini dal partecipare al prestito a breve, affermando che l'operazione sarebbe servita solo al rilancio dell'egemonia finanziaria inglese e suggerì addirittura al ministro delle Finanze Alberto De

---

82   Marcello De Cecco (ed.), L'Italia e il sistema finanziario internazionale 1919-1936, Roma-Bari 1993, 33; Asso, L'Italia e i prestiti internazionali, 102.

83   Peano e Paratore sono stati rispettivamente ministri del Tesoro nel I (26 febbraio–1° agosto 1922) e nel II (1° agosto – 31 ottobre 1922) governo Facta.

84   Sapelli, Trieste italiana, 64.

85   Ibid., 66.

86   Telegramma del presidente del Consiglio e ministro degli Affari Esteri, Mussolini, al ministro plenipotenziario a Vienna, Luca Orsini Baroni, Roma 22 dicembre 1922, in: DDI, VII, 1, d. 260.

Stefani che all'Italia convenisse uscire dalla Società delle Nazioni[87]. Il governo italiano decise di non sottoscrivere l'emissione diretta della sua quota del prestito a breve[88].

Dopo un'altra diatriba con la Gran Bretagna per la nomina nel consiglio di amministrazione della Banca nazionale austriaca dell'elvetico Charles Schnyder von Wartensee, il 18 maggio 1923 il governo italiano accettò definitivamente di aderire al prestito austriaco. L'amministrazione italiana ricevette come garanzia la gestione del monopolio dei tabacchi austriaci, le cui entrate dovevano essere impegnate nel fondo di ammortamento a copertura dell'intero prestito. La Società delle Nazioni si impegnava inoltre a nominare un ingegnere italiano per studiare un piano di sfruttamento del patrimonio idrico austriaco[89]. L'emissione della quota italiana del prestito, pari a 200 milioni di lire, rappresentò il 6 % dell'ammontare complessivo. Il ricavato netto delle singole emissioni del prestito di cui beneficiò il governo austriaco fu di 580 milioni di corone oro, ovvero 34 milioni di sterline e il tasso nominale di interesse variava tra il 6 e il 7 %[90].

L'Austria in virtù del prestito internazionale poté attuare la sua stabilizzazione monetaria, ma per poter uscire dalla sua crisi e dall'iperinflazione fu costretta ad introdurre dal 1925 una nuova unità monetaria, lo scellino, che si dimostrò stabile fino alla crisi valutaria della primavera-estate del 1931.

---

87 De Cecco (ed.), L'Italia e il sistema finanziario internazionale 1919-1936, 33-34, 720-741, d. 114; Asso, L'Italia e i prestiti internazionali, 106.

88 Il prestito fu emesso il 28 febbraio 1923 al 7 % e venne collocato in sterline nelle seguenti proporzioni: Gran Bretagna 1.800.000; Francia 800.000; Belgio 500.000; Olanda 200.000; Svezia e Svizzera 100.000 ciascuno. Cfr. Asso, L'Italia e i prestiti internazionali, 107, n. 232.

89 Il governo austriaco si accollò inoltre il pagamento della tassa italiana sulle cedole del prestito, immobilizzando a tal fine un deposito di circa 20 milioni, pari ad oltre il 10 % dell'ammontare lordo della quota italiana. Inoltre i titoli collocati presso i risparmiatori italiani erano esenti dalle imposte sulla ricchezza mobile e sul bollo italiano, anch'esse a carico del governo austriaco. Cfr. Asso, L'Italia e i prestiti internazionali, 114.

90 I 200 milioni di lire che costituivano la tranche italiana furono ripartiti tra gli investitori istituzionali e i risparmiatori, nonostante la Comit si fosse dichiarata disponibile ad assumersi la totalità dell'emissione. Cento milioni furono sottoscritti dal Tesoro e dal Consorzio bancario, mentre gli altri cento furono collocati direttamente presso il pubblico. Allo scoppio della crisi valutaria della primavera-estate del 1931, il piano di ammortamento del prestito austriaco fu sospeso e il governo federale impose un regime di controllo dei cambi. Infine, il prestito emesso dalla Società delle Nazioni fu interamente riscattato da un nuovo prestito di conversione 1934-1939, emesso ad un tasso inferiore al 4,5 %, che venne sospeso di nuovo nel 1939. Cfr. Asso, L'Italia e i prestiti internazionali, 116-117.

Tab. 3 – Personale impiegato dall'amministrazione statale in Austria 1922–1925

Dipendenti statali al 1° ottobre 1922		Dipendenti statali al 31 dicembre 1925	
Amministrazione pubblica	74.886	Amministrazione pubblica	51.940
Partecipazioni statali	67.355	Partecipazioni statali	46.293
Ferrovie federali	104.235	Ferrovie federali	64.452
Südbahn	31.276	Südbahn	20.092
Totale	277.752	Totale	182.777

Fonte: Société des Nations, La Restauration Financière de l'Autriche. Exposé général, accompagné des documents principaux, Genève 1926, 133.

La cura non fu certo indolore per la società austriaca, perché la riduzione del debito pubblico e del deficit di bilancio imposero una riforma del sistema fiscale, la soppressione di alcuni servizi statali, la centralizzazione di quelli di competenza federale e il taglio del 30 % del personale dell'amministrazione pubblica[91].

L'Austria dovette affrontare nel 1924 la crisi della Depositenbank, l'ex banca di Castiglioni, il banchiere triestino che era divenuto nel frattempo famoso a Vienna per il suo stile di vita "barocco" e per il lusso della sua abitazione. Nell'ottobre 1922 aveva fatto intervenire la Legazione italiana a Vienna perché facesse pressione sul ministero degli Esteri austriaco per permettergli l'importazione di oggetti di lusso dall'Italia. Castiglioni si rifiutava anche di pagare la tassa speciale del 12 % per il materiale importato. Si trattava di dipinti pregiati, mobili di lusso e statue che il banchiere italiano dichiarava di possedere da molto tempo ed erano destinati ad ornare il suo palazzo a Vienna, nella Prinz-Eugen-Straße. Con ogni probabilità si trattava delle stesse tele pregiate che il finanziere giuliano aveva inviato il 22 aprile 1919 dalla capitale austriaca a Trieste, approfittando della presenza militare italiana a Vienna. Questa operazione aveva scatenato le veementi proteste del ministero delle Finanze austriaco. Castiglioni era accusato di comprare a prezzi stracciati i capolavori artistici svenduti dalla nobiltà austriaca, oramai in rovina, in virtù della sua liquidità depositata in Svizzera[92]. La Depositenbank fu travolta dalle aspettative al ribasso sul corso del franco francese. La divisa francese aveva perso tra l'ottobre 1923 e il gennaio

---

91 Société des Nations, La Restauration Financière de l'Autriche, 131. Questo studio fu curato da Arthur Salter, direttore della Sezione economica della Società delle Nazioni. Per un'analisi sul risanamento attuato dalla Società della nazioni in Austria, cfr. Nicole PIETRI, La Socéte des Nations et la recostruction financière de l'Autriche, 1921–1926, Genève 1970.

92 Su tutta la lunga polemica si veda in ÖStA, AdR, NPA, Abt.14, K. 88.

1924 il 30 % del suo valore persino nei confronti di una valuta debole come la lira. Le energiche misure messe in atto a metà marzo 1924 dal Primo ministro francese Raymond Poincarè, che aveva ottenuto dalla J. P. Morgan e dalla Bank of England dei cospicui prestiti in valuta destinati a sostenere il corso del franco, travolse le piazze finanziarie. In particolare a Vienna, dove la speculazione ribassista aveva contagiato anche i comuni risparmiatori, la notizia travolse prima il mercato valutario e poi quello mobiliare. Castiglioni, che era stato uno dei ribassisti più attivi, accumulò così in pochi mesi enormi perdite pari a circa 20 milioni di sterline oro[93]. Il finanziere giuliano era coinvolto anche nel fallimento della Depositenbank, l'istituto che egli aveva lasciato due anni prima e che aveva subito gravi perdite nelle speculazioni valutarie. In particolare, il banchiere italo-viennese fu coinvolto in un procedimento giudiziario intentatogli dagli ex dipendenti della Depositenbank, che chiesero un rimborso di 100 miliardi di corone (pari a 30 milioni di lire) come risarcimento per il loro licenziamento dovuto alle malversazioni del finanziere triestino[94]. Questo episodio e gli avvenimenti successivi (un sospetto furto dei documenti riguardanti le attività del banchiere richiesti dalla magistratura), destarono molto scandalo nell'opinione pubblica austriaca e Castiglioni iniziò ad essere dipinto, sempre di più, come un "pescecane"[95]. Il finanziere triestino si trasferì a Berlino in quello stesso anno, ma non smise di interessarsi di faccende austriache.

Un altro risultato importante del prestito internazionale fu la costituzione del nuovo istituto di emissione, la Banca nazionale austriaca, che sostituì la vecchia Österreichisch-Ungarische Bank, con la presenza di un rappresentante italiano all'interno del consiglio di amministrazione. L'Italia aveva già partecipato, come Stato successore, alla liquidazione dell'Österreichisch-Ungarische Bank ed anzi proprio nel 1919 aveva rilevato gli edifici delle filiali del vecchio istituto di emissione nelle nuove provincie[96].

---

93   Castronovo, Castiglioni Camillo, 136. Nella primavera del 1924 Castiglioni cedette 28.453 azioni della Daimler al sindacato di controllo della Skoda. Si veda la lettera di Camillo Castiglioni del 25 aprile 1924 – Österreichische Nationalbank (d'ora innanzi ÖNB), Bankhistorisches Archiv (d'ora innanzi BA),. La febbre ribassista sulla quotazione del franco francese e le drammatiche conseguenze sono accennate anche da Joseph Roth nel romanzo "La cripta dei cappuccini".

94   Segato, L'espansione multinazionale della finanza italiana nell'Europa centro-orientale, 552-553. La Depositenbank fu salvata da un consorzio di banche austriache su intervento delle autorità austriache.

95   Nel 1988 le vicende del banchiere giuliano sono state raccontate in un film tv: Camillo Castiglioni oder die Moral der Haifische. Cfr. Segato, L'espansione multinazionale della finanza italiana nell'Europa centro-orientale, 559, n.172.

96   Österreichisch-Ungarische Bank, Antrag der Banca d'Italia wegen Ankauf der Bank Gebäude in Triest und Görz und des Baugrundes in Trient – ÖNB, BA, Zahl [d'ora innanzi Z.] 1561.

La prima riunione del consiglio di amministrazione della Österreichische Nationalbank si tenne il 23 dicembre 1922, mentre l'ultimo consiglio della Österreichisch-Ungarische Bank si riunì il 26 giugno 1923. Giorgio Mylius era presente al primo consiglio di amministrazione del nuovo istituto di emissione. Mylius però non partecipò spesso alle discussioni all'interno del Generalrat della banca perché fu spesso assente dalle sedute. Il 15 marzo 1924, l'industriale cotoniero venne sostituito dal triestino Igino Brocchi[97]. Brocchi era un esperto delle questioni economiche riguardanti l'Austria e per di più aveva il costante assillo del rilancio del porto di Trieste, come porta di entrata del traffico commerciale da e per l'Europa centro-orientale. Tuttavia Brocchi partecipò alle sedute del consiglio di amministrazione della Banca nazionale soltanto tre volte su diciannove[98]. Egli era sempre occupato in vari viaggi a Belgrado e in conferenze economiche che avevano per tema i rapporti politici ed economici con la Jugoslavia, sull'onda degli accordi italo-jugoslavi del 27 gennaio 1924[99].

Brocchi mandò le sue dimissioni al presidente della Österreichische Nationalbank in occasione della seduta del consiglio del 4 novembre 1925. Egli giustificava questa scelta con l'impossibilità di tenere l'incarico data la sua nomina a capogabinetto del ministro delle Finanze, Giuseppe Volpi[100]. Dopo alcune riunioni del Generalrat svoltesi senza il rappresentante italiano, Fulvio Suvich venne nominato al posto di Brocchi[101]. Un altro triestino diveniva delegato italiano presso l'istituto di emissione austriaco e Suvich era anche sottosegretario alle Finanze, con delega a rappresentare l'Italia alle riunioni finanziarie della Società delle Nazioni. Anche Suvich come gli altri rappresentanti italiani brillò per la sua assenza nei consigli di amministrazione della Banca nazionale, infatti su 81 riunioni partecipò soltanto a nove[102].

Sia Brocchi che Suvich avevano molta attenzione per gli affari danubiani, e per quelli austriaci in particolare, come avrebbe dimostrato l'esperienza di Suvich

---

97 Sitzung des Generalrates, 15.3.1924 – ÖNB, BA, Z. 17.

98 Sitzungen des Generalrates, 15.3.1924–4.11.1925 – ÖNB, BA, Z. 17–35.

99 Dalle lettere di giustificazione di Brocchi al presidente della banca si può quasi ricostruire l'attività del consigliere di Stato triestino. Ad esempio nella primavera-estate del 1925 fu impegnato nei lavori della Conferenza italo-serbo-croato-slovena a Firenze. Infatti il 20 maggio scriveva a Reisch: " Etant toujurs engagé dans la Conférence Italo-Jugoslave qui est à la fin de ses travaux, je prie V. E. de vouloir excuser mon absence de la prochaine réunion du Conseil Général", Sitzung des Generalrates, 20.5.1925 – ÖNB, BA, Z. 30, Beilagen.

100 Sitzung des Generalrates, 4.11.1925 – ÖNB, BA, Z. 35, Beilagen.

101 Sitzung des Generalrates, 30.3.1926 – ÖNB, BA, Z. 39.

102 Sitzungen des Generalrates, 30.3.1926–16.12.1932 – ÖNB, BA, Z. 39-120. A dicembre 1932 si dimise perché era stato nominato sottosegretario agli Esteri, carica che mantenne dal 20 luglio 1932 all' 11 giugno 1936.

a Palazzo Chigi negli anni Trenta. Entrambi agivano nell'ottica di un rilancio economico di Trieste, nella speranza che la città giuliana riprendesse il ruolo cardine nella politica di espansione italiana nell'Europa centro-orientale. Era evidente quindi che l'influenza italiana sull'Austria non era esercitata tramite la Banca nazionale austriaca, o almeno attraverso il consiglio di amministrazione dell'istituto centrale. I contatti e le pressioni sui rappresentanti austriaci avvenivano in altro modo, in particolare attraverso gli organismi economici della Società delle Nazioni, dove fu costante la presenza di Suvich, che ricoprì anche la carica di presidente di turno del Comitato finanziario nel 1932, e tramite gli organi diplomatici dei due paesi. Tuttavia, la sede privilegiata dove i rappresentanti italiani tentarono di influenzare la politica economica austriaca e perciò le scelte del governo di Vienna fu il Comitato di controllo delle potenze garanti per la ricostruzione dell'Austria. Questo organo era stato voluto dai paesi creditori in occasione del protocollo ginevrino del 1922, in seguito al quale venne emesso il prestito internazionale nel 1923[103]. Dopo Pantaleoni divenne rappresentante italiano e presidente il triestino Mario Alberti, direttore centrale del Credito italiano e consulente del Tesoro in diverse trattative internazionali. Alberti era stato un irredentista e, come l'economista di Frascati, era un acceso nazionalista. Per di più, egli come triestino ed esponente del mondo finanziario aveva a cuore la ripresa economica della Venezia Giulia e auspicava l'espansione economica italiana nell'Europa danubiana e balcanica[104]. Sono facilmente intuibili perciò i motivi degli scontri ripetuti tra Alberti e i rappresentanti degli altri paesi nel Comitato di controllo sull'Austria. In particolare con Otto Niemeyer, rappresentante del Regno Unito e alto funzionario della Bank of England[105]. Questa istituzione infatti esercitò un costante controllo sugli organi finanziari ed economici della Società delle Nazioni e Niemeyer fu patrocinatore della politica finanziaria britannica, che divergeva da quella italiana riguardo all'Europa centro-orientale.

Igino Brocchi succedette ad Alberti come presidente del Comitato di controllo sull'Austria nel 1931, ma mantenne questo incarico per poco tempo perché morì lo stesso anno. L'avvocato triestino era stato il tessitore di tutti i principali trattati e accordi commerciali con l'Austria e l'Europa centro-orientale negli anni Venti, perciò godeva di un importante credito personale nel vecchio conti-

---

103 Gli Stati garanti, oltre ai quattro primi sottoscrittori (Cecoslovacchia, Francia, Italia e Regno Unito), erano: il Belgio, la Svezia, la Danimarca e i Paesi Bassi. A questi si aggiunsero in seguito come semplici creditori la Spagna e la Svizzera. Si veda in Acs, Ministero del Tesoro, Ufficio stralcio per le questioni finanziarie derivanti dall'applicazione dei trattati di pace, Austria, b.41.

104 Alberti fu il fondatore e presidente della Banca nazionale d'Albania costituita nel settembre 1925.

105 ACS, Ministero del Tesoro, Ufficio stralcio per le questioni finanziarie derivanti dall'applicazione dei trattati di pace, Austria, b.41.

nente[106]. Fu l'artefice del cosiddetto "sistema Brocchi" che portò nel 1932 alla stipula degli accordi del Semmering, ossia una serie di accordi preferenziali nei rapporti commerciali tra Austria, Italia e Ungheria. Come dimostrava la scelta dei delegati italiani nel consiglio dell'istituto di emissione austriaco e nelle altre organizzazioni internazionali che riguardavano il paese alpino, i triestini avevano una posizione privilegiata. Questa preferenza era accordata a essi in virtù delle loro competenze linguistiche, di un sostrato culturale che li accomunava agli esponenti dell'ambiente economico e politico austriaco e, non ultima, di una rete di rapporti e relazioni con l'establishment viennese che risaliva al periodo precedente al conflitto.

Fare apparire come dei brutali nazionalisti tutti i funzionari italiani che si occuparono di questioni finanziarie e commerciali internazionali sarebbe un grave errore. Al di là delle piccole o grandi differenze tra i vari esponenti del regime, nelle sedi internazionali lavorarono anche dei personaggi che si caratterizzarono per un'attività indipendente e a volte in contrasto rispetto alla linea politica fascista. Pietro Stoppani, ad esempio, che negli anni Trenta era divenuto direttore della sezione economica della Società delle Nazioni, era stato l'ideatore del cosiddetto piano Tardieu del 1932. Questo progetto prevedeva la creazione di una Confederazione economica danubiana sotto tutela francese e avrebbe quindi allontanato l'Austria dalla sfera di influenza italiana[107]. Esso era di fatto una risposta alla temuta unione doganale (Zollunion) tra Austria e Germania annunciata nel 1931 e fallita sia per le resistenze franco-italiane sia per i gravi problemi finanziari dei due paesi, colpiti duramente dalla crisi economica. Tuttavia la Zollunion e il piano francese del 1932 sottolineavano ancora una volta la debolezza strutturale delle ambizioni espansionistiche italiane, ancora più accentuata dalla terribile depressione mondiale. Inoltre venivano al pettine i nodi irrisolti delle

---

106 Brocchi era consigliere di Stato e dopo la parentesi come capogabinetto del ministro delle Finanze Volpi, ricoprì un ruolo importante agli Esteri come consulente giuridico. Egli aveva avuto un ruolo di notevole rilievo nella negoziazione del prestito Young, emesso nel 1929 a favore della Germania.

107 Sul ruolo di Stoppani nella vicenda si veda la lettera dell'ambasciatore Giuseppe De Michelis al ministro degli Esteri Dino Grandi, 19 marzo 1932, in: DDI, VII, 11, d. 307. Riferendosi a Stoppani, Grandi annotò a margine una nota con scritto: "Mascalzone e traditore!". La Sezione economica e finanziaria della Società delle Nazioni, d'altra parte, non rappresentava le posizioni ufficiali degli Stati; essa era perciò sganciata dalle singole politiche nazionali e manteneva una certa autonomia dai relativi governi. Su questa organizzazione cfr. Patricia CLAVIN, Jens-Wilhelm WESSELS, Transnationalism and the League of Nations: Understanding the Work of its Economic and Financial Organisation, in: "Contemporary European History", 14, 2005, 4, 465–492. Anche un personaggio come Giuseppe De Michelis, senatore e rappresentante italiano nel Consiglio di amministrazione dell'Ufficio internazionale del lavoro, era una figura difficilmente assimilabile, sia ai funzionari liberal-conservatori sia ai quelli di provenienza fascista.

relazioni diplomatiche con la Francia e della concorrenza economica tedesca nel continente, temporaneamente annichilita dalla crisi che colpiva violentemente tutti i sistemi finanziari e produttivi.

Il pericolo della Zollunion e gli accordi del Semmering

La seconda metà degli anni Venti aveva conosciuto una ripresa economica tedesca alla quale faceva seguito una riorganizzazione della struttura commerciale e del sistema logistico che avrebbe definitivamente danneggiato il porto di Trieste. La concorrenza con la Germania si svolse sul campo delle tariffe marittime e ferroviarie, ossia si ripropose lo scontro tra Trieste e i porti della Germania settentrionale, Amburgo e Brema. Il 1° gennaio 1925 la Reichsbahn introdusse una tariffa speciale tra i porti del nord e la Cecoslovacchia molto inferiore a quella vigente nei confronti di Trieste e di Fiume. Essa aprì una serie di risposte e controproposte tra le ferrovie tedesche e la Lega ferroviaria adriatica, che si era impegnata immediatamente a controbilanciare l'offerta tedesca con una serie di integrazioni e di agevolazioni. Tuttavia la Reichsbahn promosse a sua volta nuove riduzioni allo scopo di attrarre tutto il traffico austriaco e cecoslovacco, ossia dei due paesi mitteleuropei che non avevano accesso al mare e perciò erano oggetti delle offerte dei due contendenti. Nel corso dei lavori della Conferenza di Fiume del 1926 fu proposto di comune accordo tra Italia e Germania di stabilire una divisione della Cecoslovacchia in zone d'influenza tariffaria a prezzi controllati e concordati. Infatti nello stesso anno ad Amburgo venne fatta la ripartizione della Cecoslovacchia in cinque zone tariffarie, con discriminazioni a seconda della maggiore o minore vicinanza al Mare del Nord o all'Adriatico. L'Austria, per questo stesso motivo, fu destinata alla zona di influenza del porto di Trieste. Tuttavia la Conferenza di Monaco del 1928 spostò ancora più a sud l'area di competenza dei porti tedeschi e, se a Trieste era sempre riconosciuta l'influenza sulla repubblica austriaca, il porto giuliano si vide ridimensionata la sua zona d'intervento. Inoltre malgrado le tariffe ferroviarie tra l'Austria e Amburgo avessero dovuto essere più elevate del 12–14 % rispetto a quelle per l'Adriatico, esse furono continuamente contestate da parte tedesca, perciò gli accordi non furono mai applicati integralmente[108].

La fine degli anni Venti con il fallimento della ditta Brunner e il conseguente crollo della Commerciale triestina, l'eccessiva esposizione debitoria delle aziende della famiglia Cosulich, la stagnazione produttiva della navalmeccanica nazionale iniziata nel 1928 e i primi segnali della depressione economica mondiale

---

108 Sapelli, Trieste italiana, 93–94.

misero fine all'ambizioso disegno di egemonia economica perseguito dai Brunner e dai loro alleati nella Venezia Giulia[109].

Nel 1931 la crisi economica e finanziaria colpiva sempre più duramente l'Austria. Il 12 maggio in gran segreto il governo austriaco si trovò a dover affrontare la crisi della Creditanstalt, la più grande banca del paese[110]. Il salvataggio della Creditanstalt sarebbe stato lungo, difficoltoso e molto costoso. Infatti con la notizia della crisi della banca viennese iniziò il ritiro dei crediti e il governo si mise alla ricerca di un prestito di 150 milioni di scellini (21 milioni di dollari). Si rivolse a questo scopo alla Commissione finanziaria della Società delle Nazioni, che a sua volta lo rinviò presso la Banca per i regolamenti internazionali (Bri). Sotto la guida del presidente Gates W. McGarrah, la Bri organizzò un prestito di 100 milioni di scellini (14 milioni di dollari) concesso da 11 paesi[111]. Il 5 giugno il credito era già stato esaurito e la Banca nazionale austriaca dovette chiederne uno nuovo. Anche questo venne organizzato dalla Bri il 14 giugno, ma alla condizione che il governo austriaco riuscisse a ottenere un prestito esterno biennale o triennale di 150 milioni di scellini. A questo punto la Francia pose la condizione che il governo federale abbandonasse il progetto di Zollunion con la Germania, ma il cancelliere Ender rifiutò e dovette dimettersi. Venne formato un nuovo governo guidato da Karl Buresch[112].

---

109 Il gruppo giuliano, guidato da Arminio Brunner, era noto nel mondo finanziario internazionale e famoso nella Venezia Giulia per il suo patrimonio. I membri della famiglia erano presenti nei centri economici più importanti della città: essi erano i principali azionisti della Banca commerciale triestina, sedevano nel consiglio della Ras, nel consiglio direttivo delle Assicurazioni generali. La famiglia guidava un impero tessile organizzato secondo una logica di integrazione verticale. La Società italiana commercio macchine tessili (Sicmat) era l'holding di un insieme di società di commercializzazione e di produzione del cotone che operavano anche all'estero. Essa rappresentò perciò un imponente sforzo d'internazionalizzazione con cui i Brunner avevano fatto fronte alla crisi del dopoguerra, impegnando il loro patrimonio in un piano di investimenti e di acquisizioni. Per di più, i Brunner con i Cosulich rappresentavano il Gotha dell'imprenditoria giuliana; essi avevano avuto proficui rapporti con il governo fascista e condizionavano, attraverso i loro rappresentanti, la vita politica della regione. La loro crisi rappresentò la fine del progetto di ricostruzione economica dell'entroterra giuliano come testa di ponte per l'espansione economica triestina e italiana nelle economie danubiane. Cfr. SAPELLI, Trieste italiana, 119-122.

110 La discussione sul piano di intervento fu subito affrontata il 13 maggio dal consiglio generale della Banca nazionale austriaca, in: Sitzung des Generalrates, 13.5.1931 – ÖNB, BA, Z. 97. Il consiglio generale dell'istituto centrale austriaco si riuniva normalmente 11 volte l'anno, nel 1931 esso fu convocato 7 volte tra maggio e giugno.

111 Charles P. KINDLEBERGER, La grande depressione nel mondo 1929-1939, Milano 1993, 129.

112 Il 22 giugno McGarrah scriveva al presidente della Banca nazionale austriaca: "We are following with greatest interest and sympathy the development of the difficult situation you are tackling in Austria. We wish to associate ourselves with the new Finance Minister's many friends to wish him and National Bank all success in their difficult task and to assure you all of our desire to help.

La crisi riuscì a bloccare il tentativo di unione doganale tra Austria e Germania, patrocinato dal ministro degli Esteri tedesco Julius Curtius e dal suo omologo austriaco Schober, tornato a un incarico ministeriale nel governo diretto da Otto Ender[113]. Gli accordi per la Zollunion erano stati perfezionati nel marzo 1931 e, appena divennero pubblici il 21 marzo, incontrarono immediatamente l'opposizione della Francia, che temeva la minaccia dell'Anschluss. Il governo italiano invece rimase incerto e incredulo appena avuta la notizia. Mussolini non credeva a un pericolo di Anschluss, ma in seguito si accodò alle proteste francesi contro questa unione doganale[114]. Tuttavia più che l'opposizione franco-italiana fu il contesto economico mondiale a far fallire la Zollunion.

Svanito il pericolo di una unione doganale tra Austria e Germania, l'Italia strinse degli accordi commerciali con l'Austria e l'Ungheria. Si trattava di un vero e proprio sistema preferenziale fra i tre paesi, ideato da Brocchi, che venne ufficialmente ratificato con gli accordi del Semmering nel 1932[115]. L'elaborazione del sistema era stata particolarmente laboriosa ed era iniziata ben due anni prima, nell'estate del 1930. Lo scopo era la creazione di un sistema attraverso il quale fosse possibile concedere trattamenti preferenziali ad Austria e Ungheria, garantendo uno sbocco ai loro prodotti e in modo particolare ai cereali ungheresi. L'operazione rispondeva a diverse necessità. L'Italia avrebbe approfittato della chiusura del mercato tedesco per i prodotti agricoli e avrebbe scongiurato l'attuazione di un'unione doganale austro-tedesca che era nell'aria già da qualche tempo[116]. In seconda istanza avrebbe prevenuto un sistema simile di accordi che

---

We believe that the combined efforts of all concerned including Austrian commercial bankers will be crowned with complete success." Cfr. Sitzung des Generalrates, 22.6.1931 – ÖNB, BA, Z. 102, Beilagen.

113 Il fronte borghese continuò a governare il paese alpino nonostante che alle elezioni del 9 novembre 1930 il partito socialdemocratico avesse ottenuto il 41,15 % dei voti e 72 seggi, i cristiano-sociali il 35,65 % e 66 seggi, il Landbund (partito dei contadini) l'11,52 % e 19 seggi e l'Heimatblock il 6,16 % e 8 mandati. Cfr. Erika Weinzierl, Kurt Skalnik (eds.), Österreich 1918-1938. Geschichte der Ersten Republik, 2 voll., Graz-Wien-Köln 1983, 1093.

114 Sull'atteggiamento del ministro degli Esteri italiano, Dino Grandi, cfr. Federico SCARANO, Mussolini e la Repubblica di Weimar. Le relazioni diplomatiche tra Italia e Germania dal 1927 al 1933, Napoli 1996, 250–280.

115 Ringrazio Fabrizio Bientinesi per avermi fatto leggere la sua tesi di dottorato. In particolare dal quarto capitolo ho potuto ricavare diversi elementi che mi hanno permesso di comprendere meglio i complicati meccanismi della politica commerciale italiana durante la grande crisi economica e gli anni Trenta. Si veda: Fabrizio BIENTINESI, La politica commerciale italiana fra le due guerre mondiali, tesi di dottorato, Università di Pisa, 2000.

116 Sulla chiusura del mercato tedesco, dovuta al rialzo dei dazi ed alla politica dell'Osthilfe, cfr. KINDLEBERGER, La Grande Depressione, 119. Sulla genesi delle proposte di unione doganale austro-tedesca si veda ancora Edward BENNETT, Germany and the Diplomacy of the Financial

la Francia stava proponendo ai paesi est-europei e che prevedeva la concessione di facilitazioni per la collocazione delle eccedenze agricole di questi paesi in cambio di analoghe concessioni sui prodotti industriali esportati dalla Francia e, eventualmente, dagli altri paesi dell'Europa occidentale.

Il sistema ideato dal consigliere di Stato triestino era basato sulla concessione di crediti estremamente agevolati. A complemento, Brocchi aveva pensato inoltre di inserire tariffe ferroviarie preferenziali (ovviamente da mantenere segrete) per facilitare l'afflusso di merci da e per i due altri Stati contraenti dai porti italiani e in modo particolare dallo scalo triestino. Tuttavia il ministro delle Finanze Antonio Mosconi avanzò delle obiezioni che investivano la sostanza del piano. Il "sacrificio" finanziario imposto all'Italia era valutato in circa 220 milioni di lire per finanziare le sole importazioni di grano: una cifra considerata decisamente eccessiva. Né appariva molto più favorevole l'atteggiamento dei rappresentanti degli industriali che erano estremamente favorevoli all'ingresso della Jugoslavia e apertamente ostili all'inserimento dell'Austria, considerato come un male inevitabile. D'altra parte accettare la Jugoslavia all'interno del "sistema Brocchi" avrebbe accresciuto i sacrifici imposti all'agricoltura italiana e sarebbe stato in contrasto con le direttive di autosufficienza alimentare propagandate dal regime.

Il sistema ideato dal funzionario giuliano aveva incontrato più di un ostacolo: gli interessi economici tradizionalmente contrastanti fra industria e agricoltura; il timore di quest'ultima di essere nuovamente sacrificata alle esigenze dell'industria[117], le preoccupazioni per le conseguenze sui conti pubblici e, infine, anche una certa concorrenza fra le diverse amministrazioni dello Stato in un periodo in cui il ministero degli Esteri e la diplomazia avevano un peso maggiore sulla politica commerciale italiana.

Nel 1931 gli accordi preferenziali erano passati momentaneamente in secondo piano, ma all'inizio del 1932 la firma di questi accordi, detti del Semmering dal nome della località austriaca nella quale furono siglati, rappresentò uno dei momenti più importanti nei rapporti sia con l'Austria che con l'Ungheria[118]. Gli accordi prevedevano la concessione di facilitazioni nei trasporti ma soprat-

---

Crisis, 1931, Cambridge (Mass.) 1962.

117 ACS, PCM, Gab., 1932, f. 6/4, nn. 3433, 5348, b. 1611.

118 Il 18 febbraio 1932 furono firmati con l'Austria ed il 23 febbraio con l'Ungheria; cfr. Felice GUARNERI, Battaglie economiche fra le due guerre, Bologna 1988², 363–364. Il 30 dicembre 1931, l'Italia aveva stretto con l'Austria il primo accordo di clearing, mentre con l'Ungheria venne stipulato il 14 luglio 1932. Il clearing era un sistema di gestione degli scambi con l'estero che aveva come fine l'eliminazione dell'esborso diretto di valuta straniera. Si trattava di fatto di una prima sperimentazione di un metodo di controllo degli scambi. Cfr. Fabrizio BIENTINESI, La parziale eccezione. Costi comparati e teorie del commercio internazionale in Italia dalla metà dell'Ottocento alla seconda guerra mondiale, Milano 2011, 249–250.

tutto di facilitazioni creditizie per il finanziamento degli scambi fra i tre paesi. Dietro la copertura di due società commerciali, venne di fatto creato un sistema preferenziale che provocò tensioni con alcuni paesi terzi, in modo particolare con la Francia, dal momento che il sistema Semmering (di fatto erede del sistema Brocchi) si opponeva esplicitamente ai progetti francesi e alla Piccola Intesa. L'Ungheria era senz'altro la maggiore beneficiaria e il peso maggiore era sostenuto dall'Italia. Il governo fascista cercava con questi accordi di rilanciare i porti di Fiume e di Trieste, come centri di smistamento del grano e delle altre merci esportate dal paese magiaro[119]. Inoltre l'Italia riuscì a far inserire la promozione di alcuni suoi prodotti (autovetture) e a far includere i trasferimenti in "conto Semmering" nel clearing; ossia il 60 % delle sovvenzioni venne destinato allo scongelamento dei crediti italiani, malgrado le proteste ungheresi[120].

Il sistema preferenziale venne allargato nel 1934, tramite gli accordi speciali con l'Austria (17 marzo 1934) e con l'Ungheria (14 maggio 1934), tuttavia essi si esaurirono ancor prima di entrare a regime. L'anno seguente, l'Italia conobbe infatti una crisi valutaria e questo sistema preferenziale venne accantonato perché inefficiente per l'economia nazionale. La Germania inoltre divenne capace di imporre la propria egemonia economica grazie a un'elevata possibilità di assorbimento del proprio mercato interno e a un'abile politica commerciale capace di assicurarsi il controllo delle materie prime e i prodotti necessari al proprio modello di sviluppo, in maniera tale da consentire di imporre condizioni di dipendenza alle economie più deboli attraverso un'accorta manipolazione sia delle importazioni che delle esportazioni. Infine, la guerra contro l'Etiopia mutò lo scenario delle alleanze internazionali dell'Italia e l'avvicinamento politico ed economico alla Germania mise fine alle velleitarie aspirazioni italiane di costruire un'area di influenza economica nell'Europa danubiana.

---

119   ACS, PCM, Gab., 1933, fasc. 9, fasc. 6, n. 9668, b. 1611.
120   BIENTINESI, La politica commerciale italiana fra le due guerre mondiali, 236.

Gertrude Enderle-Burcel

Italienische Kapitalbeteiligungen in Österreich 1918 bis 1938

Der Beitrag stützt sich auf Forschungen von Peter Enderle und mir, die wir vor rund fünfunddreißig Jahren für unsere Dissertationen[1] durchgeführt haben. Es wäre nicht uninteressant, den Gründen nachzugehen, warum die Beschäftigung mit bilateralen Beziehungen seit den 1980er-Jahren keine Fortsetzung fand. Das Interesse an Wirtschaftsbeziehungen – im vorliegenden Fall an den österreichisch-italienischen Wirtschaftsbeziehungen – der Zwischenkriegszeit trat in den Hintergrund. Eine Diplomarbeit zu den österreichisch-italienischen Beziehungen 1918 bis 1938 Ende der 1980er-Jahre beschränkt sich auf außenpolitische Beziehungen und bringt lediglich eine Zusammenfassung der gängigen Literatur, die zum überwiegenden Teil aus den 1960er- und 1970er-Jahren stammte[2]. Die einzige Ausnahme stellt dabei eine italienische Publikation dar[3].

Der vorliegende Beitrag wird, nach einem kursorischen Rückblick auf die unmittelbare Nachkriegszeit, kleinere, aber durchgehende italienische Kapitalbeteiligungen in der österreichischen Holz- und Papierindustrie beleuchten. Am österreichischen Energie- und Versicherungssektor werden italienische Kapitalinteressen aufgezeigt, die sich während der gesamten Zwischenkriegszeit nachweisen lassen. Bei diesen Kapitalbeziehungen lässt sich in den 1930er-Jahren bereits die deutsche Konkurrenz feststellen. Deutsche Kapitalinteressen in Konkurrenz zu italienischem Kapital zeigen sich besonders deutlich bei der Alpine Montan Gesellschaft und der Donau-Dampfschiffahrtsgesellschaft (DDSG). Die versuchten und die tatsächlich erfolgten Kapitalbeteiligungen in den 1930er-Jahren sind untrennbar verflochten mit den sich verändernden wirtschaftlichen und politischen Rahmenbedingungen.

---

1   Gertrude BURCEL, Die österreichisch-italienischen Wirtschaftsbeziehungen 1919–1923, Diss. Wien 1979; Peter ENDERLE, Die ökonomischen und politischen Grundlagen der Römischen Protokolle aus dem Jahre 1934, Diss. Wien 1979.

2   Augustine KOLMANZ, Österreichisch-italienische Beziehungen 1918–1938, Diplomarbeit Klagenfurt 1989.

3   Pasquale CUOMO, Il miraggio danubiano, Austria e Italia politica ed economica 1918–1936, Milano 2012.

1. Italienische Kapitalinvestitionen in der unmittelbaren Nachkriegszeit

In der Zwischenkriegszeit nahm Österreich bei den Bemühungen Italiens, seinen Einfluss im südosteuropäischen Raum zu vergrößern, stets eine besondere Rolle ein.

Nach der Auflösung der Habsburgermonarchie wurde Mittel- und Südosteuropa Anlagefeld für künftigen Kapitalexport der Ententemächte. Österreich wies zahlreiche Aktivposten auf – Schifffahrtsaktien, Bahnaktien, Aktien von Berg- und Hüttenbetrieben, Versicherungsunternehmen usw. – für die Auslandskapital Interesse zeigte. Der Verkauf inländischer österreichischer Werte – vielfach als Ausverkauf empfunden – erfolgte, durch die Entwertung der österreichischen Krone erleichtert, innenpolitisch aber umstritten, in größerem Umfang[4].

Dabei ist in der österreichischen Nachkriegssituation zwischen österreichischen Aktivposten – d.h. staatlicher Besitz an Industrieanlagen, Wertpapieren, private Beteiligungen an Fabriken und Handelsgesellschaften – in den Nachfolgestaaten und dem Besitz an Aktivposten auf dem Gebiete Deutschösterreichs zu unterscheiden. Ein Teil der Aktivposten konnte wegen der Nationalisierung der Nachfolgestaaten gar nicht mehr für einen Verkauf in Betracht gezogen werden.

1.1. Italienische Kapitalinteressen an österreichischen Aktivposten in den Nachfolgestaaten

In Verfolgung seiner Adria- und Balkanpolitik dominierte das Interesse Italiens an den großen Schifffahrts- und Bahngesellschaften. In der unmittelbaren Nachkriegszeit war es der italienischen Regierung gelungen, die großen Seeschifffahrtsgesellschaften – Österreichischer Lloyd und Austro-Americana – in ihren Einflussbereich zu bringen[5]. Gescheitert war aber der italienische Versuch, die Mehrheit der Orientbahnaktien zu erwerben. Nach komplizierten Verhandlungen, bei denen die divergierenden österreichischen, ungarischen, jugoslawischen und französischen Interessen deutlich wurden, ging die Orientbahn 1920 in französische Hände. Das Bemühen einer italienischen Kapitalgruppe 1919 um türkische Tabakaktien endete ebenfalls mit dem Verkauf an französische Interessenten[6].

---

4   Burcel, Die österreichisch-italienischen Wirtschaftsbeziehungen, 31 f.
5   Die Verkaufsmodalitäten im Detail in: ebd. 32 f.
6   Dazu und zu weiteren Kapital- und Eigentumsverschiebungen in der unmittelbaren Nachkriegszeit vgl. ebd. 37 f.

1.2. Italienische Kapitalinteressen an Aktivposten der Republik Österreich

Von den Unternehmungen, deren Produktionsstätten ausschließlich oder hauptsächlich auf dem Gebiet der Republik Österreich lagen, waren es in erster Linie Unternehmungen der Schwerindustrie und der metallverarbeitenden Industrie, für das sich ausländisches, in starkem Maße auch italienisches Kapital interessierte. Bedeutend waren die Beteiligungen des ehemaligen Triestiner Kaufmanns Camillo Castiglioni, hinter dem die Banca Commerciale in Mailand stand[7]. Neben der Alpine Montan Gesellschaft war die Castiglioni-Gruppe zu dieser Zeit auch noch in den Österreichischen Fiat Werken in Wien, der Österreichischen Daimler-Motor-Aktiengesellschaft in Wiener Neustadt, den Puch Werken-Aktiengesellschaft in Graz, der Felten & Guillaume Fabrik elektrischer Kabel, Stahl- und Kupferwerke in Wien, der Werkzeug- und Maschinenfabrik-Aktiengesellschaft in Hirtenberg in Österreich und in Zöblitz in Sachsen, in dem Traisner Konzern, in den Leobersdorfer Stahlwerken-Aktiengesellschaft, in der Wetzlerschen Konservenfabrik und an der Enzesfelder Munitions- und Metallwerken-Aktiengesellschaft engagiert. Die italienischen Beteiligungen waren nicht unerheblich und sicherten zeitweise einen entscheidenden Einfluss auf die Unternehmungen.

Bei zwei weiteren Versuchen – Berndorfer Metallwarenfabrik Arthur Krupp-Aktiengesellschaft und Veitscher Magnesitwerke Aktiengesellschaft – unterlagen die Italiener im Wettbewerb mit französischen Gruppen[8].

Zu den Unternehmungen, die unter italienischer Führung arbeiteten, gehörte auch die Drahtgeflechtfabrik Hutter & Schrantz-Aktiengesellschaft in Wasenbruck, da diese Gesellschaft in einer gewissen Abhängigkeit von der Alpine Montan Gesellschaft stand. Innerhalb der großen Anzahl von italienischen Interessen gehörten die Beteiligungen an den Österreichischen Fiat Werken, der Österreichischen Daimler-Motor-Aktiengesellschaft und an der Felten & Guillaume Fabrik zu den bedeutendsten. Durchgängig zeigt sich, dass italienische Kapitalinteressen sofort nach Kriegsende einsetzten und auf die Gewinnung von stärkerem Einfluss auf die österreichische Schwer- und Metallverarbeitungsindustrie abzielten[9]. Viele dieser Kapitalbeteiligungen – eng mit der Person Castiglionis verbunden – endeten mit dem Zusammenbruch der Depositenbank 1924[10], dem Finanzzentrum seiner Aktivitäten in Österreich, wenngleich sich Spuren seiner Tätigkeit bis nach 1945 finden[11].

---

7   Zu dem italienischen Engagement bei der Alpine Montan Gesellschaft in den 1920er-Jahren vgl. auch Cuomo, Il miraggio danubiano, 101–115.

8   Burcel, Die österreichisch-italienischen Wirtschaftsbeziehungen, 39 f.

9   Ebd. 40.

10   Compass Österreich, Österreich-Ungarn (Liquidation) 1926, 1, Wien 1926, 446–450.

11   Zur Rolle Castiglionis: Burcel, Die österreichisch-italienischen Wirtschaftsbeziehungen, 51–54; Dieter Stiefel, Camillo Castiglioni oder Die Metaphysik der Haifische, Wien 2012.

Es fehlen allerdings Untersuchungen zu den Einzelunternehmungen, anhand derer die italienischen Kapitalinvestitionen im Detail – genauer Einstiegszeitpunkt, Größenordnung und Beendigung des Engagements – verfolgt werden könnten.

Mit und ohne Castiglioni ist von einem italienischen Kapitalexport nach Österreich in der unmittelbaren Nachkriegszeit auszugehen.

1.3. Die Beteiligung der Fiat Gruppe an der Österreichischen Alpine Montan Gesellschaft

Die Beteiligung der Fiat Gruppe an der Alpine Montan Gesellschaft 1919 und der schon 1921 wieder erfolgte Ausstieg zeigt die gesamte Bandbreite möglicher nationaler und internationaler Interessenkonflikte, die bei großen Kapitaltransaktionen in der unmittelbaren Nachkriegszeit auftreten konnten. Niedrige Börsenkurse nach dem Abstoßen der Aktien durch die Prager Eisenindustriegesellschaft, Sozialisierungsbestrebungen durch die österreichische Sozialdemokratie, zu enge Verbindungen einer Wiener Börsenfirma mit dem Staatsamt für Finanzen, sinkende Valutakurse Deutschösterreichs im Ausland, der Ankauf durch ein italienisches Konsortium, Kurssteigerungen, Interventionen über die italienische Waffenstillstandskommission gegen die Übernahme von neu ausgegebenen Alpine-Aktien durch den österreichischen Staat und Bedenken der Italiener gegen einen möglichen Verkauf von Aktien an potentielle Kokslieferanten wie Deutschland, Tschechoslowakei oder Polen begleiteten den Einstieg der Italiener in die Alpine Montan Gesellschaft in der unmittelbaren Nachkriegszeit.

Als 1919, unter der Regierung Nitti, Fiat in den Besitz der Aktienmehrheit der Alpine gekommen war, waren sich die italienischen Wirtschaftskreise einig, dass dies die brauchbarste Kombination der Nachkriegszeit war. Der Ankauf hatte Fiat unabhängig von den Schwankungen der internationalen Preise gemacht. Trotz der angeführten Vorteile hatte sich Giovanni Agnelli zwischen Februar und März 1921 entschieden, die Aktien zu verkaufen, ohne aber die Regierung in Rom oder die italienischen Diplomaten in Wien zu informieren. Fiat rechtfertigte den Verkauf damit, dass die österreichische Regierung eine obstruierende Haltung eingenommen hätte, und verwies außerdem auf Lieferschwierigkeiten bei Kohle aus der Tschechoslowakei, die sich offensichtlich entschieden hätte, jede Konkurrenz der eigenen Eisenindustrie (Skoda und Witkovitz) zu eliminieren. Fiat hatte sich letztlich zu einer Konzentration der Autoindustrie und der Eisenindustrie auf nationaler Ebene entschlossen. Die Konzentrationsbewegungen hatten Ende November 1920 eingesetzt und waren Voraussetzung für den Verkauf der Alpine-Aktien Anfang 1921.

1.4. Italienisches Kapital am österreichischen Bankensektor

Allgemein wird den österreichischen Banken nachgesagt, dass sie sich in der unmittelbaren Nachkriegszeit ausländischen Kapitalbeteiligungen nicht verschließen konnten und wollten und sich mit Hilfe des Ententekapitals an die neuen Wirtschaftsbedingungen gut angepasst hätten. Nur zwei Großbanken – die Länderbank und die Anglobank – mussten dabei ihre Nationalität aufgeben[12]. 1921–22 wurde der Sitz der Anglo-Austrian-Bank nach London und der der Österreichischen Länderbank nach Paris verlegt[13].

Trotz der Abgabe vieler Beteiligungen in der Nachkriegszeit konnten sich die österreichischen Banken doch einen beträchtlichen Einfluss auf den Kreditapparat und wichtige Industrieunternehmungen in den Nachfolgestaaten bewahren[14].

Italienisches Kapital nahm bei den Eigentumsverschiebungen am Bankensektor in der Nachkriegszeit keine bedeutende Rolle ein.

Unmittelbar nach dem Krieg gründete der Credito Italiano in Wien eine Tochtergesellschaft, die Italo Wiener Creditbank. Es waren zwei weitere Filialen in Österreich geplant[15]. Nach den Angaben im Compass 1936 entfaltete die Gesellschaft aber keine nennenswerten Aktivitäten. Die laufenden Geschäfte wurden schon 1929 wesentlich eingeschränkt und die Generalversammlung beschloss im Juni 1930 die Liquidation[16].

In die Nachkriegszeit fällt auch die Beteiligung italienischen Kapitals an einer Bankgründung in Tirol. Die „Tiroler Bank" wurde in Innsbruck durch das Land Tirol unter der Beteiligung der Deutschen Bank und des Credito Italiano 1920 gegründet. Jede Gruppe stellte ein Drittel des Aktienkapitals zur Verfügung. Die Bank sollte den Transithandel, besonders die Einfuhr von Lebensmitteln und die Ausfuhr von Holz fördern[17].

---

12 BURCEL, Die österreichisch-italienischen Wirtschaftsbeziehungen, 51.
13 ENDERLE, Die ökonomischen und politischen Grundlagen der Römischen Protokolle, 43. Zur Anglobank vgl. Charlotte NATMESSNIG, Britische Finanzinteressen in Österreich, die Anglo-österreichische Bank, Wien 1998; zur Länderbank Alois PIPERGER, 100 Jahre Österreichische Länderbank 1880–1980, Wien 1980; vgl. auch Compass Österreich, Österreich-Ungarn (Liquidation) 1934, 394.
14 ENDERLE, Die ökonomischen und politischen Grundlagen der Römischen Protokolle, 41–45.
15 BURCEL, Die österreichisch-italienischen Wirtschaftsbeziehungen, 50.
16 Compass Österreich, Österreich-Ungarn (Liquidation) 1936, 396.
17 Vgl. weitere Details zur Bankgründung in: BURCEL, Die österreichisch-italienischen Wirtschaftsbeziehungen, 50.

Zu wenig scheint bis jetzt eine Bankenniederlassung der Banca Commerciale Italiana, Milano, in Wien, die Società Italiana di Credito[18], in der Forschung beachtet worden zu sein. Diese Bank taucht bei Finanzierungen und Finanzierungsplänen von italienischen Interessen immer wieder auf. So verwaltete die Società Italiana di Credito ein großes Aktiendepot der Alpine Montan-Aktien der Promontana A.G., einer Schweizer Gesellschaft in Zug. Anlässlich der Vorbereitung für die Generalversammlung der Alpine Montan Gesellschaft im Juni 1937 wird von deren Direktor, Georg Meindl, in einem Schreiben an den Stahlverein angeregt, das Depot „in Hinkunft direkt bei der Mercurbank oder einer anderen Stelle zu deponieren"[19]. Damit wurde die Transferierung von einer italienischen zu einer deutschen Bank, hinter der die mächtige Muttergesellschaft, die Dresdner Bank stand, vorgeschlagen.

1.5. Italienische Kapitalinteressen in der Holzindustrie

Wie das Beispiel der Tiroler Bank zeigt, gab es italienischerseits stets größtes Interesse an österreichischem Holz[20]. Die italienische Holzfirma Feltrinelli war seit Ende des 19. Jahrhunderts Besitzer zweier größerer Sägewerke in Villach. In Kärnten hatten sich 1916 mehrere Wald- und Sägewerksbesitzer in Klagenfurt zur Kärntner Holzverwertungs Ges.m.b.H. zusammengeschlossen, die 1918 den Beinamen „Drauland" erhielt und 1922 in eine Aktiengesellschaft umgewandelt wurde. Mit bis zu 2000 Mitarbeitern und sieben Sägewerken war damit der Holzexport nach Italien auf eine breitere Basis gestellt worden. Die Gesellschaft geriet in den 1930er-Jahren in die Krise und musste saniert werden[21]. Dabei übernahm die damals größte italienische Holzfirma, Gebrüder Feltrinelli in Mailand, die Aktienmehrheit. Die Gesellschaft erhielt damit den Charakter eines Eigentümer-Unternehmens[22]. An den italienischen Besitzverhältnissen änderte sich zwischen 1938 und 1945 nichts. Bei Kriegsende 1945 waren 95 % der Drauland-Gesellschaft im Besitz der Firma Gebrüder Feltrinelli[23]. Während des Kriegs war lediglich die Rechtsform geändert worden. 1941

---

18 Grunddaten in: Compass 1936, 398.

19 Schreiben Direktor Georg Meindl an den Stahlverein G.m.b.H. vom 25.6.1937 – Österreichisches Staatsarchiv Wien [zukünftig ÖStA]/Archiv der Republik [zukünftig AdR], Bundesministerium für Handel, Österreichische Alpine Montan Gesellschaft, Zentrale, Karton 2.

20 Burcel, Die österreichisch-italienischen Wirtschaftsbeziehungen, 208 f.

21 Compass 1936, 991.

22 Franz Mathis, Big Business in Österreich, Österreichische Großunternehmen in Kurzdarstellung, Wien 1987, 85 f.

23 Zur Firma „Drauland" vgl. ÖStA/AdR, Bundesministerium für Finanzen, Zl. 320.571-35/1957, Karton 5019; Details zur Firmenentwicklung der Jahre 1931 bis 1936 vgl. ÖStA/AdR, Bundeskanzleramt [zukünftig BKA], Signatur 15/8 Klagenfurt, GZl. 102.532/1931, Karton 2700.

war wieder die Umwandlung in eine Gesellschaft mit beschränkter Haftung erfolgt und acht Jahre später wurde sie mit der Firma Feltrinelli verschmolzen[24]. Die Drauland gehörte damit zu den wenigen Unternehmungen, bei denen 1938 kein Eigentumswechsel zu Gunsten deutscher Unternehmen eintrat. Vizepräsident der Drauland war 1938 noch Antonio Feltrinelli[25]. Während des Krieges scheint Feltrinelli in der Aktiengesellschaft nicht mehr auf. Es finden sich als Generaldirektor und Vorstandsmitglied Kommerzialrat Ferdinand Thomaser (Villach) und Direktor Attilio Dimai (Villach)[26]. Selbst in der Gebrüder Feltrinelli Holzindustrie Ges.m.b.H scheint ein neuer Geschäftsführer, Ing. Rudolf Sigel, auf[27]. Während der italienische Kapitalbesitz bei Drauland und – wie noch gezeigt wird – bei der Pölser Papierfabrik 1938 bis 1945 unangetastet blieb, ist es in beiden Firmen zu personellen Veränderungen in der Firmenleitung gekommen.

1.6. Italienisches Kapital in der österreichischen Papierindustrie

1921 übernahm die Firma Luigi Burgo und Sohn aus Verzuolo, die sich im Laufe der Jahre zum größten italienischen Papierkonzern entwickeln sollte, die Pölser Papierfabrik, die 1928 in eine Aktiengesellschaft umgewandelt wurde. Die Abnahme der Pölser Zellulose durch die italienischen Papierfabriken sicherte auch in den 1930er-Jahren dem Konzern, der 13 Fabriken umfasste, einen guten Geschäftsgang. An der Spitze des Verwaltungsrates stand Luigi Burgo, der, so beurteilte Franz Mathis, „auch die italienische Muttergesellschaft Cartiere Burgo S.A. kontrolliert haben dürfte, womit der Charakter des Eigentümer-Unternehmens gewahrt blieb"[28].

Wie bei der Drauland war auch bei der Pölser Zellulose- und Papierfabrik A.G. 1938 bis 1945 kein Eigentumswechsel eingetreten[29]. Luigi Burgo scheint allerdings weder im Industrie und Handels Compass 1940[30] noch im Personen Compass 1943 auf. An der Spitze der Direktion stand während des Krieges Dr.

24 MATHIS, Big Business, 85.

25 Compass Österreich, Österreich-Ungarn, (Liquidation) 1938, 961.

26 Compass, Industrie u. Handel, Deutsches Reich: Ostmark 1940, 894.

27 Ebd. 894 f.

28 MATHIS, Big Business, 231; Details zur Pölser Papierfabrik vgl. ÖStA/AdR, BKA, Signatur 15/8 Pöls, Karton 2730. Die Akten umfassen die Jahre 1932 bis 1938.

29 Vgl. dazu Walter BRUNNER, 300 Jahre Papier, Von der Reifensteiner Papiermühle zum Sulfatzellstoffwerk Pöls, im Eigenverlag der Zellstoff Pöls AG 1989, 65; Mathias ROTHER, Die Geschichte der Papier- und Zellstoffabrik in Pöls, Diplomarbeit Wien 1989, 22 f.

30 Compass 1940, 1002 f.

Vittorio Favetti[31], der auch nach dem Krieg im Aufsichtsrat vertreten war[32]. Als Zentraldirektor fungierte vor 1938 Roberto Adler[33], der während des Krieges nicht vertreten war und sich nach dem Krieg als Präsident des Aufsichtsrates wiederfindet[34]. 1966 weist ihn der Personen Compass Österreich als Präsident der Cartiere Burgo S.p.A., als Präsident der Società Italiana di Credito in Mailand und als Aufsichtsratsvorsitzenden der Pölser Zellulose- und Papierfabriks A.G. aus[35].

1.7. Italienisches Kapital am Energiesektor

Der notwendige Ausbau der österreichischen Wasserkräfte stellte nach dem Ersten Weltkrieg ein neues, zusätzliches Anlagefeld für ausländisches Kapital dar. Amerikanisches Kapital findet sich bei der Newag (Niederösterreichische Elektrizitätswirtschafts Aktiengesellschaft), eine Schweizer Beteiligung bei der Tiwag (Tiroler Wasserkraftwerke Aktiengesellschaft) und italienisches Kapital bei der Steweag (Steirische Wasserkraft- und Elektrizitäts Aktiengesellschaft)[36].

Die Steweag wurde 1921 durch Umwandlung einer vorbereitenden Gesellschaft mit beschränkter Haftung gegründet. Das Land Steiermark und eine steirische Industriegruppe besaßen ursprünglich die Aktienmehrheit. Im Laufe des Jahres 1921 trat ein Finanzsyndikat österreichischer Großbanken hinzu. Der zunehmende Bedarf an Investitionskapital führte 1923 zu einer Kapitalerhöhung unter Beitritt einer italienischen Gruppe, der Edison Gesellschaft mit Sitz in Mailand und der Holzfirma Gebrüder Feltrinelli. Eine Beteiligung von Camillo Castiglioni fehlte zu diesem Zeitpunkt natürlich nicht. 1924 schied Castiglioni im Zuge des Zusammenbruches der Depositenbank wieder aus und Feltrinelli übernahm seine Anteile[37].

Die Società Generale Italiana di Elettricità Sistema Edison in Mailand besaß die Aktienmehrheit[38]. Die Steweag besaß darüber hinaus die Aktienmehrheit der 1925 gegründeten Oststeirisch-Burgenländischen Wasserkraft-

---

31 Compass 1940, 1003.

32 Finanz Compass Österreich 1957, 857.

33 Compass 1936, 1070.

34 Finanz Compass Österreich 1957, 857.

35 Personen Compass Österreich 1966, 4.

36 Zu den italienischen Interessen bei der Steweag vgl. Cuomo, Il miraggio danubiano, 136–140.

37 Burcel, Die österreichisch-italienischen Wirtschaftsbeziehungen, 55.

38 ÖStA/AdR, BKA, Signatur 15/8 Graz 19, GZl. 172.502-11/1930. Der Sammelakt enthält zahlreiches Material dazu; im Besonderen Aufstellung zur X. ordentlichen Generalversammlung vom 15.6.1931.

werke A.G.[39]. Ab 1936 bemühte sich die Steweag von der Aufsichtsbehörde im Bundeskanzleramt die Genehmigung zu einer Erhöhung des Aktienkapitals aus einer allgemeinen Kapitalrücklage zu erreichen. Diese Kapitalrücklage war ursprünglich für die am 1. Jänner 1926 erstellte Goldbilanz angelegt worden. Durch Einwände des Bundesministeriums für Finanzen verzögerte sich die gewünschte Kapitalaufstockung immer wieder. Unter anderem führte das Finanzministerium an, dass dies nach Ablauf der in § 44 gesetzten Frist des Goldbilanzengesetzes „unstatthaft" sei, „da die Kapitalreserve nach Ablauf der Frist lediglich zur Verlustdeckung bestimmt sei und nicht mehr zur Erhöhung des Aktienkapitals herangezogen werden könne"[40]. Die Abwertung der italienischen Währung 1936, in der die Steweag „erhebliches Leihkapital", d.h. einen bedeutenden Kredit laufen hatte, brachte „eine starke Herabsetzung der Schuldverpflichtungen sowie deren endgültige Konsolidierung". Dadurch wurde die „Ansammlung von Rücklagen" überflüssig. Ende 1937 umfassten die nicht zweckgebundenen Reserven der Gesellschaft rund 2/5 des Eigenkapitals, damit also 2/3 des Aktienkapitals.

Durch die außerordentlichen Kursgewinne des Jahres 1936 und steigenden Energiebedarf 1937 – hier werden die Gemeinde Wien als Abnehmer und die großen Stahlwerke angeführt – wurden für 1938 bedeutende Investitionen in Aussicht genommen. Die Kapitalgewinne aus der Währungsabwertung des Jahres 1936 hatten zu einer derartigen Anhäufung von Reserven geführt, dass die österreichische Aufsichtsbehörde Börsenspekulationen befürchtete, wenn „die Aktie eines prominenten Elektrizitätswerkes so niedrig gehalten ist"[41].

Der Aktenlage nach kam es Ende 1937 weder vom Finanzministerium noch von der Aufsichtsbehörde im Bundeskanzleramt gegen die Erhöhung des Aktienkapitals und die Zusammenlegung der Aktien auf ein höheres Nominale – für drei Stück alte Aktien war die Ausgabe einer neuen Aktie im Nennwert von 100 Schilling geplant – zu offenen Einwänden[42]. Trotzdem kam es bei einer interministeriellen Sitzung am 8. Februar 1938 zum Beschluss, „vorerst die Äußerung des Bundesministeriums für Finanzen abzuwarten"[43]. Nach einem

---

39   Compass 1938, 900.

40   Steirische Wasserkraft und Elektrizitäts Aktiengesellschaft in Graz, Kapitalsvermehrung und Kapitalsrücklage – ÖStA/AdR, BKA, Signatur 15/8 Graz 19, GZl. 172.502-11/1930, Zl. 168.757-11/1936.

41   Steirische Wasserkraft- u. Elektrizitäts-Aktiengesellschaft mit dem Sitz in Graz, Kapitalserhöhung, Vorgenehmigung, 23.12.1937 – ÖStA/AdR, BKA, Signatur 15/8 Graz 19, GZl. 172.502-11/1930, Zl. 245.510-11/1937.

42   ÖStA/AdR, BKA, Signatur 15/8 Graz 19, GZl. 172.502-11/1930, Zl. 107.255/15/1937.

43   Ebd. Zl. 135.741-11/1938: Steirische Wasserkraft- u. Elektrizitäts A.G. mit dem Sitz in Graz, Kapitalserhöhung, Vorgenehmigung, 12.2.1938.

Gespräch am 10. Februar zwischen dem Bundesminister für Finanzen, Dr. Rudolf Neumayer[44], und dem Direktor der Steweag, Kurt Tanzer, und einer weiteren Eingabe der Gesellschaft mit einer steuerrechtlichen Zusatzerklärung vom 12. Februar 1938 an das Finanzministerium, wird ein Bescheid über die Vorgenehmigung in Aussicht gestellt. Der schleppende Verhandlungsverlauf lässt spätestens ab 1937 den Verdacht aufkommen, dass die relativ einfache Transaktion immer wieder durch Bedenken und Auflagen hinausgezögert wurde, wobei das Finanzministerium besonders erfindungsreich agierte. Obwohl die finanzielle Gesamtlage der Steweag seit 1936 durchgehend sehr positiv beurteilt wurde, kann als Beispiel für die Hinhaltetaktik des Finanzministeriums ein Votum noch aus dem Jänner 1938 angeführt werden. Zu den Expansionsplänen der Steweag im Zusammenhang mit dem Ausbau der Enns-Wasserkräfte findet sich die Feststellung, dass „aber keinesfalls der Großaktionär der Steweag, die Edisongesellschaft, als Darlehensgeber in Aussicht genommen wird". Der Satzteil ist im Original unterstrichen und es folgt die weitere Einschätzung: „Diese Gesellschaft als italienische Gesellschaft wäre auch bei dem heutigen eigenen Kapitalsbedarf Italiens (Abessinien) kaum zu einer solchen neuen Kapitalinvestition in Österreich in der Lage"[45].

Zu diesen Einschätzungen und über die Gründe für das Verhalten des Finanzministeriums können beim derzeitigen Stand der Forschung nur Spekulationen angestellt werden. Über die Gesamtlage des Edisonkonzerns nach Abessinien bzw. kurz vor dem Anschluss können von österreichischer Seite aus keine Angaben gemacht werden. Wieweit das hinhaltende Agieren des österreichischen Finanzministeriums mit der politischen Einstellung oder „Vorahnung" des Anschlusses durch einzelne Beamte oder durch Finanzminister Neumayer zusammenhing, kann ebenfalls nicht beurteilt werden. Während bei anderen österreichischen Wirtschaftsunternehmen 1934 und 1935 italienisches Kapital dem deutschen vorgezogen wurde – so etwa bei der Alpine Montan und bei der

---

44   Dr. Rudolf Neumayer (*18.5.1887 Wien, †25.8.1977 Wien), 1912 Eintritt in den Dienst der Gemeinde Wien, ab 1919 Tätigkeit in der Magistratsabteilung II für Finanzangelegenheiten, ab Oktober 1924 Vorstand der Magistratsabteilung 4 (Finanzangelegenheiten), 29.11.1934–3.11.1936 Mitglied des Länderrates, 3.11.1936–24.5.1938 Finanzminister, 1.6.1938 Bestellung zum Direktor der Wiener Städtischen Versicherung, Jänner 1941 Beendigung des Beamtenverhältnisses auf eigenes Ansuchen, ab 1943 Leiter der Hauptstelle für das Wirtschaftstreuhandwesen, ab 14.1.1944 Sonderbeauftragter für Versicherungswesen in der Operationszone „Adriatisches Küstenland", am 2.2.1946 vom Volksgerichtshof zu lebenslänglichem schweren Kerker verurteilt, 1949 wegen Haftunfähigkeit entlassen, Ende 1951 amnestiert.

45   Steir. Wasserkraft- u. Elektrizitäts-Aktiengesellschaft in Graz, Kapitalserhöhung, Vorgenehmigung, 1.3.1938 – ÖStA/AdR, BKA, Signatur 15/8 Graz 19, GZl. 172.502-11/1930, Zl. 148.486-11/1938.

Donau-Dampfschiffahrtsgesellschaft – muten die Verhandlungen um die Kapitalaufstockung bei der Steweag bemerkenswert an.

Mit dem Juliabkommen 1936 hatten sich aber die Rahmenbedingungen bereits so sehr geändert, dass die hinhaltende Taktik durchaus erklärbar ist.

Nach dem Anschluss besaß die italienische Finanzgruppe zunächst noch weiter mehr als die Hälfte der Steweag-Aktien. Die im April 1938 gegründete Alpen-Elektrizitätswerke A.G. hatte durch die Liquidation der Industrie-Credit A.G. in Wien zwar ein kleines Aktienpaket der Steweag übernommen, doch dauerte es bis Mai 1939, bis die Alpen-Elektrizitätswerke A.G. die Aktienmehrheit der Steweag besaß. Das Aktienpaket wurde zum Kurs an der Wiener Börse vom Jänner 1938 von den Italienern erworben. Der geschuldete Betrag wurde nicht bar erlegt, sondern über das sogenannte „Waren-Clearing" abgewickelt. Das Waren-Clearing war ein Abkommen zwischen Italien und Deutschland, das gegenseitige Warenlieferungen vorsah, die zu Weltmarktpreisen bewertet wurden. Dabei kam es immer wieder zu Spitzen im Clearingverkehr, d.h., dass die Deutschen weniger Waren lieferten als Italien.

Bis zum Jahre 1941 erhöhte die Alpen Elektrizitätswerke A.G. ihren Anteil an der Steweag von 70,8 % auf 75,5 %. Der Rest befand sich im Besitz des Reichsgaues Steiermark und ein geringer Teil im Streubesitz. Nach dem Zweiten Weltkrieg hatte 1948 die italienische Gruppe unter Mario Giuseppe Soldini, 1938 Vizepräsident und geschäftsführender Verwaltungsrat der Steweag, ein Rückforderungsbegehren gestellt. Das Aktienpaket wurde als „Deutsches Eigentum" gewertet und die Rückforderung in zwei Verhandlungen von einem Grazer Gericht abgewiesen[46].

1.8. Italienisches Kapital am österreichischen Versicherungssektor

Ein Eingehen auf die komplexen Verhältnisse am Versicherungssektor in der unmittelbaren Nachkriegszeit würde den Beitrag bei Weitem sprengen, doch sollen einige Aspekte der italienischen Interessen an diesem Wirtschaftszweig nicht unerwähnt bleiben. Auf diesem Sektor ist besonders deutlich das Verhaltensmuster italienischer Investoren zu sehen. Auf eine rasche Expansion in der unmittelbaren Nachkriegszeit folgt relativ bald – meist bereits am Beginn der 1920er – ein Zurückziehen vom österreichischen Markt[47].

Am Versicherungssektor gab es bei Kriegsende zwei bedeutende italienische Institute, die seit der Monarchie große Filialen in Wien sowie kleinere Ver-

---

46   Elisabeth Dietinger, Die Entwicklung der Elektrizitätswirtschaft in der Steiermark von den Anfängen bis ins 21. Jahrhundert, Diplomarbeit Graz 2003, 15.

47   Zu den Triestiner Versicherungsgesellschaften in den 1920er-Jahren vgl. auch Cuomo, Il miraggio danubiano, 129–135.

tretungen in einzelnen Landeshauptstädten unterhielten. Die Geschäftsent-
wicklung der Assicurazioni Generali und die der Riunione Adriatica di Sicurtà
(RAS) im Österreich der Zwischenkriegszeit sind durch neuere Literatur sehr
gut dokumentiert[48]. Die Entwicklung beider Institute – mit Sitz der Muttergesellschaft im „Neuausland" – liefert Beispiele für eine erfolgreiche Bewäl-
tigung einer Ausnahmesituation, wie sie der Zerfall der Monarchie darstellt.
Zur Neuordnung des RAS-Konzerns im Detail gibt es im historischen Archiv
der Generali-Gruppe in Wien umfang- und detailreiche Aufzeichnungen über
eine Besprechung von Führungskräften aus Triest, Budapest, Wien, Prag, Graz,
Lemberg, Zagreb und Bratislava unter dem Vorsitz des Generaldirektors Arnold Frigessi[49]. Die Gesprächsprotokolle zeigen deutlich die ungeheuren Probleme des Konzerns. So heißt es unter anderem: „sollen wir die Stellung der
Gesellschaft auf Grund der Friedenverträge überprüfen, uns den neuen Verhältnissen anpassen und die Mittel und Wege suchen, um unter den geänderten Verhältnissen die Gesellschaft zu neuer Entwicklung und Blüte zu bringen
[…] spezielle Fragen, die durch die geänderten Verhältnisse entstanden sind,
und zwar durch die territorialen Verschiebungen, durch die Änderungen in den
Konkurrenzverhältnissen, durch die weit über jede Voraussicht gewachsenen
Spesen und durch die Währungsfragen …"[50].

Arnold Frigessi betrieb 1918 die Expansion in den österreichischen Versicherungssektor offensiv. Als zunächst unbekannter Käufer kaufte die Riunione im
großen Stil Aktien des Österreichischen Phönix auf. Mit Hilfe der Anglo- und
der Verkehrsbank wurde die Aktienmajorität erworben. Ende 1918 stellte Arnold
Frigessi die Forderung nach Vertretung seiner Gesellschaft im Verwaltungsrat.
Anfang 1919 setzte Frigessi seine „fieberhaften" Aktienkäufe trotz Preissteige-
rungen fort[51]. Ziel der RAS war es, ihre Gesellschaftsbasis in Österreich zu
sichern und möglichen Geschäftsproblemen aus den zu diesem Zeitpunkt noch
nicht geklärten Reziprozitätsverhältnissen unter den Nachfolgestaaten vorzubeugen[52]. Der Österreichische Lebensphönix, der neben dem Österreichischen Phönix bestand, und die Münchner Rück versuchten durch Aktienkäufe

---

48 Vgl. etwa Marita ROLOFF, Alois MOSSER, Wiener Allianz, gegründet 1860, Wien 1991; Ger-
    hard SCHREIBER, Die Interunfall Versicherung und die Riunione Adriatica di Sicurtà in Wien,
    (1890–2004), Diss. Wien 2007.
49 Arnold Frigessi stammte aus einer ungarisch-jüdischen Familie namens Friedberg. Die Familie
    magyarisierte den Namen auf Frigyessi und italianisierte diesen 1928 auf Frigessi. Zur Biogra-
    phie vgl. SCHREIBER, Die Interunfall, 224 f.; Im Detail vgl. weiters: Anna MILLO, Trieste, le
    Assicurazioni, l'Europa, Arnoldo Frigessi di Rattalma e la Ras, Milano 2004.
50 Zitiert nach SCHREIBER, Die Interunfall, 86.
51 ROLOFF, MOSSER, Wiener Allianz, 112.
52 Ebd. 114.

gegenzusteuern. Die Anglobank und die Verkehrsbank wurden unter Andro-
hung der Aufkündigung der Bankverbindung zum Abstoßen ihres Aktienbesitzes veranlasst. Auf die Details dieses Machtkampfes einzugehen, würde an
dieser Stelle zu weit führen. Die Riunione ging zunächst als Sieger hervor. Die
italienische Kapitalbeteiligung an einer traditionsreichen österreichischen Ver-
sicherungsgesellschaft war vorläufig gelungen. Die Geschäftsbasis sollte damit
erweitert und möglichen „Problemen im österreichischen Geschäft resultierend
aus ihrer italienischen Nationalität" sollte vorgebeugt werden. Frigessi „setzte
seine Interessen" – wie Marita Roloff feststellte – mit „verblüffender Härte und
Konsequenz durch"[53]. Der Direktor des Österreichischen Lebensphönix, Wilhelm Berliner, war strikt gegen jede Verbindung mit einem italienischen Institut und hielt durchgehend die Verbindung zur Münchner Rück. Im Dezember
1920 nahm die Angelegenheit eine „erstaunliche Wende"[54]. Frigessi, der sich
bis dahin strikt gegen einen Aktienverkauf seines Anteils am Österreichischen
Phönix an die Münchner Rück gewehrt hatte, stimmte dem Verkauf zu. Die in
der Literatur als „erstaunlich" bezeichnete Wende ist mit dem Abschluss des
Staatsvertrages von St. Germain in Zusammenhang zu setzen, der ausländische Versicherungsunternehmen für zehn Jahre mit inländischen in Österreich
gleichsetzte (Artikel 272). Damit waren die Rahmenbedingungen geklärt, unter
denen ausländische Unternehmen in Österreich tätig werden konnten. Die „fieberhaften" Aktienkäufe durch die Riunione waren zu einer Zeit der unvorher-
sehbaren Geschäftsbedingungen erfolgt. Auf österreichischer Seite waren die
Ablehnung italienischer Kapitalbeteiligungen und die Bevorzugung deutscher
Partner offensichtlich.

In den 1930er-Jahren sollte es – allerdings unter völlig geänderten Bedingungen – zu einer neuerlichen italienischen Kapitalbeteiligung beim Österreichischen Lebensphönix kommen.

Schon Anfang 1930 wollte sich die Münchner Rück aus dem Österreichischen Lebensphönix zurückziehen, mit dessen Geschäftsmethoden man auf
deutscher Seite schon länger nicht einverstanden war. Es bestand darüber hinaus die Absicht, sich in weiterer Folge auch aus dem Österreichischen Phönix zurückzuziehen, da der Österreichische Lebensphönix dessen Großaktionär war[55]. Zu den Aktionärsverhältnissen kamen noch enge organisatorische
und geschäftspolitische Verbindungen, die die Münchner Rück in ihren Aus-
stiegsabsichten noch bestärkten[56]. Parallel dazu gab es Versuche der Allianz

53 Ebd. 114.
54 Ebd. 116.
55 Ebd. 131.
56 Die Rückzugsversuche der Jahre 1931 bis 1935 im Detail in: ebd. 132 f.

Deutschland, ihre Geschäftsbasis in Österreich zu erweitern. Das deutsche Institut versuchte 1931, nach einem ersten gescheiterten Versuch 1928, eine Konzession für Lebensversicherungen zu erhalten. Angesichts der schlechten Wirtschaftslage und einer bereits als kritisch empfundenen Konkurrenzsituation auf dem Lebensversicherungssektor reagierte die österreichische Behörde mit einer generellen Konzessionssperre[57].

Parallel zu den deutschen Versuchen interessierte sich auch die Assicurazioni Generali für einen Ausbau ihrer Aktivitäten in Österreich. Um die generelle Konzessionssperre in Österreich zu umgehen, zeigte die Generali seit Jahren Interesse am Österreichischen Phönix, das 1935 sehr konkret wurde. Die Intention zeigte sich am Ausspruch eines Generali-Mitarbeiters: „Wir haben Geld und Ihr wisst Geschäfte zu machen: könnte man das nicht einmal gemeinsam versuchen?"[58]. Die Generali, die die marktführende Stellung des Versicherungsunternehmens schätzte, hätte dem Österreichischen Phönix Liquidität gebracht. Der Generaldirektor der Generali, Michele Sulfina, artikulierte allerdings auch einen weiteren Aspekt der Zusammenarbeit im Hinblick auf die Münchner Rück, die „aus dem Grund besonders wertvoll [sei], weil niemand wisse, was in Österreich passiere, und im Falle eines Anschlusses die deutsche Partnerschaft beim Österreichischen Phönix auch für das eigene Geschäft der Generali in Österreich wertvoll sei[59]. Diese Aussage aus dem September 1935 – zweieinhalb Jahre vor dem Anschluss – erscheint doch mehr als bemerkenswert.

1935 war die Creditanstalt auch bereit, ihre Phönix-Aktien zu verkaufen. Wie schon in den 1920er-Jahren wehrte sich Willhelm Berliner „mit Händen und Füßen"[60] gegen eine Aktienabgabe an die Generali. Der bis Dezember 1936 gültige Syndikatsvertrag sah auch die Einwilligung der Münchner Rück und des Österreichischen Lebensphönix im Verkaufsfalle vor. 1935 war daher das Resultat der Verhandlungen nur „die Aussicht auf eine engere geschäftliche Kooperation zwischen Österreichischem Phönix und Generali sowie die Hoffnung auf eine spätere Aktienübernahme nach Überwindung des Widerstandes seitens Berliners"[61].

Das Problem löste sich mit dem plötzlichen Tod Berliners am 17. Februar 1936 auf ganz andere und sehr dramatische Weise. An dieser Stelle kann nicht auf die Details des nach dem Tod Berliners erfolgten Zusammenbruches des Österreichischen Lebensversicherungsphönix eingegangen werden. Berliners „Expansion um jeden Preis" verhalf dem Versicherungsinstitut zur Entwicklung zur

---

57 Ebd. 133.
58 Zitiert nach ebd. 133.
59 Ebd.
60 Ebd.
61 Ebd. 134.

größten österreichischen Anstalt und zur drittgrößten des ganzen Kontinents, führte aber letztlich zum Ruin[62]. Im Hinblick auf die Kapitalbeteiligungen kristallisierten sich beim Zusammenbruch zwei „Interessenssphären"[63] heraus. Die Generali zeigte „sofort Interesse an den durch den Ausfall des Österreichischen Lebensphönix zur Verfügung stehenden Aktien des Österreichischen Phönix"[64]. Damit standen italienische und deutsche Kapitalinteressen in Gestalt der Münchner Rück und der Allianz Deutschland als Konkurrenten gegenüber. Bei den Verhandlungen um den Phönix-Aktienbesitz wurde deutlich, dass sich die deutschen Institute bemühten, „wenn schon keine Ausschaltung, so doch eine Einschränkung des italienischen Einflusses zu bewirken"[65].

Die deutschen Gesellschaften bestanden auf 51 % und beanspruchten die Geschäftsführung, andernfalls drohten sie die Sanierung des Österreichischen Phönix platzen zu lassen und dies auch der Öffentlichkeit mitzuteilen.

Für die Generali waren diese Forderungen unannehmbar, nicht nur im Hinblick auf die Einzelgesellschaft, den Österreichischen Phönix, sondern auch auf die Gesamtsituation am österreichischen Versicherungssektor. Ein übermäßiger deutscher Einfluss musste auch den italienischen Interessen zuwiderlaufen. Nach Roloff soll letztlich ein Direktor des Österreichischen Phönix, der die italienische Staatsbürgerschaft besaß, „die deutsche Gruppe von ihrem unbeweglichen Standpunkt" abgebracht haben[66]. Neben einem Streubesitz und dem Anteil der Creditanstalt wurden die Aktien paritätisch auf Generali und Münchner Rück aufgeteilt[67]. Die Allianz Deutschland war erneut bei ihrem Versuch gescheitert, ihre Interessenssphäre in Österreich zu erweitern.

Die nach dem Zusammenbruch des Österreichischen Lebensphönix notwendig gewordene Auffangaktion mit anschließender Rekonstruktion des Österreichischen Phönix wurde zu gleichen Teilen mit italienischem und deutschem Kapital durchgeführt.

Parallel zu den konkurrierenden Verhandlungen um den Aktienbesitz des Österreichischen Phönix hatte die Allianz Deutschland zum dritten Mal um die Zulassung zum Geschäftsbetrieb der Lebensversicherung angesucht. Die bis 1936 in Geltung gestandene Konzessionssperre wurde von den österreichischen Behörden auf weitere drei Jahre verlängert.

---

62 Ebd. 135; zu Details vgl. auch Isabella ACKERL, Der Phönix-Skandal, in: Das Juliabkommen von 1936. Vorgeschichte, Hintergründe und Folgen. Protokoll des Symposiums in Wien am 10. und 11.6.1976, Wien 1977, 241–279.
63 ROLOFF, MOSSER, Wiener Allianz, 150.
64 Ebd.
65 Ebd.
66 Ebd.
67 Die Aufteilung des Aktienbesitzes im Juli 1936 im Detail vgl. ebd. 152.

Der Versuch zweier deutscher Versicherungsgesellschaften, 1936 verstärkt in Österreich zu expandieren, scheiterte durch das Interesse und den Kapitaleinsatz der Generali.

1938 erfolgte nach dem Anschluss Österreichs an Deutschland die Übernahme des Österreichischen Phönix durch die deutsche Gruppe Münchner Rück und Allianz Deutschland[68].

2. Italienische Kapitalinvestitionen in den 1930er-Jahren

Sieht man vom Versicherungssektor ab, der auf Grund der internationalen Verflechtungen und des Rückversicherungssystems stets eine Sonderstellung einnimmt, so sind in den 1930er-Jahren zwei österreichische Unternehmungen zu nennen, bei denen italienische Beteiligungen oder zumindest zeitweises Interesse politisch und wirtschaftlich bemerkenswert waren. Bei der Alpine Montan Gesellschaft und bei der Donau-Dampfschiffahrtsgesellschaft wird der Bedeutungswandel italienischer Kapitalinvestitionen zwischen den 1920er- und 1930er-Jahren besonders deutlich.

2.1. Italienische Kapitalinteressen bei der Alpine Montan Gesellschaft – ein Austrifizierungsversuch

Bei der Alpine Montan Gesellschaft zeigen sich beispielhaft – wie auch schon am Versicherungssektor dargestellt – die zwei recht unterschiedlichen Phasen italienischer Kapitalinvestitionen in Österreich.

Die bedeutenden, doch kurzfristigen Interessen an der Alpine Montan Gesellschaft fanden mit dem Verkauf der italienischen Anteile an den deutschen Stinnes-Konzern bereits 1921 ein Ende[69]. Der Verkauf fand damals trotz Widerstands der italienischen Regierung statt, wurde aber von den österreichischen Befürwortern des Anschlusses äußerst positiv gesehen. Fiat rechtfertigte den Verkauf sogar damit, dass die österreichische Regierung „eine obstruierende Haltung eingenommen hätte"[70].

In den 1930er-Jahren änderten sich die wirtschaftlichen und politischen Rahmenbedingungen so sehr, dass es in Österreich zu einer vollkommenen Umkehr in der Haltung gegenüber italienischen Kapitalinvestitionen kam.

---

68 Ebd. 155.
69 Burcel, Die österreichisch-italienischen Wirtschaftsbeziehungen, 47 f.; siehe auch die Ausführungen oben.
70 Burcel, Die österreichisch-italienischen Wirtschaftsbeziehungen, 48 f.

Der Rückblick auf die frühen 1920er-Jahre zeigt die Richtung. In der unmittelbaren Nachkriegszeit ging die Initiative zur Platzierung von Kapital am österreichischen Markt eindeutig von Italien aus. Zu dieser Zeit stellte das westliche Kapital die Hauptkonkurrenz für Italien dar.

2.2. Die Änderung der politischen und wirtschaftlichen Rahmenbedingungen

In den 1930er-Jahren betrieb Österreich die Beteiligung von italienischem Kapital in Schlüsselunternehmen. Dabei zeigte sich aber zunehmend die Konkurrenz deutschen Kapitals.

Mit der Machtergreifung der Nationalsozialisten in Deutschland 1933 begann sofort die „Mobilmachung der Wirtschaft und ihre Umstellung auf die Erfordernisse einer blockadefesten und kriegerischen Zukunft"[71]. Ab 1934 und verstärkt 1935 verlagerte sich der deutsche Außenhandel deutlich nach Südosteuropa. Österreich wurde dabei als Ausgangsbasis für das weitere Expansionsprogramm gesehen. Mit einer nationalsozialistischen Terrorwelle und wirtschaftlichem Druck, unter anderem durch die Einführung der Tausend-Mark-Sperre, wurde von Deutschland ein „Vernichtungskampf" gegen Österreich eingeleitet[72].

Nach dem gescheiterten Versuch einer gewaltsamen deutschen Machtübernahme in Österreich im Juli 1934 ging Deutschland mit dem Sonderbotschafter Franz von Papen politisch auf eine Evolutionstaktik über. Wirtschaftlich – und das soll an den Einzelbeispielen am Versicherungssektor, bei der Alpine Montan Gesellschaft und bei der DDSG gezeigt werden – betrieb Deutschland eine zunehmend aggressiver werdende „Penetration Österreichs"[73].

Die Ereignisse um den Juliputsch ließen deutlich die Grenzen der Römischen Protokolle erkennen, die am 17. März 1934 zwischen Österreich, Ungarn und Italien abgeschlossen worden waren. Am 25. Juli 1934 standen ungarische, daneben auch jugoslawische Truppen bereit, um im Falle eines Bürgerkrieges in Österreich einzurücken[74]. Die von Deutschland im Vorfeld mit Ungarn und Jugo-

---

71 Norbert SCHAUSBERGER, Ökonomisch-politische Interdependenzen im Sommer 1936, in: Das Juliabkommen von 1936, 280–298, hier 280 f.

72 Ministerratsprotokoll [zukünftig MRP] Nr. 947 vom 10.6.1934, in: Protokolle des Ministerrates der Ersten Republik [zukünftig PdMRdER], Abteilung VIII, Kabinett Dr. Engelbert Dollfuß, 7, Wien 1986, 345.

73 Weitere Beispiele in: Karl STUHLPFARRER, Zum Problem der deutschen Penetration Österreichs, in: Das Juliabkommen von 1936, 315–327.

74 Ludwig JEDLICKA, Österreich 1933 bis 1938, in: Karl Scheidl (Hg.), 1918–1968. Österreich – 50 Jahre Republik, Wien 1968, 97.

slawien abgeschlossenen Handelsverträge zeigten ihre Wirkung[75]. Italiens Rolle als Schutzmacht hatte mit der Mobilisierung der italienischen Truppen im Juli 1934 zum Schutz der österreichischen Unabhängigkeit ihren Höhepunkt erreicht.

Innenpolitisch schuf sich die österreichische Regierung nach dem nationalsozialistischen Putsch ein Instrumentarium, das stärkere Eingriffe in die Wirtschaft ermöglichte. Im August 1934 wurde mit Ministerratsbeschluss ein Generalstaatskommissär zur Bekämpfung staats- und regierungsfeindlicher Bestrebungen in der Privatwirtschaft eingesetzt. Die Befugnisse des Generalstaatskommissärs erlaubten Eingriffe gegen Unternehmen und Unternehmer sowie gegen Arbeiter und Angestellte. In einer interministeriellen Niederschrift wurde auf die negativen Auswirkungen hingewiesen: „Es braucht nicht hervorgehoben zu werden, dass die praktische Auswirkung dieses Eindrucks das in- und ausländische Kapital von der Anteilnahme an der österreichischen Wirtschaft in hohem Maße abschrecken muss […] bei einer Ausdehnung dieses Gesetzes […] eine Aktienflucht mit ihren deroutierenden Wirkungen auf den Aktienmarkt eintreten wird […]. Eine derartige einmalige Verfügung wird das Vertrauen des In- und Auslandes zu Kapitalanlagen in Österreich auf das Empfindlichste und auf Jahre hinaus irreparabel erschüttern."[76] Die österreichische Regierung glaubte aber, mit gesetzlichen Maßnahmen eine sogenannte Austrifizierungspolitik in der österreichischen Wirtschaft einleiten zu können. Die staatlichen Möglichkeiten, in die Privatwirtschaft direkt einzugreifen, reichten allerdings nicht aus und das Scheitern der Austrifizierungspolitik von deutschen Unternehmen in Österreich war vorprogrammiert. Karl Stuhlpfarrer zeigt dies im Detail an der Bausparkasse Wüstenrot in Salzburg und an den Siemens-Schuckertwerken in Wien[77]. Österreich hatte Schwierigkeiten, Käufer für die deutschen Majoritätsanteile bei der Bausparkasse Wüstenrot zu finden. Ebenso war eine Übernahme der Mehrheit der Kapitalanteile in österreichischen Besitz bei der Größe der Siemenswerke illusorisch. Angesichts der zunehmenden faschistischen Tendenzen in der österreichischen Innenpolitik – die Installierung von Gesetzen zu staatlichen Eingriffen in die Privatwirtschaft war nur eine Maßnahmen unter vielen[78] – war eine Hilfe in Form von Kapitalbereitstellung durch westliche Demokratien zur Ersetzung des deutschen Kapitals in Österreich zu diesem Zeitpunkt kaum mehr möglich. Die politischen und

---

75 Gertrude Enderle-Burcel, Historische Einführung, in: PdMRdER, Kabinett Dollfuß, 7, XLI f.

76 Zitiert nach Stuhlpfarrer, Zum Problem der deutschen Penetration Österreichs, 320.

77 Ebd. 322 f.

78 Zur innenpolitischen Entwicklung Österreichs in allen Details vgl. PdMRdER, Abt. VIII, Kabinette Dollfuß, 7 Bände; sowie Abt. IX, Kabinette Schuschnigg, 8 Bände.

wirtschaftlichen Rahmenbedingungen in Österreich boten dazu keinen Anreiz. Die Versuche Österreichs, deutsches Kapital bei der Alpine Montan Gesellschaft – dem größten Unternehmen in der österreichischen Eisen- und Stahlerzeugung – zurückzudrängen, zeigen deutlich den beschränkten Aktionsradius. Für größere Kapitalinvestitionen blieb nur das ideologisch nahestehende Italien.

2.3. Die gescheiterte Austrifizierungspolitik am Beispiel der Alpine Montan Gesellschaft

Die Eigentümerverhältnisse bei der Alpine Montan Gesellschaft waren seit Mitte der 1920er-Jahre unverändert. 1926 waren die 56 % des Aktienkapitals der Stinnes-Castiglioni-Gruppe an die „Vereinigten Stahlwerke A.G." in Düsseldorf übergegangen. Die österreichische Regierung hatte sich im Aufsichtsrat zwar mit der Beteiligung der Escomptegesellschaft die Mehrheit gesichert, konnte aber auf die innerbetriebliche Führung kaum Einfluss nehmen. Die deutschen Majoritätsbesitzer stellten unzureichendes Betriebskapital zur Verfügung und bereiteten der österreichischen Regierung durch plötzliche Betriebseinstellungen immer wieder innenpolitische Schwierigkeiten[79].

Schon im Jänner 1934 – also bereits ein halbes Jahr vor dem nationalsozialistischen Putsch, aber in einer Phase nationalsozialistischer Terroranschläge, machte der österreichische Handelsminister, Fritz Stockinger, dem italienischen Unterstaatssekretär im Außenministerium und „Fachmann für Wirtschafts- und Finanzfragen"[80], Fulvio Suvich, „das Angebot, dass die Italiener an Stelle der Deutschen in die Alpine eintreten"[81] und durch Abnahme der Erzeugnisse die Produktion sichern könnten. Suvich zeigte sich interessiert, doch wurden über den italienischen Gesandten in Wien, Gabriele Preziosi, im März 1934 in Österreich Erkundigungen über die Majoritätsverhältnisse bei der Alpine Montan Gesellschaft eingeholt.

---

79   Vgl. dazu die Einsetzung eines Ministerkomitees und von Regierungskommisssären sowie außerordentliche Maßnahmen der Regierung Dollfuß, in: PdMRdER, Abt. VIII., Kabinett Engelbert Dollfuß, 5, Wien 1984 und 6, Wien 1985; außerordentliche Maßnahmen, Fragen der Aktienbeteiligung der Regierung Schuschnigg, in: PdMRdER, Abt. IX., Kabinett Kurt Schuschnigg, 1, Wien 1988, 2, Wien 1993 und 3, Wien 1995; zum Aktienbesitz, Auflösung von Dienstverträgen der Regierung Schuschnigg, 4, Wien 2000. Zur Entwicklung bis 1933 vgl. Barbara Schleicher, Im Schlepptau der deutschen Stahlindustrie. Zur Unternehmenspolitik der Österreichischen-Alpine Montangesellschaft in den Jahren 1918–1933, Diss. Halle/Saale 1997, im Detail 460–498.

80   Jens Petersen, Hitler – Mussolini, Die Entstehung der Achse Berlin-Rom 1933–1936, Tübingen 1973, 286.

81   Enderle, Die ökonomischen und politischen Grundlagen der Römischen Protokolle, 141.

Der nationalsozialistische Putschversuch im Juli 1934 führte in weiterer Folge zu Untersuchungen über die Beteiligung der Führung der Alpine an dem Putsch[82]. Eine weitere aktive Beteiligung deutscher Kreise an der Alpine war für die österreichische Regierung unerwünscht.

Unklar war man sich in österreichischen Regierungskreisen aber über das Interesse der Italiener. Sowohl bei einer Besprechung mit Mussolini in Florenz als auch in Rom intervenierte Bundeskanzler Kurt Schuschnigg für den Ankauf von Alpine-Montan-Aktien durch Italien.

Im November/Dezember 1934 hatten die österreichischen Verhandler, unter ihnen Richard Schüller, den Eindruck, „es bestehe italienischerseits lebhaftes Interesse"[83]. Im Februar 1935 zeigte der italienische Finanzminister, Paolo Ignazio Maria Thaon di Revel, allerdings wieder Bedenken, „da der italienische Staatshaushalt durch die Vorbereitungen des Abessinien-Feldzuges schwer belastet war"[84]. Sektionschef Richard Schüller, der österreichische Hauptverhandler, dem Mussolini vertraute[85], gelang es in einer Unterredung bei Mussolini direkt, seine prinzipielle Zustimmung zu erreichen. Schüller arbeitete nach dieser Zusage zwei Varianten zum Ankauf aus[86], deren Strategie eindeutig war. Durch Beteiligung von italienischem Kapital – dessen Aufbringung Aufgabe der italienischen Regierung war – sollte der Absatz der Alpine Montan Gesellschaft gesichert werden, bei gleichzeitiger möglichst geringer Belastung des österreichischen Staatshaushaltes. Das deutsche und das auch noch vorhandene französische Kapital sollte zurückgedrängt werden. Tatsächlich konnte Sektionschef Richard Schüller eine Einigung mit dem italienischen Finanzministerium erzielen, dem auch die italienische Regierung Anfang März 1935 zustimmte. Der Vertrag sah im Protokoll I den Erwerb der Aktienmehrheit der Alpine durch eine österreichische Bank oder durch Umwandlung von Krediten in junge Aktien vor. Außerdem war der Ankauf von 50 % der alten oder neuen Aktien

---

82   MRP Nr. 962/12 vom 17.8.1934, in: PdMRdER, Abt. IX., Kabinett Schuschnigg, 1, 110–114.

83   ENDERLE, Die ökonomischen und politischen Grundlagen der Römischen Protokolle, 144.

84   Ebd.

85   Eugenio Morreale, 1927 bis 1937 de facto (nicht formal) Presseattaché an der italienischen Botschaft in Wien, schrieb in Erinnerungen über Richard Schüller: „… Richard Schüller, jenem überaus geschickten und in der Wirtschaftspolitik sehr gewandt[en] österreichischen Diplomaten, der gelernt hatte, sich in der [sic!] römischen Ministerien zurechtzufinden und mit geradezu raffinierter Kunst bis 1938 der Österreichischen Wirtschaft größtmögliche Vorteile sichern wusste …" Vgl. dazu Eugenio Morreale, Mussolini gegen Hitler auf dem österreichischen Ring (eigene Erinnerungen und italienische Geheimdokumente über Mussolinis Versuch, den Anschluss zu verhindern) – ÖStA, Nachlässe E 1772, I/6.

86   Die Details zu diesen Varianten in: ENDERLE, Die ökonomischen und politischen Grundlagen der Römischen Protokolle, 144–148.

durch eine italienische Bank oder ein anderes Institut geplant, wobei die italienische Quote nicht mehr als 15 Millionen Schilling ausmachen dürfe. Als dritter Punkt war vorgesehen, dass die Alpine Montan eine möglichst große Menge Roheisen nach Italien exportieren müsse[87].

Parallel zu den Verhandlungen auf Regierungsebene opponierten italienische Industrielle und die italienische Eisenbahnverwaltung gegen den Plan. Während über die Einwände der Industriellen in den österreichischen Akten nichts Genaues angeführt wird, findet sich als Erklärung zur Eisenbahnverwaltung, dass diese um ihre Einnahmen aus Schrotttransporten aus Frankreich fürchtete[88].

Im September 1935 war es noch als Vorleistung auf das Alpine-Geschäft zu einem Vertrag über Roheisen und Stahllieferungen gekommen[89].

Mit den Vertretern der Alpine Montan Gesellschaft war es zwar ebenfalls zur Unterzeichnung eines Protokolls gekommen, „in dem die deutschen Mehrheitsbesitzer der Umwandlung der Kredite in Aktien zustimmten", bei der je ein Drittel der Aktien auf Deutschland, Österreich und Italien entfallen hätte sollen. Im Dezember 1935 bestritt Albert Vögler, Präsident der Alpine Montan Gesellschaft und Vorsitzender der Vereinigten Stahlwerke A.G., allerdings bereits wieder die Gültigkeit der Vereinbarung. Richard Schüller vermutete, dass die NSDAP Druck auf die Aktienbesitzer ausgeübt hätte, um die Mehrheit bei der Alpine Montan Gesellschaft nicht zu verlieren. Die Vermutung liegt allerdings nahe, dass zwischen Mehrheitseigentümer und Partei eine Interessengemeinschaft bestand und Druck nicht nötig war.

Die italienische Beteiligung scheiterte am Widerstand der nationalsozialistischen Regierungsstellen, an den Mehrheitseigentümern, die keine Veranlassung sahen, ihre Positionen aufzugeben und letztlich an den sich ändernden politischen Rahmenbedingungen. Der Abessinienfeldzug und die Achse Rom-Berlin zeigten ihre Wirkung.

Das für die italienische Kriegsrüstung benötigte Roheisen wurde in weiterer Folge im Rahmen von Kompensationsgeschäften – dem sogenannten Alpine-Regime – d.h. zollfreie Lieferung von Roheisen und Stahl an Italien – geliefert. Diese Lieferungen wurden wiederum mit Waffenlieferungen an Österreich bezahlt[90].

---

87   Ebd. 149.
88   Ebd. 150 f.
89   Ebd. 152.
90   Ebd. 153; im Staatsarchiv beschäftigt sich ein Archivar, Heinz Placz, seit Jahren mit der Thematik, zu der es unveröffentlichte Manuskripte gibt.

Das Jahr 1937 ist bei der Alpine Montan Gesellschaft bereits geprägt durch Vertragsabschlüsse mit den Vereinigten Stahlwerken[91], bei denen seitens der österreichischen Regierung, deren Zustimmung notwendig war, eine hinhaltende Taktik versucht wurde. Im August 1937 ist der Verhandlungsschrift zu entnehmen, dass ein großer Vertrag genehmigt wurde. Darüber hinaus konnten die von den Österreichischen Bundesbahnen zunächst vorgesehenen Frachterhöhungen auf Erztransporte durch die Alpine rückgängig gemacht werden. Es wurden neue, für die Alpine und Deutschland günstigere Vereinbarungen getroffen.

Insgesamt zeigen die nicht sehr umfangreichen Besprechungsprotokolle des Vorstandes der Alpine Montan Gesellschaft doch eine stete Verstärkung der Geschäftsbeziehungen zu Deutschland, die mit August 1936 einsetzte[92], bei gleichzeitiger Reduktion der Lieferungen nach Italien, nicht zuletzt durch die Liraabwertung 1936 bedingt[93].

Trotz eines im Juli 1937 erwähnten „neuen italienischen Geschäftes"[94] kam es im September 1937 zur Kündigung des bis 30. Juni 1938 vorgesehenen Abkommens mit Jahresende 1937[95]. Im Oktober 1937 waren die Lieferungen nach Italien – „wohin bisher der Export sehr stark war" – von italienischer Seite „mit Rücksicht auf die große Clearingspitze" bereits sehr gedrosselt worden[96]. In der Verhandlungsschrift wurde auch festgehalten, dass in Italien zwar große Eisenknappheit herrscht, doch auch beträchtliche Zahlungsschwierigkeiten. Es gibt Anzeichen dafür, dass die Alpine Montan Gesellschaft durch Druck des Mutterkonzerns gezwungenermaßen zu Niedrigpreisen nach Deutschland exportieren musste.

Der Gesamteindruck der knapp gehaltenen Sitzungsprotokolle des Vorstandes der Alpine Montan Gesellschaft spiegelt die politischen und wirtschaftlichen Veränderungen der Jahre 1936 bis 1938 recht deutlich wider[97]. Das Juliabkommen, die Währungsabwertungen des Jahres 1936, die Achse Rom-Berlin

---

91   Vgl. im Detail die Verhandlungsschriften über die Besprechungen des Vorstandes des Jahres 1937: besonders 10. Besprechung vom 4.5.1937; 11. Besprechung vom 25.5.1937; 13. Besprechung vom 1.7.1937; 14. Besprechung vom August 1937 – ÖStA/AdR, Bundesministerium für Handel und Verkehr, Österreichische-Alpine Montan Gesellschaft, Karton 28.

92   Ebd., 17. Besprechung vom 26.8.1936.

93   Zur Auswirkung der Liraabwertung: ebd., Verhandlungsschrift über die 20. Sitzung des Vorstandes vom 5. und 6.10.1936; 21. Besprechung vom 17.10.1936; 10. Besprechung vom 4.5.1937: In dieser Besprechung wurde festgehalten: „Zahlungsverkehr für Italien schwer passiv."

94   Ebd., 13. Besprechung vom 1.7.1937; weiters: Verhandlungsschrift über die 15. Sitzung des Vorstandes vom 8.9.1937.

95   Ebd., Verhandlungsschrift über die 15. Sitzung des Vorstandes vom 8.9.1937.

96   Ebd., Verhandlungsschrift über die 17. Sitzung vom 25.10.1937.

97   Vgl. dazu den Bestand Österreichische-Alpine Montan Gesellschaft – ÖStA, AdR, Bundesministerium für Handel und Verkehr.

und die beginnenden Kriegsvorbereitungen Deutschlands hinterließen ihre Spuren. Für diesen knappen Zeitraum müsste die italienische und die deutsche Sicht aus relevanten Aktenbeständen beider Länder ergänzt werden, um Hintergründe und Ausmaß dieser Verschiebung noch weiter zu verdeutlichen. Die ehrgeizigen Plänen der österreichischen Regierung, dieses Unternehmen mit Hilfe Italiens zu austrifizieren, fanden keinerlei Verwirklichung.

1939 ging die Aktienmehrheit der Alpine Montan Gesellschaft von der Vereinigten Stahlwerke AG auf die neugegründete Reichswerke AG für Erzbergbau und Eisenhütten „Hermann Göring" [98] über.

2.4. Italienische Kapitalbeteiligung an der Donau-Dampfschiffahrtsgesellschaft

Die politisch und wirtschaftlich geänderte Situation der 1930er-Jahre zeigte auch Auswirkungen auf die Schifffahrtsgesellschaften der Staaten entlang der Donau.

Bei den Donauschifffahrtsgesellschaften waren schon seit den 1920er-Jahren starke Kartellbestrebungen im Gange. Bei allen Schifffahrtsgesellschaften der Nachfolgestaaten war es zu Kapitalverschiebungen und zu starken Eingriffen des jeweiligen Staates gekommen. Alle Zusammenschlüsse der verschiedenen Donauschifffahrtsgesellschaften hatten das Ziel, durch bessere Ausnützung der Betriebsmittel, durch Quotenvereinbarungen und Tarifabsprachen den Wettbewerb auszuschalten.

Bei der österreichischen Schifffahrtsgesellschaft kam es zu einer Betriebsgemeinschaft mit einer ungarischen und in weiterer Folge mit einer süddeutschen Gesellschaft.

Ab Oktober 1926 hatte es ein Übereinkommen zwischen der Donau-Dampfschiffahrtsgesellschaft (DDSG) und der Ungarischen Fluß- und Seeschiffahrts A.G. (MFTR) gegeben, dem im März 1927 auch der Bayerische Lloyd, Schiffahrt A.G. beitrat.

Die internationale Wirtschaftskrise 1929 zeigte auch deutliche Auswirkungen auf die Donauschifffahrt. Sinkender Industrieproduktion und schrumpfendem Außenhandel versuchten die Staaten durch Zollerhöhungen, Ein- und Ausfuhrverbote, Kontingentverträge und Devisenbeschränkungen entgegenzuwirken. Die DDSG und die MFTR mussten umfangreiche Sanierungsmaßnahmen einleiten. Bei der Sanierung der DDSG zeigten sich 1934–1935 die Interessen Italiens und Deutschlands. Deutschlands wirtschaftliche Schwierigkeiten, insbesondere das hohe Handelsbilanzdefizit (1934 über 160 Millionen Mark)

---

98 Mathis, Big Business, 27.

führte unter anderem dazu, Ungarn wirtschaftlich enger an sich zu binden[99]. Der ungarisch-deutsche Handelsvertrag kam fast gleichzeitig – Februar 1934 – mit den Römischen Protokollen – März 1934 – zum Abschluss.

Die italienische Kapitalbeteiligung an der in wirtschaftliche Schwierigkeiten geratenen DDSG, die im September 1935, nach längeren Verhandlungen, endlich durch ein Übereinkommen zwischen der italienischen und österreichischen Regierung zu einem Abschluss kam[100], stellte einen letzten Versuch Italiens dar, Österreich in seine ökonomische Interessenssphäre einzubinden. Bei diesen Verhandlungen hatte auch die deutsche Regierung – nach den Aufzeichnungen des Hauptverhandlers Sektionschef Richard Schüller – 1935 ihr Interesse an der DDSG angemeldet[101].

Die Sanierungsbemühungen hatten 1934 begonnen. Die Creditanstalt, die bis zur finanziellen Rekonstruktion der DDSG mit ihrem Aktienbesitz von ca. 34 % die Gesellschaft völlig beherrschte, hatte schon vor den Sanierungsbemühungen der österreichischen Regierung Kontakte zu Italien aufgenommen. Bei diesen Verhandlungen hatte Camillo Castiglioni eine Rolle gespielt, wobei allerdings nicht klar ist, ob das Engagement von ihm ausing oder ob es auf Veranlassung des Generaldirektors der Creditanstalt, Adrianus van Hengel, erfolgte. Mitte 1934 bestand bei der DDSG Insolvenzgefahr, sodass die österreichische Regierung ihre Bemühungen verstärkte. Die umfangreichen Verhandlungen, die zur finanziellen Rekonstruktion der DDSG auf Kosten der Creditanstalt, des österreichischen Staatshaushaltes und der Obligationäre, d.h. der Teilschuldverschreibungsbesitzer der 1927er-Anleihe führten, finden sich in allen Details in der Literatur[102]. Neben der finanziellen Rekonstruktion war wegen des überalterten Schiffsparks auch ein umfangreiches Investitionsprogramm – unter dem Begriff „technische Rekonstruktion" zusammengefasst – geplant, für das zusätzliches Kapital notwendig war[103]. Während des Aufenthaltes von Suvich in Wien im Jänner 1934 hatte Italien lebhaftes Interesse an der Donauschifffahrt, insbesondere an der DDSG gezeigt, das Anfang 1935 zu einem Vertragsentwurf

---

99 Vgl. dazu Ivan T. BEREND, György RÁNKI, Economic Development in East-Central Europe in the 19th and 20th Centuries, New York-London 1974, 265–284; Bernd Jürgen WENDT, England und der deutsche „Drang nach Südosten". Kapitalbeziehungen und Warenverkehr in Südosteuropa zwischen den Weltkriegen, in: Imanuel Geiss, Bernd Jürgen Wendt (Hgg.), Deutschland und die Weltpolitik des 19. und 20. Jahrhunderts, Düsseldorf 1973, 483–512; SCHAUSBERGER, Ökonomisch-politische Interdependenzen, 282.

100 Im Detail: ENDERLE, Die ökonomischen und politischen Grundlagen der Römischen Protokolle, 153–179.

101 „Autobiographische Notizen" – ÖStA, Nachlass Richard Schüller, E 1776, 44 ff.

102 ENDERLE, Die ökonomischen und politischen Grundlagen der Römischen Protokolle, 159–163.

103 Die Pläne im Detail ebd. 163 f.

geführt hatte[104]. Die Detailbestimmungen zeigen unter anderem sehr deutlich das italienische Interesse an den Pécser Kohlengruben. Ein von den Italienern gefordertes Vetorecht sollte das Recht sichern, alle Maßnahmen, die etwa den Verkehr über die Donau zu ungunsten der italienischen Adriahäfen verschoben hätten, verhindern zu können. Eine weite Ausdehnung dieser Bestimmung hätte darüber hinaus den Vertretern des italienischen Aktienbesitzes die bestimmende Rolle im Verwaltungsrat der DDSG gebracht[105].

In dem Übereinkommen, das schließlich am 30. September 1935 unterzeichnet wurde, verpflichtete sich Italien, für die Aufstockung des Aktienkapitals 10 Millionen Schilling (= 24 Millionen Lire) in vier Jahresraten zur Verfügung zu stellen. Für die Jahre 1939 bis 1944 war ein Kredit von 7,5 Millionen Schilling (18 Millionen Lire) in Aussicht genommen.

Bei Bekanntwerden der mühsam ausgehandelten Detailbestimmungen kam es zu Widerständen durch die Creditanstalt und durch das italienische Finanzministerium. Die Creditanstalt sah die Verzinsung und Tilgung ihrer Forderungen gefährdet. Das italienische Finanzministerium zweifelte, ob mit den in Aussicht genommenen Summen die DDSG tatsächlich zu rekonstruieren sei[106].

Der österreichische Ministerrat genehmigte schließlich am 28. August 1935 den Syndikatsvertrag zwischen Creditanstalt, Bund und dem für die italienische Regierung agierenden Finanzinstitut Società per lo Sviluppo Economico dell'Albania, Rom (SVEA), der erst im April 1936 durch die Konstituierung des Syndikatskomitees realisiert wurde[107].

Während die österreichische Regierung versuchte, die DDSG mit italienischem Kapital zu sanieren, hatte Deutschland ebenfalls sein Interesse angemeldet. Es begannen deutsche, aber auch ungarische Monopolbestrebungen innerhalb der seit 1927 bestehenden Betriebsgemeinschaft der DDSG.

Die MFTR hatte die wirtschaftliche Schwäche der DDSG benützt, um 1934 die Betriebsgemeinschaft mit Wirksamkeit für 1935 zu kündigen[108]. Der Bayerische Lloyd verwendete die italienische Beteiligung als formale Handhabe, um die Betriebsgemeinschaft 1935 mit Wirksamkeit 1936 zu kündigen[109].

---

104 Im Detail ebd. 165–167.
105 Ebd. 167.
106 Ebd. 174–178.
107 MRP Nr. 1007 vom 28.8.1935, Tagesordnungspunkt 14, in: PdMRdER, Abt. IX., Kabinett Schuschnigg, 3, 224 f.
108 Die Vereinbarungen über die engere Betriebsgemeinschaft 1929 enthielt für Ungarn als erste Kündigungsmöglichkeit den 28.2.1935 – ÖStA/AdR, Bundesministerium für Finanzen, Departement 17 Friede, Faszikel 121, Zl. 90.206/1936.
109 „Das neue Regime der D.D.S.G.", in: Die Bilanzen, Beilage zum Österreichischen Volkswirt vom 15.2.1936, Nr. 20, 146 f.

Das Quotenverhältnis des gesamten Transportaufkommens zwischen DDSG, MFTR und Bayerischen Lloyd betrug 50 % zu 30 % zu 20 %. Ungarn und Deutschland forderten für die Erneuerung der Betriebsgemeinschaft die Erhöhung der Quoten auf 34 % und 25 %. Die Unnachgiebigkeit bei den Verhandlungen ließen die österreichischen Delegierten auf ein zwischen Ungarn und Deutschland abgeschlossenes geheimes Abkommen schließen[110]. Kampfmaßnahmen wurden von allen Beteiligten erwogen. Bevor diese Kampfmaßnahmen in Kraft traten, kam es zur provisorischen Verlängerung der Betriebsgemeinschaft und zu weiteren Verhandlungen[111].

1936 hatte sich die Verhandlungssituation – zumindest in der Selbsteinschätzung der DDSG –durch die Kapitalbeteiligung Italiens an der Gesellschaft gebessert[112] – ungeachtet der Tatsache, dass das italienische Engagement in Abessinien eine deutsch-italienische Annäherung gebracht hatte[113]. Als Ausweichmöglichkeit wurde zu diesem Zeitpunkt auch ein Zusammenschluss der DDSG mit den Schifffahrtsunternehmen der Staaten der Kleinen Entente erwogen. Die DDSG hatte sich, da direkte Verhandlungen mit den Schifffahrtsunternehmen gescheitert waren, an den österreichischen Handelsminister gewandt, damit dieser entsprechende Verhandlungen mit den Regierungen Jugoslawiens, der Tschechoslowakei und Rumäniens beginnen sollte[114].

Im Juni 1936 hatte man sich auf eine Quotenerhöhung von 5 ½ % zu Gunsten des Bayerischen Lloyds und der MFTR geeinigt – statt der ursprünglich geforderten 9 %. Bei weiteren Verhandlungen der Generaldirektoren der Schifffahrtsgesellschaften wurde jedoch seitens des Bayerischen Lloyds und der MFTR – zeitlich gesehen nach dem Juliabkommen 1936 – für die österreichischen Verhandlungspartner völlig unerwartet, die Forderung nach 7 % Quotenerhöhung (Bayerischer Lloyd + 3 %, MFTR + 4 %) gestellt. Der Bayerische Lloyd berief sich dabei ausdrücklich auf die Auswirkungen der Vereinbarungen vom 11. Juli 1936. Die österreichischen Beamten zeigten sich von dieser Wendung völlig überrascht, da sie in kompletter Fehleinschätzung der politischen

---

110 ÖStA/AdR, BKA/Auswärtige Angelegenheiten [zukünftig AA], Abteilung 14 HP (Wirtschaftspolitik), Schifffahrt 1 Österreich, Zl. 100.235/3. Jänner 1936.

111 Ebd.

112 Donau-Dampfschiffahrtsgesellschaft, Forderungen an Ungarn, Pensionistenfrage, Betriebsgemeinschaft mit MFTR und Cabotage in Ungarn, ebd., GZl. 100.235/1936, Zl. 148.135-14B/1936, I.

113 Vgl. dazu PETERSEN, Hitler – Mussolini; weiters: Manfred FUNKE, Sanktionen und Kanonen, Hitler, Mussolini und der internationale Abessinienkonflikt 1934–1936, Düsseldorf 1970.

114 Zusammenwirken der Donauschiffahrtsunternehmungen aller Länder – ÖStA/AdR, BKA/AA, Abteilung 14 HP (Wirtschaftspolitik), Schifffahrt 1 Österreich, GZl. 100.235/1936, Zl. 163.817-14B/ Juni 1936.

und wirtschaftlichen Zielvorstellungen Deutschlands vom Juliabkommen eine beruhigende Wirkung auf den weiteren Verhandlungsgang erwartet hatten[115] beziehungsweise gesamtwirtschaftlich gesehen sogar große Vorteile erwartet wurden[116].

Die DDSG bereitete sich neuerlich auf einen Tarifkampf vor. Sie konnte die Continentale Motorschiffahrtsgesellschaft A.G. (Cosmos), eine holländische Gesellschaft und die Süddeutsche Donau-Dampfschiffahrts-Gesellschaft für eine Zusammenarbeit gewinnen mit dem Ziel eines engen Zusammenschlusses mit den Schifffahrtsgesellschaften der Kleinen Entente. Mit dieser Blockbildung, unterstützt durch die österreichische und italienische Regierung, wollte man einen Tarifkampf mit allen Mitteln führen[117]. Diese Vorstellungen ließen aber das komplexe Verhältnis zwischen der Tschechoslowakei und Italien unberücksichtigt, besonders belastet seit der Teilnahme der Tschechoslowakei an den Völkerbundsanktionen in Folge des Abessinienkonfliktes. Dazu kam noch die recht unterschiedliche Haltung der Staaten der Kleinen Entente gegenüber Österreich[118].

Ob durch diese angedrohte, aber nicht sehr wahrscheinliche Blockbildung oder durch den vom Bayerischen Lloyd, wie seine permanenten Forderungen 1937 zeigen werden, bereits angenommenen Wirtschaftsanschluss Österreichs an Deutschland, kam es im Dezember 1936 zu einer erweiterten Betriebsgemeinschaft zwischen Bayerischem Lloyd, Cosmos, DDSG, MFTR und der Süddeutschen.

Die Kündigung und die Verhandlungen um die Erneuerung der Betriebsgemeinschaft zeigen auf wirtschaftlicher Ebene die politischen Interdependenzen der 1930er-Jahre in Mitteleuropa. Durch die verstärkte Verlagerung der Interessen des deutschen Außenhandels nach Südosteuropa war die Beherrschung der Donauschifffahrt eines der erklärten Ziele des deutschen Imperialismus[119].

---

115 Berliner Verhandlungen 19. bis 21.11.1936, Donau-Dampfschiffahrtsgesellschaft, ebd., GZl. 100.25/1936, Zl. 226.426-14B/1936; vgl. weiters: I.D.D.S.G., Schwierigkeiten bei der Verlängerung der Betriebsgemeinschaft, 24.11.1936 – ÖStA/AdR, Bundesministerium für Finanzen, Departement 17 Friede, Faszikel 121, Zl. 90.206/1936; Zl. 88.833-17/1936.

116 SCHAUSBERGER, Ökonomisch-politische Interdependenzen, 293.

117 Schreiben der DDSG vom 21.12.1936 betreffend Verwaltungsratsprotokoll vom 11.12. sowie Vorbesprechung vom 9.12. und Betriebsbericht Oktober 1936 – ÖStA/AdR, Bundesministerium für Finanzen, Departement 17 Friede, Faszikel 121, Zl. 90.206/1936, Zl. 98.299.

118 Walter HUMMELBERGER, Österreich und die Kleine Entente. Im Frühjahr und Sommer 1936, in: Das Juliabkommen 1936, 84–103, hier 90 f.; Reinhold WAGNLEITNER, Die britische Österreichpolitik 1936 oder „The Doctrine of Putting off the Evil Day", in: Das Juliabkommen 1936, 53–83, hier 59.

119 Deutschlands Anspruch auf die Donau, in: Die Börse, 11.6.1936, Nr. 24, 3.

Deutlich erkennbar wird dieser Anspruch an Hand der Betriebsgemeinschaft der Schifffahrtsgesellschaften, wo der Bayerische Lloyd zunehmend aggressiver mit seinen weitreichenden Forderungen auftrat. 1937 erfolgten durch den Bayerischen Lloyd laufend Versuche, die DDSG zu einem engeren Zusammengehen zu bringen. Es wurde eine Dachgesellschaft vorgeschlagen, an die sich auch „Ungarn anzuschließen hätte". Die deutsche Gesellschaft strebte weiters eine Verlegung seiner Zentrale nach Wien, bessere Anlegestellen, die „der Bedeutung des Anteiles der deutschen Schiffahrt am Donauverkehr entsprechen", vor allem in Wien und Linz, und die Abtretung der Aktien der Süddeutschen an. Falls die DDSG zu der Aktienabtretung nicht bereit sei, werde das Deutsche Reich durch ein besonderes Gesetz die Zusammenlegung der Schifffahrtsgesellschaften erwirken, wodurch die Süddeutsche automatisch wieder in „deutsche Gewalt" zurückfalle. Überhaupt solle die DDSG sich gegenüber den Deutschen nicht so zurückhaltend benehmen. Dabei wurde von deutscher Seite auch auf die Identität von Lloydwünschen und Absichten der deutschen Regierung hingewiesen[120].

Die Beteiligung der italienischen Regierung an der DDSG mit all den Vorstellungen Italiens – Sicherung eines dominierenden Einflusses auf den Verkehr im Donauraum, Rückfluss des aufgewendeten Kapitals über Aufträge an italienische Werften und Zulieferbetriebe – wurde nicht mehr Realität. Österreichs Versuche, der deutschen Penetration durch Bindung italienischen Kapitals zu entgehen, scheiterten auch bei der DDSG. Die DDSG, die sich beim Anschluss im Besitz des österreichischen Staates, der Creditanstalt und einer italienischen Gruppe befunden hatte, ging in den Reichswerken Hermann Göring auf[121], dabei wurde aus dem ausgeglichenen Rechnungsabschluss zum 31. Dezember 1937 durch das nationalsozialistische Regime eine Defizitbilanz konstruiert. Vom ehemaligen Generaldirektor Otto Korwik wurde dies 1946 dahingehend interpretiert, dass der Übernahmebetrag für die Göringwerke und der Abfindungsbetrag für die Anteile Italiens an der DDSG möglichst niedrig angesetzt werden konnte[122].

---

120 Wünsche des Bayrischen Lloyd, 7.2.1937 – ÖStA/AdR, BKA/AA, Abteilung 14, Schiffahrt 1 Österreich, GZl. 113.908-14B/1937; Amtsvermerk über ein Gespräch mit Geheimrat Ludwig Dönle, 8.3.1937, ebd., Zl. 123.426-14B/1937; Bayerischer Lloyd, Amtsvermerk über ein Gespräch mit Geheimrat Dönle, 15.10.1937, ebd., Zl. 215.484-14B/1937.

121 ÖStA/AdR, Bundesministerium für Finanzen, Departement 17 Friede, Faszikel 121, Zl. 61.860/1938.

122 Erster Geschäftsführer und Vorsitzender des Vorstandes: Hofrat Dipl.-Ing. Otto Korwik, Information über die Erste Donau-Dampfschiffahrtsgesellschaft (DDSG) und deren italienische Beteiligung, 21.10.1946 – ÖStA/AdR, BKA, Verstaatlichte Unternehmen, DDSG 1946, Signatur 382, GZl. 90.882-15-46.

3. Resümee

Die angeführten Beispiele für italienische Kapitalinteressen in Österreich in der Zwischenkriegszeit lassen ein Muster erkennen. Die Kapitalinteressen Italiens und die Haltung Österreichs dazu zeigen zwischen den 1920er- und 1930er-Jahren deutliche Unterschiede.

Die Phase des verstärkten Kapitaleinsatzes Italiens in der unmittelbaren Nachkriegszeit endete relativ rasch. Mit Abschluss des Staatsvertrages von St. Germain war gesichert, dass Italien mit seinen Unternehmen in Österreich den österreichischen gleichgesetzt war. Das Einkaufen oder Aufkaufen von Unternehmungen zur Sicherung der Geschäftsbasis in Österreich war nicht mehr notwendig. Ein Beispiel dafür ist das Vorgehen der Riunione Adriatica am österreichischen Versicherungssektor. Die italienischen Kapitalinteressen in der österreichischen Schwerindustrie und der metallverarbeitenden Industrie endeten weitgehend 1921 mit dem Ausstieg aus der Alpine Montan Gesellschaft und 1924 mit dem Zusammenbruch des Finanzimperiums von Camillo Castiglioni. Allgemein wird in der Literatur die Finanzkraft Italiens als zu schwach für einen bedeutenden Kapitalexport eingestuft. Die Haltung österreichischer Regierungskreise und der Öffentlichkeit gegenüber italienischen Interessen war nach dem Ersten Weltkrieg nicht positiv. Deutsches Kapital wäre zu diesem Zeitpunkt willkommener gewesen.

Eine deutliche Sonderentwicklung nehmen zwei Unternehmungen ein, die den Charakter des Eigentümer-Unternehmens[123] aufweisen. Die Kärntner Holzverwertungsgesellschaft und die Pölser Zellulose- und Papierfabrik zeigen ähnliche Entwicklungen. Das von italienischen Unternehmerfamilien eingesetzte Kapital konnte über die Jahre 1938 bis 1945 in Österreich verbleiben.

Am Energiesektor findet sich das einzige Beispiel für eine dauerhafte Kapitalbeteiligung eines italienischen Konzerns, die von den 1920er-Jahren bis 1939 bestand. Der Ausbau der österreichischen Wasserkräfte erfolgte durchgehend mit ausländischem Kapital. Bei den Expansionsplänen der Steweag 1937 zeigten sich allerdings schon Widerstände, die mit dem bevorstehenden Anschluss in Verbindung zu setzen sind.

Am Versicherungssektor lassen sich deutlich die zwei Phasen italienischer Kapitalbeteiligungen nachweisen. Einem großen Interesse in der unmittelbaren Nachkriegszeit folgt ein rascher Rückzug. In den 1930er-Jahren steht das italienische Kapital zunehmend in Konkurrenz zu deutschen Interessen[124].

---

123 MATHIS, Big Business, 86 (Drauland), 231 (Pöls).

124 Zu Aspekten der deutsch-italienischen Konkurrenz in Hafen- und Transportfragen sowie zur Verhinderung einer deutsch-österreichischen Zollunion vgl. CUOMO, Il miraggio danubiano,

Am deutlichsten ist diese Konkurrenz bei der Alpine Montan Gesellschaft und der DDSG nachzuweisen.

In den 1930er-Jahren ging die Initiative, das deutsche Kapital durch italienisches zu ersetzen, von österreichischen Regierungskreisen aus.

Die Ablöse italienischen Kapitals durch das nationalsozialistische Deutschland nach 1938 scheint nicht friktionsfrei vor sich gegangen zu sein, doch stehen für diese Fragestellung Forschungen in italienischen und deutschen Archiven aus.

152–157. Der Autor kommt zu dem Schluss, dass das italienische Kapital – im Gegensatz zum deutschen Kapitaleinsatz und der erfolgreicheren Handelspolitik – zu schwach war, um die italienischen Expansionsvorstellungen im Donauraum zu verwirklichen. Ebd., 212.

Autorenverzeichnis

Pasquale Cuomo, Dr. phil., Historiker. In seinen Forschungen hat er sich mit den wirtschaftlichen und politischen Beziehungen zwischen Italien und Mitteleuropa während der Zwischenkriegszeit und mit der internationalen Finanzgeschichte beschäftigt.

Gertrude Enderle-Burcel, Dr. phil., Prof., wissenschaftliche Leiterin der Edition der Ministerratsprotokolle der Ersten und Zweiten Republik Österreichs; weitere Forschungsschwerpunkte: Elitenforschung, Forschungen zur Wirtschafts- und Verwaltungsgeschichte sowie zur Parteiengeschichte Österreichs.

Andreas Gémes, Dr. phil., studierte Geisteswissenschaften und Betriebswirtschaft in Graz, Wien und Paris. Nach beruflichen Stationen in der Wissenschaft und im öffentlichen Bereich ist er in der Privatwirtschaft tätig.

Andreas Gottsmann, Dr. phil., Priv. Doz., Direktor des Österreichischen Historischen Instituts in Rom und Lehrbeauftragter an der Universität Wien. Forschungen zu den italienisch-österreichischen Beziehungen, zur Nationalitätenproblematik sowie zum Verhältnis von Kirche und Staat in Österreich im 19. und 20. Jahrhundert.

Maddalena Guiotto, Dr. phil., ist Historikerin und wissenschaftliche Mitarbeiterin an der Fondazione Museo Storico del Trentino in Trient und Expertin für die Geschichte der österreichisch-italienischen und deutsch-italienischen Beziehungen im 19. und 20. Jahrhundert.

Lothar Höbelt, Dr. phil., Universitätsprofessor für das Fach Neuere Geschichte an der Universität Wien, Veröffentlichungen zur europäischen und österreichischen Geschichte vom 17. bis zum 20. Jahrhundert.

Emilia Hrabovec, Dr. phil., ordentliche Universitätsprofessorin an der Comenius-Universität in Bratislava. Forschungsschwerpunkte: Geschichte der Slowakei und Ostmitteleuropas sowie der Diplomatie des Heiligen Stuhls im 20. Jahrhundert, dazu über 200 Publikationen in sieben Sprachen.

Renate Lunzer, Mag. Dr. phil., Univ. Doz., unterrichtet italienische Literatur-wissenschaft und Translatorik an der Universität Wien. Forschungsschwer-punkt: italienisch-österreichische Kulturkontakte/-konflikte ab 1880.

Luciano Monzali, Dr. phil., ist Professor für die Geschichte der internationalen Beziehungen an dem Dipartimento di Scienze Politiche der Universität Aldo Moro in Bari. Er ist Autor von zahlreichen Arbeiten über die Geschichte der italienischen Außenpolitik, mit besonderer Schwerpunktsetzung auf die Bezie-hungen zwischen Italien, Österreich und den südslawischen Völkern im 19. und 20. Jahrhundert.

Valerio Perna, Dr. phil., ist Historiker, Essayist und Dozent für die Beziehungen zwischen Staaten und Nationen, insbesondere für Mittelosteuropa.

Giorgio Petracchi war ordentlicher Professor für die Geschichte der internatio-nalen Beziehungen an der Universität Udine. Er ist Autor zahlreicher Publi-kationen über die italienische Außenpolitik und insbesondere über die italie-nisch-russischen und die italienisch-sowjetischen Beziehungen.

Federico Scarano, Dr. phil., ist Professor an der zweiten Universität Neapel und war Gastdozent an verschiedenen deutschsprachigen Universitäten. Seine Publikationen betreffen verschiedene Aspekte der politisch-diplomatischen Beziehungen zwischen Italien und der deutschsprachigen Welt, darunter die Südtirol-Frage, die Beziehungen zwischen dem faschistischen Italien und der Weimarer Republik, die europäische Integration und die deutsche Wiederver-einigung.

Joachim Scholtyseck, Dr. phil., Univ. Prof., ist Inhaber des Lehrstuhls für Neuere und Neueste Geschichte an der Universität Bonn. Seine derzeitigen Arbeits-schwerpunkte sind: Geschichte des Nationalsozialismus, Unternehmensge-schichte, Geschichte des Kalten Krieges.

Gianluca Volpi, Dr. phil., Historiker und wissenschaftlicher Mitarbeiter für das Fach Osteuropäische Geschichte an der Universität Udine. Seine Forschungs-schwerpunkte umfassen die neuzeitliche und zeitgenössische Militärgeschichte, die nationale und jüdische Frage in Ungarn im 19. und 20. Jahrhundert sowie die internationalen Beziehungen in Mittelosteuropa.

Helmut Wohnout, Dr. phil., Priv. Doz., Abteilungsleiter im Bundeskanzleramt/ Wien, Geschäftsführer des Karl von Vogelsang-Instituts zur Erforschung der

Geschichte der christlichen Demokratie in Österreich, zahlreiche Publikationen zur österreichischen und europäischen Geschichte des 19. und 20. Jahrhunderts.

Jörg Zedler, Dr. phil., Akademischer Rat a.Z., Institut für Geschichte, Universität Regensburg. Arbeitsschwerpunkte: Katholizismusforschung, Diplomatiegeschichte, bayerisch-italienische Beziehungen im 19. und 20. Jahrhundert, politische Kulturgeschichte des 19. und 20. Jahrhunderts.

Register

Agnelli, Giovanni 450, 480

Ahrens Burgio, Berta 432

Alberti, Mario 469

Alexich, Georg von 356

Alighieri, Dante 258

Allizé, Henry 67

Aloisi, Pompeo 30, 55, 160, 167

Andrássy, Gyula 125

Andrian, Leopold von 429

Ara, Angelo 423

Arbesser, Carl 353

Arone, Pietro 194, 197

Attolico, Bernardo 176, 197, 269-271, 273

Auriti, Giacinto 265, 353-360, 362f., 365

Avenol, Joseph 90

Azzolini, Vincenzo 458f.

Balbo, Italo 94, 101, 110

Barbesino, Luigi 259

Bardolff, Carl Freiherr von 115, 359

Barnert, Emil 246

Barthou, Louis 165

Bastianini, Giuseppe 183, 188, 194, 197

Battisti, Cesare 255

Bauer, Felice 431

Bauer, Kurt 209, 396, 408

Bauer, Otto 69f., 119, 431, 448f.

Baum, Vicky 434

Beck, Jozef 173, 183, 188-194

Benedetto XV/Benedikt XV., Giacomo
  della Chiesa 281, 291, 336

Beneš, Edvard 75, 107, 111, 126, 151, 159,
  323, 325, 334f., 461

Beranger, Henri 89

Berchtold, Leopold 112

Berliner, Willhelm 234, 244, 345, 489f.

Bernardini, Filippo 318f.

Bertrand, Louis 89

Bertumè, Luciano 439

Berzeviczy, Albert De 91

Bethlen, Istvàn 27f., 52f., 75, 78, 108, 111,
  114, 124-126, 128, 130-136, 138, 352f.,
  356, 360–362, 374

Betz, Harry 433

Bismarck, Otto von 231, 346

Bissolati, Leonida 257

Bonnet, Georges 107

Bonzo, Valfré di 291

Borgese, Giuseppe Antonio 426, 431, 433

Bottai, Giuseppe 100, 269, 402, 420, 428

Botz, Gerhard 421

Brahmer, Mieczysław 189

Brandenburg, Erich 90

Brenner, Maximilian 294

Briand, Aristide 107, 113, 204

Brocchi, Igino 25, 50, 77f., 108, 468f.,
  473f.

Brodero, Emilio 92

Brunner, Arminio 25, 50, 439, 464, 471

Bucarelli, Massimo 171

Bülow-Schwante, Vicco Karl Alexander
  90

Buresch, Karl 80, 84, 389

Burgo, Luigi 483f.

Burich, Enrico 424

Burzio, Giuseppe 317, 325

Caccamo, Francesco 151

Canaris, Wilhelm 143

Carcopino, M. Jérôme 89

Carr, Edward Hallet 410

Castiglioni, Arturo 452

Castiglioni, Camillo 25, 50, 446f.,
  450–452, 456f., 459f., 466f., 479f., 484,
  500, 505

Cerruti, Vittorio 98, 390

Chamberlain, Austen 184f., 333, 340,
  343f.

Charles-Roux, François 313, 336
Churchill, Winston 94, 106, 193
Ciano, Galeazzo 167–169, 171, 173–177, 183–185, 188-192, 194–198, 212f., 215, 269, 273f., 276f., 342
Ciarlantini, Franco 256
Cicognani, Gaetano 316f., 340
Ciriaci, Pietro 328
Clauzel, Bertrand 80, 362
Clemenceau, Georges 80, 202
Clément-Simon, Louis Frédéric 126
Clodius, Carl 274
Colombo, Giuseppe 453
Colonna, Ascanio 395
Conrad von Hötzendorf, Franz 21, 46, 349
Contarini, Salvatore 148f., 154, 462
Coppola, Francesco 89f.
Costamagna, Carlo 402
Cosulich, Oscar 471
Credaro, Luigi 257, 261
Crispi, Francesco 18, 43
Crupi, Attilio 259
Csernoch, János 284
Cuomo, Pasquale 24, 49, 402
Curtius, Julius 76, 84, 473
Cusatelli, Giorgio 423
Cvetković, Dragisa 180
d'Ovidio, Francesco Lefebvre 260
Dalla Torre, Giuseppe 340
Daudet, Leon 90
Dawson, Christopher 89
De Felice, Renzo 128, 168
De Gasperi, Alcide 255, 258
De Lai, Gaetano 291
De Stefani, Alberto 89, 262, 464f.
Degasperi, Alfredo 258f.
del Val, Merry 294f.
Demageon, Albert 90
Devescovi, Guido 424
Di Maria, Pietro 308
Diakow, Jaromir 353
Dimai, Attilio 483

Dohrn, Klaus 404
Dollfuß, Engelbert 29, 32–34, 53, 56–58, 84, 108f., 138f., 162f., 208, 247, 251f., 268, 301, 364–368, 370, 372, 377–400, 403, 405f., 408, 410–413, 415, 421
Drummond, Eric 398
Dudan, Alessandro 176
Duhamel, George 90
Economo, Demetrio 439
Egger-Möllwald, Lothar 378
Einzig, Paul 89
Eisterer, Klaus 272
Ellison, Otto Nidlef von 360
Ender, Otto 298, 376, 389, 399, 472
Enderle-Burcel, Gertrude 36, 59
Epp, Franz von 236f., 247
Escherich, Georg 249
Eugenio di Savoia 117
Fabbri, Umberto 119
Facta, Luigi 224, 262, 462
Faidutti, Luigi 298
Falco, Gian Carlo 437, 458
Farinacci, Roberto 262
Faulhaber, Michael von 221, 311
Favetti, Vittorio 484
Feltrinelli, Carlo 453-460, 482
Fey, Emil 368, 378f., 382, 394, 397, 406
Fischer, N. 144
Flandin, Pierre-Etienne 80
Fontenay, Joseph de 91
Franckenstein, Georg 360
François-Poncet, André 107, 184, 198, 273
Franges, Otto von 90
Frank, Leonhard 427, 433
Franz Ferdinand/Francesco Ferdinando 21, 46, 359
Franz Joseph I./Giuseppe Francesco I 15, 41, 112, 256
Frigessi, Arnoldo 25, 50, 439, 488f.
Funder, Friedrich 299
Galli, Carlo 158, 164
Gamelin, Maurice 142

Garibaldi, Giuseppe 228
Gaselee, Stephen 95f., 99
Gasparri, Pietro 281-292, 298
Gatterer, Claus 258
Gaxotte, Pierre 89
Gayda, Virginio 93, 197
Geisler, Johannes 245
Gémes, Andreas 24, 49
Geng, Gustav 360f.
Gillet, Martin-Stanislas 310, 336
Giolitti, Giovanni 23f., 48f., 71, 116, 260, 460
Giuliano, Balbino 100
Giunta, Roberto 262
Glaise-Horstenau, Edmund 316
Glanzmann, Giovanni 439
Gobetti, Ada 432
Godfrey, William 320
Goebbels, Joseph 208
Gömbös, Gyula 29, 31, 54, 56, 93, 108-110, 129f., 136-138, 140, 211, 366, 368, 379, 387, 390
Gonella, Guido 310, 330
Göring, Hermann 37, 60, 90, 92, 163, 208, 269, 365, 384f., 389f., 504
Gottsmann, Andreas 7, 9
Graham, Sir Ronald 90, 92f., 98-100, 109
Grandi, Dino 18, 30, 43, 55, 76f., 99-106, 108–111, 151f., 154, 159f., 186, 189, 267, 352f., 356–358, 361, 363
Grey, Edward 98
Grillparzer, Franz 426f.
Groenesteyn, Otto von 228
Grünanger, Carlo 424
Guariglia, Raffaele 267
Guarneri, Felice 272
Guerriero, Augusto 263
Guiotto, Maddalena 402, 437
Habicht, Theo 387
Habsburg, Otto von 401
Halévy, Daniel 89
Halifax, Edward Wood, Earl of 184f.
Hanatoux, Gabriel 89

Handke, Peter 425
Haniel, Edgar 242
Hantos, Elemér 79
Hassell, Ulrich von 90, 94, 110f., 139, 166
Hatheyer, Paul 352
Hauptmann, Gerhart 432
Hazard, Paul 90
Heine, Heinrich 430
Held, Heinrich 26f., 51, 221, 226, 230, 233f., 236–242, 244, 246f., 249, 266
Heller, Hermann 223
Henderson, Sir Neville 99, 113
Hengel, Adrianus van 500
Henlein, Konrad 327, 330, 332
Herre, Paul 265
Herriot, Édouard 84, 94, 339
Herwarth, Hans von 265
Hesse, Hermann 433
Hessen, Prinz Philipp von 213
Hildebrand, Dietrich von 382
Hilgenreiner, Karl 332, 334
Himmler, Heinrich 271
Hindenburg, Paul von 366
Hitler, Adolf 29, 33–35, 37, 53, 57f., 60, 108, 111, 117, 120, 125, 130, 137f., 143, 161, 163, 171f., 174, 177f., 188, 194, 197, 206–215, 232, 247f., 265, 267–271, 273, 275, 277, 316, 318, 327, 330, 332, 337, 340, 343–345, 351, 363, 369, 380, 386f., 389, 396, 398, 408, 410, 421, 429
Hlinka, Andrej 324
Hofmannsthal, Hugo von 425f., 429, 431f.
Hornbostel, Theodor 79, 393f.
Horthy, Miklós 124–126, 129
Hory, András 130, 136
Hoyos, Rudolf 369
Hrabovec, Emilia 34, 58
Huber, Ursula 7, 9
Huch, Ricarda 433
Hudal, Alois 294f., 301, 332
Hueber, Franz 365
Humans, Paul 90

Innerhofer, Franz 259
Jakoncig, Guido 349, 365, 367, 370
Jandl, Ernst 427
Jaspar, Henry 90
Jedlicka, Ludwig 375
Jeftic, Bogoljub 366
Jonas, Franz 15, 41
Jorga, Nicola 90
Jouvenel, Boas De 92
Jung, Guido 460
Kafka, Franz 426f., 431
Kahr, Gustav von 217, 229–232, 249, 351
Kánya, Kalman 130, 134, 137, 139
Kanzler, Rudolf 249
Karađorđević, Alessandro 150
Karađorđević, Paolo 171, 179f.
Karoly, Gyula 29, 54, 366
Karolyi, Mihaly 366
Kašpar, Karel 344
Kautsky, Benedikt 350
Kerschagl, Richard 369, 419
Kessler, Harry Graf 20, 45, 202
Keynes, John Maynard 89
Khuen-Héderváry, Sándor 134
Knilling, Eugen von 229–231, 233
Kociemski, Leonardo 186
Kohlruß, Rudolf 290f., 295, 302
Kola, Richard 448f.
Kordian-Zamorski, N. 184
Körner, Theodor 350
Korwik, Otto 504
Kossuth, Lajos 126, 135
Kozma, Miklós 133
Krausneck, Wilhelm 223f., 231
Krausz, N. 442
Krofta, Kamil 323
Kun, Béla 124, 432
Kunschak, Leopold 412
Lambertenghi, N. 258
Laval, Pierre 165, 211, 310, 368
Lechner, Stefan 259
Ledochowski, Włodzimierz 188
Leich, Pier Silverio 186

Leone XIII/Leo XIII., Vincenzo
    Gioacchino Pecci 308
Lerchenfeld, Hugo 217, 230f.
Lernet-Holenia, Alexander 426
Lill, Rudolf 255, 270
Long, Breckinridge 399
Loraine, Percy 198, 273
Lossow, Otto von 232
Ludendorff, Erich von 218
Lueger, Karl 303
Luther, Hans 241
Lutz, Adolf von 240
MacDonald, Ramsay 113, 309
Maček, Vladko 171, 177, 179, 352
Mackensen, August von 177f.
Magris, Claudio 423f., 429
Mann, Thomas 433f.
Manoilesco, Mihaïl 91
Marchesano, Giuseppe 441
Marchetti-Selvaggiani, Francesco 282,
    284
Marconi, Guglielmo 89
Marek, Ferdinand 325f.
Maria Theresia 117
Marinetti, Filippo Tommaso 428
Marmaggi, Francesco 328
Marras, Efisio 172, 174
Martin, William 90, 202, 321
Marx, Wilhelm 221, 355
Masaryk, Tomáš Garrigue 87, 151, 159
Mastromattei, Giuseppe 269, 271–273,
    276
Mathis, Franz 483
Maurras, Charles 90
Maver, Giovanni 189
Maylender, Michele 122
Mazzucchetti, Lavinia 424, 426, 429, 432
McGarrah, Gates W. 472
Meindl, Georg 482
Meinecke, Friedrich 90
Mendelssohn-Bartholdy, Albrecht 90
Mensdorff, Albert 98
Messány, Albert 334

Metternich, Clemens Lothar 112
Meyrink, Gustav 430
Micara, Clemente 328
Michelstaedter, Carlo 430
Mikes, János 285
Miklas, Wilhelm 290, 298, 361, 366, 415
Mittner, Ladislao 424
Moggio, Vittorio 259
Molotov, Wjatscheslaw 274
Monelli, Paolo 196
Montresor, Luigi 185f.
Monzali, Luciano 30, 54
Monzie, Anatole de 90
Morgan, John P. 451, 467
Morreale, Eugenio 352, 358, 382, 388,
    399
Moscheni, Angelo 445
Mosconi, Antonio 100, 441, 474
Motta, Giacinto 459
Murray, N. 108
Mussolini, Benito 23, 26–34, 36f., 48, 51-
    58, 60f., 71, 76, 78, 88, 90, 92f., 97–101,
    104, 108-110, 113, 116, 119, 124, 128,
    131-142, 147–156, 159–169, 175–181,
    183, 185f., 189, 193, 196–198, 203f.,
    206–215, 217, 222f., 225–229, 233f.,
    239, 241–244, 246f., 250, 253, 255,
    258-270, 272, 274, 276–278, 287f., 309,
    337, 340, 342f., 345, 352-354, 357–359,
    362–364, 366–396, 398–402, 404, 406-
    409, 411–415, 417, 420–422, 428, 456,
    463f., 473, 496
Mylius, Giorgio 464, 468
Napoleon III. 346
Nathan, Roger 89
Negri, Ada 433
Nemes, Albert 124
Neumayer, Rudolf 486
Neurath, Konstantin von 111, 134, 225,
    400
Neustädter-Stürmer, Odo 349, 401, 403f.,
    406
Niemeyer, Otto 469

Ninčić, Mončil 90
Nitti, Francesco 24, 49, 71f., 128, 256f.,
    480
Noli, Fan Stilian 153
Oberdorfer, Aldo 424, 433
Olivier, Marcel 89
Orel, Anton 301
Orsenigo, Cesare 345
Orsini Baroni, Luca 264
Osborne, Sir Francis d'Arcy 333, 341, 344
Osuský, Štefan 338
Pabst, Waldemar 114f., 118f., 236f., 350f.,
    353, 356
Palairet, Michael 94
Pantaleoni, Maffeo 464, 469
Pantz, Freiherr von 352
Paolo VI/Paul VI., Giovanni Battista
    Montini 290, 309
Papen, Franz von 36, 92, 163, 248, 366,
    384, 493
Parisi, Pier Lorenzo 441
Particella, Claudia 255
Pašić, Nikola 149
Pastor, Ludwig von 281–285, 287f.,
    290–295, 302, 305
Paternolli, Nino 425
Pauli, Maria Luisa di 277
Pavelić, Ante 154, 164, 352
Payne, Stanley 415
Peano, Camillo 464
Perathoner, Julius 258, 261f.
Perčec, Gustav 97
Perna, Valerio 37, 61
Pernot, Maurice 89
Perowne, Stewart 98
Perrone, Pio, Mario 451
Perth, N. 342
Petersen, Jens 138
Petitti, Carlo 441
Petracchi, Giorgio 30, 55
Petrie, Sir Charles 91
Pfrimer, Walter 118, 349f., 354, 358, 362f.
Phipps, Eric 388

Piffl, Friedrich Gustav 282, 284f., 293f.
Piłsudski, Józef 111, 189
Pio XI/Pius XI., Achille Ratti 27, 35, 52,
    58f., 188, 245, 281, 283, 288–291, 293f.,
    297, 307–309, 315, 336–341, 343
Pio XII/Pius XII., Eugenio Pacelli 188,
    191, 221, 245, 295, 303, 308, 310–313,
    316, 324, 331, 333f.
Pivano, Fernanda 432
Pizzardo, Giuseppe 308, 326
Plato 424
Pocar, Ervino 424-427, 431
Podestà, Agostino 276f.
Poincaré, Raymond 283, 467
Politis, Nicolas 91
Pollack, Oscar 439
Preger, Konrad Ritter von 219, 241
Preziosi, Gabriele 365–369, 381f., 389,
    398, 406, 495
Puaux, Gabriel 387
Raab, Julius 357
Radic, Stjepan 352
Radimský, Václav 324, 333f., 337, 344
Raffl, Johannes 292f.
Raitz von Frentz, Edmund 242
Ramek, Rudolf 289, 373
Rásky, Béla 84
Rath, John R. 413
Rébellieu, Alfred 89
Reisch, Richard 464
Renner, Karl 24, 49, 70–73, 350
Resch, Josef 412
Reut-Nicolussi, Eduard 266
Revertera, Peter 369
Ribbentrop, Joachim von 188, 197, 215,
    269f., 273f.
Rilke, Rainer M. 431
Rintelen, Anton 364f., 377, 455, 458f.
Ritter, Saverio 326, 327, 328, 329, 330,
    331, 332, 334, 335, 342f.
Roatta, Mario 141, 143
Rocca, Enrico 424, 427–431, 433
Rocco, Alfredo 100

Rodd, Sir Rennell 90f., 93, 98
Rodler, Erich 353
Rohan, Karl Anton 91
Rolland, Romain 433
Roloff, Marita 489, 491
Ronge, Maximilian 93
Rosenberg, Alfred 90–92, 332
Roßberg, Julia 7, 9
Rossi, Ernesto 428
Roth, Josef 361, 427
Rothschild, Louis 361
Rotta, Angelo 328
Roux, Charles 126, 313, 336
Runciman, Sir Walter 333, 340
Rusca, Luigi 433
Salandra, Antonio 102
Salata, Francesco 257, 261
Salem, Enrico Paolo 441
Salvemini, Gaetano 257
Sargent, Orme 98f.
Scaramangà, Giovanni 439
Scarano, Federico 24, 49
Schacht, Hjalmar 90
Schäffer, Fritz 230
Schanzer, Carlo 460f.
Scherillo, Michele 433
Schiebl, Albert 360
Schioppa, Lorenzo 284
Schleicher, Kurt von 111
Schmelzle, Hans 236f.
Schmitt, Carl 90, 402
Schmitz, Richard 289, 394
Schneller, Karl 350
Schnitzler, Arthur 432
Schnyder, Charles 465
Schober, Johannes 28f., 31f., 53, 55f., 76,
    78, 104, 108, 111–120, 298, 355–360,
    362, 364, 370f., 373f., 376, 378, 385,
    413, 473
Schüller, Richard 392, 410, 462, 496f., 500
Schumpeter, Joseph 449
Schumy, Vinzenz 393f.
Schuschnigg, Kurt 33f., 37, 58, 60, 163,

166f., 171, 210, 213, 222, 268, 317,
369f., 404, 407, 415, 417f., 421, 496
Schwarzenberg, Felix 202
Seaton-Watson, Robert William 87
Segre, Roberto 25, 50, 441f., 448f.
Seipel, Ignaz 21, 26, 29, 31, 46, 53, 55,
72f., 116, 119, 157, 204, 264f., 268, 281,
283, 288–290, 296f., 349, 351, 353f.,
356, 358–360, 362–364, 372f., 377, 413,
458, 461f., 464
Seisser, Hans von 232
Selby, Sir Walford 401
Seldte, Franz 90, 92
Seyß-Inquart, Arthur 213
Sforza, Carlo 124, 128, 148f., 154, 460
Sibilia, Enrico 281f., 285, 288-290, 296-
302, 304f.
Siegfried, André 90, 380
Sieghart, Rudolf 355
Sigel, Rudolf 483
Simon, Sir John Allsebrook 309
Simons, Walter 260
Slataper, Scipio 423f.
Soldini, Mario Giuseppe 457, 460, 487
Somary, Felix 449
Sombart, Werner 90
Somkuthy, József 141
Somssich, Pal 124, 127
Sonnino, Sidney 18, 43, 102
Sorel, Georges 403
Spaini, Alberto 424, 431f.
Spann, Othmar 358, 401
Spengler, Oswald 89
Šrámek, Jan 329, 335
Starace, Achille 259, 262, 265
Starhemberg, Ernst Rüdiger 27, 29, 31,
34, 52–55, 58, 115, 117–120, 128, 157,
162, 268, 358–361, 363–370, 376f.,
381–383, 385, 393f., 397, 401f., 406f.,
415
Starhemberg, Franziska 358, 374
Steidle, Richard 118, 235f., 246, 250, 252,
350, 352–354, 356–358, 368, 370

Steininger, Rolf 268
Stempfle, Bernhard 249
Stengel, Paul 221, 244f.
Stephanie, Erzherzogin 286
Steurer, Leopold 270
Stinnes, Hugo 450, 455f., 492, 495
Stockinger, Fritz 495
Stojadinović, Milan 169, 171, 174, 178f.,
185f.
Stoppani, Pietro 470
Straub, Oswald 75
Streeruwitz, Ernst 297
Stresemann, Gustav 26, 51, 129, 134,
203f., 221, 237f., 240, 264, 266
Stringher, Bonaldo 25, 50, 439, 441, 443,
463
Stuhlpfarrer, Karl 270, 276, 494
Stumpf, Franz 246, 263
Sturzo, Luigi 223
Sulfina, Michele 490
Suppan, Arnold 437
Suvich, Fulvio 30, 36, 55, 60, 160f., 163,
167, 367, 380, 384, 387, 390f., 394–399,
406f., 411f., 468f., 495, 500
Světlík, Pater 326
Szembek, Jan 188, 191f.
Tahy, László 134
Tálos, Emmerich 416
Tanzer, Kurt 486
Tardieu, André 25, 50, 79–85, 107, 362,
470
Tardini, Domenico 35, 59, 330, 333f., 338,
342f.
Tavolato, Italo 424
Tellini, Enrico 152
Thaon di Revel, Paolo 273, 496
Thomaser, Ferdinand 483
Tischler, Riccardo 441
Tisza, István 122, 125
Toeplitz, Giuseppe 452
Toggenburg, Friedrich 258
Tolomei, Ettore 204, 256f., 261, 263, 265,
267, 275

Tomasi Della Torretta, Pietro 126
Toniolo, Gianni 439
Tonningen, Rost van 399
Torunsky, Vera 203
Toscano, Mario 270
Treves, Claudio 433
Turati, Filippo 243, 433
Umberto I/Humbert I. 15, 41
Valeri, Valerio 311, 319
Valery, Paul 90
Valsecchi, Franco 13, 39
Vassiliu, Aurel Ioan 342
Vaugoin, Carl 31, 55, 117, 119f., 298, 357,
    359-361, 376, 389, 394, 413
Vecchiarelli, Carlo 353
Verdier, Jean 336
Villani, Frigyes 139
Vinzl, Josef 365
Vitetti, Leonardo 91
Vittorini, Elio 432
Vittorio Emanuele II/Viktor Emanuel II.
    15, 41
Vittorio Emanuele III/Viktor Emanuel
    III. 15, 41, 156, 266
Vivante, Fortunato 441
Vogelweide, Walther von der 425
Vögler, Albert 497
Voithenberg, Voith von 249
Volpi, Gianluca 27, 52
Waitz, Sigismund 285, 292f., 300f.
Walkó, Lajos 127
Walko, Lajos 353
Wandruszka, Adam 13, 39
Waringer, Bettina 7, 9
Wassermann, Jakob 430, 433
Weber, Alfred 90
Weirich, Karel 323
Weizsäcker, Ernst von 274
Werfel, Franz 433
Wickham Steed, Henry 87, 92f., 97, 99,
    111
Wieniawa-Długoszowski, Boleslaw 183-
    185, 188f., 191f., 194

Wilhelm I. 346
Wilhelm II. 359
Wilson, Woodrow 19, 45, 283
Winkler, Franz 367, 393f.
Winter, Ernst Karl 301, 412f.
Wohnout, Helmut 32f., 56f.
Ybarnegaray, Jean 94
Zaleski, August 111
Zanella, Riccardo 122
Zedler, Jörg 27, 51
Zivkovic, Petar 366
Zogolli, Ahmed 152
Zweig, Stefan 426-430, 433f.

böhlau

ANDREAS GOTTSMANN

STAATSKUNST ODER KULTURSTAAT?

STAATLICHE KUNSTPOLITIK IN ÖSTERREICH 1848–1914

(SCHRIFTENREIHE DES ÖSTERREICHISCHEN HISTORISCHEN INSTITUTS IN ROM, BAND 1)

Diente in früheren Jahrhunderten Kunst vorrangig den Repräsentationsbedürfnissen von Hof, Adel und Klerus, kam es ab Mitte des 19. Jahrhunderts in der Donaumonarchie zu einem bedeutsamen Wandel: Kunst wurde zu einem wichtigen Bereich staatlicher Kulturpolitik. Sie wurde zur Profilierung des staatlichen Prestiges nach außen und zur Stärkung des inneren Zusammenhalts eingesetzt. Erreicht wurde dies durch Förderung der kulturellen und künstlerischen Vielfalt, die in der Ringstraßenkultur und im Fin de Siècle ihren Höhepunkt erreichte. Nicht die Förderung bestimmter Kunstrichtungen war das Ziel, sondern das Entstehen einer allgemeinen künstlerischen Blüte, die zur Herausbildung eines vielfältigen österreichischen Stils und zur Identifikation mit dem gemeinsamen Staatswesen führen sollte.

2017. 245 S. 24 S/W-ABB. GB. 155 X 235 MM. | ISBN 978-3-205-20235-6

BÖHLAU VERLAG, WIESINGERSTRASSE I, A-IOIO WIEN, T:+43 I 330 24 27-0
INFO@BOEHLAU-VERLAG.COM, WWW.BOEHLAU-VERLAG.COM | WIEN KÖLN WEIMAR